CM00551455

9 781477 319994

كلمة ونغم

Kalima wa Nagham

كلمة ونغم
كتاب مقرر في تعليم اللغة العربية

Kalima wa Nagham
A Textbook for Teaching Arabic

الجزء الثالث

Volume III

غازي أبو حاكمة

Ghazi M. Abuhakema

ناصر إسليم

Nasser M. Isleem

For reasons of economy and speed, this volume has been produced from camera-ready copy supplied by the authors.

Requests for permission to reproduce material from this work should be sent to:

Permissions

University of Texas Press

P.O. Box 7819

Austin, TX 78713-7819

http://utpress.utexas.edu/p-form

ISBN 978-1-4773-1999-4 (pbk.)

ISBN 978-1-4773-2000-6 (library e-book)

ISBN 978-1-4773-2001-3 (nonlibrary e-book)

Library of Congress Control Number: 2019945871

Acknowledgments

As volume III of *Kalima wa Nagham: A Textbook for Teaching Arabic* comes to fruition, we would like to sincerely thank the following institutions and individuals for their work and support to make this happen. The College of Charleston (CofC) provided financial support to cover the expenses of the professional design of the book; the inclusion of cartoons, which added a new dimension to the book, its appeal, and its content; and the creation of the audio. Many thanks also go NYU Abu Dhabi's leadership for their continuous financial support for the projects. We send our thanks to Joel Corbett from CofC for facilitating the use of the recording studio at the CofC campus to record the audio material for the book. We also thank him for the long hours he spent recording and editing the recorded material. We send our thanks and gratitude to our colleague Dr. Ghassan Nasr from CofC and to Laila Isleem for the long hours they spent with us recording the audio files. We send our sincere thanks to Hussein El-Khafaifi, Mahmoud Azaz, Abeded R. Tayyara, Najeh Abu-Orabi, Nawal Mousa, and Mohammad Ansari for reviewing the manuscript and providing us with thorough and constructive feedback, suggestions, and comments.

Our thanks go to Scott Gravina from Alucen Learning for granting the authors permission to use published materials from *Popular Proverbs: An Entrance to the Palestinian Culture*, written by Nasser Isleem. Our gratitude goes also to Nidaa Sumsum for her creative designing skills and for working on the cartoons, which added a new and fresh dimension to the book. We would also like to thank the cartoonist, Reyad Sahloul, who provided us with very fine cartoons and was extremely responsive to our feedback and suggestions. Finally, our sincere thanks for the following writers who were generous enough to share and grant us permission to use their works: Nizar Qbilat, Samiha Khrais, and Hala Albadri.

Introduction

Volume III of *Kalima wa Nagham: A Textbook for Teaching Arabic* is intended to develop learner's language ability in Arabic from intermediate high to advanced high according to ACTFL Language Proficiency Guidelines. The volume includes eight lessons where each revolves around a theme, while, at the same time, it resumes the story line that started in volume I. The main text of the story also offers a framework for the listening, reading, and cultural topics that are presented in each lesson. To develop learner's language proficiency, the volume incorporates several features:

- It is criterion-based. ACTFL proficiency guidelines are the guiding principle of the design of the materials, its organization, scope, and sequence. What matters is the linguistic functions that learners can perform using their linguistic knowledge, and not the number of lessons or titles of textbooks they used during their prior language-learning experiences.

- It focuses on standard Arabic. At this level, however, learners need to be able to handle a larger dose of diglossic knowledge. Thus learners are encouraged to learn specific dialectal expressions and linguistic features that serve to develop the desired level of proficiency. The focus on spoken language transcends the linguistic realm to include cultural and sociolinguistic, historical, and religious aspects. Religion and sacred text are thus presented as indispensable cultural ingredients, where the focus is on how the language is used in such texts and how meaning may change based on such religious contexts.

- It develops the sociolinguistic competence concurrently with the linguistic competence. In this regard, the book provides learners with a plethora of opportunities to learn about Arab culture and to become culturally competent and aware. These include popular proverbs and cultural expressions as well as other cultural perspectives embedded in new vocabulary. The book provides opportunities to learn about cultural diversity in the Arab world in terms of places, landmarks, characters, and socially related topics.

- It is cyclical in nature; it is important that users are at the desired proficiency level be able to handle the topics and tasks included in it. The material is presented spirally. This means that prior exposure to the topics that target the linguistic functions is necessary to excel and do well in learning the material of this volume.

- It presents and discusses grammatical structures spirally. Learners need not have full control over a particular structure the first time they are exposed to it. Rather, grammatical structures are presented gradually, where students have ample time to understand and use the material in a fashion that is appropriate to their proficiency level. Grammar is presented to serve performing language tasks successfully. Learners, therefore, learn grammar while learning the language. They are not learning grammar to learn the language. Grammatical structures are also presented throughout the textbook as an integral part and not in isolation. Learners learn such structures within proper context.

- It focuses on music as a major and integral component of each lesson. The songs were selected to reflect the main theme of the lesson, and the focus continues to be on standard Arabic. In addition to their cultural and artistic values, the songs provide learners with more contexts to examine how language functions as a form of art. In addition to appreciating the cultural and literary value of the songs, the goal is to recycle certain vocabulary items and grammatical structures in a different context of use.

- It is based on the belief that the main function of the language teacher is to excel in his/her teaching and keep improving his/her skills. Therefore, the textbook provides sufficient materials, including in-class and at-home drills, to suffice a teacher's instructional needs so that he/she does not feel obliged to work as an instructional designer or textbook writer. The drills and activities are also designed in ways that represent the linguistic proficiency they are supposed to address. These include oral and written drills and activities.

- It reinforces vocabulary retention by recycling and contextualizing such vocabulary in various contexts. It also equips learners with necessary lexical items to help them reach the proficiency level and perform the language functions. In addition to thematic vocabulary, the book continues to provide media Arabic in every other chapter. It also continues to provide frequent common verbs and adjectives that help learners to achieve the desired structural control.

- It provides appropriate and sufficient reading and listening materials. Students will be exposed to up-to-date materials, where the goal is to provide models for language use where a certain language function is presented. Texts in these materials of their themes and genres and include news articles, short stories, poetic excerpts, novel excerpts, etc.

- It uses cartoons as a useful material to language teaching. Thus the book provides sample cartoons that represent important themes or expressions presented in the different lessons. These cartoons were created solely for the book, to serve such expressions.

- It organizes each lesson in a way where the teachers and the students do not feel bored due to the focus on one aspect at the expense of another. In each class, the teacher finds himself/herself teaching a new skill and providing a different type of drill.

- It provides a large number of act-out drills and role plays that mimic real-life situations. These are appropriate to the themes being addressed and the language levels they target.

- It adds, in every lesson, a section where learners learn how to use the corpora as a main source for their learning of the vocabulary and enrichment. It also adds a section on jokes and tongue twisters in Arabic, as an added layer of sociocultural knowledge.

- It can be a resource for instructional materials that are designed to serve heritage learners. The book attempts to fill a gap in this area by providing materials that mainly target heritage learners who have an intermediate language proficiency level. These materials vary to address semantic features of vocabulary, grammatical structures, and literary genres that include poetry and style. Thus the feature of eloquence is dealt with on a deeper level. The goal is to demonstrate how the language is used to convey abstract meaning even if the topic is still concrete and tangible.

The chapters of this volume are relatively long. Arabic programs, which differ in terms of credit-hours, teaching approach, and the number of weeekly meetings, may run into some challenges as to the number of weeks needed to cover each chapter. Such programs may need to make some adjustments, consider their immediate needs in each chapter, and organize their course schedules accordingly.

Volume III comes with video and audio materials that are available and downloadable online. It also comes with an answer key that is available only to instructors and will be posted on the publisher's website.

المحتويات Contents

i	Acknowledgments
ii	Introduction

الدَّرسُ الأول: عِشقي الآخَر — ١

٣	ظِلال ثَقافيّة (١): المذاهب الأربعة
٥	ظلال ثقافية (٢): عصور الأدب ومفهومه
٥	استماع (١): أحلام مستغانمي
٧	ظلال ثقافية (٣): معلومات عامة عن الوطن العربي
٧	لغة إعلام
١٠	ظلال ثقافية (٤)
١١	القصة: مفردات النص الرئيسي
١٥	بستان المفردات Vocabulary Garden
٢٠	النص
٢١	ملاحظات ثقافية ولغوية حول مفردات وعبارات نص القصة (١)
٢٣	تمارين إضافية على مفردات الدرس
٢٨	ملاحظات ثقافية ولغوية على مفردات نص القصة (٢)
٣٠	ظلال ثقافية (٥): أشهر المعاجم العربية
٣٠	واحة القواعد (١): المضارع المنصوب
٣٢	واحة الجذور والأوزان ومعانيها: الجذر (و ع ي)
٣٢	واحة القواعد (٢): الحال
٣٤	ظلال ثقافية (٦): أمثال شائعة
٣٥	ظلال ثقافية (٧): الأمثال والحِكَم
٣٦	استماع (٢)
٣٦	واحة القواعد (٣): المبني للمجهول Passive Voice
٣٩	استراحة المفردات
٣٩	واحة الجذور والأوزان: الجذر (ط ل ب)
٤٠	ظلال ثقافية (٨): حول الجذر (ط ل ب)
٤١	واحة الجذور والأوزان: الجذر (ح ج ز)
٤٢	ظلال ثقافية (٩): الحواجز
٤٢	القراءة
٤٥	المتلازمات Collocations : مراجعة
٤٦	واحة الجذور والأوزان: الجذر (م ل ك)
٤٩	واحة القواعد (٤): معاني أوزان الأفعال
٥١	الفعلان رفع وارتفع
٥١	الفعل جلس
٥١	ظلال ثقافية (١٠): كلمة "مجلس"
٥٢	ظلال ثقافية (١١): كلمة (رفيق)
٥٢	البلاغة والكتابة: الروابط
٥٤	زاوية الأدب: رسالة إلى غادة بقلم: غسان كنفاني

٥٧	الكتابة والبلاغة: الرسالة الشخصية
٥٧	عبارات شائعة تستخدم في المراسلات
٥٩	نموذج رسالة شخصية A Personal Letter Sample
٦١	الكتابة والبلاغة: الطباق Antithesis
٦٢	ظلال ثقافية (١٢): الغناء الخليجي
٦٢	ظلال ثقافية (١٣): مثل خليجي
٦٣	أغنية
٦٥	"كوربسيّات" Corpora
٦٦	خمسة فرفشة Just for Fun
٦٦	نكات ع الطاير Jokes on the Go

الدَّرسُ الثاني: نافذة إلى عالم جديد — ٦٧

٦٧	مفردات وتعابير لها علاقة بالكتب السماوية والدين
٧٠	ظلال ثقافية (١): القرآن الكريم
٧١	استماع (١): من القرآن الكريم
٧٢	ظلال ثقافية (٢): تجويد القرآن Recitation of the Quran
٧٣	القصة: مراجعة المفردات
٧٣	القصة: مفردات النص الرئيسي
٨٢	النص
٨٣	تمارين الفهم والاستيعاب
٨٤	تمارين إضافية على مفردات الدرس
٨٨	ظلال ثقافية (٣): الحديث
٨٩	ملاحظات ثقافية ولغوية على مفردات وعبارات نص القصة (١)
٩٠	استماع (٢): قصة نزول القرآن
٩١	ملاحظات ثقافية ولغوية على مفردات نص القصة (٢)
٩٢	واحة القواعد (١): الصفة المشبّهة
٩٣	البلاغة والكتابة: وصف المشاعر والأحاسيس
٩٤	واحة الجذور والأوزان
٩٤	الجذر (ح ق ق)
٩٤	الجذر (ف ر ش)
٩٥	الجذر (ع د د)
٩٥	الجذر (ف و ق)
٩٦	البلاغة والكتابة (٢): الروابط والتعابير
٩٨	واحة القواعد (٢): أنواع الفاء
١٠٠	ظلال ثقافية (٤): أمثال شائعة
١٠٠	البلاغة والكتابة (٤)
١٠١	واحة القواعد (٣): قد، لقد وإذا الفجائية
١٠٣	واحة الأدب

١٥٣	تمارين إضافية على المفردات	١٠٣	ظلال ثقافية (٥): الرواية العربية
١٥٧	ملاحظات ثقافية ولغوية على مفردات نص القصة (٢)	١٠٣	استماع (٣): الروائية سميحة خريس
١٥٩	ظلال ثقافية (٤): الجدار Wall الإسرائيلي في الضفة الغربية	١٠٥	إذا الفجائية
١٦٠	واحة القواعد (١): الأسماء الخمسة (مراجعة وتوسع)	١٠٥	القراءة (١): حديث نبوي
١٦١	واحة الجذور والأوزان (١): الجذر (س ر ع)	١٠٦	ملاحظات لغوية وثقافية
١٦٢	الجذر (د ع و): دعا واستدعى	١٠٦	ملاحظات نحوية
١٦٢	الفعل (لقي) و (استلقى)	١٠٧	واحة القواعد (٤)
١٦٣	القراءة (١): تَدنّي الثقافة وراء حوادثنا المُميتة	١٠٧	إنّ وأخواتها (مراجعة وتوسع Elaboration)
١٦٥	واحة القواعد (٢): الأفعال: مراجعة وتوسع	١٠٨	كان وأخواتها: الفعلان أصبح وأمسى
١٦٦	استماع القصة ١	١٠٩	واحة الجذور والأزوان: الجذر (ع ر ض)
١٦٧	ظلال ثقافية (٥): أمثال شائعة	١١٠	ظلال ثقافية (٦)
١٦٨	واحة الجذور والأوزان (٢)	١١١	القراءة (٢)
١٦٨	الفعل (وقف)	١١٢	استراحة مفردات
١٦٨	الفعل (بكى)	١١٣	واحة الجذور والأوزان: الجذر (ق ط ع)
١٦٩	واحة القواعد (٣): جملة الصفة Adjectival Sentence	١١٤	ظلال ثقافية (٧): «صلة الرحم»
١٧٠	استراحة المفردات	١١٤	الفعل (ودَّ)
١٧٠	استماع (٢): حوادث تعطُّل مُثبِّت السرعة في الإمارات خلال تثبيت السرعة	١١٥	الفعل «صفح»
		١١٥	واحة القواعد (٥): المبني للمجهول
١٧٢	واحة القواعد (٤): فعل الأمر: مراجعة وتوسع	١٢٠	البلاغة والكتابة: المتلازمات المناسبة في الأفعال والأسماء
١٧٣	القراءة (٢): وصية لُقمان لابنه	١٢١	الرسالة الرسمية (التقليدية والإلكترونية)
١٧٤	استماع القصة ٢	١٢٣	أغنية
١٧٥	واحة القواعد (٥): الأفعال الرباعية	١٢٤	الكلمات مع الإعادة
١٧٦	للمعرفة فقط FYI	١٢٦	«كوربسيّات»
١٧٦	الكتابة والبلاغة: مراجعة لدرس المتلازمات	١٢٦	خمسة فرفشة
١٨١	واحة القواعد (٦): لا النافية للجنس laa of Absolute or Categorical Negation	١٢٦	نكات ع الطاير
		١٢٧	شعبيات: مراجعة الأمثال الشعبية
١٨٣	واحة القواعد (٧): الجمل الشرطية		
١٨٤	زاوية الأدب: قراءة: قصة قصيرة	**١٢٨**	**الدَّرْسُ الثالث: حياتي: مشهد آخَر**
١٨٦	الكتابة: الروابط والعبارات الشائعة	١٢٨	مفردات وتعابير لها علاقة بالثورات والربيع العربي
١٨٧	أغنية	١٣٢	ظلال ثقافية (١): الربيع العربي
١٨٨	الكتابة والبلاغة: مراجعة عامة لأساليب الوصف	١٣٢	استماع (١): الربيع العربي
١٨٩	«كوربسيّات»	١٣٣	ظلال ثقافية (٢): الحركات الدينية والأحزاب السياسية في الوطن العربي
١٩٠	خمسة فرفشة	١٣٤	لغة إعلام
١٩٠	نكات ع الطاير	١٣٨	ظلال ثقافية (٣): الكتابة على الجدران (الـ"جرافيتي")
		١٣٩	استماع (٢)
١٩١	**الدَّرْسُ الرابع: يوم لا يُنْسى**	١٤٠	القصة: مفردات النص الرئيسي
١٩١	مفردات وعبارات لها علاقة بالعقود والأسواق والمساومة فيها	١٤٥	بستان المفردات
١٩٢	ظلال ثقافية (١)	١٥٠	النص
١٩٦	ظلال ثقافية (٢): العشم Hope, Expectation	١٥١	تمارين الفهم والاستيعاب
١٩٧	استماع (١): ارتفاع الأسعار في السودان ... إلى أين؟	١٥٢	ملاحظات ثقافية ولغوية على مفردات نص القصة (١)
١٩٨	القصة: مفردات النص الرئيسي	١٥٢	ملاحظات ثقافية ولغوية
٢٠٩	النص		

x

لغة إعلام	٢٦١	تمارين فهم واستيعاب	٢١١
ظلال ثقافية (٢): الاستثمارات العربية والأندية الرياضية العالمية	٢٦٥	ملاحظات لغوية وثقافية حول مفردات وعبارات نص القصة (١)	٢١١
القصة: مفردات النص الرئيسي	٢٦٦	تمارين إضافية على مفردات النص	٢١٢
بستان المفردات	٢٧٠	ملاحظات لغوية وثقافية حول مفردات وعبارات نص القصة (٢)	٢١٦
النص	٢٧٥	ظلال ثقافية (٣): غضّ البصر	٢١٩
ملاحظات ثقافية ولغوية مشتقة من جذور بعض مفردات نص القصة (١)	٢٧٧	واحة القواعد (١): الفعل المُضعّف Doubled	٢١٩
تمارين إضافية على المفردات	٢٧٨	عالم الجذور والأوزان: الجذر (ر د د)	٢٢٠
ملاحظات ثقافية ولغوية على مفردات نص القصة (٢)	٢٨٢	ظلال ثقافية (٤)	٢٢١
الكتابة: الروابط والعبارات الشائعة	٢٨٤	عالم الجذور والأوزان	٢٢٢
القراءة (١): نجوم الكرة والتدخين... أغرتهم (السيجارة) فسقطوا في عشقها	٢٨٥	الجذر (ب ع د)	٢٢٢
		الجذر (و ص ل)	٢٢٢
ظلال ثقافية (٣): حقائق عن السينما في البلاد العربية	٢٨٨	واحة القواعد (٢): الأسماء الخمسة: المثنى والجمع والمؤنت	٢٢٣
أعضاء الجسم وأكثر	٢٨٩	ظلال ثقافية (٥)	٢٢٤
المذكر والمؤنث في أعضاء الجسم	٢٩١	القراءة (١): الثوب الفلسطيني .. تاريخ يعود لأكثر من ٥٠٠٠ عام	٢٢٦
استماع القصة ١	٢٩١		
ظلال ثقافية (٤): أمثال شائعة	٢٩٢	عالم الجذور والأوزان: الجذر (ح س ب)	٢٢٨
واحة القواعد (١): أسلوب المدح والذم	٢٩٣	ظلال ثقافية (٦): الحِشمة Decency	٢٢٩
واحة الجذور والأوزان	٢٩٣	واحة الجذور والأوزان	٢٢٩
ظلال ثقافية (٥): أفضل عشر لاعبين عرب	٢٩٤	الجذر (خ ن ق)	٢٢٩
واحة القواعد (٢): الاستثناء Exception	٢٩٥	الجذر (ط ر ق)	٢٢٩
استراحة مفردات	٢٩٦	ظلال ثقافية (٧)	٢٣٠
واحة القواعد (٣): كاد وأخواتها	٢٩٦	واحة القواعد (٣): التوكيد	٢٣١
استماع القصة ٢	٢٩٧	ظلال ثقافية (٨): أمثال شعبية	٢٣٣
واحة الجذور والأوزان	٢٩٨	ظلال ثقافية (٩)	٢٣٣
الجذر (ت ب ع)	٢٩٨	واحة القواعد (٤): صيغة المبالغة	٢٣٥
الجذر (ل ح م)	٢٩٨	استراحة مفردات	٢٣٦
القراءة (٢): السُّمنة في العالم العربي: القاتل المَنَسِيّ	٢٩٩	ظلال ثقافية (١٠)	٢٣٧
واحة الجذور والأوزان	٣٠٢	واحة القواعد (٥): فعل الأمر: توسُّع	٢٤١
الجذر (ر م ي)	٣٠٢	زاوية الأدب: القراءة (٢)	٢٤٢
الجذر (ر ض ي)	٣٠٣	الكتابة: أدوات الربط	٢٤٦
الجذر (ر ق ي)	٣٠٤	أغنية	٢٤٨
واحة القواعد (٤): المضارع المنصوب والمجزوم	٣٠٤	البلاغة (١): المقابلة Juxtaposition	٢٥٠
من الشعر العربي: للإمام الشافعي	٣٠٦	"كوربسيّات"	٢٥١
الجذر (ن ظ ر)	٣٠٨	خمسة فرفشة	٢٥١
البلاغة والأدب: التورية Pun	٣٠٨	نكات ع الطاير	٢٥١
أغنية	٣١٢	شعبيات	٢٥٢
"كوربسيّات"	٣١٦	البلاغة (٢): الكناية Metonymy	٢٥٢
خمسة فرفشة	٣١٦		
نكات ع الطاير	٣١٦	**الدَّرسُ الخامس: كرة قدم...أم مصارعة ثيران؟!**	٢٥٤
		مفردات من عالم الرياضة	٢٥٤
الدَّرسُ السادس: وأخيرًا...ضحِكتُ الأقدار	٣١٧	ظلال ثقافية (١): أعظم ١٠ رياضيين مسلمين في التاريخ	٢٥٩
		استماع (١)	٢٦٠

٣١٧	مفردات وتعابير لها علاقة بالـ"تكنولوجيا"	٣٧٦	أغنية
٣٢١	القصة: مفردات النص الرئيسي	٣٧٨	"كوربسيّات"
٣٢٣	ظلال ثقافية (١): الفعل (علّق)	٣٧٨	خمسة فرفشة
٣٢٦	بستان المفردات	٣٧٨	نكات ع الطاير
٣٢٨	ظلال ثقافية (٢): المأذون		
٣٣٠	ظلال ثقافية (٣): شهر العسل	**٣٧٩**	**الدَّرْسُ السابع: على غير موعد**
٣٣٣	ظلال ثقافية (٤): المهر = (الصُّداق) والشّبكة	٣٧٩	مفردات وتعابير لها علاقة بالسفر
٣٣٣	النص	٣٨٥	ظلال ثقافية (١): عباس بن فرناس
٣٣٥	ملاحظات ثقافية ولغوية على مفردات النص ١	٣٨٦	لغة إعلام
٣٣٧	تمارين إضافية على المفردات	٣٨٩	ظلال ثقافية (٢): الإكرامية أو الـ"بغشيش" أو "التب" Tipping
٣٤١	ملاحظات ثقافية ولغوية على مفردات النص ٢	٣٩٠	استماع (١): ثقافة الـ"بقشيش": اقتصاد جارح للكرامة
٣٤٣	واحة القواعد (١): مراجعة وتمارين على المبني للمجهول	٣٩١	القصة: مفردات النص الرئيسي
٣٤٥	عالم الجذور والأوزان: الفعل (تواتر)	٣٩٤	ظلال ثقافية (٣): ست الحبايب
٣٤٥	ظلال ثقافية (٥): الأحاديث المتواترة	٣٩٨	بستان المفردات
٣٤٧	ظلال ثقافية (٦): التلطيش Catcalling	٤٠٢	النص
٣٤٧	القراءة (١): التلطيش يَلقى آذانًا مُصغية في لبنان	٤٠٤	تمارين إضافية على المفردات
٣٤٩	واحة القواعد (٢): اسم الفعل	٤٠٩	استماع (٢): التوابل
٣٥٠	واحة الجذور والأوزان: الفعل (تجبّر)	٤١٠	القراءة (١): الصداقة والعلاقات العاطفية عبر مواقع التواصل الإجتماعي
٣٥٠	ع الماشي		
٣٥٠	استماع (١): ازدياد معدلات الطلاق في البلاد العربية	٤١١	التضحية في الحياة الزوجية
٣٥٢	الجذر (ل ق ط)	٤١٢	ملاحظات ثقافية ولغوية حول مفردات النص (١)
٣٥٢	الجذر (ق د م)	٤١٣	استماع (٣): حقائق عن السودان
٣٥٣	العلاقات الشخصية قبل الزواج	٤١٤	واحة الجذور والأوزان
٣٥٣	القراءة (٢): العلاقات الجنسية قبل الزواج ظاهرة خطيرة في مجتمعنا العربي	٤١٤	الجذر (ع ذ ر)
		٤١٤	الجذر (ط ل ق)
٣٥٧	واحة القواعد (٣)	٤١٤	ظلال ثقافية (٤): من عالم الأمثال
٣٥٧	الأسماء الممدودة والمقصورة والمنقوصة	٤١٥	واحة القواعد (١): الممنوع من الصرف
٣٥٨	اسم الفاعل واسم المفعول من الفعل الناقص	٤١٦	ع الماشي
٣٥٩	استماع (٢): مكاتب التعارف الإسلامية: وسيلة للزواج في «تتارستان»	٤١٧	عالم الجذور والأوزان: الجذر (ر ع ى)
		٤١٧	الجذر (م ز ج)
٣٦١	واحة القواعد (٤): العدد والمعدود: مراجعة وتوسع	٤١٨	الجذر (ج ذ ب)
٣٦٣	ظلال ثقافية (٧): أمثال شعبية	٤١٨	الجذر (ق ل ب)
٣٦٤	مراجعة الأمثال الشعبية	٤١٩	ظلال ثقافية (٥): أمثال شائعة
٣٦٥	واحة القواعد (٥): التصغير	٤٢١	واحة القواعد (٢): الأمر ومعانيه
٣٦٦	استراحة مفردات	٤٢٢	ملاحظات ثقافية ولغوية حول مفردات النص (٢)
٣٦٦	واحة القواعد (٦): البدل Substitute	٤٢٤	القراءة (٢): أسباب ظاهرة التسول وآثارها الاقتصادية
٣٦٧	زاوية الأدب: تلخيص عن رواية "الشيطان في خطر"	٤٣٦	استراحة مفردات
٣٦٨	النص	٤٣٦	استماع (٤)
٣٦٩	ظلال ثقافية (٨)	٤٢٨	ظلال ثقافية (٦): اللغة العربية في بلاد إسلامية "تركيا"
٣٧٤	الكتابة: الروابط	٤٢٨	ظلال ثقافية (٧): مريم العذراء
٣٧٥	البلاغة: السجْع Assonance	٤٣٤	الكتابة والبلاغة: الروابط والعبارات الشائعة

كتابة: مفردات وعبارات لوصف الأشخاص	٤٨٩	أغنية	٤٣٥
"كوربسيّات"	٤٩٠	البلاغة: الجِناس Paronomasia	٤٣٧
خمسة فرفشة	٤٩١	"كوربسيّات"	٤٣٨
نكات ع الطاير	٤٩١	خمسة فرفشة	٤٣٨
		نكات ع الطاير	٤٣٨

Appendix I	٤٩٢
Appendix II	٤٩٥
Glossary	٥٠٤

الدَّرْسُ الثامن: ليلة العُمر	٤٣٩
مفردات وتعابير لها علاقة بالهجرة والجاليات	٤٣٩
ظلال ثقافية (١): الأقليات في العالم العربي	٤٤٤
القصة: مفردات النص الرئيسي	٤٤٥
ظلال ثقافية (٢): طلع الزين من الحمام، الله واسم الله عليه	٤٤٦
زفّة العَريس	٤٤٦
ظلال ثقافية (٣)	٤٤٩
ملاحظات ثقافية ولغوية حول المفردات الجديدة ١	٤٥٢
ملاحظات ثقافية ولغوية ٢	٤٥٦
النص	٤٥٧
تمارين الفهم والاستيعاب	٤٥٨
ظلال ثقافية (٤)	٤٥٩
تمارين إضافية على المفردات	٤٥٩
زاوية الجذور والأوزان	٤٦٤
الجذر (ج ل س)	٤٦٤
الجذر (ع ن ق)	٤٦٤
الجذر (ر م ي)	٤٦٤
القراءة (١)	٤٦٥
ظلال ثقافية (٥): أمثال شعبية	٤٦٨
استراحة مفردات	٤٦٩
ظلال ثقافية (٦): من الـ«فلكلور»	٤٦٩
استماع (١)	٤٧٠
زاوية الأدب (١): من رواية الأخدود مدن الملح	٤٧١
ظلال ثقافية (٧)	٤٧٦
استماع: «جورج» صبرا وحديث عن الأكثرية وخوف الأقليات	٤٧٩
القراءة (٢)	٤٨٠
ظلال ثقافية (٨): من هو جمال ناجي؟	٤٨٠
النص	٤٨٠
البلاغة: الاستفهام البلاغي	٤٨٣
زاوية الأدب (٢): خطبة طارق بن زياد	٤٨٤
شرح المفردات	٤٨٤
القواعد	٤٨٥
ظلال ثقافية (٩): من قصص الحب	٤٨٦
ظلال ثقافية (١٠): المَوّال أو المواويل	٤٨٧
أغنية	٤٨٧

1 عِشقي الآخَر

مفردات من عالم الأدب

مفردات تعلمناها			
الكلمة	**المعنى**	**الكلمة**	**المعنى**
ثقافة (ج) ثقافات	culture	بلاغة	rhetoric
أدَب (ج) آداب	literature	رواية (ج) روايات	novel
نصّ (ج) نصوص	text	معجم (ج) معاجم = قاموس (ج) قواميس	dictionary
شِعر شاعر (ج) شُعراء	poetry poet	مسرحية (ج) مسرحيات	a play
قواعد	grammar	خيال	imagination
حكاية (ج) حكايات	tale	قصة قصيرة	short story
فنّ (ج) فنون	art	قصيدة (ج) قصائد	poem
فكرة (ج) أفكار موضوع (ج) مواضيع	idea, thought theme	أسلوب (ج) أساليب	style
تشبيه	simile		

ملاحظة: هناك تعبير شائع في اللغة العربية وهو "بيت القصيد" بمعنى the principal verse of the poem, but also the main point, the core

تمرين 1 ما العلاقة في المعنى بين ...

١. "ثقافة" وشخص "مُثقَّف"؟	٣. "شاعر" والفعل "شَعَر"؟
٢. "مسرحية" و"مسْرح"؟	٤. "بلاغة" والفعل "بلغ" = (وصل)؟

تمرين 2 خمنوا معاني العبارات التالية

الخيال العلمي	الشّعر الحر	الفُنون الجميلة	الثقافة الشعبية

تمرين 3 دردشوا مع زملائكم عن أحد المواضيع التالية

١. مسرحية شاهدوها أو اشتركوا بها (اسم المسرحية، أين، متى، هل أحبوها أم لا ولماذا؟)

٢. شاعر يحبونه ويحبون أن يقرأوا له (من هو؟ هل يعرفونه شخصيًا؟ لماذا يحبونه؟ عمّ يكتب؟)

٣. الأدب بشكل عام (هل يحبون الأدب، لِمَ، لِمَ لا، يقرأونه، لمن يقرأون، ولماذا؟)

المعنى	الكلمة	المعنى	الكلمة
	مفردات جديدة		
realism	الواقعية	literary criticism	نقد أدبي
eloquence	الفصاحة	prose	النثر
plot	حبْكة (ج) حبكات	poetry line free verse	بيت شعر الشعر الحر
narration	السرد	rhyme	قافية
chapter	فصل (ج) فصول	novelist	كاتب روائي (ج) كُتّاب روائيون
rhythm	جرس / ايقاع	dramatist playwright	كاتب مسرحي (ج) كتاب مسرحيون
vignette	خاطرة (ج) خواطر	discourse, speech	خِطاب (ج) خطابات
school of thought, sect	مذهب (ج) مذاهب = مدرسة (ج) مدارس	symbol symbolism	رمز (ج) رموز الرمزية
characterization	رسم الشخصيات	the events, plot	أحداث القصة
scene	مشهد (ج) مشاهد	action	الحدث
denouement	حل العقدة	got complicated crisis	تأزُّم الأزمة
verbiage	حشو	climax	الذروة
turning point	نقطة تحوّل	protagonist	الشخصية الرئيسية
story line	مسار القصة	setting	المكان والزمان

2

تمرين 4 **ما العلاقة بين ...**

١. الكلمات المشتقة من الجذر ف ص ل: season, semester, class, separation, and now chapter. كيف ذلك؟

٢. "الواقعية" و "وقع" fall

٣. "مذهب" والفعل "ذهب"

ظلال ثقافية (١): المذاهب الأربعة

(هذه الظلال لها علاقة بالرقم ٣ من تمرين ٤)

هناك أربعة **مذاهب فقهية** jurisprudence مختلفة في الإسلام أشهرها:

١. المذهب المالكي نسبة إلى مالك بن أنس، والمسلمون الذين يتبعون هذا المذهب يُسمَّوْنَ مالكية.

٢. المذهب الشافعي نسبة إلى محمد بن إدريس الشافعي، والمسلمون الذين يتبعون هذا المذهب يسمون شافعيّة.

٣. المذهب الحنفي نسبة إلى أبي حنيفة النعمان، والمسلمون الذي يتبعون هذا المذهب يسمون أحنافًا.

٤. المذهب الحنبلي نسبة إلى أحمد بن حنبل، والمسلمون الذين يتبعون هذا المذهب يسمون حنابِلة.

وهذه المذاهب هي فقهية فقط تناقش أمور العبادات والمعاملات والأحوال الشخصية persnal affairs.

تمرين 5 **أكملوا بإجابة مناسبة من مفردات وتعابير لغة الأدب من كلا الجدولين السابقين**

١. يُعتبَر "وليام شكسبير" من أشهر الـ ____________ ____________.

٢. قد تكون ____________ في القصة أشخاصًا حقيقيين أو حيوانات أو كلاهما، وقد تكون خيالية، أو هي خليط ما بين أجزاء واقعية وأخرى خيالية ومنها ما هو رئيسي، ومنها ما هو ثانوي.

٣. ____________ و ____________ هما اللذان تجري فيهما أحداث القصة، وقد يكون لهما تأثير في مسار الأحداث، وقد لا يحدث ذلك التأثير.

٤. تمثّل ____________ ما يرسمه **القاصّ** = (كاتب القصة) من أحداث في علاقاتها المتداخلة، حيث إنّ حدثًا يُؤدّي إلى آخر، ويكون سببًا فيه، فهي تمثّل علاقة بين سبب ومُسبِّب، وهي ليست أحداثًا فحسب، بل هي العلاقات بين الأحداث أيضًا.

٥. تتمثل ____________ في نقاط التحول في مسار القصة، حيث تنتقل الشخصية، مثلًا، من أحوال سيئة إلى أحوال جيدة أو العكس، فقد تمنحُها الأحداث ما هو إيجابي لها، وقد تأخذ منها ما يجعلها سعيدة.

٦. يرى كُتاب ومثقفون أنّ ____________ الأدبية في الكتاب المدرسي يجب أن تعكس وَضع الطالب في واقعه المحلي حتى لا يشعر بالاغتراب.

٧. اتفق العلماء على معنى البلاغة ولكنهم اختلفوا في معنى ____________ ، لاختلافهم في قضية **اللفظ** pronunciation والمعنى، فمنهم من يقول إنّ البلاغة تختصّ بالمعنى أما الأخرى فتختص باللفظ.

٨. يُعتبَر ____________ ____________ أحد أنواع الشعر العربي الأكثر انتشارًا، حيث بدأ يأخذ شكله منذ الثلاثينيات، و كان له عدة أسماء منها (الشعر المرسل) أو (الشعر الجديد) أو (شعر التفعيلة)، أمّا بعد الخمسينيات فقد سُمّي بهذا الاسم.

تمرين 6 ترجموا من العربية إلى الإنجليزية

١. الرمزية حركة في الأدب والفن ظهرت في "فرنسا" في أواخر القرن التاسع عشر، وكان هدفها التعبير عن سر الوجود عن طريق الرمز.

٢. القافية هي الحروف التي يلتزم بها الشاعر في آخِر كل بيت شعر من أبيات القصيدة.

٣. المشهد هو جزء درامي يغطي مساحة زمنية محددة، ومكانًا محددًا.

٤. ألّف الكاتب المصري أحمد أمين كتابًا بعنوان (النقد الأدبي)، تكلّم فيه عن الكثير من القضايا ذات العلاقة بالنقد الأدبي.

٥. رغم اعتقادي أنّ الواقع والخيال يختلفان، إلا أنهما يُكمّلان بعضهما البعض. فحين نخطّط لشيء في المستقبل الواقعي، نفتح مُخيّلتنا ونعيش المستقبل الواقعي الخيالي.

تمرين 7 ترجموا من الإنجليزية إلى العربية

1. Realism was an artistic movement that began in France in the 1850s, after the 1848 revolution.

2. If you describe someone's speech or writing as verbiage, you are critical of them because they use too many words, which makes their speech or writing difficult to understand.

3. A vignette is a short scene that concentrates on one moment or character and gives a clear **impression** انطباع about that moment character, idea, setting, and/or object.

4. Story line can **refer to** يرجع إلى the plot of a story or the narrative of a work, whether of a fictional or nonfictional nature.

تمرين 8 اعرفوا زملاءكم

١. مَن هو كاتبهم المسرحي أو الروائي المفضل؟ لماذا يفضلونه / يفضلونها؟

٢. في رأيهم، هل يوجد شخصية رئيسية (ربما تكون أدبية أو غير ذلك) كان لها تأثير كبير على مستوى العالم؟

٣. هل يحفظون أبياتًا شعرية؟ لِمَن؟ ما الذي يحبونه في تلك الأبيات؟

٤. هل درسوا الشعر الحر؟ من أفضل الشعراء الذين كتبوا فيه في رأيهم؟

٥. هل يستخدمون القاموس لمعرفة معاني الكلمات الصعبة؟ أي قاموس يستخدمون عادة؟ لماذا؟

٦. أي الروايات يحبون؟ هل يشعرون بالملل من قراءة الروايات ذات الفصول الطويلة؟

٧. ما معنى الثقافة في رأيهم؟ هل هي العادات والتقاليد فقط؟

ظِلال ثـقافـيّة (٢): عصور الأدب ومفهومه

تغيّر مفهوم كلمة (أدب) من **العصر الجاهلي** jahili (pre-Islamic) era إلى الآن عبر **مراحل** periods التاريخ المتعددة. ففي الجاهلية، كانت كلمة **أدب** تعني (الدعوة إلى الطعام). وبعدها، استخدم الرسول محمد (عليه السلام) الكلمة بمعنى "**التهذيب والتربية**" education and mannerism. وفي العصر الأموي، **اتصلت** had to do كلمة أدب بالتاريخ والفقه والقرآن والحديث. أما في العصر العباسي، فأصبحت تعني تعلّم الشعر و**النثر** prose واتسع الأدب ليشمل أنواع المعرفة وألوانها وخصوصًا علم البلاغة واللغة. أما في الوقت الحالي، فأصبحت كلمة أدب ذات **صلة** pertinent بالكلام البليغ الجميل **المؤثر** that impacts في أحاسيس القاريء أو السامع.

للأدب العربي ستة عصور، هي:

١. **العصر الجاهلي**: وهو العصر الذي يمتد قبل هجرة النبي محمد بحوالي ١٥٠ عامًا، ومن أشهر شعرائه عنترة ابن شداد وامرؤ القيس وهند بنت عتبة والسّمَوْءل.

٢. **عصر صدر الإسلام**: ويمتد من بعثة النبي محمد إلى فترة خلافة رابع الخلفاء الراشدين علي بن أبي طالب في سنة ٤٠ هجرية، ومن أشهر شعرائه كعب بن زهير وحسان بن ثابت.

٣. **العصر الأموي**: ويمتد من بعد خلافة علي بن أبي طالب إلى وقت إنتهاء دولة بني أمية على يد أبي مسلم الخرساني، ومن أشهر شعرائه الأخطل والفرزدق وجرير.

٤. **العصر العباسي**: ويبدأ من انتهاء عصر بني أمية سنة ١٣٢ هجرية حتى سنة ٦٥٦ هجرية حين انتهت الدولة العباسية على يد المغول. ومن أشهر شعراء ذلك العصر المتنبي وأبو فراس الحمداني والمعرّي وابن الرومي وأبو نواس.

٥. **عصر الدول المتتابعة** successive: وهو عصر حكم المماليك والأتراك وانتهى سنة ١٢١٣ هجرية ومن أشهر شعرائه شريف الدين الأنصاري وابن عربي وابن الفارض والبوصيري والشاب الظريف.

٦. **العصر الحديث**: ويمتد من أوائل القرن الثالث عشر إلى وقتنا الحالي، ومن أشهر شعرائه أبو القاسم الشابي وأحمد شوقي وجبران خليل جبران ومحمود درويش ونازك الملائكة وفدوى طوقان وسعاد الصباح وأحلام مستغانمي وأحمد مطر وأدونيس.

تمرين 9 يللا نبحث (كتابة أو تقديم شفوي)

١. ابحثوا عن: شاعر من الشعراء أو أديب من الأدباء العرب في أي عصر من العصور التي تم ذكرها واكتبوا عن: من هو/ هي؟، في أي عصر عاش / عاشت، (حياته / حياتها، مواضيع شعره / شعرها؟ وكيف أثّر / أثرت على المجتمع في عصره / عصرها؟

٢. في نهاية الدرس سنقرأ نصًا للكاتب الفلسطيني غسان كنفاني. ابحثوا عنه وقدموا معلومات عنه في الصف.

استماع (١): أحلام مستغانمي

كاتبة وروائية جزائرية. عملت في **الإذاعة** broadcasting الجزائرية وأصبحت شاعرة معروفة. انتقلت إلى "فرنسا" في السبعينيات من القرن العشرين. حصلت على شهادة الدكتوراه من جامعة "السوربون" في فرنسا، وتزوجت من صحافي لبناني. كما أنها حصلت على جائزة نجيب محفوظ للأدب عن روايتها (ذاكرة الجسد). **اختارتها** selected her الـ"يونسكو" لتكون فنانة **المنظمة** organization من أجل السلام. من أهم أعمالها: (فوضى الحواس) و(عابر سرير) و(الأسوَد يليق بك).

عِشقي الآخَر

تعلموا المفردات التالية قبل الاستماع

أتنازل	let go, compromise	بوجع	in pain, painfully
المجد	glory	أراهن	bet, gamble
ناقد	critic	بهجة	pleasure
غير قابلة للتصدير	cannot be exported	يصْطَف	wait in line
حصن	fortress	سلالة	dynasty

تمرين 10 الاستماع الأول: استمعوا ثم اكتبوا صح أو خطأ

١. أحلام مستغانمي سعيدة أن تكون عربية وأن يقرأ لها آخرون باللغة الإنجليزية.

٢. تعتقد الكاتبة أنّ الترجمة تؤدّي إلى العالمية.

٣. تقول الكاتبة إنه عندما يكون الكاتب محبوبًا في عشرين دولة فهذه معجزة.

٤. الجريدة أو الصحيفة التي ذكرتها أحلام مستغانمي أمريكية.

٥. تصف أحلام مستغانمي نفسها بأنها عربية ليست قومية.

٦. تقول أحلام مستغانمي إنها من سلالة مؤلفين كبار مثل محمود درويش ونزار قباني وهي ليست آخِرهم.

تمرين 11 الاستماع الثاني: استمعوا ثم أجيبوا عن الأسئلة التالية

١. ما هي **سِمَة** feature كتاب أحلام مستغانمي الجديد؟

٢. لماذا أهملت الكاتبة الترجمة؟

٣. ماذا تقول الكاتبة عن المجد العربي؟

٤. ما هو أجمل تعليق كُتب عن أحلام مستغانمي؟ من الذي كتب ذلك؟

٥. عمّ (عن ماذا) **تدافع** defend الكاتبة؟

٦. لماذا تحب الكاتبة الوطن العربي بوجع؟

٧. كيف تصف أحلام مستغانمي الكتاب؟

٨. في رأي الكاتبة، لماذا أتى الناس؟

٩. كيف تصف الكاتبة الكلمة العربية (الكتاب)؟

تمرين 12 الاستماع الثالث: ما معنى العبارات أو الجمل التالية؟

١. أبواب العالمية

٢. المجد العربي كان يكفيني

٣. أنا لا أنفع إلا للقارىء العربي

٤. أنا فعلًا أرتدي حداد هذا العالم

٥. إذا جاءت العالمية فلتأتي (فـ + لـ + تأتي)

٦. هيأوا لهذا المجد

ظلالٌ ثقافية (٣): معلومات عامة عن الوطن العربي

يمتدُّ الوطن العربي بين قارتي two continents "أفريقيا" و"آسيا"، ويفصل بينهما البحر الأحمر، **ويُطِل** overlooks على البحر الأحمر والمتوسط والخليج العربي وبحر العرب. كما يطل على محيطين هما الأطلسي غربًا والهندي شرقًا. وللوطن العربي موقعه الاستراتيجي حيث يقع بين القارات الثلاثة "آسيا" و"أفريقيا" و"أوروبا."

ولقد عانى العالم العربي من **الاستعمار** colonization الغربي ابتداءً من القرن التاسع عشر مرورًا بالقرن العشرين والذي **شهد** witnessed قيام "إسرائيل" وانتشار خلافات بين العرب وصلت إلى حد الحروب. **وازدادت** increased الأوضاع سوءًا بسبب الظلم وتقييد الحريات **والتدخلات** interventions الأجنبية مما نتج عنه خلق حالة من **اليأس** despair لدى المواطن العربي وظهور ما يسمى بالربيع العربي والذي أدى إلى **الهجرة الجماعية** mass migration إلى دول "أوروبا" ومناطق أخرى للبحث عن الأمن وفرص العيش الأفضل. وقد أسفرت المظاهرات في الربيع العربي عن سقوط عدد من الحكام العرب منهم الرئيس المصري محمد حسني مبارك والتونسي زين العابدين بن علي والليبي معمر القذافي واليمني علي عبد الله صالح والرئيس السوداني البشير.

تمرين 13 يللا نبحث (كتابة أو تقديم)

ابحثوا في المواضيع التالية (عن العالم العربي أو منطقة من المناطق: بلاد الشام، الخليج، وادي النيل "مصر والسودان،" شمال إفريقيا) وقدموا في الفصل أو اكتبوا عنها مئة كلمة أو أكثر

١. **التضاريس** geographical features وطبيعة الطقس والحياة اليومية

٢. الدين: (أهم الأديان وأماكن انتشارها)

٣. الموسيقى (الاختلافات الموسيقية في البلاد العربية)

٤. المطبخ العربي

٥. **مواقع التراث** world heritage sites

لغة الإعلام

مفردات إعلام تعلمناها	
present "a program" (show), offer	قدّم (برنامج)، يقدم، تقديم
details	تفصيل (ج) تفاصيل
channel	قناة (ج) قنوات
reliable sources	مصادر موثوق بها
the most in terms of giving (receiving) comments	الأكثر تعليقًا
cancel	ألغى، يلغي، إلغاء
political asylum	لجوء سياسي
raise the prices	رَفَع أسعار، يرفع أسعار، رَفْع أسعار

تمرين 14 دردشوا مع زملائكم حول ...

١. البرنامج التلفزيوني المفضل أو على Netflix أو Hulu. ما هذا البرنامج؟ ماذا يقدم؟ ولماذا يحبونه؟

٢. المواضيع الأكثر تعليقًا على حساباتهم في الـ"فيس بوك". ما الموضوع؟ وماذا يكتب عنه الناس عادة؟

٣. الأشياء التي يشترونها، من أين؟ هل ارتفعت أسعارها؟ كيف **أثرت** impacted عليهم؟

مفردات إعلام جديدة	
وكالة أنباء	press agency
مُتظاهِر	demonstrator
محاولة انقلابية	attempted coup
أسفر عن، يُسفر عن، إسفار عن	result in
أذاع، يُذيع، إذاعة	broadcast
ألقى الضوء على، يُلقي الضوء على، إلقاء الضوء على	shed light on
هدّد ... بـ، يهدد ... بـ، تهديد ... بـ	threaten
ثَوْرة (ج) ثورات	revolution
قوة مسلّحة (ج) قوات مسلحة	armed forces

تمرين 15 استخدموا معرفتكم السابقة بمعاني الكلمات والجذور والأوزان ثم خمنوا معاني التعابير الإعلامية التالية

١. الدول المانحة	١٤. الاتجاه الصحيح
٢. منظمة الاتحاد الأوروبي	١٥. اتخذ خطوات
٣. الحزب الديموقراطي	١٦. نقطة تحوُّل
٤. الحزب الجمهوري	١٧. انتخابات مُبَكِّرة
٥. معاهدة سلام	١٨. تراجُع في الشعبية
٦. أعاد الديموقراطية	١٩. أحزاب مُتصارعة
٧. صراعات طائفية	٢٠. أجّل الانتخابات المحلية
٨. أسقط الحكومة	٢١. قوات حفظ السلام
٩. في ختام زيارته إلى	٢٢. حاملة طائرات
١٠. أصبح أمرًا واقعًا	٢٣. وقْف إطلاق النار
١١. دفعة قوية في	٢٤. أعمال العُنف
١٢. غسيل الأموال	٢٥. غاز مسيل للدموع
١٣. مذهبي = (طائفي)	٢٦. قناة تلفزيونية

تمرين 16 أكملوا بإجابة مناسبة من مفردات وتعابير لغة الأدب والإعلام في الجداول السابقة

١. شهدت **جمهورية** republic مصر العربية عددًا من المؤتمرات الهامة في الفترة الماضية، ومن أهمها مهرجان أسوان لـ"سينما المرأة والذي ______ ______ على جمال المدينة الأخاذ.

٢. في ١٥ "يوليو" ٢٠١٦، قامت مجموعة من الضباط الأتراك بـ ________ ________ لإسقاط **نظام** system, regime حكم الرئيس التركي "رجب طيب أردوغان" ولكنها فشلت في ذلك.

٣. ________ ________ هي مؤسسة تقدّم خدمة إخبارية حيث تهتم بجمع الأخبار وتغطية الأحداث بالكلمة والصوت والصورة.

٤. تأسّست ______أبوظبي في ١٩٦٩/٢/٢٥، وتُعتبر متخصصة في الغناء القديم حاليًا حيث تقدم برامج موسيقية لكبار الفنانين، كما أنها تُذيع برامج كثيرة أخرى.

٥. هدّدت مجموعة من الضباط في الجيش بالقيام بـ ________ والعمل على إسقاط النظام الحالي خلال اجتماع سرّي ليلة أمس.

٦. ________ الانتخابات الأمريكية عن فوز الرئيس "دونالد ترمب" من الحزب______ على منافسته "هيلاري كلينتون" من الحزب الديموقراطي.

٧. علمت وكالة الأخبار الفلسطينية (معًا) من مصادر مُطلعة أنّ الحكومة، وخلال جلستها في مدينة الخليل، قررت ________ الانتخابات المحلية أربعة أشهر في كل المناطق الفلسطينية.

٨. هل تحوّل الصراع في سوريا إلى صراع ________ بين السنّة من ناحية والشيعة والعلويين من ناحية أخرى؟

تمرين 17

أ. ترجموا من العربية إلى الإنجليزية

١. تحتل السعودية المركز السابع في قائمة الدول المانحة للمساعدات الإنسانية.

٢. ساعة الذروة هي جزء من اليوم يحصل فيها ازدحام في حركة المرور والناس، ويبلغ أعلى مستوياته مرتين في اليوم الواحد، مرة في الصباح وأخرى بعد الظهر.

٣. في سنة ٢٠١٧، كان الاتحاد الأوروبي يضم ٢٨ دولة، كان آخرها "كرواتيا" والتي انضمت في سنة ٢٠١٣.

٤. مساعد الطيّار غيّر مسار الطائرة التي كانت في طريقها من العاصمة الأثيوبية "أديس أبابا" إلى "روما" عندما ترك الطيّار **كابينة** = (قمرة) cabin القيادة للذهاب إلى الحمام.

٥. هل أصبح موضوع تدريس علم الحاسوب في المدارس الابتدائية أمرًا واقعًا؟

٦. لم يكن الناس في الستّينيات من القرن الماضي يهتمون بالفروق المذهبية.

ب. ترجموا العناوين الإخبارية التالية إلى الإنجليزية

١. عاجل: القوات المسلحة الملكية المغربية تسيطر على "قندهار" وتستعد لدخول (الكويرة)

٢. الجزيرة "نت": كيف بدأت محاولة الإنقلاب بـ"تركيا" وكيف انتهت؟

٣. القدس: ١٠ آلاف متظاهر في القدس و"تل أبيب" يطالبون باستقالة "نتانياهو"

تمرين 18 ترجموا من الإنجليزية للعربية (بعض الكلمات من جدول مفردات الأدب)

1. Cops used tear gas on demonstrators after violent protests yesterday.
2. Radio Kuwait FM is a broadcast radio station from Kuwait City, Kuwait, providing news, information, talk shows, etc.
3. Far-right leaders call for early elections or threaten to "take to the streets."
4. Arab American Institute President James Zogby will discuss the reasons behind Iran's decline in popularity among Arabs.
5. Some people say, "After the protests leading to the end of the Gaddafi regime, Libya began to write a truthful history acceptable to all contending parties."
6. The Yemeni crisis began with the 2011–2012 revolution against President Ali Abdullah Saleh, who had led Yemen for more than two decades.
7. The existence of peacekeeping forces is a first step in the right direction for improving the political situation in this country.
8. US Nimitz-class ships are the world's largest aircraft carriers.
9. Sheikh Tamim bids farewell to Prince of Wales at the end of his visit to Doha, Qatar. (Remember the word وَدَّعَ "to say goodbye," which was covered in the reading section in lesson 9 of volume II.)

تمرين 19 اعرفوا زملاءكم

١. هل لديهم اهتمامات سياسية؟ لِمَ (لا)؟ ما هي؟ كيف بدأت؟ كيف تؤثر على حياتهم (هل لهم نشاطات؟ ما هي؟ هل تؤثر على دراستهم أو عملهم؟ كيف يشعرون عندما يمارسون نشاطهم السياسي؟)

٢. في حياة كل منّا نقطة تحول أو ربما نقاط تحول، ما هي نقطة التحول التي غيّرت مسار حياتهم؟

٣. ما رأيهم في الوضع (المشهد) السياسي الراهن في "أمريكا"؟

٤. ما ردة فعلهم لو أصبح منع الأكل والشرب أثناء قيادة السيارات أمرًا واقعًا؟

٥. في رأيهم، هل يوجد شخصية رئيسية كان لها تأثير كبير على مستوى العالم؟ من هي؟ كيف أثرت على العالم؟

٦. هل **يستفيد** benefit التجار من رفع أسعار المواد الغذائية؟ كيف؟ كيف لا؟

ظِلال ثـقافِيّة (٤)

بعض القنوات الإخبارية التي تُبَثّ air, transmit, broadcast **باللغة العربية حول العالم**

من **القنوات** channels الإخبارية العربية:

١. **قناة الجزيرة**: تقع في الدوحة بقطر وتأسست سنة ١٩٩٦.

٢. **قناة العربية**: قناة سعودية وتبث من مدينة دبي للإعلام في الإمارات، وبدأت البث في سنة ٢٠٠٣.

٣. **قناة "بي بي سي" عربي**: واحدة من قنوات هيئة الإذاعة البريطانية "بي بي سي" وتقع في "لندن." وبدأت البث سنة ٢٠٠٩.

٤. **قناة "روسيا" اليوم**: قناة فضائية روسية، بدأت تبث من "موسكو" سنة ٢٠٠٧.

٥. **قناة "سكاي نيوز"**: تقع في أبو ظبي وبدأت البث سنة ٢٠١٢.

وهناك قنوات أخرى كقناة الحوار، وقناة "سي أن بي سي" العربية، وقناة "فرنسا" 24، وقناة الحرة، وقناة الإخبارية السعودية وغيرها.

تمرين 20 يللا نبحث (كتابة)

ابحثوا في أحد المواضيع التالية للتقديم في الصف أو كتابة ما يقارب 100 كلمة عن واحدة منها

١. أهم القنوات التلفزيونية أو الـ"ساتلايت" التي تبث باللغة العربية من المغرب العربي أو الخليج العربي أو مصر أو بلاد الشام أو أي بلد عربي آخر. اكتبوا عن تاريخها ومؤسسها واهتماماتها والدور الذي تلعبه في المجتمع المحلي أو العربي أو الدوليّ.

٢. أهم إذاعات الـ"راديو" أو الصحف أو البرامج العربية في العالم.

القصة: مفردات النص الرئيسي

مفردات تعلمناها		
الكلمة	**سمات عامية**	**المعنى**
عزيز (ج) أعزّاء		dear
وصف، يصف، وصف		describe
تبحّر في، يتبحر في، تبحُّر في		delve into
شتّى		different
جما	كتير	abundant
رنّ، يرن، رنّ		ring
ساهم، يساهم، مساهمة		contribute
أنتج، يُنتج، إنتاج مُنتج (ج) منتجون		produce producer, productive
اتّجه، يتّجه، اتجاه		to take a direction
أخبر، يُخبر، إخبار		inform
من ضمن = (ضمن)		within
أجرى، يجري، إجراء	عمل، سوّى	conduct
العديد من	كتير من	many of
عبّر عن، يعبر عن، تعبير عن		express
طَلب، يطلب، طلب		request
ناقش، يناقش، مناقشة		discuss

نَشَر، ينشر، نَشر		spread, publish
قضية (ج) قضايا		case, issue
اهتم بـ يهتم بـ اهتمام بـ	يهتم في	take interest in
دومًا	دائمًا	دائمًا
كافّة	كلّ	كلّ
تصوّر، يتصور، تصوُّر		تخيّل، يتخيل، تخيُّل
مثّل، يمثّل، تمثيل		represent, act
غالبًا		often
عصبيّ		nervous
مرحلة (ج) مراحل		stage
آمن بـ يؤمن بـ إيمان بـ		believe in
عصب (ج) أعصاب		nerve
وفّر، يوفّر، توفير		provide, make available
عن طريق		من خلال
متحمّس		excited, enthusiastic
نافس، ينافس، منافسة (ج) منافسات		competition
فتى (ج) فِتيان = (فِتية)		lad, young man

تمرين 21 ما العلاقة بين ...

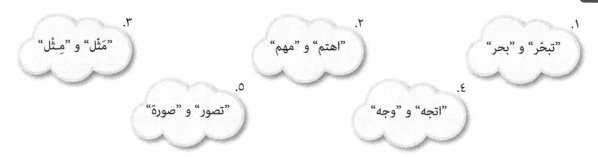

١. "تبحّر" و "بحر"

٢. "اهتم" و "مهم"

٣. "مَثّل" و "مِثْل"

٤. "اتجه" و "وجه"

٥. "تصور" و "صورة"

تمرين 22 دردشوا مع زملائكم عن

١. أعزّ شخص بالنسبة لهم. من هو/ هي؟ لماذا هو/ هي الأعز؟ كيف تأثّروا به / بها؟

٢. مُنتج أفلام مشهور، من هو/ هي؟ ما أهم الأفلام التي أنتجها / ـتها؟ ماذا يعرفون عن **سيرته / ـتها الذاتية** autobiography.

٣. المرحلة الأصعب في حياتهم، ما هذه المرحلة؟ لِمَ هي الأصعب؟ (الطفولة، المدرسة الإعدادية، الانتقال من مدرسة إلى أخرى أو من مدينة إلى أخرى)

مفردات جديدة		
المعنى	**سمات عامية**	**الكلمة**
open (spiritually and mentally)		تفتّح، يتفتّح، تفتُّح
(natural or innate) disposition		قريحة (ج) قرائح
fill with ardent passion		شغَف بـ (شغِف بـ)، يشغف بـ شغف بـ
invisible, hidden		مكنون (ج) مكنونات
اللغة العربية		لغة الضاد
effective		فعّال
refine or polish (style, taste, and the like)		صقل، يصقل، صقل
grow, increase, advance		نمّى، ينمّي، تنمية
ascend, climb		ارتقى، يرتقي، ارتقاء
style		أسلوب (ج) أساليب
value		قيمة (ج) قيم
excuse		عُذر (ج) أعذار
escape (someone); fail or forget to do something		فات، يفوت، فوات
active, activist		نشيط (ج) نشيطون = (نُشطاء)
association, club, society		جمعية (ج) جمعيات
qualified for		مؤهّل لـ
correct, appropriate	صحّ	صائب
final	نهائي	لا رجعة فيها = (نهائية)
dedicated, devoted		مُنكبّ على
upload		حمّل، يحمّل، تحميل
curriculum vita		سيرة ذاتية
present, submit, offer		قدّم، يقدم، تقديم
application, request		طلب (ج) طلبات
elaborate, go on with ease		استرسل، يسترسل، استرسال
remarkable, highly-regarded		مرموق
review, read over carefully		نقّح، ينقّح، تنقيح
proud of		فخور بـ
provide with		زَوَّد + (اسم أو ضمير) بـ يزوّد بـ تزويد بـ
receive		استلم، يستلم، استلام
primary, first		أوّليّة
سعادة = فرح	فرح	هناء

أبلغ، يُبلِغ، إبلاغ		أخبَر، يُخبِر، إخبار
مُرَشَّح (ج) مرشحون		candidate, nominee
سعى لـ (إلى) جاهدًا، يسعى لـ (إلى) جاهدًا، السعي لـ (إلى)	عمل المستحيل = (سوّى المستحيل)	make every effort to
جُهد (ج) جهود		an effort
عضو (ج) أعضاء		member, organ
فاعل		efficient, active
وعى، يَعي، وعي		become aware
تَطلّع إلى، يتطلّع إلى، تطلُّع إلى تطلُّع (ج) تطلُّعات		aim, strive aim, expectation, aspiration
وظّف، يوظّف، توظيف		employ, hire
كفاية (ج) كفايات		efficiency, competence
واجه، يواجه، مواجهة		face, encounter
مصيريّ		crucial, decisive
أطاق، يُطيق، إطاقة	تْحمّل	bear, stand
بُعْد (ج) أبعاد		distance, remoteness, dimension
عامِل (ج) عوامل		factor
رَهْبة = هلع		خوف = هلع
ارتفع، يرتفع، ارتفاع		rise
نبضة (ج) نَبَضات		pulse
داهَم، يُداهم، مداهمة		take by surprise, attack suddenly, overtake, raid
على الإطلاق		أبدًا
اجتاز، يجتاز، اجتياز		cross, pass
قِسمة		destiny (also share (n.))
نصيب		share (n.)
هدأ، يهدأ، هدوء	هِدي	to be calm, calm down
تمالَك، يتمالك، تمالُك		self-control
حجز، يحجِز، حَجْز		reserve, book (v.)
تذكرة (ج) تذاكر		ticket
درجة رجال أعمال		business class
بين الفيْنة والفينة	من وقت للتاني	من وقت إلى آخَر
طَرَح، يطرح، طَرْح		throw, present, submit
تخطّى، يتخطّى، تخطّي		اجتاز
مُرافِق (ج) مرافقون		companion, escort

copy		نُسْخة (ج) نُسَخ
participant in a social gathering, companion, sitter		جليس (ج) جلساء

Vocabulary Garden بستان المفردات

تمرين 23 خمنوا معنى ما يلي

١. الإنتاج الأدبي	١١. إلى أبعد الحدود
٢. دار النشر	١٢. استِرسال في الكلام
٣. اهْتمامات فكرية	١٣. بِتعبير (بِـ + تعبير) آخَر
٤. المُستوى الرّاقي	١٤. "موسيقى" تَصويرية
٥. الأسلوب الكتابيّ	١٥. طَلَب العِلم
٦. القُوات البحريّة	١٦. بلاغ عسكري
٧. القضية الفلسطينية	١٧. مُداهمات ليلية للبيوت
٨. نشطاء سياسيّون	١٨. طلب حجب الثقة عن ...
٩. نشرة الأخبار	١٩. مُرشَّح للرئاسة
١٠. الجمعيّة العامّة	٢٠. مُرافق خاص للرئيس

تمرين 24 اعرفوا زملاءكم

١. إن كانوا يعتبرون **طلب** seeking العلم واجب على كل شخص؟ لِمَ؟ لِم لا؟

٢. هل لـ"موسيقى" التصويرية أثر في نقل صورة أوضح لما يتم تقديمه على الـ"تلفزيون" أو غيره؟

٣. هل يحبون **الاسترسال** elaboration في الكلام أم هم مُقِلّون = (من كلمة "قليل") في الكلام؟ ما رأيهم في الأشخاص المقِلّين في الحديث؟ وما رأيهم في الأشخاص الذين يسترسلون؟

٤. هل يعتقدون أن العالم سيكون بحاجة إلى دور نشر للكتب في المستقبل (بسبب التطور التكنولوجي الكبير وانتشار الكتب الإلكترونية)؟ كيف ذلك؟

٥. هل يهتمون بالإنتاج الأدبي؟ من كاتبهم / كاتبتهم المفضل / المفضلة؟ ما رأيهم في مستوى أسلوبه / ـها الكتابي؟

تمرين 25 ترجموا إلى العربية

1. The Palestinian case is one of the main topics on the agenda of the presidential candidates.
2. Can activists be politicians?
3. A military spokesperson said that night raids on some homes in the Iraqi neighborhoods were tough but necessary.

تمرين 26 ترجموا إلى الإنجليزية

١. تعلن إدارة هيئة القوات البحرية الملكية السعودية عن بدء القبول والتسجيل في برنامج إدارة الفرد الأساسي رقم (٢١١).

٢. يمكن للمشاهدين أن يتعرفوا على أبرز التطورات السياسية والاقتصادية والاجتماعية من خلال مشاهدة نشراتنا الإخبارية عبر الـ"تلفزيون" المحلي.

٣. قام المرافق الخاص للرئيس بقراءة البيان / البلاغ العسكري عبر شاشات التلفزيون.

تمرين 27 خمنوا معنى ما يلي

١. البحر الميت	١١. تقييد الحريات
٢. مُنْتجات زراعية	١٢. أسلوب حياة
٣. تنمِية اقتصادية	١٣. شيء لا قيمة له
٤. شركة مساهمة	١٤. هدوء حذِر
٥. مُمثـل تجاريّ	١٥. شباك حجز التّذاكِر
٦. قبل فوات الوقت	١٦. بلاغ كاذب
٧. جمعيّة خيريّة	١٧. شهادة الكفاءة
٨. الدكتوراه الفخريّة	١٨. اللاوعي
٩. مقدّم الطلب	١٩. أطروحة الدكتوراه
١٠. حامل اللّقب	

تمرين 28 اعرفوا زملاءكم

١. هل زاروا البحر الميت من قبل، أو أي بحر آخر؟ أي بحر؟ هل يعتبرونها زيارة ذات قيمة أم لا قيمة لها؟ لِمَ؟ لم لا؟

٢. ما أهم المنتجات الزراعية في بلادهم / ولاياتهم؟ هل لتلك المنتجات دور في التنمية الاقتصادية لبلادهم أو لولاياتهم؟

٣. ما رأيهم في تقييد بعض الحكومات للحريات؟ أي حريات تم حجزها؟ هل هم مع أو ضد ذلك؟ لمَ؟ لم لا؟

٤. هل يرغبون في تغيير أسلوب حياتهم أو حياة شخص يعرفونه؟ كيف؟

٥. هل وقفوا طويلًا ذات مرة ينتظرون أمام شباك حجز التذاكر؟ أين؟ ماذا حدث؟

تمرين 29 أكملوا الفراغات في الجدول التالي

الكلمة	الجذر	كلمة أو أكثر من نفس الجذر
تفتح، يتفتّح، تفتُّح		
مرافق		

فخور بـ (ج) فخورون بـ		
أوليّة		
وظّف، يوظِّف، توظيف		
بُعد (ج) أبعاد		
هدأ، يهدأ، هدوء		

تمرين 30 استبعدوا الكلمة الغريبة بدون استخدام المعجم (القاموس). كثير من المفردات جاءت في الجزء الثاني

Many items come from volume II; having access to it is very useful.

.١	عزيز	غالي	طازج
.٢	شغف	براءة	عشق
.٣	خسر	طوّر	نمّى
.٤	تسلّق	ارتقى	تتبّع
.٥	دوْر	طريقة	أسلوب
.٦	أحفاد	قِيَم	أخلاق
.٧	عذر	سماح	هدوء
.٨	متشائم	مجتهد	نشيط
.٩	جمعية	مؤسسة	مُعانقة
.١٠	لعين	صحيح	صائب
.١١	استرسال	تحدّي	سهولة
.١٢	قابل	تصرّف	واجه
.١٣	تطلعات	طموحات	سلبيات
.١٤	خبرات	مجاملات	مؤهلات
.١٥	نتائج	توازن	استقرار

تمرين 31 صلوا نصف الجملة بالنصف الآخر المناسب

.١	تؤكد الدراسات والأبحاث أنّ الامتحانات بكافة أشكالها
.٢	بمجرّد ما واجَهته بحقيقة خيانته لها
.٣	تسعى الحكومة جاهدة إلى
.٤	الحياة تقوم على عدة قرارات مصيرية لها
.٥	تنقسم العوامل المؤثرة في توزيع السكان

تأثير سلبي أو إيجابي على الشخص.	
إلى نوعين وهما الطبيعية و**البشرية** human.	
لدعم الكشف المبكر لمرض السرطان بشتى أنواعه.	
تفتحت لديه قريحة شعرية ظهرت في عدد من قصائده الرائعة.	
عبء ثقيل على الطلاب.	

٦.	تعمل وزارات الصحة في العالم على زيادة الوعي
٧.	من خلال اهتمام صديقي بالأدب
٨.	لم يصدر أيّ قرار رسمي عن الحكومة الكويتية

بوقف تزويد النفط إلى بعض البلاد.	
توظيف القدرات التطوعية للشباب لدعم السياحة في البلد.	
ارتفعت نبضات قلبه وشعر بدوار شديد ثم سقط على الأرض.	

تمرين 32 **أعيدوا ترتيب الكلمات التالية في جمل مفيدة (تم توفير الكلمات الأولى والأخيرة في كل جملة)**

١. البُعد – وأحبابي – على الإطلاق - أهلي – عن – لا أطيق (لا أطيق ... على الإطلاق)

٢. الغضب – وأمثالك – أهدأ – اللازم – من – أن – أعصابي – عند (من ... الغضب)

٣. السلبية – بوابة – الاسترسال – النفسية – في – المعاناة – الأفكار (الاسترسال ... النفسية)

٤. الكبير- يحرص على – مخالطة – عدم – أخي – كان وما زال - جلساء السوء (أخي ... جلساء السوء)

٥. غزّة – سياسيون – ألغى - المقررة – إلى – نشطاء – الأوضاع – زيارتهم – بسبب – المتوترة – السياسية (ألغى ... المتوترة)

٦. برهبة – لأول مرة - وقف – خشبة المسرح – عندما – شعور - داهم – شديدة – على – الممثّل (داهم ... لأول مرة)

٧. الشرق الأوسط – ساهمتْ في – شخصيته – صقْل – حياته في – قريحته – اللغة العربية – وتفتّح – لدراسة (حياته في ... اللغة العربية)

٨. مسافريها – تأكيد – السفر - من – شركات الطيران – تطلب – بعض – الحجز – موعد – بـ ٧٢ ساعة – قبل (تطلب ... بـ ٧٢ ساعة)

٩. تذاكر – في – الأخيرة – أسعار (استخدموا هذه الكلمة مرتين) – الطيران – بسبب – ارتفعت – ارتفاع – النفط – المدّة (ارتفعت ... النفط)

١٠. الجمعية العلمية - فريق - موضوعًا هادفًا – طرح – المنتشرة - يقدّم – المشاكل الصحية – أعضاء – حلولًا- للكثير من – العلمية (طرح ... المنتشرة)

تمرين 33 **استبدلوا الكلمات التي تحتها خط بكلمة أو عبارة بنفس المعنى من الدروس السابقة**

١. سأتصرف بطريقة مناسبة لا تُغضِب أحدًا مني بمشيئة الله.

٢. لم أعرف عشقًا غيرّني على الإطلاق كعشق ليلى، آه منك يا ليلى.

٣. لم أتصوّر أن صديقى **سيتعلّق** to be connected (hooked) بحبيبته إلى هذا الحدّ!

٤. بعد أن يتناول المريض الدواء، بلا شك، سيستريح وتستقر حالته إن شاء الله.

٥. حرص صديقي على أن ينغمس في دراسته طوال الليل وينام قليلًا في النهار.

٦. أنا على يقين أنّ المحتجّين سيحصلون على ما يريدون من مطالب للحكومة.

٧. بصراحة، أعشق حبيبتي بكل معنى الكلمة فهي غالية جدًا على قلبي، ولن أتركها بأي شكل من الأشكال.

تمرين 34 أكملوا الفراغات بكتابة الجذور للكلمات التالية، ثم اكتبوا كلمات تعلمتموها من نفس الجذر

الكلمة	الجذر	كلمات تعلمناها من نفس الجذر
نشيط		
جمعية		
صائب		
حمّل		
زاد		
واجه		
رهبة		
فعّال		
أطاق		
اهتمّ		
استرسال		

تمرين 35 ضعوا حرف جر مناسب

١. قدمتُ طلبًا___شركة مرموقة في مجال الإعلام.

٢. أعشق البساطة وأحب مساعدة الناس في حلّ مشاكلهم __شتّى الطرق المُمكنة.

٣. ما زالت هتافات الثورة التونسية ترنّ ____ آذان الكثير من الناس، ومن أهمها (الشعب يريد إسقاط النظام.)

٤. ليس كل ساكِت غير قادر ______ الردّ، هناك من يسكت حتى لا يجرح الآخرين، وهناك من يسكت لأنه يتألّم _____ داخله وكلامه سيزيده ألمًا، وهناك من يعلم أنّ الكلام لن يغيّر شيئًا وسيذهب هباءً، ولذلك يُفضّل السكوت ____ الكلام.

٥. قال رئيس مجلس إدارة المجموعة الدولية للاستثمار إنّ الهيئة الهندسية للقوات المسلحة تساهم _____ صورة كبيرة _____مشروعات التنمية بمصر عبر العمل على العديد من المشاريع **القومية** national التي تُعتبر نقلة **نوعية** significant في الإقتصاد والتنمية فيها.

٦. يعتبر الشارع الأزرق في مدينة شفشاون بِالمغرب ___ضمن أغرب وأجمل عشر شوارع يمكنك زيارتها في العالم. ويرجع سبب **طلائه** painting ___اللون الأزرق المُميّز لليهود اللاجئين الذين رحلوا من "إسبانيا" عام ١٩٢٠، ويقال إنهم كانوا يَطْلون (من كلمة **طلاء** in the previous line) بيوتهم وبناياتهم باللون الأزرق كي يميّزهم عن غيرهم _____العرب والمسلمين.

تمرين 36 يللا نمثل

You are a university president awarding an honorary doctorate to an important individual in your society. Many academics object to this decision. You meet with two of them. About what was the conversation between you? Try as much as you can to use the expressions included in the table above and elsewhere. We also provide some dialectal expressions for you to use if you choose to. These are included in Appendix II.

عِشقي الآخَر

النص

مرحبًا بكم أعزائي! بعد دراسة اللغة العربية والقرآن في أبو ظبي، تفتّحت قريحتي وصار لديّ شَغف وعِشق لا يُوصَفان كي أتبحّر أكثر في مَكنونات لغة الضاد، فأنا بلا شك أعشق الأدب بشتّى أنواعِه وأحب القراءة والكتابة حبًا جمًا. كم ترنّ في أذني كلماتُ والدي حين قال لي ذات مرة، "اسمع يا بنيّ، إنّ الشخص القاريء قادرٌ على أن يعيش عصره، ليظلّ منتجًا فعّالًا. القراءة يا بني تُساهم بدرجة كبيرة في صَقل شخصية الفرد، والارتقاء بأسلوب تفكيره، وتساعد على رسم واقعه الاجتماعي واتّجاهاته وقيَمه".

عذرًا أحبائي، فلقد فاتني أن أُخبركم من قبل أنني متخصص في الصحافة ونشيط جدًا في هذا المجال حيث أني عضو في جمعيات صحافية عالمية كثيرة، فبعد تخرّجي من الجامعة هذا العام إن شاء الله، سأكون مؤهلًا لأن أعمل في مجال الصحافة بشكل رسمي. بالنسبة لي، فإن قرار السفر إلى الشرق الأوسط أصبح من ضمن الآراء الصائبة والقرارات التي لا رجعة فيها، فأنا الآن مُنكبّ على البحث عن عمل هناك حيث إني حَمّلت سيرتي الذاتية وقدّمت طلبات توظيف كثيرة لمؤسسات إعلامية شتّى في دول عربية مختلفة، وأجريت العديد من المقابلات، وهأنذا أنتظر النتائج! كم جميل أن تُحِسّ بأنك قادر على التعبير عن نفسك بسهولة واسترسال! هذا ما شعرت به وأنا أكتب لأول مرة رسالة رسمية بالعربية لقناة مرموقة في الشرق الأوسط. أرسلتها لوالدي عبر الـ"إيميل" لينقّحها لي وكان فخورًا جدًا بي عندما قرأها.

قبل شهر، استلمتُ رسالة "الكترونية" من إدارة إحدى القنوات المشهورة في الشرق الأوسط، حيث طلبت مني أن أُزوّدها بمزيد من المعلومات وأن أكون جاهزًا لإجراء محادثة هاتفية. بعد مناقشتنا الأولية، كنت في قمّة السعادة والهناء عندما تم إبلاغي بأنني أحد المرشحين لإجراء مقابلة شخصية بعد أسبوع. أسعى جاهدًا لأن أكون عضوًا فاعلًا في تلك القناة وأن أكون قادرًا على نشر الوعي بالقضايا التي يهتم بها الفرد العربي والعالمي، وأتطلّع دومًا إلى توظيف كفاءتي بكافة المجالات الإعلامية.

أشعر بأنني أواجه ثوانيَ مصيرية في حياتي قبل إجراء المقابلة، وكيف لا وليلى، نصفي الآخر، هناك؟ فأنا لا أُطيق البُعد عنها أكثر من ذلك ولا أتصوّر حياتي بدونها، كلي حنين إليها! أعرف أنّ المقابلات، بالنسبة للكثيرين وخصوصًا الخِرّيجين الجُدد، تمثّل عامل رهبة وغالبًا ما يُصابون بالتوتّر وارتفاع نبضات قلوبهم، ولكني لا أُحس بأن هذه الحالة العصبية تُداهمني على الإطلاق وسأجتاز تلك المرحلة بمشيئة الله، فإيماني بالله وبالقسمة والنصيب يجعلني أكثر هدوءًا وتمالكًا للأعصاب.

الحمد لله، قامت إدارة القناة بتوفير كل ما يلزم لإجراءات السفر من حَجْزٍ لتذكرة الطائرة على درجة رجال الأعمال والفندق وغير ذلك. بين الفيْنَة والفينَة، أجلس أفكر في أهمّ الأسئلة التي يمكن أن تُطرَح في المقابلة وكيف يمكنني أن أتخطاها. مُرافقتي في رحلتي إلى الشرق الأوسط هذه المرة هي النسخة العربية لرواية (رجال في الشمس) للكاتب الفلسطيني غسان كنفاني والتي طلبتها عن طريق شركة "أمازون" قبل يومين، فكما يقولون "خير جليس في الزمان كتاب" آآآه، كم أنا متحمّس جدًا لقراءتها!

تمرين 37 (القصة): اقرأوا النص ثم أجيبوا عن الأسئلة التالية

١. ما الذي يحبه آدم حبًا جمًّا؟

٢. ما تخصص آدم في الجامعة؟

٣. لمن أرسل آدم الرسالة الرسمية التي كتبها؟

٤. ماذا فعلت إدارة القناة لمساعدة آدم في سفره؟

٥. ماذا أخذ آدم معه في سفره إلى الشرق الأوسط؟

تمرين 38 (القصة): أجيبوا عن الأسئلة التالية

١. ماذا قال آدم عن إيجابيات القراءة؟

٢. ماذا فعل آدم ليبحث عن عمل في الشرق الأوسط؟

٣. لماذا أرسل آدم الرسالة الرسمية التي كتبها بالعربية إلى أبيه؟

٤. استلم آدم رسالة "إلكترونية." ماذا طلبت الرسالة منه؟

٥. لماذا شعر آدم بالسعادة بعد المقابلة الأولى؟

٦. بِم يفكر آدم بين وقت وآخر؟

ملاحظات ثقافية ولغوية حول مفردات وعبارات نص القصة (١)

١. نقول "شغف به حبًا" ومعناها بالإنجليزية to be extremely fond of s.o. or s.th. وكذلك نقول "شغوف (بـ)" to be madly in love, obsessed with fervent affection

٢. درستم "تفتحت قريحتي،" تعلموا هذا التعبير "فتح شهية" to stimulate the appetite

٣. مكنونات: لاحظوا أن كلمة "مكنون" هي اسم المفعول من "كَنّ" و نقول "كَنّ الشيء" he hid the thing

٤. صقل: نقول "ورق مصقول" glossy paper

٥. درسنا الفعل "كان" فيما مضى والآن دعونا نتعرف على بعض العبارات المفيدة التي تحتوي على هذا الفعل:

أصبح في خبر كان	disappear, belong to the past
ما كان مني إلا أن ...	I had no other choice but to
على أتمّ ما يكون	in the most perfect manner conceivable
إجابتكِ أقرب ما يكون إلى الصواب	your answer came quite close to the truth

٦. ذُكِرت كلمة "أواجه" في النص، لاحِظوا التعبيرات التالية:

وجهًا لوجه	face to face
لوجه الله	for God's sake
سودّ وجهه	expose s.o., make a fool of s.o.
كلام ذو وجهين	equivocal statement

٧. نقول "فات الوقت" ومعناها it is (too) late ونقول "فاتته الفرصة" بمعنى he missed the chance كما نقول فاتته الطيارة he missed the plane. كذلك تعلموا "قبل فوات الأوان" before it is too late

٨. لاحظوا هذه التعابير المحتوية على الفعل "قدّم":

هذا ما قدّمت يداك	this is what you have committed or perpetrated
هو شخص يقدم رجلًا ويؤخّر أُخرى	he is a hesitant person, he is undecided
هذه الأشياء لا تقدم ولا تؤخر	these things are of no consequence

٩. نقول "إسعافات أولية" first aid، لاحظوا التعابير التالية المحتوية على الجذر (أ و ل):

أولًا وأخيرًا	first and last
في أوائل العشرينات (الثلاثينات، الأربعينات)	in the beginning of the twenties (thirties, forties)
أول أمس = (أمس الأول) = (أول البارحة)	the day before yesterday
أول ما	the moment when

١٠. وردت كلمة "هناء" في النص، لاحظوا أننا نقول لشخص يأكل "هنيئًا لك" أو "هنيئًا مريئًا" بمعنى Bon appétit! I hope you enjoy it

١١. صواب: شاهدنا كلمة "صواب" كثيرًا ونعرف معناها "صحيح". لكن ما هو الجذر؟ الجذر هو "صوب." والصفة هي "صائب" the one who aims for the truth

مثال: هي على صواب في رأيها أو هي صائبة في رأيها She is right in her view.

من العبارات المشهورة في اللغة العربية "من كل حدب وصوب" from every direction

من كلمة "حدب" هناك كلمة "أحدب" وهي صفة. **مثال** "أحدب نوتردام" Hunchback of Notre Dame

تمرين 39 ترجموا من العربية إلى الإنجليزية

١. الرجولة معناها أن تكون مسؤولًا عن أفعالك أولًا وأخيرًا.

٢. بينما كنت أمشي مع صديقي حامد في حديقة المدينة، لم يعد حامد يفهم ما يدور حوله أول ما رأى حبيبته في أحضان رجل آخر، فما كان منه إلا أن نظر في **حيرة** puzzlement ناحيتي، ثم ناحيتها، وصار يتمتم بكلمات غير مفهومة ولم يتزحزح من مكانه.

٣. يعتبر الاتحاد العام للجمعيات الخيرية في الأردن من الهيئات المحلية المميزة، التي تعطي الكثير في مجال التربية الخاصة.

٤. قالت له بغضب: "إن في كلامك كل يوم أنينًا مُفتعلًا لا يُفهم ولا يقدم ولا يؤخر ولا يضيف جديدًا."

٥. كل شخص منا يتحمّل مسؤولية ما قدمت يداه في هذه الدنيا.

تمرين 40 اعرفوا زملاءكم مستخدمين المفردات والعبارات الثقافية التي درستموها

١. ما الذي يفتح شهيتهم على الأكل؟

٢. هل هم متحمسون وعلى أتمّ ما يكون لدراسة العربية هذا الفصل؟ لماذا؟

٣. هل يفضلون إجراء المقابلات عبر الـ"تليفون" أو وجهًا لوجه؟ لماذا؟

٤. هل يقدمون مساعدات لغيرهم لوجه الله وبدون أيّ مُقابل مادي؟

٥. كيف يتعاملون مع شخص ذي وجهين؟

٦. هل فاتتهم الطائرة أو فاتهم الأوتوبيس أو القطار ذات مرة؟ ماذا حدث؟

٧. ما القرارات التي يقدمون فيها رجلًا ويؤخرون أخرى؟

تمارين إضافية على مفردات الدرس

تمرين 41 **اختاروا الكلمة الصحيحة لتكملوا الجمل التالية**

١. يقول الباحثون إن هناك ________ عدة تؤثر في نظام التعليم في البلاد المختلفة إلى حد بعيد، منها الثقافية والسكانية والاقتصادية والجغرافية والسياسية.

أ. مهارات | ب. مجاملات | ج. عوامل

٢. أعلن وزير الخارجية البريطاني "بوريس جونسون" في "أنقرة" أنه ________ بكل معنى الكلمة بامتلاكه غسالة ملابس من إنتاج تركي.

أ. فخور | ب. مؤلِم | ج. بسيط

٣. رفض البيت الأبيض أكثر من مرة التعليق على ما تناقلته وسائل إعلام أمريكية حول ________ سوريا بـ**صواريخ** rockets تكتيكيّة روسية من نوع "توشكا."

أ. تكوين | ب. تغريد | ج. تزويد

٤. نشر الرئيس الأمريكي المُنتخَب "دونالد ترمب" صورًا للبيت الأبيض كُتِب عليها كلمة (أسبوعين) عبر صفحته الشخصية على موقع تبادل الصور "انستجرام" قبل ________ـه الحُكم.

أ. ذوبان | ب. استلام | ج. استسلام

٥. يكون ________هيئة التدريس الزائر أستاذًا متميزًا ضمن هيئة تدريس وغالبًا ما يكون في إجازة من كلية أو جامعة أخرى، أو من مؤسسة تعليمية أو بحثية. يكون التوظيف كأستاذ زائر إمّا على أساس فصل دراسي واحد، أو على أساس سنوي.

أ. رسّام | ب. قطيع | ج. عضو

٦. بالنسبة لي، ساعة "آبل" لا مثيل لها في عالم الساعات، حيث يمكنها قراءة وتسجيل ________ القلب، كما يمكنها إرسالها على هيئة **اهتزازات** vibrations, waves لأصدقائك.

أ. تقليب | ب. انطلاق | ج. نبضات

٧. من الجميل أن ________ كل واحد منا نفسه عند الغضب، وأن يعيش هادىء الأعصاب ويبدأ يومه بابتسامة في وجوه الآخرين.

أ. يعجب | ب. يتمالك | ج. يعتبر

٨. أكد الطبيب لأسرة المريض أنّ حالة ولدهم الصحية تحسّنت بشكل ملحوظ، وأنه ________ مرحلة الخطر إلى حدّ كبير، وذلك بعد إصابته بأزمة قلبية مفاجئة مساء أمس.

أ. أبكى	ب. اجتاز	ج. أدرك

٩. بلا شك، أحب لعب "تِنس" الطاولة على أعلى المستويات، وأعشق الدخول في ________ دولية في هذا المجال.

أ. تصورات	ب. منافسات	ج. عيادات

١٠. مع تطوّر مرض مراحل الـ"زهايمر،" تحدث بعض التغيرات في شخصية المريض وتصرفاته، مثل ________ بالقلق والتوتر أو جنون الشك، كما يمكن أن يواجه المريض صعوبات في اللغة والحديث، وقد تتطور معه هذه الحالة إلى درجة صعوبة فهم ما يريد التعبير عنه.

أ. الانطلاق	ب. الإعجاب	ج. الإصابة

تمرين 42 **اختاروا الكلمات الصحيحة لملء الفراغات**

اسعَ جاهدًا	أجرى	تقديم	حمّل	الهدوء	الفينة	مرافق	فخورون	ارتقى	جليس	منتجة	لغة الضاد

١. ________الرئيس المصري اتصالًا تليفونيًا بالرئيس الأمريكي المنتخب وهنّأه بالفوز. وأبدى الرئيس الأمريكي سعادته بالاتصال خصوصًا وأنه أول اتصال هاتفي من أي رئيس دولة في العالم.

٢. تعتبر "البرازيل" أكبر دولة ________ للقهوة، حيث تبلغ نسبة إنتاجها أكثر من ثلث إنتاج القهوة في العالم.

٣. أسلوبك في التعامل مع الآخرين يعكس مستوى مكانتك، فكُلّما ________ أسلوبك ارتفعت مكانتك والعكس صحيح، فإذا أردت أن تُقلّل من سلبيّاتك، فانظر إلى إيجابيّاتك ثم ________ ________ كي تطورها.

٤. سُميّت اللغة العربية بـ ________ ________ لوجود حرف الضاد الذي تميز عندما دخل غير العرب الإسلام، وعرف العرب أن هذا الحرف هو الحرف الوحيد الذي لا يوجد في أي لغة من اللغات، وأنه من الصعب النطق به لغيرهم . لذلك نجد الكثير من الشعراء يشعرون بأنهم ________ بحرف الضاد، وتغنّوا به، بل إنهم ذكروه في بعض قصائدهم.

٥. نشرت إحدى الجرائد إعلانين: الأول يقول "مطلوب ________ شخصي لرجل أعمال ويجب أن يكون عربيًا يحمل الجنسية الأمريكية ولديه خبرة في تنسيق إجراءات السفر الخارجية والمعالم السياحية لبلاد أوروبية وأمريكية." أما الثاني فيقول: "مطلوب ________ شاب ما بين ٢٥-٥٠ سنة لرجل كبير في السن ومريض مع إقامة كاملة ومرتب ممتاز".

٦. الليلة الماضية، استمعت مع صديقي إلى أغنية بعنوان (نسخة منك) لمغنٍ عربي اسمه "أدهم نابلسي،" أحببتها كثيرًا و________ـتـها على "تليفوني" من على الـ "يوتيوب،" مما يعني أنني سأستمع إليها أثناء الجري بشكل دائم. الحمد لله، كانت جودة صوت الأغنية عالية.

٧. ________ لا يعني عدم القدرة على الحديث، أو ضعف في الشخصية، بل بالعكس فهو **دليل** proof على القوة والوعي والقدرة على الحديث في الوقت المناسب.

٨. في الشهور الأولى لحمل المرأة، قد يحدث شعور بالدوخة بين ________ والأخرى، وذلك لانخفاض **ضغط** pressure الدم، وهذا أمر طبيعي، كما أنّ حاجة المرأة الغذائية تزداد يومًا بعد يوم مع عدم تناولها ما يكفي لها من الطعام.

٩. يا للهول! فقد الرئيس وعيه عندما كان يتكلم على الـ"تليفزيون" أمس، وسعى العاملون هناك جاهدين إلى ________ كل ما يلزم لعلاجه على الفور.

تمرين 43 اعرفوا زملاءكم

١. هل لديهم شغف بشيء ما؟ ما هو؟ كيف يسعون لتنمية ذلك الشغف؟

٢. هل هناك أشياء ساهمت في تغيير أسلوب حياتهم؟ ما هي؟ كيف غيرتهم؟

٣. هل حمّلهم والداهم **مسؤولية** responsibility أي شيء وهم صغار؟ ما هي تلك المسؤولية؟ وهل قاموا بها أم لا؟

٤. بعض الناس يقولون: "انتبهوا! لا يمكنكم اتخاذ قرارات صائبة قبل سن الثلاثين". ما رأيكم في هذا القول؟

٥. هل يحبون الدخول في منافسات؟ أي نوع من تلك المنافسات؟

٦. هل يعرفون أحدًا أُصيب بمرض شديد أو أُصيب في حادث سيارة أو لعبة رياضية؟ من هو؟ ما هي الإصابة؟ ماذا فعلوا بعد الإصابة؟ Talk about the injury in general terms.

٧. هل يهتمون بالفن؟ أي نوع من أنواع الفن؟ منذ متى بدأ اهتمامهم به؟ لماذا يحبونه؟

تمرين 44 (كتابة حرة free writing) أكملوا بما يناسب الجزء الأول من الجمل التالية

١. يجب أن أجد نصفي الآخر، لم أعد أطيق العيش ...

٢. لا تحمّل نفسك ما لا تطيق، ولا ...

٣. بلا شك سأسعى جاهدًا لأتكيّف مع الحياة في الشرق الأوسط، فـ ...

٤. أنا متخصص في الـ"موسيقى" الشرقية، بعد زيارتي الأخيرة إلى لبنان وحضور حفلة موسيقية للمغنيّة فيروز، تفتحت قريحتي وصار لديّ ...

٥. عذرًا أعزائي، فلقد ...

٦. كم رائع أن أُحسّ ...

٧. بعد مناقشتي الأولية مع مدير الشركة، ...

٨. مَن منا لا يتطلع دومًا ...

٩. قلة إيمانه بالله تجعله دائمًا أكثر ...

١٠. استقبلتُ ...

١١. استلمتُ ...

تمرين 45 ترجموا إلى الإنجليزية

١. أمس، قرأت عبارة من أروع ما يكون، تقول العبارة: "إنّ اللسان وسيلة التعبير عن مكنون الصدور والقلوب، فاحفظ اللسان تعش بسلام."

٢. هل استلم الجيش الحر في سوريا أسلحة مُضادّة للطائرات؟

٣. احتجّ المتظاهرون في كافة أنحاء البلاد على رفع الأسعار، وهدّدوا بالقيام بثورة لا رجعة فيها، والانقلاب على الحكم.

٤. "ربنا لا تحمّلنا ما لا طاقة لنا به." (قرآن: سورة البقرة)

٥. بمجرد موت زوجها، تحمّلت مسؤولية كبيرة، وغيّرت نظرتها للحياة.

٦. آسف، فاتني أن أبلغك أن آراءك في قضايا اللاجئين لا تمثّل اتجاهات واهتمامات الجمعية التي تعمل بها، وأنصحك أن تغير من طريقة تفكيرك عاجلًا أو آجلًا.

٧. أسفرت النتائج الأولية للانتخابات عن فوز المرشح الجمهوري وتقدمه بخمسين صوتًا. يا الله طار عقلي عندما سمعت الخبر!

٨. ليس الفتى مَن who, that قال: "كان أبي." إنّ الفتى من قال: "هأنذا."

تمرين 46 اسألوا بالعربية

1. What makes them calm down quickly when they are angry?

2. Have they ever flown business class? When?

3. What makes them feel most proud of themselves?

4. Have they submitted an application in the past year? To whom?

5. In their opinion, what is effective thinking?

تمرين 47 ماذا تقولون لزملائكم في المواقف التالية مستخدمين مفردات درستموها في الجزء الثاني أو في هذا الدرس (يمكنكم استخدام صيغة الأمر حسب الحاجة)

١. لكم صديق عصبي وسريع الغضب

٢. تطلّعات زميلكم أكبر من طاقته وقدراته

٣. صديقكم يشعر برهبة عند دخوله الامتحانات

٤. صديقكم لديه شغف لا يوصف بحبيبته

٥. صديقكم لا يلتزم بالمواعيد التي يعطيها لكم، ويقدم لكم أعذارًا لا أساس لها كل مرة

تمرين 48 (القصة): أجيبوا عن الأسئلة التالية

This is a drill about the main text. You need to reflect on the text and its further implications.

١. يعبّر والد آدم عن رأيه في القراءة في الفقرة الأولى. ما هو هذا الرأي؟ وما رأيك فيه؟

٢. مَن ينصحك عادةً؟ هل تتذكر أية نصيحة منه / منها؟ ما هي تلك النصيحة؟

٣. لماذا كان الوقت قبل مقابلة العمل لآدم مصيريًا؟

٤. ما رأي آدم في مقابلات العمل؟ هل توافق؟ لم (لا)؟

٥. يقول آدم في نهاية النص: "خير جليس في الزمان كتاب." هل توافق؟ لم (لا)؟

٦. تخيلوا أنه كانت عندكم مقابلة عمل، ولم تحصلوا على العمل. اكتبوا فقرتين: فقرة تصفون فيها مشاعركم وأخرى تتحدثون فيها عن خططكم بعد ذلك.

تمرين 49 يللا نمثل

You are traveling on a business trip, a family visit, or to perform hajj or omra. Call the airline and purchase the tickets you need. Here are some expressions you may need to use:

by land	برًّا	return (trip)	ذهابًا وإيابًا = (روحة رجعة)
by air	جوًّا	airline company	شركة طيران
by sea	بحرًا	taxes	رسوم ضريبة

تمرين 50 يللا نمثل

For some reason, you miss your flight. Go to the airline desk, talk to the airline associate, and figure out what needs to be done to get you to your destination as quickly as possible. Some useful expressions are:

taking off and landing	إقلاع وهبوط	travel cancellation	إلغاء السفر
		I missed my flight	راحت عليَّ الطيارة

تمرين 51 (مراجعة ملاحظات ثقافية ولغوية من الدروس الماضية): صلوا التعابير بمرادفاتها

	حالا	١.	عند اللزوم
	لا شك	٢.	على الفور
	يا للمصيبة	٣.	على شكل
	حسب الحاجة	٤.	كان يا ما كان
	متأكد	٥.	لا ريب
	بالطبع	٦.	لا شبيه
	في يوم من الأيام	٧.	من خلال
	على هيئة	٨.	يا للهول
	بالتحديد	٩.	على يقين
	كما تحب	١٠.	بإذن الله
	لا مثيل	١١.	بالتأكيد
	خاطيء	١٢.	بالضبط
	بمشيئة الرب	١٣.	شأنك
	عن طريق	١٤.	عارٍ من الصحة

ملاحظات ثقافية ولغوية على مفردات نص القصة (٢)

١. تعلموا هذه التعبيرات:

من غير وعي = (دون وعي)	unconsciously
فقد وعيه	lost consciousness
عاد إلى وعيه	regain consciousness
لا يعي ما يقول	he is not aware of what he is saying

٢. تعلموا الكلمات والتعبيرات التالية والتي تحمل نفس جذر "تطلع":

في مطالع العشرينات	في أوائل العشرينات
المطالعة	القراءة
استطلاع حب استطلاع حبًا في الاستطلاع	study, research, investigation curiosity out of curiosity

٣. تعلمنا كلمة مصير، تعلموا: "تقرير المصير" بمعنى self-determination

٤. درسنا كلمة "أطاق،" والآن تعلموا هذا التعبير: "شيء لا يُطاق" something unbearable

٥. من الجذر (ب ع د)

بُعد نظر	far sightedness
على بُعد ١٠٠ متر	at a distance of 100 meters

٦. تعلموا التعبيرات:

اِرْفع رأسك	be proud (Raise your head!)
رفع رأس والده	give cause for pride to his father
رفع قضية على...	bring legal action against (s.o)

٧. نقول "**هَدِّيء من روعِك**" أو "**هديء أعصابَك**" بمعنى calm down or take it easy

٨. تعلموا هذا التعبير "**طريح الفراش**" بمعنى bedridden, confined to bed

٩. نقول "**جليسة أطفال**" أو "**جليس أطفال**" بمعنى babysitter وكذلك نقول "**جلسة**" و جمعها جَلَسات بمعنى "session"

١٠. **امتحان الكفاية الشفوية** هو (oral proficiency interview (OPI هو امتحان **صمّمه** designed it المجلس الأمريكي لتعليم اللغات الأجنبية. وهو امتحان رسمي و**معتمد** accredited. حسب الامتحان، فإنّ مستوى كفاية المتكلم إمّا أن يكون مبتدئًا أو متوسطًا أومتقدمًا أو متميزًا.

١١. نقول "**صورة طبق الأصل**" بمعنى true copy

١٢. قول "**سعى في الأرض فسادًا**" بمعنى he spread evil، كما نقول "**السعي وراء الرزق**" بمعنى pursuit of one's livelihood. ويقول الناس في مصر "أكل عيش" للتعبير عن السعي وراء الرزق.

تعلموا هذه التعبيرات:

after a lot of trouble	بعد جهد جهيد
he worked as much as he can	عمل جهد طاقته = (عمل جهد إمكانه)

تمرين 52 اعرفوا زملاءكم مستخدمين المفردات والعبارات الثقافية التي وردت في النص

١. هل حدث مرة أن غضبوا كثيراً وأصبحوا لا يعون ما يقولون؟ متى وماذا حدث؟

٢. هل يعرفون أحدًا عنده حب الاستطلاع؟ ما رأيهم في ذلك؟

٣. بالنسبة لهم، ما الأشياء التي لا تطاق في حياتهم؟ لماذا؟

٤. هل يشعرون بأنهم رفعوا رأس والدهم أو والدتهم ذات مرة؟ متى؟ ماذا حدث؟

٥. هل يتذكرون مرة كانوا فيها طريحي الفراش؟ ماذا حدث وكيف أثر عليهم؟

٦. هل يعرفون شخصًا صورة طبق الأصل عن والدهم أو والدتهم؟ من هو / هي؟ كيف يشبه / تشبه والدهم أو والدتهم؟

٧. هل عملوا جهد طاقتهم للوصول إلى هدف في حياتهم؟ هل وصلوا أو ما وصلوا؟ ماذا حدث؟

تمرين 53 ترجموا الجمل التالية إلى الإنجليزية

١. أتساءل كثيراً وأقول في قرارة نفسي: "يا تُرى! هل يحق للابن أن يرفع قضية على والده الظالم أم لا؟"

٢. لا مجال للشك بأن المطالعة هي مفتاح الوصول إلى مختلف فروع المعرفة الإنسانية، وهي من الوسائل الأساسية لتحقيق التعلم المستمر لكافة أفراد المجتمع.

٣. فقد مسافر وعيه وسقط على الأرض أثناء رحلة طيران من "شانغهاي" إلى "غوانجو" في "الصين"، كان من اللازم **إنقاذ** rescuing حياته في أسرع ما يمكن، الحمد لله، كان هناك طبيب يجلس بجانبه.

٤. مِمّا تعلمته أنّ حق تقرير المصير يُعتَبَر من القواعد الأساسية في القانون الدولي.

٥. كان من نصيبي أن أنزل في شقة بفندق يقدم إقامة مريحة، ويقع على بُعد ١٥٠ متراً من شاطيء البحر وحوالي ٢ كيلومتراً من مركز المدينة.

٦. يا أخي! هديء من روعك، وتخلّص من التوتر. كُن خالي البال ولا تشتكِ كثيراً، فالشكوى لغير الله مذلّة.

تمرين 54 ترجموا من الإنجليزية إلى العربية مستخدمين العبارات التي درسناها

1. They spread evil.

2. Be proud! Your father died defending his country.

3. Finally, she achieved her goals after a lot of trouble.

4. The OPI is a 15–30 minute conversation between an ACTFL tester and the **testee** (المُمتَحَن)

5. Sometimes, I wonder how it was like to live in the early twenties.

تمرين 55 **يللا نمثل**

Your little brother is a very curious person. His crazy curiosity has caused him to have an accident, which cost him a lot (or he almost lost his life because of curiosity). Talk to your mother first about his crazy curiosity and then talk to your brother. (Use as many cultural and linguistic notes, mentioned in this lesson, as you can.)

ظلال ثقافية (٥): أشهر المعاجم العربية

بدأت فكرة **المعجم** (وهي الترجمة الصحيحة لكلمة dictionary) عند العرب بعد نزول القرآن الكريم ودخول غير العرب في الإسلام بسبب صعوبة بعض مفردات القرآن. بعد ذلك، ظهرت المعاجم العربية في النصف الثاني من القرن الثاني الهجري، ومنها (العين) للفراهيدي و(الصّحاح) لأبي العباس الجوهري و(أساس البلاغة) للزمخشري و(القاموس المحيط) لـ"فيروز آبادي" و(المصباح المنير) لأحمد الفيومي.

ومن المعاجم العربية الحديثة (الوجيز) و(الوسيط) لمجمع اللغة العربية بالقاهرة، و(المُنجِد) لـ"لويس" المعلوف و(متن اللغة) لأحمد رضا و(محيط المحيط) لـ"بطرس البستاني."

ومن أهم المعاجم الحديثة **الثنائية** bilingual اللغة (المورد) و"هانز فير."

تمرين 56 **يللا نبحث**

اختاروا اسمًا من أسماء المعاجم وقدموا تقديمًا بسيطًا عنه في الفصل أو اكتبوا مائة كلمة عنه

واحة القواعد (١): المضارع المنصوب

درسنا المضارع المنصوب في الجزء الثاني، انظروا إلى الأمثلة التالية التي جاءت في النص:

- كي أتبحرَ أكثر
- ... قادر على أن يعيشَ عصرَه
- ليظلَ منتجًا
- فاتني أن أخبرَكم
- ... لأن أعملَ في مجال الصحافة

الفعل المضارع يكون منصوبًا بعد حروف مثل: أنْ، لن، كـي ، لكي، حتى

حركة المضارع المنصوب هي الفتحة عندما يكون الفاعل أنا، نحن، أنتَ، هو، هي.

لكن مع أنتِ، أنتما، هما، أنتم، هم، فعلامة نصب المضارع هي **حذف النون**. لذلك نقول:

- كي تتبحروا أكثر
- ليظلا منتجَين

- ... لأن تعملي في مجال الصحافة

لا تغيير مع هنّ وأنتنّ (نَ).

- كي تتبحرنَ ...
- لأن تعملنَ ...

تمرين 57 **جدوا find أمثلة أخرى على المضارع المنصوب accusative في النص. ما هذه الأفعال ولماذا هي منصوبة؟**

تمرين 58 **أجيبوا على الأسئلة التالية مستخدمين المضارع المنصوب**

١. ما هي هوايتكَ / ـكِ المفضلة؟ لماذا تحب / ـين هذه الهواية؟

٢. هل تشاهد / ين الـ"تلفزيون"؟ لمَ (لا)؟

٣. لماذا قررتَ / تِ أن تدرس/ ـي في هذه الجامعة؟

٤. هل تصاب / ـين بالتوتر قبل الامتحانات؟ لماذا؟

٥. هل لكَ / ـكِ صاحب / صاحبة أو زوج / زوجة؟ هل تطيق / ـين البُعد عنه / عنها؟ لمَ (لا)؟

٦. هل أنتَ / ـتِ متحمس/ متحمسة لدراسة الأدب العربي؟ لم (لا)؟

٧. هل والداكَ / كِ يساعدانكَ / ـكِ في تكاليف الجامعة؟ كيف ولم (لا)؟

٨. هل عند والديكَ / ـكِ حساب في مواقع التواصل الاجتماعي؟ لأيّ هدف يستخدمانه؟

٩. هل تعمل / ـين وتدرس / ـين في نفس الوقت؟ لماذا؟

تمرين 59 **يللا نمثل**

Your friend is looking for a job or a college admission; give him/her some suggestions. He/she will need to either accept or reject your suggestions. You both need to use the subjunctive المضارع المنصوب. See Appendix II for common dialectal expressions.

مثال:

أنت: مالك؟ يا ابن الحلال؟ أعرف أنك تسعى جاهدًا للحصول على وظيفة مناسبة، ليش ما تقوم بتحميل سيرتك الذاتية على إحدى مواقع المساعدة في البحث عن وظيفة مثل bayt.com؟

زميلك: لا... لا، لن أفعلَ ذلك على الإطلاق، فأنا بموت من تلك الشركات التي ترسل لك عشرات الرسائل كنوع من الدعاية ويريدون أن يشاركوك في راتبك آخر الشهر.

واحة الجذور والأوزان ومعانيها: الجذر (و ع ي)

تمرين 60 هذا الفعل مثير جدًا لأن فعل الأمر منه هو كما يلي:

أنت	عِ
أنتِ	عي
أنتما	عِيا
أنتم	عوا
أنتنّ	عينَ

١. **صرّفوا** conjugate الفعل (وعي) في الماضي والمضارع

٢. ما اسم الفاعل واسم المفعول (if it exists **إن وُجِد**)

تمرين 61 استماع القصة ١

استمعوا إلى النص واملأوا الفراغات التالية

مرحبًا بكم أعزائي! بعد دراسة اللغة العربية والقرآن في أبو ظبي، تفتّحت ________ (١) وصار لديّ ________(٢) وعِشق لا يُوصَف كي أتبحّر أكثر في ________ (٣) لغة الضاد، فأنا بلا شك أعشق الأدب بشتّى أنواعِه وأحب القراءة والكتابة حبًا جمًا. كم ________ (٤) في أذني كلماتُ والدي حين قال لي ذات مرة، "اسمع يا بني، إنّ الشخص ________ (٥) قادرٌ على أن يعيش عصره، ليظلّ منتجًا________ (٦)، القراءة يا بني تُساهم بدرجة كبيرة في ________ (٧) شخصية الفرد، و________ (٨) بأسلوب تفكيره، وتساعد على رسم واقعه الاجتماعي و________ (٩) وقيَمه."

________ (١٠) أحبائي، فلقد فاتني أن أُخبركم من قبل أنني متخصص في الصحافة و________ (١١) جدًا في هذا المجال حيث إني ________ (١٢) في جمعيات صحافية عالمية كثيرة، وكما تعرفون فسوف أتخرّج من الجامعة هذا العام إن شاء الله، سأكون ________ (١٣) لأن أعمل في مجال الصحافة بشكل رسمي. بالنسبة لي، فإن قرار السفر إلى الشرق الأوسط أصبح من ضمن الآراء ________ (١٤) والقرارات التي لا رجعة فيها، فأنا الآن ________ (١٥) على البحث عن عمل هناك حيث أني حَمّلت سيرتي ________ (١٦) وقدّمت طلبات توظيف كثيرة لـ________ (١٧) إعلامية شتّى في دول عربية مختلفة، و________ (١٨) العديد من المقابلات. وهأنذا أنتظر النتائج! كم جميل أن تُحِسّ بأنك قادر على التعبير عن نفسك بسهولة و________ (١٩)! هذا ما شعرت به وأنا أكتب لأول مرة رسالة رسمية بالعربية لقناة ________ (٢٠) في الشرق الأوسط. أرسلتها لوالدي عبر الـ"إيميل" لـ________ (٢١) لي وكان فخورًا جدًا بي عندما قرأها.

واحة القواعد (٢): الحال

لننظر let's look إلى ما يلي:

قرأتم في الدرس الثامن (من الكتاب الثاني) الجمل التالية:

١. أجلس مع نفسي كثيرًا أقلب صفحات الماضي.

٢. قضت والدتي ليلة السفر تجهز حقائب السفر ومستلزماته.

٣. وتجمعت مضيفات الطائرة حولنا يحاولن أن يعالجن الأمر.

٤. كما لمحت من بعيد بنات يحملن جرار الماء على الحمير.

٥. جاء بعض شباب تلك المنطقة يسألوننا إن كنا بحاجة إلى المساعدة.

وفي الدرس العاشر

وأتكلم معكم الآن وأنا في غرفتي.

If you were to ask a question about the underlined words, what question word would you use?

نعم هي (كيف) التي تصف حالة الفاعل which describes the condition of the subject. هذا هو الحال.

- كيف أجلس؟ الجواب: مع نفسي وأقلب صفحات الماضي
- كيف قضت والدتي ليلة السفر؟ الجواب: تجهز حقائب السفر ومستلزماته
- كيف تجمعت مضيفات الطائرة؟ الجواب: يحاولن أن يعالجن الأمر
- كيف أتكلم معك؟ الجواب: وأنا في غرفتي

للحال **أشكال** forms مختلفة منها:

١. اسم مفرد: أجلس مع نفسي مقلبةً صفحات الماضي. (اسم فاعل من قلّب)

٢. جملة اسمية: أجلس مع نفسي وأنا أقلب صفحات الماضي. (أنا: مبتدأ، أقلب صفحات الماضي: خبر)

٣. جملية فعلية فعلها مضارع: أجلس مع نفسي أقلب صفحات الماضي.

٤. جملة فعلية فعلها ماضٍ (قد + الماضي)

٥. شبه جملة phrase: أجلس مع نفسي.

الحال يجب أن يكون منصوبًا وعندما يكون اسمًا تكون حركة النصب ظاهرة كما يلي:

اسم مفرد مذكر sing. masc. noun	أجلس مع نفسي مقلبًا ...
اسم مفرد مؤنث sing. fem. noun	أجلس مع نفسي مقلبةً ...
اسم مثنى مذكر dual masc. noun	يجلسان مع نفسيهما مقلـِّـبَيْن ...
اسم مثنى مؤنث dual fem. noun	تجلسان مع نفسيهما مقلـِّـبـتـيـْن ...
اسم مذكر جمع pl. masc. noun	يجلسون مع أنفسهم مقلـّبين ...
اسم مؤنث جمع pl. fem. noun	يجلسن مع أنفسهن مقلباتٍ ...

تمرين 62 **حددوا الحال في الجمل التالية**

١. في الفقرة الأخيرة في النص هناك مثال على حال الجملة underline it

بعد أن تجدوا الحال، أكملوا الجدول التالي:

اسم مفرد مذكر sing. masc. noun	
اسم مفرد مؤنث sing. fem. noun	
اسم مثنى مذكر dual masc. noun	
اسم مثنى مؤنث dual fem. noun	
اسم مذكر جمع pl. masc. noun	
اسم مؤنث جمع pl. fem. noun	

٢. ... لاكتشاف البنات الجميلات ومشاهدة أجسامهن عارية بدون تجميل. (الدرس ١٢ في الجزء الثاني)

٣. حضر والدي معي وهو يرغب أن يدرس ليكون مستشرقًا.

٤. لا أستطيع أن أعيش حياتي بعيدًا عن عائلتي وأصدقائي. أود أن أبقى قريبًا منهم فالحياة صعبة ولا بد من السفر أحيانًا.

٥. في شوارع هذه المدينة تشاهد كثيرًا من الناس يُقـبِّلون بعضهم البعض ويمشون وهم ملتصقون ببعضهم البعض أيضًا. يبدو أن هذه المدينة تعشق الجو الرومانسي.

٦. لي زميل يحب أن يقرأ للصغار. يذهب إلى المكتبة ويجلس أمام الصغار يحكي لهم قصصًا جميلة، ويجيب عن أسئلتهم، ويعطيهم هدايا ليشجعهم على قراءة الكتب.

تمرين 63 هل تذكرون موقفا غريبًا حيث رأيتم شيئًا أو شخصًا يقوم بشيء جذب انتباهكم أثناء حدوث شيء آخر؟

Do you remember a strange or unusual situation where something or someone did something while another action was taking place?

مثال: عندما دخلت البيت شاهدت أبي يلعب الـ"يوغا." كانت أول مرة في حياتي أشاهده يمارس هذه الرياضة.

- تحدثوا عن هذه الأشياء لزملائكم.
- فكروا في مواقف مشابهة وعبروا عنها باستخدام الحال.

ظلال ثقافية (٦): أمثال شائعة

(الأمثال في هذا القسم لها علاقة بالمفردات التي جاءت في النص)

كُلّ شي قِسْمَةْ وْنَصيبْ

Everything is fated and destined

This is a fatalistic remark, often said to justify failure to achieve something. Also, it can be said by someone who believes that worldly affairs and success are God's business and that no human being can alter or change what God wills.

عُذْرٌ أَقْبَحُ مِنْ ذَنْبٍ

An excuse … worse than the fault

Said to describe a guilty person who aggravates his offense by coming up with a silly excuse. There is a story behind this proverb: A king had a jester in his court for entertainment. One day, the king asked him to make a mistake and then to come up with a lame excuse. While the king was standing on the balcony of his palace, the jester snuck up behind him and slapped the king on the back of his neck. The king got very angry with him, and he said, "Oh, you fool, how could you do this to me?" The jester replied, "Sorry, Your Majesty, I thought that you were the queen." The king was extremely mad, but the jester said to him, "Was not that what you ordered me to do? This excuse is worse than a fault."

تمرين 64 قوموا **بخلق** create وتمثيل موقف من المواقف واستخدموا ما يناسب من الأمثال السابقة في السياق الصحيح. يمكن للأستاذ أن يقسم الفصل إلى مجموعات ويطلب من كل مجموعة أن تستخدم مثلًا مختلفًا.

ظلال ثقافية (٧): الأمثال والحِكَم

درسنا الكثير من الأمثال في الجزأين الأول والثاني من كلمة ونغم، لكن السؤال: ما الفرق بين المثل والحكمة؟

المَثَل (ج) الأمثال proverbs: هي جمل وصفية **مُختصرة** brief وذات معنى صحيح، وتبين حياة الناس **ومكانتهم** status في الضعف والقوة. وتختلف الأمثال حسب عيش الناس وأحوالهم، فأهل الصحراء، تجيء أمثالهم من البيئة الصحراوية وأهل البحر أمثالهم مأخوذة من حياة البحر وهكذا.

وللمثل علاقة بموقف أو حادثة قيل فيها ثم انتشر على ألسنة الناس، فأصبح يُستخدم في كل موقف يشبه الموقف الذي جاء فيه. وقد جمع (الميداني) كثيرًا من الأمثال العربية في كتابه (مَجْمَع الأمثال).

ومن الأمثال ما يلي:

بَلَغ السَّيْلُ الزُّبى *The matter reached the climax.*

السَّيل: جريان الماء، ونقول **سال الماء** = (جرى الماء)

زُبْيَة (ج) زبى، وهي حفرة في مكان عال، بعيدة عن جريان الماء، يحفرها صياد الأسود. فإذا وصلها الماء الجاري كان قويًا شديدًا.

The proverb is used to describe someone who has crossed the line in his/her talk or action and that the interlocutor cannot take that anymore.

الحِكمة (ج) الحِكَم wisdom:

قول مختصر **دقيق** precise وصائب الفكرة، يقوله مَن عنده رأي وخبرة ويحمل القول في داخله معانيَ ورسائل لتصحيح التصرفات مثلًا. وتختلف الحكم عن الأمثال في أنها في الغالب لا علاقة لها بقصة أو موقف سابق حدث.

الكتبُ بساتين العقلاء *Books are the gardens of the learned.*

افعل الشيء الصحيح فذلك سيجعل البعض ممتنًا وسيدهش الأخرين

"Always do right. This will gratify some people and astonish the rest." Mark Twain

استماع (٢)

استمعوا إلى قصص أشهر الأمثال العربية ولخصوا واحدًا من الأمثال الثلاثة التي وردت في النص. ناقشوا المثل الذي أحببتموه مع زملائكم في الصف.

تمرين 65 يللا نمثل

We have studied many proverbs in volume I and II of this series. Explain the following proverbs (or some of them) by acting them out. (This can be done in small groups.)

١. إذا كان الكلام من فضة، فالسكوت من ذهب

٢. إذا حضرت الملائكة هربت الشياطين

٣. إذا لم تستح فاصنع ما شئت

٤. أشهر من نار على علم

٥. خير الأمور الوسط

٦. ضحك من غير سبب قلة أدب

٧. العين بالعين والسن بالسن

8. القرد في عين أمه غزال

9. لسانك حصانك

تمرين 66 اقرأوا المواقف التالية، وهاتوا مثلًا مما درستموه فيما سبق

١. قال لك صديقك إنه لن يتزوج بعد أن طلق زوجته وإن الحب والقصص العاطفية ليست من اهتماماته بعد اليوم. وبعد شهرين، رجع ليخبرك بأنه يحب بنتًا جميلة ولا يستطيع العيش بدونها.

٢. أخوك الصغير يضحك دائمًا بسبب وبدون سبب.

٣. أبوك سمح لأخيك أن يستخدم الكمبيوتر لساعتين. بعدها خرج أبوك من البيت. حينها، رجع أخوك الصغير ليلعب مرة أخرى.

واحة القواعد (٣): المبني للمجهول Passive Voice

We will introduce المبني للمجهول to help us comprehend the following رسالة. We will elaborate on this topic and how to make active voice into passive voice in later دروس.

شاهدنا الجمل التالية في الجزء الثاني من كلمة ونغم:

١. يُعتبَرُ أكل التمر والشوربات بأنواعها المختلفة عادة من عادات رمضان.

Eating dates and different types of soup is considered one of the habits of Ramadan.

Who is the one who considers ...? لا نعرف

٢. وتطل المدينة على الخليج حيث تُـحاطُ بمياهه الصافية المتلألئة. الدرس ١٠

And the city overlooks the Gulf, where it is surrounded with glowing clear waters.

Who causes/caused the glowing waters to surround ...? لا نعرف

٣. وتُـعْـتَبَرُ أبو ظبي عَـصب النشاط الحكومي. الدرس ١٠

And Abu Dhabi is considered the center of governmental activity.

Who considers Abu Dhabi the center ...? لا نعرف

هذا هو المبني للمجهول حيث يكون الفاعل غير معروف.

- يجب أن يكون الفعل متعديًا **لتحويله** to be transformed إلى حالة المبني للمجهول. **مثال:**

تَـنْـشُـرُ الصحف والجرائد إعلانات عن فرص عمل في كثير من المجالات كل يوم.

تُـنْـشَـرَ إعلانات عن فرص عمل في كثير من المجالات كل يوم.

لاحظوا التغييرات في حركات الفعل

In regular verbs (verbs with no long vowels), one can change these passive by adding a ضمة on the first letter and فتحة on the letter before the final letter. Secondly, the subject is deleted, and the object becomes the grammatical subject of the new sentence. Therefore, the verb must agree with the new subject.

مثال:

النساء يلبسن اللباس التقليدي Women wear traditional clothing.

تصير becomes

اللباسُ التقليديُّ يُـلبَـس ...

المفعول به becomes فاعل, therefore it is assigned the nominative marker ضمة, and since it is مفرد, the verb must be مفرد as well.

- أعشق الأسفار والترحال ومخالطة الناس.

I love traveling, taking journeys, and mingling with people.

becomes:

- الأسفار والترحال ومخالطة الناس تُعشَق.

Traveling, taking journeys, and mingling with people are loved.

الجدول التالي يوضح كيف يصبح المبني للمعلوم مبنيًا للمجهول

الفاعل	مبني للمعلوم	مبني للمجهول
أنا	أحمِل	أُحمَل
نحن	نَـحمِل	نُـحمَل
أنت	تَـحمِل	تُـحمَل

أنت	تَحمِلين	تُحمَلين
أنتما	تَحمِلانِ	تُحمَلانِ
أنتم	تَحمِلونَ	تُحمَلونَ
أنتن	تَحمِلنَ	تُحمَلنَ
هو	يَحمِل	يُحمَل
هي	تَحمِل	تُحمَل
هما	يَحمِلانِ	يُحمَلانِ
هما	تَحمِلانِ	تُحمَلانِ
هم	يَحمِلونَ	يُحمَلونَ
هنّ	يَحمِلنَ	يُحمَلنَ

The same applies when المفعول به is a suffix, as in:

جذبتني طريقة لباس الناس الجميلة *The beautiful way people dress attracted me*.

الياء في الفعل هي المفعول به. لذلك، نستطيع أن نقول "جُذِبْتُ." الجدول التالي يوضح المبني للمجهول في الماضي:

أنا	تُ	جُذِبْتُ
نحن	نا	جُذِبْنا
هو	ـَ	جُذِبَ
هي	تْ	جُذِبَت
هما	ا	جُذِبا
هما	تا	جُذِبَتا
هم	وا	جُذِبوا
هنّ	نَ	جُذِبْنَ
أنت	تَ	جُذِبْتَ
أنت	تِ	جُذِبْتِ
أنتما	تما	جُذِبتُما
أنتم	تم	جُذِبتُم
أنتن	نَّ	جُذِبتنّ

تمرين 67 **عبروا عمّا يلي باستخدام المبني للمجهول كما هو موضح أعلاه أو باستخدام "تم" والمصدر**

١. تعيين مدير جديد في مكتب المحاسبة

٢. إجراء مقابلات للذين تقدموا بطلبات عمل

٣. تأجيل موعد المؤتمر الصحافي حتى صباح الغد

٤. استئناف رحلات الطيران بعد أحوال جوية عاصفة

٥. ترجمة الكثير من الكتب اليونانية إلى اللغة العربية في العصر العباسي

٦. وضع حجر الأساس لبناية جديدة لكلية العلوم في الجامعة

٧. استخدام الـ "جي بي أس" لمعرفة العناوين والاتجاهات

٨. بحث تطوير العلاقات التجارية بين "الصين" والولايات المتحدة

٩. تزيين شوارع المدينة وبناياتها العالية بمناسبة عيد الميلاد

١٠. تحضير أنواع الحلوى المختلفة للاحتفال بعيد الفطر في كثير من الدول الإسلامية

تمرين 68 **قوموا بعمل تغييرات** make changes **في الصف والأثاث الموجود فيه واسألوا زملاءكم أن يعبروا عن ذلك باستخدام المبني للمجهول**

تمرين 69 **يللا نمثل**

You enter your home and find that it has been robbed. Call the police and inform them what happened using passive voice. See Appendix II for dialectal expressions.

مثال: يا حضرة الضابط، لقد تم كسر شباك شقتي وسُرقَت ساعتي الـ"رولكس" وتمت محاولة سرقة الثلاجة ولكن يبدو أن حملها كان صعبًا لكن تم تحريكها من مكانها.

استراحة المفردات

تمرين 70 استمعوا واكتبوا جمل المفردات ثم ترجموها إلى اللغة الإنجليزية

تمرين 71 ترجموا الجمل في نص الدرس من (مرحبًا) إلى كلمة (قرأها)

واحة الجذور والأوزان: الجذر (ط ل ب)

هذا الفعل معناه to request كفعل (كـ + فعل) واسم. نقول:

- عندما ذهبت إلى المطعم **طلبتُ** I requested أن آكل سلطة فقط.
- الأستاذ: ماذا تطلبون يا طلاب؟

الطلاب: **طَـلَـبُـنا** our request **تأجيل** delaying الامتحان إلى الأسبوع القادم.

لاحظوا كلمة "**طلاب.**" هذه الكلمة معناها (seekers, requesters of (knowledge.

في الإنجليزية نستخدم كلمة request و ask بنفس المعنى في كثير من الأحيان. في العربية هناك اختلاف بين الفعلين.

Do not use "request" and "ask" as synonyms!

- كلمة "طَلَب" أيضًا تعني application
- للحصول على عمل أو وظيفة، نقول "يقدم طلب" he applies/submits an application

ولا نقول "يقدم" بدون "طلب." والشخص الذي يقدم الطلب هو مُقدِّم الطلب applicant. أما كلمة "طالب" فنقول "طالب عمل" job seeker. وكذلك نقول "طلب يدها" He asked her hand in marriage

In this case, in العامية we say "انطلبت" (She was proposed to).

- اسم المفعول من "طلب" هو "مطلوب" wanted, requested

One of the expressions used in either serious or sarcastic ways is مطلوب حيًا أو ميتًا *wanted alive or dead.*

ظلال ثقافية (٨): حول الجذر (ط ل ب)

الطُّلبة

درسنا الفعل طلب. من هذا الفعل جاءت كلمة "طُلبة" وهي **تقليد** ritual في الأعراس في بعض الدول العربية وتعني طلب يد امرأة للزواج، حيث يذهب الرجل وعائلته وأصدقاؤه إلى بيت المرأة ويطلبون يدها. عادة تكون هناك تحضيرات **والموافقة تكون متوقعة** acceptance is expected.

حركة طالبان: "طالبان" في لغة الـ"بشتو" تعني طلاب المدارس الدينية بشكل خاص وهي ليست مثنى لكلمة (طالب) العربية. وهي حركة ظهرت في تسعينات القرن العشرين.

الطلبات في المطعم

Since we are discussing the verb طلب, let's learn how one may order at a restaurant. You may choose what is relevant to the context or your needs. You already know lots of the expressions and vocabulary items in the table below.

جمل للاستخدام في المطعم		
المعنى	**طلب بالعامية الشامية**	**طلب بالفصحى**
Do you have any free tables?	في طاولات فارغة؟	هل لديكم أي طاولات فارغة؟
I'd like to book a table for two, please.	بدّي أحجز طاولة لشخصين	أودّ أن أحجز طاولة لشخصين من فضلك؟
Can I see the menu, please?	ممكن أشوف الـ "**منيو**" menu لو سمحت؟	هل يمكنني أن أرى قائمة الطعام، من فضلك؟
Do you have any specials?	في أي وجبات خاصة؟ في عندكم "سبشال" اليوم؟	هل لديكم أي وجبات خاصة؟
What's the soup of the day?	شو شوربة اليوم؟	ما **حساء** = (شوربة) اليوم؟
What do you recommend?	بشو بتنصح؟	بماذا تنصح؟
I am on a diet.	أنا عامل "**ديت**" diet	أنا في حمية

I am allergic to wheat (nuts, peanuts, shellfish).	عندي حساسية من ...	لديّ حساسية لـلقمح (المكسّرات، الفستق، المحار)
Sorry, we are out of it.	آسف، خلّص من عِنّا	آسف، لقد نفَد ذلك من عندنا
For the starter, I will have soup, and for my main course, steak slices.	للمقبّلات، رح آخد شرايح	للمقبّلات، سآخذ الشوربة، ولوجبتي الرئيسية سآخذ شرائح لحم بقر
rare, medium-rare, medium, well done	مش مطبوخ كويّس، نص مطبوخ، مطبوخة كويّس	غير مطبوخ جيدًا، نصف مطبوخة، وسط، مطبوخة جيدًا
We are in a rush.	إحنا مستعجلين	نحن في عجلة
bon appétit	صحة وعافية	صحة وعافية
extra, more ...	كمان	المزيد من...
The bill, please!	**الفاتورة** = (الحساب)، لو سمحت	**الفاتورة** = (الحساب)، لو سمحت
Can I pay by credit card?	ممكن أدفع بـ "**الكريدت**" credit؟	هل أستطيع الدفع بالبطاقة المصرفية؟
Is the gratuity included?	الخدمة محسوبة؟	هل الخدمة محسوبة = (مشمولة)؟
Can we pay separately?	ممكن ندفع كل واحد لحال؟	هل نستطيع أن ندفع كلًا على حِدة؟
I will get this.	أنا رح أدفع خليها عليّ	أنا سأتولى أمر الدفع
Let's split it.	خلينا نتقاسمها	دعنا نتقاسمها

تمرين 72 يللا نمثل

You are in a restaurant with a group of friends. One student acts as a server and the rest as customers. Start a conversation where you inquire about the menu and order some dishes. For some reason, the order was not up to what was expected. Try to resolve the issue with the server.

واحة الجذور والأوزان: الجذر (ح ج ز)

اسم الفاعل من الفعل "حجز" هو "**حاجز**" barrier. لذلك، عبارة "**حاجز أمني**" تعني security barrier.

لاحظوا أن كلمة "أمني" هي اسم نسبة من كلمة "أمن." هناك فعل آخر من الجذر (ح ج ز) هو "**احتجز**" ومعناه hold up, arrest.

مثال:

احتجزت الشرطة عددًا من المواطنين للتحقيق معهم Police held up several citizens for interrogation.

- لا تنسوا أن كلمة "حجز" تعني to book, to reserve أيضًا.

فكروا: ما هي العلاقة في المعنى بين الكلمات المختلفة التي اشتققناها من الجذر (ح ج ز).

عِشقي الآخَر

تمرين 73 خمنوا معاني العبارات التالية

١. حاجز صوت	٥. حاجز استراتيجي
٢. حاجز ريح	٦. حاجز عسكري
٣. حاجز مادي (من كلمة "مادة")	٧. حاجز الخوف
٤. إن كانت كلمة "وهم" تعنى illusion، ما معنى "حاجز وهمي"؟	

ظلال ثقافية (٩): الحواجز

كلمة "**حاجز**" تعني barrier. والحاجز **مادي** concrete أو **معنوي** abstract. وفي السياق الفلسطيني "حاجز" عادة تعني checkpoint حيث الحواجز العسكرية الإسرائيلية تنتشر في أماكن مختلفة. وبعض هذه الحواجز **ثابتة** permanent وأخرى **مؤقتة** أو "**طيارة**" flying كما يسميها الفلسطينيون. وربما تسمعون كلمة "**مخسوم**" أو "**محسوم**" في العامية الفلسطينية وهي كلمة عبرية تعني "حاجز." ومن أشهر الحواجز أو **المعابر** entry points معبر "إيرز" بين "اسرائيل" وقطاع غزة وحاجز قلندية بين رام الله والقدس.

تمرين 74 ارجعوا الى النص الرئيسي في الدرس وصنفوا الأفعال حسب according to أوزانها

القراءة

One of the topics in the main text of the story is the expected job interview. There is a concern that technology will have a negative impact on jobs done by humans. This is a reading passage about the topic.

هل ستطرد الـ"روبوتات" البشر من أعمالهم؟

"واشنطن"- أحْدَثَ التّقدّم التّكْنولوجي ثوْرةً في أوساطِ العملِ وبات يُخْشى مع التقدم المُحرَز في مجال الذّكاء الاصْطِناعيّ أن تَتَولّى الـ"روبوتات" زِمامَ الأمور حتى في الأعمال التي تَتطلب مُؤهّلاتٍ عُليا، لكن هل يمكن لهذه الآلات أن تَحلّ فعلًا مكان الإنسان؟ الأمثلة كثيرة على هذا التّوجه الذي يَستغني عن الجُهد البشريّ ويبدّله بِالذكاء الاصطناعي، مثل السيارات التي تَقودُ نفسَها بِنفسِها والتي تُهدّد لُقمةَ عيْش السائقين في حال انتشارها على نِطاقٍ واسع.

ومن الأمثلة أيضًا تعاظُمُ دَورِ الأنظمة المعلوماتيّة في مجال الصحافة، والـ"روبوتات" التي تتولى توجيه الزبائنِ في المراكز التجارية والآلات الذّكيّة التي تُساعد الجرّاحين على إتمام عَمليّاتٍ بالِغة الدقة.

في العام 2013، خَلَصَت دراسةٌ أعدّتها جامعة "أكسفورد" حول 700 مهنة في الولايات المتحدة إلى أنّ العاملين في 47% منها قد يُصبحون مُهدّدين بِفعل الذكاء الاصطناعي.

وأظهرت معلوماتٌ نشرتها مجموعة "ماكينزي" أنّ ما يُقارِب نصف الأنشطة قد تصبح آليّة في حال اعتمدت التقنيات الحالية، وأنّ 5% فقط من الأنشطة قد تصبح آليّةً بالكامل.

لكن "فيفيك وادوا" الباحِث والمستثمر في مجال الـ"تكنولوجيا" يرى أنّ هذه الدراسات بعيدةٌ عن الواقع.
ويقول "وادوا "هذه الدراسات تقلّل من أثر هذه التقنيات؛ إذ إنّ ما بين80% إلى 90% من الوظائف ستَختفي في السنوات العشر إلى الخمس عشرة المقبلة." ويضيف "الذكاء الاصطناعي يتطور بسرعة أكبر مِمّا كُنّا نَظنّ. الأجهزة الشّخصية المُساعدة من "أليكسا" و"غوغل هوم" تزداد ذكاءً بسرعة. وأثبتت "مايكروسوفت" و"غوغل" أنّ الذّكاء الاصطناعِيّ يمكن أن يفهم لغة البشر أكثر من البشر أنفسِهم."

في العام الماضي، قال المُستشارون الاقتِصاديّون للرئيس الأميركي السابق "باراك أوباما." "إنّ معظم الوظائف التي يكون أجرُها أدنى من عشرين دولارًا في الساعة، توشِك أن تُصبح آليّة. وسيكون لذلك آثارٌ اجتماعيةٌ مقلقة."
ويُحذّر "يوفال هراري" المُؤرِّخ والأستاذ في الجامعة العبرية في القدس من أنْ يجعل التقدّم التّقني الإنسانَ عديمَ الفائدة.

وفي المقابل، يرى عالمُ الاقتصاد الباحث في جامعة "بوسطن" أن هناك مُبالغة في تصوير المُشكلة، وأن التقدم التقني من شأنه أن يَستحدِث وظائف جديدة، حتى وإنْ كان شكل العمل سيتغيّر.
ويقول "يمكن للـ"روبوتات" أن تحِل مَحلّ البشر في بعض المهمّات، ولكن ليس في كل شيء،" مُقرًا أنّ هذه التقنية قد تودي بعدد كبير من الوظائف ذات الأجر المُتهاوِد.
ويدعو البعض إلى وضْع إجراءاتٍ للتّحكم بانتقال المهمات من البشر إلى الـ"روبوتات." واقترح "بيل غيتس" مؤسّس مجموعة "مايكروسوفت" فرضَ (ضريبة على الـ"روبوتات")، وهي فكرة تحدّثَ عنها المُرَشّح للانتخابات الفرنسية "بونوا أمون" ذو التّوجّهات الاشْتراكية.-(أ ف ب)

https://www.annahar.com/article/561143

تمرين 75 اكتبوا صح (✓) أو خطأ (X)

١. تقول دراسة جامعة "أوكسفورد" إن أكثر من نصف **البشر** = (الناس) مهددون بفعل الذكاء الإصطناعي.

٢. "فيفيك وادوا" يقلل من أهمية وتأثير التقنيات والذكاء الإصطناعي ويعتقد أنه لا غنى عن القدرات البشرية مهما كانت الأسباب.

٣. يعتقد المستشارون الأمريكيون أن معظم الوظائف ذات **الأجور** pay **المتدنّية** = (المنخفضة) ربما تختفي وتصبح آلية مع مرور الوقت.

٤. يرى بعض علماء الإقتصاد أن التقدم العلمي ليس له تأثير سلبي بل بالعكس يمكنه أن يخلق وظائف جديدة بشكل ما أو آخر.

٥. البعض يقترح **فرض** imposing ضرائب على الـ"روبوتات" لأسباب أمنية.

تمرين 76 أجيبوا عن الأسئلة التالية

١. ما هي المشكلة الرئيسية التي يتكلم عنها المقال؟

٢. في رأيهم الشخصي، هل يمكن للآلات أن تحل مكان الإنسان في كل الأعمال (حتى في الأعمال التي تتطلب مؤهلات عليا؟)

٣. يتكلم المقال عن تأثير الذكاء الإصطناعي وتعاظم دور الأنظمة المعلوماتية في مجال الصحافة، ما رأيهم في هذا القول؟

٤. في رأيهم، هل لتطور الذكاء الاصطناعي آثار سلبية في المجالات الاقتصادية والاجتماعية وغيرها؟ كيف؟

٥. هناك آراء وتصريحات مختلفة لـ**خبراء** experts واقتصاديين ومستثمرين في المقال، في رأيهم، أي الآراء أقرب إلى الصواب والواقع، ولماذا؟

٦. يذهب البعض إلى القول إن لتطور الذكاء الإصطناعي آثارًا سلبية في المجالات الاقتصادية والاجتماعية وغيرها؟ كيف؟ وإذا كان هناك آثار سلبية للتطور التقني، هل هناك آثار ايجابية له في رأيهم؟

تمرين 77 أسئلة على المفردات

١. إن كان معنى الفعل "**أحرز**" to achieve ما معنى كلمة "المُحرَز" في السطر الأول؟

٢. ما معنى كلمة "تعاظم" في السطر الثالث في الفقرة الثانية؟ فكروا في كلمتيْ "عظيم" و"أعظم". ما وزن الفعل "تعاظم"؟ وwhat does it signify؟

٣. جاءت كلمة "تتولى" مرتين: "تتولى الـ"روبوتات" زمام الأمور" والـ"روبوتات" التي تتولى توجيه الزبائن. ما جذر الكلمة وما معناها في هاتين العبارتين؟

٤. العبارة "قد تصبح آلية" تعني:

أ. سوف تصبح آلية

ب. ربما تصبح آلية

ج. لن تصبح آلية

د. من اللازم أن تصبح آلية

٥. في السطر الثاني في الفقرة الخامسة، العبارة "هذه الدراسات تُقلِّل من أهمية أثر التقنيات ..." ما معنى كلمة "تقلل."

٦. جدوا أمثلة على الفعل المبني للمجهول passive في النصز هناك أمثلة كثيرة.

Think about the context and do not focus only on where the word comes from.

٦. إن كانت عبارة "عديم الفائدة" تعني useless، ما معنى ما يلي: عديم الأدب، عديم الأخلاق، عديم اللون، عديم الطعم، عديم **الرائحة** smell

٧. إن كانت كلمة "**توجه**" في السطر الأول في الفقرة الثانية تعني trend، ما معنى العبارة: "ذو توجهات اشتراكية" في السطر الأخير في النص؟

٨. جاءت كلمة "فعل" مرتين في العبارتين التاليتين: "فعلًا" في السطر الثالث في الفقرة الأولى و"بفعل" في السطر الثاني في الفقرة الرابعة. ما معنى الكلمة في العبارتين؟

تمرين 78 قواعد

١. ما هو **جنس** gender كلمة "عليا" في السطر الثاني؟ كيف تعرفون؟

٢. جدوا أمثلة من النص على ما يلي:

- **فعل لازم** intransitive verb
- **فعل متعدٍ** transitive verb
- صفة نسبة
- كان أو إحدى أخواتها واسمها وخبرها
- إنّ أو إحدى أخواتها واسمها وخبرها

3. Why is the number 47% followed by a plural verb يصبحون while 80–90% is followed by a singular feminine verb ستختفي?

٤. ما هو خبر إنّ في الفقرة السابعة "إن معظم الوظائف التي ... مقلقة."

تمرين 79 يللا نمثل

1. You all have different majors, such as law or medicine. You are interviewing a robot designer and manufacturer who is trying to convince you that robots are able to perform tasks that facilitate your work. Act this out.

2. You are in a conversation with your grandfather, who is 85 years old and has no college degree. You talk to him about technological advances, including how robots can perform surgical and other prodedures. Act this out. See Appendix II for dialectal expressions.

تمرين 80 استماع القصة 2

املأوا الفراغات:

قبل شهر، ________ (١) رسالة "الكترونية" من إدارة إحدى القنوات المشهورة في الشرق الأوسط، حيث طلبت مني أن ________ (٢) بمزيد من المعلومات وأن أكون جاهزًا لإجراء محادثة هاتفية. بعد مناقشتنا ________(٣)، كنت في قمّة السعادة و________ (٤) عندما تم إبلاغي بأنني أحد ________ (٥) لإجراء مقابلة شخصية بعد أسبوع. ________ (٦) جاهدًا لأن أكون عضوًا فاعلًا في تلك القناة وأن أكون قادرًا على نشر الوعي بـ________ التي يهتم بها الفرد العربي والعالمي، و________ (٧) دومًا إلى توظيف ________ (٨) بكافة المجالات الإعلامية.

أشعر بأنني أواجه ثوانٍ ________ (٩) في حياتي قبل إجراء المقابلة، وكيف لا؟ وليلى...نصفي الآخر هناك، فأنا لا ________ البُعد عنها أكثر من ذلك ولا أتصوّر حياتي بدونها، كلي ________ (١٠) إلى نصفي الآخر! أعرف أنّ المقابلات، بالنسبة للكثيرين وخصوصًا الخِرّيجين الجُدد، تمثّل عامل ________ (١١) وغالبًا ما يصابون بالتوتّر وارتفاع ________ (١٢) قلوبهم، ولكني لا أُحس بأن هذه الحالة العصبية تُداهمني على ________ (١٣) وسأجتاز تلك المرحلة بمشيئة الله. فإيماني بالله و بالقسمة والنصيب يجعلني أكثر هدوءً و________ (١٤) للأعصاب.

الحمد لله، قامت إدارة القناة بتوفير كل ما يلزم لإجراءات السفر من ________ (١٥) لتذكرة الطائرة على درجة رجال الأعمال والفندق وغير ذلك. بين الفيْنَة والفينَة، أجلس أفكر في أهمّ الأسئلة التي يمكن أن________ (١٦) في المقابلة وكيف يمكنني أن ________ (١٧). مُرافقتي في رحلتي إلى الشرق الأوسط هذه المرة هي ________ (١٨) العربية لرواية (رجال في الشمس) للكاتب الفلسطيني غسان كنفاني والتي طلبتها عن طريق شركة "أمازون" قبل يومين، فكما يقولون "خير ________ (١٩) في الزمان كتاب" آآآه، كم أنا متحمّس جدًا لـ________ (٢٠)!

المتلازمات Collocations: مراجعة

تمرين 81 بالرجوع إلى كتاب كلمة ونغم، الجزء الثاني، أكملوا مستخدمين المتلازمات:

١. هوايتي ________ كرة السلة.(صفة)

٢. ________ كل شيء هباءً. (فعل)

٣. ________ بالخوف. (فعل)

٤. أفضفض لصديقتي عن همومي و ________. (اسم)

٥. الطقس رائع و ______ اليوم. (صفة)

٦. لكل منا إيجابياته و ________. (اسم)

٧. ________ بجامعة القاهرة العام الماضي. (فعل)

٨. ________ عقله عندما رأى أخته في حضن أعزّ أصدقائه. (فعل)

٩. ________ في فندق قريب من الشاطيء. (فعل)

١٠. هو شخص مغرور يريد أن ______ القمة بسرعة. (فعل)

١١. أعمل دائمًا بجد و ________. (اسم/مصدر)

١٢. ________ الحرب على شخص كان صديقًا لي، فأنا لم أكلمه منذ مدة طويلة ولن ________ المياه إلى مجاريها مرة ثانية مع هذا الشخص المغرور واللعين. (فعل)

١٣. ______ المريض من ألم في رقبته. (فعل)

١٤. ______ الطائرة من مطار أبو ظبي و ________ في مطار "هيثرو." (فعل)

١٥. جرّب آدم حياة الشرق الأوسط وعاداته و ________. (اسم)

١٦. الحمد لله أني لم ________ أولادًا من زوجي السابق. (فعل)

١٧. سوف ________كل ما أملك يا حبيبي. (فعل)

١٨. "طوكيو" من أكثر المدن إزدهارًا و________. (اسم)

٢٠. المحاضر ________ انتباهي عندما تكلم عن الصراع الفلسطيني الإسرائيلي. (فعل)

٢١. ________ مدينة دبي تغيرًا جذريًا في السنوات الأخيرة. (فعل)

واحة الجذور والأوزان: الجذر (م ل ك)

الفعل "ملك" يعني "own" ومنها كلمة "ملك" king و"ملكة" queen. لذلك نقول:

عنده بيت كبير = (يملك بيتًا كبيرًا). (The endings do not change the meaning.)

ولكن هناك أوزان من نفس الجذر مثل: امتلك VIII، تمالك VI، تملّك V، ملّك II.

The common denominator among these أوزان is that they share the meaning of possession, ownership, and being in control.

تمرين 82 خمنوا معاني الكلمات المشتقة من (م ل ك) في الجمل التالية

١. أخي كسر شباك السيارة مما أغضب والدي كثيرًا الذي تمالك نفسه فأخي صغير ولا يفهم.

٢. تمتلك "إيران" ثروة كبيرة من الـ"بترول."

٣. في المؤتمر الصحفي، تملّكنا شغف كبير لمعرفة ما سيقوله الرئيس عن سياسته في منطقة الشرق الأوسط.

٤. ذهبت لزيارة المملكة المتحدة الصيف الماضي.

٥. في الإسلام، الله هو مالك السماوات والأرض.

٦. قطر دولة صغيرة الحجم إلا أنها غنية وعندها ممتلكات كثيرة في كثير من الدول.

٧. كان الـ"فيلم" جميلًا ولكنه كان حزينًا في الوقت ذاته. لم أتمالك مشاعري وبكيت كثيرًا أثناء الـ"فيلم" وبعد انتهائه.

أفعال شائعة	
forbid	مَنَع، يمنع، مَنْع
decline, break down (v.)	تدهور، يتدهوِر، تدهوُر
land	هَبَط، يهبِط، هبوط
watch, observe, censor	راقب، يراقب، مراقبة
consult	استشار، يستشير، استشارة
resign	استقال، يستقيل، استقالة
employ	وظّف، يوظف، توظيف = (شغّل يشغل، تشغيل)
give a speech	ألقى خطابًا، يُلقي خطابًا، إلقاء خطاب
elucidate, clarify, explain	شَرح، يشرح، شرْح
squander	أضاع، يضيع، إضاعة
join	انضمّ إلى، ينضمّ إلى، انضمام إلى
appoint	عَيّن، يُعيّن، تعيين

صفات شائعة	
neutral	مُحايد
extremist	متطرّف
secularist	عَلماني
decisive, crucial, definitive	حاسم
fierce	شَرِس
absentminded	شارد الذهن
patient	صبور
superfine, tender	رقيق
having insomnia, sleepless	مؤرّق
elegant, neat	أنيق
absentminded	سرحان

صفات شائعة بالعامية 🎧	
bored	زهقان

تعلموا بعض المتلازمات collocations مع الفعل ألقى الذي ذكر أعلاه: 🎧

he arrested	ألقى القبض	he gave a statement	ألقى بيانًا
he made s.o. responsible	ألقى مسؤولية	he blamed	ألقى اللوم
he took a look	ألقى نظرة	he gave a lecture	ألقى محاضرة

تمرين 83 ترجموا إلى الإنجليزية

١. مَن راقب الناس مات همًّا. (مثل عربي)

٢. في ٢٠ "نوفمبر" من عام ١٩٧٧، ألقى الرئيس المصري خطابًا أمام الـ"كنيست" الإسرائيلي، ولقد أثار هذا الخطاب دهشة العالم بأكمله.

٣. ما نَدِم من استشار. (تذكروا كلمة "نادم" في الجزء الأول من كلمة ونغم)

٤. لقد شارك غير العرب الذين دخلوا الإسلام في عبء شرح قواعد اللغة العربية وآدابها، فكانوا علماء في القواعد والصرف والبلاغة.

٥. قامت الحكومة الأردنية بوضع خطة لاحتواء أطفال لاجئين كانوا سيقعون في فخّ التطرف، حيث أنهم كانوا يعيشون تحت ضغوطات وتأثيرات شديدة من بعض حاملي الأفكار المتطرفة.

٦. ألقى الرئيس مسؤولية فشل الخطة الإقتصادية على الوزراء.

٧. مالك سرحان يا زلمة؟

والله زهقان من كل هالحياة.

تمرين 84 اعرفوا زملاءكم:

١. هل يشعرون بالأرق أحيانًا؟ ما الذي يؤرّقهم؟

٢. هل كان إخوتهم يلقون اللوم (في أشياء) عليهم عندما كانوا صغارًا؟ في أي شيء ولماذا؟

٣. هل أخذوا قرارات حاسمة في حياتهم؟ ما أهمها؟

٤. هل يستشيرون أشخاصًا آخرين في أمور حياتهم؟ هل يؤمنون بوجوب استشارة الآخرين في كل صغيرة وكبيرة من أمور حياتهم؟

٥. هل يؤيدون أن يكونوا **على الحياد** = (محايدين) في الأزمات والمشاكل العائلية؟ لماذا؟

٦. هل انضموا إلى نادٍ أو مؤسسة أو أي **طرف** party آخَر وشعروا بالندم على ذلك فيما بعد؟ ماذا حصل؟

48

تمرين 85 املأوا الفراغ بالفعل أو المصدر أو الصفة المناسبة

١. أثار قرار السلطات المغربية ________ بيع **البرقع** = (النقاب) وخياطته بعدد من المحلات التجارية ردود فعل مختلفة، حيث اعتبره البعض خطوة تستهدف حقوق المواطن الشخصية، في حين رآه البعض الآخر ضرورة أمنية وللحفاظ على **الهوية** identity الثقافية للبلاد.

٢. تشغل مظاهر الجمال الكثير من السيدات والفتيات والرجال، فمعظم الناس يرغبون في أن يظهروا دائمًا بِلِبْس ________ وجذاب، ولكن الكثير منهم لا يعرفون كيفية اختيار اللبس الذي يناسب طبيعة أجسامهم وأشكالهم.

٣. **اعتقلت** arrested الشرطة الألمانية أمس شخصًا في الرابعة والعشرين من عمره، ووضعته في السجن وذلك لـ ________ إلى منظمة إرهابية ومشاركته في أعمال إرهابية في مناطق مختلفة، حسب قول رئيس المخابرات المركزية.

٤. "ووتر غيت" اسم لأكبر **فضيحة** scandal سياسية في تاريخ "أمريكا،" دفعت الرئيس الأمريكي "نيكسون" لـ________ في شهر "أغسطُس" عام ١٩٧٤.

٥. **تعرّض** to be exposed الرئيس لانتقادات شديدة اللهجة من قنوات إخبارية مختلفة بعدما ظهر ________ ________ خلال مؤتمر صحافي يناقش مواضيع هامة تخصّ أمن البلاد.

٦. الإنسان ________ عادة ما تكون دموعه سهلة قريبة أما الشخص العنيد أو اللامبالي فدموعه عزيزة وغالبًا لا يبكي بسهولة.

٧. القرار ________ ، في حياة أي شخص، يحتاج إلى قوة وحكمة وإرادة، يا اللهّ! كيف أتخلص من التردّد واتخذ القرارات المناسبة في الوقت والمكان المناسبين؟

٨. أثار حيوان ________ غريب الشكل الخوف في نفوس أهالي مدينة البصرة (جنوب العراق). وقال مصدر أمني إن الحيوان اسمه (الكرطة) وهو أكبر من القط وأصغر من الكلب، وله أنف كبير.

٩. حزنه وهمومه بعد موت زوجته جعلته ________، لا أعرف كيف يظل مستيقظًا على مدار الساعة! إذا بقي على هذا النمط، أظن أن صحته سـ________ شيئًا فشيئًا.

١٠. نجم فريق كرة القدم ________ فرصة الفوز الثمينة بالمباراة حين ضرب الكرة برأسه وخرجت بعيدًا عن **حارس المرمى** goalkeeper.

١١. ________ مستشار الأمن القومي من منصبه في ساعة متأخرة من مساء أمس، وتمّ ________ جنرال ________ **متقاعد** retired كان يشغل منصب كبير الموظفين في مجلس الأمن القومي.

١٢. ________ طائرة من نوع "بوينغ ٧٧٧" اضطراريًا في قاعدة "لاجيس" الجوية في جزر "الأزور" التابعة لـ "البرتغال،" الأحد، بسبب الأحوال الجوية السيئة، مما أدى إلى حدوث بعض **الصدمات** shocks ونقل عدد من الرّكاب إلى أقرب مستشفى.

واحة القواعد (٤): معاني أوزان الأفعال

Verb measures/patterns have meanings. They are not arbitrary. In other words, although verb measures/patterns that stem from the same root have something in common, they are not interchangeable (in most cases). Let's look at the following chart:

الوزن	الفعل	المعنى	
I	فتح	open	regular

causative, intensive, or denominative	open	فتّح	II
reciprocal	approach someone	فاتح	III
___________		___________	IV
reflexive of II		تفتّح	V
reflexive of III		تفاتح	VI
passive of I	(be) open	انفتح	VII
reflexive of I	open	افتتح	VIII
___________		___________	IX
causative, reflexive	request opening	استفتح	X

Let's look at the example from the text:

بعد دراستي اللغة العربية والقرآن في أبو ظبي، تفتحت قريحتي وصار لدي شغف لا يوصَف.

Can the verb تفتح be replaced by another alternative? لا

In some cases, some measures may overlap, but this is not the norm.

لنقرأ الأمثلة التالية:

١. افتتح الرئيس المؤتمر بِشُكر الضيوف المُشارِكة. ... *The president opened (started) the*

٢. هذا موضوع صعب وحساس لكني سأفاتح صديقي به وأناقشه معه. ... *... but I will open it up with* ...

٣. في فصل الربيع، عادة، تتفتح الأزهار والورود. *... flowers and roses bloom.*

٤. الانفتاح على الثقافات الأخرى مصدر مهم من مصادر المعرفة. ... *Being open*

٥. استفتح مدير الشركة كلامه بشرح أسباب ترك عمله في هذا الوقت المهم من السنة. ... *The company's director opened his speech*

While in English, the meanings seem to be similar and thus the verb "open" is used, this is not the same in Arabic. Therefore, changing the verb in any of these sentences may change the meaning or render it wrong. Yet there are exceptions; for instance, you can replace the verb استفتح with افتتح in number 10 without impacting the meaning.

تمرين 86 **لاحظوا الأفعال التالية التي تحتها خط والمشتقة من (ح م ل) وخمنوا المعاني**

١. هو قوي جدًا ويستطيع أن يحمل أكثر من مائة "كيلو غرام."

٢. الجو حار جدًا في "تكساس." لا أستطيع أن أتحمّل الحرارة. من الأفضل أن أسكن في منطقة باردة.

٣. هو لا يحبني فهو (فـ + هو) يتحامل عليّ دائمًا. لا أعرف لماذا لا يطيقني؟!

٤. عندما سافرت أمي لتزور أخي في الولايات المتحدة حمّلتها الكثير من الكتب باللغة العربية لأخي الذي يدرس في جامعة هناك.

٥. في القرآن الكريم يقول الله "وتضع كلُّ ذات حَمْلٍ حَمْلَها." (الحج: ٢)

الفعلان رفع وارتفع

الفعل رفع هو من الوزن الأول I والفعل ارتفع من الوزن الثامن VIII

Therefore ارتفع is a reflexive from رفع. While the earlier is intransitive, the latter is transitive.

في النص، نقرأ "... وارتفاع نبضات قلوبهم." ارتفاع هي مصدر "ارتفع" فهي لا تحتاج إلى مفعول به. أما كلمة "رفع" والمصدر "رَفْع" فهي تحتاج إلى مفعول به.

مثال 1:

- رفعت الحكومة أسعار الخبز. *The government raised the price(s) of bread.*

- ارتفعت أسعار الخبز. *Bread prices increased.*

مثال 2:

- رفع المتظاهرون أصواتهم مطالبين بتغيير الحكومة.

The demonstrators raised their voices (spoke out loud, complaining), asking the government be changed.

- ارتفعت أصوات المتظاهرين. *The voices of the demonstrators got louder/increased.*

The sentences sound awkward in الإنجليزية, but they are commonly used بالعربية.

الفعل جلس

نعرف معنى "جلس." في النص كلمة "جليس" من نفس الفعل. من الكلمات المشتقة من نفس الجذر أيضًا كلمة "مجلس."

تمرين 87 خمنوا معاني العبارات التالية

٩. مجلس ثوري	٥. مجلس إقتصادي	١. مجلس الأمن
١٠. مجلس عسكري	٦. مجلس الوزراء	٢. مجلس العلاقات الأمريكية الإسلامية
١١. مجلس التعليم العالي	٧. مجلس تنفيذي	٣. مجلس الآباء
١٢. مجلس التعاون الخليجي	٨. جلسة عمل	٤. مجلس رياضي

ظلال ثقافية (١٠): كلمة "مجلس"

في الخليج العربي هي "مَيْلس" حيث حرف الجيم is pronounced ياء. والمجلس هو council أو board. وهي تستخدم في سياقات سياسية مثل مجلس الوزراء أو اقتصادية مثل مجلس إدارة الشركة، وكذلك اجتماعية فالمجلس هو مكان اجتماع كبار السّن لمناقشة أمور مهمة للمجتمع أو العائلة. وفي الخليج العربي يمكن أن نسمع كلمة "ديوان أو ديوانية" بنفس المعنى، وكذلك نسمع كلمة "شِقّ" في فلسطين مثلًا، والتي تحمل نفس معنى مجلس أو ديوان.

تمرين 88 **استخدموا شكل الفعل المناسب**

١. ________ الرئيسُ المؤتمرَ بكلمة قصيرة رحب فيها بالضيوف. (تفتح، فتح، افتتح)

٢. في الشهر الماضي سافرت إلى جزيرة الـ"باهاما" بالسفينة. ________ السفينة في الصباح وكان عدد المسافرين كبيرًا. (تبحرت، استبحرت، أبحرت)

٣. التحقت أختي بالجامعة عندما كانت في السادسة عشرة من عمرها و________ بعد ثلاث سنوات. لا شك أنها ذكية جدًا. (خرجت، أخرجت، تخرجت)

٤. ________ الكثير من البلاد مشكلة الفقر، فالناس فيها لا يجدون ما يأكلون. (توجّه، تواجه، تتجه)

٥. الكثير من الطلاب الذين يسافرون للدراسة في الخارج ________ بيوتًا ويسكنون مع بعضهم البعض. (يؤجرون، يستأجرون، يؤاجرون)

٦. عندما وصلت أمي بعد سفر طويل من الأردن إلى مدينة "لوس أنجلس" ________ـها في المطار مع أولادي. (قبل، تقابل، استقبلت)

٧. ________ الطلاب أمام مكتب رئيس الجامعة وطالبوا بتوظيف عدد أكبر من الأساتذة لتدريس اللغة العربية. (جمع، تجمع، استجمع)

٨. لي صديقة تحب الشاي الحلو فهي (فـ + هي) ________أكثر من أربع ملاعق في الكوب الواحد. (تستضيف، تضيف، تضيّف)

٩. أخي سافر إلى "أمريكا" منذ ثلاث سنوات. نشعر بالحنين إليه، فنحن لم نشاهده منذ ذلك الوقت. نحن ________ه كثيرًا. (نفتقد، نتفقد، نفقد)

١٠. هل ________ الغداء يا أمي؟ أنا <u>ميت من الجوع</u>. ما أكلت منذ الصباح. (أعددت، أعدت، استعددت)

ظلال ثقافية (١١): كلمة (رفيق)

الرفيق هو الشخص **اللين** lenient أو الشخص الذي يرافق شخصًا آخر وخاصة في السفر. وهي تستخدم بهذا المعنى بشكل خاص في بلاد الشام. وهي كذلك تستخدم بمعنى comrade وخاصة في وصف أعضاء أو أفراد في حزب أو جماعة **يسارية** leftist أو **شيوعية** communist أو **اشتراكية** socialist مثل الحزب الشيوعي وتعني **رفيق الثورة والكفاح** "brother in arms and struggle" أو **نقابة** union. والكلمة تعنى companion في العلاقات الزوجية مثل **رفيق عمري** my life companion أو رفيقة عمري. وفي الإسلام "رفيق" من صفات الله (**إن الله رفيق يحب الرفق**) "God is lenient and likes leniency" وهو **الرفيق الأعلى** supreme companion.

(مُرافق) و(مَرافق)

درسنا في الجزء الثاني كلمة "رفيق" بمعنى "صديق" وفي هذا الدرس درسنا "مُرافق" وهي اسم الفاعل من الفعل رافق. المرافق يمكن أن يكون صديقًا but not necessarily

ملاحظة: كلمة "**مَرافق**" (فتحة على الميم) تعني facilities

تمرين 89 يللا نمثل

You are in Amman, Jordan, and it is dinnertime. You go with your family to a nearby restaurant and find that it is packed. Talk to the server and ask him to find you a suitable table for you and your family.

البلاغة والكتابة: الروابط

- **بِشتّى أنواعه** *in all its types (genres), regardless of what type (genre) it is*

أعشق الأدب بِشتّى أنواعه = (أعشق الأدب بمختَلَف أنواعه.)

- **من ضمن** = (مِن) one of those

فإن قرار السفر إلى الشرق الأوسط أصبح من ضمن الآراء الصائبة

- **لا رجعة فيها** *irrevocable (cannot be revoked)*

أصبح قرار الزواج من الآراء الصائبة والقرارات التي لا رجعة فيها.

- **وكيف لا؟** *how come (it is, he is, she is … etc.) not!?*

أشعر بأني أواجه ثوانيَ مصيرية في حياتي قبل إجراء المقابلة. وكيف لا؟ وليلى، نصفي الآخر، هناك.

- **كلي حنين** *I am all yearnful*

كلي حنين إلى نصفي الآخر.

- **وغالبًا ما** *mostly*

حرف "ما" **زائدة** *redundant* ولا تؤثر على المعنى. هي فقط **أسلوبية** *stylistic*.

أعرف أن المقابلات … تمثل عامل رهبة وغالبًا (ما) يصابون بالتوتر.

- **على الإطلاق** = (إطلاقًا) *never*

ولكني لا أحس بأن هذه العصبية تداهمني على الاطلاق.

- **كل ما يلزم** *everything that is necessary*

قامت إدارة القناة بتوفير كل ما يلزم.

- **بين الفينة والفينة** = (بين الفينة والأخرى) = (بين الوقت والآخر) *from time to time (another)*

بين الفينة والفينة، أجلس أفكر في أهم الأسئلة.

- **كم الخبرية**

تستخدم كم الخبرية **للتعجب** *exclamation* وليس للسؤال

كم أنا متحمس جدًا لقراءتها! *How enthusiastic I am to read it!*

تمرين 90 ترجموا إلى اللغة العربية

1. I read French playwrights from time to time, but I mostly read English playwrights.
2. She has not seen her kids for a while; she greatly misses them.
3. One of the questions the interviewer asked the applicant was about his prior work experience.
4. This is good news. I never expected that she would agree to participate in this film. Therefore, I will make sure that she gets all that is needed for the success of the film.
5. How selfish he was! He did not offer to take his classmate home after the party even though he lived close to him.

زاوية الأدب: رسالة إلى غادة بقلم: غسان كنفاني

أعرف أن الكثيرين كتبوا إليك، وأعرف أن الكلمات المكتوبة تُخفي عادة حقيقة الأشياء خصوصًا إذا كانت تُعاش وتُحَس وتُنْزَف على الصورة الكثيفة النادرة التي عشناها في الأسبوعين الماضِيَيْن. ورغم ذلك، فَحين (فـ + حين) أمسكت هذه الورقة لأكتب كنت أعرف أن شيئًا واحدًا فقط أستطيع أن أقوله وأنا أثق من صِدقه وعُمْقِه وكثافته وربما مُلاصَقته التي يُخيّل إليَّ الآن أنها كانت شيئًا محتومًا، وستظل كالأقدار التي صَنَعتْنا: إنني أحبك.

الآن أحسها عميقة أكثر من أي وقت مضى، وقبل لحظة واحدة فقط مَرَرْت بأقسى ما يمكن لرجل مثلي أنْ يمرّ فيه، وبَدت لي تعاساتي كلّها مجرد معبر مزيف لهذه التعاسة التي ذقتها في لحظة كبريق النّصل في اللحم الكفيف...

الآن أُحِسّها، هذه الكلمة التي وَسّخوها، كما قلتِ لي، والتي شعرت بأن عليّ أنْ أبذل كل ما في طاقة الرجل أن يبذل كي لا أوسّخها بدوري.

إنني أحبك: أحسها الآن، والألم الذي تكرهينه - ليس أقل ولا أكثر مما أمقـُته أنا - ينخر كل عظامي ويزحف في مفاصلي مثل دبيب الموت.

أحسها الآن والشمس تشرِق وراء التـّلة الجرداء مقابل الستارة التي تقطع أفق شرفتك إلى شرائح متطاولة...

أحِسّها وأنا أتذكر أنني لم أنَم أيضًا ليلة أمس، وأنّني فوجِئت وأنا أنتظر الشروق على شرفة بيتي أنني - أنا الذي قاومت الدموع ذات يوم وزجَرتها حين كنت أُجْلَد - أبكي بِحرُقة، بِمَرارة لم أعرفها حتى أيام الجوع الحقيقي، بملوحة البحار كلها وبغربة كل الموتى الذين لا يستطيعون فِعْل أيّما شيء... وتساءلت: أكان نشيجًا هذا الذي أسمعه أم سلخ السّياط وهي تهوي من الداخل؟

تمرين 91 أجيبوا عن الأسئلة التالية

١. كم من الوقت عاش الكاتب مع حبيبته؟

٢. ما الشيء الوحيد الذي كان الكاتب يستطيع أن يقوله عندما أمسك الورقة؟

٣. يقول الكاتب إن البعض وسّخ تلك الكلمة. من هم هؤلاء الناس؟

٤. لماذا يشعر الكاتب وحبيبته بالألم؟ ما هو الألم الذي يتكلم عنه الكاتب؟

٥. متى كتب الكاتب رسالته؟ كيف تعرفون؟ جاء الفعل الماضي 41 مرة، ما دلاله ذلك؟

٦. في الفقرة الأخيرة يتكلم الكاتب عن يوم كان يُجلد ويجوع فيه؟ في رأيكم، عن أي يوم يتكلم؟

7. To what does الكاتب compare الكلمات in lines 1 and 2? What are the verbs that he uses in his comparison?

8. To what does الكاتب compare الدموع in line 3 in paragraph 3?

٩. ما معنى "ما" في السطر السادس؟

١٠. كلمة "أيما" تعني "أي." لماذا استخدم الكاتب كلمة "أيما" ولم يستخدم "أي"؟ هل "ما" في "أيما" تعطي ظلالًا على معنى "أي"؟

11. What does the ـت refer to in كانت in line 2?

12. What does the pronoun ـه refer to in the word أقوله in line 4?

١٣. هناك خمسة أمثلة على المبنى للمجهول (ثلاثة في الفقرة الأولى واثنان في الفقرة الأخيرة). ما هي؟

١٤. كلمة "دبيب" هي صوت **النمل** ants. لماذا استخدم الكاتب هذه الكلمة ليصف الموت؟

١٥. ما معنى "كانت شيئًا محتومًا"؟

١٦. يعيش كنفاني حياة قاسية. هاتوا من النص الكلمات والعبارات التي تدل على ذلك.

١٧. ارسموا "والشمس تشرق وراء التلة الجرداء مقابل الستارة التي تقطع أفق شرفتك إلى شرائح متطاولة".

لا، أنت تعرفين أنني رجل لا أنسى وأنا أعْرَفُ منك بالجحيم الذي يُطوّق حياتي من كل جانب، وبالجنة التي لا أستطيع أن أكرهها، وبالحريق الذي يشتعل في عروقي، وبالصَّخْرة التي كتب عليَّ أن أجرّها وتجرَّني إلى حيث لا يدري أحد... وأنا أعرَف منك أيضًا بأنها حياتي أنا، وأنها تتسرّب من بين أصابعي أنا، وبأن حبك يستحق أن يعيش الإنسان له، وهو جزيرة لا يستطيع المنفيّ في موج المحيط الشاسع أن يمر بها دون أن....

ورغم ذلك فأنا أعرَف منك أيضًا بأنني أحبك إلى حد أستطيع أن أغيب فيه، بالصورة التي تشاءين، إذا كنت تعتقدين أن هذا الغياب سيجعلك أكثر سعادة، وبأنه سيغير شيئًا من حقيقة الأشياء.

أهذا ما أردت أن أقوله لك حين أمسكت الورقة؟ لست أدري... ولكن صدقيني يا غادة أنني تعذّبت خلال الأيام الماضية عذابًا أشك في أنّ أحدًا يستطيع احتماله، كنت أُجْلَد من الخارج ومن الداخل دونما رحمة وبدت لي حياتي كلها تافهة، واستعجالًا لا مبرر له.

تمرين 92 أجيبوا عن الاسئلة التالية

١. هل الكاتب **متأكد** certain مما (من الشيء الذي) كان يريد أن يقوله لمحبوبته؟ لماذا يعرفها أكثر من محبوبته؟

٢. هناك أربعة أشياء يعرفها الكاتب أكثر من حبيبته؟ ما هي؟

٣. هناك شيء خامس يعرفه الكاتب أكثر من محبوبته. ما هو؟

٤. ما التضحية التي يريد أن يفعلها؟ هل توافقه على ذلك؟ لـم؟ لـم لا؟

٤. **لم يتوقّف** did not stop الكاتب عند الشيء الخامس. هو أيضًا يعرف شيئًا آخر، ما هو؟

٥. كيف **بدت** appeared حياة الكاتب له في الأيام الأخيرة؟ م

٦. كلمة "دونما" تعني "دون". هل **تضيف** adds "ما" معنى جديدًا لـ"دون"؟

٧. جاء الفعل المضارع ٢٢ مرة، ما دلالة ذلك؟

إن قصتنا لا تُكتب، وسأحتقر نفسي لو حاولت ذات يوم أن <u>أفعل</u>. لقد كان شهرًا كالإعصار الذي لا يُفهم، كالمطر، كالنار، كالأرض المحروثة التي أعبدُها إلى حَدّ الجنون وكنت فخورًا بك إلى حَدٍّ لمتُ نفسي ذاتَ ليلة حين قلت بيني وبين ذاتي أنك دِرعي في وجه الناس والأشياء وضعفي، وكنت أعرف في أعماقي أنّني لا أستحِقّك ليس لأنني لا أستطيع أن أعطيك حبّات عينيّ ولكن لأنني لن أستطيع الاحتفاظ بك إلى الأبد.

وكان هذا فقط ما يعذّبني ... إنني أعرفك إنسانة رائعة، وذات عقل لا يُصدّق وبوسعك أن تعرفي ما أقصد: لا يا غادة لم تكن الغيرة من الآخرين... كنت أُحِسّك أكبر منهم بما لا يُقاس، ولم أكن أخشى منهم أن يأخذوا منك قلامة ظفرك.

لا يا غادة ... لم يكن إلا ذلك الشعور الكئيب الذي لم يكن لِيغادرني، مثل ذبابة أطبق عليها صدري، بأنك لا محالة ستقولين ذات يوم ما قلتِه هذه الليلة.

تمرين 93 **أجيبوا عن الاسئلة التالية**

١. **بم** with what يشبه الكاتب الشهر الذي قضاه بعد **مغادرة** departure محبوبته؟

٢. لماذا لامَ الكاتب نفسه؟

٣. لماذا يقول الكاتب إنه لا يستحق محبوبته؟

٤. يقول الكاتب "وسأحتقر نفسي لو حاولت ذات يوم أن أفعل."

5. The verb أفعل in sentence 4 needs مفعول به, what is it?

٦. لماذا يقول الكاتب "إن قصتنا لا تُكتب"؟

٧. ما الذي قالته المحبوبة في تلك الليلة والذي خلق ذلك الشعور الكئيب في نفس الكاتب؟

٨. هناك "تشبيه،" أين هو؟ شبّه ماذا بماذا؟

٩. ما معنى "لم أكن أخشى منهم أن يأخذوا منك قلامة ظفرك"؟ على ماذا يدل ذلك؟

١٠. استخدم كنفاني النفي كثيراً: "لا تكتب، لا يفهم، لن استطيع، ..." ما دلالة ذلك؟

إن الشّروق يُذهِلني، رغم السّتارة التي تـُحوّله إلى شرائح وتـُذكّرني بألوف الحواجِز التي تجعل من المستقبل – أمامي – مُجرّد شرائح، وأشعر بِصفاءٍ لا مثيل له مثل صفاء النّهاية، ورغم ذلك فأنا أريد أن أظل معك، لا أريد أنْ تغيبَ عَنّي عيناك اللتان أعطتاني ما عجز كل شيء انتزعته في هذا العالم من إعطائي. ببساطة لأني أحبك. وأحبك كثيراً يا غادة، وسيُدَمّرُ الكثير مني إن أفقدك، وأنا أعرف أن غبار الأيام سيترسب على الجرح ولكنني أعرف بنفس المقدار أنه سيكون مثل جروح جسدي: تلتهب كلما هبّت عليها الريح .

أنا لا أريد منك شيئًا وحين تتحدثين عن توزيع الانتصارات يتبادر إلى ذهني أن كل انتصارات العالم إنما وُزِّعَت من فوق جثث رجال ماتوا في سبيلها. أنا لا أريد منك شيئًا، ولا أريد- بنفس المقدار- أبدًا أبدًا أن أفقدك.

إن المسافة التي ستسافرينها لن تحجبك عني، لقد بنينا أشياء كثيرة معًا لا يمكن، بعد، أن تغيّبها المسافات ولا أن تهدمها القطيعة لأنها بنيت على أساس من الصدق لا يتطرق إليه التزعزع.

ولا أريد أن أفقد (الناس) الذين لا يستحقون أن يكونوا وقود هذا الصدام المروّع مع الحقائق التي نعيشها... ولكن إذا كان هذا ما تريدينه فقولي لي أن أغيب أنا. ظلي هنا أنت، فأنا الذي تعوّدت أن أحمل حقيبتي الصغيرة وأمضي ... ولكنني هذه المرة سأمضي وأنا أعرف أنني أحبك، وسأظل أنزف كلما هبت الريح على الأشياء العزيزة التي بنيناها معًا.

تمرين 94 **أجيبوا عن الاسئلة التالية**

١. ماذا أعـْطتْ عينا المحبوبة الكاتبَ؟

٢. الكاتب لا يريد شيئًا من محبوبته لكنه يريد شيئًا أهم من ذلك. ما هو؟ تكررت "لا أريد" ٤ مرات، ما ذلاله ذلك؟

٣. أين محبوبة الكاتب في الوقت الذي كان يكتب الرسالة؟ كيف تعرفون؟

٤. ما الذي يقرره الكاتب في نهاية الرسالة؟

٥. يتكلم الكاتب عن "الغياب"؟ ما الذي يعنيه بهذه الكلمة؟

٦. لماذا يقول الكاتب إن سفر المحبوبة لن **يهدم** destroy الأشياء التي بنياها معـًا؟ استخدم الكاتب المستقبل كثيراً، لماذا؟

٧. لماذا يحمل الكاتب حقيبته دائمـًا؟

٨. لماذا تظنون أن الشروق يُذهِل الكاتب؟

الكتابة والبلاغة: الرسالة الشخصية

درسنا كيفية كتابة الرسالة الشخصية في الدرس الثامن في الجزء الثاني من كتاب كلمة ونغم، ونريد الآن أن نتوسع في موضوع كتابة الرسائل.

الرسالة الشخصية: يتم تبادلها بين الأقارب والأصدقاء بشكل تلقائي وتكون للتهنئة والتعزية والمناسبات والشكر و**العتاب** blame أو التعبير عن مشاعر معينة وغيرها من الأمور الشخصية.

عناصر elements **الرسالة الشخصية**:

تتكون الرسالة الشخصية من العناصر التالية:

١. المدينة التي يسكن فيها المرسل والتاريخ

٢. **المقدّمة** introduction: يُذكَر فيها المرسل إليه متبوعًا بكلمة أوعبارة تدل على الحب والإحترام

٣. التحية

٤. **الغرض** objective: هو موضوع الرسالة والذي يذكر فيه المرسِل ما يحب أن يقوله للمرسَل إليه وغالبًا ما تكون لغة الخطاب مليئة بالعواطف الشخصية حسب قوة العلاقة بين الطرفين.

٥. **الخاتمة** end

٦. **التوقيع** signature: ويكون في أسفل الجزء الأيسر من الرسالة

عبارات شائعة تستخدم في المراسلات

عبارات **التقدير** respect, recognition لـ**لمرسَل إليه** :recipient

العبارة	المعنى بالإنجليزية
أخي، أختي (صديقي - صديقتي، والدي - والدتي) الودود (ة)/ ... الحبيب (ة)/ ... العزيز (ة)/ ... الغالي (ة)	Dear brother, sister, friend
عزيزي (عزيزتي)...	Dear ...

عبارات افتتاحية للتحية: opening phrases

السلام عليكم ورحمة الله وبركاته، وبعد	Peace be upon you
سلامي وتحياتي لك، أما بعد	Best regards

عبارات ختامية: ending phrases

وتقبلوا مني أسمى آيات الحب والإحترام	With love and respect
في انتظار ردكم	Awaiting your prompt reply

عبارات بجانب التوقيع: phrases beside signature

أخوك المخلص	Your sincere brother

| Your loving friend | صديقك المحب |

عبارات وجمل مفيدة في المراسلات الشخصية: useful phrases and sentences used in correspondence

What wonderful news!	يا لها من أنباء سارة
I wish you the best of luck	أتمنى لكم التوفيق
I seize the chance to ...	أنتهز الفرصة لكي ...

التعزية: offering condolences

Please accept my very deepest sympathy on the death of ...	أرجو قبول أحرّ التعازي بوفاة ...
May he rest in peace	رحمه الله
We belong to God and to Him we return	إنّا لله وإنا إليه راجعون

الزواج: marriage

| Congratulations! May God grant you happiness and children | ألف مبارك وبالرفاه والبنين |
| My best congratulations for your happy marriage | أجمل التهاني بالزفاف السعيد |

النجاح: success

| Congratulations on your success, and keep it up, always! | ألف مبارك النجاح وإلى الأمام دائمًا |

الإعتذار عن موعد وغيره: apology for not showing up for an appointment and more

| I am very sorry I won't be able to be there | آسف جدًا لعدم تمكّني من الحضور |
| It is regrettable that ... | من المؤسِف أنّ ... |

دعوة لحضور مناسبة: invitation to attend an occasion

| We are honored to invite you to attend (the birthday, wedding,...), which will be held in (the place) on (day/...) (date) | نتشرف بدعوتكم لحضور (عيد ميلاد، حفل زفاف، إلخ) المُقام في (المكان) وذلك في (اليوم) الموافق (التاريخ) |

تمني شفاء مريض: wishing recovery to someone

| Our hearty wishes for a speedy recovery | تمنياتي القلبية بالشفاء العاجل |

الأعياد والمناسبات الدينية: feasts and religious occasions

| my sincerest wishes for Christmas (Eidul Adha, Eidul Fitr) | أخلص التهاني بمناسبة عيد الميلاد المجيد (عيد الأضحى المبارك، عيد الفطر المبارك) |
| Happy Eid and many happy returns | عيد مبارك وكل عام وأنتم بخير |

ملاحظة: هناك عبارات إضافية في الملحق I في نهاية الكتاب لمن أراد أن يتعلمها.

أنموذج رسالة شخصية A Personal Letter Sample

السودان/ الموافق 29-7-2019

أخي الحبيب أحمد:

أهديك تحية صادقة وسلامًا عاطرًا، وبعد

فأودّ أن أطمئنك يا أخي الغالي على أحوالنا هنا في الوطن، فهي كلها بخير والحمد لله، كما أن الأهل والأسرة جميعًا بصحة جيدة وفي أحسن حال، ولا ينقصنا سوى الاطمئنان عليك والفرح بنجاحك والعودة بشهادة الدكتوراه التي تغرّبتَ من أجلها.

أخي العزيز:

كما تعلم، فنحن نمر في مرحلة مادية صعبة هذه الأيام، فاحرص على الجد والاجتهاد وابذُل ما في وسعك لطلب العلم كي تحقق طموحاتك وآمالك وترفع رؤوسنا عاليًا وتدخل الفرحة على قلوبنا وخصوصًا والدتك التي لا تنقطع عن الدعاء لك بالتوفيق والنجاح. وكلنا هنا نتطلع أن ترجع إلى وطننا الحبيب كي تخدمه بعلمك، ويسير إلى الأمام على طريق التقدم والإزدهار.

وختامًا، أدعو الله أن يوفقك وأن نراك قريبًا في أتمّ صحة وأسعد حال.

والسلام عليكم ورحمة الله وبركاته

أخوك المحب: نزيه

تمرين 95 أكملوا الجمل التالية. انظروا إلى الملحق Appendix I في نهاية الكتاب عن كتابة الرسائل لعمل التمرين

١. إذا أردت **مخاطبة** addressing (عمّك) تقول في بدء الرسالة (عمي الحبيب) ويمكن أن تقول:

١. ـــــــــــــ ٢. ـــــــــــــ ٣. ـــــــــــــ

٢. أما في التوقيع فتقول (ابن أخيك **المطيع** obedient) أو:

١. ـــــــــــــ ٢. ـــــــــــــ ٣. ـــــــــــــ

٣. إذا أردتَ / أردتِ مخاطبة صديقك تقول / تقولين في بدء الرسالة (صديقي المخلص) ويمكن أن تقول / تقولي:

١. ____________ ٢. ____________ ٣. ________________

٤. (وختامًا أسأل الله أن يحفظكم ويرعاكم)

استعمل كلمة (ختامًا) في جمل من عندك لتتمنى فيها ما تحب لوالدتك:

١. ____

٢. ____

٣. ____

٥. ماذا تقول / تقولين في بدء الرسالة لكل من:

* الأخت: ____________ ______________ ____________

* الوالد: ____________ ______________ ____________

٦. سوف ترسلون باقة زهور لزميلين بمناسبة خطوبتهما، ماذا ستكتبون على البطاقة؟

٧. تريدون إرسال بطاقة تهنئة لأسرة فلسطينية في مدينة بيت لحم بمناسبة عيد الميلاد، ماذا ستكتبون؟

٨. أحسن صديق لكم نجح في امتحان القبول لدراسة الطب، ماذا ستكتبون له على البطاقة التي سترسلسونها مع الزهور؟

٩. تُوفِّيَ أحد معارفك والذي كان يسكن في الشرق الأوسط، ماذا ستكتبون لأسرته في رسالة "الكترونية"؟

١٠. سوف ترسلون بطاقة لجاركم الذي دخل المستشفى، فماذا ستكتبون له على البطاقة؟

١١. تريدون أن تعتذروا عن حضور حفل تخرج صديقكم، فماذا تكتبون؟

١٢. صديق والدكم **رُزِق بـ (أعطاه الله) / صديقة والدتكم رزقت بـ** = (أعطاها الله) مولود، فماذا تكتبون له / لها؟

١٣. **اجعلوا** make أنفسكم مكان الصديق أو الصديقة وجاءتكم الرسالة السابقة، فكيف تردون عليها برسالة من عندكم؟

١٤. بالرجوع إلى رسالة غسان كنفاني، اكتبوا ردّ غادة على رسالة غسان.

تمرين 96 كتابة رسالة

أ. اكتب / اكتبـي رسالة إلى صديقك / صديقتك في عُمان توضح / توضحين فيها الآتي:

- أنك بصحة ممتازة.
- نجحت في امتحان المستوى الثالث وتفهم اللغة العربية فهمًا جيدًا.
- دعوته / ـها للالتحاق ببرنامج اللغة العربية في جامعتك.

ب. اكتب / ـي رسالة إلى أخيك الذي يستكمل دراسته بالخارج تحثه / ـينه فيها على السعي أكثر في طلب العلم، واستثمار الوقت فيما يفيد، وتطمئنه /ـينه على أحوال الأسرة.

الكتابة والبلاغة: الطباق Antithesis

درسنا التشبيه في الدرس الثاني في الجزء الثاني من كتاب كلمة ونغم، ونريد الآن أن نتعرف على "الطِّباق"

الطِّباق: هو أن تجمع combine بين الشيء وعكسه في الكلام، وهو نوعان:

Antithesis can be defined as "a figure of speech involving a seeming contradiction of ideas, words, clauses, or sentences within a balanced grammatical structure." (*Columbia Encyclopedia*)

١. **طباق الإيجاب:** وهو ما لم يختلف فيه **الضدان** opposites في الإيجاب أو السلب، مثل:

قرأنا في نص غسان كنفاني "وأنا أعْرَفُ منك بـ**الجحيم** hellfire الذي يـُطوّق حياتي من كل جانب، وبـ**الجنة** التي لا أستطيع أن أكرهها."

I am more familiar than you with the hellfire that surrounds me, and with the paradise that I cannot hate.

٢. **طباق السلب:** وهو ما اختلف فيه الضدان في الإيجاب أو السلب، مثل:

ورغم ذلك **فأنا أريد أن أظل معك، لا أريد أنْ تغيبَ عـَنـّي عيناك** اللتان أعطتاني ما عجز كل شيء انتزعته في هذا العالم من إعطائي.

In spite of that, <u>I want to stay with you</u>. I <u>do not want your eyes</u> that … <u>to miss me</u>.

تمرين 97 أجيبوا عن الأسئلة التالية

أ. أين الطباق؟ وما نوعه؟

١. الخبيث **يُسامح** forgive = (يعفو) عند الحاجة ولا يسامح عند المقدرة.

٢. يعلم الإنسان ما في اليوم والأمس ويجهل ما يأتي به الغد.

٣. لله ما أعطى وله ما أخذ.

ب. حوّلوا طباق الإيجاب إلى طباق سلب:

١. **العدو** enemy يُظهِر السيئة ويُخفي الحسنة.

٢. ليس من الجيد أن تُحسِن إلى الآخرين وتسيء إلى نفسك.

ج. حولوا طباق السلب إلى طباق إيجاب:

١. أحب الصدق ولا أحب الكذب.

٢. أنام في النهار ولا أنام في الليل.

عِشقي الآخَر

ظلال ثقافية (١٢): الغِناء الخليجي

وهو الغناء الشائع في الخليج العربي ويعتمد على العود **والطبلة** drum وسرعة **الإيقاع** rhythm، وهذا النوع من الغناء منتشر في السعودية والكويت والإمارات وعمان والبحرين وقطر واليمن وامتد ليصل بلادًا أخرى كمصر وليبيا ولبنان. واشتهرت الأغنية الخليجية في **أواخر** end القرن الماضي **وأوائل** beginnings هذا القرن. ومن أشهر المطربين والمطربات في الخليج: من السعودية (محمد عبده) و(طلال مدّاح) و(عبد المجيد عبد الله) و(ابتسام لطفي) ومن الإمارات (حسين الجسمي) و(ميحد حمد) و(أحلام) ومن الكويت (نبيل شعيل) و(نوال الكويتية) و(عبد الله الرويشد) ومن البحرين (راشد الماجد) و(حلا الترك) ومن قطر (فهد الكبيسي).

من الـ"فلكلور" الخليجي

السامري: وهو فن شعبي من الشعر النبطي والذي يعتبر واحدًا من الـ"فلكلورات" القديمة في الجزيرة العربية. وهو ليس شعرًا فقط، بل شعر يُغنّى **مصحوبًا** accompanied by برقصات قد تكون بدوية أو **حضرية** urban، فقد ظهرت منه رقصات لأهل البحر ورقصات أخرى لأهل البر ولها أسماء كثيرة منها (العيالة والرزيف والحربية وغيرها). ويشتهر فن السامري في الكويت ونجد، ويتصف بأنه غناء جماعي، وقد سُمّي بهذا الاسم نسبة إلى **السمر** = (السهر تحت ضوء القمر). ويختلف السامري من منطقة إلى أخرى في السعودية ويعتبر من أشهر أنواع التراث فيها.

تمرين 98 تقديم أو كتابة

ابحثوا في واحد مما يلي وقدموا عنه في الفصل أو اكتبوا عنه فقرتين إلى ثلاث فقرات من حيث انتشاره ونشأته وأهميته ودوره في الحياة الاجتماعية أو الثقافية

١. الشعر النبطي

٢. الفنون الشعبية في دول الخليج

٣. الرقصات الشعبية في الخليج: مثل رقصة اليولة والرزيف في الإمارات أو غيرها

ظلال ثقافية (١٣): مثل خليجي

البِعْدْ سِعْد

'il-bi3d si3d

Stay away. You will become happier

Distance lends enchantment to the view

Absence makes the heart grow fonder

When someone visits a friend or relative on a daily basis, one may say this proverb to hint that the visitor should moderate his visits. This follows from the belief that imposing distance between two people and avoiding repeated visits often revives the desire to reconnect and be in the company of the other person again. In contrast, too many visits can trigger boredom and iritation.

62

أغنية

إلى من يهمها أمري
غناء: محمد عبده

محمد عبده

ولد محمد عبده في 12 "يونيو" من سنة 1949 في محافظة الدرب - جازان بجنوب المملكة العربية السعودية. يُعتبر من أشهر المطربين العرب على مستوى العالم العربي الذين عاصَروا **الجيل** generation القديم والحديث. وهو معروف بلقب (فنان العرب) ولديه احترام كبير في عالم الفن. شارك كثيرًا بالغناء في المسارح العربية الكبرى في دول الخليج العربي والشام و"أفريقيا". يعتبر واحدًا من أبرز فناني السعودية، ومن أجمل الأصوات العربية.

مفردات جديدة

to be patient	صَبَرَ، يُصْبِرُ، صبر	صَبَر، يصبِر، صَبر
complain		اشتكى، يشتكي، شكوى
ink		حِبر
caravan		قافلة (ج) قوافل
spike (of grain)		سُنبُلة (ج) سنابل
rise	أشرق، يِشرق	أشرق، يُشرق، إشراق
midday heat		هجير
loyalty		وفاء
mirage		سراب
breath		نَفَس (ج) أنفاس
midday, noon	قايلة (ج) قوايل (خليجي)	قائلة
this	ذي (خليجي)	
or else	تَرى (خليجي)	
dissociate, keep away		هجر، يهجُر، هَجْر
goodbye	وِداعًا	وَداعًا

ملاحظة:

قائلة: كلمة "**قيلولة**" تعني nap أو siesta

عِشقي الآخَر

إلى من يهمُّها أمري

إلى من يهمُّها أمري ... إلى من
رجاءً إلى متى صبْري ... رجاءً
أنا لن أشتكي همِّي لِغيرِك ... أنا لنْ
يا روحي أشتكي همي إلى من

رِسالة ... حِبرها دمِّي
رِسالة ... تصرخ بهمِّي ... إلى من
سألت الرّيح ودروب القوافل
سألت الـغـيـم ... عن لَـون السّنابل
سألت النَّاس عن وجهك حبيبي
وعن الشَّمس ... ومتى تِشرِق مساءً

أحِبّك ... يا الصَّحاري اللَّي
(في هـجيرك) أحترق كلِّي ... وفاءً في عيونك
كتبت لِواحة عيونِـك رسايل
سراب الدَّمع ... وأنفاس القوايل
كتبت وذي ترى آخر رِسالة
أحبّك ... وإن هجرتيني ... وِداعًا

تمرين 99 أجيبوا عن الأسئلة التالية

١. أين ولد محمد عبده؟ هل هو من الجيل الجديد؟

٢. إلى من كتب الحبيب رسالته؟ هل تعتقدون أنها أول رسالة يكتبها لها؟ كيف نعرف؟

٣. في الأغنية ما يُعبّر عن الحب الجنوني الذي يشعر به الحبيب تجاه حبيبته؟ كيف نعرف؟

٤. ما وجه الشبه بين هذه الأغنية ورساله غسان كنفاني؟

تمرين 100 اكتبوا صح (✓) أو خطأ (X)

١. الحبيب يشتكي همه لكل الناس.

٢. الحبيب يشعر بالسعادة وهو يكتب رسالته إلى حبيبته.

٣. الحبيب يعيش لحظات هُيام في حبيبته ويتخيلها في كل مكان.

٤. سرعان ما سينسى الحبيب حبيبته بعد هجْرها له.

تمرين 101 ترجموا الجمل التالية إلى الإنجليزية

١. الكلب فيه صفة الوفاء.

٢. سمعت أنين رجل يأتي من بعيد في هجير الصحراء. تتبّعت مصدر الصوت ولكني ما وجدت أحدًا.

٣. بالنسبة لي، أجمل شيء في الوجود هو لون سنابل القمح حين تشرق الشمس بعد فجر ماطر.

٤. أعشق ندى الفجر ونسيم الصباح، وصديقي يعشق منظر السراب في الصحاري.

٥. حُضن والدتي يُسكِن شوقي إليها ويهدّيء من سرعة أنفاسي.

٦. أهداها قلم حبر ثمينًا مزيّنًا بالعقيق، وكتب عبارة على بطاقة صغيرة تقول "قلبي مرهون بين أصابعك."

تمرين 102 **ترجموا الجمل التالية إلى اللغة العربية (بعض المفردات من الكتاب الثاني)**

1. Why do you complain about her? Can't you see the children's innocence in her eyes?
2. His patience was wasted in vain.
3. I was pleased when I saw my daughter embracing her cat in the midday.
4. She departed far away and dissociated herself from her lover.
5. Her heart was beating quickly, and I could hear her breaths when she saw her lover.
6. My heart dances with joy every time I see her. I adore the shining of her green eyes. I feel that I don't ever want to say goodbye to her.

تمرين 103 **قواعد**

١. **حددوا** identify الفعل والفاعل والمفعول به في (يهمّها أمري).

٢. هناك مفعول لأجله في الأغنية. ما هو؟

٣. العبارة (رسالة ... حبرها دمي) جملة اسمية. ما المبتدأ وما الخبر؟

٤. في الجزء الثاني من كتاب (كلمة ونغم) درسنا الفعل (شكى) وفي هذه الأغنية نقرأ (اشتكى). ما الفرق بينهما.

5. If we were to replace شكى with اشتكى, كيف سيتغير المعنى?

غنوا: الطلاب يحفظون الأغنية ويغنوها معًا مع الأستاذ.

Corpora "كوربسيّات"

A corpus is a collection of written or spoken texts, especially the entire works of a particular author or a body of writing on a particular subject. (*Oxford Dictionary*)

في العربية يتم ترجمتها إلى متون مكتوبة.

بالرجوع إلى الكوربس التالي، قوموا بعمل التمارين التالية:

http://arabicorpus.byu.edu/

تمرين 104 ما هي الأسماء الأكثر شيوعًا التي تأتي قبل أو بعد الكلمات التالية (الكلمات مأخوذة من مفردات الإعلام والأفعال الشائعة والصفات الشائعة). اختاروا ثلاثًا من الكلمات التالية وترجموا ثلاث جمل على كل كلمة.

قدّم	ألغى	أسفر عن
ثورة	تدهور	أضاع
انضم إلى	حاسم	محايد
شرس		

خمسة فرفشة Just for Fun

عثّورة لسان A Tongue Twister

حاولوا أن تفهموا الجمل التالية ثم كرروها ثلاث مرات بسرعة

١. حَسيب حاسَب حِساب المحتسِب.

٢. هذا المِشمِش مِش مِن مِشْمِشنا.

نكات ع الطاير Jokes On the Go

١. رجل بخيل جدًا دخل الحمام ولم يخرج. لماذا؟

لأنه مكتوب على باب الحمام من الداخل "ادفَع."

٢. الابن يقول لوالده البخيل جدًا، تخيل يا أبي رأيت **الساحر** magician **يحوّل** = (يغير) الحمامة إلى **منديل** handkerchief، فأجابه الوالد بغضب، "هذا ليس غريبًا، فأمك استطاعت تحويل ١٠٠٠ (دولار) إلى اسورة ذهب في يدها."

٣. حكى رجل من مدينة "أصفهان" فقال: كان عندنا رجل أعمى يطوف ويسأل، فأعطاه مرة إنسان رغيفًا، فقال له وهو يدعو: أحسَن الله إليك وبارك عليك وجزاك خيرًا وردّ غربتك. فقال له الرجل: ولِمَ ذكرت الغربة في دعائك؟ ومَن أخبرك أني غريب ولست من أهل المدينة؟ فقال الأعمى: الآن. لي هنا عشرون سنة. ما أعطاني أحد رغيفًا صحيحًا.

تمرين 105 **أطلقوا عنان خيالكم**

A. Creative Writing: How would robots affect our life in the future?

You are living in the 2150s, and robots have become part of everyone's daily lives. Write a blog about the things that the robots are capable of doing. More specifically, describe your favorite robot character that now lives with you in your house or works with you and the things it can do and execute. Tell an unusual story where the robot is a main character.

B. يللا نمثل

The robots are becoming more powerful and plot against humans to take over the world. Humans act swiftly. They arrest the leaders of this robotic movement. They stand trial. A dialogue takes place between the judge and the robots. Act this out.

مفردات وتعابير لها علاقة بالكتب السماوية والدين

مفردات تعلمناها

الكلمة	المعنى	الكلمة	المعنى
أهل الكتاب	People of the Book (Christians and Jews)	يهودي (ج) يهود	Jew
الإنجيل	Bible	أقلية (ج) أقليات أغلبية = (أكثرية) (ج) أغلبيات = (أكثريات)	minority majority
التوراة	Torah	الحجّ	pilgrimage
العهد الجديد	New Testament	الإرهاب	terrorism
العهد القديم	Old Testament	سورة (ج) سور	chapter (of Quran)
قبطي (ج) أقباط	Copt	سِفر (ج) أسْفار	book, chapter (of Bible)
طائفة (ج) طوائف	party	عبد، يعبد، عبادة	worship
مقدّس	holy, sacred	التفسير	interpretation
مسيحي (ج) مسيحيون = (نصراني (ج) نصارى)	Christian	نبي (ج) أنبياء رسول (ج) رسُل	prophet messenger

تمرين 1 ما العلاقة بين ...

١. "مُقدّس" و"مدينة القدس" و"قُدس الأقداس"؟

٢. "عبد" و"عبد الله"؟

٣. "نصرانيّ" والفعل "**نَصر**" to aid in victory؟

٤. "رسول" و"رسالة"؟

(ملاحظة: كلمة "نَصْر" يمكن أن تكون اسمًا لرجل.)

تمرين 2 دردشوا مع زملائكم حول ما يلي

١. خبرتهم مع أي كتاب مقدس. ما الكتاب وكيف تعرفوا عليه وماذا قرأوا فيه أو عنه؟

٢. الأنبياء الذين سمعوا أو درسوا عنهم

٣. ماذا يعرفون عن الأديان المختلفة في العالم؟ الأعداد، الطوائف، أماكن العبادة

مفردات جديدة لها علاقة بالديانات السماوية

الكلمة	المعنى	الكلمة	المعنى
مذهب (ج) مذاهب	sect, faith	شيعيّ (ج) شيعة	Shi'a
الفقه	jurisprudence	تابع (ج) تابعين = (أتباع)	follower
الحديث	Hadith	الكعبة	the Kaaba
عقيدة (ج) عقائد	doctrine	الدعوة الإسلامية	Islamic call
شريعة (ج) شرائع	law	التصوّف	Sufism
سُنيّ (ج) سُنّة	Sunni	الروح القُدُس	Holy Spirit
خليفة (ج) خلفاء	Caliph	كافر(ج) كُفار = (كافرون) التكفير	unbeliever charge of unbelief
صحابيّ (ج) صحابة	companion (of Prophet Mohammed)	الجهاد	jihad
الفكر الدينيّ	religious thought	آية (ج) آيات	verse, sign
مُلحد (ج) ملحدون	atheist	ملك، ملاك (ج) ملائكة	angel
عقيدة التثليث	Trinitarianism	يوم القيامة	Doomsday
التبشير مبشِّر (ج) مبشرون	preaching, evangelization preacher, missionary	القضاء والقدر	fate and destiny
اضطهد، يضطهد، اضطهاد اضطهاد ديني	suppress, persecute religious persecution	يسوع المسيح	Jesus (the Messiah)
شوّه، يشوّه، تشويه	distort	العذراء	Virgin Mary
اعتنق، يعتنق، اعتناق	embrace, adopt, convert	ماروني (ج) موارنة = (مارونيون)	Maronite

تمرين 3 أكملوا بإجابة مناسبة من مفردات وتعابير لها علاقة بالكتب السماوية والدين وأكثر

١. ________ الشيخ "محمد حسين يي" الإسلام عام ١٩٦٨ وكان قبلها بوذيًا ثم مسيحيًا.

٢. "يوسف إستس" كان ________ قبل أن يعتنق الإسلام سنة ١٩٩١، نشأ في أسرة "بروستانتية" وهو حاصل على شهادة الدكتوراه في علم الأديان، ويعمل الآن في مجال ________ ________ في "أمريكا" وله محاضرات وجلسات كثيرة تتناول حوار الأديان في شتى الدول.

٣. __________ هي مجموعة دينية تسكن في بلاد الشام وخاصة في لبنان، وتعود تسميتهم إلى "مار مارون" **الراهِب** monk السرياني الذي كان يعيش في شمال سوريا خلال القرن الرابع.

٤. الفكرة الشائعة لدى الكثيرين تقول إنّ ______ هو الشخص الذي لا يعتقد بوجود إله أو قوة تُدير هذا الكون، أما الذي يعتقد بوجود إله تابع لدين محدد فهو مؤمن.

٥. بعد انتهاء المؤتمر الصحافي ليلة أمس، قال الرئيس إن محاولات ________ صورة دولته في دولة مجاورة لحدود بلاده، قد أثّرت على علاقات الصداقة بين البلدين، واعتبر أن قرار حكومة الدولة المجاورة بمنع سفر مواطنيها إلى بلاده قد أثر على طبيعة العلاقات بشكل سلبي.

٦. من أهم __________ الفقهية عند السنّة الحنفي والشافعي والمالكي والحنبلي، أما الشيعة فلديهم الزيدي والجعفري.

٧. ________ ________ هو سوء معاملة شخص أو مجموعة من الأشخاص بسبب مُعتقداتهم الدينية والتي تعتبر حقًا من حقوق الإنسان يستطيع ممارسته بطريقته الخاصة.

تمرين 4 ترجموا من العربية إلى الإنجليزية

١. يرى الكثير من علماء الدين أنّ نقد الفكر الديني احتل مكانًا كبيرًا من اهتمامات الفكر العربي المعاصر، حتى أصبح موضوعًا تكتب فيه أقلام كثيرة من أصحاب الاتجاهات غير الدينية.

٢. الحديث عند السنّة هو ما جاء عن النبي محمد من قول أو فعل أو تقرير أو صفة.

٣. رافق الصحابة الرسول محمد في أغلب فترات حياته بعد الدعوة، وساعدوه على نشر الإسلام، ودافعوا عنه مرات عديدة. وبعد وفاة النبي محمد، انتشر الصحابة في البلاد المختلفة لنشر الإسلام وفتح المدن والدول.

٤. يؤمن النصارى بعقيدة التثليث وهي أن الأب الموجود في السماء قد **تجسّدت** incarnate كلمته في الابن وهو المسيح وكان الروح القُدُس وسيطًا بينهما.

٥. سفر التكوين هو أول أسفار الـ"تَوْراة"، وهو جزء من الـ"توراة" العبرية، بالإضافة إلى أنه أول أسفار العهد القديم لدى المسيحيين.

تمرين 5 ترجموا من الإنجليزية إلى العربية

1. Belief in angels is one of the six Pillars of Faith in Islam.
2. I read on social media that France will have a majority secular population soon. So will the Netherlands and New Zealand.
3. I wonder, what do the Bible, the Quran, and the Torah say about fate and destiny?
4. Prophet Mohammed talked about 72 signs that would appear near to Doomsday.
5. In Islam, Isa Bin Maryam, literally "Jesus son of Mary," or Jesus, is a prophet and messenger of Allah.

تمرين 6 اعرفوا زملاءكم

(If some students feel that some of the topics are personal and they do not want to talk about them, they should feel free to do so.)

١. هل هناك طوائف دينية في البلد الذي يسكنون فيه؟ ما أكبر طائفة؟ ماذا يعرفون عنها؟

٢. هل يؤمنون بالقضاء والقدر؟ لِمَ (لا)؟ كيف؟

٣. من يسوع المسيح بالنسبة لهم؟

٤. من الروح القدس بالنسبة لهم؟ هل يؤمنون به؟ لِمَ (لا)؟

٥. هل يعتبرون أنفسهم من الشخصيات القائدة أم التابعة؟ كيف ذلك؟

٦. هل يستطيع الإعلام أن يشوّه صورة شخص (حكومة أو شعب أو دين)؟ كيف ذلك؟

٧. ما أكبر ثلاث أقليات في بلدهم؟ وهل هناك دور سياسي لها؟ كيف؟

ظلال ثقافية (١): القرآن الكريم

نزل المَلَك جبريل بالقرآن الكريم على النبي محمد بأمر من الله، وهو آخر الكتب السماوية. يتكون من ثلاثين جزءًا، وعدد سور القرآن مئة وأربع عشرة سورة وعدد آياته ٦٢٣٦ آية. وللقرآن أسماء مختلفة منها: الكتاب والفرقان والذِّكر والنور والتنزيل. ولقد ظل القرآن غير مجموع في **مصحف** codex واحد حتى خلافة أبي بكر حين اقترح عمر بن الخطاب على الخليفة أبي بكر فكرة جمع القرآن خوفًا من ضياعه بموت حَفَظَة القرآن. وفي عصر الخليفة عثمان بن عفان، أكمل عثمان جمع القرآن وأبقى عنده في المدينة مصحفًا واحدًا، وقد سمّى العلماء المصحف المكتوب حينها (مصحف عثمان).

تفسير interpretation **القرآن**

اهتم **الصحابة** companions بتعليم القرآن وفهم معانيه، واشتهر الكثير منهم بتفسير القرآن مثل الخلفاء الراشدين: أبي بكر وعمر وعثمان وعلي وغيرهم من الصحابة مثل عبد الله بن مسعود. وأخذ التفسير عن هؤلاء الصحابة جماعة من التابعين منهم: الحسن البصري وسعيد بن جبير، ثم نقلوه إلى من بعدهم. ومن أشهر كتب التفسير: تفسير الطبري وتفسير القرطبي وتفسير القرآن العظيم وتفسير البحر المحيط وفتح القدير.

تمرين 7 يللا نبحث

The caliphs who succeeded Prophet Mohammed are called the Righteous Caliphs. Among them are Abu Bakr and Othman, who played an important role in compiling the Quran. Search about either one, and present some information to the class about him and his importance.

استماع (١): من القرآن الكريم

> فَسُبْحَانَ اللَّهِ حِينَ تُمْسُونَ وَحِينَ تُصْبِحُونَ. وَلَهُ الْحَمْدُ فِي السَّمَاوَاتِ وَالْأَرْضِ وَعَشِيًّا وَحِينَ تُظْهِرُونَ. يُخْرِجُ الْحَيَّ مِنَ الْمَيِّتِ وَيُخْرِجُ الْمَيِّتَ مِنَ الْحَيِّ وَيُحْيِي الْأَرْضَ بَعْدَ مَوْتِهَا وَكَذَلِكَ تُخْرَجُونَ. وَمِنْ آيَاتِهِ أَنْ خَلَقَكُم مِّن تُرَابٍ ثُمَّ إِذَا أَنتُم بَشَرٌ تَنتَشِرُونَ. وَمِنْ آيَاتِهِ أَنْ خَلَقَ لَكُم مِّنْ أَنفُسِكُمْ أَزْوَاجًا لِّتَسْكُنُوا إِلَيْهَا وَجَعَلَ بَيْنَكُم مَّوَدَّةً وَرَحْمَةً إِنَّ فِي ذَلِكَ لَآيَاتٍ لِّقَوْمٍ يَتَفَكَّرُونَ. وَمِنْ آيَاتِهِ خَلْقُ السَّمَاوَاتِ وَالْأَرْضِ وَاخْتِلَافُ أَلْسِنَتِكُمْ وَأَلْوَانِكُمْ إِنَّ فِي ذَلِكَ لَآيَاتٍ لِّلْعَالِمِينَ.
>
> (الروم: ١٧-٢٢)

- بعد الاستماع إلى الآيات القرآنية، اقرأوها قراءة جهرية.

مفردات تعلمناها	
المعنى	**الكلمة**
dust, soil	تراب
people, mankind	بشر
create	خلق، يخلق، خَلْق
dwell in tranquility	سكن، يسكن، سَكَن
mercy	رحمة
tongue (here it is language)	لسان (ج) ألسنة
عارفين	عالِمين

مفردات جديدة	
glory be to God	سبحان الله
bring out	أخرج، يُخرج، إخراج
living thing	حيّ (ج) أحياء
give life	أحيا، يُحيي، إحياء
حبّ	مودّة
ناس	قَوْم (ج) أقوام
reflect	تفكّر، يتفكّر، تفكُّر

نافذة إلى عالم جديد

تمرين 8 أسئلة فهم

١. من أي سورة هذه **الآيات** verses؟

٢. ذُكرت في هذا النص ست **آيات** signs لله، تدل على **قدرته** His ability. اذكروا هذه الآيات حسب النص.

٣. ما معنى "فسبحان الله حين تمسون وحين تظهرون" وما معنى "يخرج الحي من الميت ويخرج الميت من الحي"؟

٤. هاتوا جمع: حي __________ أرض __________ قوم ______________

٥. هاتوا مفرد: ألسنة________ أنفس __________ آيات ______________

تمرين 9 فكروا في كلمات من جذور الكلمات التالية

الكلمة	الجذر	كلمة أخرى من نفس الجذر
تمسون		
تصبحون		
عشيًّا		
تظهرون		
يحيي		
رحمة		
اختلاف		

تمرين 10 في النص أمثلة على الطباق antithesis (الدرس الأول)، ما هي؟

ظلال ثقافية (٢): تجويد القرآن Recitation of the Quran

التجويد علم من علوم القرآن، أساسه التدقيق في قراءة النص القرآني بشكل صحيح وبعيد عن الغناء يتصف بـ**الخشوع** submissiveness و**معايشة** living معاني النص القرآني المتنوعة. وللقرآن قراءات عشر أقرها العلماء، منها سبع قراءات ثابتة وثلاث مكملة.

من أشهر القُرّاء reciters في العالم الإسلامي

عبد الباسط عبد الصمد

ولد الشيخ المُقرىء عبد الباسط عبد الصمد في سنة ١٩٢٧ وتوفي في ١٩٨٨، ويعتبر من أشهر قُرّاء القرآن الكريم في العالم الإسلامي. وللشيخ عبد الباسط **شعبية** popularity كبيرة في شتى أنحاء العالم وذلك لجمال صوته ولأسلوبه الفريد في التجويد، ولقد حفظ القرآن على يد الشيخ محمد الأمير، دخل بعدها الإذاعة المصرية سنة ١٩٥١، حيث ترك وراءه كمية كبيرة من التسجيلات بصوته الجميل.

من قراءات الشيخ عبد الباسط: استمعوا للقاريء عبد الباسط عبد الصمد يقرأ آيات من سورة الرحمن

تمرين 11 يللا نبحث

Quran reciters are celebrities in the Muslim world. Search about one of them and present some information about him in class. Explain why he (it is usually a male) is considered famous.

القصة: مراجعة المفردات

تمرين 12 ضعوا كلمة أو عبارة أخرى مما درسناه تحمل نفس المعنى، بدلا replacing مما تحته خطان

١. حاولنا بشتى الطرق أن نجد حلًا وسطًا للمشكلة، ولكن ذهبت كل محاولاتنا هباء.

٢. سبحان الله! أخي يحب الألعاب الإلكترونية حبًا جما.

٣. لم يعد أخي يهتم بتنمية مهاراته اللغوية فصار يكره اللغات ودراستها حتى دخل الجامعة وكان من اللازم أن يدرس إحدى اللغات، حينها وقع في حب اللغة العربية، وهنا بدأت نقطة التحول عنده وتغير مسار حياته حيث حُلّت عقدته، وسيسافر إلى المغرب الصيف القادم بعد أن حصل على منحة لدراسة العربية هناك.

٤. بعد سقوط النظام القديم، وعد الرئيس الجديد، في ختام زيارته إلى شتى المناطق المحلية في الدولة، بإعادة الـ"ديموقراطية" والتخلص من المنافسات الطائفية واتخاذ خطوات عملية في الاتجاه الصحيح.

٥. حصل ابن عمي الشهر الماضي على منصب مرموق في وزارة التربية والتعليم بعد أن تطوع كثيرًا في جمعيات تساعد الفقراء وأطفال الشوارع على إكمال تعليمهم والحصول على مؤهلات علمية تساعدهم في حياتهم.

٦. يعتبر صديقي "مايكل" من الكفاءات النادرة في مجال الهندسة الـ"ميكانيكية" فهو يوظّف طاقاته يوميًا في الدراسة والبحث عما هو جديد في هذا المجال، ويتطلع في المستقبل إلى أن **يخترع** invent سيارة لا مثيل لها على الأرض.

٧. اجتازت أختي امتحان تحديد المستوى بصعوبة، الحمد لله، أخيرًا ستسافر إلى الشرق الأوسط الشهر القادم.

٨. كان المرافقون يقفون خلف الرئيس بينما كان يقوم بطرح آرائه حول مسألة زيادة الرسوم الجامعية. كنت أحاول أن أتمالك نفسي وأتعامل مع الموضوع بكل هدوء، لكني لم أستطع، وقمت بالصراخ مُعبّرًا عن غضبي ورفضي لتلك الآراء.

القصة: مفردات النص الرئيسي

الكلمة	سمات عامية	المعنى
مفردات تعلمناها		
إجراء (ج) إجراءات		performance of an action, execution
معماري		architectural
ضريح (ج) أضرحة		shrine, grave
رئيس وزراء		prime minister
قضى، يقضي، قضاء	مات	die
تلا، يتلو، تلاوة		recite
السياحة		tourism
تلة (ج) تلال		dune, heap

pilgrim	حجّ	حاج (ج) حُجّاج = (حجيج)
enjoyment, pleasure		مُتعة (ج) مُتع
overcrowdedness	عجأة، زحمة	ازدحام
to be distinguished in	تميز في، يتميز في، تميز في	تميّز بـ يتميز بـ تميُّز بـ
feature		ملمح (ج) ملامح
tasty	زاكي	شهيّ
conquest, victory		فتح (ج) فُتوحات
century		قرن (ج) قرون
أرجع، يُرجِع، إرجاع		أعاد، يُعيد، إعادة
regarding, with respect to		بشأن
perfect, complete		تامّ
to be optimistic		تفاءل، يتفاءل، تفاؤل
greeting		تحية (ج) تحيات
شَكَر، يشكر، شُكر		أثنى، يُثني، ثناء
professional		مهنيّ
point		نقطة (ج) نقاط = (نقط)
power, strength		قوة
weakness		ضَعْف
to be exposed to		تعرّض لـ يتعرّض لـ تعرُّض لـ
toward		تجاه
he got in touch with … by phone		اتصل بـ ... هاتفيًا
throw		ألقى، يُلقي، إلقاء

تمرين 13 ما العلاقة بين ...

١. "إجراء" والفعل "جرى"؟

٢. "تميز" و"ممتاز"؟

٣. "تام" و"تمام"؟

٤. "اتصل" و"وصل" و"تواصل"؟

تمرين 14 دردشوا مع زملائكم عما يلي

١. الازدحام في مدينتكم

٢. الأشياء التي فيها متعة في حياتكم

٣. أهمية التفاؤل في الحياة الدراسية أو في العمل

مفردات جديدة		
الكلمة	**سمات عامية**	**المعنى**
شباك (ج) شبابيك		نافذة (ج) نوافذ
morning		صبيحة
go (to bed), seek shelter		أوى، يأوي، إيواء
bed		الفراش
to take advantage		استغلّ، يستغل، استغلال
معًا	سوا	سويًا
count		عدّ، يعدّ، عدّ
work of art		تحفة (ج) تُحَف
surpass		فاق، يفوق، فواق
to be extended, to be sufficient	بيوسَع	اتسع، يتسع، اتساع
to assassinate		اغتال، يغتال، اغتيال
explode		فجّر، يفجِّر، تفجير
aim		استهدف، يستهدف، استهداف
parade, procession		موكِب (ج) مواكب
cave		مغارة (ج) مغارات
direction		وُجْهة (ج) وجهات
head for favoritism, patronage		توجَّه، يتوجه، توجُّه توجُّه (ج) توجهات
aiming, tending		متوجّه = (مُتّجه)
jewel, gem		جوهرة (ج) جواهر
deserve, to be worthy		استحق، يستحق، استحقاق
museum		مَتحف، مُتحف (ج) متاحف
wax, candles		شمع
to do, make, manufacture		صنع، يصنع، صُنع أو صناعة
to proceed straightaway, to go to see, to aim at		قَصَد، يقصِد، قَصْد
distinct, prominent more distinct, more marked		بارز أبرز
prefer فضّل، يفضل، تفضيل		آثَر، يؤثِر، إيثار
taste	داق، يدوق، دَوَقان = (دوق)	ذاق، يذوق، ذَوْق
old, ancient, antique		عتيق

flavor, character, stamp postage stamp		طابع (ج) طوابع طابع بريد
become clear	بينّ، يبيّن	اتّضح، يتّضح، اتضاح
نَوْع (ج) أنواع		صِنْف (ج) أصناف
relax	تمدّد، يتمدد	استرخى، يسترخي، استرخاء
to perform ritual ablution before prayer (Islamic) ablution	توضا، يتوضا	توضّأ، يتوضأ، وضوء
piece		قِطعة (ج) قِطَع
archeological antiquities, track, sign (from the past)		أثري آثار
restore, renovate		رمّم، يرمِّم، ترميم (ج) ترميمات
over time		على مرّ الزمن
create, invent, produce, originate		استحدث، يستحدث،استحداث
lately	من جْديد	مؤخَّرًا
place of prayer		مصلّى
perform, render, execute	عِمل = (سوّى)	أدّى، يؤدّي، تأدية
skim, read through		تصَفّح، يتصفّح، تصفُّح
expected, anticipated		مُرتقَب
to be right, succeed		وفّق، يوفّق، توفيق
firmly establish, secure, make (s.th.) take root firmly established, stable firmly fixed, deep rooted		رسّخ، يُرَسّخ، ترسيخ راسخ
certain	مِتأكد	مُتيقّن
جهّز، يجهز، تجهيز		هيّأ، يُهيّيء، تهيئة
satisfaction, contentment		قناعة (ج) قناعات
professionalism		احترافية
أخبر، يُخبر، إخبار	بلّغ، يبلّغ = (خبرّ، يخبرّ)	أبلغ، يُبلِغ، إبلاغ
join		انضمّ، ينضم، انضمام
later	بعدين	لاحقًا
extremely, very (much)		(في) غايةِ + اسم
charm, beauty		روعة
qualification		مؤهل (ج) مؤهلات
proceed, move forward, progress		تقدّم، يتقدم، تقدّم

to be obliged to	صار لازم	توجّب على، يتوجّب على، توجُّب على
incline, have a liking		مال، يميل، ميْل (ج) مُيول
manner, mode, quality, direction		كيفيّة
press		ضَغَط، يضغط، ضَغْط
separated, isolated, alone		مُنفرد
surprise		فاجأ، يُفاجيء، مُفاجأة
strange, uncommon, odd		طريف
close together, approximately equal	قريب من بعضه	مُتقارب
listen, give ear, try to hear, listen secretly		أنصَتَ، يُنْصِت، إنصات
interrupt, boycott		قاطع، يقاطع، مقاطعة
smartness, slickness, refined manners		لباقة
previously	من قبل	سابقًا
spur, drive, incentive		حافز (ج) حوافز
shake hands	سلّم على	صافح، يصافح، مُصافحة
inform, tell, conduct in solemn procession (the bride)		زفّ، يزُفّ، زفّ
سعيدة	حلوة	سارّة

تمرين 15 خمنوا معاني ما يلي (المجموعة ١)

بستان المفردات	
١. فن العمارة	٨. صنّاع القرار
٢. القرون الوسطى	٩. نقطة أساسية
٣. المنفذ البري	١٠. ضربة قاضية
٤. المنفذ البحري	١١. اغتيال الكلمة الحرة
٥. مواد تفجيرية	١٢. مقابلة فردية
٦. موكب الجنازة	١٣. موت الفجأة
٧. مقاطعة اقتصادية	

تمرين 16 ترجموا الجمل التالية

١. يعتبر معبرا (رفح) و"ايرز" المنفذين البرّيين الوحيدين لسكان قطاع غزة.

٢.كثُر موت الفجأة بشكل كبير هذه الأيام. أتساءل أحيانًا لنفسي: "هل موت الفجأة رحمة للناس؟"

٣. الأسبوع الماضي، أجريتُ مقابلة **فردية** = (شخصية) مع مراسل من قناة إعلامية محلية، وشكّل موضوع فن العمارة الإسلامية في العصور الوسطى نقطة أساسية في حوارنا.

4. On a local TV channel, the court charged a father with a fatal blow to his little daughter.

5. Who is the decision maker? And why is this person important in sales?

تمرين 17 اعرفوا زملاءكم

١. في كل أسرة، هناك صانع قرار، من صانع القرارات في أسرتهم؟ لماذا هو / هي صانع / صانعة القرار؟

٢. في رأيهم، كيف يتم اغتيال الكلمة؟

٣. في رأيهم، هل المقاطعة الاقتصادية أسلوب جيد لحل مشاكل الحكومات مع بعضها البعض؟ لِمَ؟ لم لا؟

٤. هل يعتقدون أنّ الكلمة يمكن أن تكون أقوى من **السلاح** weapon؟ كيف؟

تمرين 18 خمنوا معاني العبارات التالية (المجموعة ٢)

١. فاتح الشهية	٨. الله من وراء القصد
٢. وضع النقاط على الحروف	٩. شخص ذوّاق
٣. الضغط الجوي	١٠. كيفية الاستعمال
٤. مأوى ليلي	١١. خمر مُعتّق
٥. شقة مفروشة	١٢. بارز الأسنان
٦. استغلال الفرص	١٣. ميّال إلى الضحك و<u>الفرفشة</u>
٧. فائق الجمال	١٤. شخص استغلالي

تمرين 19 ترجموا الجمل التالية

١. إضاعة الفرص تُبقيك (مكانك سِر).

٢. قالت السفيرة إن خطاب الرئيس وضع النقاط على الحروف خلال كلمته في المؤتمر الصحافي بشأن الأوضاع الإقتصادية.

3. I had a neighbor who was a specialist in collecting old wines. If you visit his house, you will find all kinds of old wine bottles everywhere.

4. Air pressure can be increased and decreased.

تمرين 20 اعرفوا زملاءكم

١. هل هم مِمَّن يستغلون الفرص في حياتهم؟ ما الفرصة التي استغلوها؟ هل ضيّعوا فرصًا مهمة في حياتهم؟ كيف؟

٢. هل تعرضوا في حياتهم إلى صعوبة في إيجاد مأوى ليليّ أثناء سفرهم مثلًا أو غير ذلك؟ ماذا حدث؟

٣. هل يفضلون استئجار الشقق المفروشة أم الشقق غير المفروشة؟ لماذا؟

٤. هل يعرفون شخصًا ميّالًا إلى الضحك والفرفشة دائمًا؟ وهل يعرفون شخصًا ميالًا إلى الكآبة والحزن دائمًا؟ من هو / هي؟ كيف يعرفون؟

تمرين 21 أكملوا الفراغات في الجدول التالي

الكلمة	الجذر	كلمة أو أكثر تعلمناها من نفس الجذر
صبيحة		
قطعة (ج) قطع		
تَصَفّح، يتصفّح، تصفُّح		
متوجّه = (مُتّجه)		
مُتيقّن		
قناعة (ج) قناعات		
متقارب		

تمرين 22 استبعدوا الكلمة الغريبة بدون استخدام المعجم (القاموس)

١.	قضى	تُوفي	ضاع
٢.	قتل	اغتال	فاق
٣.	شمع	مغارة	جبل
٤.	بارز	خاسر	متميز
٥.	استرخى	استراح	استبعد
٦.	مرتقب	مفتَعَل	متوقَّع
٧.	احترافية	مهنية	استئنافية
٨.	أهدى	ألقى	رمى
٩.	سابقًا	لاحقًا	آجلا
١٠.	انضم	التحق	أخفى
١١.	روعة	جمال	تشكيل
١٢.	أنصت	فاجأ	استمع
١٣.	ضغط	توتُّر	تجَنُّب
١٤.	مهارة	لباقة	معاناة
١٥.	توجّب	استلزم	استهدف

تمرين 23 يللا نمثل

You have a lazy friend who likes to sleep a lot. Try to convince him/her to give up that habit and become a more active person. See Appendix II for dialectal expressions that you may use.

تمرين 24 صلوا نصف الجملة بالنصف الآخر المناسب

١.	نقلت وكالة الأخبار عن السلطات السعودية خبر
٢.	إنّ الشخص الذي يعرف كيف يستغل أوقاته في أعمال مفيدة
٣.	أحَسّ بالقلق والتوتر لدقائق قليلة في بداية الامتحان
٤.	يقول بعض العلماء إن أصنافًا من الأسماك **الدهنية** fatty كالـ"سردين" والـ"سالمون" والـ"تونة"
٥.	إن **المميزات** privileges التي تقدّمها المناطق الحُرة بمدينة دبي يمكنها أن توفّر للشركات
٦.	اتسعت **رُقعة** = (مساحة) الاحتجاجات في المدينة حيث **أطلقت** open fire
٧.	في الإسلام، لا يمكن مقاطعة الإمام أثناء خطبة الجمعة
٨.	زفّ مجلس الوزراء في جلسته الماضية أخبارًا سارّة

لكن سرعان ما اتّضحت الصورة في ذهنه واستعادت ذاكرته الأفكار كلها.	
حوافز مالية مهمة للقيام بالأعمال التجارية في المنطقة.	
السلطات النار على شخصين، ومنعت المحتجّين من دخول مركز المدينة.	
إلى المواطنين تؤكد بأن الإصابة التى تعرّض لها الرئيس ليست مُقلقة.	
ومن اللازم أن ينصت الناس المصلّون له طوال الوقت.	
وفاة ٣١٠ من الحجاج وإصابة ٤٥٠ نظرًا لتدافعهم في أول أيام عيد الأضحى.	
تحتوي على أحماض "أوميغا ٣" الضرورية للتوازن العصبي في الجسم.	
يكون أكثر سعادة من أولئك الذين يضيعونها هباء.	

تمرين 25 أعيدوا ترتيب الكلمات التالية في جمل مفيدة

١. أول – عرف – في سنة ١٨٤٠ - العالم – طابع بريد (عرف ... ١٨٤٠)

٢. عشرة آخرون – وأُصيب – شخصان – استهدف – في تفجير – قُتِل – سوق المدينة - إرهابي (قتل ... سوق المدينة)

٣. الناس - دائمًا – بحرارة – صافِح – وافعل – الخير (صافِح ... دائمًا)

٤. يتحدث – وبأسلوب – صديقي – لا يجرح - غضبهم - مع الناس - بلباقة - أو يُثير – مشاعرهم (يتحدث ... غضبهم)

٥. أكثر عن – الخطوط المدفوعة سابقًا – لمعرفة – من شركة الـ"تليفونات" - اِضغَط هنا (اضغط ... التليفونات)

٦. الملك – حين كان – السوق – فاجأ – بدون – الناس – مرافقين معه – يمشي في (فاجأ ... معه)

٧. الألوان - مختلفين - الله - والميول – والأشكال – خلقنا – في – والاستعدادات (خلقنا ... والاستعدادات)

٨. من - شاهد - الثاني - بعد أن - حيّة - **قفز** jump - نافذة - في الطابق - رجل - شاهد - في غرفة نومه (قفز ... نومه)

٩. في فلسطين - بالقرب من - حوالي ٧٠٠٠ - الموارنة - ويصل - الحدود مع - يتواجد - لبنان - عددهم - ماروني (يتواجد ... ماروني)

تمرين 26 **ضعوا كلمة أو عبارة أخرى مما درسناه من قبل بالمعنى نفسه، بدلًا مما تحته خطان**

١. أراك لاحقًا إن شاء الله يا عزيزي.

٢. الكثير منا يبحث عن كيفية تحضير وجبات سريعة وشهية يُمكِن تجهيزها في ١٠ دقائق.

٣. استقالت "اريكا شتاينباخ،" الشخصية البارزة في البرلمان الألماني، من حزب "ميركل" احتجاجًا على سياسة اللجوء.

٤. مدينة تونس العتيقة هي الجزء العتيق من مدينة تونس وقلب العاصمة التونسية، وتقع فوق تلة تُطلّ على البحر وتمتد على ما يقارب ثلاثة "كيلومترات" من (باب الفلة) و(باب عليوة) من الجانب الجنوبي إلى (باب سعدون) من الجانب الشمالي.

٥. جلست في حديقة البيت وحيدًا أفكر فيك يا حبيبتي، أعانق طيفك فاسترخيت، ونشقت عطر الورود، لكنه بلا شك لا يشبه عطرك.

٦. أكد رئيس الوزراء المصري أن المحادثات ما زالت مستمرة بشأن اجتماع مرتقب مع الإدارة الأمريكية الشهر المُقبل.

٧. يا ترى! هل هناك فرق بين الموظف المؤهّل علميًا ولا يملك الخبرة المهنية، وبين الموظف الغير مؤهل تأهيلًا علميًا ويمتلك خبرة مهنية واسعة؟

تمرين 27 **أكملوا الفراغات بكتابة الجذور للكلمات التالية، ثم اكتبوا كلمات تعلمتموها من نفس الجذر**

الكلمة	الجذر	كلمات تعلمناها من نفس الجذر
استحقاق		
اتّسع		
استهدف		
تفجير		
توجّه		
اتّضح		
مصافحة		
استحدث		
مؤخّرًا		
تقدّم		
توجّب		

تمرين 28 **ضعوا حرف جر مناسب في الفراغات**

١. عبر مداخلة هاتفية ____ شاشة قناة "دريم" المصرية، أكّد وزير الإسكان للتطوير الحضرى و**العشوائيات** unplanned neighborhoods، أنّ الرئيس المصري أمر الحكومة بأن تُنهي أزمة المساكن العشوائية غير الآمنة خلال سنتين، وأضاف أن هناك خطة واضحة للارتقاء ____ ٣٥١ منطقة عشوائية، _____ أجل الحفاظ على حياة ٦٣ ألف أسرة من خلال بناء وحدات سكنية أو التخلص _____ مصدر الخطر.

٢. طلّق زوجته طلاقًا لا رجعة ____ـه ولكنه ندم _____ ما فعله خصوصًا بعد أن ماتت الزوجة بعد الطلاق بشهرين.

٣. أعلن لاعب "مانشتر يوناتد" "واين روني" أنه متحمّس __ العمل مع المُدير الفني البرتغالي "جوزيه مورينيو."

٤. أسفرت الانتخابات الأخيرة ____ أنّ ١٢٪ من أعضاء المجالس المحلية نساء.

٥. ألقت الشرطة الأمريكية في ولاية "كاليفورنيا" القبض على شخص هدّد عبر مواقع التواصل الاجتماعي ___قتل المسلمين في بلاده.

٦. البرنامج التلفزيوني (حديث الثورة) ألقى الضوء _____ ما هو جديد على أرض الواقع في اليمن.

٧. ثقافته الواسعة ساعدته ____ التبحُر _____ العلوم المختلفة.

٨. قامت شركة "أميريكان اير لاينز" ______ـالإعلان ____ عروض خاصة وتخفيضات جديدة لأسعار التذاكر ______ موقع الشركة الإلكتروني.

٩. آثرتُ النوم _____ السهر. الحمد لله، أويتُ _____ فراشي مبكرًا واستيقظتُ قبل موعد المحاضرة __ ساعتين.

١٠. دخلتُ صالة الإمتحانات __ـثقة عالية حيث كان الأستاذ ____ انتظار الطلاب، كان المكان ____ غاية الهدوء. و___عادة أستاذي، ابتسم لي وأثنى ____ـيّ. الحمد لله! كنت أحس __ـنوع من الراحة طوال الوقت.

النص

كعادتنا نحن الشباب، قمتُ بالإعلان عن رحلتي إلى لبنان على مواقع التواصل الإجتماعي. الحمد لله، اثنان من أصدقاء الجامعة موجودان في بيروت وسيأتيان إلى الفندق صبيحة اليوم التالي لوصولي.

وصلت الفندق في مدينة بيروت، والتي تُسمّى "باريس" الشرق، ليلة أمس. قمت بعمل إجراءات الدخول وكان عليّ أن آويَ إلى الفراش من أجل الاستيقاظ مبكرًا استغلالًا للوقت حيث أنّ صديقيّ، اللذيْن لم أرَهما منذ أشهرٌ، سيجيئان مبكرًا لنذهب سويًا لِنُصلّيَ الفجر في مسْجد (محمد الأمين) والذي يُعدّ تحفة مِعمارية رائعة تفوق الوصف ويتسع لـ ٥٠٠٠ مصلّ. وبالقرب من الجامع، يقع ضريح رئيس الوزراء اللبناني (رفيق الحريري) الذي قضى اغتيالًا في تفجير استهدف موكبه . آآآه! ما أجمل تلاوة الإمام في صلاة فجر الجمعة هناك!

كانت مغارة (جعيتا) وجهتنا الأولى، وهي تُعتبر جوهرة السياحة اللبنانية وتستحق الزيارة بكل معنى الكلمة. بعدها، توجهنا إلى متحف الشمع وهو مكان جميل يحتوي على أشهر الشخصيات العالمية والتي صُنعَت من الشمع. بعد ذلك، قصدنا (جونيه) لركوب الـ"تلفريك" للوصول إلى (حريصا)—تلك التلة الجبلية والتي تعتبر من أبرز أماكن الحجيج المارونيين. ولقد آثرت ركوب الـ"تلفريك" على السيارة لأن ركوبه أكثر متعة وجمالًا، ولأن ركوب السيارة، كما يقول اللبنانيون، (عجأة) أي ازدحام. وقبل وصولنا إلى (جونيه) مررنا بـ (سوق الذوق العتيق) وهو سوق ذو طابع خاص يتميز ببنائه الرائع، وتتضح فيه ملامح أصالة التاريخ. وفيه العديد من المطاعم التي تقدم أشهى أصناف المأكولات.

اقترب موعد صلاة الجمعة. استرخيتُ قليلًا في السيارة بينما ذهب صديقاي ليتوضّآ، بعدها، طلبنا من السائق أن يأخذنا إلى الجامع العُمريّ الكبير في مدينة بيروت، تلك القطعة الأثرية والتي هي من آثار الفتح الإسلامي في أوائل القرن الأول من الهجرة. ولقد مَرّ الجامع العمري بعدة مراحل من الترميمات على مَرّ الزمن، واستُحدثَ فيه مؤخرًا مصلى للنساء يؤدين فيه صلاتهن.

ورغم أنني، وأنا في "أمريكا"، كنت قد تصفحت موقع الشركة وأصبحتُ على دراية كاملة بطبيعتها، إلا أنني وفي الليل أعدتُ تصفح الموقع مرة أخرى، وبعدها جهزت ملابسي جيدًا وأويت إلى الفراش مبكرًا، وفجأة استيقظت قبل الفجر بحوالي نصف ساعة. ازدحم عقلي بالأفكار وبشأن فرصة الوظيفة المرتقبة، وكيف لا؟ وسوريا تسكن داخلي وهي لا تبعد الكثير عن بيروت؟ صليتُ الفجر ودعوت الله أن يمنحني التوفيق والنجاح. وبدأت أشعر براحة في داخلي. تناولت وجبة الإفطار وانطلقت من الفندق متوجهًا إلى المقابلة، فأنا أحب الوصول قبل المواعيد المحددة بخمس أو عشر دقائق. كنت راسخ الثقة ومتيقنًا بأني سأحصل على الوظيفة، فقد هيأتُ نفسي تمامًا من خلال ترسيخ القناعة الإيجابية، وتجهيزاتي الشخصية وتعاملي مع الوقت باحترافية تامة.

دخلت مكان المقابلة بثقة وتفاؤل وألقيت التحية حيث كانت ثلاث سيدات في انتظاري واللواتي أبلغنني أن المدير سينضم لاحقًا. كنت أحس بنوع من الراحة، وقلت حينها: "المكان هنا في غاية الروعة!" ابتسمت إحداهُن وأثنت عليّ ثم سألتني أن أُعرّف عن نفسي ومؤهلاتي العلمية، ولماذا تقدمت إلى هذه الشركة تحديدًا؟ ولِمَ يتوجّب على الشركة توظيفي؟ وسألتني أخرى عن خبراتي العملية ورغبتي وميولي المهنية وكيفية التعامل مع ضغط العمل. أما الثالثة، فسألتني عن نقاط القوة والضعف لديّ، وإن كنت أحب العمل منفردًا أم مع الآخرين، ثم سألتني سؤالًا فاجأني قليلًا حيث قالت لي: "هل تعرّضت لموقف غريب "أو ربما مضحك أو طريف" في زيارتك إلى لبنان أو حتى في حياتك؟ وكيف تعاملت مع الموقف؟" كنت أتحدث معهن بنسب متقاربة حيث كنت أنظر تجاه كل واحدة منهن بين الحين والآخر، وكنت أُنصِت جيدًا ولا أقاطعهن وأنتقل من موضوع إلى آخر بلباقة. حددت سابقًا كل الأسئلة التي أريد طرحها أثناء المقابلة من طبيعة العمل وساعاته والراتب والحوافز وغيرها، وأجاب المدير الذي انضم إلينا في آخر ربع ساعة عن كل أسئلتي. صافحني الجميع بحرارة، وشكرتهم جميعًا، وقبل وصولي إلى الفندق اتصل بي مدير الشركة هاتفيًا ليزف لي الأخبار السارة.

تمارين الفهم والاستيعاب

تمرين 29 اقرأوا وأجيبوا عن الأسئلة التالية

١. من هما الشخصان الموجودان في بيروت؟

٢. ماذا تُسَمى بيروت؟

٣. أين ذهب آدم وصديقاه في البداية؟

٤. من هو رفيق الحريري؟

٥. كيف ذهب آدم وصديقاه إلى (جونيه)؟

٦. متى استيقظ آدم في الليلة التالية؟

٧. أين ذهب آدم بعد أن تناول الفطور؟

٨. من هم الأشخاص الذين قابلوا آدم؟

تمرين 30 اقرأوا مرة ثانية وأجيبوا عن الأسئلة التالية

١. كيف عرف الصديقان عن وصول آدم إلى بيروت؟

٢. لماذا أراد آدم أن يستيقظ مبكرًا في اليوم التالي؟

٣. ماذا يقول آدم عن مسجد محمد الأمين؟

٤. لماذا فضل آدم ركوب الـ"تلفريك" على ركوب السيارة؟

٥. ما المعلومات التي ذكرها آدم عن الجامع العمري؟

٦. كيف استعد آدم لمقابلة العمل؟

٧. ما هي بعض الأسئلة التي **سُئلت** were asked في المقابلة؟

٨. كيف كان يتحدث آدم مع الاشخاص الذين كانوا في المقابلة؟ لماذا؟

٩. ماذا عنكم؟ ما السؤال الذي تحبون أن تُسألوا عنه؟ والسؤال الذي لا تحبون أن تُسألوا عنه؟

تمارين إضافية على مفردات الدرس

تمرين 31 اختاروا الكلمة الصحيحة لتكملوا الجمل التالية

١. ذكرت مصادر إعلامية أنّ إحدى الأسر الموريتانية فوجئت بولادة طفل غريب الشكل و ________ يشبه المخلوقات الفضائية كما تُصوّرها أفلام "هوليوود."

أ. الحوافز — ب. المحاولات — ج. الملامح

٢. عفوًا، لا يوجد لدينا وظائف **شاغرة** vacant الآن، ولكننا حريصون دائمًا على التعرف على ومقابلة المواهب الراغبة في ________ إلى فريقنا في المستقبل.

أ. التعرّض — ب. الانضمام — ج. الظهور

٣. أعجبني قول "جاكسون براون" عندما تحدّث عن ________ الفرص قائلًا: " الفرص ترقص دائمًا مع أولئك الذين يرقصون فعلًا على **حلَبة** stage الرقص."

أ. استغلال — ب. ظُلم — ج. استرخاء

٤. في رأيي، يرتبط موضوع ________ القرار بالقيادة، حيث أن اتّخاذ القرار الفردي أو الجماعي من أهم مستلزمات العمل القيادي.

أ. ثناء — ب. كَذِب — ج. صُنع

٥. تنتشر الحارات والحدائق الداخلية في كل مكان، وقد تم **تصميم** design المباني بشكل ________ **عن عمد** on purpose، وذلك لتخفيف درجات الحرارة الناتجة عن **أشعة** rays الشمس **المباشرة** direct، وتوفير أكبر كمية من الظلّ.

أ. متقارب — ب. عاتب — ج. عنيف

٦. ضحكت كثيرًا عندما شاهدت على الـ "يوتيوب" طفلًا ________ طعم الليمون لأول مرة في حياته.

أ. يوفّق — ب. يلاحظ — ج. يذوق

٧. يا أخي! ________ و**سامح** forgive الآخرين، ودع **الخَلق** = (الناس) للخالِق، فكلنا راحلون عن هذه الدنيا في يوم من الأيام.

أ. صافِح — ب. أبْلِغ — ج. تبادل

٨. دعا رئيس جامعة "البترا" إلى اتخاذ الإجراءات اللازمة لوقف هجرة العقول أو ما سمّاه "**نزيف الأدمغة** the bleed-ing of brains" إلى الخارج، و ________ نظام لتحديث العلماء الأردنيين العاملين في الخارج.

أ. إلقاء — ب. استحداث — ج. معارضة

٩. هدّد الرئيس الأمريكي بأنّ الولايات المتحدة الأمريكية سوف تتصرف بشكل ________ إذا رفضت "الصين"

التعاون معها بشأن "كوريا الشمالية."

أ. طموح	ب. متحرِّر	ج. منفرِد

١٠. قال الرئيس الفلسطيني الأحد الماضي إن الرئيس الأمريكي ـــــــــــه خلال اتصال هاتفي جرى بينهما، لأول مرة قبل يومين، التزامه بحل الدولتين من أجل حل القضية الفلسطينية.

أ. فصَل	ب. قاد	ج. أبلغ

تمرين 32 اختاروا الكلمات الصحيحة لملء الفراغات

أدّى	اغتيال	ترسيخ	طريف	سارّة	كيفية	توجهات	القناعة	تتميّز

١. ـــــــــــ هي **الرضا** satisfaction بالـ**نصيب** share وبكل ما كتبه الله لنا، وعدم النظر إلى ما عند الآخرين حتى لا نفقد أو نخسر ما نملك.

٢. مما لا شك فيه، إن المدرسة كمؤسسة تقوم على ـــــــــــ مجموعة من **القِيَم** values الإنسانية والأخلاقية من خلال تقديم البرامج و**المناهج** curricula التربوية والتعليمية الهادفة.

٣. زفّت وزارة الصحة أخبارًا ـــــــــــ للمواطنين أمس، حيث كشفت عن إطلاقها موقعها الإلكتروني الجديد على شبكة الـ"إنترنت"، والذي يحتوي على وضع **خريطة** map صحية يستطيع من خلالها المواطن البحث عن أقرب مكان يقوم بتقديم الخدمات الطبية.

٤. قالت الطبّاخة المشهورة (منال العالم) إنّ ـــــــــــ عمل الـ"بيتزا" سهلة، وستقوم بعرض طريقة طبخها لكل فرد يرغب في صنعها بالبيت، وأضافت أنها تتمنى أن يستمتع الجميع بوصفات الطبخ التي تقدمها للناس خصوصًا في شهر رمضان المبارك.

٥. تعرّض سائق حافلة لموقف ـــــــــــ **للغاية** = (جدًا) أثناء نقله عددًا من **السائحين** tourists بإحدى المدن الأسبانية، بعدما **خطف** kidnapped, snatched قرد وجبة طعامه التي كانت بجانب كرسي السائق.

٦. ـــــــــــ وزير الصحة صلاة العصر في مصلى قريب من وزارة الداخلية أمس.

٧. تعتبر حادثة ـــــــــــ الرئيس المصري محمد أنور السادات واحدة من الحوادث الشهيرة في العصر الحديث، والتي كان لها نتائج سياسية.

٨. ـــــــــــ تقاليد العيد في منطقة الجوف بالسعودية بـ (العدا) و(ليلة الخصاب)، وفيما يخص تقليد العدا، يقوم الأولاد بتجميع أفرع النخل ويشعلون بها النار لتوفير **الإضاءة** = (النور) كي يمارسوا ألعابهم الليلية. ويستمر هذا النوع من التقاليد حتى اليوم الثاني من العيد. أما ليلة الخصاب فهو تقليد خاص بالبنات والنساء الكبيرات في السن فرحة بالعيد وزينته الخاصة من ملابس وغيرها.

٩. أكّد خبراء في الشؤون العسكرية والأمنية، أنّ حديث الرئيس حول استبعاد أي فرد لديه ـــــــــــ أو ميول سياسية من القوات المسلحة أو الشرطة يمثّل رسالة مهمة للتأكيد على عقيدة القوات المسلحة وبأن الجيش لا **ينحاز** to be biased, to take sides إلى طائفة أو حزب أو شخص.

تمرين 33 اسألوا زملاءكم

١. هل يعرفون كيفية صنع صنف من أصناف الأكل؟ ما هو؟ كيف؟

٢. هل يرتاحون أو يسترخون أثناء النهار؟ متى؟ لماذا؟

٣. هل يملكون سيارات خاصة؟ لكم شخص تتسع؟ هل تتسع لكل أفراد العائلة؟

٤. هل يهتمون بجمع طوابع البريد؟ هل يعرفون شخصًا يهتم بتلك الهواية؟

٥. كم دولة يضُم الاتحاد الأوروبي؟ ما هي آخر دولة انضمت إليه، وفي أي سنة؟

٦. هل يهتمون بلعبة رياضية محددة؟ مَن هو اللاعب الأكثر احترافية في تلك اللعبة في العالم في رأيهم؟

تمرين 34 (كتابة حرة) أكملوا الجمل التالية بما يناسبها

١. أحسستُ بأنه يستغلني ماديًا، وما كان مني إلا أن ________________

٢. أويته في بيتي لشهر كامل لوجه الله و**بدون مقابل** = (بالمجان) ولكنه ________________

٣. بعد أن ظنّ صديقي أن فرصة القبول بجامعة مشهورة فاتته، فوجيء بـ ________________

٤. أول ما زفّ إليها الخبر ________________

٥. جلستُ منفردًا ________________

٦. تحت الضغط الشديد، اضطر المدير إلى ________________

٧. تدهورت صحة جدي مؤخرًا بسبب ________________

٨. يبدو أنه شخص لا يعي ما يقول وشارد الذهن في معظم الأحيان كما أنه ________________

٩. لا مجال للشك بأن الحصول على مؤهلات علمية عالية ________________

تمرين 35 ترجموا إلى الإنجليزية

١. العالم العربي غني بالأقليات الدينية وغيرها، وبالرغم من أن هناك الكثير ممّن يحاولون تجنُّب الحديث عن الأقليات لأسباب كثيرة، إلا أن الأقليات بلا شك جزء من تكوين الوطن، لا عبئًا عليه، لا دولة أخرى داخل دولة، لا سببًا لصراع يحرق وطنًا بأكمله.

٢. أحْيَت الجزائر ذكرى (الربيع الأمازيغي) وسط أجواء من التحضيرات على مدار الساعة للإنتخابات البرلمانية.

٣. قدّم الباحث، على عَجَل، عرضًا سريعًا لبعض الدراسات التي عالجت السياسة الخارجية الأمريكية تجاه القضية الفلسطينية.

٤. أعجبتني جملة، من أروع ما يكون، قرأتها على "فيس بوك" تقول: " الحياة ما هي إلا قصة قصيرة، من تراب، على تراب، إلى تراب."

٥. شاهدت والدي يمدّ بصره إلى السماء ويدعو الله بعد صلاة الفجر قائلًا: "يا ربّ! اللهمّ إني أسألك رحمة، اللهم إني أسألك مودة **تدوم** = (تستمر)، اللهم إني أسألك سكنًا في النفس."

٦. جلستُ أنصِتُ لطفل سأل رجلًا كبير السنّ عن كيفية الوضوء الصحيح، فأجابه الرجل قائلًا: "يا بنيّ! إن الوضوء أول خطوات الصلاة وهو علامة **الطهارة** purity والتي سوف تقابل بها الله في الصلاة، وقد اكتشف العلماء أن الوضوء يمنح الإنسان طاقة

إيجابية ويعطي الشخص التوازن ويخلّصه من التوتر."

٧. يا حبيبتي! أنت قَدَري ونصيبي، ففي قرارة نفسي، كنت متيقنًا أنكِ لا تستحقّيني! لكن يقيني هذا لم يمنعني من أن أحبك للدرجة التي دفعتني أن أملأ بك الدنيا، وأُنهي بكتاباتي عنك كل حبر الأقلام والأوراق، ولا أشتكي لأحد منك.

٨. تقوم الحكومة السعودية بإجراء ترميمات بشكل دائم في مدينة مكة تستهدف تسهيل حركة الحجاج القادمين إليها كل عام.

تمرين 36 اسألوا زملاءكم

1. In their opinion, what are the three best museums in the world? Why?
2. What qualifications does someone need to become a taxi driver, a soccer player, a singer, an actor, etc.?
3. What was the biggest assassination event in American history?
4. Is skimming through social network sites **a waste of** مَضْيَعة لـ time?
5. Do they know the names of some archeological pieces/sites in Egypt or the world? Talk about those sites.

تمرين 37 ماذا تقولون لزملائكم في المواقف التالية مستخدمين مفردات درستموها في الجزء الثاني أو في الدرسين الأول والثاني من هذا الكتاب (يمكنك استخدام صيغة الأمر حسب الحاجة)

١. جدّ صديقك قضى في مستشفى قريب بعد صراع طويل مع المرض.

٢. زميل غرفتك يأوي إلى فراشه مبكرًا وأنت تحب السهر.

٣. صديقك المتزوج يحب بنتًا من بنات الحيّ ويحاول أن يقنعك بحبه الجديد قائلًا لك "قلبي يتسع لامرأتين."

٤. أنت تُلقي خطابًا في الجامعة، ورجل من الحاضرين يقاطعك بين الحين والآخر.

٥. صديقك يودّ منك أن تصنع صنفًا من أصناف الكعك وأنت تؤثِر أن تصنع قليلًا من الكنافة النابلسية.

٦. جارك **يدق** knock باب بيتك متحمسًا ليزفّ لك أخبارًا سارة.

تمرين 38 يللا نتكلم

١. هل سافرتم من قبل، أين؟ لماذا سافرتم؟ هل تعرضتم إلى موقف غريب أو مضحك أثناء سفركم؟ ماذا حدث؟ تكلموا عن هذا الموقف بالتفصيل.

Make sure that when someone else hears your story, he/she is able to retell it the way you told it.

٢. يللا نمثل

You are the head of a company who is looking for a new employee. Interview the candidate (your classmate) who applied for the job. Then switch the roles. See Appendix II for dialectal expressions that you may use.

تمرين 39 **(القصة): أجيبوا عن الأسئلة التالية**

Now that you understand the main text of the story and the new vocabulary, here is an evaluative exercise where this background becomes handy.

١. هل تستخدمون مواقع التواصل الاجتماعي؟ ما هو الموقع المفضل بالنسبة لكم؟ لماذا؟ كيف يؤثر استخدام مواقع التواصل الاجتماعي على حياتكم وعلاقاتكم؟

٢. من خلال كلام آدم عن نفسه في النص. ماذا يمكن أن تقولوا عن شخصيته؟

٣. في رأيكم أيهما أنسب وأفضل، المقابلات عبر الهاتف أو الـ"سكايب" أو المقابلات الشخصية وجهًا لوجه؟ لماذا؟

تمرين 40 **تمرين كتابة (على الأقل ثلاث فقرات)**

١. اكتبوا عن أول عمل حصلتم عليه في حياتكم. كيف سمعتم عن هذا العمل؟ ماذا فعلتم للحصول على العمل؟ هل كانت عندكم مقابلة؟ ماذا جرى خلالها؟ كيف كان اليوم الأول؟ هل استمتعم بالعمل؟ كيف (لا)؟ لماذا قررتم أن تتوقفوا عن العمل؟

٢. باستخدام عبارات الكتابة الشخصية، اكتبوا استقالتكم من العمل موضحين الأسباب.

ظلال ثقافية (٣): الحديث

Earlier, we discussed the Quran as the ultimate legislative authority in Islam and some related topics. Here we discuss the Hadith (Prophet's tradition) as the second legislative source in Islam.

الحديث: أقوال النبي محمد **صلى الله عليه وسلّم** peace be upon him وأفعاله وتقريراته وأوصافه الخَلقية والخُلُقية، كما يُعرَف بالسُّنّة أيضًا.

ومعنى تقريراته: هي الأشياء التي كان أصحاب الرسول يعملونها **ويقرّها** he approves them الرسول.

ومعنى أوصافه الخَلقية: هي الصفات الجسمية مثل سواد الشعر وبياض الوجه وغير ذلك. والصفات الخُلقية: مثل الكرم والشجاعة والصدق والأمانة.

ويعتبر القرآن المصدر الأول للأحكام الشرعية في الإسلام، والسُّنة النبوية هي المصدر الثاني لتلك الأحكام.

كيف حافظ المسلمون على الحديث؟

لقد قام أصحاب الرسول بحفظ كل ما قاله النبي حفظًا جيدًا ثم نقلوه إلى التابعين من بعدهم بكل صدق وأمانة، وقام التابعون بنقله إلى من جاء بعدهم إلى أن وصلت السّنة إلى **الأئمة** the imams (**حُفّاظ الحديث** collectors) فجمعوها وخرّجوها وكتبوها في الكتب، ومن الأئمة: مالك بن أنس وأحمد بن حنبل والبخاري ومسلم والترمذي والنسائي.

الصحابي: من شاهد الرسول وآمن به ومات مسلمًا.

التابعي: من قابل الصحابي (**رضي** to be pleased, accept الله عنه) مسلمًا ومات مسلمًا.

ملاحظات ثقافية ولغوية على مفردات وعبارات نص القصة (١)

١. درسنا كلمة "استحق" والآن تعلموا هذين التعبيرين: "عن **استحقاق**" بمعنى deservedly, justly والآخر "بدون استحقاق" بمعنى undeservedly.

٢. التعبير "**صُنع اليد**" يعني handwork، وكلمة "**صَنْعة**" تعني work, workmanship و"**صاحب الصنعة**" معناها craftsman، أما كلمة "**صِناعة**" فهي industry.

٣. درسنا في الكتاب الثاني كلمة "**قصد**" بمعنى intend. تعلموا هذا التعبير "**عن قصد**" بمعنى intentionally، وعكسه "عن غير قصد" أو "دون قصد."

٤. نقول بالعربية "**ذاق الموت**" to suffer death، **لا أذوق للنوم طعمًا** I have no sense of sleep. كما نقول "**الذوق السليم**" good taste.

٥. نقول "**بوضوح**" clearly، ونقول " **الأمر واضح وضوح الشمس**" the matter is as clear as daylight.

٦. نقول "**قطع سيارات**" بمعنى auto parts، و"**قطع غيار**" spare parts، و"**قطعة فنية**" work of art و"**قطعة نقود**" coin.

٧. لاحظوا كلمة "**متوجه**" وتعلموا:

one-way only (traffic sign)	اتجاه واحد
hard-lining (political)	الاتجاه المتشدد
the opposite way	الاتجاه المعاكس
the moderate line	الاتجاه المعتدل

٨. تعلموا هذه العبارات التي تحتوي على الفعل "ألقى":

he threw himself into her arms	ألقى بنفسه في أحضانها
he gave a speech/a lesson/a lecture	ألقى خطابًا / درسًا / محاضرة
strike terror in s.o.'s heart	ألقى الرعب في قلبه
arrest s.o.	ألقى القبض على

٩. كلمة "**غاية**" والتي جمعها "**غايات**" تحمل معنى آخر وهو: aim, intention. هناك مثل عربي وهو: "**الغاية تبرّر الوسيلة**" ومعناه the end justifies the means. "**في غاية الروعة**" = "**في غاية الجمال**" = "**في غاية الحسن**" والمعنى: to be of extraordinary beauty.

تمرين 41 ترجموا من العربية إلى الإنجليزية

١. ذكر وزير في الدولة أنّ وجود جيل تعوّد على النجاح بدون استحقاق من أكبر المشاكل المعاصرة.

٢. هُوَ صَنَعَ الإِنْسَانَ فِي الْبَدْءِ، وَتَرَكَهُ فِي يَدِ اخْتِيَارِهِ." (الإنجيل: ١٥:١٤)

٣. صنعة في اليد **أمان** safety, security من الفقر.

٤. يمارس بعض مدراء الشركات سواء، عن قصد أو بدون، الأخطاء أثناء إدارتهم للشركة.

٥. الذوق السليم نتيجة الذكاء **المُفرط** excessive، والذكاء المفرط نتيجة العقل الزائد، والعقل الزائد سرّ أسكنه الله في أحبّ الخلق إليه، وأحبُّ الخلق إليه الأنبياء.

٦. لا يمكنك الاستمرار في السكوت عن قول الحقيقة يا عزيزي، فالأمر أصبح واضحًا وضوح الشمس.

٧. هناك اتجاهان مختلفان فيما يتعلق بأهداف ومواقف المستشرقين قديمًا وحديثًا، وهذان الاتجاهان هما: الاتجاه المعتدل والاتجاه المتشدّد.

تمرين 42 ◀ اعرفوا زملاءكم مستخدمين المفردات والعبارات الثقافية التي وردت في النص

١. هل يتذكرون وقتًا ما ذاقوا للنوم طعمًا فيه؟ متى؟ ماذا حدث؟

٢. ما رأيهم في حصول بعض الأفراد على وظائف حسّاسة (أو النجاح في انتخابات، امتحانات...إلخ) بدون استحقاق؟

٣. في رأيهم، ما هو أفضل بلد في صناعة السيارات؟ لماذا؟

٤. يقول البعض إنّ معظم **الكوارث** catastrophes هي من صُنع الإنسان أكثر من أن تكون بسبب الطبيعة. هل هم مع أو ضد هذا القول؟ لماذا؟

٥. هل يتذكرون مرة أنهم ألقوا خطابًا أو درسًا أمام مجموعة من الناس؟ أين؟ وفي أي موضوع تكلموا؟

٦. هل هم من هواة جمع قطع النقود؟ هل يعرفون شخصًا لديه تلك الهواية؟

٧. هل الغاية تبرر الوسيلة؟ ما رأيهم؟

🎧 استماع (٢): قصة نزول القرآن

قبل الاستماع

١. إن كان معنى كلمة "خالي،" blank, empty، فما معنى "يخلو" في النص؟

تمرين 43 ◀ استمعوا ثم أجيبوا عن الأسئلة التالية

١. أين كان الرسول يحب أن يخلو بنفسه؟ لماذا؟ ومتى؟ ولماذا؟

٢. متى نزل جبريل على محمد عليه السلام؟

٣. ماذا قال جبريل للرسول محمد؟

٤. ماذا أجاب محمد؟

٥. كيف دخل الرسول بيته؟

٦. ماذا كان يقول حين دخل بيته؟

٧. من كان في البيت؟

٨. من هو "ورقة بن نوفل"؟

٩. ماذا قال ورقة لخديجة؟

تمرين 44 أكملوا بكلمات من النص

١. أول كلمة نزلت في القرآن ______________________

٢. كان الرسول يقول لزوجته ______________ أي ______________________

٣. "ورقة بن نوفل" كان قد درس ______________ و ______________________

ملاحظات ثقافية ولغوية على مفردات نص القصة (٢)

١. جاءت في النص كلمة "منفردًا." لاحظوا التعبير التالي: على انفراد isolatedly, in speculation، ولاحظوا كلمة "انفرادي" بمعنى individualistic.

٢. كلمة "نِسَب" هي جمع لكلمة "نسبة." لاحظوا الكلمة التالية: "نسبيًا" بمعنى relatively.

٣. لاحظوا التعبير "لا يسعني إلا أن أقول ..." ... I can't say but، كذلك لاحظوا "أوسعه ضربًا" to give him a sound beating، و"بكل ما تتسع الكلمة من معنى" in the widest sense of the word. تعلموا أيضًا "على الرحب والسعة" welcome.

٤. لاحظوا أن التعبير "زفّ البُشرى إلى" يأتي بمعنى to bring glad tidings to، و"زفّة" معناها procession، و"زفاف" wedding.

٥. تعلموا هذا التعبير "زلّة لسان" slip of the tongue.

تمرين 45 ترجموا من العربية إلى الإنجليزية

١. قال وزير الاقتصاد النمساوي إن وضع **الإمدادات** = (التزويدات) من الغاز في المنطقة غامض نسبيًا، لا يمكن **التنبّؤ** prediction بتطوراته.

٢. نقلت تقارير إعلامية أن السلطات الفرنسية قررت وضع أحد الفنانين المغاربة في سجن انفرادي إلى حين موعد الجلسة القادمة أمام **المحكمة** court.

٣. الكثيرون ينظرون إلى من يسافر وحيدًا باستغراب، مع العلم أن للسفر مُنفردًا جوانب إيجابية كثيرة، مثل التعرف على أناس جُدد من سُيّاح آخرين وسكان محليين.

٤. تعرّض الفنان المصري "رامز جلال" للضرب خلال تصوير إحدى حلقات برنامجه الجديد "رامز بيلعب بالنار" وترددت الأخبار عبر مواقع التواصل الإجتماعي أن النجم العالمي "ستيفن سيغال" أوسعه ضربًا أثناء تصوير البرنامج.

٥. لا يسعني إلا أن أتخيل كيف سيكون حالي عندما أسير بجانبك يا حبيبي، ولا يسعني إلا أن أقول وبكل صراحة إنك الرجل الذي لا ولم ولن يكون له مثيل بين كل رجال الكوْن.

تمرين 46 اعرفوا زملاءكم مستخدمين المفردات والعبارات الثقافية التي درستموها

١. هل يفضلون السفر منفردين؟ لماذا؟

٢. هل كانوا في حفل زفاف من قبل؟ زفاف مَن؟ أين كان؟ كيف كان الحفل؟

٣. هل يعرفون أحدًا يزفّ لهم بشرى الأخبار **السارّة** = (السعيدة) دائمًا أو العكس؟

٤. في رأيهم، هل تقطع (زلّة لسان) العلاقة بين الصديق بصديقه؟ هل سقطوا ضحية زلة لسان في يوم من الأيام؟ ماذا حصل؟

تمرين 47 يللا نمثل

You took your car to the mechanic to fix it. You are at the mechanic's shop trying the car after he fixed it. You are not pleased with his work. Express your feelings to the mechanic. The mechanic insists that the car is functioning fine. (Use as many cultural and linguistic notes, mentioned in this lesson and learned before, as you can.)

واحة القواعد (١): الصفة المشبّهة

كما تشاهدون، "وَدود" صفة ووزنها (فَعول). الصفات في العربية لها أوزان مثل الأسماء. في الحقيقة كل الأفعال والأسماء (بما فيها الصفات) لها أوزان. كما نعرف، فإن معرفة وزن الكلمة يفيد في معرفة معناها. رأينا كثيراً من الصفات المشبهة لكننا هنا بصدد دراستها بشكل مستقل.

ا الصفة المشبهة تدل على أن الصفة ثابتة في صاحبها ومعظم الصفات المشبهة **سماعية** they do not have systemized patterns. وهي تشتق من الأفعال الثلاثية **اللازمة** intransitive. إن قلنا "هي **كريمة الخلق** she is well mannered" فهذا يعني أن هذه الصفة ثابتة فيها لا تتغير بين ساعة وساعة. الصفة المشبهة من الفعل الثلاثي اللازم تكون على أحد الأوزان التالية:

١. وزن (فَعِل) إن كان الفعل يدل على حزن أو فرح. **مثال:**

مرِح joyful، **طرِب** be delighted, exultant، **ضجِر** bored

٢. وزن (أفعل) ومؤنثه (فعلاء) ويدلّان على لون أو عيب أو حسن في الخلق.

They indicate color, bodily defect or perfection, or good morals or ethics.

أمثلة: أحمر - حمراء، **أصلع - صلعاء** bald، **أحور - حوراء** having eyes with a marked contrast of white and black

٣. وزن (فعلان) ومؤنثه (فعلى) ويدلان على **الخلو** emptiness و**الامتلاء** fullness

أمثلة: عطشان - عطشى، جوعان - جوعى

- إن كان الفعل الثلاثي اللازم على وزن (فعُل) فصفته على أكثر من وزن، **أمثلة:**

جبُن	جَبان
شجُع	شُجاع
كرُم	كَريم
شرُف	شَريف

- كيف نستخدم الصفة المشبهة؟

لِنَقُل إننا نريد أن نصف صوت "فرانك سناترا" فيمكن أن نقول:

١. "فرانك سناترا" حَسَنُ الصوت.

٢. "فرانك سناترا" حسنٌ صوتُه.

٣. "فرانك سناترا" حسنٌ صوتًا.

مثال: بيت إقامة الرئيس الأمريكي أبيض اللون.

تمرين 48 أكملوا الجدول التالي بالصفات المناسبة المذكرة والمؤنثة وجمعها

الجذر	الصفة المذكرة	الصفة المؤنثة	الجمع
ش ب ع			
س و د			
ع و ر			
ص م م			
غ ض ب			

تمرين 49 ابحثوا عن شخصيات أو أماكن مشهورة تتميز عن غيرها بلون أو عيب أو فراغ أو امتلاء وصِفوها

تمرين 50 في القرآن الكريم هناك آية تقول: "صُمٌّ بُكمٌ عميٌ فهم لا يعقلون." (البقرة: ١٧١)

١. ما هو جذر الكلمات التي تحتها خط؟

٢. ما الصفة المشبهة لكل من الكلمات التي تحتها خط (مذكر ومؤنث)؟

٣. في رأيكم، عمّن تتكلم هذه الآية؟ لماذا؟

البلاغة والكتابة: وصف المشاعر والأحاسيس

فيما يلي بعض الكلمات التي درسناها في الماضي والتي قد تستخدم في وصف المشاعر. راجعوها وتذكروها. ثم اعملوا تمرين ٥١.

أفعال:

شعرَ – أحسّ – أثار – أخفى – اشتاق إلى – أشعل – اضطر إلى – أعجِب بـ – افتقد – أدرك – أرهب – استراح – استسلم – انتبه – أهمل – استمتع بـ – أسِف – تحدّى – تكيّف مع – تردد في – حرص على – حيّر – حنّ إلى – خاف – خجل – شكّ – شغَل – ظنّ أنّ – عشّش – عشق – عانى من – غاص – غدر – غيّر – فرح – فضفض – فكر في – قاوم – قلّب – قيّد – هزّ – ودّ – تفاءل – تعرض لـ – استغلّ – ذاق – آثر – مال – فاجأ – ضغط – فجّر

أسماء:

حنين – أثر – إحراج – أنين – توتُّر – جنون – حرية – ذهن – شوق – ظُلم – عبء – غليل – كراهية – نار – هباء – هوى – هيام – متعة – تميّز – تفاؤل – ثَناء – استغلال – استرخاء – توفيق – ضغط – قوة – ضعف – قناعة

صفات:

ثقيل – جامد – حائر – حزين – رومانسي – شاحب – شجاع – شديد – ضائع – طموح – طيب – عاتِب على – عاطفي – عصبي – عنيف – عنيد – غاضب – غامض – غريب – فاتر – لئيم – لعين – متحيز – متشائم – متسرع – متضايق – متفائل – متوازن – معقد – مغامر – مرن – مسيء إلى – مشاغب – مؤلم – نادم – واثق – متيقن – طريف – منفرد – مُحبَط – قذِر – ساقط – نصّاب – عدوانيّ – مُذَبذب – مُخلص – بارِع – محترِف – جريء – نقيّ – بارّ

عبارات وتعابير

دعم نفسي – روح معنوية – رقص من الفرح – لا شعوريًا – لا مبالٍ – بلا فخر – تقشعر له الأبدان – بين نارين – خالي البال – خوفًا من – يا للهول – يا للمصيبة – يشيب له الولدان

تمرين 51 ◀ صفوا مشاعركم (كتابة)

قرأنا في نص الدرسين الأول والثاني وصف آدم لمشاعره. ففي الدرس الأول وصف مشاعر المتقدمين للوظائف، وفي الثاني وصف لمشاعره وقت المقابلة. اكتبوا ثلاث فقرات أو أكثر مستخدمين المفردات والعبارات الملائمة التي وردت فيما سبق للحديث عن وصف المشاعر، على سبيل المثال، وصف المشاعر قبل امتحان كبير مثل SAT أو قبل زيارة حبيب أو حبيبة بعد وقت طويل أو غير ذلك من المواقف، ثم وصف المشاعر أثناء الموقف وبعد ذلك وصف المشاعر بعد الموقف.

واحة الجذور والأوزان

الجذر (ح ق ق)

تمرين 52 ◀ بناء على معرفتكم بالجذور والأوزان أجيبوا عن الأسئلة التالية. هناك ملاحظة حول هذا الفعل في ملاحظات لغوية وثقافية (١)

١. ما جذر ووزن الفعل "استحق"؟

٢. إن كان معنى كلمة **رسوم** fees فما معنى "الرسوم المُستحقة"؟

٣. إن كان معنى كلمة **ضريبة** tax فما معنى "الضريبة المُستحقة"؟

٤. ما معنى "مُستحِق الدفع"؟

٥. إن كان معنى كلمة **دستور** constitution فما معنى "الاستحقاق الدستوري"؟

الجذر (ف ر ش)

تمرين 53 ◀ درسنا كلمة مفروشات في الدرس العاشر في الجزء الثاني من كلمة ونغم وقلنا إن معناها furniture. وهي من الجذر (ف ر ش). بناء على ما درستم من معاني أوزان الأفعال والاشتقاق derivation أجيبوا عن الأسئلة التالية:

١. اسم الفاعل واسم المفعول من الجذر (ف ر ش)

٢. ما معنى "شقة مفروشة" و"شقة غير مفروشة."

٣. ما معنى "وفُرُش مرفوعة"؟ (الواقعة: ٣٤)

٤. كلمة <u>فَرْشة</u> في الشامية تعني (mattress) لكنها في مصر "<u>مَرْتَبة</u>" من أين جاءت هذه الكلمة؟ وما سبب التسمية؟

تمرين 54 ◀ استأجرت شقة مفروشة من مكتب **عقاري** real estate في بلد عربي. لكنك عندما دخلت الشقة وجدت أنها غير مفروشة بشكل كامل. تكلم مع موظف المكتب العقاري موضحًا المشكلة وحاول أن تحصل على ما تحتاجه الشقة دون أي زيادة في الإيجار.

الجذر (ع د د)

الفعل **عدّ** مضعف وجذره (ع د د) ومعناه to count. أما كلمة (**عدّاد**) فتستخدم بمعنى meter, as in parking meter. لذلك نقول:

عداد السرعة speed meter

عداد الماء أو الكهرباء water or electricity (use) meter

ومن معاني الفعل **عدّ** أيضًا consider, regard. **مثال:** عددته من أصدقائي لكنه ما زارني عندما كنت في المستشفى ولم يتصل بي حتى بالـ"تيليفون."

الجذر (ف و ق)

الفعل (**فاق**) wake up له معان مختلفة بالعربية ومنها: استيقظ وصحا ونهض. في لبنان وسوريا يستخدمون أيضًا الفعل "فاق" ولكنها بالفصحى "أفاق." وفعل الأمر هو "فُق." فيقي، فيقا، فيقوا، فقن (درسنا فيق/ فيقي في الدرس السادس في الجزء الثاني). لكن في كل من العامية اللبنانية والعامية السورية نقول: "فيق" بدلًا من "فُق." لا تنسوا أن كلمة (فوق above) من نفس الجذر أيضًا.

تمرين 55 **اكتبوا اسم الفاعل واسم المفعول (إن وجد) لكل من الأفعال الأربعة**

الفعل	اسم الفاعل	اسم المفعول
استيقظ		
صحا		
نهض		
فاق		

تمرين 56 **إن كانت كلمة ضَغْط تعني pressure فما معنى العبارات التالية:**

١. ضغط الدم	٢. ضغط الدم المنخفض
٣. ضغوط الحياة	٤. ضغط العين
٥. ضغط الهواء	٦. ضغط الرأي العام
٧. ضغط نفسي	٨. ضغط الدم العالي = (المرتفع)

تمرين 57 **استماع القصة ١**

كعادتنا نحن الشباب، ______ (١) بالإعلان عن رحلتي إلى لبنان على مواقع التواصل الإجتماعي. الحمد لله، اثنان من أصدقاء الجامعة موجودان في بيروت و______ (٢) إلي الفندق ______ (٣) اليوم التالي من وصولي.

وصلت الفندق في مدينة بيروت والتي ______ (٤) "باريس" الشرق ليلة أمس، قمت بعمل ______(٥) الدخول وكان عليّ

أن ______ (٦) إلى الفراش من أجل الاستيقاظ مبكرًا ________ (٧) للوقت حيث أن صديقيّ اللذيْن لم أرَهما منذ أشهرٍ سيجيئان مبكرًا لنذهب ______ (٨) لنصلي الفجر في مسجد (محمد الأمين) والذي يُعدّ ______(٩) معمارية رائعة تفوق الوصف و______ (١٠) لـ ٥٠٠٠ مصلّ. وبالقرب من الجامع، يقع ______ (١١) رئيس الوزراء اللبناني (رفيق الحريري) الذي قضى ________ (١٢) في تفجير استهدف موكبه . آآآه! ما أجمل ________ (١٣) الإمام في صلاة فجر الجمعة هناك!

كانت مغارة (جعيتا) ______ (١٤) الأولى، والتي تُعتبر ________ (١٥) السياحة اللبنانية وتستحق الزيارة بكل معنى الكلمة.

بعدها، توجهنا إلى ______(١٦) الشمع وهو مكان جميل يحتوي على أشهر الشخصيات العالمية والتي ________ (١٧) من الشمع. بعد ذلك، ______ (١٨) (جونيه) لركوب الـ"تلفريك" للوصول إلى (حريصا) ... تلك ______ (١٩) الجبلية والتي تعتبر من أبرز أماكن الحجيج المارونيين، ولقد ______ (٢٠) ركوب الـ"تلفريك" على السيارة لأن ركوبه أكثر ______ (٢١) وجمالًا لأن ركوب السيارة كما يقول اللبنانيون (عجأة) أي ازدحام. وقبل وصولنا إلى (جونيه) مررنا بـ (سوق ______ (٢٢) العتيق) وهو سوق ذو طابع خاص يتميز ببنائه الرائع و______ (٢٣) فيه ملامح أصالة التاريخ وفيه العديد من المطاعم التي تقدم أشهى ________ (٢٤) المأكولات.

اقترب موعد صلاة الجمعة، ________ (٢٥) قليلًا في السيارة بينما ذهب صديقاي ______ (٢٦)، بعدها، طلبنا من السائق أن يأخذنا إلى الجامع العمري الكبير في مدينة بيروت، تلك ______ (٢٧) الأثرية والتي هي من آثار الفتح الإسلامي في______ (٢٨) القرن الأول من الهجرة ٦٣٥م. ولقد مر الجامع العمري بعدة مراحل من ______ (٢٩) على مر الزمن، ولقد استُحدثَ فيه ______ (٣٠) مصلى للنساء يؤدين فيه صلاتهن.

البلاغة والكتابة (٢): الروابط والتعابير

قرأنا في النص العبارات التالية:

- **من أجْل** for the sake of

هذه العبارة جاءت في الدرس الثاني عشر من الجزء الثاني لكلمة ونغم.

١. من الممكن أن يأتي بعدها مصدر أو مضارع منصوب:

مثال: ... **من أجل الاستيقاظ من النوم** = (من أجل أن أستيقظ من النوم)

٢. ويمكن أن يأتي بعدها **اسم إشارة** demonstrative

مثال: من أجْل ذلك، لم أذهب إلى المقابلة.

٣. ويمكن أن يأتي بعدها اسم **ضمير متصل** attached pronoun وفي هذه الحالة يكون معناها for (one's) sake

مثال: من أجل والدتي المريضة (من أجلها) بقيت في البيت ولم أخرج مع أصدقائي.

ملاحظة: كلمة (**أجَل** - بالفتحة) تعني الموت.

- **بكل معنى الكلمة:** درسنا هذه العبارة في الجزء الثاني من كلمة ونغم صفحة ٤٤١. يمكن أن نعبر عن نفس المعنى بالقول:

بكل ما تحمله الكلمة من معنى by all means, in every sense of the word

مثال: هذه جريمة بكل ما تحمله الكلمة من معنى.

This is a crime in every sense of the word = This is a heinous crime.

- **بينما** درسنا هذه الكلمة أيضًا في الجزء الثاني صفحة ٤٤١. والكلمة مكونة من بين + ما. وتعني "في الوقت الذي ..." وعادة تدل هذه الكلمة على المفاجأة

مثال: بينما كنا نسير في الشارع، رأينا حادث سير مروّع.

- **حينها** then (وردت في الجزء الثاني ص. ١٤٨)

مثال: كنت أحس بنوع من الراحة، وقلت حينها: "المكان هنا في غاية الروعة."

الحين هو الوقت وهو اسم يمكن أن يأتي بعده ضمير

- **سابقًا** = قبلًا (من قبل)

وهي مأخوذة من الفعل **سبق** precede وهناك عبارات أخرى من نفس الفعل

سابق لأوانه still too early

في السابق = (في وقت سابق)

كالسابق as before

كسابق عهده as in previous tradition

- كعادتك، كعادتها as (it has been) someone's habit

العادة هي habit أو tradition

العادة الشهرية هي menstrual cycle (أيضًا تسمى الدورة الشهرية)

على مرّ الزمن over the time

مثال: ولقد مرّ الجامع العمري بعدة مراحل من الترميمات على مرّ الزمن.

The Umayyad mosque went through several phases of renovations over time.

ملاحظة: لاحظوا كيف تم استخدام الفعل "مرَّ" والمصدر "مرٍّ" في نفس الجملة.

- **مؤخرًا** lately

مثال: ولقد استُحدثَ فيه مؤخرًا مصلى للنساء يؤدين فيه صلاتهن.

ملاحظة: "الآخِر" هو اسم من أسماء الله الحسنى في الإسلام

والكلمة من الفعل (أخر) ومنها أيضًا: لآخِر درجة to the last degree

مثال: ما الهواية التي تستمتعين بها لآخر درجة؟

أخيرًا وليس بآخِر/ آخِرًا last but not least

عن آخره up to its capacity

مثال: الشوارع مزدحمة بالناس والسيارات عن آخرها.

آخر الأمر the end of the matter

من آنٍ إلى آخَر from time to time

ملاحظة: المؤخِّرة هي نهاية الشيء من الخلف ومنها "مؤخَّرة" الإنسان وتعني buttock.

- **على دراية (تامة، كاملة...)= على علم مسبق....**well aware of, has prior knowledge

مثال: وأصبحتُ على دراية كاملة بطبيعة الشركة والبلد.

And I became well versed in the environment of the company and the country.

- **رغم أنّ ... فـ** despite that … yet …

هذه العبارة تربط بين **متناقضين** shows contradictions

بعد (أنّ) اسم أو ضمير.

مثال: رغم أنّ الرسالة بين الحبيبين كانت عاطفية ورومانسية، فالعلاقة بينهما لم تستمر، للأسف.

نافذة إلى عالم جديد

- **تحديدًا** specifically, in particular

هذا **ظرف** adverb من الفعل (ح د د). يمكن أن نقول أيضًا "بالتحديد" بنفس المعنى.
مثال: ولماذا تقدمت إلى هذه الشركة تحديدًا؟ *Why did you apply for this company in particular?*

تمرين 58 **ترجموا إلى اللغة الانجليزية**

١. كان يتكلم عن الموضوع بكل شجاعة وبكل ما تحمله كلماته من معنى.

٢. ناقش المعلمون والآباء مشكلة استخدام الـ"تيليفونات" في الصفوف، وهم على دراية تامة بأسبابها ونتائجها.

٣. رغم معرفتي بأن الطقس كان سيئًا جدًا، إلا أني خرجت للسوق واشتريت بعض الفواكه والخضار.

٤. الأسواق تكون مليئة بالناس عن آخرها قبل الأعياد.

٥. وفي نهاية الكلمة، قال مدير الشركة: "وأخيرا وليس آخرًا، فإني أشكر زملائي في العمل على دعمهم لي وتحديدًا في خططنا الاستراتيجية للوصول إلى أسواق جديدة. "

٦. ظنّ الوالد أن ابنه سيستعد للامتحان هذه المرة. ولكن كعادته، بقي الابن يلعب ألعاب الـ"فيديو" ونسِي الامتحان والدراسة.

٧. توقف سقوط الثلج، وحينها خرج ابن أختي من أجل اللعب بالثلج والتزلج عليه، إلا أنّه سقط على مؤخرته والحمدلله كانت إصابته خفيفة.

٨. أثبت علماء من بريطانيا أن ٢٥٪ من الرجال يتعرضون لأعراض العادة الشهرية، إذ يعانون من نفس الأعراض التي تعاني منها النساء.

واحة القواعد (٢): أنواع الفاء

في النص قرأنا "تناولت وجبة الإفطار وانطلقت من الفندق متوجهًا إلى المقابلة، فأنا أحب الوصول قبل المواعيد المحددة بخمس أو عشر دقائق."
هل سألت نفسك عن معنى حرف الفاء في "فأنا"؟ نعم، هي فاء السببية.
للفاء في العربية معان مختلفة من أهمها:
فاء العطف = ترتيب زمني chronological order
وهذه الفاء معناها الترتيب مع **التتابع** succession.
مثال: خرج سميح ففيصل. (فيصل خرج بعد سميح على الفور)
مثال: شاهد أسامة التلفاز فنام. (نام أسامة بعد أن شاهد التلفاز على الفور)

تمرين 59 **اكتبوا فقرة من خمس الى سبع جمل تحتوي على أكثر من مثال على فاء العطف (كما هو الحال في الأمثلة السابقة).**

تمرين 60 يللا نمثل

You witness a car accident, bank robbery, or street fight. Talk to the police officer who interviews you as a witness. In your narrative, use فاء العطف and some of the dialectal expressions. See Appendix II for dialectal expressions that you can use.

فاء السببية = كي (سبب + فـ + نتيجة)

أ. تأتي قبل الفعل المضارع وتنصبه، ويكون ما بعدها نتيجة لما هو قبلها، انتبهوا إلى النقاط التالية:

يأتي قبلها:

١. **أمر** preceded by an imperative

مثال: سافِروا فتفهموا الشعوب والثقافات.

٢. **نفي**

مثال: لم تسافروا فتتعرفوا على الأمم. (النفي يرجع إلى السفر إلى جانب التعرف على الأمم.)

ب. في بعض الأحيان **التتابع الزمني** succession in time يعني السببية "لهذا، لذلك."

مثال: لم تسافروا فلم تتعرفوا على الشعوب والثقافات.

You did not travel, and therefore you did not learn about peoples and cultures.

أو

٣ . فـ = لأن، لكن النتيجة في البداية (نتيجة + فـ + سبب)

السبب يكون جملة اسمية. مثال: أتمشى مع كلبي على الـ"كورنيش" فأنا أحبه حبًا جمًا.

I walk with my dog at the seashore because I have deep love for him (love him so much).

السبب قد يكون جملة فعلية.

مثال: أتمشى مع كلبي على الـ"كورنيش" فقد أردت أن أخفّف عنه عبء البقاء في البيت مدة طويلة. (هنا يكون الفعل الماضي مسبوقًا بـ "قد.")

تمرين 61 اقرأوا نص القصة في الدرس الأول. هناك عدة أمثلة على معاني الفاء. جدوها وبينوا المعنى.

تمرين 62 يللا نمثل

A. You are the parent and your classmate is the son or the daughter. Ask him or her about the things he/she does and why. The son or the daughter needs to use nominal and verbal sentences to express the reasons. See Appendix II for dialectal expressions.

B. You have a friend who does not do some of his/her homework assignments. Talk to him/her, explaining the results of his or her behavior using فاء السببية.

تمرين 63 اكتبوا قصة قصيرة (حقيقية أو خيالية) مستخدمين الفاء بمعانيها المختلفة.

ظلال ثقافية (٤): أمثال شائعة

One major theme of this unit is religion. Let's see how the Arabs used religious terms in their folk culture.

صام... صامْ وافْطَرْ على بَصَلة

He fasted and fasted and then broke his fast with an onion

This proverb is said to describe the situation of a man who works hard on something and gets very little profit out of it. During Ramadan, Muslims break their fast at sunset by eating dates, after the example of the prophet Mohammed. It would not be good to break the fast with an onion, since it has a strong taste and makes the eyes water. A person gets little if any benefit through the effort of breaking the Ramadan fast with an onion.

صَبرِ أيّوبْ

Patience of Job

Oh, he has patience on a monument

Said by someone or to describe someone who has many problems and trials, such that it looks to him like Job's trials were nothing compared to his. Some say, "Ya Sabir ayyuub," which carries the same meaning of the above proverb.

صَلّي عَ النّبي

Say: "peace be upon the Prophet"

An expression used to urge someone to be calm or patient.

تمرين 64 يللا نمثل

Create and act out situations where you can use the previous proverbs.

(A teacher may divide the class into groups and ask each to use a particular proverb.)

البلاغة والكتابة (٤)

استخدام الأمثال الشعبية والعبارات والأقوال المأثورة (درسنا الكثير منها سابقًا ويمكن الرجوع إلى كتاب كلمة ونغم (الجزء الثاني) من صفحة ٥١٤ حتى صفحة ٥٢٢ للنظر إلى الملحق الذي يحتوي عليها)

تمرين 65 كتابة

يعتبر استخدام الأمثال الشعبية والعبارات والأقوال المأثورة أحد المميزات الهامة للكتابة العربية، ورد في النص:
"وكما يقولون: 'خير جليس في الزمان كتاب.'"
اختاروا بعض العبارات والأمثال الشعبية التي درستموها واكتبوها في جمل مستخدمين كل مثل أو عبارة في سياقات مختلفة وملائمة. في فقرة تالية اكتبوا عن أسباب اختياركم لهذه العبارات وموقفكم من معانيها واستخداماتها.

واحة القواعد (٣): قد، لقد وإذا الفجائية

"قد" هو حرف لا يعني شيئًا **بمفرده** by itself لكن له **استخدامات** uses مختلفة. لاحظوا الأمثلة التالية:
قرأنا في النص الرئيسي في هذا الدرس:

- ولقد مَرّ الجامع العمري بعدة مراحل من الترميمات على مَرّ الزمن، ولقد استُحدِثَ فيه مؤخرًا مُصلّى للنساء يؤدين فيه صلاتهن.

وفي دروس سابقة قرأنا:

- أما الوافدون فقد يلبسون نفس لباس العُمانيين ... (الجزء الثاني: الدرس الحادي عشر)
- ... ولقد أعجبتني الملابس الموريتانية التقليدية ... (الجزء الثاني: الدرس الحادي عشر)
- ولقد حضر إلى أبو ظبي قبلي ليدرس ... (الجزء الثاني الدرس الثاني عشر)
- ... العرس في رام الله والذي قد تستمر مراسمه لأكثر من ثلاثة أيام. (الجزء الثاني: الدرس الثاني عشر)

١. الحرف (لـ) قد **يتبعه** is followed by فعل ماض أو فعل مضارع. إن تبعه ماض، فهو يفيد التحقيق أو التأكيد.

If followed by past, it confirms the meaning, such as indeed, verily, etc.

مثال: لقد زرت المغرب مرات عديدة.

٢. وإن تبعه مضارع، فهو يفيد الاحتمالية.

If followed by present, then it implies probability, such as maybe, probably.

مثال: قد أنام مبكرًا الليلة. I may sleep early tonight.

٣. وقوع حدثين two events واحدًا بعد الآخر:

أ. بعد "و" و "فـ" ما جاء بعدها حدث ما قبلها:

مثال: ذهب إلى ملعب كرة السلة وقد أنهى كل واجباته. (أنهى واجباته أولًا—جملة حال)

He went to play basketball after he had completed his homework.

مثال: ذهب إلى ملعب كرة السلة فقد أنهى كل واجباته. (أنهى واجباته أولًا—الفاء توضح السبب)

He went to play basketball because he had completed his homework.

٤. بعد (كان / يكون) ما قبلها جرى بعد الذي بعدها:

مثال: ركبت الجَمَل أمس وكنت قد ركبته الأسبوع الماضي. (ركوب الجمل الأسبوع الماضي حدث قبل ركوبه أمس)

مثال: ستكونين قد أنهيت الواجبات قبل أن أنهي نصْفها.

You will have completed all the homework before I complete half of it.

تمرين 66 ‹ كتابة

You applied for a job. Write a paragraph trying to convince the employer of your proper qualifications and what you might do to improve the company, using قد.

تمرين 67 ‹ يللا نمثل

You have two children, a lazy one and an energetic one. Talk to your wife about the things they do before or after other things, as in the examples from the previous page. You can use some common dialectal expressions from Appendix II.

تمرين 68 ‹ أجيبوا عن الأسئلة التالية باستخدام (قد والمضارع)

١. ماذا ستفعل / ين بعد الصف اليوم، في نهاية الأسبوع أو في عطلة الربيع أو الصيف؟

٢. في رأيكم، مَن سينجح / تنجح في الانتخابات الرئاسية القادمة؟

٣. كم سيكون عدد السكان في بلادهم في نصف القرن الحادي والعشرين؟

٤. ماذا سيحدث للمدن القريبة من الماء إن استمر ارتفاع درجة حرارة الأرض؟

تمرين 69 ‹ علِّقوا على ما يالي مستخدمين "قد" والمضارع أو الماضي

Make a comment about some of the following using قد and the past or present tense.

٧. الاقتصاد الصيني	١. محمد علي "كلاي"
٨. اللاجئون في العالم	٢. "رونالد ريغان"
٩. مواقع التواصل الإجتماعي	٣. دبي
١٠. عدد النباتيين	٤. السجائر الإلكترونية
١١. الطاقة الشمسية	٥. **كرة القدم** soccer في "أمريكا"
	٦. استخدام "الروبوتات" في المصانع

واحة الأدب

ظلال ثقافية (٥): الرواية العربية

ترجع نشأة الرواية العربية إلى التأثر المباشر بالرواية الغربية بعد منتصف القرن التاسع عشر الميلادي. وتعتبر رواية زينب (١٩١٤م) لمحمد حسين هيكل بداية الرواية العربية الفنيّة، حيث اقترب المؤلف فيها من **البنية** structure الفنية للرواية الغربية التي كانت في قمة ازدهارها.

ومع بداية الثلاثينيات من القرن العشرين بدأت الرواية العربية تتخذ شكلًا أكثر فنية وأصالة. وكان ذلك على يد مجموعة من الكتاب الذين تأثروا بالثقافة الغربية من بينهم طه حسين وتوفيق الحكيم وعيسى عبيد والمازني ومحمود تيمور وغيرهم. فقد نقلت روايات الأربعينيات والخمسينيات الرواية في الأدب العربي إلى عالم **إبداعي** innovative جديد، ومن أشهر ممن كتبوا في ذلك الوقت عبد الحميد جودة السحار، ويوسف السباعي، وإحسان عبد القدوس. إلا أن الروائي المصري نجيب محفوظ يُعَدّ واحدًا من أفضل الروائيين. فرواياته خان الخليلي وزقاق المدق، اللص والكلاب، السمان والخريف، الطريق، الشحاذ، ثرثرة فوق النيل تمثل رؤية جديدة في عالم الرواية العربية.

وظهر بعد ذلك جيل آخر من الروائيين العرب، سُمِّي **بالحداثيين** modernists، أمثال: صنع الله إبراهيم، وحنّا مينا، وجمال الغيطاني، وإدوار الخراط، والطيب صالح، وبهاء طاهر، و"إميل" حبيبي، والطاهر وطّار، وعبدالرحمن منيف وغيرهم.

استماع (٣): الروائية سميحة خريس 🎧

المفردات			
allergy, sensitivity	حساسية	بدأت	انطلقت
marks, signs	علامات	paved	مهّدت

تمرين 70 الاستماع الأول: استمعوا ثم ناقشوا ما فهمتموه من النص

تمرين 71 الاستماع الثاني: استمعوا ثم أجيبوا عن الأسئلة التالية

١. اسم الشخصية _____

٢. من أين _____

٣. عملها _____

٤. كيف تعرّف عليها القارىء العربي؟

٥. ما هي أسماء المدن العربية التي ذكرها المراسل في بداية النص؟

٦. كانت الشخصية تعاني من مشكلة صحية. ما هي؟

تمرين 72 **الاستماع الثالث: استمعوا مرة ثالثة وأجيبوا عن الأسئلة التالية**

١. بماذا وصف مقدّم البرنامج الشخصية؟

٢. وصف مقدّم البرنامج سميحة خريس بأنها ____________ و ____________

٣. أين كانت تسكن سميحة خريس؟

٤. من الذي كان يسكن في مدينة إربد؟

٥. ماذا تقول سميحة خريس عن مدينة إربد؟

٦. ذكرت سميحة خريس لونين في وصف مدينة إربد هما ____________ و ____________

٧. كيف كسرت رجلها؟

٨. ما الذي اكتشفه المراسل حين التقى سميحة خريس؟

٩. كيف تصف سميحة خريس بداياتها؟

١٠. لماذا تذكر سميحة خريس لونين؟

تمرين 73 **الاستماع الرابع: استمعوا وأجيبوا**

١. ماذا قال المراسل عن روايات سميحة خريس؟ ما معنى ذلك؟

٢. قال المراسل في بداية المقابلة "مع حفظ الألقاب." ماذا قصد بذلك؟

٣. لماذا لا تستطيع سميحة خريس نسيان أيام زيارتها لمدينة إربد؟

تمرين 74 **أسئلة على المفردات**

١. ترجموا "من خلال رواياتها وقصصها التي لا يمكن إلا أن تحتل مكانًا مضيئًا في ذاكرة أي قارىء."

٢. ما مفرد "عوالم"؟

٣. ما الفرق بين "روائية" و"راوية؟"

٤. تقول سميحة خريس "أنت وضعت يدك على البدايات." ما معنى "وضع اليد" في هذا السياق؟

ملاحظة: الفصحى والعامية

Our character speaks a form of Arabic termed Educated Spoken Arabic, which is characterized by using some salient dialectal aspects. Listen and identify these aspects. Does using these features hinder your understanding? Why (not)?

تمرين 75 **اختاروا واحدًا من الكتّاب المذكورين فيما جاء في الشرح تحت ظلال ثقافية (٥) "الرواية العربية" وقوموا بعمل تقديم صفي عنه. تكلموا عن المولد، العمل، الدراسة، المواضيع التي يكتب / تكتب بها أو عنها، سبب الشهرة، دوره / ها في المجتمع.**

إذا الفجائية

قرأنا الآية التالية: "وَمِنْ آيَاتِهِ أَنْ خَلَقَكُم مِّن تُرَابٍ ثُمَّ إِذَا أَنتُم بَشَرٌ تَنتَشِرُونَ." (الروم: ٢٠-٢١)

And among His signs is that He created you (Adam) from dust and then [Hawwa (Eve) from Adam's rib and then his offspring from the semen, and] behold you are human beings scattered.

ما معنى الحرف "إذا"؟

هذا الحرف لا يعنى if في هذا السياق لكن it tells about something unexpected. وهذا الحرف لا يأتي في بداية الجملة لكنه **يربط** connects بين جملتين أو **حدثين** two events. اقرأوا **الأمثلة** التالية:

- رجعت إلى البيت بعد عملي فإذا الأولاد نائمون.

I returned home after work to find (unexpectedly) that the kids were sleeping.

- وصلت إلى المطار فإذا زوجتي وأولادي ينتظرونني.

I arrived at the airport and I (unexpectedly) found my wife and children were waiting for me.

يمكن ترجمة هذا الحرف as soon as, lo and behold, and unexpectedly (something was happening, happened, etc.).

تمرين 76 **ترجموا الجمل التالية إلى الإنجليزية**

١. دخلت غرفة الصف فإذا المحاضرة قد بدأت.

٢. خرجت من الجامعة فإذا بمظاهرة كبيرة ضد سياسة الحكومة الاقتصادية.

٣. رجعت من سفرها فإذا بزوجها على علاقة مع امرأة أخرى.

٤. "فألقى عصاه فإذا هي ثعبانٌ مُبين، ونزعَ يدَه فإذا هيَ بيضاءُ للنّاظرين." (الأعراف: ١٠٧-١٠٨)

٥. انتهيت من أكل الغداء فإذا صديقي يتصل بي من المستشفى. أخبرني أنه خرج من المدرسة فإذا بسيارة تضربه من الخلف. مسكين صديقي كُسِرت رجله.

٦. سقط المطر فإذا بالأنهار تمتلىء والأشجار تخضرّ والعصافير تغني.

٧. صحوت مبكرًا يوم عيد الميلاد فإذا كل أطفالي ينتظرونني قرب شجرة عيد الميلاد. هم يريدون هداياهم.

القراءة (١): حديث نبوي

في كل كَبِدٍ رطْبَةٍ أجر

عن أبي ذرٍّ رضي الله عنه أنّ رسول الله عليه السلام قال:

بينما رجلٌ يمشي بطريق اشتدّ عليه العطش. فوجد بئرًا فنزل فيها، فشرب، ثم خرج، فإذا كلبٌ يلْهث، يأكل الثرى من العطش. فقال الرجل: "لقد بلغ هذا الكلب من العطش مثل الذي كان قد بلغ مني." فنزل البئر، فملأ خُفّه ماءً، ثم أمسكه بفيه حتى رقي فسقى الكلب. فشكر الله له، فغفر له.

قالوا: "يا رسول الله، وإن لنا في البهائم أجرًا؟". فقال: "في كل كبد رطبة أجر."

المفردات	
عَطِش، يعطَش، عَطَش	شعر بالحاجة إلى شُرب الماء
اشتدّ، يشتد، اشتداد	زاد أكثر وأكثر (نقول: اشتد البرد اليوم – اشتد الألم في بطني)
لَهَث، يلهَث، لهْث	أخرج لسانه من الحرّ أو من العطش
الثّرى	moist earth، التراب
بلَغ الشيء، يبلغ، بلوغ	وصل إليه
رَقِيَ، يَرْقى، رُقِيّ	to ascend, climb, go up
خُفّ (ج) خِفاف	slippers (of light leather)
بَهيمة (ج) بهائم	animal
أجْر (ج) أجور	reward, pay
كَبِد (ج) أكباد	liver
كل كبد رطبة	كل حيوان حيّ
غَفَر، يغفِر، غُفران = مَغْفِرة	forgive

ملاحظات لغوية وثقافية

١. كلمة **خُفّ** (ج) أخْفاف معناها أيضًا camel hoof.

٢. نقول "رجع بخُفَّيْ حُنين" ومعناها to return with empty hands, to achieve nothing, fail.

٣. "عيد الغُفران" Day of Atonement, Yom Kippur (Jud.).

ملاحظات نحوية

١. "بينما" و "بينا" ظرفان للزمان الماضي، ويأتيان مع الجملة الاسمية كثيرًا، والجملة الفعلية قليلًا.

مثال: بينما الأستاذ **يشرح** explains الدرس، دخل كلب صغير الفصل. أو: بينا يشرح الأستاذ الدرس، دخل كلب صغير الفصل.

وقد تدخل "إذ" على الجملة: بينما الأستاذ يشرح الدرس إذ دخل كلب صغير الفصل.

٢. (ثم خرج فإذا كلب يلهث): هذه "إذا الفجائية،" والتي تجيء عند حدوث شيء غير متوقع. ويمكن البدء بالنكرة بعد "إذا الفجائية" ومن اللازم أن نعرف أنّ "إذا الفجائية" لا تجيء في أول الكلام، ولا تدخل على الجملة الفعلية.

٣. (فملأ خفه ماءً) هنا كلمة (ماءً) تمييز. لاحظوا **المثالين** التاليين:

(١) ملأتُ الطبقَ عنبًا. (٢) اِملئي القلم حبرًا.

٤. (ثم أمسكه بفيه) كلمة "فم" يمكن حذف الميم منها في الإضافة، وهي من الأسماء الخمسة التي درسناها في الجزء الثاني.

٥. (وإنّ لنا في البهائم أجرًا) المعنى هنا بالإنجليزية هو (?Do we get rewarded by treating animals right).

لاحظوا هنا أن أصل الجملة هو سؤال: (أوَ إن لنا ...) فهمزة الإستفهام (أ) حُذِفَت.

تمرين 77 أجيبوا عن الأسئلة الآتية

١. ماذا فعل الرجل عندما اشتد عليه العطش؟

٢. ماذا رأى خارج البئر؟

٣. لماذا كان الكلب يأكل الثرى؟

٤. كيف أحضر الرجل الماء للكلب؟

٥. ما معنى قول الرسول: "في كل كبد رطبة أجر"؟

٦. ما الفرق بين الصحابي والتابعي؟

تمرين 78 مَن قال ما يلي؟ ولِمَن؟

١. لقد بلغ هذا الكلب من العطش مثل الذي كان قد بلغ مني.

٢. وإن لنا في البهائم أجرًا؟

٣. في كل كبد رطبة أجر.

تمرين 79 استخرجوا من النص

١. واحدًا من الأسماء الخمسة، اسمًا لإنّ، تمييزًا.

٢. البئر والكبد: هل هما اسمان مذكران أم مؤنثان؟ هاتوا دليلًا من نص الحديث.

تمرين 80 أسئلة قواعد

١. ما هو جذر الفعل "اشتد" وما وزنه؟

٢. يتكرر حرف "الفاء" كثيرًا في الحديث. حاول أن تخمّن معناه.

٣. كلمة "فيه" في الحديث تختلف عن كلمة **فيه** in it. ما الفرق بينهما؟ تذكروا الأسماء الخمسة.

٤. صرفوا الفعلين "رقي" و"سقى" في الماضي والمضارع مع الضمائر المنفصلة المختلفة.

واحة القواعد (٤)

إنّ وأخواتها (مراجعة وتوسع elaboration)

درسنا إنّ وأخواتها في الدرس التاسع في الجزء الثاني من كلمة ونغم. وأخوات إن هي: أنّ، كأنّ، ليت، لعلّ. **للمراجعة** to review، لاحظوا ما يلي:

- أنا راسخ الثقة.
- كنت راسخَ الثقة ومتيقنًا بأنّي سأحصل على الوظيفة.
- إني راسخُ الثقة ومتيقنٌ بأني سأحصل على الوظيفة.

تغيرت الحركات لكن المعنى لم يتغير.

The endings are different but the meaning is the same, except that in the second, it is in the past, and in the third, the meaning is emphasized

من أساليب الكتابة في اللغة العربية استخدام **التوكيد** emphasis بأشكال مختلفة. من هذه الأشكال استخدام اللام قبل اسم إن أو خبرها.

لاحظوا **الأمثلة** التالية:

- ربي سميع الدعاء. Verily, my Lord is the hearer of the supplication.
- إنّ ربي سميع الدعاء.
- إنّ ربي لسميعُ الدعاء. (إبراهيم: ٣٩-٤٠)

The difference بين الأمثلة الثلاثة is the degree of emphasis. While the first is a normal statement, إن adds one layer of emphasis, while لـ adds another layer.

اللام التي جاءت قبل الصفة "سميع" اسمها (**لام المزحلقة** the sliding *laam*).

كما يمكن استخدام هذه اللام مع المبتدأ عندما يأتي بعد الخبر المقدم. **مثال:**

- لعائلتك بيتٌ واسع.
- إنّ لعائلتك بيتٌ واسع.
- إنّ لعائلتك لَـبيتٌ واسع.

Again, the difference is in the degree of emphasis.

تمرين 81 **استخدموا إنّ أو إحدى أخواتها مع "اللام المزحلقة" في الجمل التالية**

١. سوق "الذوق العتيق" سوق ذو طابع خاص يتميز ببنائه الرائع.

٢. الإنجيل كتاب مقدس.

٣. الأقباط أقلية دينية في مصر لكنها تلعب دورًا مهمًا في الحياة الاجتماعية والاقتصادية.

٤. اليسوع هو ابن مريم العذراء.

٥. في الإسلام، محمد آخر الأنبياء.

٦. قرار الحكومة بزيادة أسعار الخبز قرار سيؤثر على الفقراء في المجتمع.

٧. في هذا الكتاب معلومات كثيرة عن الثقافة العربية.

٨. في مدينة "باريس" متاحف كثيرة ومشهورة.

كان وأخواتها: الفعلان أصبح وأمسى

درسنا هذين الفعلين في الجزء الأول وهما من أخوات كان. ولكنهما أيضًا فعلان **تامان** complete. الفعل "أصبح" يعني the morning has arrived و"أمسى" فعل يعني the evening has arrived. عندما يكون هذان الفعلان تامّيْن، فإنهما يحتاجان إلى فاعل. لاحظوا الجمل التالية:

- أصبح أخي مديرًا للشركة بعد خبرة طويلة.

My brother became the director of the company after a long experience.

- **أصبح الصباح.** The morning has arrived.

ملاحظات لغوية

تذكروا أنّ مصدر أصبح هو **الإصباح** becoming وكذلك **الصّبح والصباح** morning. **مثال:**

- أليسَ الصّبحُ بِقريب؟ (هود: ٨١) ?Isn't morning near

تذكروا أيضًا أن تقولوا "صباح الخير" وليس "صبح الخير."
والصبح هو أول صلاة للمسلمين في اليوم وهي قبل طلوع الشمس، ولا نقول "صلاة الصباح."
ومن مشتقات "ص ب ح" كلمة صبيح وهي اسم مذكر. مثال: صبيح المصري من أغنى رجال الأعمال في فلسطين.
ومن أسماء الرجال "صُبُح" و "مِصباح" والتي تعنى lamp أيضًا (تذكروا مِصباح علاء الدين) ومن أسماء النساء "صباح" و"صبحة" و"صبحيّة." وفي الدرس الثاني من كتاب كلمة ونغم (الجزء الثاني)، تعرفنا على"صباح" وهي من المغنيات اللبنانيات المشهورات.
من العبارات المشهورة "أصبحنا وأصبح الملك لله" وهي جملة يقولها المسلمون عند القيام من النوم. **خمنوا معناها بالإنجليزية!**

تمرين 82 ترجموا الجمل التالية

١. ما أول شيء تقومين به عندما تصبحين كل يوم؟

٢. كيف أصبحت؟

٣. أصبحت وبي مغص في بطنى. أكلت كثيراً أمس على العشاء.

٤. إدريس الثاني هو باني مدينة فاس التي أصبحت عاصمة الدولة الإدريسية بالمغرب.

٥. اشتد القتال في شوارع المدينة التي أصبحت الآن تحت **سيطرة** control القوات المعارضة للحكومة.

٦. كانت الاختلافات على تربية الأولاد بين الزوجين كبيرة وجادّة. كانا يتكلمان بلغتين مختلفتين. تدخلّت العائلة، لذلك أصبح عليهما أن يبحثا عن لغة مشتركة.

واحة الجذور والأوزان: الجذر (ع ر ض)

تمرين 83 ادرسوا الجدول التالي ثم

- اكتبوا اسم الفاعل واسم المفعول لكل فعل
- ترجموا الجمل إلى اللغة العربية مستخدمين كلمة **مشتقة** derived من الجذر (ع ر ض) في كل جملة

الفعل	المعنى	اسم الفاعل	اسم المفعول
عرض	show, demonstrate, exhibit	عارض	معروض
عرّض	expose		
عارض	disagree		
أعرض (عن)	avoid		
تعارض	to be in contrast with		
اعترض	object		

	be exposed to	تعرّض
	to be offered to	انعرض (على)
	present, discuss	استعرض

1. The political opposition opposed the new law and requested that it be changed.

2. European governments oppose **capital punishment** حكم الإعدام.

3. The professor offered the student the opportunity to complete his MA in international relations at the center.

4. The university president presented the history of the university and its vision to the guests.

5. Violating one's honor is a punishable crime by law.

6. Exposure to the sun for a long time may cause **cancer** السرطان.

تمرين 84   ترجموا العبارات والجمل التالية إلى الإنجليزية

١. العرض والطلب (في الاقتصاد)

٢. الطول والعرض (geometry)

٣. استعراض القوة (في العسكرية)

٤. عارضة أزياء (in the world of fashion)

٥. "فيلم" استعراضي (الـ"سينما")

٦. تمكّنت الشرطة، اليوم الجمعة، من إيقاف مُشتبه باعتراضه سبيل طالبتين وسَلْب إحداهن حقيبتها اليدوية، بعدما تقدمت الضحيتان صباح اليوم ذاته بشكاية تعرضان فيها تفاصيل اعتراض سبيلهما من طرف شاب عرضتا بعض أوصافه.

٧. الـ"غارديان": الرئيس الأمريكي يضرب عرض الحائط بالسياسة الأمريكية في الشرق الأوسط.

٨. هذه أغرب قصة نجاة من عرض البحر سمعتها في حياتي ... لا يمكن تصديقها.

٩. الأطفال الذين يحصلون على نوم هادىء وكافٍ وطعام صحيّ أقل عُرضة للقلق والغضب.

ظلال ثقافية (٦)

تستخدم العبارتان (أنا في عرض ...) و(يستر على عرضك ...) **للتوسل** used for begging. والعرض في الثقافة العربية هو **الشرف** honor.

مثال: يستر على عرضك ... فِل. (عنوان في جريدة لبنانية)

Please, we beg you ... leave.

(The title of an editorial on a Lebanese news site)

القراءة (٢)

The main text of the story mentions the details of a job interview. Related to this is the problem of unemployment. The text discusses the topic in the Arab world.

تصاعد البطالة في الوطن العربي

labor	العمالة	measures	التدابير
deterioration	تدهور	does not cease, continue	لا تفتأ
		restrictions	قيود

القراءة الأولى

تمرين 85 اقرأوا النص وأجيبوا عن الأسئلة ١-٥

إن أرقام البطالة في البلاد العربية تستمر في الارتفاع. ويبدو أنه على الرغم من كافة التدابير التي تقوم بها الحكومات العربية فإن أعداد العاطلين عن العمل تستمر في الزيادة. وعلى الرغم من اتّباع سياسة الأسواق المفتوحة في الدول العربية، وعولمة الاقتصاد العربي، واتباع سياسات وممارسات التجارة الحرة، إلا أنّ البطالة قضية مزعجة لدول هذا الإقليم.

وقد ركز أمين عام منظمة العمل العربية السيد إبراهيم قويدر في الجلسة الافتتاحية لمؤتمر المنظمة في الجزائر الأسبوع الماضي، على حقائق البطالة في الوطن العربي حيث بلغ عدد العاطلين عن العمل في الدول العربية ٢٥ "مليون" شخص.

وما يدعو للقلق أن هذه الأرقام لا تفتأ في الارتفاع، وليس هناك أي دلائل على انخفاض نسب البطالة في المنطقة. فمثلًا كان عدد العاطلين عن العمل قبل سنتين ١٧,٥ "مليون،" مما يدل على أن هناك تدهورًا متسارعًا في وضع العمال المحليين، وقد يستمر الوضع على هذه الحال إذا لم تعمل حكومات الدول العربية على اتخاذ التدابير والإجراءات اللازمة من أجل الحد من نسبة البطالة في المنطقة.

وحاول قويدر، وكان محقًّا في ذلك، التنبيه إلى طبيعة هذه القضية الملحة، مشيراً إلى أن التنبؤات الحالية تقدر أن أرقام البطالة قد تصل إلى ١٠٠ "مليون" شخص عام ٢٠٢٠ إذا لم تعمل الحكومات على اتخاذ الإجراءات المناسبة للحد من هذه الظاهرة.

١. ما مشكلة العاطلين عن العمل في البلاد العربية؟

ومن أحد أهم هذه التدابير فرض بعض القيود على سوق العمل المفتوحة، فمثلًا يجب الحدّ من الأعداد المتزايدة من العمالة الأجنبية التي تدخل أسواق الوطن العربي، كذلك يجب وضع المزيد من القيود على حركة العمالة العربية في داخل الإقليم، والهدف من التدبير الأول هو السماح للمزيد من العمالة العربية لدخول سوق العمل بدلًا من منح هذه الفرص للأجانب. وينوّه العديد من المراقبين إلى الحاجة لإنشاء سوق عربية مشتركة.

٢. ما أهم التدابير التي من الممكن أن تساهم في حل مشكلة البطالة؟

إضافة إلى هذا يجادل العديد من المسؤولين خصوصًا في جامعة الدول العربية، أن التعامل الفعال مع ظاهرة البطالة يدعو الحكومات العربية لِضَخّ المزيد من الأموال في الاقتصاديات العربية لتصبح أكثر نشاطًا وإنتاجًا وفاعلية. وحتى نحقق هذه الرؤية نحتاج لاسترداد رؤوس الأموال العربية المستثمرة حاليًا في الدول الأجنبية، وخصوصًا في الأسواق الأوروبية والأمريكية، وتقدر هذه الأموال بمليارات الدولارات.

٣. كيف يمكن زيادة ضخ الأموال في الاقتصادات العربية؟

ولكن قبل أن تعمل الدول العربية على استرجاع رؤوس الأموال العربية من الخارج، على الحكومات والمسؤولين العرب العمل على إيقاف هجرة رؤوس الأموال الحالية والتي ما زالت تغادر الوطن العربي بشكل يومي. وحتى يبقى رأس المال في البلاد العربية علينا إقناع رجال الأعمال وأصحاب رؤوس الأموال الكبرى على استثمار أموالهم محليًا وإقليميًا.

٤. ما هو الأمر الأكثر أهمية من استرجاع رؤوس الأموال العربية؟

وعملية الإقناع هذه تشكل عقبة بحد ذاتها، ولكن عندما يدرك رجال الأعمال وأصحاب الأموال ضرورة المحافظة على الأموال العربية واستثمارها محليًا، نستطيع إنشاء وتأسيس مشاريع كبرى في المنطقة يكون من شأنها خلق فرص عمل أكثر. وإدراكًا من الخبراء للحاجة الملحة للحد من ظاهرة البطالة في الوطن العربي، يقول هؤلاء الخبراء إن على الدول العربية التأكد من خلق ٣ إلى ٤ ملايين فرصة عمل في كل عام.

لكن العديد من المراقبين يخْشوْن من استمرار الوضع على ما هو عليه، وسوف تستمر البطالة في الارتفاع إذا استمرت السياسات الحالية في السيطرة والسّواد، وما نحتاج إليه الآن هو منح الأسواق حق المزيد من المراقبة حتى نتأكد أن العولمة، والتي تعمل الحكومات العربية على مناصرتها، تعمل على حماية العمالة العربية ولا تسعى لطردها وحرمانها من أسواق العمل العربية.

٥. ما أهمية خلق ٣ إلى ٤ ملايين فرصة عمل في كل عام؟

تمرين 86 القراءة الثانية

١. ما هي الإجراءات التي تقوم بها بعض الدول العربية لحل مشكلة البطالة؟ (الفقرة الأولى)

٢. كيف نعرف أن هناك تدهورًا في وضع العمالة في البلاد العربية؟

٣. لماذا تحتاج الدول العربية لضخ مزيد من الأموال قي الاقتصادات العربية؟ كيف يمكن تحقيق ذلك؟

٤. ما الذي يجب على الدول العربية عمله لإيقاف هجرة رؤوس الأموال العربية؟

تمرين 87 القراءة الثالثة

١. هناك ثلاث كلمات تعني increase هي ____________ و ____________ و ____________

٢. هناك أكثر من مثال على المتلازمات (كلمات لها معان متشابهة). ما هي؟

٣. كلمتا "عاطل" و"عطلة" من نفس الجذر. هل هناك علاقة بينهما؟ ما هي هذه العلاقة؟

٤. **قراءة جهرية:** اقرأوا الفقرة الخامسة والفقرة السادسة.

استراحة مفردات

تمرين 88 استمعوا ثم اكتبوا جمل المفردات ثم ترجموها إلى اللغة الإنجليزية

تمرين 89 ترجموا الجمل في الدرس من " اقترب" إلى كلمة "صلاتهن."

واحة الجذور والأوزان: الجذر (ق ط ع)

تمرين 90 ادرسوا الفعل التالي ثم أجيبوا عن الأسئلة التالية

الفعل	المعنى	اسم الفاعل	اسم المفعول	المصدر
قطع	cut			
قطّع	chop			
أقطع	allocate			
قاطع	sever (relationship)			
تقاطع	intersect			
تقطّع	to be cut, become apart			
انقطع	to be cut off			
اقتطع	to assign			
استقطع	to make a section (piece) available			

١. اكتبوا أسماء الفاعل والمفعول والمصدر لكل فعل.

٢. ما معنى العبارات التالية:

١. إن كانت كلمة "**قطاع**" تعني sector فما معنى: "القطاع الخاص" و"العام،" "القطاع الاقتصادي،" "قطاع غزة"؟

٢. إن كان الفعل "**يتقاطع**" يعني intersect فما معنى: "كلمات متقاطعة"؟

٣. إن كان اسم المفعول من "قطع" "مقطوع،" فما معنى: "مقطوعة موسيقية"؟

٤. إن كان عكس الفعل "قطع" هو "وصل،" فما معنى "وصل الرّحم" (relative)؟

٥. إن كانت العبارة "**واصل الدراسة**" تعني he continued his studies فما معنى "انقطع عن الدراسة."

٦. ما معنى "قطع تذكرة"؟

٧. إن كانت كلمة "**شوط**" تعني section, part فما معنى ("قطع شوطًا طويلًا" في دراسته وبقي له الشيء القليل).

٨. هناك مصدر من المصادر يعني feudalism ما هو؟

٩. إن كان أحد معاني كلمة "سبَب" way, road فما معنى "تقطّعت به الأسباب"؟

ظلال ثقافية (٧): "صلة الرحم"

صلة الرحم هي العلاقة بين الشخص وأقربائه وأنسبائه. ركزت الأديان السماوية على صلة الرحم كثيراً. وكلمة الرحم من (ر ح م) to be merciful، وهي مشتقة من صفة "الرحمن" وكذلك من كلمة **رحْم** womb للدلالة على الحب والعطف والحنان. والعكس "قطع الرحم." الأرحام هم مَن ترتبط بهم بصلة القرابة والنسب، وهم الآباء والأُمّهات، والأجداد والجدّات، والإخوة والأخوات، والأعمام والعمّات، وأولاد الأخ، وأولاد الأُخت، والأخوال والخالات، ثمّ من يليهم من الأقرباء، وكذلك بـ**المصاهرة** in-laws.

- "... والذين يصلون ما أمر الله به أن يوصل ويخشون ربهم." (الرعد: ٢١)
- "واتقوا الله الذي تساءلون به والأرحام." (النساء: ١)

آيات من الإنجيل

- "أكرِم أباك وأمك وأحِب قريبك كنفسك." (١٩:١٩)
- "أكرم أباك وأمك كما أوصاك الرب إلهك لكي تطول أيامك ولكي يكون لك خير على الأرض التي يعطيك الرب إلهك." (٥:١٦)
- "يَا بُنَيَّ، أَعِنْ أَبَاكَ فِي شَيْخُوخَتِهِ، وَلاَ تَحْزُنْهُ فِي حَيَاتِهِ. وَإِنْ ضَعُفَ عَقْلُهُ فَاعْذِرْ، وَلاَ تُهِنْهُ وَأَنْتَ فِي وُفُورِ قُوَّتِكَ، فَإِنَّ الرَّحْمَةَ لِلْوَالِدِ لاَ تُنْسَى. وَبِاحْتِمَالِكَ هَفَوَاتِ أُمِّكَ، تُجْزَى خَيْرًا ." سفر يشوع بن سيراخ (٣: ١٤)

تمرين 91 معاني الأفعال (سمع، استمع، أنصت)

الأفعال التالية متشابهة في المعنى لكنها ليست متطابقة. اقرأوا الأمثلة ثم حددوا معاني الأفعال والفروق التي بينها.

١. ذهبنا إلى المسرح الأسبوع الماضي. ما كان هناك مكان في المقدمة مما اضطررنا إلى الجلوس في الخلف. لسوء الحظ، لم نسمع شيئًا بسبب **المسافة** distance.

٢. كان هناك لقاء مع فنان مصري مشهور استمعنا له لمعرفة رأيه في مستقبل الفن في مصر بعد ثورة "يناير."

٣. أدرك الكثيرون مِمّن أنصتوا إلى كلمة الرئيس الأمريكي الأخيرة إلى أنها دعاية انتخابية.

٤. "وإذا قُرِيء القرآنُ فاسْتمِعوا له وأنصِتوا." (القرآن: الأعراف: ١٠٤)

الفعل (ودّ)

هذا الفعل من الأفعال **المضعّفة** doubled. وجذره (و د د). تكلمنا عن هذا الفعل بشكل بسيط في الدرس العاشر من الجزء الثاني من كلمة ونغم، وذكرنا المثالين "ظنّ" و"مرّ." من الأسماء المشتقة من هذا الفعل "وداد" والذي رأيناه في الجزء الأول من كلمة ونغم، و"الودود" هو اسم من أسماء الله الحسنى التسعة والتسعين في الإسلام. ولذلك من الأسماء المعروفة "عبد الودود." واسم الفاعل من الفعل "ودّ" هو "وادّ" (لاحظوا الشدة)، وهي كلمة مختلفة عن كلمة **واد / وادي** valley والتي جذرها (و د ي). لاحظوا الآية القرآنية "هو الذي ... وجعل بينكم مَوَدّة ورحمة."

تمرين 92 صرفوا الفعل "ودّ" في الماضي والمضارع كما جاء في الجزء الثاني في الفعل "ظنّ"

الفعل "صفح"

تمرين 93 **هذا الفعل يبدو أنه يشبه الفعل "صحف" الذي تكلمنا عنه في الجزء الثاني لكنه ليس نفس الشيء. تعرفون كلمة "صفحة" من الجزء الأول. ادرسوا الأمثلة التالية ثم خمنوا معنى الجذر ومشتقاته:**

- صافح shake (hands)
- تصفّح thumb through the pages
- سيارة مُصفّحة armored vehicle
- صفيحة a scroll

معنى الجذر صفح هو ...

تمرين 94 **يللا نمثل**

١. أنت موظف تعمل في شركة. العمل يبدأ الساعة الثامنة. وصلت متأخرًا الساعة التاسعة وعندك مشروع يجب أن ينتهي في وقت **معين** = (محدّد). تكلم مع مديرك وبين سبب التأخير. المدير لا يحب الكذب أو **المواجهة** confrontation حاول أن تقنعه أنّ العمل سينتهي في الموعد المناسب.

٢. عندك مقابلة شخصية لعمل جديد. لظرف طارىء لا تستطيع إجراء المقابلة في الوقت المحدد. تكلم مع مُنظم المقابلة وحاول أن تؤجلها إلى يوم آخر والذي يمكن أن يؤدي إلى نتائج سلبية.

٣. أنتِ موظفة في شركة. الشركة ليس عندها سياسة محددة لظروف الحمل والولادة. أنتِ على وشك الولادة. تكلمي مع رئيسك واطلبي منه إجازة مدفوعة الأجر.

واحة القواعد (٥): المبني للمجهول

تمرين 95 **هناك على الأقل أربعة أمثلة على المبني للمجهول في النص. جدوها وترجموها إلى الإنجليزية**

درسنا المبني للمجهول في السابق، والآن سنقدم الفعل المبني للمجهول من الأفعال المعتلة. لاحظوا الجداول التالية

الفعل الماضي						
الضمير	**باع**		**وعد**		**دعا**	
أنا	بِعتُ	بُعت	وَعِدْتُ	وُعِـدْتُ	دعوْتُ	دُعيتُ
نحن	بعنا	بُعنا	وعدنا	وُعِدنا	دعونا	دُعينا
أنتَ	بعتَ	بُعت	وعدتَ	وُعِـدْتَ	دعوتَ	دُعيتَ
أنتِ	بعتِ	بُعت	وعدتِ	وُعِـدْتِ	دعوتِ	دُعيتِ
أنتما	بعتُما	بُعتما	وعدتُما	وُعِـدْتُما	دعوتُما	دُعيتُما
أنتم	بعتُم	بُعتم	وعدتُم	وُعِـدْتُمْ	دعوتُم	دُعيتُم
أنتن	بعتُنَّ	بُعتنَّ	وعدتُنَّ	وُعِـدْتُنَّ	دعوتنّ	دُعيتُنَّ

هو	باعَ	بيعَ	وعدَ	وُعِدَ	دعا	دُعِيَ
هي	باعَت	بيعَتْ	وعدَت	وُعِدَتْ	دعَت	دُعِيَتْ
هما	باعا	بيعا	وعدا	وُعِدا	دعَوا	دُعِيا
هما	باعَتا	بيعَتا	وعدَتا	وُعِدَتا	دعَوتا	دُعِيَتا
هم	باعوا	بيعوا	وعدوا	وُعِدوا	دعَوا	دُعوا
هنّ	بِعْنَ	بُعنَ	وعدْنَ	وُعِدْنَ	دعَوْنَ	دُعينَ

الفعل المضارع						
الضمير	باع		وعد		دعا	
أنا	أبيع	أُباع	أعدُ	أوعَد	أدعو	أُدْعى
نحن	نبيع	نُباع	نَعِد	نوعَد	ندعو	نُدعى
أنت	تبيع	تُباع	تعدُ	توعد	تدعو	تُدعى
أنت	تبيعين	تباعين	تعِدين	توعدين	تدعينَ	تُدعَين
أنتما	تبيعان	تباعان	تعِدان	توعدان	تدعوانِ	تُدعَوان
أنتم	تبيعون	تباعون	تعِدونَ	توعدون	تدعونَ	تدعوْن
أنتن	تبعن	تُبَعْنَ	تعِدنَ	تُعَدْنَ	تدعونَ	تُدعَوْن
هو	يبيع	يباع	يَعِدُ	يوعد	يدعو	يُدْعى
هي	تبيع	تباع	تَعِدُ	توعد	تدعو	تُدْعى
هما	يبيعان	يباعان	يعِدانِ	يوعدان	يَدعُوانِ	يُدعوان
هما	تبيعان	تباعان	تعِدانِ	توعدان	تَدعُوانِ	تُدعوان
هم	يبيعون	يباعون	يعِدونَ	يوعدون	يدعونَ	يدعون
هن	يَبِعن	يُبَعْنَ	يعِدْنَ	يُعَدْنَ	يدعونَ	يُدعوْن

تمرين 96 ترجموا الجمل التالية

1. The article was reviewed more than once before it was published.
2. The candidates for the new job were interviewed by a committee that was composed of the company's president and his two assistants.

٣. في الإسلام، يُصَلّى على الميت قبل أن يُدْفن.

4. Dinner had been served three hours before.
5. A talented student was given an award (gift) at the end of the school year.
6. Vegetables and fruits are bought at the supermarket and not at the gas station.
7. A kilo of watermelons was sold for two dollars yesterday.
8. The world soccer cup was watched by hundreds of millions of fans all over the world.

أفعال شائعة	
provoke, stimulate	استفزّ، يستفز، استفزاز
organize	نظّم، ينظم، تنظيم
belong to, be affiliated with	انتمى، ينتمي، انتماء
suspect	اشتبه بـ/ (في) يشتبه بـ/ (في)، اشتباه بـ/ (في)
donate	تبرّع بـ يتبرّع بـ تبرُّع بـ
harm	ضرّ، يضُر، ضرر
fill out, mobilize	عبّأ، يُعبّيء، تعبئة
arrest	اعتقل، يعتقل، اعتقال = (ألقى القبض على، يلقي القبض على، إلقاء القبض على)
attack	هجم على، يهجم على، هجوم على
obstruct, hinder, restrain, impair	أعاق، يعيق، إعاقة
call up	استدعى، يستدعي، استدعاء
go on strike	أضرب عن، يُضرب عن، إضراب عن
scold	وبّخ، يُوبّخ، توبيخ

صفات شائعة	
frustrated, depressed	مُحبَط
dirty, bastard	قذِر = (وسِخ)
one who failed (in a test), corrupted, vile, disreputable	ساقط (ج) سُقّاط
imposter	نصّاب
hostile, aggressive	عـُدوانيّ
hesitant, fluctuating, unsteady	مُذبذَب
sincere	مُخلِص
skilled, brilliant, proficient	بارع
professional	محترف
daring, brave	جريء
pure, clean, unstained	نقي (ج) نقاء = (أنقياء)
reverent, faithful and devoted to	بارّ بـ

صفات شائعة بالعامية	
منرفِز = (معصّب)	nervous (mad)
منوّر	literally meaning "shining," said to praise someone's looks or appearance (young people use it on Facebook and other social media sites to praise people appearing in portraits)

تعلموا المتلازمات التالية مع كلمة "قرار":

قرار حاسم	decisive decision	قرار جريء	courageous decision
قرار مصيري	fatal decision	قرار صعب	difficult decision

تمرين 97 استبعدوا الكلمة الغريبة

١.	صافي	نقي	وسخ
٢.	جريء	خوّاف	مغامر
٣.	مخلص	مكّار	خبيث
٤.	بلطجي	عدواني	متفوّق
٥.	بارّ	مكتئب	محبط
٦.	عارض	أعاق	تبرع
٧.	نظم	رتب	أجّل
٨.	انتمى	احتلّ	اعتقل
٩.	تطوع	تبرع	أضرب
١٠.	عبّأ	شكّ	اشتبه
١١.	انتقد	استأنف	وبّخ
١٢.	مْنور	حِلو	منرفز
١٣.	مذبذب	متردد	محترف

تمرين 98 ترجموا إلى الإنجليزية

١. عندما نُقابل مَن يُثير أعصابَنا ويحاول استفزازنا، نبدأ بتنظيم أفكارنا للتعامل مع مثل هذه الشخصيات حتى لا تُؤثر علينا فيما بعد.

٢. الإضراب عن الطعام وسيلة من وسائل المقاومة السلمية أو الضغط حيث يكون المشاركون في الإضراب صائمين ممتنعين عن تناول الطعام كنوع من أنواع التعبير عن الاحتجاج السياسي أو غيره.

٣. بعض الأشخاص يُهمِلون حقوق الآباء والأمهات انشغالًا بالدنيا، وعلى الصعيد الآخر، هناك آخرون يبرّون آباءهم وأمهاتهم ويدركون حقوقهم ويهتمون بهم عن قُرب.

٤. ذو الوجهين شخص حائر مذبذب يستحق التوبيخ، ربما يلتقي شخصًا يكره شخصًا آخر فيمدحه ويُثني عليه، حتى إذا التقى

الشخص الآخر فعل معه مثلما فعل مع الشخص الأول.

٥. كيف تصبح شخصًا جريئًا؟

اجعل خطواتك ذات جرأة، وكن واثقًا من نفسك وعيناك متطلعتان إلى ما تستطيع تحقيقه لنفسك وبنفسك.

٦. تعرّض مواطن لموقف صعب عندما شكّت أسرته في إصابته بمرض "كورونا" وأخبر مراسلة الـ"تلفزيون" عن **هلع** = (خوف) الطبيب منه أثناء إجراء الكشف الطبي له.

تمرين 99 اعرفوا زملاءكم

١. ما أكثر الأشياء استفزازًا لهم؟ لماذا؟

٢. ما أكثر الأشياء التي كانت تجعل والديهم يوبخونهم على فِعلها وهم صغار؟ لماذا؟

٣. هل شعروا بالإحباط ذات مرة؟ ماذا حدث؟ ما الذي يجعلهم يشعرون بالإحباط أحيانًا؟

٤. في رأيهم، من هو الشخص النقي (أو مَن هو الشخص الجريء، البار، الساقط، النصاب، إلخ)؟

٥. هل يتبرعون بالدم؟ متى كانت آخر مرة تبرعوا فيها بالدم؟

٦. ما هي أهم القرارات الحاسمة التي يجب أن يأخذوها في حياتهم؟ هل أخذوا قرارات حاسمة من قبل؟

تمرين 100 املأوا الفراغ بالفعل أو المصدر أو الصفة المناسبة

١. على الرغم من كثرة الأسباب **الوراثية** hereditary التي تسبب __________ العقلية وتنوعها فقد أصبحت بعض هذه الأسباب معروفة عند الأفراد والبعض الآخر غير معروف.

٢. للتدخين __________ كبير على صحة الإنسان، فهو يحتوي على العديد من المكوّنات مثل الـ"نيكوتين" و**التبغ** tobacco، وهذه المكونات تشكّلُ خطرًا على الصحة وتؤثر عليها سلبًا.

٣. __________الاتحاد الأوروبي السفير التركي لدى "بروكسل" الخميس الماضي لطلب توضيح حول **تصريحات** statements الرئيس التركي فيما يخص أمن الأوروبيين.

٤. المهارة هي أهم ما يميز لاعبي كرة القدم __________، فبوجود (فـ + بـ + وجود) المهارة العالية يمكنك أن تصبح مثل "ميسي" و"رونالدينو" ومحمد صلاح وزين الدين زيدان.

٥. ذكرت الجريدة خبرًا عن القرود التي __________ على مجموعة من الناس في منطقة "نجران" بالسعودية ولم يُصب أي شخص بأي ضرر.

٦. لو جاءتني كلمة جارحة ومؤلمة من شخص محترم، وجاءتني مثل هذه الكلمة من شخص __________ فإن تأثير كلمة الأول أشد تأثيرًا على النفس لأن كلمة المحترم لها وزن، فإذا وصفني بعيب مثلًا فمعناه أنه قلّل من مكانتي، أما الشخص الآخر فهو بطبيعته يسيء إلى الكثير من الناس فلن يهمني كثيرًا، مع أنّ الكلمة واحدة.

٧. يقول بعض الأطباء النفسيين إنّ الإحباط الذي يشعر به الطفل في حالة إعاقته الجِسميّة قد يؤدي إلى حدوث حالة من التوتر والغضب لديه والتي ربما تزيد من إمكانية حدوث تصرفات __________من قِبَل ذلك الطفل تجاه الآخرين.

٨. يخاف الكثير من الأشخاص من تجربة __________ بالدم، معتقدين أن ذلك قد يسبب لهم الإصابة بالدوار والغثيان وغيره، لكن الأطباء يؤكدون أنه لا حاجة للقلق من هذا الإجراء.

٩. في رأيي، عندما يحاول شخص أن __________ شخصًا آخر، فالأول يهدف بتصرفه إلى **إرباك** confusing الشخص الآخر،

خصوصًا إذا كان الشخص الآخر متوترًا وسريع الانفعال وبذلك يصبح إيقاعه في الخطأ أمرًا سهلًا.

١٠. يسعى الشخص ________ جاهدًا إلى إقناع **الضحيّة** victim بأنه القادر على تحقيق حاجته، وأنه لا يريد منه شيئًا بالمقابل، وأنه قام بمثل هذا العمل مرات عديدة في الماضي، وأنه أمر بسيط بالنسبة له. أو بالعكس ربما يحاول أن يُقنِع الضحية أن الأمر معقّد جدًا ويحتاج إلى أموال كثيرة لحلّه.

١١. ________ الحكومة مؤتمرًا عالميًا متخصصًا في الإعلام والإذاعة التلفزيونية هو الأول من نوعه في الشرق الأوسط.

١٢. قالت مصادر إعلامية إن المشتبه به في تفجير السفارة هو رجل في أواخر العشرينات و________ إلى مجموعة إرهابية تمارس أعمالًا إرهابية في مناطق مختلفة من العالم تستهدف السفارات الأجنبية.

البلاغة والكتابة: المتلازمات المناسبة في الأفعال والأسماء

المتلازمات يمكن أن تكون في الأفعال أو الأسماء (العطف والإضافة) أو الصفات

١. الفعل المناسب: أسعى جاهدًا - أحيا (حفلة، ليلة، ذكرى) - قامت إدارة القناة بـ - نذهب سويًا - أخذ برأي - أوى إلى الفراش - هيأ نفسه لـ - صافح بحرارة - زفّ الأخبار السارة، بشرى - أدى (واجب، خدمة، اليمين) - أجاب دعوة - أجرى (عملية، دراسة، محادثات، مقابلة) - أثار (اهتمام، فضول، انتقاد، جدلًا، خلافًا، غضبَ) - أساء (استعمال، ظن، معاملة) - أنجز (عملًا، مهمة، وعدًا) - حان (وقت، موعد) - قدّم (اقتراحًا، هدية) - تولى (رئاسة، قيادة، مهمة، **منصب** = (وظيفة)، إشراف، أمر)

٢. الصفة المناسبة: حبًا جمًا - رأي صائب - رأي سَديد - دراية **كاملة** = (تامة) - استعداد تامّ - استقبال (رسمي، حار) - ألم **شديد** = (حاد) = برد **قارس** = (شديد) - ترحيب حار - تقليد أعمى - حل (جذري، وسط، نهائي) - خيال واسع - رحلة ممتعة - رغبة شديدة - علاقات متوترة - مستقبل مشرق - ثقة (عمياء، مطلقة) - موقف (محرج، نبيل، مشرِّف) - نوم (خفيف، ثقيل، عميق) - أساس قوي - تقدم (ملموس، محسوس، ملحوظ) - صدر واسع - عبء ثقيل - عصر ذهبي - منافسة (حادة، شريفة)

٣. الأسماء:

- **العطف** conjunction شغف وعشق - السعادة والهناء - بجدّ واجتهاد - التوفيق والنجاح - ثقة وتفاؤل - راحة و**طمأنينة** calm-ness
- **الإضافة:** ظن السوء - رب الأسرة - حب (الدنيا، النفس، المال) - رشيق (الجسم، القوام) - سريع البديهة - شاحب الوجه

لاحظوا المتلازمات فيما يلي:

- أتقدم لك **بالشكر والامتنان** أو "أتقدم لك **بالشكر والعرفان**."
- لك مني كل **الحب والتقدير** يا عزيزي.
- أسأل الله أن يعطيك **الصحة والعافية** يا أمي.
- قررت أن أذهب إلى الطبيب بعد أن شعرت بـ**ألم حاد** في قدمي اليسرى.
- كل شيء جاهز ونحن على **استعداد تام** لبدء الحفلة.
- لقاء الرئيس أمس في برنامج تلفزيوني **أثار غضب** الكثير من الناس.
- أخي الصغير **أساء معاملة** الكلب الذي أحضره والدي له في عيد ميلاده.
- رأي **صائب** = (صحيح) = (مناسب) = (سديد).

تمرين 101 **اكتبوا خمس جمل تستخدمون فيها المتلازمات المناسبة في الأفعال والصفات والمعطوف والمعطوف عليه** conjuction

الرسالة الرسمية (التقليدية والإلكترونية)

يتم تبادلها بين البلاد أو بين الوزارات والشركات والمراسلات التجارية وطلب الالتحاق بوظيفة أو مؤسسة أكاديمية وغيرها. وتختلف الرسالة الرسمية عن الرسالة الشخصية في ناحيتين : أولًا، تخلو من العواطف الشخصية وثانيًا، تتميز بالأسلوب العلمي، ولا تميل إلى الأسلوب الأدبي، حيث يتم اختيار الكلمات المناسبة بدقة و**عناية** carefulness ونبتعد فيها عن الاسترسال والإسهاب.

عناصر الرسالة الرسمية:

١. التاريخ: ويتم كتابته على يمين الصفحة ونبدأ باليوم ثم الشهر ثم السنة. نكتب اسم الشخص أو الطرف المرسل إليه وهنا تكتب بعض الكلمات الرسمية. (سنسرد بعضها في الأسفل)

٢. نبدأ بسطر جديد و**نفتتح** start, open up بالتحية. (سنسرد بعض التحيّات في الأسفل)

٣. في منتصف الصفحة نكتب اسم الموضوع الذي نود أن نكتب عنه كطلب وظيفة أو أي طلب لجهة رسمية.

٤. نكتب في تفاصيل الموضوع المطلوب.

٥. نكتب خاتمة الموضوع.

٦. في أسفل الصفحة وعلى الجهة اليسار، نكتب اسم المرسل وتوقيعه.

٧. في أسفل الصفحة على اليمين، يمكن كتابة المرفقات كالتالي:

- **المرفقات** attachments (عدد)
- (بيان المرفقات)
- صورة إلى cc (يمكن كتابة أسماء الأشخاص المنوي توصيل المرفقات لهم بالتسلسل حسب المكانة، الأعلى فالأقل حسب السلم الوظيفي)

نموذج كتابة رسالة رسمية لطلب الالتحاق بجامعة عربية أو مركز دراسات عربية

٢٣- ١٠ - ٢٠١٩

حضرة الدكتور: (اسم الدكتور) عميد كلية اللغة العربية بـ (اسم الجامعة أو المركز) حفظه الله

السلام عليكم ورحمة الله وبركاته، أمّا بعد

طلب التحاق

أنا الطالب / (اسم المتقدم)، الأسترالي الجنسية، أود الالتحاق بجامعتكم المباركة قسم (اللغة العربية وثقافتها) لهذا العام الدراسي، ذلك لأنني أنهيت دراستي اللغوية بقسم تعليم اللغة العربية وثقافتها من جامعة (اسم الجامعة) بـ"أستراليا"... وشهاداتي مرفقة مع هذه الرسالة.

ولدي رغبة أكيدة في أن أكون أحد طلاب جامعتكم الموقّرة، وكلي أمل أن يتم قبول طلبي هذا ولكم مني جزيل الشكر والاحترام.

والله يحفظكم

والسلام عليكم ورحمة الله وبركاته

مقدّم الطلب

التوقيع signature

عبارات التقدير للمرسل إليه 🎧	
Dear Mr.	السيد الفاضل
Dear Dr.	سعادة الدكتور
	حضرة الدكتور

عبارات افتتاحية للتحية 🎧		
Greetings		تحية طيبة، وبعد
Peace be upon you	أما بعد	السلام عليكم ورحمة الله وبركاته،
Greetings		بعد التحية والسلام

عبارات ختامية 🎧	
May God save you	والله يحفظكم
Peace and blessings be upon you	والسلام عليكم ورحمة الله وبركاته

عبارات وجمل مفيدة في المراسلات الرسمية 🎧	
المعنى بالإنجليزية	العبارة أو الجملة
I have the honor to inform you that ...	أتشرف بإخباركم بـ ...
I would like to bring to your notice ...	أود أن أحيط علمكم بأنّ ...
Attached ...	مرفق طيّه
The purpose of this letter is to ask you ...	أكتب لأسألكم عمّا إذا ...
I regret to have to inform you that ...	يؤسفني أن أخطركم بأن ...
In reply to your letter dated ...	ردًّا على رسالتكم بتاريخ ...
According to your wish expressed in your letter dated ...	بناءً على رغبتكم التي أبديتموها في خطابكم المؤرّخ ...
We are greatly grateful for your letter of ...	إننا في غاية الامتنان لخطابكم المؤرخ ...
Kindly excuse the delay in reply to your letter of ...	أرجو قبول اعتذاري لتأخري في الرد على خطابكم المؤرخ ...
It is unfortunately quite impossible for us to accept the request in your last letter, because ...	يؤسفنا أننا لا نستطيع قبول طلبكم الذي تضمّنه خطابكم الأخير نظرًا لأن ...
Awaiting your confirmation by ...	في انتظار تأكيد منكم في موعد أقصاه ...
Awaiting your decision in this regard without delay	في انتظار قراركم في هذا الشأن دون إبطاء
Starting (date) to (date)	اعتبارًا من (تاريخ ...) إلى (تاريخ ...)
To whom it may concern	إلى من يهمّه الأمر

ملاحظة: هناك عبارات إضافية يمكن الرجوع إلى الملحق ٢ 🎧

تمرين 102 (كتابة رسالة) اكتبوا رسالة إلى مدير شركة أو مؤسسة تعبرون فيها عن رغبتكم في العمل فيها. عرّفوا بأنفسكم والأسباب التي تجعلكم مؤهلين للعمل

أغنية

قل للمليحة بالخمار الأسود
غناء: صباح فخري

يعتبر **صباح فخري** واحدًا من أشهر المغنين العرب وهو سوري الأصل. ولد في مدينة حلب في سوريا عام ١٩٣٣، وبدأ دراسة الموسيقى في سن مبكرة في معهد حلب للموسيقى. بعد ذلك، درس في دمشق وتخرج من معهد دمشق الموسيقي سنة ١٩٤٨. درس المُوَشّحات والقصائد والإيقاعات والعزف على العود، وكان قد درس على يد أشهر الفنانين والموسيقيين العرب. حصل صباح فخري على الكثير من الجوائز وشهادات التقدير منها مفتاح مدينة "لاس فيغاس" و"ديترويت" و"ميامي." ضرب **الرقم القياسي** set the record حيث غنى لأكثر من عشر ساعات متواصلة دون استراحة في مدينة "كاركاس" الـ"فنزويلية" سنة ١٩٦٨.

قصة قصيدة قل للمليحة فى الخمار الأسود

في العصر الأموي عاش الشاعر ربيعة بن عامر والملقب بـ (الدارمي) وهو أحد الشعراء والمغنين الظرفاء في الحجاز وكان **يتشبّب** = (يتغزل) flirts بالنساء الجميلات، إلا أنه عندما كبُر في السّن ترك نظم الشعر والغناء و**تنسك** became a hermit وأصبح متنقلًا بين مكة والمدينة للعبادة. وفى إحدى زياراته للمدينة التقى بأحد أصدقائه وهو من أهل الكوفة بالعراق يعمل تاجرًا، وكان قدومه إلى المدينة للتجارة ويحمل من ضمن تجارته **أخمرة** veils عراقية، فباع التاجر العراقي جميع الألوان من تلك الخمر ما عدا اللون الأسود، فشكا التاجر لصديقه الشاعر (الدارمي) عن عدم بيعه اللون الأسود ولعله غير مرغوب فيه عند نساء أهل المدينة، فقال له الدارمي: لا تهتم بذلك فإني سأُنفقها لك حتى تبيعها أجمع. ثم نَظَم (الدارمي) بيتين من الشعر وتغنّى بهما كما طلب من مغنييْن بالمدينة، وهما (سريح وسنان)، أن يتغنيا بالبيتين الذي قال فيهما:

قل للمليحة فى الخمار الأسود ماذا فعلت بناسكٍ متعبد

قد كان شمّر للصلاة ثيابه حتى وقفت له بباب المسجد

و أضاف إليها أحدهما بيتين آخرين هما:

فسلبت منه دينه ويقينه وتركته فى حيرة لايهتدي

رُدّي عليه صلاته وصيامه لاتقتليه بحق دين محمد

فشاع الخبر فى المدينة بأن الشاعر (الدارمي) رجع عن تنسكه وزهده وعشق صاحبة الخمار الأسود، فلم تبقَ مليحة إلا اشترت من التاجر خمارًا أسود لها. فلما تيقّن (الدارمي) أن جميع الأخمرة السوداء قد نفدت من عند صديقه، ترك الغناء ورجع إلى زهده وتنسكه ولزم المسجد.

المفردات			
steal, strip of deprived him of	سلب، يسلب، سلْب سلبت منه	the gorgeous one	المليحة
confusion, puzzlement	حيرة	face cover	خمار (ج) أخمرة
gets guided	اهتدى، يهتدي، اهتداء	devotee, pious man	ناسك
give back (imp.)	ردي	worshiper	متعبد
by (the truth of), used to swear on something worthy	بحق	roll up one's sleeves	شمّر، يشمر، تشمير
mediation, advocacy	شفاعة	temple (mosque)	المعبد
begging, supplicating	متضرّع	savior	المنجد
		petitioner, supplicant	متوسّل

قل للمليحة

قل للمليحة في الخمار الأسود ماذا فعلت بناسك متعبد
قد كان شمر للصلاة ثيابه لمّا وقفت له بباب المسجد
الله أكبر الله أكبر
يا داعيًا لله مرفوع اليد متوسلًا متضرعًا للمنجد
يا طالبًا منه الشفاعة في غد ... قل للمليحة في الخمار الأسود
فسلبت منه دينه ويقينه وتركته في حيرة لا يهتدي
ردي عليه صلاته وصيامه لا تقتليه بحق دين محمد
ردي عليه صلاته وصيامه لا تقتليه بحق عيسى وأحمد
يا ليل .....

الكلمات مع الإعادة Lyrics with Repetition

قل للمليحة في الخمار الأسود ...قل للمليحة... قل للمليحة ... آه آه قل للمليحة ... قل للمليحة فى الخمار الأسود ماذا فعلت بناسك متعبد قل للمليحة قل للمليحة بالخمار الأسود يا ليل ماذا فعلت ماذا فعلت بناسك متعبد؟ قد كان شمر للصلاااااااة ... كان شمر للصلاة ... قد كان شمر للصلاة ثيابه ... لما وقفت له بباب المسجد ... قد كان ينوي للصلاة ... فهابه ... حتى خطرت له بباب المعبد ... بباب المسجد ... بباب المسجد ... فسلبت منه دينه ويقينه وتركته سلبت منه دينه ويقينه وتركته فسلبت منه دينه يقينه وتركته في حيرة لا لا لا لا لا لا لا لا يهتدي لا لا لا لا لا لا يهتدي ... لا يهتدي
ردي عليه صلاته وصيامه ... ردي عليه
ردي عليه صلاته وصيامه ... ردي عليه
لا تقتليه لا تقتليه ... بحق دين محمد

ردي عليه عليه ردي ردي عليه ردي عليه صلاته وصيامه
لا تقتليه بحق عيسى وأحمد
لا تقتليه بحق عيس وأحمد
ردي ردي ردي عليه (عليه ردي ردي ردي)
يا عيني يا روحي ردي ردي ردي

تمرين 103 اكتبوا صح (✓) أو خطأ (X)

١. الشاعر رأى المليحة بعد أداء صلاته.

٢. سلبت المليحة عقل ودين الشاعر وتركته في حيرة من أمره.

٣. الشاعر يتوسل إلى المليحة أن تُرجِع له ما سرقته.

تمرين 104 أجيبوا عن الأسئلة التالية

١. لماذا اختار الشاعر الخمار الأسود دون الألوان الأخرى؟

٢. ذكر الشاعر كلمة (المليحة) في البيت الأول، في رأيكم، لماذا؟ ماذا لو قال: "قل للمرأة،" هل سيؤدي نفس الغرض؟

٣. ما أثر لبس المليحة للخمار الأسود على الشاعر؟

٤. ما رأيكم فيما فعله الشاعر؟ ماذا نسمي هذا في علم الاقتصاد؟

تمرين 105 ترجموا الجمل التالية إلى الإنجليزية

١. على قناة (الحوار التونسي) الخاصة، توسّل لاعب كرة القدم التونسي علي البرني إلى أمه أن تقبَل منه أن يمنحها **كِلية** kidney يتم زرعها في جسمها المريض، حيث كانت تعاني من فشل كلوي منذ سنوات.

٢. يعتقد الكثير من المسلمين أن طلب الشفاعة من غير الله حرام.

٣. كشف مصدر إعلامي أن مسؤولين عسكريين أمريكيين وقعوا في حيرة شديدة لعدم قدرتهم على إدراك ما إذا تم **تسريب** leaking المعلومات السرية بالصدفة أو عن قصد.

٤. سلبت ليلى مني العقل، قلت: "يا ليلى ارحمي القتلى."

٥. سيدي الرئيس، أنت بحق تستحق كل الاحترام والتقدير.

تمرين 106 ترجموا الجمل التالية إلى اللغة العربية

1. Give me my heart back, I beg you!

2. When she found out that her husband had betrayed her, she looked for him in every corner of the place, rolled up her sleeves, and was ready for the fight.

3. Thank God! Finally, my son got guided to the right path.

4. The pious man remained in the temple, supplicating to God around the clock.

تمرين 107 **أسئلة مفردات وقواعد**

١. ما معنى "قد" في قول الشاعر "قد كان شمّر للصلاة"؟

٢. ما معنى "لمّا" في قوله: "لما وقفت له في باب المسجد"؟

٣. ما معنى حرف الفاء في "فهابه"؟ و"فسلبت"؟ و"فردي"؟

"كوربسيّات"

تمرين 108 ما هي الأسماء الأكثر شيوعًا التي تأتي قبل أو بعد الكلمات التالية (الكلمات مأخوذة من الأفعال الشائعة والصفات الشائعة). اختاروا ثلاثًا من الكلمات التالية وترجموا ثلاث جمل على كل كلمة. ارجعوا الى موقع الكوربسيات في الدرس الأول.

نظّم	اعتقل	عبّأ
هجوم	إضراب عن	استدعى
محترف	جريء	عدواني

خمسة فرفشة

عثّورة لسان A Tongue Twister

حاولوا أن تفهموا الجمل التالية ثم كرروها ثلاث مرات بسرعة

١. لم أجد حلًا يحل محل الحل الحالي لحالتي حاليًا.

٢. أرنب أنور نطّ في **مَنْوَر** منار = small window, loophole (اسم ولد أو بنت).

نكات ع الطاير

١. الابن: أرجوك يا أبي اشترِ لي طبلة
الأب: أخاف أن تزعجني بها
الابن: لا يا أبي، أعِدُك بألّا أستخدمها إلا حين تكون نائمًا.

٢. الأستاذ يسأل طالبًا غبيًا: في أي فصل يسقط المطر؟ فأجابه الطالب: في الفصل الذي ليس فيه **سقف** ceiling يا أستاذ.

٣. المجنون الأول: هل تستطيع أن تمشي على خيط دخان سيجارتي؟
المجنون الثاني: وهل أنا مجنون كي أفعل ذلك، **لنفرض** let's suppose أنك **أطفأت** you put out سيجارتك فجأة، ماذا سيحدث لي؟

شعبيات: مراجعة الأمثال الشعبية

تمرين 109 من خلال دراستكم للأمثال الشعبية في الأجزاء السابقة وفي هذا الجزء، ما المثل الذي يمكن استخدامه في المواقف التالية؟

1. Said to describe someone who crosses the line in his actions, and the interlocutor can't take it anymore.

2. Said to urge someone to be good to his/her neighbors.

3. Said to ward off jealousy.

4. Said by someone who believes that wordly affairs and successes are God's business and that no human being can alter or change what God wills.

5. Said to describe a guilty person who aggravates his offense by coming up with a silly excuse.

6. When someone visits a friend or relative on a daily basis, one may say this proverb to hint that the visitor should moderate his visits.

7. This proverb is said to describe the situation of someone who works hard on something and gets very little profit out of it.

8. Said by someone who has many problems and trials, such that it looks to him like Prophet Job's trials were nothing compared to his.

9. An expression said to urge someone to be calm or patient.

10. A proverb said to refer to illegible handwriting.

3 حياتي: مشهد آخَر

مفردات وتعابير لها علاقة بالثورات والربيع العربي

مفردات تعلمناها			
ثورة (ج) ثورات	revolution	المؤسسة العسكرية	the military
قوات	the troops	جندي (ج) جنود	soldier
شهيد	martyr	جيش (ج) جيوش	army
أعمال (الـ)عنف	acts of violence	جرح، يجرح، جُرح (ج) جِراح = (جروح)	wound, cause injury
ضحية (ج) ضحايا	victim	جريح (ج) جرحى	wounded (person)
أسقط، يُسقط، إسقاط	cause (s.th.) to fall	نظام (ج) أنظمة	system, regime
فتح النار = (أطلق النار)	open fire	قاوم، يقاوم، مقاومة	resist
اِرْحَل	leave (imp. sing. masc.)	ثائر (ج) ثوار = (متمرد (ج) متمردون)	rebel
عارض، يُعارض، مُعارضة	object	أجرى انتخابات، يجري انتخابات، إجراء انتخابات	hold elections
تظاهر، يتظاهر، تظاهر	demonstrate		

تمرين 1 ما العلاقة في المعنى بين ...

١. "ثورة" و"**ثَوْر**" bull؟

٢. الفعل "تظاهر" والاسم "**ظَهْر**" back؟

٣. "قـُوّات" و"قويّ"؟

٤. "شاهد" و"شهيد"؟

٥. "عارض" و"**عارِض / عارِضة أزياء**" supermodel؟

٦. "عارض" و"عريض"؟

٧. "أجرى انتخابات" و"جرى"؟

٨. "ضحية" و"عيد الأضحى"؟

مفردات جديدة 🎧			
sniper	قانص (ج) قُنّاص، قنّاصة / قناصون	the Arab Spring	الربيع العربي
civilian	مدنيّ (ج) مدنيّون	hero	بطل (ج) أبطال
cause to fall down, topple	أطاح بـ يطيح بـ إطاحة بـ	unit battalion	وَحدة (ج) وحدات كتيبة (ج) كتائب
bullet	رصاصة (ج) رصاصات = (رصاص)	bomb	قُنبلة (ج) قنابل
shell, bombard	قصَف، يقصف، قصْف	rifle	بُندقية (ج) بنادق
bulldozer	جرّافة (ج) جرافات	tank	دبّابة (ج) دبابات
headquarters	مقَرّ (ج) مقارّ = (مقرات)	force	أجبر على، يُجبر على، إجبار على
battle	موقعة (ج) مواقع = (معركة) (ج) معارك	withdraw to a side, step down	تنحّى عن، يتنحّى عن، تنحّي عن
suicide bombing	عملية انتحارية	acts of sabotage	أعمال (الـ)تخريب
massacre	مجزرة (ج) مجازر	accuse	اتّهم، يتهم، اتهام
choice	خيار (ج) خيارات	murder, killing	مَقتل
set an ambush	نصب كمين (ج) كمائن، ينصب ...، نصْب ...	funeral	جنازة (ج) جنائز = (جنازات)
repercussions	انعكاسات = (عواقب)	slogan, emblem	شِعار (ج) شعارات
respond, comply with a request	استجاب، يستجيب، استجابة	mobilize	حشد، يحشد، حشْد
to be martyred	استُشهد، يستشهد، استشهاد	claim the life of	أودى بحياة، يودي بحياة
detain	احتجز، يحتجز، احتجاز	withdraw	انسحب، ينسحب، انسحاب
erect roadblocks	نصب حواجز	release, set (s.o.) free	أفرج عن، يفرج عن، إفراج عن = (أطلق سراح)
bully	<u>بلطجي</u> (ج) <u>بلطجيّة</u> = (شبيح (ج) شبيحة)	break out	اندلع (ـت) مواجهات، يندلع، اندلاع (ج) اندلاعات
ally	<u>زنقة</u>	remnants	فلول
to be bigoted, fanatical or extreme	تعصب، يتعصب، تعصُّب	shake, uprise	انتفض، ينتفض، انتفاض
coalition	ائتلاف (ج) ائتلافات	dissident	مُنشقّ (ج) منشقون
sexually harass	تحرّش جنسيًا بـ يتحرش جنسيًا بـ تحرش جنسيًا بـ	coup	انقلاب (ج) انقلابات
		courtyard, square, field	ساحة (ج) ساحات

تمرين 2 **أكملوا بإجابة مناسبة من مفردات وتعابير لها علاقة بالثورات والربيع العربي**

١. الثورات العربية أو ________ ________ في وسائل الإعلام، هي حركات احتجاجية سلمية كبيرة، انطلقت في بعض البلاد العربية أواخر سنة ٢٠١٠ وبداية ٢٠١١.

٢. أطلق مساء أمس شابّ في أوائل الثلاثينات من عمره ________ في الهواء من بندقيّته تعبيراً عن فرحته بزفاف أحد أقاربه في قرية من قرى **صعيد مصر** Upper Egypt استقرت في رقبة أحد الأشخاص الحاضرين و________ بحياته على الفور.

٣. بدأ العالم العربي بثورة الكرامَة في تونس خلال "ديسمبر" ٢٠١٠، مما أدّى إلى ____________بالرئيس "زين العابدين بن علي."

٤. ________ الحرب العالمية الأولى بين القوى الأوروبية في ١٩١٤ وانتهت في عام ١٩١٨، أدت إلى ________ أكثر من ٩ ملايين شخص، وتُعتبَر أحد أعنف الصراعات في التاريخ.

٥. قالت مصادر إعلامية إن سلطنة عُمان وافقت على استقبال ١٠ أشخاص تم ____________ عنهم من سجن "غوانتانامو" الأمريكي وذلك قبل مغادرة الرئيس "باراك أوباما" البيت الأبيض.

٦. قالت الشرطة المحلية البلجيكية إنّ شخصًا يحمل بندقية ________ ____________ما يقارب ١٥ **رهينة** hostage في **ضاحية** suburb "فورست" في "بروكسل." وذلك قبل أن يَتمّ إعتقاله.

٧. بعد اندلاع ثورة ٢٥ "يناير." تَمّ ________ الرئيس المصري السابق "محمد حسني مبارك" على ____________ عن الحكم في ١١ "فبراير" ٢٠١١.

٨. شهدت "تركيا" في تاريخها الحديث العديد من ________ طوال الخمسين عامًا الماضية، كان أوّلها في ٢٧ "مايو" ١٩٦٠، وآخرها في ١٦ "يوليو" ٢٠١٦.

تمرين 3 **اعرفوا زملاءكم**

١. هل كانوا في حادث من قبل؟ ماذا حدث؟ وأين؟ هل أُصيبوا بجروح؟ هل كان هناك ضحايا أو إصابات (**لا سمح الله** May Allah forbid)؟

٢. هل يؤيدون أو يعارضون لعبة **الملاكمة** boxing أو لعبة المصارعة؟ مَن بطلهم المفضل في أيٍّ من اللعبتين؟ ماذا يعرفون عنه / عنها؟

٣. هل اتّهمهُم أحد بدون وجود دليل من قبل؟ ماذا حدث؟

٤. هل قرأوا كتاب "هيلاري كلينتون" بعنوان (خيارات صعبة)؟ ما رأيهم فيه؟ هل اتّخذوا خيارات صعبة في حياتهم؟ ما هي هذه القرارات وكيف أثرت على حياتهم؟

تمرين 4 **ترجموا من العربية إلى الإنجليزية**

١. انتفَض الشعب التونسي فانكسر القيْد واستجاب القدر.

٢. بعض النساء يحمِلن قلوبًا أقوى من قلوب الرجال، فـ (الخنساء) مثلًا كانت شاعرة مسلمة، استُشهد أولادها الأربعة في إحدى المعارك، وحين بلغها خبر استشهادهم كانت صابرة وقوية وراضية بقضاء الله وقدره.

٣. أكّد وزير العمل الكويتي أن منح أبناء الكويتيات **الأولوية** priority في التوظيف له انعكاسات ايجابية على كل النواحي الاجتماعية والاقتصادية والإنسانية.

٤. (الائتلاف السوري لقوى المعارضة والثورة) هو ائتلاف سياسي معارض تشكّل سنة ٢٠١٢ عقب اجتماع في مدينة الدوحة، وكان من أهم أهدافه تنظيم ودعم الثورة والعمل على إسقاط نظام الحكم.

٥. (الفلول) كلمة انتشر استخدامها في السياسة كي تصف (بقايا نظام مضى)، سواء كان هذا النظام جيشًا **مهزومًا** defeated أو نظامًا سياسيًا.

٦. أكثر الشعارات شهرة في ثورات الربيع العربي كانت "ارحل" و"الشعب يريد إسقاط النظام".

٧. أعلنت الشرطة الأمريكية أنّ رجلًا فتح النار داخل القنصلية الصينية في مدينة "لوس أنجلوس" قبل أن يقتل نفسه في سيارته.

٨. إذا كنتم من مُحبّي المشي أو الجلوس في الساحات، فَعليكم زيارة ساحة "مايور" في "إسبانيا" أو الساحة الحمراء في قلب "موسكو." وهناك ساحات كثيرة تستحق الزيارة كساحة "سان ماركو" في مدينة البندقية، وساحة "بيازا ديل كامبو" في مدينة "سيينا" الإيطالية، وساحة المدينة القديمة في "براغ" في جمهورية "التشيك."

تمرين 5 ترجموا من الإنجليزية إلى العربية

1. Every person should understand his/her legal options if he/she has been sexually harassed.
2. A funeral for the soldier who died while serving his country in Iraq was held Saturday at a nearby mosque.
3. The president accused his rival of bigotry and of being "against the police."
4. The sniper who set an ambush for police last week had written about killing police officers before the attack.
5. In Tunis, demonstrators were chanting the slogans of the revolutions.

تمرين 6 اعرفوا زملاءكم

١. البعض يقول إن هناك نوعًا آخر من البلطجة وهو (البلطجة المعنوية)، ما معنى ذلك وما رأيكم فيها؟

٢. هل هم من الناس الذين ينتفضون ضد الظلم أو العنصرية مثلًا؟ كيف يعبرون عن مشاعرهم؟

٣. هل يعتقدون أن لدى الجهات الحكومية (كالشرطة و**سيارات الاسعاف** ambulance مثلًا) في منطقتهم استجابة سريعة لمكالمات الطوارىء؟ كيف ذلك؟

٤. ما الذي يُجبرهم على أن يتعاملوا مع شخص عدوّ لهم وربما يبتسمون له؟

٥. ما سلبيات تناول الشباب وغيرهم للمخدرات؟

تمرين 7 جدوا find خبرًا أو صورة لتظاهرة أو ثورة أو حادثة على هواتفكم الجوالة cellular phones وصفوها لزملائكم باللغة العربية مستخدمين بعض المفردات من الجدولين السابقين

ظلال ثقافية (١): الربيع العربي

الربيع العربي أو ثورات الربيع العربي هي حركات **احتجاجية** protests ذات **طابع** = (شكل) سلمي، **انطلقت** started في بعض البلاد العربية في الشرق الأوسط سنة ٢٠١٠. وابتدأت بالثورة التونسية التي اندلعت عندما قام شاب تونسي يُدْعى "محمد البوعزيزي" بـ**إحراق** burning نفسه مما أدى وقتها إلى **الإطاحة** toppling بالرئيس التونسي "زين العابدين بن علي." ونجحت الثورات بإسقاط أربعة أنظمة عربية، فبعد الثورة التونسية، نجحت ثورة ٢٥ "يناير" بالإطاحة بنظام الرئيس المصري السابق "محمد حسني مبارك،" ثم ثورة ١٧ "فبراير" الليبية والتي انتهت بمقتل الرئيس الليبي آنذاك "معمر القذافي" وإسقاط نظامه، وجاءت بعدها الثورة اليمنية والتي أجبرت الرئيس اليمني حينها "علي عبد الله صالح" على التنحّي. وتَبِع ذلك حركات احتجاجية في عدة دول عربية أعنفها في سوريا. ففي سنة ٢٠١٩ أسقِط الرئيس السوداني عمر البشير.

تمرين 8 يللا نبحث (تقديمات شفوية قصيرة أو كتابة)

قوموا بإجراء بحث عن واحد مما يلي وتقديم نبذة عنه في الصف أو اكتبوا عنه مئة كلمة (يمكن تقسيم الأدوار على الطلاب في الصف)

١. ناشطين سياسيين في الربيع العربي

٢. أشهر **مغردي** tweeters الثورات العربية

٣. الشعارات الشائعة في الربيع العربي وفي أي دول ومعانيها

استماع (١): الربيع العربي

مفردات الإستماع			
المطاح به	overthrown	بإزاحته (بـ + إزاحة + ـه)	displacing, removing from office
سرعان	soon	تهم	accusations, charges
يَطأ	step on		

استمعوا إلى النص من ٠-٢:٠٢ وأجيبوا عن الأسئلة التالية

تمرين 9 صلوا بين العمودين

١. حسنى مبارك وولداه	في كانون الثاني "يناير"
٢. بدأت الثورة في مصر في	شاب تونسي حرق نفسه
٣. الثورة التونسية	في الحادي عشر من شباط "فبراير"
٤. تنحى مبارك عن الحكم	أول الرؤساء العرب الذين أطيح بهم
٥. هرب بن علي إلى السعودية	في السجن الآن
٦. زين العابدين بن علي	الخامس والعشرين من كانون الثاني "يناير"
٧. محمد البوعزيزي	السابع عشر من "ديسمبر"

تمرين 10 أجيبوا عن الأسئلة التالية

١. لماذا استقبلت السعودية الرئيس التونسي؟

٢. كم كان عدد القتلى والجرحى في تونس؟

٣. من الذي بدأ الثورة في مصر؟

٤. كيف يصف الـ"فيديو" حسني مبارك أثناء حكمه لمصر؟

٥. ماذا كانت مَطالِب المصريين؟

٦. ماذا قررت القوّات المسلّحة المصرية؟

٧. ما هي التهم التي يُحاكَم عليها مبارك؟ من معه؟

تمرين 11 أجيبوا عن الأسئلة التالية بعد الاستماع الثالث

١. كيف وصل زين العابدين بن علي إلى الحكم؟

٢. كيف كانت ردّة فعل العالم عندما بدأت الثورة في تونس؟

٣. ماذا يقول الـ"فيديو" عن أصدقاء بن علي؟

٤. ماذا فعل مبارك عندما بدأت الثورة في مصر؟

ظلال ثقافية (٢): الحركات الدينية والأحزاب السياسية في الوطن العربي

منذ **منتصف** middle الستينيات من القرن الماضي، ظهرت على الساحة في العالم العربي حركات (دينية) و(إسلامية) تمارس السياسة بَشتّى **أشكالها** in its different forms، وتقود فئات اجتماعية متعددة لها مطالب مشروعة وتقيم لها أعمالًا خيرية (مثل البنوك والجمعيات الخيرية والمستشفيات وغيرها). ويمكن تصنيف هذه الحركات في صيغة **تيارات** currents, movements إلى ما يلي:

• التيار **التقليدي** traditional العام

• التيار المذهبي مثل (حزب الله، جند الإسلام) وهي أحزاب تابعة للتيار الإيراني

• التيار الأيدلوجي مثل (حماس في فلسطين، الجهاد في مصر، الإنقاذ الجزائرية)

• التيار **العقلاني** rational الذي يعتمد على منهج النقد و**التحليل** analysis

• تيار الرفض مثل (الجهاد، جند الله، التكفير والهجرة، جماعة السيف)

وهناك حركات غيّرت أسماءها مثل:

• الجماعة الإسلامية في الجزائر/ حركة النهضة

• الإخوان المسلمين في الأردن / جبهة العمل الإسلامي

• جماعة الإخوان المسلمين في مصر/ حزب الحرية والعدالة

- حركة الاتجاه الإسلامي في تونس / حركة النهضة
- الجماعة الإسلامية في المغرب / حركة التجديد الوطني

وبالنسبة للأحزاب السياسية في البلاد العربية، فهناك حزب (الوفاق) في البحرين، وفي تونس (نداء تونس) و(حركة النهضة) و(الاتحاد الوطني الحر) و(آفاق تونس)، وفي الجزائر (جبهة التحرير الوطني الجزائرية) و(التجمع الوطني الديموقراطي)، وفي فلسطين (حركة فتح) و(حماس)، وفي المغرب (حزب الاستقلال) و(حزب العدالة والتنمية)، وفي مصر أحزاب كثيرة منها (حزب الوفد الجديد) و(حزب الغد) و(حزب الأمة) و(حزب الكرامة) و(الحزب الاشتراكي المصري)، وهناك حركات سياسية أخرى مثل: (حركة كفاية) و(حركة شباب ٦ "أبريل") و(أقباط بلا حدود.)

بعض الاختصارات لأسماء أحزاب وحركات ومنظمات سياسية وغيرها:

١. حماس (حركة المقاومة الإسلامية) Islamic Resistence Movement

٢. داعش (الدولة الإسلامية في العراق والشام) Islamic State in Iraq and Sham (Levant)

٣. م. ت. ف. (منظمة التحرير الفلسطينية) Palestinian Liberation Organization

٤. "أنوروا" (وكالة الأمم المتحدة للإغاثة والتشغيل) United Nations Relief and Work Agency

٥. "يونيسف" (صندوق الأمم المتحدة لرعاية الطفولة) United Nations International Children's Emergency Fund

٦. "يونيسكو" (منظمة الأمم المتحدة للتربية والعلوم والثقافة) United Nations Educational, Scientific, and Cultural Organization

٧. "سي آي إيه" (وكالة الاستخبارات المركزية) Central Intelligence Agency

٨. "إف بي آي" (مكتب التحقيق الفيدرالي) Federal Bureau of Investigation

تمرين 12 يللا نبحث (تقديم شفوي أو كتابة)

قوموا بإجراء بحث عن واحد مما يلي وتقديم نبذة عنه في الصف أو اكتبوا عنه ٢٠٠ كلمة (يمكن تقسيم المواضيع على الطلاب في الصف)

١. حزب سياسي أو حركة دينية في العالم العربي (اسم الحزب، المؤسس، مناطق انتشاره، الأفكار والمباديء، المشاركة في الحياة السياسية).

٢. الشبيحة أو البلطجية في أي من البلاد العربية التي حدثت فيها ثورة من ثورات الربيع العربي.

٣. بعض المُختَصرات لأسماء منظمات، مؤسسات، حركات، عناوين ، إلخ. ما المنظمة، وما هي نشاطاتها وأهميتها؟

لغة إعلام

مفردات إعلام تعلمناها	
أزمة (ج) أزمات	crisis
طارئة (ج) طوارىء	emergency
مِنحة (ج) منح	grant
مُساعدات غذائية	food aid

financial aid	مُساعدات مالية
charity organization	مُنظمة خيرية
tent	خيْمة (ج) خِيَم
refugee	لاجِىء (ج) لاجئون

تمرين 13 أجيبوا عن الأسئلة التالية

١. ما العلاقة في المعنى بين "أزمة" و"asthma"؟

٢. كيف نقول: state of emergency؟

٣. كيف نقول: emergency assistance؟

٤. كيف نقول: refugee camps؟

تمرين 14 دردشوا مع زملائكم حول ...

١. حالة طوارىء كنتم جزءًا منها. ماذا حدث بالتفصيل؟ ماذا كانت النتيجة؟ كيف أثّرت عليكم؟

٢. منحة حصلتم عليها. ما هي؟ كيف حصلتم عليها؟ كيف ساعدتكم وعائلاتكم؟

٣. لاجئين التقيتُم بهم. من هم؟ من أين؟ ماذا تعرفون عن حالتهم وسبب لجوئهم؟

مفردات إعلام جديدة	
tragedy	مأساة (ج) مآسٍ / المآسي
catastrophe, disaster	كارثة (ج) كوارث
aid	إغاثة = (معونَة)
famine	مَجاعة
drought, dryness	جَفاف
malnutrition	سوء تغذية
reconstruction	إعادة إعمار
homeless (person)	مُتشرد (ج) متشردون = (مشرّد (ج) مشردون)
authority	سُلطة (ج) سُلُطات
flee from	فرّ من، يفر من، فرار من
impose a curfew	فرَض حظْر التجول
declare, pronounce	أعرب عن، يُعرب عن، إعراب عن

ملاحظة: كلمة "شرد، يشرد، شرود" بمعنى to run away, break loose، تعلموا هذا التعبير: **لا تفوتني شاردة ولا واردة** nothing escapes me; I don't miss a thing

تمرين 15 خمنوا معاني التعابير الإعلامية التالية

١. وكالة إغاثة اللاجئين	٩. أساء معاملة
٢. مساعدات فنية	١٠. جلسة المحكمة
٣. هيئة المعونة	١١. سجين سياسي
٤. إعادة الإسكان	١٢. قتل بالرصاص
٥. طالب اللجوء السياسي	١٣. محكمة عليا
٦. أعلن مسؤوليته عن	١٤. الشرطة العسكرية
٧. دعا إلى إضراب	١٥. سلطة قضائية
٨. وجّه اتهامات ضدّ	١٦. محكمة العدل الدولية

تمرين 16 أكملوا بإجابة مناسبة من مفردات الإعلام في الجداول السابقة

١. ________ في "الصومال" قتلت الكثيرين منذ عام ١٩٩٢ حيث تُوفّي حوالي ٢٢٠ ألف إنسان، ثم ضربت "الصومال" واحدة أخرى عام ٢٠١٠ واستمرت حتى عام ٢٠١٢ وأدت إلى موت حوالي ٢٦٠ ألف شخص.

٢. قالت وزارة الداخلية التونسية إنها قررت فرض ________ ________ الليلي في كل أنحاء البلاد بعد اندلاع موجة من الإحتجاجات العنيفة.

٣. زاد عدد ________ في "لوس أنجلوس" الذين يقيمون في مراكز إيواء مؤقتة وفي الشوارع وفي السيارات، بنسبة ١٢٪ في غضون سنتين بسبب الارتفاع الكبير في أسعار إيجارات البيوت.

٤. بدعم من مركز الملك سليمان للـ ________ والأعمال الإنسانية، تُواصل منظمة الصحة العالمية توفير الخدمات الصحية والغذائية والبيئية المنقذة للملايين من أبناء الشعوب الفقيرة.

٥. يُعتبر ________ ________ من المشاكل التي يعاني منها الكثير من سكان العالم، فقد ذكرت منظمة الصحة العالمية أنّ ٥٠٪ من وفيّات الأطفال في العالم تحدث بسبب تلك المشكلة، كما أن هناك ٢ مليار شخص يعانون من نقص عنصر أو أكثر بالجسم. ويعتبر نقص عنصر **الحديد** iron في الجسم هو الأكثر شيوعًا.

٦. قال وزير الأشغال العامة والإسكان في فلسطين إن هناك منحة مالية جديدة تُقدّر بـ ٨٠ "مليون" "دولار"، استلمتها الحكومة من المملكة العربية السعودية للقيام بـ**عملية** operation ________ ________ قطاع غزة، منها ما هو مُخصّص لبناء وحدات سَكَنيّة للاجئين، وقسم آخر للمواطنين الفقراء بالتنسيق مع الـ UNDP.

٧. تعتبر حادثة "تسونامي" من أعنف ________ الطبيعية في التاريخ.

٨. حذرت وكالات الإغاثة الدولية التابعة للأمم المتحدة من أن ________ والمجاعة في "الصومال" قد يؤديان إلى ________ إنسانية ذات أبعاد كبيرة سيئة الأثر.

تمرين 17 يللا نمثل

You talk to a homeless person on a city street. Ask him/her how he/she became homeless and how his/her life has changed. See Appendix II for dialectal expressions.

تمرين 18 ترجمة

أ. ترجموا من العربية إلى الإنجليزية

١. بعدما قام "البوعزيزي" بحرق نفسه في تونس، اندلعت مواجهات عدة في الشوارع والتي سرعان ما تحولت إلى ثورة أطاحت بالرئيس زين العابدين بن علي، الذي فرّ هاربًا إلى المملكة العربية السعودية خوفًا على حياته.

٢. سلّمت السفارة المصرية لدى "الصومال" مِنحة مساعدات غذائية وطبية مقدمة من الحكومة المصرية بالتنسيق مع وزارة الدفاع.

٣. من المقرر أن تمنح وكالة غوث اللاجئين الفلسطينيين الـ"أونروا" الأسبوع القادم، مساعدات مالية للعائلات الغزّية المتضررة نتيجة الحرب على قطاع غزة.

٤. دعت مصر مجلس الأمن إلى **عقد** holding جلسة طارئة لمناقشة تطورات أزمة مسلمي الـ"روهينجا" في "ميانمار".

٥. خرج الأطفال السوريون من الخيمة في البرد الشديد في وضع مأساوي--لا أحذية ولا أغطية رؤوس وكانت بنت صغيرة **ترتجف** shiver في أحضان والدها.

٦. أعلنت اللجنة الدولية للصليب الأحمر، أن الوضع الإنساني في اليمن صعب جدًا وكارثي على أقل تقدير، وخاصة في مدينة عدن التي ينقصها الغذاء والماء.

٧. أعرب الوزير عن شكره للملك على قراره بإصدار رخص قيادة للسيارات للذكور والإناث بدون تمييز.

٨. صديقي مُنظّم إلى أبعد الحدود، لا تفوته شاردة ولا واردة.

ب. ترجموا العناوين الإخبارية headlines التالية إلى الإنجليزية

١. الـ"غارديان": اليمن كارثة أسوأ من "تكساس" ولا أحد يتحدث عنها.

٢. الشرطة تفرض حظر التجول في مدينة "هيوستن" **خشية** = (خوفًا من) أعمال السرقة.

٣. الأمم المتحدة تُحذّر من حدوث مجاعة في اليمن إذا لم يتم فتح معابره.

تمرين 19 ترجمة

أ. ترجموا الجمل من الإنجليزية إلى العربية

1. The situation in Syria is disastrous. The conflict has increased the number of victims over the years.

2. Authorities imposed curfew in most places of the Kashmir Valley to prevent protests and maintain law and order.

3. There are many charitable organizations dedicated to helping refugees around the world.

4. The International Court of Justice is the judicial organ of the United Nations.

5. A great number of people make generous donations to help refugees and asylum seekers.

ب. ترجموا العناوين الإخبارية من الإنجليزية إلى العربية (العناوين في العربية عادة تبدأ بالاسم)

1. Christmas Day tragedy: 20 dead in road collision

2. Volunteers help Chicago homeless prepare for freezing temperatures

3. Hunger and malnutrition in developing countries

حياتي: مشهد آخر

تمرين 20 اعرفوا زملاءكم

١. هل يستلمون مساعدات مالية من آبائهم وأمهاتهم؟ لماذا؟

٢. هل ساهموا في مشاريع خيرية من قبل (إعادة إعمار بيوت، مساعدات إنسانية للاجئين، إلخ)؟ تحدثوا عن تلك التجارب.

٣. هل يوجد مُشرّدون في مدينتهم؟ في رأيهم، ما أهم أسباب التشرد؟ ما طرق علاج هذه الظاهرة؟

٤. هل تعرضت مدينتهم أو ولايتهم أو بلدهم لكوارث طبيعية أو غيرها على مرّ الزمن؟ ماذا حدث؟

٥. هل اضطروا للفرار من شيء في حياتهم؟ ماذا حدث؟

٦. في رأيهم، ما هي أسباب سوء التغذية؟ كيف يُمكن أن يتم علاج هذ المشكلة؟

تمرين 21 يللا نمثل

You are an employee of a charitable organization that helps refugees. You go to a refugee camp. Interview the breadwinner in the family and inquire about their life before and after becoming a refugee. See Appendix II for dialectal expressions that you can use.

ظلال ثقافية (٣): الكتابة على الجدران (الـ"جرافيتي")

هي **ترك** leaving الرسومات أو الحروف بطريقة غير مرغوب فيها وبدون **إذن** permission مالك المكان. **ومن المرجح** almost certain أن ممارسة هذا النوع من الكتابة كان معروفًا منذ زمن بعيد أيام **الفراعنة** pharaohs والرومان، وتطور عبر السنين. ويهدف رسم الـ"جرافيتي" إلى **إيصال** delivering رسالة سياسية أو اجتماعية أو أزمة محددة داخل البلاد وهو شكل من أشكال الفن الحديث.

ومع بداية ثورات الربيع العربي سنة ٢٠١١، اتسعت **مساحة الحرية** margin of freedom التي أتاحت لفناني الـ"جرافيتي" التعبير عن أنفسهم، وقامت وسائل الإعلام المختلفة بالتركيز على الـ"جرافيتي" بشكل أكبر كجزء هام من الحالة الثورية التي تعبر عن مطالب الناس **وتطلعاتهم** aspirations. وأصبحنا نرى هذا النوع من الفن معبرًا عن المواقف السياسية وعن الأحداث الهامة في الثورات، ورمزًا **لتخليد** immortalization of الشهداء، كما يلعب دورًا هامًا في الثقافة والفن حيث أصبح رمزًا معبرًا عن ثقافة البلد بشخصياتها الفنية التي رحلت من مغنين وكُتاب وشعراء، سواء كان ذلك برسم صورهم أو بكتابة بعض أعمالهم ليكون الجدار رابطًا بين الماضي بالحاضر **ومعززًا** reinforce للهوية الوطنية.

ففي تونس كانت **المئذنة الاسمنتية** cement minaret لمسجد في مدينة قابس هي الجدار الذي حوله مُصمم الـ"جرافيتي" المعروف (السيد) إلى **تحفة فنية** artistic marvel. وتوسع من تونس إلى مصر وعدة بلاد عربية أخرى. ومن الأسماء الأخرى لمُصممي الـ"جرافيتي" العرب (يزن حلواني) من لبنان، وهناك (عمار أبو بكر) من مصر.

تمرين 22 يللا نبحث (تقديم شفوي أو كتابة)

ابحثوا في أحد المواضيع التالية للتقديم في الصف أو كتابة ما يقارب ٢٠٠ كلمة عن واحدة منها

١. لمحات من الـ"جرافيتي" في ميدان التحرير في مصر، أو الجدار الفاصل في فلسطين، أو في تونس وغيرها. مَن كتبها؟ متى؟ ما أهميتها؟ ماذا يقول الناس عنها؟

٢. هناك مغنون مشهورون بالعالم العربي لأنهم يغنون أغاني وطنية وثورية مثل "مرسيل خليفة" و(أبو عرب). ابحثوا عن أحد المغنين من حيث هويته، أغانيه، تأثير أغانيه في المجتمع.

استماع (٢) 🎧

ملاحظة: من المفردات التي درسناها "الجفاف" و"الكوارث الطبيعية." نص الاستماع يناقش أثرًا من آثار الجفاف في الجزائر.

بسبب الجفاف ٠٠ بحيرة فدزارة أكبر بحيرة في الجزائر مهددة بالخروج من التصنيف العالمي

المفردات

محميّة (nature) reserve   عزوف staying away, avoiding

تمرين 23   **الاستماع الأول:** استمعوا وأجيبوا عن الأسئلة التالية مستخدمين جملا تامة

١. ما الذي يميز هذه البحيرة عن غيرها في الجزائر؟

٢. إلامَ (إلى ماذا) تحوّلت البحيرة؟

٣. ما سبب هذا التحوُّل؟

٤. كيف تؤثر هذه المشكلة على الطيور؟

٥. ما اسم الاتفاقية التي يذكرها البرنامج في النهاية؟ في أية سنة كانت هذه الاتفافية؟

تمرين 24   **الاستماع الثاني:** استمعوا مرة ثانية وأجيبوا عن الأسئلة التالية بشكل مفصّل detailed

١. ما الذي أدى إلى جفاف البحيرة؟

٢. لماذا **عزفت** الطيور **عن** avoid المجيء إلى البحيرة؟

٣. ما الذي ستخسره البحيرة إذا استمر الوضع كما هو؟

٤. ما الذي يطلبه رئيس الجمعية الوطنية لحماية البيئة ومكافحة التلوث؟

تمرين 25   **الاستماع الثالث:** استمعوا إلى النص وخمنوا معاني العبارات في الأسئلة التالية. استخدموا السياق وجذور الكلمات في تخمينكم

١. يصف البرنامج البحيرة بأنها "قِبلة الطيور المهاجرة منذ أزل بعيد"؟ ما معنى هذه العبارة؟

٢. ما معنى: "فتح صمّام الأمان طيلة فصل الشتاء"؟

٣. ما معنى: "تباعًا" في العبارة "ثلاث سنوات تباعًا"؟

٤. ما معنى: "وضعية لا تحسَد عليها بحيرة فدزارة اليوم"؟

القصة: مفردات النص الرئيسي

الكلمة	سمات عامية	المعنى بالإنجليزية
مفردات تعلمناها		
هادىء (ج) هادئون	هادي (ج) هاديين	calm, quiet
خطر		danger
انخفض، ينخفض، انخفاض	نقص، ينقص، نقصان	drop down, get reduced
فرّ من، يفرّ من، فرار من فارّ (ج) فارين		escape from escapee
دار (ج) دور = (ديار)		house
أمْن		security, safety
قدَر (ج) أقدار		fate
ساعة الذروة	ساعة الزحمة	rush hour, peak hour
استُر يا رب!		الله يستر!
نتج عن، ينتج عن، نتاج		result
شاحنة (ج) شاحنات		truck
حدث، يحدث، حدوث		happen
خسارة (ج) خسائر خسائر بشرية		loss loss of human lives
لقي، يلقى، لقاء		meet (someone), face
دماء		blood
ملأ، يملأ، ملء	عبّى، يعبّي، تعباية	fill out
أكّد على، يؤكّد على، تأكيد على		focus on
من الخلف	من ورا	from behind
حزام الأمان (ج) أحزمة الأمان		safety belt
بكى، يبكي، بكاء	صيّح، يصيّح، صياح = (عيّط، يعيّط، عياط)*	cry, weep
بحرارة		warmly
شريط (ج) أشرطة		tape
رعى، يرعى، رعاية		guard, protect
عملاق (ج) عمالقة		giant
عزيز النفس		honourable
كافة	كُل	كل
كريهة الرائحة		of a bad smell

توفر، يتوفر، توفُّر		to be available
طيف (ج) أطياف		specter
زهرة (ج) زهرات = (زهور)		flower
لحية (ج) لِحى	دقن، دقون	beard
حادّ		sharp
قلق	قلقان	worried
أنف (ج) أنوف	منخار (ج) مناخير	nose
بُنية (ج) بُنى		structure
خد (ج) خدود		cheek
هَمَس، يهْمِس، هَمْس		whisper

*ملاحظة: الفعل عيّط معناه "اتصل" في بعض البلاد العربية مثل لبنان والمغرب.

تمرين 26 أكملوا الجدول التالي بكتابة عكس opposite الكلمة

أمن		انخفض	
من الخلف		قلق	
بحرارة		توفر	
همس			

تمرين 27 كيف نقول ...؟

1. depression as, in "low depression"
2. firebreak
3. shepherd
4. infrastructure (think of an adverb to help you)
5. savings account

	مفردات جديدة	
الكلمة	سمات عامية	المعنى بالإنجليزية
باختصار		briefly, in short
صعّد، يُصعِّد، تصعيد		step up, increase, escalate
وقيعة (ج) وَقائع		حدث (ج) أحداث
نازِح (ج) نازحون		far-off, distant, going away from home

an alternative, substitute		بديل (ج) بدائل
hide	خبّى، يخبي، تخباية	خبّأ، يخبّىء، تخبئة
مخيف	بيخوّف	مروّع
Oh my God!		يا لطيف!
There is no power and no strength save in God		لا حول ولا قوة إلا بالله!
lie down the one who lies down	تمْدّد، يتمدد متمدّد	استلقى، يَستلقي، استلقاء مُستلقٍ (ج) مستلقون
collide, clash		اصطدم بـ يصطدم بـ اصطدام بـ
trailer, a train car		مقطورة
pop-eyed		جاحظ العينين
authority, department, welfare, matter, affair, interest		مصلحة (ج) مصالح
protect from		حمى من، يحمي من، حماية من
strengthen, reinforce		عزّز، يعزز، تعزيز
rescue, save ambulance		أسعف، يُسعف، إسعاف سيارة إسعاف
put out fire truck	طفّى، يطفي	أطفأ، يطفىء، إطفاء شاحنة إطفاء
bless May God bless you!		بارك، يبارك، مباركة بارك الله فيك!
hinder, complicate, render difficult		عرقل، يعرقل، عرقلة (ج) عراقيل
pace (of a car movement), motion		سير
damage, destroy		أتلف، يتلف، إتلاف
face death; be killed		لقي مصرعه
exceed, surpass, outdo		تجاوز، يتجاوز، تجاوُز
deep, serious		بالغ
slight, shallow (as in not deep)		طفيف
get scattered scattered		تناثر، يتناثر، تناثُر متناثر
platform, sidewalk		رصيف (ج) أرصفة
take away, save, rescue, pick up		انتشل، ينتشل، انتشال
body, corpse	جتة، جتت	جُثة (ج) جثث
hump, pothole, bump		مطب (ج) مطبات

to be careless, light-headed, irresponsible		تهوّر، يتهور، تهوُّر
rash, hasty, irresponsible		متهور
distance		مسافة (ج) مسافات
distract, divert, take someone's mind away		ألهى ... عن، يُلهي ... عن، إلهاء ... عن
crash		ارتطم بـ يرتطم بـ ارتطام بـ
shake, rock, cause to tremble		زلزل، يزلزل، زلزلة
all over the place, everywhere in the place, within the place		أرجاء المكان
reaction		ردة فعل (ج) ردود فعل = ردات فعل
with a painful effect, with a burning effect		بحرقة
control		سيطر على، يسيطر على، سيطرة على
to control oneself		تمالك، يتمالك، تمالك
keep running through the head, turn, move in circles		دار، يدور، دوران
ideal		مثالي (ج) مثاليون
coherent, holding together		متماسك (ج) متماسكون
he was close to fifty-five (years of age, was pushing fifty-five)	قرّب ع الخمسة وخمسين، يقرّب ع ...	ناهز الخامسة والخمسين
excessive, exaggerated	زايد عن حدُّه	مُفرِط
rational mentality, indulgent mentality		عقلية راجحة
racing (to be the first)		سبّاق
alley		زقاق (ج) أزقة
crack, cleave, split		تشقق، يتشقق، تشقُّق
by (due to) age		بفعل السنين
rust	صدى	صدأ
pave (street)	سَفْلَت، يسَفلِت، سفلتة	عبّد، يعبّد، تعبيد
paved		مُعَبَّد
dig	فحر، يفحر، فحر	حفر، يحفر، حَفْر
hole	جورة (ج) جوَر	حُفرة (ج) حُفَر
insect		حشرة (ج) حشرات
roach		صرصور (ج) صراصير
drainage, canalization, sewerage		صرف صحي

name of a fertile oasis in the southern part of Damascus		الغوطة
orchard		بستان (ج) بساتين
sheet, carpet, rug		بساط (ج) أبسطة
to be overfull, rise	ملان، فيه	زخر بـ يزخر بـ زخور بـ
corn		ذُرة
teenage		مراهقة
slim	مْسَلْسَع =عسقول	نحيل
stature, figure, build		قامة
wear	لِبس، يِلبس، لِبس	ارتدى، يرتدي، ارتداء
loose robe-like garment		جلباب (ج) جلابيب
worn-out, old	مَهري	بالٍ، البالي
wrinkles		تجعيد / تجعيدة (ج) تجاعيد، تجعيدات
thick, dense, heavy		كثيف
shining, sparkling	بْيلمع	برّاق
flat-nosed		أفطس
bulky, big, sizable	كْبير	ضخم (ج) ضخام
wide		عريض
shoulder, side, flank	كِتِف (ج) كْتاف	منكب (ج) مناكب
body		جسد (ج) أجساد
well-arranged, well-ordered	مزبّط = (مرستَك)	متناسق
complexion		بشرة (ج) بشرات
rectangular		مستطيل
shine		لمع، يلمع، لمعان
vast		خِضَم
successive, uninterrupted	ورا بعضه	متلاحق
wipe		مسح، يمسح، مسح
darling		قرة العين

بستان المفردات

تمرين 28 خمنوا معنى ما يلي

٩. ضحّى بنفسه	١. الوحدة العربية
١٠. وضع مأساوي	٢. قصف عشوائي
١١. مديرية الأمن	٣. شعارات رنّانة
١٢. سِباق التسلّح	٤. انسحاب مفاجيء
١٣. حفر قناة السويس	٥. الانتفاضة الشعبية
١٤. فارّ من العدالة / هارب	٦. قوات الطواريء الدولية
١٥. الناتج القومي	٧. مجزرة دموية
١٦. اتلاف المواد الغذائية	٨. إعلان حالة الطواريء

تمرين 29 أكملوا الفراغات في الجدول التالي

كلمة أو أكثر تعلمناها من نفس الجذر	الجذر	الكلمة
		ما جرى (ج) مُجريات
		تسارَع، يتسارع، تسارُع
		تحدّد، يتحدد، تحدُّد
		استوقف، يستوقف
		تدخّل، يتدخّل، تدخُّل
		مدنيّ
		تسبَّب في، يتسبب في، تسبُّب في
		شاهِد (ج) شهود
		خفّف، يخفف، تخفيف
		حميد
		هاتف محمول
		امتاز بـ يمتاز بـ امتياز بـ
		حنون (ج) حنونون
		احتضن، يحتضن، احتضان
		مفارقة (ج) مفارقات
		منظر (ج) مناظر
		صحب، يصحب، صحبة
		فرعي

تمرين 30 استبعدوا الكلمة الغريبة بدون استخدام المعجم (القاموس)

١.	قَدَر	نصيب	خِضَمّ
٢.	نازح	لاجىء	عملاق
٣.	أخفى	استوقف	خبّأ
٤.	طفيف	مروّع	مخيف
٥.	استرخى	استأنف	استلقى
٦.	مصلحة	هيئة	وقيعة
٧.	عطّل	أتلف	عزّز
٨.	أسعف	انتشل	رمى
٩.	خفيف	بالغ	شديد
١٠.	متحرر	لا مبالٍ	متهوّر
١١.	انتقد	ارتطم	اصطدم
١٢.	متخلف	متوازن	مثالي
١٣.	متحيز	متماسك	قوي
١٤.	فرعي	ثانوي	أساسي
١٥.	ساطع	متلاحق	برّاق

تمرين 31 صلوا نصف الجملة بالنصف الآخر المناسب

١.	أكدت مصادر مطّلعة لصحيفة "نيوز" من مراكش
٢.	تمكنت مصوّرة في قناة مصراوي من تصوير لحظة انتشال جثث ضحايا
٣.	تطورت الطرق تطورًا ملحوظًا ومرت بمراحل عدة
٤.	تعتبر المراهقة من أخطر المراحل التي يمر بها الإنسان
٥.	يا ترى! هل يحق لإدارة الشركات أن تتدخل في خصوصيات الموظف
٦.	حصل انفجار ضخم ومروع على طريق سريع قرب "هانغشتو" شرق "الصين"
٧.	أصيب شخص في حادث سيارة بجروح طفيفة
٨.	مَن حفر حفرة لأخيه

فهي الآن طرق معبّدة سهل المرور عليها بدون أي عراقيل.	
كإجباره على ارتداء ألوان معينة في حال عدم وجود لباس عمل مخصص للموظفين؟	
أن عامل نظافة لم يتجاوز الـ ٢٦ عامًا لقي مصرعه صباح اليوم.	
عندما اصطدمت شاحنة مسرعة بأخرى متوقفة على جانب الطريق مما تسبب في إحداث أضرار كبيرة.	
نتيجة كسر وتناثر الزجاج الأمامي للسيارة بعد ارتطامه بحجر سقط من شاحنة.	
ضمن أطواره المختلفة التي تتصف بالتجدد المستمر.	
وقع فيها.	
حادث **قطار** train الإسكندرية ونقل المصابين بسيارة الإسعاف.	

تمرين 32 ترجموا ما يلي

١. الوطنية ليست شعارات رنّانة، لكنْ عليك أن تسعى جاهدًا أن يكون بلدك الأفضل في كل مجالات الحياة.

٢. تم حفر قناة السويس بأيدٍ مصرية، حيث أُجبِر حوالي "مليون" فلاح مصري على ترك قراهم ومزروعاتهم كي يقوموا بعملية الحفر. وقد مات حوالي ١٢٠ ألف مصري أثناء عملية الحفر نتيجة الجوع والعطش والأمراض والمعاملة السيئة.

٣. الوحدة العربية هي طرْح سياسي لدى الكثير من العرب على اختلاف اتجاهاتهم السياسية ومعتقداتهم، وتقوم الفكرة على أساس **دمج** combining بعض أو جميع البلاد العربية في إطار سياسي واقتصادي واحد.

4. When Hurricane Florence was bearing down on North Carolina, the state leadership declared a state of emergency.

5. The bloody Boston Massacre, known as the Incident on King Street by the British, was an incident on March 5, 1770, in which British soldiers shot and killed people.

تمرين 33 خمنوا معنى ما يلي

٩. دور السينما	١. رحلة صيد
١٠. دار المعلمين	٢. عملية جراحية
١١. عمالقة الفن	٣. جراحة تجميل الأسنان
١٢. مصعد كهربائي	٤. بطل العالم في الوزن الثقيل أو الخفيف
١٣. سنّ المراهقة	٥. مجفِّف شعر
١٤. **جهاز** device, machine إطفاء الحريق	٦. شارد الفكر
١٥. تعزيز الاستقرار الأسري	٧. السُّلطة الأبوية
١٦. المسيرة العلمية	٨. طفّاية الحريق

تمرين 34 اعرفوا زملاءكم

١. هل خرجوا في رحلة صيد من قبل؟ أين ومع من؟ ماذا اصطادوا؟ وماذا فعلوا في الشيء الذي اصطادوه؟

٢. من بطل العالم بتاريخ لعبة الملاكمة في الوزن الثقيل؟ في رأيهم، هل يستحق اللقب؟ لمَ؟ لمَ لا؟

٣. هل يستخدمون مجفِّف الشعر عند الانتهاء من الاستحمام؟ إذا كانوا لا يستخدمونه، هل يجفِّفون الشعر؟ بمَ؟

٤. في رأيهم، ما هو الاستقرار الأسري، وما الذي يساعد في تعزيزه؟

٥. ما هي أهم النصائح الهامة التي يمكن أن يقدموها للشباب في سن المراهقة؟

٦. بالنسبة لهم، ما هي أسباب الشرود **الفكري** = (الذهني) وعدم التركيز وكثرة النسيان؟

٧. ما أشهر الأفلام التي شاهدوها في دور الـ"سينما"؟ هل يفضلون مشاهدة الأفلام في البيت أم في الـ"سينما"؟ لماذا؟

٨. هل يخافون من الصراصير والحشرات؟ في رأيهم، لماذا يخاف بعض الناس من الحشرات والصراصير بدرجة كبيرة؟

تمرين 35 ترجموا الجمل التالية

١. السلطة الأبوية في الأسرة العراقية لها أهميتها في الدراسات الاجتماعية والـ"أنثروبولوجية" نتيجة التغيرات التي تعرضت لها هذه السلطة نظرًا للتطورات التي شهدها المجتمع العراقي الحديث.

٢. فقدت مصر عمالقة في مجال الفن، فقد رحل الممثِّل محمود عبد العزيز الذي شدّ انتباه كل المشاهدين في العالم العربي في المسلسل التلفزيوني الشهير (رأفت الهجان).

٣. دار المعلمين هي مدرسة لتخريج المعلمين وظهرت في زمن الدولة العثمانية. ولقد أسس السلطان عبد المجيد أول دار معلمين عام ١٨٤٧.

4. Our store offers the best deals: fire extinguishers and **blankets** بطّانيات at low prices!

5. Cosmetic dental surgery is dental surgery to enhance the appearance of your smile.

تمرين 36 يللا نمثل

You live on the tenth floor of a high-rise in Doha, Qatar. You are taking the elevator and it breaks down. With you are your neighbor and her little girl. Have a conversation with them and then call the help line using the phone in the elevator. See Appendix II for dialectal expressions. Use accident-related vocabualry.

تمرين 37 (الكتابة) أعيدوا ترتيب الكلمات التالية في جمل مفيدة

١. الصحي – والكثيف – الشعر – كل – حلم – سيدة – إنّ (إن – والكثيف)

٢. فرد – جسدية – للحصول على – متناسق – كل – منا – جسم – يسعى – قوية – وبُنية (يسعى ... قوية)

٣. في شؤون – فتسبب – لنفسك – الآخرين – لا تتدخل – الإحراج (لا تتدخل ... لنفسك)

٤. تتناول – لتخفيف – الظهر – الدواء – يوميًا – جدتي – أقراص – آلام (تتناول ... الظهر)

٥. البشرة – علامات – حين - في – فهي – على – التجاعيد – تظهر – السن – التقدم (حين ... السن)

٦. من – القدمين – خصوصًا – يعاني – الناس – في فصل – الكثير – من تشقق – الشتاء (يعاني ... الشتاء)

٧. الرجل – لم يتمالك – ابنه – بسبب – من البيت – نفسه – يبكي – وأخذ – بحرقة – فرار (لم يتمالك ... من البيت)

٨. الباكستاني – قوية – من "باكستان" – تهديد – قد يثير – الجيش – قائد – أكد – أنّ أيّ – للسعودية – ردّة فعل (أكد ... من "باكستان")

٩. متماسك – أكد – الوزراء – أرجاء – الأمني – رئيس – بأن – الوضع – الدولة – في كافّة (أكد ... متماسك)

١٠. الملك – جلبابًا – وأخذ – البلدة - في أزقّة - يسير – ارتدى – باليًا (ارتدى ... البلدة)

تمرين 38 ضعوا كلمة أو عبارة أخرى مما درسناه من قبل بالمعنى نفسه، بدلًا مما تحته خطان

١. في عاميْ ٢٠١٥ و٢٠١٦، حاول ملايين الأشخاص الفارّين من بلادهم الوصول إلى غربي "أوروبا" من "اليونان" أو من "تركيا" عبر طريق "البلقان" سيرًا على الأقدام عبر "مقدونيا" و"صربيا" ومن ثمّ إلى "المجر."

٢. في "سبتمبر" ٢٠١٥، هزّت وبشدة صورة جثّة الطفل "ايلان الكردي" ذي الثلاث سنوات العالم بأكمله، والتي تم العثور عليها على أحد الشواطيء التركية. غطّت الصورة بسرعة مواقع التواصل الاجتماعي وأصبحت رمزًا لأزمة اللاجئين السوريين.

٣. يزخر البستان بشتى أنواع أشجار الفاكهة والخضروات الكثيفة. ما أجمل منظره من بعيد! يبدو وكأنه يرتدي أجمل الملابس خصوصًا عندما تعانق أشعة الشمس السّاطعة أشجار الليمون الصفراء.

٤. يعتقد الكثير من الناس بأن الجمال يتمثل بالنّحافة، وبالتالي فإن الكثير منهم يُعانون من الجوع الشديد وسوء التغذية فقط للحصول على جسم نحيف.

٥. تتبّعها الشاب إلى آخر الزقاق القديم المظلم. حين أحست به، أخذت **تركض** run بكل ما لديها من قوة إلى أن استوقفها شيخ عجوز، وحينها شعرت بتسارُع دقات قلبها وأخذت تتنفّس بصعوبة.

٦. أدّت موجة الثلوج التي تضرب لبنان إلى تشكيل طبقة **سميكة** thick من **الجليد** ice على كافة الطرقات، مما أدى إلى إعاقة حركة السير، وتشهد الطرقات الآن حركة سير خفيفة جدًا في شتى أرجاء المناطق الجبلية.

٧. ذكرت وسائل الإعلام أنّ سبّاحًا محترفًا لقي مصرعه في ظروف غامضة حين كان في رحلة صيد أسماك، بعد أن **قذفت** threw أمواج البحر جثته باتّجاه الشاطيء، ولم تتوفر أية معلومات إضافية عن الحادث.

تمرين 39 أكملوا الفراغات بكتابة الجذور للكلمات التالية، ثم اكتبوا كلمات تعلمتموها من نفس الجذر

الكلمة	الجذر	كلمات تعلمناها من نفس الجذر
وقيعة		
تجاوز		
مصلحة		
تعزيز		
متلاحق		
بشرة		
مُتناسق		
عَريض		
برّاق		
بِساط		
عبّد		
تمالك		
حُرقة		
مـُتماسِك		

تمرين 40 **ضعوا حرف جر مناسب**

١. سيطرت فِرَق الدفاع المدني _____ حريق اندلع في مطعم في بناية بشارع مزدحم في أبو ظبي نتج _____ انفجار **اسطوانة** cylinder غاز، سبّبت أضرارًا طفيفة بالمكان دون وقوع إصابات.

٢. إنه الفرار ___ قضاء الله إلى قضاء الله! أظهر مقطع "فيديو" تم نشره بشكل واسع على الـ"يوتيوب،" لحظات مأساوية لشاب **نجا من الموت** to be saved from death بعد اصطدام شاحنة كبيرة __ـه، لتسقط على رأسه بعد ثوانٍ معدودة بوّابة حديدية ضخمة، مما أدى إلى وفاته ____ الفور.

٣. أيها السائق، يجب عليك تعويد نفسك والتأكيد ____ ركاب السيارة أن يرتدوا حزام الأمان للحفاظ ____ سلامة الجميع.

٤. أمس، كنت مع صديقي محمد في الحديقة، استلقيت ___ظهري من التعب، واستلقى هو ___ ظلّ شجرة.

٥. يا لطيف! تسبّب حادث سير أمس ___ وفاة خمسة أفراد من عائلة واحدة، لا حول ولا قوة إلا __الله. حَمى الله أبناءنا وبناتنا ___ كل سوء.

٦. يجب التوقّف ___ استخدام الهاتف الجوال أثناء قيادة السيارة لأنه يُلهيك ____ التركيز ___ الطريق.

٧. حفظ الله والدي من كل سوء، فهو يمتاز __ رجاحة عقله وسعة صدره وكثرة علمه.

النص

مرحبًا أعزائي، تأخرت عليكم كثيرًا. الساعة الآن الواحدة بعد منتصف ليلة هادئة، وكالعادة قضيت جزءًا منها بالحديث مع آدم. باختصار أنا تعبانة وخائفة جدًا. أعرف أن آدم لم يُحدّثكم عـمّا يجري في سوريا معي ومع أسرتي لأني طلبت منه ألا يفعل ذلك، حيث إني أردت أن أبلغكم بنفسي عن مجريات الأمور هنا في الوقت المناسب.

الأحداث السياسية الصعبة في سوريا تتسارع وتتجه نحو التصعيد في الكثير من المدن السورية، ويُعد العيش وسط خطر القتل أو الإصابة جزءً من وقائع الحياة اليومية. انخفض عدد الذين ما زالوا يعيشون في سوريا حيث غادر ملايين السكان كنازحين فارين من ديارهم للبحث عن أماكن بديلة عن وطنهم أكثر أمنًا واستقرارًا. فكّر والدي ووالدتي كثيرًا في الرجوع إلى "أمريكا،" ولكنهما آثرا أن أكمِل دراستي هنا، فأنا انتقلت للدراسة في جامعة دمشق حيث تستمر الحياة بصورة طبيعية في الكثير من مناطق العاصمة. الحمد لله، والدي حصل على عمل بشكل مؤقت في إحدى شركات الأدوية، أما والدتي فلا تعمل الآن وتقضي معظم وقتها أمام التلفاز أو الـ"كمبيوتر."

سيكون من الضروري أن نرجع إلى "أمريكا" بعد تخرجي في السنة القادمة إن شاء الله وسيبحث كل من والدي ووالدتي عن عمل جديد وسأقوم من الآن في البحث عن وظيفة أو الالتحاق ببرنامج ماجستير، وسيتحدد مكان إقامتنا حين تتضح الصورة فيما يخص عمل أي واحد منا أو مكان دراستي. لا أدري ماذا تخبّيء لنا الأيام! وإلى أين ستلعب بي وبك الأقدار يا آدم؟

أشرقت شمس صباح جديد. وبينما أنا ووالدي نـتّجِه إلى الجامعة في ساعة الذروة استوقفنا حادث مرور مروّع، كُنا نسمع أصوات بعض الأشخاص قائلة "يا لطيف! استر ياربّ! لا حول ولا قوة إلا بالله. لا حول ولا قوة إلا بالله." حين وصلنا إلى المكان إذا بشخصين مستلقيينِ على جانب الطريق. الحادث نتج عن اصطدام شاحنة ذات مقطورة من نوع "مرسيدس،" يقودها شاب جاحظ العينين، بسيارة "هوندا" تقودها امرأة، مما استدعى تدخل مصلحة الحماية المدنية معززة بسيارة اسعاف وشاحنة إطفاء. بارك الله فيهم. تسبب الحادث في حدوث أضرار وخسائر بشرية وعرقلة سير كبيرة، فقد أُتلفت السيارة تمامًا ولقيت السائقة التي لم يتجاوز عمرها الثلاثين سنة مصرعها، وأُصيب آخران بجروح، واحد منهما كانت جروحه بالغة أما الآخر فكانت طفيفة. كان الزجاج متناثرًا هنا وهناك والدماء تملأ الرصيف. قام رجال الإسعاف بانتشال جثة الضحية ونقل المصابين لقسم الطواريء. وقد أكّد بعض الشهود أن الشاحنة كانت مسرعة حين اصطدمت من الخلف بسيارة الـ"هوندا" التي كانت قد خففت سرعتها عند مطب، وقال واحد من الشهود إن سائقة الـ"هوندا" لم تكن تضع حزام الأمان وإن سائق الشاحنة المتهوّر لم يترك مسافة كافية حين كان يقود شاحنته بسرعة جنونية، وإن انشغاله بالهاتف المحمول أثناء القيادة ربما ألهاه عن التركيز على الطريق مما أدى إلى ارتطام الشاحنة بالسيارة الصغيرة، وإحداث صوت زلزل أرجاء المكان.

لم أكن أصدق ردة فعل والدي الذي أخذ يبكي بحرقة ولم يستطع أن يسيطر على نفسه أو أن يتمالك أعصابه. احتضنته بحرارة وشريط

من الأفكار يدور في رأسي ... أبي حبيبي ... رعاه الله وحفظه لنا ... آه يا أبي! ذلك الرجل العملاق المثالي المتماسك عزيز النفس والذي ناهز الخامسة والخمسين من عمره ويمتاز بذكاء مفرط وعقلية راجحة وأخلاق حميدة يبكي؟ صحيح أنه قد يبدو ذا وجه غاضب ولكنه رقيق المشاعر، سبّاق لإغاثة الآخرين، ويملك قلبًا حنونًا طيبًا أبيض كالثلج.

انطلقت بنا السيارة، وكي نتجاوز الازدحام دخلنا بعض الأزقة في طريق فرعي في حي عتيق، تشققت جدرانه بفعل السنين وأصاب الصدأ كافة محلاته، كان الطريق غير معبّد وفيه الكثير من الحفر والمطبات التي تتجمع فيها مياه كريهة الرائحة فأصبحت مسكنًا للحشرات والصراصير، ولا تتوفر فيه قنوات الصرف الصحي. قلت في نفسي: "آه! أين نحن وأين هذا المكان من غوطة دمشق التي تحتضن دمشق كاحتضان الأم لصغيرها، فيها بساتين من شتى أطياف أشجار الفاكهة كالمشمش والتوت والخوخ وغيره، وفيها بساط أخضر ممتد يزخر بكل أنواع الخضار كالذرة والزهور. آه من مفارقات الواقع!"

لم يفارقني منظر الشخصين المستلقيين على الأرض، رجل تجاوز عمره الستين سنة، وفتاة حديثة السن في سن المراهقة. كان الرجل نحيلًا، قصير القامة، يرتدي جلبابًا بنيًا قديمًا باليًا، ووجهه مليء بالتجاعيد، كان شعر رأسه مُجعّدًا، أما شعر لحيته فكان كثيفًا، وله عينان حادتان براقتان قلقتان، وأنف أفطس. أما الفتاة فكانت طويلة القامة، ضخمة البنية وعريضة المنكبين ذات جسد متناسق و بشرة بيضاء وأنف مستطيل، وعيناها بُنيتان وشعرها أسود كالليل وخداها حمراوان كالتفاح، وفمها رقيق يُظهر أسنانها البيضاء التي تلمع من بعيد.

وفي خضم بحر أفكاري المتلاحقة، انتفض جسمي على يد والدي تمسح رأسي وصوته الحنون يهمس في أذني قائلًا: "يللا انزلي يا ابنتي، ها نحن وصلنا، صحبتك السلامة قرة عيني."

تمارين الفهم والاستيعاب

تمرين 41 أجيبوا عن الأسئلة التالية بعد قراءة أولى للنص

١. كيف قضت ليلى جزءً من ليلتها؟

٢. ماذا طلبت ليلى من آ دم؟

٣. بماذا فكر والدا ليلى كثيرًا؟ لماذا؟

٤. ماذا عمل والدا ليلى في دمشق؟

٥. هل سترجع أسرة ليلى إلى "أمريكا"؟ متى؟ هل سيعملون هناك؟

تمرين 42 اقرأوا مرة ثانية وأجيبوا عن الأسئلة التالية

١. كيف حال الأحداث السياسية في سوريا حسب كلام ليلى؟

٢. لماذا توقفت ليلى ووالدها على الطريق السريع؟ ماذا شاهدوا؟ ماذا سمعوا؟

٣. عمّ نتج الحادث؟ وفيم تسبّب؟

٤. ما هي أسباب الحادث حسب أقوال أحد الشهود؟

٥. كيف كانت ردة فعل الوالد؟

٦. اذكروا بعض أوصاف الوالد حسب كلام ليلى عنه؟

٧. إلى أين انطلقا بالسيارة؟ كيف وصفت ليلى ذلك المكان مقارنة بغوطة دمشق؟

٨. من الشخصان اللذان كانا مُستلقيين على الأرض؟ ما أوصافهما؟

ملاحظات ثقافية ولغوية على مفردات نص القصة (١)

تمرين 43 صلوا التعابير بمرادفها (مراجعة)

١. ثقيل الروح	( ) مُتردّد
٢. أصبح في خبر كان	( ) مريض
٣. يقدم رجلًا ويؤخّر أخرى	( ) اعتقل
٤. عاد إلى وعيه	( ) أهلًا وسهلا
٥. ارفع رأسك	( ) مُمِل
٦. طريح الفراش	( ) في داخلي
٧. عن قصد	( ) بسرعة
٨. ألقى القبض على	( ) اختفى
٩. على الرّحب والسعة	( ) عمدًا
١٠. على عجل	( ) كُن فخورًا
١١. في قرارة نفسي	( ) استيقظ

ملاحظات ثقافية ولغوية

١. من كلمة التصعيد نقول: من الآن فصاعدًا from now on

٢. بحرقة: تحرّق شوقًا to be overcome with longing

٣. مثل أعلى role model

٤. نقول "انفرط العقد بينهما" أو "انفرط عقدهما" they broke up

٥. من نفس جذر كلمة "راجح،" هناك كلمة "أرجوحة (ج) أراجيح" أو "مرجوحة (ج) مراجيح" swing, seesaw

٦. سابق لأوانه premature

من أصحاب السوابق among those previously convicted

٧. يا مغيث! Oh my God! Oh helper!

٨. تلقّى العلم في الجامعة to study at the university

من تلقاء نفسه by one's own accord

تمرين 44 ترجموا من العربية إلى الإنجليزية

١. أخذني الحنين إلى وجوه تحرّقتُ شوقًا إليها ... وجوه تعطرتْ محطات حياتي المتواضعة برائحة ذكراها.

٢. يا مغيث، أغِثني. يا رحيم، ارحمني. فأنت القوي وأنا الضعيف. يا كريم، أكرِمني. يا معطِ، أعطِني فأنت الغني، وأنا الفقير.
(This is a prayer, supplication.)

٣. لن أدعك وشأنك يا أخي! دعْ عنك الكسل من الآن فصاعدًا، فهناك الكثير من الفوائد للاستيقاظ مبكرًا.

٤. "قال الذين لا يرجون لقاءنا، ائتِ بقرآنٍ غير هـذا، أو بدّله. قلْ ما يكون لي أن أبدّله من تلقاء نفسي." (يونس: ١٥)

٥. والدي، يا صاحب القلب الكبير، أنت مثلي الأعلى في هذه الدنيا، كل الكلمات لا تعطيك حقًا واحدًا من حقوقك عليّ، ولا تصف ولو جزءً مما قدمته لي.

٦. أطلبُ تغييرًا جذريًا في تعامل الشرطة مع المتظاهرين، وأطلب تصحيحًا لقانون التظاهر، وإلا انفرط عقد الوطن وضاع شبابه.

تمرين 45 اعرفوا زملاءكم مستخدمين المفردات والعبارات الثقافية التي وردت في النص

١. أين تَلقّوا أول دروس في اللغة العربية؟ على يد من تلقوا تلك الدروس؟

٢. من مثلهم الأعلى في هذه الحياة؟ لماذا؟

٣. هل كانوا أو ما زالوا يعشقون ركوب الأراجيح؟ أين ركبوا الأرجوحة آخر مرة؟ كيف شعروا؟

٤. هل يجب أن يظل أصحاب السوابق **منبوذين** = (مكروهين) وممنوعين من الحصول على فرص عمل شريفة؟ ما رأيهم، ولماذا؟

٥. إلامَ يتحرقون شوقًا؟ لماذا؟

٦. هل تختفي رسائل المحادثة بين الأشخاص على الـ"فيسبوك" تلقائيًا؟

٧. في رأيهم، هل الحديث مع الأبناء المراهقين في قضايا مثل (الحب والزواج وغيره) أمر سابق لأوانه؟ كيف؟

تمارين إضافية على المفردات

تمرين 46 اختاروا الكلمة الصحيحة لتكملوا الجمل التالية

١. همس حبيبها في أذنها قائلًا: "يا قرة العين! لا يشكو الورد حين يحتاج إلى الماء، لكنه يموت بـ ________." (دون أن يحس به أحد).

أ. خسارة   ب. خطر   ج. هدوء

٢ . فجّر انتحاريّ نفسه قرب قاعدة "باغرام" الجوية الأمريكية في "أفغانستان" مُوقِعًا ثلاثة ________ على الأقل في هجوم أعلنت حركة طالبان مسؤوليتها عنه، مدّعية أنه ردًا على نشر مقالة مُسيئة للإسلام.

أ. جرحى   ب. إسعافات   ج. مناظر

٣. بعد نحو شهر من سقوط أمطار فصل الخريف نهاية شهر "أكتوبر" الماضي على جبال ووديان وسهول محمية جبال (علبة) الطبيعية بمنطقة (حلايب) بجنوب شرق مصر، تحوّلت المنطقة من اللون الأصفر إلى ________ أخضر من العشب والأزهار والأشجار.

أ. رصيف   ب. مطب   ج. بساط

٤. قدم الطبيب في برنامجه الأسبوعي عدة نصائح للسيدات حيث عَرض مجموعة من الوصفات الطبيعية وقال "إنه يمكن لأي امرأة أن تقوم بعملها في البيت بسهولة وبأقل التكاليف من أجل العناية بالبشرة والحصول على بشرة أكثر ________."

أ. تسارعًا   ب. تهورًا   ج. لمعانًا

٥. باختصار يا عزيزي، أقول لك لآخر مرة: "ابتعد عن الغرور وحب الظهور، فكما قال المثل العربي "ليس كل ما ________ ذهبًا".

أ. يتهم	ب. ينتشل	ج. يلمع

٦. أظهر مقطع "فيديو" على الـ"يوتيوب" شابًا كان يقود دراجة نارية بـ________، حين **صدمه** to run over him شرطي أمريكي من الخلف من أجل توقيفه، ليلقى مصرعه بسبب **الصدمة** shock, stroke.

أ. تهوُّر	ب. همس	ج. رعاية

٧. افتتح الأمير "هاري" السبت في "تورنتو" ألعاب "إنفيكتوس" وإلى جانبه السيدة الأمريكية الأولى "ميلانيا ترمب" فيما جلست صديقته (آنذاك) "ميغن ماركل" على ________ قريبة منهما، وذلك في أول مشاركة لها إلى جانبه في حدث عام.

أ. أشرطة	ب. مباركة	ج. مسافة

٨. قام الرئيس المصري بزيارة إلى الإمارات لـ________ التعاون بين البلدين، وسيبحث مع المسؤولين الإماراتيين كيفية مواجهة التحديات التي تشهدها المنطقة في المرحلة الراهنة، وكيفية مواجهة المحاولات للتدخل في الشؤون الداخلية للدول العربية.

أ. عرقلة	ب. تعزيز	ج. إطفاء

٩. تشغل قضية اللجوء السوري بالَ الرئيس اللبناني الذي يعتبر أن حلها أولوية بالنسبة إليه، وبالتأكيد سيطلب من "فرنسا" الدخول بكل ما لديها من قوة في دعم إعادة هؤلاء ________ إلى ديارهم، حتى وإن اضطر الأمر إلى التنسيق مع الحكومة السورية.

أ. النازحين	ب. المناكب	ج. الأطياف

١٠. زيارة مدينة طنجة في المغرب خلال فصل الخريف تعدّ من أجمل الزيارات وأكثرها متعة، حيث تجيء إليها أطياف مختلفة من الزوار من "بريطانيا" و"إيطاليا" و"فرنسا" و"ألمانيا" و"اليابان" والدول "الإسكندنافية" نهاية شهر "سبتمبر،" وتكون الذروة في شهر "أكتوبر" بعيدًا عن ازدحام فصل الصيف. ومما يشجع على زيارة المدينة خارج فصل الصيف، انخفاض أسعار فنادقها وخدماتها، إذ تبدأ الفنادق بـ________ أسعار المبيت فيها إلى أكثر من ٣٠ بالمئة.

أ. مسح	ب. خضم	ج. تخفيض

تمرين 47 اختاروا الكلمات الصحيحة لملء الفراغات

كارثة	تسيطر	جثة	اصطدام	رده فعل	التصعيد	ضحايا	تدخلا	تمتاز	بالغة

١. كتب أحد الكُتّاب في جريدة (السفير): "تعرفت إلى أحد ______الكتابة للمسرح العربي، وأحد كبار المثقفين العرب يُدعى سعد الله ونوس في دمشق، مع أصدقاء آخرين منهم مَن رحل كعبد الله حوراني وحسين العودات ومصطفى الحلاج وفيصل حوراني وغيرهم."

٢. للروائية هدى بركات كثير من الكتابات الأدبية، عدا مسرحيتها (فيفا لا ديفا) إلى جانب مشاركتها في كتب جماعية. وقد منحها رئيس الجمهورية الفرنسية **وسام** = (ميدالية) الاستحقاق الوطني من **رتبة** rank **فارس** knight مقابل أعمالها التي ________ بالتفرّد والإبداع في الأدب والصحافة، خصوصًا أن الوسام من نصيب هؤلاء الذين يكتبون بلغات أخرى غير الفرنسية.

٣. طلبت شركة طيران سودانية من سلطات مطار الخرطوم الدولي معالجة ظاهرة الطيور، وخطورتها على الأرواح والممتلكات،

بعد أن نجت طائرتها القادمة من مدينة الدمازين جنوب شرقي البلاد من ________ جوية مؤكدة، بعد ________ ـها بطائر موسِميّ ضخم، وهبطت الطائرة بسلام في مطار الخرطوم دون أن يشعر ركابها بذلك، مما أدى إلى حدوث أضرار ________ بمقدمة الطائرة.

٤. أعلنت وزارة الدفاع الأميركية الـ"بنتاغون" أنها ستمنح الرئيس الأميركي خيارات للتعامل مع "كوريا" الشمالية إذا واصلت استفزازاتها. يأتي ذلك ________عقب تصريح وزير الخارجية الكوري الشمالي بأن بلاده تحتفظ لنفسها بحق إسقاط القاذفات الأميركية داخل المجال الجوي لـ"كوريا" الشمالية.

٥. أعلنت "طهران" أن تصريحات الرئيس الأميركي والتي لمّح فيها إلى أن "إيران" تتعاون مع "كوريا" الشمالية في مجال البحث وتطوير **الصواريخ** rockets عارٍ من الصحة، واعتبرت أقوال الرئيس الأميركي ________ في الشؤون الإيرانية.

٦. أعلنت حركة حماس التي ________ على غزة موافقتها في ١٧ "سبتمبر" ٢٠١٧ على حلّ اللجنة الإدارية في قطاع غزة، وقد رحب الرئيس الفلسطيني محمود عباس وحركة فتح والهيئات والمنظمات الأهلية بقرار حماس.

٧. قال أحد الأشخاص: "إن قرارالحكومة بمنع إقامة حفلة للفرقة اللبنانية (مشروع ليلى) هو قرار غير عادل." وفرقة مشروع ليلى هي فرقة موسيقية تأسست عام ٢٠٠٨ من خمسة أعضاء، ولقد قامت الحكومة بتنفيذ قرار منع إقامة الحفلة على أراضيها باعتبارها (مثيرة لاستفزاز مشاعر الناس) وجاء القرار خوفًا من ________ الشارع، إذ غالبًا ما تقوم جماعات ذات ميول **مثلية** homosexual برفع **راياتها** flags ذات الألوان المتعددة.

٨. أعلنت السلطات الروسية أنها اعتقلت زوجين في منطقة "كراسنوادر" يشتبه في كونهما من أكلة لحوم البشر منذ سنة ١٩٩٩، وذلك بعد **ضبط** capturing عظام بشرية في ثلاجة بالمنزل الذي يقيمان فيه، ويشتبه أن الزوجين أكلا أزيَد من ٣٠ ________ بشرية طوال هذه السنوات.

٩. يتحدى الفنان الفلسطيني محمد بكري دولة "إسرائيل" بِمكنسة على المسرح ________ تهديدات بعض المسؤولين الإسرائيليين وقنوات إعلامها مقاضاته وصولًا إلى **سحب** withdraw الجنسية الإسرائيلية منه، إذا قرر تقديم أعماله المسرحية والسينمائية في بيروت. ويحمل محمد بكري مكنسة طويلة معه طوال مدة عرض مسرحية (المتشائل) عن نص الأديب والسياسي الفلسطيني "إيميل حبيبي."

تمرين 48 اسألوا زملاءكم

١. هل يعرفون شخصًا عزيز النفس، يلقاهم بابتسامة عريضة ولكنه يخبّىء خلف ابتسامته ألمًا؟

٢. هل هناك شخص يحميهم، حتى لو كان لا يستطيع أن يكون معهم؟ من هو؟ وماذا يفعل لحمايتهم؟

٣. هل يفتقدون أحدًا عزيزًا عليهم؟ ما الذي يمكن أن يطفىء حرارة شوقهم إليه / ـها؟

٤. هل هناك أشياء يمكنها أن تعرقل أو تعطّل حياتنا كبشر؟ كيف؟

٥. هل هم من الأشخاص الذين يستطيعون السيطرة على أعصابهم أثناء لحظات الغضب؟ كيف؟

٦. في رأيهم، ما أهم صفات الرجل المثالي الذي يمكن أن تعشقه النساء؟ وما هي صفات المرأة المثالية التي يمكن أن يعشقها الرجال؟

٧. هل يعرفون شخصًا (حساسًا، مملًا، بخيلًا، متشائمًا، متفائلًا) بشكل مفرط؟

(يمكن استخدام ما تعرفوه من الصفات الشائعة التي درستموها من قبل.)

تمرين 49 (كتابة حرة freewriting) **أكملوا بما يناسب الجزء الآخر من الجمل التالية**

١. يا لطيف! ___________________.

٢. أقولها لك باختصار ___________________.

٣. أنا على يقين أنّ الله سوف ___________________.

٤. بالطبع، سأتمالك ___________________.

٥. بالمناسبة، رغم أني ناهزت الـ ___________________.

٦. بصراحة، تأخرت سيارات الإسعاف لنقل المصابين ولذلك ___________________.

٧. حرصًا على الأرواح، فإن الحكومة ___________________.

٨. خلافًا للعادة، سأقوم بتخبئة ما لديّ من أموال تحت السرير لكي ___________________.

٩. عيب عليك يا أخي، لماذا أطفأتَ ___________________.

١٠. في الواقع، السبب الحقيقي لتصادم السيارتين هو ___________________.

تمرين 50 **ترجموا إلى الإنجليزية**

١. قال محمود الذي كان مريضًا بالقلب لصديقه: "لم أشأ أن أغادر من دون أن أودّعك. لقد قررْت أن أواجه الموت مرة أخرى. لم أعد **أحتمل** bear مواصلة هذا التحدي. لقد مَللت من العيش في قلب موتي. من المُمتع أحيانًا أن تدخل في معركة مع الموت، ولكنك في لحظة ستكتشف الحقيقة وهي أن الموت يعرف أنك تعرف النتيجة، وأنك تمازحه فقط."

٢. ولد الأديب عبد الرحمن منيف عام ١٩٣٣ في عمّان، لأب من منطقة نجد السعودية وأم عراقية، وأنهى دراسته الثانوية في العاصمة الأردنية مع بدء نشاطه السياسي وانتمائه لصفوف حزب (البعث). ويُعدّ منيف أحد أهم الروائيين العرب في القرن العشرين، حيث استطاع أن يعكس الواقع الإجتماعي والسياسي العربي، والنقلات الثقافية العنيفة التي شهدتها المجتمعات العربية. توفّي منيف في سوريا في سنة ٢٠٠٤ عن عمر ناهز السبعين عامًا.

٣. أكدّت الهيئة الرسمية لرعاية مصالح المهندسين أنه ابتداء من الشهر القادم سيتم وقف استقبال المهندسين الوافدين الذين تقل خبرتهم المهنية عن خمس سنوات، بشكل نهائي. ويرمي هذا القرار إلى إعطاء الفرصة للمهندسين المواطنين، وإيجاد فرص عمل لهم بمجال الهندسة في الأقسام الحكوميّة والخاصة.

٤. أعرب رئيس مجلس الوزراء عن أن الأمر الملكي السعودي، بالسماح للمرأة بقيادة السيارة، باختصار جاء القرار ليؤكد لحماية الحقوق المدنية للأفراد ولتطلعات الكثير من المواطِنات السّعوديّات وحسب القوانين الشرعيّة والنظاميّة المعتمدة.

٥. يزور القائم بأعمال سفير "أميركا" بالقاهرة مقرّ شبكة قنوات "أون" الإعلامية ويمتدح الأداء الإعلامي ويعرب عن سعادته بالإمكانيات المتقدمة لقنوات "أون". وقد قام رجل الأعمال "أحمد أبو هشيم" بصحبته في جولة داخل "الأستوديوهات."

٦. شهدت مدينة (الشيخ زايد) بمحافظة الجيزة بِمصر مأساة إنسانية خلال الأيام الماضية بعدما نشر بعض الأشخاص على مواقع التواصل الإجتماعي صورًا لفتاة مراهقة، قالوا إنها تسير في شوارع المدينة، عارية تمامًا في كثير من الأحيان، وصار واضحًا من تعليقاتهم، أنها تعاني من مشاكل عقلية بالغة، نتيجة إصابتها بمرض نفسي.

٧. في تصعيد جديد من الولايات المتحدة الأمريكية، وضعت إدارة الرئيس الأمريكي قائمة مُحدّثة للدول التي يتمّ فرض قيود للسّفر على مواطنيها إلى الأراضي الأمريكية، لتضم "فنزويلا" و"كوريا" الشمالية في الوقت الذي لم تهدأ فيه الاحتجاجات التي عارضت قرار الرئيس الأمريكي في هذا الشأن، والذي صدر أوائل سنة ٢٠١٧، وضمّ دولًا ذات أغلبية مسلمة.

تمرين 51 اعرفوا زملاءكم

1. Are they usually calm? How can they stay calm all the time?
2. What is some of the advice they can offer in order to fill life with joy?
3. What makes them feel worried? In their opinion, what are the three main things people worry about the most?
4. What makes them weep (cry)? Is weeping (crying) shameful for men?
5. Are there lots of street bumps in their area? Who put them there? Why?
6. What do they like to wear all the time?
7. Is there a bone in their noses? What is the use of the nose?

تمرين 52 ماذا تقولون لزملائكم في المواقف التالية مستخدمين مفردات درستموها في الجزء الثاني أو في هذا الجزء (يمكنكم استخدام صيغة الأمر حسب الحاجة)

١. أنت أم لابن مراهق نحيل جدًا ولكنه يحب أن يرتدي ملابس **فضفاضة** = (واسعة) وبرّاقة جدًا؟

٢. صديقك المريض بالسكري يأكل الشوكلاتة بشكل مفرط.

٣. زوجك ثرثار (متسرع، غاضب، عنيف، مكتئب) ولا يستطيع تمالك نفسه أمام الآخرين.

٤. صديقك لا يخفـّف السّرعة عند المطبّات ويتسبّب في إلحاق ضرر بك وبالسيارة دائمًا.

ملاحظات ثقافية ولغوية على مفردات نص القصة (٢)

١. شق شارعًا = (شق طريقًا) to build a street

بشق النفس only with great effort, with great difficulty, barely

٢. نقول "في أحضان" أو "بين أحضان" بمعنى among, within the presence of (s.o.)، "في أحضان الطبيعة" in the heart of (or folds) of nature.

نقول "دار الحضانة" day nursery

(الفعل "حضن" يعني hug)

٣. تاجر المفرّق = (تاجر التجزئة) retail merchant، بالمفرّق by retail، وعكسها "بالجملة" by wholesale.

٤. "مكتب التنسيق" coordination bureau, admissions office

٥. "على نَسَق واحد" in the same manner, equally

٦. "لمّاع" bright, brilliant

"لمعت في رأسه فكرة" an idea flashed through his mind

.٧

break with someone, dissociate	نفض يده من فلان
shake off one's sorrows or anxiety	نفض عنه الهم
shake off one's laziness	نفض عنه **غبار** dust الكسل

٨. نقول "مِمسحة" washcloth وجمعها "مماسح." ونقول "مَسحة من الجمال" بمعنى touch of beauty.

تمرين 53 ترجموا من العربية إلى الإنجليزية

١. يجب أن نتّحد سويًا ونصطف على نسق واحد دفاعًا عن تراب الوطن الغالي.

٢. نفضت عن نفسها ثوب الكسل وتوجهت بنشاط كي تأخذ حمامًا سريعًا، ارتدت فستانًا أزرق طويلًا غطّى جسدها الرشيق بنعومة مطلقة، ثم لمعت في رأسها فكرة: أن تلبس في **مِعصمها** wrist اسوارة ثمينة أهداها لها والدها في عيد الميلاد.

٣. حقق نادي "برشلونة" النصر الثاني على التوالي في دوري أبطال "أوروبا" لكرة القدم بعد فوزه بشَقّ النفس على نادي "سبورتنغ لشبونة."

٤. يقضي الكثير، من أبناء السعودية وخصوصًا في منطقة "نجد" وما حولها، العيد وأيامه السعيدة في أحضان الصحراء وفي مخيمات يتم إعدادها وتجهيزها قبل العيد. فابن (ف + ابن) السعودية يعشق الصحراء في كافة ظروفها، حيث يرى فيها المكان المناسب للفرحة التي تزداد عندما يغيث الله الأرض بالمطر.

٥. تهدف دور الحضانة الاجتماعية التابعة لوكالة الوزارة للشؤون الإجتماعية إلى تقديم الرعاية المناسبة للأطفال الصغار ذوي الإحتياجات الخاصة ممن لا تتوفر لهم الرعاية السليمة في الأسرة، ولا تتعدّى أعمارهم سنّ السادسة.

٦. تواصل بلدية المدينة أعمال شق شارع يصل شرق المدينة بغربها، وتأتي هذه الخطوة ضمن إطار توسعة شبكة الطرق في المدينة، وإنشاء طرق جديدة تخدم المواطنين وتسهل عليهم حركة التّنقّل.

٧. الرئيس ينسق مع العدوّ للضغط على شعبه، ويسعى جاهدًا إلى زيادة الأزمة الإنسانية بين الناس. لا أفهم كيف يُمكنه فِعل ذلك لأبناء وطنه.

٨. اقترب منها وهمس في أذنها قائلًا: " إن ارتداءك للحجاب يزيد إليك مسحة من الجمال لا أراها في امرأة غيرك يا حبيبة العمر."

تمرين 54 ترجموا من الإنجليزية إلى العربية مستخدمين العبارات التي درسناها

1. It is true that he is an ugly person, but he is brilliant.

2. Our Retail Merchants Association is a business resource dedicated to creating a positive environment for the retail business.

3. The Afghan Coordination Bureau, established on the 27th of November, 1991, is a non-governmental and non-political organization.

4. Suddenly, a scary idea flashed through my mind. I kept trembling from fear all night.

5. The day nursery has been welcoming children through its doors since it was first built in 1954.

تمرين 55 اعرفوا زملاءكم مستخدمين المفردات والعبارات الثقافية التي درستموها

١. هل حدث أن نفَضوا أيديهم من أحد من قبل؟ ماذا حصل؟

٢. ماذا يفعلون كي ينفضوا عن أنفسهم ثوب الكسل؟ وماذا يفعلون كي ينفضوا ثوب الهمّ؟

٣. هل يفضّلون شراء احتياجاتهم المنزلية بالمفرق أو بالجملة؟ لماذا؟

٤. هل سبق لهم أن نجحوا في مادة، في المدرسة أو في الجامعة، بشِقّ النفس؟ لماذا؟

٥. هل يستخدمون الممسحة في التنظيف أحيانًا؟ أين؟ وماذا يستخدمون أيضًا في التنظيف؟

تمرين 56 يللا نمثل

You have a friend who broke up with his girlfriend. A week later, he came to you disclosing his longing for her. Talk together and try to help get them together again. (Use as many cultural and linguistic notes mentioned in this lesson as you can). Also see Appendix II for dialectal expressions.

تمرين 57 بعد فهم القصة والمفردات، أجيبوا عن الأسئلة التالية

١. بعض الدول قامت بإغلاق الحدود أمام اللاجئين والنازحين، والبعض الآخر حدّد عدد اللاجئين وجنسياتهم؟ في رأيكم، لماذا قامت الدول بتلك القرارات؟ ما رأيكم فيها؟

٢. اختلفت أنواع الحوادث (السيارات، العنف، إلخ) وأسبابها، في رأيكم ما أهم أسباب الحوادث في بلادكم؟ ما طرق علاجها للتخفيف من نسبة حدوثها؟

٣. ما هي بعض الصفات الجسدية التي يجب أن تكون في شريك / شريكة حياتك؟

٤. هل هناك مناطق سياحية في بلادكم، ما أهم منطقة؟ صفوها بالتفصيل. أعطوا زملاءكم صورة عقلية عن تلك المنطقة.

ظلال ثقافية (٤): الجدار wall الإسرائيلي في الضفة الغربية

You may wonder why this topic is under Shades of Culture. The answer is simple. We earlier discussed graffiti, which happens mostly on walls. The word جدار is significant in the current Israeli-Palestinian conflict, and you see graffiti all over.

يسميه الفلسطينيون "**جدار الفصل العنصري** apartheid wall"، أما الإسرائيليون فيسمونه "**الحاجز الأمني** security barrier"، وهو جدار طويل بَنَتْه الحكومة الإسرائيلية في الضفة الغربية وهو قريب مما يسمّى بـ (الخط الأخضر)، وتقول إنه جاء ليمنع الفلسطينيين من ساكني الضفة الغربية من دخول "إسرائيل" و**المستوطنات** settlements الإسرائيلية، بينما يقول الفلسطينيون إنه جاء ضمن محاولة إسرائيلية **لعرقلة** hinder حركة الفلسطينيين **والتضييق** constringing عليهم، وضم أراض من الضفة الغربية إلى "إسرائيل". ولقد بدأ بناء الجدار عام ٢٠٠٢ عند اندلاع (انتفاضة الأقصى).

تمرين 58 **(كتابة) ابحثوا في أحد المواضيع التالية واكتبوا ١٧٥-٢٢٥ كلمة عنه**

١. الضفة الغربية وقطاع غزة (الموقع، التاريخ، عدد السكان، الحالة السياسية، أهم المشاكل والتحديات)

٢. السلطة الفلسطينية (تاريخها وكيف نشأت وما دورها في المجتمع الفلسطيني)

٣. الخط الأخضر في سياق الصراع الفلسطيني الإسرائيلي (تاريخه، دوره، أهميته بالنسبة للفلسطينيين والإسرائيليين)

٤. السكان العرب في داخل "إسرائيل" (أعدادهم، أماكن وجودهم، دورهم في الحياة الاجتماعية والسياسية، مشاكلهم)

٥. الانتفاضات الفلسطينية (١٩٨٧، ٢٠٠٠). كيف بدأت ولماذا وكيف أثرت على الصراع الفلسطيني-الإسرائيلي.

واحة القواعد (١): الأسماء الخمسة (مراجعة وتوسع)

قرأنا في النص "صحيح أنه قد يبدو **ذا** وجه غاضب." "ذا" انتهت بألف لأنها **منصوبة** accusative وهي حال. كيف يبدو؟ يبدو "ذا وجه غاضب." ناقشنا "**ذو**" وهي اسم من الأسماء الخمسة التي تكلمنا عنها باختصار في الدرس الحادي عشر في الجزء الثاني ومعناها possessor. وذكرنا أنّ "أب" و"أخ" و"ذو" من الأسماء الخمسة. هناك اسمان آخران هما "**حم**" father-in-law و"**فو**" mouth.
These are called الأسماء الخمسة because of their particular ending in the different positions:
nominative مرفوع، accusative منصوب and genitive مجرور.
انظروا إلى الجدول التالي:

المرفوع	المنصوب	المجرور
أبو	أبا	أبي
أخو	أخا	أخي
حمو	حما	حمي
فو	فا	في
ذو	ذا	ذي

من شروط استخدام الأسماء الخمسة بهذا الشكل أن يكون الاسم هو الجزء الأول من الإضافة، ومن **الأمثلة** على هذا:

- صاحبي ذو شعر أسود.
- التقيت صاحبَك ذا الشعر الأسود.
- هل استلمت رسالة من صاحبِك ذي الشعر الأسود؟

فالعبارات "ذو شعر" و"ذا الشعر" هما إضافتان لذلك تغيرت حالة الاسم "ذو" حسب موقعه في الجملة. فهو مرفوع في الجملة الأولى لأنه خبر، ومنصوب في الجملة الثانية لأنه صفة ومجرور في الجملة الثالثة لأنه صفة بعد الاسم المجرور.
وكذلك يجب أن تكون مفردة. (سنتحدث عن المثنى والجمع في الدرس الرابع)

دردشوا: في الثقافات المختلفة هناك صور نمطية عن الحموات، ما هي بعض هذه الصور؟ هل تتفقون معها؟ كيف (لا)؟

تمرين 59 **ترجموا من العربية إلى الإنجليزية**

١. تعرفت على شخص ذي نفس عزيزة فهو دائمًا يبتسم، على الرغم من أن عنده مشاكل صعبة وخطيرة لا يعرفها إلا القليل.

٢. الطبيب للمريض: افتح فاك. أريد أن أرى ما في فيك.

٣. دعوت حماي وحماتي لعيد ميلاد زوجي ذي الخامسة والثلاثين.

٤. أبوك لا يشبه أخاه، ففو أبيك كبير، أمّا فو أخيه فصغير.

٥. هل تعرفت على الرجل الذي تزوج حموُ أخيه من امرأة أخوها ذو منصب كبير في شركة عالمية؟

تمرين 60 كيف نقول ما يلي مستخدمين "ذو"؟

1. influential	2. experienced
3. reputable	4. competent
5. of a/an (adj.) self	6. rich
7. general-purpose computer	8. legged

تمرين 61 يللا نمثل

Your colleague/classmate invites you to his brother's wedding. He asks you to guess who his relatives are. Use الأسماء الخمسة and some of the common dialectal expressions to describe or introduce them to your friend.

مثال:

- أنت: هل أخوك ذو البدلة السوداء، ويفتح فاه الآن؟
- زميلك: كلا، هو ذو البدلة الزرقاء وفوه مغلق حيث إنه يجلس وحيدًا يفكر.

واحة الجذور والأوزان (١): الجذر (س ر ع)

الفعلان أسرع وتسارع من الجذر (س ر ع) **وأسرع** = (زاد في السرعة) وهو transitive، أما **تسارع** فمعناها accelerate to وهو intransitive.

تمرين 62

أ. كيف نقول؟

- نموّ مُتسارع
- تسارُع دقات القلب
- لا تُسرعْ فالموت أسرع!
- لا تُسرع يا بابا، فنحن بانتظارك.

ب. ما الفعل الذي يعني ... من نفس الجذر؟

1. To make or cause someone to be faster?

2. To hasten; act without much deliberation and thinking?

الجذر (د ع و): دعا واستدعى

الفعل **دعا** supplicate ومصدره دعاء، أما **استدعى** call forth, elicit, evoke, summon = (أحضر، تطلّب) ومصدره استدعاء. وكذلك فالفعل **دعا** يعني invite.

الفعل (لقي) و (استلقى)

الفعلان من نفس الجذر (ل ق ي). **لقي** = (وجد) و**استلقى** lie down. واسم الفاعل منهما هو لاقٍ / لاقي، ومستلقٍ / مستلقي. هناك أفعال أخرى من نفس الجذر.

- كلمة **تلقائي** من نفس الجذر أيضًا لكنها تعني auto, spontaneous

تمرين 63 أكملوا الجدول التالي

الفعل الماضي	المضارع	المصدر	اسم الفاعل	اسم المفعول
لقي				
لقّى				
ألقى				
لاقى				
تلاقى				
تلقّى				
استلقى				

تمرين 64 ترجموا الجمل التالية

١. أمس كان هناك حادث اصطدام بين سيارتين حيث لقي ثلاثة أشخاص مصرعهم.

٢. الكثير من الناس يستلقون تحت الشمس في الصيف لأخذ حمّام شمسيّ.

٣. تلقى الرئيس دعوة رسمية لحضور حفل افتتاح مركز جديد لعلاج مرض السرطان.

٤. ألقى المتظاهرون الحجارة على رجال الشرطة مما أدى إلى إصابة شرطي واحد على الأقل.

٥. مُلتقانا بعد أسبوع إن شاء الله.

٦. هل تؤمن بتلاقي الأرواح بعد الموت؟

٧. من تدخّل فيما لا يعنيه لقي ما لا يُرضيه. (مثل عربي)

٨. هما زوجان مثاليان ولهما قصة إنسانية رائعة. لقد التقيا ثم تلاقيا أكثر من مرة وتحابًا وتزوجا وأنجبا بنين وبنات.

٩. تلقّت تعليمها الابتدائي في مدارس قريتها مع بنات جيرانها.

١٠. ألقى واحد من أهم رجال الأعمال في الولايات المتحدة كلمة في ملتقى رجال الأعمال السنوي الذي يعقد في مدينة "ميامي" كل سنة.

١١. يعتبر سوق (العُشّ) في المنامة نقطة تلاقي بين الفنون والتجارة والتصميم.

تمرين 65 اختاروا الفعل المناسب ووضحوا السبب

١. ________ رئيس الجامعة دعوة لحضور مؤتمر حول دور مؤسسات التعليم العالي في الحفاظ على البيئة. (ألقى، استلقى، تلقّى)

٢. في الكلمة التي ________ ها ملك الأردن في الدورة العامة للأمم المتحدة ركّز على حل الصراع العربي الإسرائيلي من أجل تحقيق السلام في منطقة الشرق الأوسط. (لاقى، تلقى، ألقى)

٣. ________ فريقا كرة القدم البرازيلي والألماني في مباراة غير رسمية في مدينة "ريو" الأرجنتينية. (لاقى، التقى، لقي)

٤. عندما ذهبت زوجتي لزيارة أبيها في المستشفى، كان ________ على فراشه. (مستلقيًا، لاقيًا، متلقيًا)

٥. في حياتي لم ________ شخصًا أكثر كرمًا من صديق عرفته وأنا في المدرسة الثانوية. كان يعطي كل ما عنده ولا يسأل عن السبب. (أستلق، أُلقِ، ألتقِ)

القراءة (١): تـدنّي الثقافة وراء حوادثِنا المُميتة

سهام عبدالله الشارخ

تعلموا المفردات التالية

المميت: اسم الفاعل من الفعل أمات (الوزن الرابع من مات)

الهاتف النقال = (الهاتف الجوّال = الهاتف الخلوي = الـ"موبايل")

تدني = قلّة "من قليل" = (انخفاض)

ساهر "radar" (said only by Saudis)

استفحل الأمر: ازداد سوءً، أصبح أسوأ

حوادث السيارات المُميتة أصبحت مشكلة مجتمعية ووطنية تهدد أمن وراحة واقتصاد الأسر والمؤسسات في بلدنا. فمع (فـ + مع) كل عطلة مدرسية أو إجازة نهاية أسبوع—بل على مدار العام—نسمع عن عدد كبير من حوادث السيارات المميتة أو **المفضية** إلى إعاقات، حتى وصلنا إلى مراتب عـُليا عالميًا في نسبة الحوادث.

ويتضح من معظم الحالات أنّ السرعة هي العامل المشترك في معظم الحوادث، إضافة إلى قـَطـْع الإشارات واستخدام الهاتف النّقال في المحادثة، أو في إرسال الرسائل الهاتفية أو **تلقيها** أثناء القيادة. ومع كثرة الشكوى من هذا الوضع المأساوي إلا أن الحال لم تتغير، وهذا مؤشر على تدنّي الوعي **والاستهتار** بقيمة الأرواح البشرية.

وحتى مع وجود نظام (ساهر) الذي يغلب عليه الجانب المادي، فإن المشكلة لا تزال قائمة والمخالفات المرورية وتجاوزات السرعة المحددة مستمرة نلاحظها بوضوح يوميًا. وهذا انعكاس لضعف الثقافة المرورية وتدني الإحساس بالمسؤولية بين الأفراد خصوصًا عند **فئة** الشباب. وهذا ما يفسر ارتفاع نسبة الضحايا بينهم. وبناء على ذلك، يجدر أن يكون هناك اهتمام مكثف بهذه الشريحة من السائقين، وتدقيق في كيفية حصولهم على رخص القيادة وملاءمة أعمارهم، ومدى امتلاكهم مهارات القيادة، مع اتخاذ عقوبات رادعة عند تجاوز السرعة المحددة دون استثناء أو تراخٍ.

ارتفاع نسبة الحوادث لدينا عالميًا، واعتبارنا ضمن الدول المشهورة بتهـوّر سائقيها يتطلب تحليلًا دقيقـًا لأسباب الحوادث، ثم العمل بجد على بثّ الوعي المروري عبر التربية والتعليم والنشرات ووسائل الإعلام بصورة لا تكتفي بتحديد المخالفات والعقوبات بل تركز على الجانب التثقيفي والحقوقي والأخلاقي. فالمشكلة لدينا نابعة بالدرجة الأولى من ضعف الثقافة **والانضباط**، ومن قلة الاكتراث بسلامة الإنسان سواء سلامة السائق نفسه أو سلامة الآخرين، ومن قلة احترام القوانين والأنظمة، ومن قلة الصبر، ومن الأنانية وتقديم المصلحة الشخصية على مصلحة الآخرين. وبالتالي لا يوجد شعور بالحرج أو إحساس بالخطأ عند **تجاوز** التعليمات طالما أن مرتكبها قد ينجو بفعلته، أو أنه لن ينال عقابًا فوريًا، أو أن أحدًا لم يره من شرطة المرور، فالمهم هو وصوله إلى عمله أو إلى موعده وليذهب الجميع إلى الجحيم.

هذه الثقافة الفوضوية والأنانية تنتقل من الكبار إلى الصغار، ويقتدي الجيل الجديد بالجيل الأسبق ويقلده بسلوكه وهكذا نتوارث

الأخطاء، لذلك تأصّلت مشكلاتنا المرورية وتعقّدت، ومع ضعف تطبيق الأنظمة، أو تطبيقها بطريقة استثنائية أو مزاجية أحيانًا، ومع رداءة الطرق وازدحامها بالسيارات، وكثرة وعشوائية توزيع المحلات التجارية وقلة المواقف المخصصة للزبائن استفحل الأمر.

السرعة والقيادة المتهورة هما السبب الأول والأخطر للحوادث فليكن التركيز على الحد منها بكل وسائل التوعية والتثقيف.

http://www.alriyadh.com/1139483

تمرين 66 أجيبوا عن الأسئلة التالية

١. تذكر المقالة أربعة أسباب لحوادث السيارات. ما هي؟

٢. ما هي الفئة التي يجب الاهتمام بها أكثر من غيرها؟ كيف أو ما هي الإجراءات procedures التي يجب القيام بها؟

٣. حسب المقالة، ما هو السبب الأول في ارتفاع نسبة حوادث السيارات؟

٤. كيف تُفسر explain المقالة تأصل وصعوبة المشكلات المرورية في المملكة العربية السعودية؟

٥. هناك أربعة عوامل زادت في نسبة حوادث السيارات. ما هي؟

تمرين 67 ما معنى العبارات التالية؟

١. "بل على مدار العام" (الفقرة الأولى، السطر الثاني)

٢. "إلا أن الحال لم تتغير" (الفقرة الثانية، السطر الثالث)

٣. "وبالتالي ..." (الفقرة الرابعة، السطر السادس)

تمرين 68 يللا نتكلم

١. ماذا تعرف عن نسبة حوادث السيارات في مدينتك، أو ولايتك، أو بلدك؟ ما أهم الأسباب التي تؤدّي إلى الحوادث؟

٢. هل حدث معكم أو رأيتم حادث سير؟ تحدثوا عنه من حيث with regard to المكان والزمان، الأشخاص، السبب أو الأسباب والنتائج.

٣. زميلك يقود سيارة ويكتب رسائل نصية في نفس الوقت. تحدث معه وحاول أن تقنعه ألّا يفعل ذلك.

٤. أنت أب أو أم. لك ابن / ـة يسوق / تسوق سيارة ولا يهتم / تهتم بالسرعة القانونية. ماذا ستقول / ـين له / ـها؟

واحة القواعد (٢): الأفعال: مراجعة وتوسع

Past Progressive الماضي المستمر

التعبير عن المستقبل باستخدام الماضى

قلنا إن التعبير عن المستقبل يكون باستخدام "سوف" أو "سـ" قبل المضارع. لكن استخدام الماضي أيضًا يُعتبر وسيلة أخرى للتعبير عن المستقبل، وهناك **أمثلة** كثيرة على هذا الأسلوب في القرآن.

- "وجاء ربك والملك صفًا صفًا." And your Lord and the angels came line after line.
- "ونادى أصحاب النار أصحاب الجنة." And the dwellers of heaven called on the dwellers of hell.

This is common in the Quran, but there are other situations where this structure is used.

من **الأمثلة** على ذلك:

- إنْ تقدّم رجل للزواج من امرأة، قال **وليُّها** her guardian "زوّجتك ابنتي" على الرغم أن الزواج لم يحدث بعد. أو ربما تقول المرأة "زَوّجتك نفسي."
- في البيع والشراء: عندما يوافق شخص على بيع شيء لشخص آخر بعد الاتفاق على الثمن، يقول "بِعتك" ويقول الآخر "اشتريت منك" أو "وأنا قَبِلت" أو "اتفقنا."

يستخدم الفعل الماضي **للدلالة** to indicate على المستقبل عند **التحقق** confirming من حدوث الفعل.

هذا الأسلوب موجود في عبارات المجاملة مثل **بارك الله فيك** May Allah bless you وهنا **الدعاء** supplication للمستقبل.

ومن **الأمثلة** على ذلك أيضًا:

- جزاك الله خيرًا May Allah reward you
- سلّم الله يديك / سلمت يداك May Allah bless (your hands) you
- صحبتك السلامة May safety be with you
- حفظك الله ورعاك May Allah protect and provide you with his care
- صبّحك الله بالخير Good morning

Do not forget that the past tense is also used in the conditional to signify the future time. We will discuss this in further detail in later lessons.

احذر!

العافية

من الشائع أن يقول الناس "**الله يعطيك العافية**" = (أعطاك الله العافية) May Allah bless you with health في كثير من الدول العربية، لكن في المغرب "**العافْية**"(سكون على الفاء) تعني "النار" hell، لذلك يقولون "الله يعطيك الصحة."

Past Participle الماضي البعيد

يمكن أن نعبّر عن الماضي البعيد بالعربية باستخدام الفعل "كان" **متبوعًا بـ** followed by قد + الماضي. انظروا إلى **المثال** التالي من النص:

- ... التي **كانت قد خففت** سرعتها عند مطب ... that had decreased its speed (slowed down) at a bump

والفاعل في الفعلين هو نفسه - السيارة. انظروا إلى **المثال** التالي أيضًا:

- لا يمارس الحياة السياسية الآن، لكنه كان قد مارسها وهو في الثلاثينيات والأربعينيات من عمره.

He does not practice politics now, but he had practiced it when he was in his thirties and forties.

وهناك **مثال** آخر في أغنية "قل للمليحة" التي درسناها:

قد كان شمر للصلاة. He had indeed rolled up his sleeves in preparation for prayer.

- عند حدوث فعلين أحدهما قبل الآخر، الفعل الذي حدث أولًا يكون في الماضي البعيد.

تمرين 69 أعيدوا التعبير عن المعاني التالية باستخدام الماضي والماضي البعيد

١. نجحت في الامتحان بسبب الدراسة الجادة قبله.

٢. أختك أخذت كلبها للطبيب البيطري لأنه امتنع عن الأكل لفترة طويلة.

٣. طبخت له مأكولات لذيذة قبل أن يُغضبها.

استماع القصة ١

تمرين 70 املأوا الفراغات

مرحبًا أعزائي، تأخرت عليكم كثيرًا. الساعة الآن الواحدة بعد منتصف ليلة _________(١)، وكالعادة قضيت جزءًا منها بالحديث مع آدم. _________ (٢) أنا تعبانة وخائفة جدًا، أعرف أن آدم لم يحدثكم عما يجري في سوريا معي ومع أسرتي لأني طلبت منه ألّا يفعل ذلك، حيث أني أردت أن أبلغكم بنفسي عن مجريات الأمور هنا في الوقت المناسب.

الأحداث السياسية الصعبة في سوريا _________ (٣) وتتجه نحو التصعيد في الكثير من المدن السورية، ويعد العيش وسط خطر القتل أو الإصابة جزءًا من _________ (٤) الحياة اليومية. انخفض عدد الذين ما زالوا يعيشون في سوريا حيث غادر ملايين السكان _________ (٥) فارين من ديارهم للبحث عن أماكن بديلة عن وطنهم أكثر أمنًا واستقرارًا. فكر والدي ووالدتي كثيرًا في الرجوع إلى "أمريكا" ولكنهما _______ (٦) أن أكمل دراستي هنا، فأنا انتقلت للدراسة في جامعة دمشق حيث تستمر الحياة بصورة طبيعية في الكثير من مناطق العاصمة. الحمد لله، والدي حصل على عمل بشكل _______ (٧) في إحدى شركات الأدوية، أما والدتي فلا تعمل الآن وتقضي معظم وقتها أمام التلفاز أو الـ"كمبيوتر."

سيكون من الضروري أن نرجع إلى "أمريكا" بعد تخرجي في السنة القادمة إن شاء الله وسيبحث كل من والدي ووالدتي عن عمل جديد وسأقوم من الآن في البحث عن وظيفة أو الإلتحاق ببرنامج ماجستير، و_______ (٨) مكان إقامتنا حين _________ (٩) الصورة فيما يخص عمل أي واحد منا أو مكان دراستي. لا أدري ماذا _______ (١٠) لنا الأيام! وإلى أين ستلعب بي وبك الأقدار يا آدم؟!

أشرقت شمس صباح جديد وبينما أنا ووالدي نتجه إلى الجامعة في ساعة الذروة ________ (١١) حادث مرور _________ (١٢)، كُنا نسمع أصوات بعض الأشخاص قائلة "يا لطيف! استر يارب! لا حول ولا قوة إلا بالله. لا حول ولا قوة إلا بالله."

حين وصلنا إلى المكان إذا بشخصين _________ (١٢) على جانب الطريق . الحادث نتج عن _________ (١٣) لشاحنة ذات مقطورة من نوع "مرسيدس،" يقودها شاب ________ (١٤) العينين، بسيارة "هوندا" تقودها امرأة، مما _________ (١٥) تدخل مصلحة الحماية المدنية ________ (١٦) بسيارة اسعاف وشاحنة إطفاء. بارك الله فيهم.

وتسبب الحادث في حدوث _________ (١٧) وخسائر بشرية وعرقلة سير كبيرة، فقد _________ (١٨) السيارة تمامًا ولقيت السائقة التي لم يتجاوز عمرها الثلاثين سنة ________ (١٩)، وأُصيب آخران بجروح واحد منهما كانت بالغة أما الآخر فكانت _________ (٢٠). كان الزجاج متناثرًا هنا وهناك والدماء تملأ الرصيف. قام رجال الإسعاف _________ (٢١) جثة الضحية ونقل المصابين لقسم الطوارىء.

ظلال ثقافية (٥): أمثال شائعة

(These أمثال are related to words that were included in the main text.)

حاميها حَراميها

The thief is the guard

Entrusting the lamb to the care of the wolf

This refers to someone who is entrusted with guarding and protecting the rights of others, while in reality he or she is the true robber of their rights.

جاجِة حَفْرَتْ على راسْها عَفْرَتْ

A chicken dug in the soil, and the dirt came onto her head

This is said to warn someone from getting involved in other people's affairs, which may cause a person more trouble than if he minded his own business. It can also be said of a stupid or reckless person who does something without calculating the negative and harmful outcomes of his actions. In addition, this proverb can mean that criminals or sinners will get their just punishment.

ضرَبْني وْبَكى وْسَبَقْني واشْتَكى

He hit me and cried, he raced me to complain

It's all his fault, yet he pretends to be the victim

Said of a slanderer who does something bad and attributes it to someone else. It can also be said to make fun of the aggressor who plays the role of the victim. There is a little story behind this proverb: A man went to a judge to complain about a person who had gouged out his left eye. The judge ordered for the violator to be brought immediately and to be imprisoned. The jailer was surprised when he saw that the man he jailed had his two eyes gouged out.

تمرين 71 **يللا نمثل**

قوموا بخلق وتمثيل موقف من المواقف واستخدموا ما يناسب من الأمثال السابقة في السياق الصحيح. يمكن للأستاذ أن يقسم الفصل إلى مجموعات ويطلب من كل مجموعة أن تستخدم مثلًا مختلفًا.

واحة الجذور والأوزان (٢)

الفعل (وقف)

تمرين 72 **نعرف أنّ "وقف" عكس "جلس" وهناك أفعال مختلفة من الجذر (و ق ف). ادرسوا الجمل التالية وخمنوا معاني الأفعال المشتقة من نفس الجذر**

١. **توقّفت** معظم المستشفيات عن العمل بسبب إضراب الأطباء المستمر منذ أسبوعين.

٢. **أوقفت** قوات الأمن سبعة أشخاص **للتحقيق** for interrogation معهم بعد المظاهرات الأخيرة.

٣. هذا الشعب يستحق أن يعيش **واقفًا** قبل أن يموت.

٤. استمعت إلى كلمة ممثل الولايات المتحدة في الأمم المتحدة **واستوقفني موقفه** من الصراع العربي الإسرائيلي والذي لا يمثل **موقف** الحكومة الأمريكية.

٥. قالت الحكومة إنها **ستقف** مع ضحايا الزلزال الذي ضرب منطقتهم حتى **يقفوا** على أرجلهم مرة ثانية، وأن نشاطاتها لن **تتوقف** بسبب الأمطار التي تهطل بدون **توقّف**.

٦. توصلت الحكومة وقوات المعارضة إلى اتفاق **لوقْف** إطلاق النار بعد معارك استمرت أكثر من ثلاث سنوات.

الفعل (بكى)

تمرين 73 **ما الفرق في المعنى بين (بكى، وأبكى أو بكّى، وتباكى) في الجمل التالية**

١. أنا أعرف أنك لا تشعر بالحزن، فلا **تتباكَ** أمام الناس.

٢. قد شاهدت "فيلمًا" عن طفل يتيم يعيش حياة صعبة وفيها الكثير من المشاكل والآلام. لقد **أبكاني وأبكى** كثيرًا من المشاهدين.

٣. **بكى** الأطفال كثيرًا عندما سافر والدهم للعمل في دولة أخرى.

٤. من الأمثال العربية: لا تُعلِّم اليتيم **البكاء**.

٥. نسمع كثيرًا "**بكى** الميتَ (الميت مفعول به، فالميت لا يبكي)." ما معنى الجملة إذًا؟

تمرين 74 **ما الفرق في المعنى بين (صدم، واصطدم، وتصادم)**

عندما كان ابني يسوق في الشارع العام، **صدمته** سيارة من الخلف. نزل من سيارته **وتصادم** مع سائق السيارة الأخرى. نتيجة لِتوقف السيارتين في الشارع، **اصطدمت** بهما سيارة مسرعة. اتصل بي ابني هاتفيًا وأخبرني بما حدث. شعرت **بالصدمة** فالسيارة التي **صدمها** كانت جديدة اشتريتها منذ أسبوع واحد فقط.

تمرين 75 ما الفرق في المعنى بين (دخل، أدخل، وتدخّل، وتداخل) فيما يلي؟

بعد العمل ذهبت إلى البيت. **دخلت** البيت ووجدت زوجتي وبنتي تتناقشان. حاولت أن **أتدخل** لأعرف سبب النقاش. لقد كانتا تتكلمان في نفس الوقت **وتداخل** كلامهما. ما فهمت شيئًا. تركتهما وذهبت لأشرب قهوتي. شرب القهوة **يُدخلني** في حالة نفسية مريحة. نصيحتي ألا **تتدخل** في نقاش بين زوجتك وبناتك. هن يفهمن بعضهن جيدًا. في النهاية "من **تدخّل** فيما لا يعنيه، لقي ما لا يُرضيه."

واحة القواعد (٣): جملة الصفة Adjectival Sentence

في الدرس الثاني ناقشنا الصفة المشبهة، وفي هذا الدرس سنناقش نوعًا جديدًا من الصفات وهو جملة الصفة. وجملة الصفة تعمل عمل الصفة المفردة والصفة المشبهة، لكنها إما أن تكون جملة اسمية أو فعلية. اقرأوا **الأمثلة** التالية:

- لي أخوان: الكبير اسمه عامر وهو طالب **يقضي ساعات يومه في الدراسة وعمل الواجبات**
- بيتنا واسع وشبابيكه كبيرة **تُطِلّ على بحيرة صغيرة.**
- وفي الأردن مخيمات فلسطينية **أكبرها مخيم الوحدات.**

الجمل بالخط الغامق هي جمل اسمية تامة ولكنها تصف الأسماء التي قبلها. ففي الجملة الأولى، " **يقضي ساعات يومه في الدراسة وعمل الواجبات**" هي وصف لـ"طالب." هنا نتحدث عن وظيفة الجملة. بكلمات أخرى، ما هي وظيفة "اسمه عامر"؟ هي تصف الاسم الذي قبلها.
When we talk about adjectival clauses/sentences, we are referring to the function of such sentences in the overall sentence.

- لديّ شَغف وعِشق لا يُوصَفان.
- وهو مكان جميل يحتوي على أشهر الشخصيات العالمية.
- وهو سوق ذو طابع خاص يتميز ببنائه الرائع وتتضح فيه ملامح أصالة التاريخ.
- وفي الطابق الثالث حيطان زجاجية تغطيها ستائر ألوانها جميلة.
- عمان مدينة جميلة تختلف في طقسها وتضاريسها.

في الجمل السابقة، العبارات التي تحتها خط هي جمل فعلية ولكن **وظيفتها** its function وصف الأسماء التي جاءت قبلها. على سبيل **المثال:** ما هي صفة الشغف والعشق في الجملة الأولى؟ الجواب "لا يوصفان."
انظروا إلى الجملة الرابعة تجد أن هناك جملتي صفة هما (أ) تغطيها ستائر و(ب) ألوانها جميلة. "تغطيها ستائر" صفة (حيطان) أما "ألوانها جميلة" **فهي** صفة (ستائر).
جملة الصفة لا تحوي أيًا من الأسماء الموصولة.
Adjectival sentences do not include any relative pronouns. Those with relative pronouns constitute a different topic.
وكذلك إن كان في الجملة كلمة "**حيث**": فهي ليست جملة صفة أيضًا. **أمثلة:**

- يسافر كل أفراد العائلة الى المناطق الجبلية حيث نقيم في فندق.
- ... وبيت صغير لقطتي بسبوسة التي اشترتها والدتي لي.
- ومن الأشياء التي أحَبّها أولادي هي المسحراتي.

ليس هناك جمل صفات في الجمل السابقة.

تمرين 76 **ما جمل الصفة في الجمل التالية؟ ترجموا الجمل كلها إلى اللغة الإنجليزية**

١. العرب الذين يعملون في الخليج العربي جنسياتهم مختلفة جاءت بحثًا عن العمل والمال.

٢. مدينة فاس في المغرب مدينة تاريخية تزخر بالبيوت والأسواق القديمة.

٣. الأعراس في المغرب طقوسها جميلة وطويلة، تمتاز بالألوان وأنماط رقص وغناء تمثل مناطق وثقافات مغربية متنوعة.

٤. سمعت من والدتي قصصًا يشيب لها الرأس عن تقاليد الزواج في الماضي.

٥. ... وفمُها رقيق يظهر أسنانًا بيضاء تلمع من بعيد.

تمرين 77 **صفوا مكانكم المفضل الذي تحبون أن تذهبوا إليه عادة لوحدكم أو مع أصدقائكم مستخدمين على الأقل ثلاث صفات مفردة وثلاث جمل صفة. أعطوا صورة واضحة ومفصلة عن هذا المكان.**

تمرين 78 **صفوا شخصية مهمة لعبت دورًا مهمًا في حياتكم**

١. من هي الشخصية؟

٢. كيف تعرفتم عليها؟

٣. ما أهميتها؟

٤. لماذا أثّرت في حياتكم وكيف؟

٥. استخدموا أساليب الوصف المختلفة: الصفات المفردة، الإضافة الحقيقية وغير الحقيقية، الصفة المشبهة وجمل الصفة.

استراحة المفردات

تمرين 79 **استمعوا ثم اكتبوا جمل المفردات ثم ترجموها إلى اللغة الإنجليزية**

تمرين 80 **ارجعوا إلى نص القصة وترجموا من "سيكون" إلى كلمة "الطوارىء"**

استماع (٣): حوادث تعطُّل مُثبّت السرعة في الإمارات خلال تثبيت السرعة

مفردات تساعد على الفهم			
تعطل	حدثت فيه مشكلة فلا يعمل	دوّار	roundabout
إشعال	turning on	سلكت	تبعت، أخذت

الاستماع الأول

تمرين 81 ◄ استمعوا إلى التقرير ثم أجيبوا عن الأسئلة

١. ما اسم الطريق التي كانت تمشي به السيارة؟

٢. كم شخصًا كان في السيارة؟

٣. من أين هم؟

٤. من أين كانت السيارة قادمة؟ متى؟

٥. كم كانت سرعة السيارة في الساعة؟

٦. متى أبلغت السائقة الشرطة؟

٧. كيف كانت حالة الأم والأطفال عند دخولها المدينة المزدحمة؟

٨. ما اسم الجسر الثاني الذي صعدوه؟

الاستماع الثاني

تمرين 82 ◄ استمعوا للمرة الثانية ثم أجيبوا

١. ماذا فعلت المرأة بالسيارة؟

٢. ماذا أرادت أن تفعل بعد عدة دقائق؟ وماذا اكتشفت؟

٣. ماذا فعلت المرأة بعد أن اكتشفت المشكلة؟

٤. متى اتصلت المرأة بالشرطة؟

٥. ماذا فعلت المرأة عند وصولها إلى الدوار؟

٦. كيف كان شعور الأطفال والأم في ذلك الوقت؟

٧. كيف انتهت القصة؟

الاستماع الثالث

تمرين 83 ◄ استمعوا ثم أجيبوا

١. هناك كلمتان في النص أصلهما من الإنجليزية. ما هما؟

٢. ما معنى "نطقت بالشهادتين"؟ لماذا يقول الإنسان ذلك ومتى؟

تمرين 84 يللا نمثل

١. أنت تقود سيارتك ودخلت في حي قديم من أحياء مدينة عربية، اتصلت بصديقك العربي الذي ينتظرك في أحد شوارع المدينة، طلب منك أن تعطيه وصفًا لما حولك ليتمكن من معرفة المكان الذي أنت فيه. صف له المكان بالتفصيل.

٢. دخلت أحد المحلات التجارية وتعرض المحل لسرقة أثناء وجودك فيه. كنت شاهدًا على الحادثة وطلب منك ضابط الشرطة أن تقدم وصفًا للأشخاص الذين قاموا بالسرقة. صفهم.

٣. تعرضت لحادث سير في أحد شوارع المدينة، قم بإجراء مكالمة مع لشرطة وابدأ الحوار مع زميلك الذي يمثل ضابط الشرطة.

واحة القواعد (٤): فعل الأمر: مراجعة وتوسع

لنلخص قواعد إعراب أفعال الأمر أولًا في الجدول التالي:

الضمير	ف ت ح	الفعل معتل الآخر م ش ي	الفعل المثال و ع د	الفعل معتل الأول والآخر و ع ي	في الثلاثي الذي وسطه مضموم	في الثلاثي الذي وسطه غير ذلك
أنتَ	افتحْ	امشِ	عِدْ	عِ	اخرُجْ	اِستخرجْ
أنتِ	افتحي	امشي	عِدي	عي	اخرُجي	اِستخرجي
أنتما	افتحا	امشيا	عدا	عِيا	اخرجا	اِستخرجا
أنتم	افتحوا	امشوا	عدوا	عوا	اخرجوا	اِستخرجوا
أنتنَّ	افتحْنَ	امشين	عدْنَ	عين	اخرجن	اِستخرجنَ
			النهي			
أنتَ	لا تفتحْ	لا تمشِ	لا تعِدْ	لا تعِ	لا تـخـرُجْ	لا تستخرجْ
أنتِ	لا تفتحي	لا تمشي	لا تعدي	لا تعي	لا تـخرُجي	لا تستخرجي
أنتما	لا تفتحا	لا تمشيا	لا تعدا	لا تعيا	لا تـخرُجا	لا تستخرجا
أنتم	لا تفتحوا	لا تمشوا	لا تعدوا	لا تعوا	لا تـخرُجوا	لا تستخرجوا
أنتنَّ	لا تفتحنَ	لا تمشينَ	لا تعدْنَ	لا تعينَ	لا تـخرُجنَ	لا تستخرجنَ

تمرين 85 يللا نمثل

You are a teacher, and this is the first class day at your school or university. Give your students a list of the things that they have to do and the things they cannot do. See Appendix II for dialectal expressions, and use them as appropriate.

تمرين 86 يللا نمثل

أنت والد أو والدة وعندك ولدان أو بنتان يريدان السفر إلى دولة أجنبية لأول مرة. تحدث معهما وقل لهما ما يجب أن يفعلاه حتى يستمتعا ويرجعا بالسلامة. See Appendix II for useful dialectal expressions.

تمرين 87 **هذه وصية أم لابنتها. تخيلوا أن الأم كانت توصي ابنتيها. غيّروا كل ما يلزم وخاصة أفعال الأمر**

The following is a Bedouin mother's will (advice) to her daughter before her marriage. Read the will out loud. Then, imagine that the mother is talking to two of her daughters, and make the necessary changes, particulary to the verbs that have been bolded.

وصـية امرأة لابنتها ليلة زفافها

أوصــت أعـرابية ابنتها ليلة زفافها فقالت: "إنك فارقت بيتك الذي منه خـرجت، وعشّك الذي فيه درجتِ إلى وكـرٍ = (عش) لم تـعرفيه، وقرين = (زوج) لم تألفيه = (لم تتعودي عليه)، **فكوني** (فـ + كوني) له أَمَـة maid يكن لك عـبـدًا. **واصـحبيه** بالقناعة، **وعــاشريه** بحُسن السمع والطاعة، **ولا تعصي** do not disobey له أمـرًا ولا **تُفـشي** disclose له سـرًا، **وكـوني** أشـد الناس له إعظامًا **واعلمي** أنك لاتصلين إلى ما تحبين حتى تـؤثري رضاه على رضاك وهــواه على هــواك."

القراءة (٢): وصية لُقمان لابنه

هذه آيات من سورة لقمان في القرآن الكريم. معظم هذه الأيات تتكلم عن وصايا لقمان لابنه. تم وضع خط تحت كل أفعال الأمر والنهي لكم للتسهيل. كذلك، يمكن البحث عن تفسير الآيات على الانترنت لمن أراد ذلك.

القراءة الأولى

تمرين 88 **استمعوا ثم اقرأوا الآيات وأجيبوا عن الأسئلة التالية**

١. ما هي الوصية الأولى ولماذا كانت الأولى؟

٢. ما واجب الإنسان **نحو** toward والديه؟

٣. في الآية ١٧ هناك أربع وصايا. ما هي؟

٤. في الآية ١٨ و ١٩، هناك أربع وصايا وهي من **حسن الخلق** mannerisms. ما هي؟ (تحتاجون إلى القاموس)

وَإِذْ قَالَ لُقْمَانُ لِابْنِهِ وَهُوَ يَعِظُهُ يَا بُنَيَّ لاَ تُشْرِكْ بِاللَّـهِ إِنَّ الشِّرْكَ لَظُلْمٌ عَظِيمٌ ﴿١٣﴾ وَوَصَّيْنَا الْإِنسَانَ بِوَالِدَيْهِ
حَمَلَتْهُ أُمُّهُ وَهْنًا عَلَىٰ وَهْنٍ وَفِصَالُهُ فِي عَامَيْنِ أَنِ اشْكُرْ لِي وَلِوَالِدَيْكَ إِلَيَّ الْمَصِيرُ ﴿١٤﴾ وَإِن جَاهَدَاكَ عَلَىٰ أَن تُشْرِكَ
بِي مَا لَيْسَ لَكَ بِهِ عِلْمٌ فَلاَ تُطِعْهُمَا وَصَاحِبْهُمَا فِي الدُّنْيَا مَعْرُوفًا وَاتَّبِعْ سَبِيلَ مَنْ أَنَابَ إِلَيَّ ثُمَّ إِلَيَّ مَرْجِعُكُمْ فَأُنَبِّئُكُم
بِمَا كُنتُمْ تَعْمَلُونَ ﴿١٥﴾ يَا بُنَيَّ إِنَّهَا إِن تَكُ مِثْقَالَ حَبَّةٍ مِّنْ خَرْدَلٍ فَتَكُن فِي صَخْرَةٍ أَوْ فِي السَّمَاوَاتِ أَوْ فِي الْأَرْضِ
يَأْتِ بِهَا اللَّـهُ إِنَّ اللَّـهَ لَطِيفٌ خَبِيرٌ ﴿١٦﴾ يَا بُنَيَّ أَقِمِ الصَّلَاةَ وَأْمُرْ بِالْمَعْرُوفِ وَانْهَ عَنِ الْمُنكَرِ وَاصْبِرْ عَلَىٰ مَا
أَصَابَكَ إِنَّ ذَٰلِكَ مِنْ عَزْمِ الْأُمُورِ ﴿١٧﴾ وَلاَ تُصَعِّرْ خَدَّكَ لِلنَّاسِ وَلاَ تَمْشِ فِي الْأَرْضِ مَرَحًا إِنَّ اللَّـهَ لاَ يُحِبُّ كُلَّ مُخْتَالٍ
فَخُورٍ ﴿١٨﴾ وَاقْصِدْ فِي مَشْيِكَ وَاغْضُضْ مِن صَوْتِكَ إِنَّ أَنكَرَ الْأَصْوَاتِ لَصَوْتُ الْحَمِيرِ. ١٩ (لقمان: ١٣-١٩)

القراءة الثانية

تمرين 89 اقرأوا وأجيبوا

١. ما معنى حرف الفاء في "فلا تطعهما" و"فأنبئكم"؟

٢. هناك جملة "حال" في الآية ١٣، ما هي؟

٣. ما هو أصل الفعل "تك" في الآية ١٦؟ ما سبب حذف حرف النون، في رأيكم؟

٤. في رأيكم، ما هي وظيفة حرف اللام في "لظلم" في الآية ١١ وفي "لصوت" في ١٩؟

٥. هناك أفعال مضارعة مجزومة في الآيات، بيّنوها وبينوا علامات إعرابها؟

القراءة الثالثة

تمرين 90 لنتناقش ...

في الآية ١٥، ما هي علاقة الجهاد في علاقة الأولاد بآبائهم؟

استماع القصة ٢

تمرين 91 استمعوا ثم املأوا الفراغات

وقد أكّد بعض الشهود أن الشاحنة كانت مسرعة حين ________ (١) من الخلف بسيارة الـ"هوندا" التي كانت قد خففت سرعتها عند ________(٢)، وقال واحد من الشهود إن سائقة الـ"هوندا" لم تكن تضع حزام الأمان وإن سائق الشاحنة ________(٣) لم يترك مسافة كافية حين كان يقود شاحنته بسرعة جنونية، وإن انشغاله بالهاتف المحمول أثناء القيادة ربما ________(٤) عن التركيز على الطريق مما أدى إلى ________(٥) الشاحنة بالسيارة الصغيرة، وإحداث صوت ________ (٦) أرجاء المكان.

لم أكن أصدق ردة فعل والدي الذي أخذ يبكي ________ (٧) ولم يستطع أن يسيطر على نفسه أو أن يتمالك أعصابه. ________ (٨) بحرارة وشريط من الأفكار يدور في رأسي... أبي حبيبي... ________ (٩) الله وحفظه لنا... آه يا أبي!

ذلك الرجل ________ (١٠) المثالي المتماسك عزيز النفس والذي ________ (١١) الخامسة والخمسين من عمره ويمتاز بذكاء مفرط وعقلية ________ (١٢) وأخلاق حميدة يبكي؟ صحيح أنه قد يبدو ذا وجه غاضب ولكنه ________ (١٣) المشاعر، سبّاق ________ (١٤) الآخرين، ويملك قلبًا حنونًا طيبًا أبيض كالثلج.

انطلقت بنا السيارة، وكي ________ (١٥) الإزدحام دخلنا بعض ________ (١٦) في طريق فرعي في حي عتيق، ________ (١٧) جدرانه بفعل السنين وأصاب ________ (١٨) كافة محلاته، كان الطريق غير معبَّد وفيه الكثير من ________ (١٩) والمطبات التي تتجمع فيها مياه ________ (٢٠) الرائحة فأصبحت مسكنًا للحشرات والصراصير، ولا تتوفر فيه قنوات الصرف الصحي. قلت في نفسي: "آه! أين نحن وأين هذا المكان من ________ (٢١) دمشق التي تحتضن دمشق كاحتضان الأم لصغيرها، فيها بساتين من شتى ________ (٢٢) أشجار الفاكهة كالمشمش والتوت والخوخ وغيره، وفيها بساط أخضر ممتد________ (٢٣) بكل أنواع الخضار كالذرة والزهور. آه من ________ (٢٤) الواقع!!!"

لم يفارقني منظر الشخصين ________(٢٥) على الأرض، رجل تجاوز عمره الستين سنة، وفتاة حديثة السن في سن ________ (٢٦)، كان الرجل نحيلًا، قصير القامة، يرتدي جلبابًا بنيًا قديمًا باليًا، ووجهه مليء ________ (٢٧)، كان شعر رأسه مُجعّدًا، أما شعر لحيته فكان كثيفًا، وله عينان حادتان ________ (٢٨) قلقتان، وأنف أفطس. أما الفتاة فكانت

طويلة القامة، ________ (٢٩) البنية وعريضة المنكبين ذات جسد متناسق و بشرة بيضاء وأنف ________ (٣٠)، وعيناها بُنيتان وشعرها أسود كالليل وخداها حمراون كالتفاح، وفمها رقيق يُظهر أسنانها البيضاء التي ________ (٣١) من بعيد.

وفي خضم بحر أفكاري المتلاحقة، ________ (٣٢) جسمي على يد والدي تمسح رأسي وصوته الحنون يهمس في أذني قائلًا: "يللا انزلي يا ابنتي، ها نحن وصلنا، صحبتك السلامة ________ (٣٣) عيني."

واحة القواعد (٥): الأفعال الرباعية

في النص قرأنا "... وأحداث صوت **زلزل** أرجاء المكان،" وكذلك قرأنا الفعل "**عرقل**" من كلمة "عرقلة" في "وعرقلة سير كبيرة" الفعلان "زلزل" و"عرقل" يتكونان من أربعة حروف. لذلك فهما فعلان رباعيان. وهناك أمثلة كثيرة على الأفعال الرباعية في اللغة العربية منها **دحرج** to roll، **هندس** to engineer، ترجم و**برمج** to program.

والفعل الرباعي له وزن واحد شائع وهو: "فَعْلَلَ." ولكن هناك أوزان أخرى مشتقة من الأسماء **للدلالة** to signify على المعنى.

المهم هنا أن نعرف وزن الفعل الرباعي وبعض معانيه.

The quadrilateral verbs have several semantic meanings. We will focus on the most common ones for now.

١. جعل الاسم المشتق من الفعل في المفعول.

Incorporating the noun from which the verb is derived into the object:

مثال: فَلْفَلْتُ الطعام. I put pepper on the food (I peppered the food).

٢. **النحت** coining ومن **أمثلته: حمدل** = (قال: "الحمدلله"). **بسمل** = (قال: "بسم الله").

تمرين 92 ما الأفعال الرباعية المنحوتة من

١. سبحان الله

٢. لا حول ولا قوة إلا بالله (حـ ...)

٣. **أدام الله عـزه.** May Allah prolong his (someone the speaker praises) glory/grace. (حرفان من كلمة "أدام" وحرفان من كلمة "عزه"). (د ...)

تمرين 93 الأفعال الرباعية التالية أفعال مستعارة من الإنجليزية. ما معناها؟

١. تلفن

٢. تلفز

٣. فلسف

٤. بركن

للمعرفة فقط FYI

الأفعال الرباعية في القرآن

هناك ثمانية أفعال رباعية في القرآن وهي: (زلزل، حصحص، دمدم، عسعس، وسوس، كبكب، بعثر، زحزح).

١. زلزل: "إِذَا **زُلْزِلَتِ** الْأَرْضُ زِلْزَالَهَا." (الزلزلة: ١) *When the earth **is shaken** with its [final] earthquake.*

٢. حصحص: "قَالَتِ امْرَأَةُ الْعَزِيزِ الْآنَ **حَصْحَصَ** الْحَقُّ." (يوسف: ٥١)

The wife of Al-Aziz said, "Now the truth has become evident.

٣. دمدم: "فَكَذَّبُوهُ فَعَقَرُوهَا **فَدَمْدَمَ** عَلَيْهِمْ رَبُّهُم بِذَنبِهِمْ فَسَوَّاهَا." (الشمس: ١٤)

*But they denied him and hamstrung her. So their Lord **brought down upon them destruction** for their sin and made it equal [upon all of them].*

٤. عسعس: "وَاللَّيْلِ إِذَا **عَسْعَسَ**." (التكوير: ١٧) *And by the night as **it closes in**.*

٥. وسوس: "وَلَقَدْ خَلَقْنَا الْإِنسَانَ وَنَعْلَمُ مَا **تُوَسْوِسُ** بِهِ نَفْسُهُ، وَنَحْنُ أَقْرَبُ إِلَيْهِ مِنْ حَبْلِ الْوَرِيدِ." (ق: ١٦)

*And We have already created man and know what his soul **whispers** to him, and We are closer to him than [his] jugular vein.*

٦. كبكب: "**فَكُبْكِبُوا** فِيهَا هُمْ وَالْغَاوُونَ." (الشعراء: ٩٤)

*So they **will be overturned** into Hellfire, they and the deviators.*

٧. بعثر: "وَإِذَا الْقُبُورُ **بُعْثِرَتْ**." (الانفطار: ٤) *And when the [contents of] graves are scattered.*

٨. زحزح: "كُلُّ نَفْسٍ ذَائِقَةُ الْمَوْتِ، وَإِنَّمَا تُوَفَّوْنَ أُجُورَكُمْ يَوْمَ الْقِيَامَةِ، فَمَن **زُحْزِحَ** عَنِ النَّارِ وَأُدْخِلَ الْجَنَّةَ فَقَدْ فَازَ، وَمَا الْحَيَاةُ الدُّنْيَا إِلَّا مَتَاعُ الْغُرُورِ." (آل عمران: ١٨٥)

*Every soul will taste death, and you will be given your [full] compensation only on the Day of Resurrection. So he who **is drawn away from** the Fire and admitted to Paradise has attained [his desire]. And what is the life of this world except the enjoyment of delusion.*

الكتابة والبلاغة: مراجعة لدرس المتلازمات

تمرين 94 أكملوا الجمل التالية بكلمة مناسبة

١. أحب مياه الخليج ________. (صفة)

٢. في الأعراس نقول للعريس: "بالرفاه و________". (اسم)

٣. ________ـه الجامعة فرصة أخيرة كي يتخرّج هذا الفصل بعد فشله في التخرج لسنتين متتاليتين. (فعل)

٤. ________ الرحيل وصار عليّ أن أغادر. (فعل)

٥. قضية الصراع الفلسطيني الإسرائيلي من القضايا الشائكة و________. (صفة)

٦. لا أريد السفر في الوقت _____، ربما في المستقبل. (صفة)

٧. سمعت قصصًا _____لها الرأس. (فعل)

٨. _____تُ ربي ليلًا وصلّيت له ودعوته أن _____ني إلى الأفضل. (فعل)

٩. إرادة الله فوق كل شيء، وكل شيء في هذه الدنيا قضاء و_____. (اسم)

١٠. سافرت برًّا و_____ إلى أماكن مختلفة في العالم. (ظرف adverb)

١١. أعشق مدينة "نيويورك"—شوارعها ومتاحفها وناسها، أما مطاعمُها فـ_____ ولا حَرَج. (فعل)

١٢. رأيت حادث سيارة كبير _____ له الأبدان على الطريق السريع أمس. (فعل)

١٣. _____ البحر في قارب كبير مع صديق طفولتي وكانت من أجمل الرحلات البحرية في حياتي. (فعل)

١٤. أخي الصغير مشكلجي يحب اللعب بالنار كثيرًا، أمس خرجت والدتي لتحضر بعض الأشياء من سيارتها وكانت قد تركت وعاء الطبخ على النار، وحينها _____ له الجو، وبدأ يمد يده ليلعب بالنار. الحمد لله دخلت والدتي وصرخت قائلة: "اوع النار يا ولد." (فعل)

١٥. أنا وزميلي في الغرفة سهرنا حتى ساعة متأخرة من الليل. وفي حوالي الساعة الثانية صباحًا بدأت _____ بالنعاس وقلت له: "خلاص من اللازم أن أنام، بعد إذنك، _____ ليلتك يا عزيزي." (فعل)

أفعال شائعة	
interrogate, question	استجوب، يستجوب، استجواب
achieve, accomplish	حقَّق، يحقق، تحقيق
interrogate, question	حقق مع، يحقق مع، تحقيق مع
execute, carry out, implement	نفَّذ، ينفِّذ، تنفيذ
to be drowned, sink, to be engrossed	غرِق في، يغرق في، غَرَق في
to be held	انعقد، ينعقد، انعقاد
suggest	اقترح، يقترح، اقتراح
apologize	اعتذر، يعتذر، اعتذار
compensate	عوَّض، يعوِّض، تعويض
save, rescue	أنقذ، يُنقِذ، إنقاذ
expel, banish	طرد ... من، يطرُد ... من، طَرْد ... من
export	صدَّر، يصدِّر، تصدير
import	استورد، يستورد، استيراد
consume	استهلك، يستهلك، استهلاك

صفات شائعة 🎧	
wicked, evil	شرير (ج) أشرار
reckless	طائش
ill-fated, unlucky, star-crossed, ill-omened	نحس = (منحوس)
corrupted	فاسد
silent	صامت
slow	بطيء
inspired	مُلْهَم
strict	صارم
bigoted	متعصّب = (متشدّد)
unfair, oppressing	ظالم
ugly	قبيح
persistent, diligent	مثابر
deep	عميق

صفات شائعة بالعامية 🎧	
He rented the floors (the brain); refers to a person who acts stupid or in a ridiculous manner when dealing with others.	مْأجِّر الطوابق
A polisher with broadcloth, "hypocrite and flatterer"; said to someone who compliments and flatters others in order to curry favor with them.	مَسيح جوخ

تعلموا المتلازمات التالية مع الفعل "نفّذ" التي جاءت في الأفعال الشائعة: 🎧

he executed a mission	نفذ مَهمّة	he executed a plan	نفّذ خُطة
he performed a program	نفذ برنامج	he executed an attack	نفذ هجومًا

تمرين 95 دردشوا مع زملائكم عن

١. من الشخص الشرير في رأيهم؟ هل يعرفون شخصية شريرة حقيقية؟ من هو/ هي؟ لماذا يعتبرونها شريرة؟

٢. شخصية صارمة قابلوها في حياتهم. من هي ولماذا هي صارمة؟

٣. شخصية مثابرة قابلوها. من هي؟ ولماذا هي مثابرة؟

٤. شخص مأجر الطوابق أو مَسيح جوخ يعرفونه.

تمرين 96 استبعدوا الكلمة الغريبة

١.	متعصب	مميّز	متطرف
٢.	مقاومة	تحقيق	إنجاز
٣.	مثابر	مجتهد	مكتئب
٤.	غطّى	أنقذ	أسعف
٥.	استجواب	تحقيق	تعويض
٦.	عنيد	متفائل	صارم
٧.	اقترح	نصح	طرد
٨.	سامح	اعتذر	طبع
٩.	عميق	بالغ	فاشل
١٠.	استيراد	غرق	تصدير
١١.	تنفيذ	إجراء	تأجيل
١٢.	مفيد	بطيء	مسيء
١٣.	مأجر الطوابق	مجنون	منوّر

تمرين 97 ترجموا إلى الإنجليزية

١. الـ"سينما" الصامتة هي الأفلام التي تعتمد بالأساس على الصورة في غياب الحوار وحتى الـ"موسيقى" في الغالب، كي تساعد المشاهد على الانغماس مع قصة الـ"فيلم." ومن مميزات الـ"سينما" الصامتة أنها تستهدف عددًا أكبر من المشاهدين على الرغم من اختلاف اللغات.

٢. أعلن نادي الزمالك المصري الانسحاب من الدوري المصري لكرة القدم اعتراضًا على ما اعتبرها قرارات (ظالمة) من الحكّام في مباراته أمام مضيفه فريق (طلائع الجيش) التي خسرها ٣-٢.

٣. الشخص المُلهَم لديه قدرة كبيرة على خلْق الهدف ووضع بدائل له، كما أنه يستطيع أن يقود فريقه أو العاملين بمؤسسته في جميع الاتجاهات نحو ذلك الهدف عن طريق طاقته الإيجابية العالية وانطلاقه السريع بأفكاره في كل الاتجاهات.

٤. ماذا تقترح لإعادة اللغة العربية لِسابق رِفعتها وبريقها في مواجهة المدّ الهائل للغة العامية؟

٥. يقول البعض إن ما يعجب النساء في الرجال أكثر هو الجانب المظلم أو الشرير فيهم وليس الجمال، وإن المرأة تنجذب بشكل أكبر للرجل الغامض صاحب المظهر الكئيب والمنغلق والذي يشير إلى جنون الرجل أو سوئه، أو الذي يصعب التعرف عليه أو فهمه بسرعة. يا ترى، هل هذا صحيح أم لا؟

٦. أنت مُلهِمي وأنا مُلهِمك، أنت أعمى وأنا **أصم** = (لا أسمع) و**أبكم** = (لا أتكلم)، إذًا ضع يدك بيدي كي يدرك أحدنا الآخر، فبعضنا كالحبر وبعضنا كالورق، ولولا سواد بعضنا لكان البياض أصم، ولولا بياض بعضنا لكان السواد أعمى.

٧. طلب مدير المدرسة من الأساتذة أن ينفذوا برنامج تطوير مهارات الكتابة الذي أعدته وزارة التعليم.

حياتي: مشهد آخَر

تمرين 98 اعرفوا زملاءكم

١. هل شعروا يومًا بأن النحس **يلازمهم** = (يصحبهم) دائمًا؟ هل يؤمنون بالنحس أصلًا؟ لِم (لا)؟

٢. في رأيهم، كيف يكونون شخصيات ملهمة في عملهم؟

٣. يقول بعض الناس إن ضرر الزواج من شخص فاسد أكثر من ضرر **العنوسة** spinsterhood؟ ما رأيهم في ذلك؟

٤. ماذا تُصدِّر بلادهم إلى العالم؟ أي الدول الأكثر استيرادًا منها؟

٥. ماذا يقترحون لتقليل أو منع انتشار تعاطي المخدِّرات بين فئة الشباب؟

٦. في رأيهم، إذا أخطأوا في حق أشخاص آخرين، كيف يعتذرون بطريقة مناسبة تُجنّبهم الشعور بالحرج؟

٧. هل لديهم خطط مستقبلية؟ في اعتقادهم، هل سيكون من السهل تنفيذها؟

تمرين 99 املأوا الفراغ بالفعل أو المصدر أو الصفة المناسبة

١. ــــــــــــ لجنة في الـ"كونغرس" الأمريكي الابن الأكبر للرئيس في جلسة مغلقة استمرت خمس ساعات عن تدخّل "روسيا" في الحملة الرئاسية الأميركية.

٢. قام طيار تركي بهبوط اضطراري مروِّع بينما كان **يحلّق** = (يطير) برؤية مُنعدمة تمامًا من أجل ــــــــــــ حياة أكثر من مائة سائح وإعادتهم بأمان إلى الأرض، وذلك بعدما **حطّمت** smashed قطعة من الثلج بحجم كرة الـ"غولف" الزجاج الأمامي لطائرته المتضررة بشدة.

٣. ــــــــــــ هو فعل نبيل يعطي الأمل بتجديد العلاقة وتعزيزها كونه يدفعنا إلى العمل على تحسين العلاقة وعلى تطوير ذاتنا. في الحقيقة ليس من العيب أن يخطيء أيٌّ منا في حق الآخرين، ولكن العيب ألّا ــــــــــــ للطرف الآخَر بعد الخطأ. (الكلمتان من نفس الجذر)

٤. كشف المحققون في مجزرة "لاس فيغاس" التي راح ضحيتها ٥٨ قتيلًا على الأقل وحوالي ٥٧٠ جريحًا، أن شخصًا يدعى "ستيفن كرايغ بادوك" هو الذي ــــــــــــ الهجوم، حيث أطلق النار لمدة تسع دقائق متتالية، حسب ما نقلت وكالة "رويترز" الإخبارية عن شرطة مقاطعة "كلارك" في ولاية "نيفادا."

٥. بعد أن لقي مواطنون اردنيون مصرعهما على يد موظف في السفارة الإسرائيلية بعمّان، طالب الكثير من الأردنيين بإغلاق السفارة و ــــــــــــ السفير الإسرائيلي وسحب سفير المملكة في "تل أبيب."

٦. اعتقلت الشرطة "التنزانية" قِسًّا بعد ــــــــــــ شخصين من أتباع كنيسته، مما أدى إلى وفاتهما خلال أداء طقوس دينية لتعميدهما في نهر قرب منطقة "رومبو" في شمال البلاد.

٧. ــــــــــــ الاجتماع الحكومي ولم يكن وزير الخارجية مشاركًا فيه، بل حضر عنه أحد المساعدين له.

٨. أصبحت عمليات الاستيراد وــــــــــــ أكثر نشاطًا من قبل وذلك نتيجة للانفتاح الكبير الذي يشهده العالم وينشط فيه بشكل كبير تصدير الملابس.

٩. وصفت صحيفة "نيويورك تايمز" الأميركية الأزمة التي تعرض لها الشعب اليمني بأنها أسوأ كارثة إنسانية، وقالت: "إن الناس هناك يتعرضون لِلموت الـــــــــــــ في ظل الظروف التى لا تُطاق ويعيشها الناس بشكل يومي."

١٠. أعلن رجل دين ــــــــــــ أنه سيقوم بمقاضاة صحافية سودانية في المحكمة نتيجة نشرها مقالًا انتقدت فيه الإسلاميين وقالت: "إنهم لن يتمكنوا من إقامة دولة متطورة لأنهم منشغلون بتربية الأفراد عبر قانون النظام العام."

١١. يوجد كلام يحمل بداخله معنى ــــــــــــ، لا يدركه أي أحد ولا يفهمه من يمرّ عليه مرور الكرام، فالكلام جنة لمن

180

عرف ما يقول، ونار لمن لا يعرف ما يقول، هو حروف تحمل في داخلها الكثير من المعاني المفرحة، والمبكية، والإيجابية، والسلبية، فعلينا أن نكون حذرين فيما نقول لأن الكلمات تترك وراءها أثرًا عظيمًا.

١٢. إنّ أحد أسرار __________ النجاح هو أن تتعلم كيف تستخدم الألم والمتعة، بدلًا من السماح للألم والمتعة باستخدامك، فمَن يريد النجاح يكن جريئًا لا يخاف كثيرًا من الفشل أو الخسارة.

تمرين 100 يللا نمثل

زرت بيت صديقك، وهناك دخلت في حوار مع والدته المتعصبة والعنصرية حول موضوع استقبال لاجئين سياسيين في بلدك أو ولايتك. ماذا دار بينكما من حديث؟

يمكن استخدام بعض التعابير العامية في الملحق II.

واحة القواعد (٦): لا النافية للجنس laa of absolute or categorical negation

لننظر إلى التعبير التالي: لا حولَ ولا قوةَ إلا بالله.

تعرفون الآن معنى هذه العبارة. ولكن ما معنى ووظيفة "لا" في هذه الجملة؟ هذا الحرف للـ**نفي** negation ولكنه ينفي وجود الشيء بشكل تام. لذلك، في عبارة "لا حول ولا قوة إلا بالله،" ليس هناك وجود لأي حول أو أي قوة بدون حول الله وقوته.

نفس الشيء ينطبق على "لا إله إلا الله."

هذه الـ "**لا**" اسمها "لا النافية للجنس" ونستخدمها كثيراً. ما رأيكم بـ"لا مشكلة في ذلك"؟

لا النافية للجنس مثل "إن" وأخواتها. لها اسم منصوب ولها خبر مرفوع. هناك **ثلاثة شروط لعمل لا النافية للجنس:**

١. أن يكون الاسم والخبر **نكرتين** indefinite (provided the predicate is a noun)

٢. ألا يكون بينها وبين اسمها **فاصل** separator

٣. ألا يسبقها حرف جر

لذلك فـ"لا" في الجمل التالية ليست لا النافية للجنس:

١. لا الطلابُ في الصف ولا الأساتذة.

٢. لا في الصف طلابٌ ولا أساتذةٌ.

٣. المجرمُ بلا ضمير.

تمرين 101 غيروا الجمل الآتية واستخدموا (لا) كما في المثال التالي:

- الطالب الأول: هل عندك واجب اليوم؟
- الطالب الثاني: لا واجب عندي اليوم.

١. هل الحفلةُ في بيتكم؟

٢. هل الكتابُ في المكتب؟

٣. هل الأستاذُ في مكتب المدير؟

٤. ما رأيُك في الـمحاضرة؟

٥. هل عندك سيارةٌ؟

٦. هل تكلم معك أحد قبل الصف؟

٧. هل هناك مطعمٌ أحسنُ من هذا الـمطعم؟

٨. هل يوجد مكانٌ لي في سيارتك؟

٩. كلُّ الطلاب يريدون امتحانًا هذا الأسبوعَ.

تمرين 102 **اقرأوا العبارات التالية وفكروا في معانيها وسياقات مناسبة لاستخدامها**

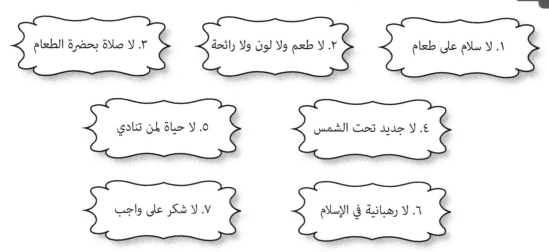

١. لا سلام على طعام

٢. لا طعم ولا لون ولا رائحة

٣. لا صلاة بحضرة الطعام

٤. لا جديد تحت الشمس

٥. لا حياة لمن تنادي

٦. لا رهبانية في الإسلام

٧. لا شكر على واجب

تمرين 103 **اقرأوا ما يلي وحاولوا فهم معناها بالرجوع إلى الجذر**

١. لا ضرر ولا ضرار. (حديث شريف)

٢. "لا إكراه في الدين." (البقرة: ٢٥٦)

تمرين 104 **شعارات سياسية** political slogans

اقرأوا الشعارين السياسيين التاليين. ماذا يعنيان وأين يمكن أن يكونا قد انتشرا؟

Read the following political slogans. Decide where they might have appeared and what they mean.

- لا صوت يعلو فوق صوت الانتفاضة
- لا إخوان ولا سلفية إحنا الشرعية الثورية
- لا إله إلا الله والشهيد حبيب الله

تمرين 105 **من خلال دراسة لا النافية للجنس، وضّحوا كيف أصبحت العبارة "لا باس عليك؟" هي السؤال الشائع في الدارجة المغربية عن الصحة.**

واحة القواعد (٧): الجمل الشرطية

تكلمنا عن الجمل الشرطية في أكثر من درس في الجزء الثاني: "لولا،" "لولا ... لـ" في الدرس الرابع، "إنْ" في الدرس العاشر، "إذا" في الدرس الحادي عشر، "لو" و"لولا" في الدرس الثاني عشر. في أسلوب الشرط هناك أدوات أخرى سنتكلم عنها في دروس تالية. لكن السؤال هنا، متى نستخدم حرف الفاء في جواب الشرط (**النتيجة** the ending result)؟ وهناك سؤال مهم أيضًا: ما الفرق بين "إنْ" و"إذا"؟

تستخدم "إنْ" في حال وجود **شك** doubt في تحقق النتيجة أو إن كانت **نادرة الوقوع** rarely occurs. أما "إذا" فتستخدم إن كانت النتيجة مؤكدة الوقوع أو هناك أمل بوقوعها. لنقرأ **الأمثلة** التالية:

- إن تدرسْ تنجحْ.
- إذا درستَ نجحتَ.
- إذا درست فسوف تنجح.

هناك أسماء شرط أخرى أهمها: **مهما** no matter what, whatever، **مَن** whoever، **كيفما** no matter how.

اقرأوا **الأمثلة** التالية:

- **مَن يزرعْ يحصدْ** whoever plans reaps.
- مهما قالت أمي فلن أغضب منها.
- كيفما كانت الحالة السياسية في البلاد فإنّ الانتخابات ستجري في موعدها.

كل جملة من الجمل السابقة تحتوي على جملتين، تعتمد فيها الثانية على الأولى. في جملة "من يزرعْ يحصدْ" كلا الفعلان مضارعان مجزومان. أما الجملة الثانية "مهما قالت أمي فلن أغضب منها" فالفعل الأول فيها ماض والثاني مضارع منصوب، لكن الحديث عن كل الأزمنة. في حين أن الجملة الثالثة "كيفما كانت ... موعدها." فالفعل الأول ماض والثاني مضارع زمنه مستقبل. ومن الجمل الشرطية أيضًا:

- أينما تأكلوا هذا المساء آكل معكم.

أينما هو حرف شرط آخر

تمرين 106 **عبروا عن المعاني التالية مستخدمين (مهما أو كيفما أو من)**

1. Regardless of what you say or do, your girl's friend will be upset with you.
2. Whoever does not show up for the game will not play for two weeks.
3. They will not like the food no matter how you cook it.

تمرين 107 يللا نمثل

You are the wife of a stubborn man. You decide to leave him and live by yourself. Your husband's friend comes in an attempt to reconcile the matters between the two of you. Act out the situation using the conditional as in the previous page and some of the expressions below and in Appendix II.

literally meaning "the mother of all loved ones," said to the mother	ستّ الكلّ = (ست الحبايب)
it is not going to work like this (this is not right!)	مَبِصَحّش

زاوية الأدب: قراءة: قصة قصيرة

سيجا

بقلم: هالة البدري

من هي هالة البدري؟

روائية وصحافية مصرية ولدت في مدينة القاهرة سنة ١٩٥٤. درست التجارة في قسم إدارة الأعمال في جامعة القاهرة وتخرجت سنة ١٩٧٥. كانت بطلة مصر في السباحة لسنوات عديدة. نشرت روايتها الأولى "منتهى" سنة ١٩٩٥، أما روايتها "امرأة ... ما" فقد حصلت على جائزة أفضل رواية في معرض القاهرة الدولي للكتاب سنة ٢٠٠١ وعملت **نائب** vice رئيس تحرير الإذاعة والتلفزيون المصري. هي سكرتير عام نادي القلم الدولي في مصر. لها مؤلفات مختلفة منها "غواية الحكي" و"قصر النملة" وهي مجموعة قصصية.

السيجا / السيجة

لعبة السيجا وهي لعبة مثل **الشطرنج** chess تستخدم فيها الحجارة، وكانت منتشرة في مصر والسودان والأردن وفلسطين وشمال المملكة العربية السعودية.

مصراتة

مدينة ليبية تقع على ساحل البحر الأبيض المتوسط في الشمال الغربي من البلاد. وهي ثالث أكبر مدينة ليبية بعد طرابلس وبنغازي. اسمها من قبيلة (مصراته) وهي قبيلة **بربرية** Berber tribe كانت تعيش على ساحل المتوسط. والمصراتيون هم **البحارة** sailors وكان قد بناها الفينيقيون قبل ٣٠٠٠ سنة. ومصراته كانت وما زالت مركزًا تجاريًا هامًا.

العفاريت هي جمع عفريت وهو الجني أو **الشيطان** demon أو هو **الخبيث** malicious, mischievous, wicked. ومن المعاني أيضًا **الداهية** cunning, crafty. وفي القرآن، كلمة عفريت تعني **القوي من الجن** the strongest of the genies. وهناك أمثال كثيرة تستخدم كلمة عفريت منها: **زي العفريت** like a genie (someone who moves a lot).

مفردات القراءة:

حوض (ج) أحواض	fields	قرن (ج) قرون	string beans
أخالها	أظنها	يراودنا	come to one's mind
مقبرة (ج) مقابر	cemeteries	أبطيء	slow down

أُحسن	perfect	رقدته	نومه
أخشى	أخاف	ساحل	coast

تمرين 108 القراءة الأولى

١. من هي الشخصيات الرئيسية في القصة؟

٢. أين تجري أحداث القصة؟

٣. إلى أين كان يذهب الأولاد؟

٤. كم طريقًا لبيت (الرمالي)؟

٥. ما الطعام الذي كان يأخذه الأولاد وهم يلعبون؟

٦. ماذا يوجد في الطريق إلى بيت الرمالي؟

تمرين 109 القراءة الثانية

١. كيف يختلف الطريق الأول عن الطريق الثاني إلى بيت (الرمالي)؟

٢. ماذا يقول الراوي عن نبات الفول؟

٣. كيف يشعر الأطفال في الليل وهم في طريقهم إلى بيوتهم؟ لماذا؟

٤. كيف تطورت العلاقة مع قبر الولد الصغير؟

٥. كيف لعب الراوي مع الولد الميت؟

تمرين 110 القراءة الثالثة

١. إن كان معنى **غريب** strange فما معنى مغترب في "وأنا من أبناء المغتربين المصريين الذين يعملون في مدينة مصراته"؟

٢. ما معنى "وسّعنا من دائرة حركتنا نحو البيت"؟

٣. بماذا يقارن الراوي الفول في نهاية الفقرة الثانية؟

٤. كيف تغيرت نظرة الراوي إلى الموت في نهاية القصة؟

٥. ما معنى "الزمن مسجون أيضًا مع الجسد في الحفرة"؟

كلما صحت الشمس، وسَّعنا، أصدقائي وأنا من أبناء المغتربين المصريين الذين يعملون فى مدينة مصراتة الليبية، من دائرة حركتنا حول البيت. وقد تسمح أمّي لنا بالذهاب إلى بيت (الرمالي) صديق أبي، لنلعب مع أولاده. هو ليبيّ متزوج من مصرية. للبيت طريقان: الأول نقطع فيه الشارع العموميّ إلى وسط المدينة، حيث السوق، ثم نتعطف يسارًا فى شارع جانبي، لِنَجد المبنى ضمن بيوت قليلة على حافّة المدينة. الطريق الثاني مُختَصَر نقطعه خلف بيتنا وسط المزروعات والأراضي الخلاء لنصل خلف المنزل مباشرة. كنا نمر بأحواض القمح فى الصيف، والفول الأخضر فى الشتاء، ونمر بالمقابر أيضًا. النّوّارة تملأ الحقول، تنظر إلينا بعيونها السوداء، أخالها تبتسم لي أحيانًا، لكن بعض العيدان تحمل قرونًا ممتلئة.

قالت أمي: "لاتقتربوا من زراعة الناس من دون إذن."

حياتي: مشهد آخر

"الفول طريّ له زغب أبيض ناعم وذو ريق حلو، وإذا أخذنا منه حفنة لن تحدث مشكلة،" نقول لأنفسنا من دون كلام. يراوِدنا الفول كل يوم على الرغم من أن أبي يشتري لنا من السوق كميات كبيرة منه، لا نتذكره ونحن فى البيت، ونضيق به إذا ما أحضرته أمي لنأكله مع الجبن، لكننا وأثناء اللعب نجده أمامنا، فنقطف عدة قرون ونركض.

فى الطريق المختصر إلى بيت (الرمالي) توجد مقابر، بها كثير من اللحود، قالوا لنا إن عفاريت كثيرة تمرح بها. سألت "لماذا يبدو أحدها صغيراً عن الآخرين؟" قالوا: "لأنه لطفل." قلت: "لماذا لا نرى العفاريت ونحن نمرّ بجوارها؟" قالوا: "يظهرون فى السكون، وغالبًا فى الليل." تقشَعِرّ أجسادُنا الصغيرة، ونسرع الخُطى كلما اختصرنا طريقنا إلى بيت (الرمالي) لنلعب، لكنني مع الوقت وكلما مررت بجوارها وحيدة، توقفت أمام قبر الطفل أتساءل: "لماذا مات صغيراً؟" ولم أجد إجابة عند أحد، مع تكرار رحلتي لأصدقائي، رحت أبطيء السير شيئًا فشيئًا وأنا أمر بجوار قبره، ثم تحدثت إليه، وسألت نفسي إن كان يسمعني؟ تشجّعت وآمنت له، فجلست أرتاح من الطريق بجوار الحجر الموضوع فوق رأسه، وكررت الجلوس عنده مرات، ثم قررت أن ألعب معه. لم أعرف كيف؟

تذكرت شيئًا. بحثت عن غصن صغير، والتقطت مجموعة من الأحجار المستديرة. رحتُ أُحسِن صقلها، ورسمت على الأرض بجوار رأسه مربعات متساوية، ووضعت قطع الأحجار البيضاء له، وقطع الأحجار الحمراء لي، وبدأت بيني وبينه مباراة سيجا، وتبرعت بنقل حجارته، لأنه مات صغيراً، ولايستطيع القيام من رقدته. مع مرور الأيام، تطلعت لزيارة المقابر، واللعب مع الطفل الذى لم أعرف له اسمًا، أو صورة. صاحبت الموت، ولم أعد أخشاه، أو أخشى غروب الشمس وأنا أمر بجوار القبور. بعد سنوات طويلة وأنا أمر بجوار قبور أخرى، عرفت أن الزمن مسجون أيضًا مع الجسد فى الحفرة.

الكتابة: الروابط والعبارات الشائعة

- **باختصار** in summary

مثال: قرأنا في النص "باختصار أنا تعبانة وخائفة جدًا،" بعد أن تحدثت ليلى عن ليلتها الطويلة

- **بصورة طبيعية** naturally

مثال: "فأنا انتقلت للدراسة في جامعة دمشق حيث تستمر الحياة بصورة طبيعية في الكثير من مناطق العاصمة. الحمد لله."

- **مما (من ما)** that which

مثال: "وإن انشغاله بالهاتف المحمول أثناء القيادة ربما ألهاه عن التركيز على الطريق مما أدى إلى ارتطام الشاحنة بالسيارة الصغيرة، وإحداث صوت زلزل أرجاء المكان."

- **في خضم** in the midst

مثال: "وفي خضم بحر أفكاري المتلاحقة، انتفض جسمي على يد والدي تمسح رأسي."

بشكل مؤقت = (مؤقتًا) temporarily, in the interim

- والدي حصل على عمل بشكل مؤقت في إحدى شركات الأدوية. أو
- والدي حصل على عمل مؤقتًا في إحدى شركات الأدوية.

فيما يخص = (بخصوص) regarding, in reference to

- ما الهدف من الاجتماع الروسي الأمريكي الأردني فيما يخص الجنوب السوري؟

خصوصًا = خاصة = بالأخص = على الأخص = على وجه الخصوص

كل هذه العبارات من الفعل خصّ (خ ص ص) وتعني especially, particularly, in particular ويمكن أن تستخدم بنفس الطريقة.

- لا بد من إصلاح النظام التعليمي والمناهج الدراسية على وجه الخصوص.

تمرين 111 استخدموا العبارات السابقة في فقرة تتحدثون فيها عن حياتكم أو أحداث حقيقية حدثت فيها.

أغنية

أحب دمشق

كلمات وألحان: الأخوين رحباني

غناء: فيروز

غوطة دمشق: هي سهل واسع فيه أشجار وبساتين تحيط بمدينة دمشق من الشرق والغرب والجنوب. وكانت الغوطة مشهورة بكثرة الماء والتراب **الخصيب** fertile. وفيها أماكن تاريخية كثيرة منها: تل الصالحية وتل أسود وتل المرج. وفيها **مزارات** tombs دينية. من مشاكل الغوطة **التوسع العمراني** urban sprawl وقلة نزول الأمطار.

سؤال: ماذا تعرف عن الأخوين رحباني؟ (تكلمنا عنهما في أغنية الدرس الخامس في الجزء الثاني من كلمة ونغم)

المفردات			
هواي	حبي	المشتهى	what is desired
الأرقّا	most tender	الوادعة	gentle, amiable
العلى	sublimity, highness	الضحى	forenoon, late morning
صبا	yearning شوق	الطالعة	shining
قامة	stature, figure	تنضب	diminish, dry up
كحيلة	darkened	المجد	glory
رعته (رعى + تـ + ـه)	اهتمت به	كلل	تعب

تمرين 112 خمنوا معاني ما يلي

١. جِوار (فكروا في كلمة "جار" وعلاقة لبنان حيث تعيش فيروز مع سوريا تاريخيًّا وجغرافيًّا).

٢. وداد (فكروا في الفعل "ودّ" و"مودّة").

٣. الدامعة (اسم فاعل). فكروا في "دمعة" (الدرس الثالث من الجزء الثاني).

أحب دمشق هوايا الأرقّا
أحب جوار بلادي
ثرى من صبا ووداد
رعته العيون جميلة
و قامة كحيلة
أحب ... أحب دمشق
دمشق بغوطتك الوادعة
حنين إلى الحب لا ينتهي

كأنك حلمي الذي أشتهي ... هوى ملء قصتك الدامعة
تمايل سكرى به دمشق كشمس الضحي الطالعة
هنا والبطولات لا تنضب
تطلّع شعب حبيب العُـلى
إلى المجد بالمشتهى
كلل دمشق وأنت الثرى الطيب
غضبت وما أجمل
فكنت السلام إذا يغضب
أحب ... أحب دمشق

تمرين 113 أسئلة للفهم

١. ما الذي يحبه الشاعر في دمشق؟

٢. ما الذي يجعل دمشق "حنينًا إلى الحب لا ينتهي"؟

٣. ماذا يقول الشاعر عن شعب دمشق؟

تمرين 114 هناك **صور مجازية** metaphors كثيرة في الأغنية. ما هي بعض هذه الصور ووضحوها؟

الكتابة والبلاغة: مراجعة عامة لأساليب الوصف

١. **الصفة المفردة** single adjective: صباح جديد، جرح بالغ، جرح طفيف، ذكاء مفرط، عقلية راجحة، صوت حنون، رجل عملاق، سائق متهور.

٢. **الإضافة غير الحقيقية:** جاحظ العينين، عزيز النفس، كريه الرائحة، حديثة السن، قصير القامة، طويل القامة، عريض المنكبين، ضخم البنية.

٣. **جملة الصفة:** رجل تجاوز عمره الستين، شاحنة ذات مقطورة من نوع "مرسيدس" يقودها شاب جاحظ العينين، بساط أخضر ممتد يزخر بكل أنواع الخضار كالذرة والزهور.

٤. **ذو:** رجل ذو شخصية متميزة، رجال ذوو شخصيات متميزة، فتاة ذات جسد متناسق / عقل كبير، فتيات ذوات أجساد متناسقة / عقول كبيرة.

١. **مثل - في مثل - كـ:**

- غوطة دمشق التي تحتضن دمشق كاحتضان الأم لصغيرها.
- شعرها أسود كالليل وخداها حمراون كالتفاح.
- كانت الحادثة مثل الحلم المزعج.

كان جمال تلك المرأة في مثل جمال المغنية اللبنانية "نانسي عجرم."

٢. **الحال:** تنقلت بين المدن أفكر في مستقبلي. اصطدمت الشاحنة بالسيارة مُحدثة صوتًا مُزعِجًا. دخل الطالب الفصل ضاحكًا.

٣. **الخبر:** كان مستلقيًا على جانب الطريق. كانت الإصابات طفيفة. أصبح يبكي بحرقة. هي حنونة.

٤. **جملة الصلة** a sentence that comes after a relative pronoun: المرأة التي لا تحب تصرفات ابنتها.

تمرين 115 **كتابة**

We all have role models or a man or a woman of our dreams. Write 250–300 words about this person using different ways of description as explained above. Write about his/her lifeو why he/she is considered yoru role model, and in what ways you are follow his/her steps.

"كوربسيّات"

تمرين 116 **ما هي الأسماء الأكثر شيوعًا التي تأتي قبل أو بعد الكلمات التالية (الكلمات مأخوذة من مفردات الإعلام والأفعال الشائعة والصفات الشائعة). اختاروا ثلاثًا من الكلمات التالية وترجموا ثلاث جمل على كل كلمة.**

أزمة	طوارىء	مساعدات
لاجيء	استجوب	حقّق
نفّذ	انعقد	اقترح
فاسد	ظالم	متشدد

خمسة فرفشة

عثّورة لسان

حاولوا أن تفهموا الجمل التالية ثم كرروها ثلاث مرات بسرعة

١. خيط حرير على حيط خليل.

٢. ساعد سعيد السعدان مساعدةً أسعدَت سعاد.

نكات ع الطاير

١. قالت الزوجه لزوجها بغضب: يجب أن تغير هذا السائق لأنه كاد يقتلني ثلاث مرات بتهوّره
أجابها الزوج بهدوء: حرام يا حبيبتي، دعينا نعطيه فرصه أخيرة.

٢. الزوج يقول لزوجته: ما بك يا حبيبتي؟ صار لكِ أكثر من ساعة وأنت تقرئين في **عقد** contract زواجنا، هل تبحثين عن شيء؟ فأجابته بغضب شديد: نعم، أبحث عن تاريخ انتهاء العقد.

٣. الأب: إذا ضربت أختك مرة ثانية ستنام بغير عشاء.

الابن: همممم ماشي يا أبي! سأضربها بعد العشاء إن شاء الله.

تمرين 117 **أطلقوا عنان خيالكم**

Imagine a world where flying vehicles/taxis and self-driven cars become the norm. Describe how life might change and the types of accidents in which people might be involved.

مفردات وعبارات لها علاقة بالعقود والأسواق والمساومة فيها

المعنى	سمات عامية	الكلمة
	مفردات تعلمناها	
المعنى	**سمات عامية**	**الكلمة**
the two parties of the contract		طرفا العقد
granting a work permit		منح تصريح عمل
written agreement		موافقة كتابية = (موافقة خطية)
resignation		استقالة
evacuation		إخلاء سكن
sick leave		إجازة مرضية
the remaining, the rest		الباقي
seller	بيّاع (ج) بياعين	بائع (ج) بائعون
buyer	شرّا (ج) شرايين	مشترٍ (ج) مشترون
storage		مخزن (ج) مخازن
price	حق، سِعر، تَمَن	سعر (ج) أسعار = (ثمن (ج) أثمان)
the best price		آخر سعر
clothes	أواعي	ملابس
for free	بّلاش	مجانًا
tax	ضريبة (ج) ضرايب	ضريبة (ج) ضرائب
net, pure		صافٍ، الصافي
bargain	فاصل، يفاصل، مفاصلة	ساوم، يساوم، مساومة
deal (business, political, ...)		صفقة (ج) صَفَقات
budget		ميزانية (ج) ميزانيات

إيراد (ج) إيرادات		income, earnings, revenue

تمرين 1 ما العلاقة بين ...

١. "طرف" وكلمة "مـُتطرِّف"؟

٢. "تجارة" و "مـَتـْجر"؟

٣. "ضخم" و"تـَضخُّم"؟

٤. "شركة" وكلمة "شريك (ج) شُركاء"؟

٥. "إيراد" و"استورد"؟

تمرين 2 خمنوا معنى ما يلي

١. ضريبة دخل	٥. ضريبة استهلاك	٩. ضريبة الأرباح الرأسمالية
٢. ضريبة القيمة المضافة	٦. خفض الضرائب	١٠. زيادة الضرائب
٣. أرباح صافية	٧. استقرار الأسعار	١١. صفقة تجارية
٤. المُورِّد والمُستهلك	٨. ميزانية الدولة	

تمرين 3 دردشوا مع زملائكم عن

١. الضرائب التي يدفعونها أو يدفعها أفراد أسرهم للدولة أو الولاية أو المدينة: ما نسبة الضريبة ومتى يدفعونها؟ هل يظنون أن الدولة تستخدم أموال الضرائب بشكل فعّال ولخدمة الشعب؟ كيف؟

٢. عادات البيع والشراء في بلادهم، وهل يساومون أو لا؟ ومتى يساومون؟

٣. عادات البيع والشراء بين بلدهم وبلاد زاروها.

٤. هل هناك باعة مُتجولون في بلدهم؟ هل هناك أماكن مخصصة للباعة المتجولين؟

ظلال ثقافية (١)

من عبارات المساومة / المفاصلة في بعض الدول العربية:

- كم آخر؟ آخر كم؟ (خليجي)
- آخر كلام؟ (شامي، مصري)
- إدّيني من الآخر (مصر)
- وآخر سعر؟ (فلسطيني / أردني)

شاهدوا الفيديو للتسلية

مفردات جديدة		
المعنى	**سمات عامية**	**الكلمة**
modify		عدّل، يعدل، تعديل
human resources		موارد بشرية
arbitrary, abusive, despotic		تعسفي
warn		أنذر، يُنذر، إنذار
time limit for a decision, respite		مُهلة
lawsuit prosecute		دعوى قضائية رفع دعوى قضائية
reward, stipend		مكافأة (ج) مكافآت
fire, end, lay off		فصل، يفصل، الفصل
subtract, discount, defeat		خصم، يخصم، خصم
pensioning off		إحالة إلى المعاش = (إحالة إلى التقاعد)
warning, notice, admonition		لفْت نظر
disciplinary punishment		جزاء تأديبي = (عقاب تأديبي)
release, exemption from service		أعفى من الخدمة، يُعفى..، إعفاء...
change (of money)	فكّة، فراطة	
capital	راس مال (ج) روس أموال	رأس مال (ج) رؤوس أموال
warranty, guarantee		ضمان (ج) ضمانات
change (s.th. or s.o. with s.th. or s.o. else)	بدّل، يبدّل، تبديل	استبدل، يستبدل، استبدال
sign (n.)	يافطة (ج) يافطات	لافتة (ج) لافتات
monopolize		احتكر، يحتكر، احتكار
commodity		سِلعة (ج) سِلَع
repay debt		سدّ الديْن (ج) الديون، يسد ...، سداد ...
goods		بضاعة (ج) بضائع
give earnest money earnest money, down payment	عَربون	عربن، يعربن عُربون (ج) عرابين
customer	زْبون (ج) زباين	زبون (ج) زبائن
showcase	فترينة = (بترينة)	
free loan, (cash) advanced credit, advance		سُلَفة (ج) سُلف تسليف

تمرين 4 خمّنوا معنى ما يلي

١. على مَـهْلك	
٢. إجراءات تعَسـُّفية	
٣. حِرْمان من مُكافَـأة نهاية الخِدمة	
٤. خصم من الراتب	
٥. لَفَت نظرها	
٦. السّوق السَّوداء	
٧. السوق الحُرّة	
٨. سِلع استهلاكية	
٩. سِعر التّسليف	

تمرين 5 أكملوا بإجابة مناسبة من مفردات وتعابير لها علاقة بالعقود والأسواق والمساومة فيها

١. باع الطرف الأول للطرف الثاني أرضًا، وكتب له ________ بيع، ولكن لم يشهد عليه أحد. وقد دفع الطرف الثاني مبلغًا كبيرًا من المال كـ ___________ للطرف الأول، ثم **أنكر** denied الطرف الأول هذا البيع، وقال المحامي للطرف الثاني: " كان من اللازم وجود شاهِدَين على التوقيع، للتّمكن من استلام الأرض." يا ترى! هل يمكن أن يوقّع شاهدان جديدان، مع أنهما لم يحضرا البيع، لكنهما متأكدان من حدوث وتمام البيع؟

٢. قال مصدر إماراتي في أبو ظبي إن الإمارة منحت مؤسسة ماليزية ________ حتى ٣١ "أغسطس" لـ __________ ________ قيمته ٦٠٣ ملايين "دولار" كان من المقرر أن يتم دفعه في نهاية "يوليو"، بحسب وكالة "رويترز."

٣. قرر الرئيس المصري منح ________ مالية بقيمة ١,٥ "مليون" جنيه مصري لكل لاعب في منتخب مصر الوطني، وذلك بعد أن صعدوا لكأس العالم ٢٠١٨.

٤. إدارة ________ __________ هي إدارة القوى العاملة للمُنظّمات، وتختص بجذب الموظفين، واختيارهم، وتدريبهم، وتقويم أدائهم ومكافئتهم، وتهتم أيضًا بمتابعة قيادة المنظمة والثقافة التنظيمية والتأكد من تنفيذ قوانين العمل.

٥. سأعطيكم مثالًا على الاحتكار، يا شباب، إذا أحسَّ أحد التجار أن هناك نوعًا من ________ بدأ سعره يرتفع ويتحسن في السوق، فيقوم ذلك التاجر بشراء كل الكميات الموجودة في السوق ويتحكم في سعرها.

٦. ______ ____ ______، هي الإعفاء من العمل وجعل العامل أو الموظف يتمتع براتب شهري.

٧. قال نائب وزير الخارجية الروسي إن "موسكو" تنوي ______ ________ ________ ضد "واشنطن" في غضون الأسابيع القليلة المقبلة، مشيرًا إلى أن بلاده لا ترى أيّ أمل لِحل مسألة فرض "واشنطن" قيود على الدبلوماسيين الروس دون اللجوء إلى المحكمة.

تمرين 6 اعرفوا زملاءكم

١. هل استبدلوا أية بضاعة اشتروها من قبل؟ متى كانت آخر مرة استبدلوا فيها شيئًا اشتروه؟ ماذا حدث؟

٢. في بلادهم، من يُعفَى من الخدمة العسكرية؟

٣. في رأيهم، ما هي بعض القرارات التي تحتاج إلى تعديل في (جامعتهم، حكومة بلادهم، إلخ)؟

٤. هل في عائلتهم شخص أُحيل إلى المعاش؟ مَن؟ ما السّنّ القانونيّ للإحالة إلى التقاعد في بلادهم؟ ما رأيهم؟ هل هم مع أو ضد ذلك؟ لماذا؟

٥. في رأيهم، ما هي بعض الأسباب التي يُستوجب فيها الجزاء التأديبي (التأخر عن ساعات العمل، التحرش الجنسي، إلخ)؟ هل هم ضد بعض الجزاءات التأديبية في بلادهم؟

تمرين 7 ترجموا من العربية إلى الإنجليزية

١. أعرب وافدو دولة الكويت عن قلقهم وخوفهم رافضين التعسّف في بعض القرارات الحكومية ضدهم. وقالوا: "إن الكويت بلدنا الثاني، والمساواة equality في الظلم عدل."

٢. قام المتظاهرون الغاضبون برفع لافتات تتهم الحكومة بالفساد اعتراضًا على رفع أسعار الـبنزين. مردّدين شعارات معادية لعنف الشرطة.

٣. هل السجن عقاب مخيف فعليًا أم أنه مجرد جزاء تأديبي لتصحيح تصرفات الخارجين عن القانون؟

٤. استبدلَ العفو بالعقاب.

٥. تحتضن دبي العديد من الأنشطة المتنوعة احتفالًا باليوم الوطني للمملكة العربية السعودية، وتقدم مجموعة من الفنادق عروضًا مميزة على الإقامة لا سيما particularly للزائرين السعوديين تصل في بعض الأحيان إلى خصم بنسبة ٥٠٪، بالإضافة إلى تنظيم فعاليات متنوعة تعبّر عن مظاهر الفرح بهذه المناسبة.

٦. كشفت مصادر مُطّلعة أن الرئيس الأمريكي سيعلن في أوائل العام الجديد عن بدء انطلاق مفاوضات السلام بين الإسرائيليين والفلسطينيين، والتي وصفها بعض رجال السياسة بأنها ستكون (صفقة القرن).

٧. الإيراد، في الإقتصاد، هو الدخل الذي تحققه الشركة أو المصنع أو المؤسسة التجارية من نشاط أعمالها التجاري.

تمرين 8 ترجموا من الإنجليزية إلى العربية

1. I wonder, does an employer have to give me a warning notice before he/she fires me?

2. Do you think there is a business that requires little or no capital to start? Please advise me.

3. A warranty will protect a consumer from problems with the goods and services.

4. Several jewelry showcases are available in my friend's store.

5. He took a long period of sick leave. The managing director believed that he was doing other work. As a result, he ended his contract and took him to court.

تمرين 9 يللا نمثل

1. You are a family of four: the parents and two children. The father retires, and his retirement is insufficient to meet life needs. As a family, discuss the situation and try to come up with some solutions to this problem.

2. You and your friend enter into a commercial agreement, and it proves to be a failure. You sue your friend. Discuss with your friend the details of this transaction from the beginning to this moment.

ظلال ثقافية (٢): العشم Hope, Expectation

العشم معناه الأمل والرجاء، وهو تعبير فصيح جاء في معظم العاميات، لا سيما في مصر. فعندما نقول (**عشِم فلان في فلان** = (طمع في كرمه)، ويستعمل المصريون، في كثير من الأحيان، كلمة (العشم) مكان كلمة (الأمل).

فالناس عمومًا يستخدمون كلمة العشم عندما يطلبون أشياء من بعضهم البعض. ويستعمل الأقارب والأصحاب هذه الكلمة عندما يريدون التعبير عن خيبة أملهم بعدما يرفض الطرف الثاني تنفيذ طلباتهم لسبب أو لآخر. فقد يتعشّم العامل أو الموظف في واحد من أقاربه، الذي يملك شركة مثلًا، في أن يمنحه وظيفة أو أن **يغُض الطرف** turn a blind eye عنه إذا تأخر عن عمله في الشركة وما شابه ذلك. وقد يتوقّع بعض الأقارب أو الأصدقاء من أقاربهم أو أصدقائهم أن **يُعفوهم** accept, forgive من سداد دين مثلًا أو يتوقعون منهم أن يغضوا الطرف إذا جاء بعض الأقارب للزيارة بدون إحضار هدية معهم وقت الزيارة. وقد يتعشم شخص في قريبه أو صديقه أن يساعده في **سداد** paying off ديْن أو في مساعدته وقت الزواج أو وقت شراء بيت جديد.

ولا يقتصر العشم على المعاملات المادية فقط بل يتعداها إلى التعاملات أيضًا كتبادل الاحترام والتقدير والحب و المسامحة والبيع والشراء ... إلخ.

نقول في العامية:

أنا مْتعشم في كرمك: I expect you to be generous

هادا عشمنا فيك: this is our expectation from you

على قدّ العَشم: according to our expectation

تمرين 10 يللا نبحث عن معاني التعابير التالية من منظور لغوي وثقافي (You may want to consult with native speakers.)

١. عشم إبليس في الجنة

٢. أمثال وتعابير شائعة تتكلم عن العشم مثل (من العشم ما قتل، **ما كان العشم** = (ماكانش العشم)، العشم غشم، العشم زيادة حيخليّ قفاك سجادة، متخليش العشم ياخدك بعيد عشان حتتبهدل وانت راجع لوحدك، على قد العشم بيجي الخازوق.)

استماع (١): ارتفاع الأسعار في السودان ... إلى أين؟

تمرين 11 **الاستماع الأول:** استمعوا ثم اكتبوا (صح) أو (خطأ)

١. ارتفعت نسبة التضخم في السودان في شهر "أكتوبر" بشكل خاص.

٢. نسبة التضخم في شهر "نوفمبر" أكبر من نسبة التضخم في شهر "أكتوبر."

٣. نسبة التضخم في "يناير" من العام الماضي ٣٣٪.

٤. جنوب السودان أخذ ¾ إيرادات الحكومة التي كانت تأتي من النفط.

٥. ارتفعت أسعار الوقود في السودان بنسبة ٨٠٪.

٦. صندوق النقد الدولي والحكومة السودانية مختلفان في نسبة التضخم المُستهدَفة لعام ٢٠١٧.

٧. الحكومة السودانية سترفع الدعم عن السلع الغذائية بشكل جزئي في عام ٢٠١٩.

٨. نسب التضخم في السودان في المستقبل ستميل إلى الانخفاض.

تمرين 12 **الاستماع الثاني: أجيبوا عن الأسئلة التالية**

١. متى بدأ **شُحّ** scarcity الـدولار في السودان؟

٢. إلام (إلى ماذا) أدى رفع (خفض دعم الوقود والكهرباء) في السودان؟

٣. ما سبب ارتفاع تكلفة السلع المستوردة؟

٤. لماذا قامت الحكومة السودانية بـ**تقييد** restriction عمليات الاستيراد؟

٥. ما موقف صندوق النقد الدولي من التضخم المُستهدف في السودان؟

تمرين 13 **استمعوا وابحثوا عن كلمات عربية تعني**

1. Continue	2. Approximately
3. Decreased	4. Revenues
5. Stated or declared (listen to a word that resembles فصحى)	

- وصف المتكلم القمح بـ (المستورِد) هل هذا هو **النطق** pronunciation الصحيح؟ لِمَ لا؟ كيف تغّير المعنى؟

تمرين 14 **يللا نمثل**

صديقك يملك شركة تجارية وأنت عاطل عن العمل وتبحث عن أي وظيفة، ولأنك متعشم في كرم صديقك ولطفه، طلبت منه أن يساعدك في الحصول على وظيفة في شركته، ولكنه أخبرك بأن الشركة ليست بحاجة إلى موظفين. ما الحوار الذي دار بينكما؟

القصة: مفردات النص الرئيسي

مفردات تعلمناها		
الكلمة	**سمات عامية**	**المعنى**
صدم، يصدم، صدْم		shock, strike
ردّ، يرد، ردّ		أجاب، يجيب، إجابة
نبّه، ينبه، تنبيه		arouse, alert
تِجاه		toward
وقّع على، يوقِّع على، توقيع على	مضى، يمْضي	sign
عقد (ج) عقود		contract
تكرّر، يتكرّر، تكرُّر	انعاد، ينعاد	repeat, reiterate (to be purified, be refined)
نعيما الله ينعم عليك!		Blessings! Expression said to s.o. after taking a shower or having a haircut God bless you! (Reply to the above expressions)
أبقى، يُبقي، إبقاء	خلىّ، يْخلي	keep, maintain, hold, leave
	على عيني وراسي!	my pleasure, you got it
لِحية (ج) لحى	دَقن، دقون	beard
التهب، يلتهب، إلتهاب		burn, inflame, become infected
لعن، يلعن، لَعْن لعين (ج) لُعناء		curse damned
عالج، يعالج، معالجة		treat
ذنْب (ج) ذنوب	زَنْب، زنوب	fault, offense, sin
شكا، يشكو، شكوى	شكا، يشكي	complain
قصد، يقصد، قَصْد		mean, intend
أساء إلى، يسيء إلى، إساءة إلى		damage, harm, impair, do wrong to
لا بأس		it does not matter, there is no harm
عرَض، يعرِض، عرض (ج) عروض		demonstrate, display, show
تكلفة (ج) تكاليف		cost
رَبح، يربَح، رِبْح (ج) أرباح		make profit, gain, earn
تنازل عن، يتنازل عن، تنازُل عن		give up, relinquish, abdicate
وعى، يعي، وعي		know by heart, bear in mind
أطاق، يطيق، إطاقة	طاق، يطيق	bear, put up, stand

تمرين 15 يللا نتكلم / نكتب

Certain words from the list revolve around specific topics, such as trade, being injured, taking a shower, etc. With your classmates, think of a short script where you use at least three of the words in that script. You can do this orally or in writing.

مفردات وعبارات جديدة		
المعنى	**سمات عامية**	**الكلمة**
afflict, attack, hit, occur to	صاب، يصيب	انتاب، ينتاب، انتياب
set foot (on), tread, step	خبّط، يخبّط، تخبيط	وطيء، يطأ، وطء
understand, absorb, be large or wide enough for	فِهِم، يفهم	استوعب، يستوعب، استيعاب
follow without interruption, fall (in a heap), fall upon		انهال، ينهال، انهيال
but, whereas, yet, however		بَيْد أنّ
knock	دق، يْدق، دق	طرق، يطرق، طرْق
flare up, to be or become fuming with rage		استشاط غضبًا، يستشيط، استشاطة
compute		احتسب، يحتسب، احتساب
excuse, forgiveness		معذرة
subjugate, subdue, compel compelling		قهر، يقهر، قهر قهريّ
business hours, eternity, continuity		دوام
list		لائحة (ج) لوائح
suffocate, choke	انخنق، ينخنق	اختنق، يختنق، اختناق
rather, nay		بل
drain, consume, exhaust		استنزف، يستنزف، استنزاف
become weaker, hang down		تخاذل، يتخاذل، تخاذُل
fulfil, execute		استوفى، يستوفي، استيفاء
punish, penalize		عاقب، يعاقب، معاقبة = (عقاب)
demand, require, necessitate		استوجب، يستوجب، استيجاب
lower one's eyes, let pass, overlook		غضّ الطرف = (غض النظر)، يغض ...، غضّ ...
he has previously stated	حكى من قبل، يحكي من قبل	أسلف القول، يسلف، إسلاف
verbal, oral		شفهي

behavior, conduct		سلوك
neglect, slack in		تهاون، يتهاون، تهاوُن
violate, disobey		خالف، يخالف، مُخالفة
bite daily bread, bare minimum of food		لقمة (ج) لُقم لقمة عيش
in the long run, finally	في الآخر = (بالآخر)	في نهاية المطاف
expenditure, cost of living		نفقة (ج) نفقات
bless with, accord		أنعم على، يُنعم على، إنعام على
hairline (hair in the front over the fore-head)		غـرّة الشعر
shorten slack of in school, fail		قصّر في، يُقصّر في، تقصير في قصّر في الدراسة
sideburn		سالف (ج) سوالف
thread, string		خَيْط (ج) خيوط
trim, clean, purify	زبّط، يزبّط	هذّب، يهذب، تهذيب
depilate, shave		حَفَّ، يحـُفّ، حفّ
moustache		شارب = (ج) شوارب = (شَنب (ج) شنوب)
deed, act	عملة (ج) عمايل	فَعْلَة (ج) فَعلات
deform, disfigure, defame, distort		شوّه، يشوِّه، تشويه
incline, tilt, drift		مال، يميل، ميْل (ج) ميول
chew		علَك، يعلك، علك
chewing gum	علكة، ليدن	لـَبان (لُبان)
deviate, incline, slant		انحرف، ينحرف، انحراف
jaw		فكّ (ج) فكوك
chew		مضغ، يمضغ، مضْغ
relinquish, abandon	ضيّع، يْضيّع	أهدر، يهدر، إهدار
dignity		كرامة (ج) كرامات
association, union	نَقابة	نِقابة (ج) نِقابات
collect, earn		تقاضى، يتقاضى، تقاضي
pay, fee, honorarium, reward		أجر (ج) أجور
at the store's expense		على حساب المحل
grow	كِبِر، يِكْبر	نما، ينمو، نمو
call, shout		نادى بـ ، ينادي بـ مناداة بـ

200

fresh	طازة	طازَج
you should give us a discount (in price) make allowance for, take into account	بدّك تراعينا	راعى، يراعي، مراعاة
Hurry up, come on! Finish it up!	خلّصني	
bustle, move quickly, rush		استعجل، يستعجل، استعجال
in a hurry		مستعجِل
dried up, wilted, languid, faded	ذبلان	ذابل
to be equal to, amount to		عادَل، يُعادل، معادلة
Oh my God! Good heavens! For goodness' sake!		يا لطيف!
milk		حَلَب، يحلِب، حلْب
ant		نملة (ج) نمل
Let me pay it, man!	خليّ علينا يا زلمة	
completely perfect, 100% accurate	بالتمام والكمال	
size, measurement		مقاس (ج) مقاسات
look like, resemble		أشبَه، يُشبِه
measure fitting room		قاس، يقيس، قياس غرفة القياس
to be bored, fed up, be unable to tolerate	زهق، يزهق، زَهَق	سئم، يسأم، سأم
swear by		أقسم بـ يٌقسم بـ قسم بـ
wrap, fold, roundabout way		لَفّ، يلف، لفّ
sack, bag		كيس (ج) أكياس
put or keep in operation, operate, employ		شغّل، يُشَغِّل، تشغيل
meter		عدّاد (ج) عدادات
pricing, price fixing		تسعيرة
unfair		مُجحِف
at first	في الأوّل = (بالأول)	باديء ذي بدء
in addition to that	فوق هيك	زيادة على ذلك
fuel		وقود
consume, drain	خلّص، يخلّص	استنفد، يستنفد، استنفاد
transportation		مواصلات
station, guard post		مخفر (ج) مخافر

| delivery, ride | توصيلة | توصيل |
| to be absent, nonexistent | | انعدم، ينعدم، انعدام |

عبارات شائعة من النص

حيلك حيلك

This is an expression used to calm a person down that could mean "easy ... easy." It can also be said by someone who disapproves of an act by or the speech of someone else, as if he/she is saying, "Come on! Take it easy on yourself or else!"

ع السّكّين يا بطيخ

This is an expression used by sellers to attract buyers to buy watermelon, as if they're saying, "This fresh watermelon is ready to be cut by a knife, so hurry up."

كِرمال عيونك

This means "for your eyes' sake." The expression is said to someone as an exaggerated form of praise.

تمرين 16 خمنوا معنى ما يلي (المجموعة ١)

	٧. رد اعتبار		١. التجنيد الإجباري
	٨. حرب استنزاف		٢. لائحة المُرشّحين
	٩. خيوط الفجر الأولى		٣. عقاب جماعي
	١٠. نقابة صحافيين		٤. خبر عاجل
	١١. عقوبات اقتصادية		٥. رد فعل
	١٢. عرض عسكري		٦. انهال عليه ضربًا

تمرين 17 اعرفوا زملاءكم

١. ما رأيهم في التجنيد الإجباري للرجال والنساء؟

٢. كيف ستكون ردة فعلهم لو شاهدوا شخصًا ينهال ضربًا على حيوان (كلب أو قطة مثلًا)؟

٣. هل كانت والدتهم تعاقبهم وإخوتهم عقابًا جماعيًا وهم صغار؟ لماذا؟

٤. ما أول شيء يحبون أن يفعلوه عندما يستيقظون ويشاهدون خيوط الفجر الأولى؟

202

تمرين 18 ⟩ ترجموا الجمل التالية

١. قدم الحزب الجمهوري لائحة مُرشّحيه التي كانت تضم ثلاثة أسماء فقط.

٢. لا أحب سماع الأخبار العاجلة على شاشة التلفاز، فغالبًا ما تنقل أخبارًا صادمة أو كارثية.

٣. (حرب الاستنزاف) عبارة عن مفهوم استراتيجي بمعنى أنه كي يتم الانتصار على العدو، فيجب إضعافه كي يصل إلى درجة **الانهيار** collapse عن طريق إحداث خسائر بشرية أو عسكرية فيه.

4. Economic sanctions are designed to restrict the economic activity of the government and businesses of a third country.

5. Is military service mandatory in Egypt?

6. The journalists' coalition is located near my house.

تمرين 19 ⟩ خمنوا معنى ما يلي (المجموعة ٢)

٧. عقد العمل	١. عقود البيع والشراء
٨. غُرّة الشهر/ العام	٢. تكرير البترول
٩. وزارة الأشغال	٣. تكاليف المعيشة
١٠. لا يعي ما يقول	٤. نمو اقتصادي
١١. مصلحجي	٥. بيع المناداة
١٢. رقم قياسي	٦. العرض والطلب

تمرين 20 ⟩ اعرفوا زملاءكم

١. هل هم من الأشخاص الذين يتخذون قرارات جديدة صارمة لتغيير أشياء في حياتهم غُرة كل عام؟

٢. هل هناك عرض وطلب على حركة بيع البيوت في مدينتهم؟ كيف؟

٣. في رأيهم، هل أصبحت تكاليف المعيشة أغلى مما كانت عليه من قبل؟ ما هي أهم الأسباب التي أدت إلى ذلك؟

٤. في حياتهم، هل يعرفون شخصًا مصلحجي؟ لِمَ يظنون أنه / ـها كذلك؟

٥. في رأيهم هل يجب أن تكون عقود العمل مؤقتة أم دائمة بين الطرفين عند استلام وظيفة ما؟ لِمَ؟ لم لا؟

تمرين 21 ⟩ ترجموا الجمل التالية

١. تقوم وزارة الأشغال العامة بتحقيق النهضة العمرانية في الدولة.

٢. حقق السبّاح المصري (صدّام كيلاني) رقمًا قياسيًا حينما ظلّ تحت الماء لمدة ١٠٠ ساعة.

٣. يا ترى! كيف تتم عملية تكرير الـ"بترول"؟

4. Can a company change employment contracts without informing the employees?

5. The president does not know what he is talking about on the economy growth issue.

تمرين 22 خمنوا معنى العبارات التالية (المجموعة ٣)

١. وسائل المواصلات	٩. لعنة الله عليه
٢. مخالفة مُروريّة	١٠. سلوك عدواني
٣. عدّاد السرعة	١١. شباك العرض
٤. توصيل الطلبات	١٢. اِلزَمْ شغلك لو سمحت!
٥. لائحة الطعام	١٣. كيس شاي
٦. ابتسامة قهرية	١٤. مخالفة سلوكية
٧. صدمة كهربائية	١٥. الرجاء مراعاة فرق التوقيت
٨. علاج طبيعي	١٦. ابتسامة صفراء

تمرين 23 اعرفوا زملاءكم

١. ما هي وسائل المواصلات المتوفرة في مدينتهم؟ ماذا يفضلون أن يركبوا وقت الحاجة؟

٢. هل يطلبون من سائق الـ"تاكسي" أن يشغّل العداد عند ركوب الـ"تاكسي" في البلاد التي فيها نظام تشغيل العداد في الـ"تاكسيات"؟

٣. هل كانت لهم أية قصة يتذكرونها مع سائق تاكسي في بلادهم أو في غيرها؟

٤. هل يتصلون بأصدقاء خارج بلدهم؟ هل يراعون فرق التوقيت عند الإتصال؟

5. In their opinion, what is the best tea bag brand?

6. When they go to new restaurants to eat, do they read the menu closely? Why? Why not?

تمرين 24 يللا نمثل

You take a taxi in an Arab country. The driver refuses to turn on the meter because it is allegedly broken. You try to reach a resolution with him. Act out the situation. You may use:

<u>عطلان</u> أو خربان broken, out of order

يا سلام + ضمير:

exclamation of amazement or admiration or grief about something: There goes (go) ... ! What a pity for ...! How nice is (are) ... !

ايش مالك؟ what is it with you?

تذكروا: لا تستخدموا "مكسور" بمعنى broken car

تمرين 25 خمنوا معاني العبارات التالية (المجموعة ٤)

١. مَيل جنسي	٩. عيون ذابلة
٢. إِنهيال الرمل	١٠. أطلقتُ لحيتي
٣. قهر النفس	١١. فقد الوعي
٤. سأسعى جاهدًا للنجاح مهما كلّفني الأمر	١٢. امتحان شفهي
٥. التعليم الإجباري	١٣. شخص منحرف
٦. توقيع بالأحرف الأولى	١٤. غير مُذْنِب
٧. عقد الزواج	١٥. الطاقة الاستيعابية
٨. عقد الملكية	١٦. مراعاة مشاعر الآخرين

تمرين 26 ترجموا الجمل التالية

١. أحسست بأن السرير الذي يحملني سيقع بي نتيجة إنهيال الرمل من تحته.

٢. كثيرًا ما قال لي إنه يرغب في قهر نفسه والابتعاد عن الانحراف ولكنه لم ولن يفعل ذلك.

٣. ناقشت الحكومة أمس موضوع زيادة الطاقة الاستيعابية لمطار بيروت.

4. Oral examination is useful to test students' knowledge and understanding of a topic, and it is also good training for students to express themselves orally, without extended time to think about the answer.

تمرين 27 يللا نمثل

You get to know a girl. She contends that you are not thinking of a lasting relationship that leads to marriage and that it is not one of your priorities. You decide to explain to her that you are sincere, and you propose to her. See Appendix II for useful dialectal expressions.

تمرين 28 أكملوا الفراغات في الجدول التالي

الكلمة	الجذر	كلمة أو أكثر تعلمناها من نفس الجذر
معذور		
معدَّل		
مردود		
مُذنِب		
طارِق		
مقهور		
مُعدَم		

تمرين 29 استبعدوا الكلمة الغريبة بدون استخدام المعجم (القاموس)

١.	استوجب	استلزم	استنفد
٢.	كبر	نما	قاسَ
٣.	سئم	قهر	ملّ
٤.	وطء	معالجة	دواء
٥.	بيْد	بشأن	لكن
٦.	قهري	إجباري	مهني
٧.	استقطب	استهلك	استنزف
٨.	سلوك	تصرّف	اِنغماس
٩.	رشّ	أكمل	استوفى
١٠.	طَرَق	دقّ	تخاذل
١١.	مضغ	علك	زيّن
١٢.	اختنق	تنفّس	سخّن
١٣.	هتف	نادى	هزّ
١٤.	نقابة	هيئة	هوية
١٥.	استعمل	استعجل	تسرّع

تمرين 30 صلوا نصف الجملة بالنصف الآخر المناسب

١.	استنفد المستشفى طاقته الاستيعابية في استقبال المرضى		ويختلف الهدف من قياس نسبته في جسم الإنسان حسب حاجة المريض.
٢.	كسْر الفكّ يسبب الألم الشديد للمريض		فأصبحت أهرب إلى الخيال.
٣.	يجري تحليل مستوى السكر في الدم بعد الصيام عن الأكل والشرب لمدة ثماني ساعات		ولن أتهاون في أي حق من حقوقي وما يمكن أن يساعد في تحقيق أهدافي في الحياة.
٤.	وجّه الرئيس إنذارًا شديد اللهجة لجميع المسؤولين بالدولة قائلًا:		واضطر الأطباء إلى وضع طفلين في سرير واحد لتلقي العلاج.
٥.	يجب مراعاة طموحاتي وأحلامي ودعمي الكامل كمواطن ملتزم بالقانون ويدفع الضرائب المستحقة سنويًا		بوجود "كاميرا" خفية مثبّتة في المكتب.
٦.	سئمتُ الواقع لأنه شيء ثقيل		وفي كثير من الأحيان لا يمكن فتح الفم بصورة طبيعية.
٧.	استشاط الرئيس غضبًا عندما عرف		لأن هذا يدفعنا حتمًا إلى شراء أطعمة غير صحية.
٨.	يقول البعض إن أحد الأمور التي يجب مراعاتها عند التسوق هو الابتعاد عن التسوق في حالة الجوع		"لن أتهاون في حق أي مواطن وسيتم محاسبة أي مقصّر، واتخاذ جميع الإجراءات لمعاقبته على التقصير."

تمرين 31 نوبة (ج) نوبات تعني fit, crisis, attack, breakdown، خمنوا معاني ما يلي

١. نوبة قلبية ________________

٢. نوبة من الضحك ________________

٣. نوبة عصبية ________________

٤. نوبة من البكاء ________________

٥. نوبة غضب ________________

٦. نوبة قلق ________________

٧. نوبة صرَع ________________

٨. نوبة هلع ________________

تمرين 32 يللا نمثل

With your classmates, act out a situation where one classmate is having a heart attack, a laughting or crying fit, an episode of extreme anxiety or fear, etc., and the other is trying to assist him/her. Use some of the dialectal expressions in Appendix II.

تمرين 33 أعيدوا ترتيب الكلمات التالية في جمل مفيدة

١. ارتفاع - يشكو - السلع - من - الكثير - الموظفين - والبضائع - أسعار - و (يشكو... والبضائع)

٢. المواطنين - الخدمة - الحكومة - وإعفائهم - الضرائب - طالب - بتخفيض - بعض - من - العسكرية (طالب ... العسكرية)

٣. الأخلاق - يؤدي إلى - الأمم - انعدام - انهيار (انعدام ... الأمم)

٤. تكاليف - وأقسمت - أهاجر - سئمت - بلدي - الحياة - أن - خارج (سئمت ... بلدي)

٥. أسمح - لها - رأس مالي - تشوّه - فهي - سمعتي - لن - أن (لن ... رأس مالي)

٦. أخالفه - بعد - ولن - القانون - سوف أراعي - اليوم (سوف أراعي ... اليوم)

٧. أن - لي - فعلتي - فأنا - لم أقصد - تغفر - أرجو - تجاهك - الإساءة إليك (أرجو ... الإساءة إليك)

٨. أستعجل - التهاب - شعر - كنت - بسبب - بشرة - نمو - وجهي - لحيتي (بسبب ... لحيتي)

٩. حقوقهم - موظفو - النقابة - لهم - مكافآت - نادى - وصرف - مالية - المدنية - بضمان (نادى ... لهم)

١٠. استشاط غضبًا - يلعن - حوله - صدمني - حين - وبدأ - مَن - كل (صدمني ... حوله)

تمرين 34 **ضعوا كلمة أو عبارة أخرى مما درسناه من قبل بالمعنى نفسه، بدلًا مما تحته خطان**

١. نبّه المدير العام للمطار الدولي شركة الخطوط الجوية إلى أنه سيضطر لوقف رحلاتها عبر المطار في حال لم تلتزم بمواعيدها مع المسافرين.

٢. كتب الشاعر نزار قباني: أكرر للمرة الألف أني أحبك. كيف تريدينني أن أفسر ما لا يُفَسّر؟ وكيف تريدينني أن أقيس مساحة حزني؟ وحزني كالطفل: يزداد في كل يوم جمالًا ويكبر.

٣. المعذرة! لم أقصد أن أجرح شعورك.

٤. يا تُرى! كم تكلفة زراعة الأسنان في "أمريكا"؟

٥. أقرأ كثيرًا، ولا أستوعب أو أتذكر شيئًا. يا الله! كيف أتمكّن من التركيز أكثر في القراءة كي لا أُصاب بالإحباط فأتركها؟

٦. أرجوك! أطلب منك المعذرة، فتأخيري عن الكتابة إليك جاء لأسباب قهرية.

٧. والدي يتقاضى أجرًا على نشر مقالاته التي يكتبها في الجريدة المحلية بشكل شهري.

٨. أقسم بالله أني سئمت منكَ ومن قراراتك المجحفة ضدي، ولن أتعامل معك بعد اليوم.

تمرين 35 **أكملوا الفراغات بكتابة الجذور للكلمات التالية، ثم اكتبوا كلمات تعلمتموها من نفس الجذر**

الكلمة	الجذر	كلمات تعلمناها من نفس الجذر
نبّه		
تنازل		
استوجب		
أنعم		
قصر		
توصيل		
عدّاد		
شغّل		
أشبه		
يحلب		
انعدم		

تمرين 36 **ضعوا حرف جر مناسب**

١. تشكل إحالة الموظفين ____ المعاش نقطة تحول نفسي كبيرة وخصوصًا أولئك الذين كانوا يشغلون مناصب بارزة في مواقع قيادية في الدولة.

٢. أكّد رئيس نادي "برشلونة" "جوسيب ماريا بارتوميو" ____ أنّ نجم الفريق الأرجنتيني "ليونيل ميسي" وقّع ____ تجديد عقده مع النادي.

٣. تقدم الرئيس التركي برفع دعوى قضائية ضد "جان بوهمرمان" وهو مقدِّم برنامج ألماني "كوميدي." حيث ادّعى الرئيس التركي

أن "بوهمرمان" أساء ـــــــهـ.

٤. لن نقصّر ـــــ واجباتنا تجاه ربنا، فالله أنعم ـــــــ ـنا بالكثير من النِعم والخيرات، ومن اللازم أن نحافظ ـــــــ ـها.

٥. أقسم ـــــ ـالله أني أعشق الثرى الذي تطئين يا حبيبتي.

النص

ينتابني شعور غريب منذ وطأت قدماي ثرى بيروت، لأجل ذلك، أحاول أن أبعد عن رأسي كل الأفكار المُقلقة وأسعى جاهدًا لاستيعاب ما يجري حولي، لكن المشاكل بدأت تنهال على رأسي منذ وصلت لبنان، لا أدري، ربما هي الصدمة الثقافية كما يقولون! ففي أول أيام العمل وصلت متأخرًا لمدة ساعة، ومرّ الأمر بسلام، بيْد أني عندما تأخرت في اليوم الثاني، استدعاني المدير، الذي لم يتجاوز الأربعين سنة، إلى مكتبه، طرقت باب مكتبه، ورد بصوت يسشيط غضبًا: ادخل يا ابني!

آدم: قلت في نفسي"ابنك؟ ... لست ابنك،" صباح الخير.

المدير: قل مساء الخير يا أستاذ، لقد تم احتساب اليوم غيابًا، إنّ في تأخيرك تأثيرًا سلبيًا على المصلحة العامة للشركة كلها.

آدم: المعذرة سيدي! لست أنا مِمّن يتأخر عن المواعيد ولكن هناك ظروفًا طارئة وقهرية أجبرتني على التأخر عن الدوام.

المدير: لا بد من تنفيذ الإجراءات المتبعة في مثل هذه الأمور حسب اللوائح وقوانين الشركة يا ابني!

آدم: (يااااه، ابني، مرة ثانية) لأعذار تقنية مرتبطة بساعة بالمنبه، ولاختلاف التوقيت الصيفي والشتوي، وبسبب أزمة السير والاختناق المروري، تأخرت ساعة.

المدير: بل ساعتين، أنت تعلم أن في تأخيرك استنزافًا لموارد الشركة، وتخاذل لاستيفاء التزاماتك القانونية والتعاقدية تجاه عملك والتي قمت بالتوقيع عليها في عقد العمل؟ وعقاب التأخير، بدون عذر مقنع، يستوجب هذا النوع من الجزاء. أنت تعلم أني غضضت الطرف عنك في اليوم الأول.

آدم: أعي ذلك جيدًا سيدي، أعي ذلك جيدًا، وأعدك ألا يتكرر هذا النوع من التأخير مرة ثانية.

المدير: سأتّخذ بحقك جزاء تأديبيًا هذه المرة، سأعطيك إنذارًا كتابيًا.

آدم: ولكن كما أسلفت لك سيدي، أنا مُتعشِّم في كرمك، ستكون هذه أول وآخر مرة أتأخر فيها عن الدوام.

المدير: همممممم! طيب، إنذار شفهي هذه المرة، وعليك أن تغير هذا النوع من السلوك، لن أتنازل عن قراراتي أو أتهاون حال حدوث مثل هذه المخالفات مرة ثانية. حافظنّ على لقمة عيشك يا ابني، وتعلمنّ من أخطائك، فأنت لا تحتاج مني أن أذكرك بواجباتك المهنية كي تستطيع في نهاية المطاف تأمين نفقات حياتك والعيش بكرامة.

آدم: (يا ابني يا ابني يوووه) وهو كذلك سيدي، ألف شكر.

وفي يوم الخميس

بعد يوم عمل طويل، قررت أن أمرّ بـ"صالون" حلاقة مجاور للسوق، أذهب بعده لزيارة صديق يسكن في صيدا.

آدم: مرحبًا، نعيمًا.

زبون انتهى من الحلاقة: أنعم الله عليك.

الحلاق: أهلًا وسهلًا، مُرني!

آدم: لو سمحت، قص شعري—خفيف من الخلف والجانبين، وأبقه طويلًا كما هو من الأمام وخصوصًا غـرّة الشعر.

الحلاق: على عيني وراسي، أتريد مني أن أقصر لك السوالف؟ خيط؟ حلاقة لحية؟

آدم: أبقِ السوالف كما هي، وهذّب اللحية، وخُفّ الشوارب قليلًا. الخيط ؟لا، لا أريد. جِلدي حساس تجاه الخيط وتلتهب بشرة وجهي عادة بسببه. آآآآه!

(الحلاق يقص شارب آدم بالخطأ)

آدم: ما هذا ما الذي فعلته؟ لقد قصصت قسمًا من شاربي، لقد تغير شكلي تمامًا من فعلتك اللعينة!

الحلاق: لم أقصد أن أشوّه منظر وجهك، ولكن المقص مال قليلًا وقص جزءًا بسيطًا من شاربك، فأنت تعلك قطعة لبان في فمك، وتأثرت يدي بعض الشيء بانحرافات فكّك من مضغ اللبان. ويمكنني معالجة الأمر ولكن يجب علي أن أقصّر الشارب أكثر.

آدم: ليس ذنبي، لقد أهدرت كرامتي بقصك شاربي، سأشكوك لنقابة الحلاقين، ماذا أفعل الآن؟

الحلاق: يا أخي، لن أتقاضى أي أجر منك على هذه الحلاقة اليوم، فحلاقة شعرك ولحيتك على حساب المحل، أما الشارب الذي لم أقصد الإساءة إليه فسينمو قريبًا، ما رأيك؟

آدم: طيب، لا بأس. السلام عليكم.

في سوق الفاكهة والخضار المجاور...

بائع ينادي: ع السكين يا بطيخ، يللا يا بندورة، حمرا يا بندورة، يللا يا تفاح، يللا يا موز.

آدم: بكم "كيلو" الموز؟

البائع: بستمئة (ليرة) وكرمال عيونك بخمسمئة (ليرة)، كله موز طازة، ع كيفك!

آدم: لا يا عم، بدّك تراعينا، أنا زبون دائم عندك. جارك ينادي بأربعمئة وخمسين (ليرة)، هل تريد أن تبيع بأقل منه؟ خلصني! أنا مستعجل.

البائع: يا أخي ليس كل الموز واحد، انظر إلى موزه، إنه ذبلان. كم "كيلو" تريد؟

آدم: لا، موزه يعادل موزك تمامًا. أريد اثنين "كيلو."

البائع: (بصوت منخفض) طيب حيلك...حيلك، يا لطيف، بيحلب النملة!! خلي علينا يازلمة! هل معك فراطة؟ هل تريد تفاح، خوخ، برتقال؟

آدم: لا، ألف شكر، تفضل حسابك بالتمام والكمال، سلام عليكم.

عند محل ملابس مجاور، امرأة تقف أمام المحل، تلبس ثوبًا فلسطينيًا وعلى رأسها كوفية فلسطينية، تبادلت الابتسامة مع آدم الذي دخل محل الملابس

آدم: أعجبني هذا القميص الأزرق في الـ"فترينة" هل عندك قميص مقاس كبير يشبه ذلك القميص المعروض؟

صاحب المحل: مقاسك "لارج"؟ نعم، تفضل إلى غرفة القياس هناك في الزاوية اليسرى.

آدم: أود أن أشتريه، ولكن عليك أن تعطيني آخر سعر، فأنا سئمت المفاصلة اليوم.

صاحب المحل: قسمًا بالله، لأبيعنّه لك بتكلفته تقريبًا، فرأس ماله كلفني ٤٥ ألف (ليرة) ولن أربح منك إلا ٥ آلاف (ليرة)، سأحسبه لك بـ ٥٠ ألف (ليرة).

آدم: طيب تفضل الفلوس، لِف القميص، وضعه في كيس هدايا لو سمحت.

بعد الخروج من محل الملابس

آدم: "تاكسي"... "تاكسي"... أريد الذهاب إلى صيدا، بكم؟ هل ستشغل عداد السيارة؟

السائق: ليس عندي عداد، سآخذ منك التسعيرة الرسمية أربعة عشر ألف (ليرة) فقط.

عند الوصول

السائق: يا أستاذ الحساب أصبح ٢٥ ألف (ليرة).

آدم: هذه أسعار مجحفة، أنت قلت بـ ١٤ ألف (ليرة).

السائق: باديء ذي بدء، التسعيرة تتغير وقد تصل إلى ٥٠ ألف (ليرة) يا أستاذ، زيادة على ذلك، ارتفعت أسعار الوقود، والطريق طويل، ومزدحم وهذا يعني أنه سيستنفد وقودًا أكثر. كان بإمكانك أن تأخذ مواصلات أخرى كالـ"ميني باص" أو الحافلة.

آدم: لو سمحت، ممكن تذهب بنا إلى أقرب مخفر شرطة؟

السائق: يمكنني فعل ذلك لو أضفت سعر توصيلة المخفر إلى الحساب.

آدم: يا الله! ما الذي يجري هذه الأيام؟ انعدام الضمير أصبح شيئًا لا يطاق البتّة... المدير والـ"تاكسي" والحلاق!!

تمارين فهم واستيعاب

تمرين 37 (القصة): بعد قراءة النص، أجيبوا عن الأسئلة التالية

١. كيف يشعر آدم منذ أن وصل بيروت؟

٢. ما سبب تأخر آدم عن العمل؟

٣. بِمَن مرّ آدم بعد العمل مباشرة؟ ولماذا؟ هل يحب الخيط لـ**نتْف** plucking الشعر عند الحلاق؟ لماذا؟

٤. ماذا اشترى آدم من سوق الخضار والفاكهة؟

٥. ماذا اشترى آدم من محل الملابس؟ هل فاصل البائع؟ لماذا؟

٦. إلى أين ذهب آدم بعد محل الملابس؟ كم التسعيرة الرسمية من بيروت إلى هناك؟

تمرين 38 (القصة): بعد قراءة ثانية أو ثالثة للنص أجيبوا عن الأسئلة التالية

١. بعد تأخر آدم عن العمل، كيف شعر مديره؟ ما الجزاء الذي فرضه على آدم؟

٢. ما الخطأ الذي **ارتكبه** perpetrate الحلاق؟ ما العذر الذي قدمه الحلاق لآدم؟ كيف كانت ردة فعل آدم؟ ما الحل الذي قدمه الحلاق لآدم؟

٣. لماذا زاد سائق الـ"تاكسي" سعر التوصيلة على آدم؟ إلى أين طلب آدم من سائق الـ"تاكسي" أن يأخذه بعد أن زاد السعر عليه؟ بم رد عليه سائق الـتاكسي؟

ملاحظات لغوية وثقافية حول مفردات وعبارات نص القصة (١)

١. **نوبتجي** = (نبطشي) on duty, officer on duty, doctor on duty

٢. بالنيابة عن in the name of, on behalf of

٣. حسبُك! enough، فنقول للبائع مثلًا: "حسبك ١٠ دولارات."

ما كان في الحسبان it was not expected that

أنا والسيارة على حسابك my car and I are at your service

محسوبك your obedient servant

١. ضيّق الخناق على to tighten the grip around s.o.'s throat

٢. طواف circumambulation of the Kaaba (as part of the Islamic pilgrimage)

٣. تعلمنا كلمة "غُرّة" ولكن كلمة "غَرّة" تستخدم بمعنى unguarded, inadvertency، فمثلًا نقول: "على حين غَرّة" unexpectedly, surprisingly، ونقول: "أخذني على حين غرة" he took me by surprise

٤. كلمة "سُمعة" معناها reputation، "شوّه سمعتها" he distorted her reputation، ونقول: "السمعة الطيبة، سمعة الشركة ..."

٥. كلمة "فكّ" كفعل تعني disjoin, separate، فنقول مثلًا: "فك الارتباط" disengagement، أو "فك العقدة" unraveling the plot،

ولا تخلط بين الفعل فكَّ وكلمة <u>فكّة</u> بمعنى small change, coins

٦. الفعل لفّ to wrap وكلمة لفة wrap, roll for falafel or any wrapped sandwich

تمرين 39 ترجموا من العربية إلى الإنجليزية

١. حينما أسس محمد علي المدارس الحديثة بمناهجها في مصر، ضيّق الخناق على علوم اللغة العربية والعلوم الدينية، وصار تدريس اللغة الأجنبية والتاريخ الأوروبي والحضارة الغربية ذا أهمية عالية.

٢. هل يجوز الحج بالنيابة عن الشخص الميت والحي؟

يجوز الحج بالنيابة عن الميت وعن الشخص الموجود الذي لا يستطيع الحج.

٣. أحال مسؤول في وزارة الصحة الطبيب **<u>النوبتجي</u>** <u>on duty</u> بقسم الجراحة لتقصيره في أداء عمله. كما كافأ أطباء العظام بمكافأة استثنائية لما يقومون به من جهد واستعدادهم على أعلى الدرجات لمواجهة حوادث وإصابات المواطنين خلال عيد الفطر.

٤. "يا أيها النبي حسبُك اللهُ ومن اتَّبعك من المؤمنين." (قرآن كريم، سورة الأنفال "٦٤")

٥. تسعى بعض الحكومات إلى الحصول على أرباح وأموال على حساب مواطنيها مما يؤدي إلى خلق تيارات معارِضة لتلك الحكومات.

٦. يعتبر الطواف حول الكعبة من أهم أركان الحج في الإسلام.

٧. اجتمع مصورون من قنوات عدة لتصوير المظاهرات الشبابية فحَدثَ ما لم يكن في الحسبان حين بدأ الجيش بإطلاق النار عليهم، مِمّا أدى إلى إصابة العديد من الشباب بجروح مختلفة.

٨. في ٢٠١٠، دعا وزير إسرائيلي إلى فك الإرتباط الكامل عن قطاع غزة ونشر قوات دولية هناك.

تمرين 40 اعرفوا زملاءكم مستخدمين المفردات والعبارات الثقافية التي درستموها

١. هل أخذهم أحد على حين غَرّة؟ كيف، وماذا حدث؟

٢. في رأيهم، أي الشركات (الجامعات، البلاد، إلخ) ذات سمعة طيبة على مستوى العالم؟ كيف يعرفون ذلك؟

٣. كيف يتعاملون مع شخص يحاول تشويه سمعتهم؟

٤. في رأيهم، ما هي أحسن طريقة لِفك عقدة الخوف من الامتحانات (الحيوانات، الأماكن المرتفعة، إلخ)؟

٥. هل كانوا، ذات مرة، يخططون لفعل شيء ما، وحدث ما لم يكن في الحسبان؟ كيف؟

تمارين إضافية على مفردات النص

تمرين 41 اختاروا الكلمة الصحيحة لتكملوا الجمل التالية

١. تزداد حالات البرد والتهاب الحَلْق بسبب تغير حالة الطقس، ومن **أعراض** symptoms التهاب الحلق الشعور بجفاف وألم واحمرار الفم من الداخل، وقد نصح موقع "هِلث لاين" بضرورة ________ التهاب الحلق مع بداية الشعور بجفاف وألم في الفم عن طريق تناول مشروب الزعتر الطبيعي.

أ. تكرُّر	ب. إبقاء	ج. علاج

٢. أكدّت وزارة الصحة الكويتية استقرار حالة الطالبات اللاتي تعرّضن لـ __________ نتيجة اللعب بطفاية الحريق في أحد الفصول الدراسية بمدرسة ثانوية (الجهراء). من جهته، قال رئيس قسم الطوارىء، إن إدارة الطوارىء الطبية أرسلت ١٢ سيارة إسعاف مزوّدة بالـ"أوكسجين" فور تلقيها خبر الحادثة.

أ. تخاذل	ب. اختناق	ج. تهاون

٣. قالت مصادر مطلعة قريبة من جمال مبارك، ابن الرئيس المخلوع محمد حسني مبارك، إنه يفكر في الترشح لرئاسة الجمهورية وإنه يؤكد أنه لن ________ عن أحلامه في أن يصبح رئيسًا لمصر.

أ. يتنازل	ب. يستوجب	ج. ينعم

٤. رفع المتظاهرون لافتات تحمل شعارات الحرية والكرامة والعدالة الاجتماعية، وتطالب بإسقاط النظام الفاسد الذي ________كرامة المواطنين وقيّد حرياتهم في شتى المجالات.

أ. نما	ب. نادى بـ	ج. أهدر

٥. تعرضت حافلة مدرسية **تقلّ** = (تحمل) ٢٥ طالبًا لحادث في وقت مبكّر من صباح اليوم حيث ________ عن مسارها لتقع في حفرة على جانب الطريق، وقد تم إنقاذ كل الركاب.

أ. تقاضت	ب. راعت	ج. انحرفت

٦. العقل لا ________ بالعمر. فكم من صغير إذا تكلم أنصت له الكبار! وكم من كبير إذا تكلم ضحك عليه الصغار!

أ. يُشَغَّل	ب. يُقاس	ج. يُستنفَد

٧. سأل سائق الـ"تاكسي" إمام المسجد قائلًا: "هل يمكنني الاتفاق مع الزبون على مبلغ من المال مقابل أن آخذه إلى مكان محدد بدون ________ عداد الـ"تاكسي" ثم احتسب الأجرة للشركة والفرق لي أنا؟"

أ. تشغيل	ب. وقود	ج. لفّ

٨. في الحالات غير الطارئة كإضاعة جواز سفر أو الإبلاغ عن وقوع **جريمة** crime كالسرقة مثلًا، وحيث لا يكون هناك خطر، يجب عليك أن تذهب شخصيًا إلى ________ الشرطة.

أ. توصيل	ب. نقابة	ج. مخفر

٩. لا يمكنني أن ________ أجرًا دون أن أقدّم شيئًا بالمقابل.

أ. أتقاضى	ب. أتنازل	ج. أقصر

١٠. يا ترى! هل الانحراف لليمين عند الإشارة الضوئية الحمراء لا يعتبر ________ مرورية شرط الالتزام بالمسار الأيمن من الشارع؟

أ. عقاب	ب. مخالفة	ج. تهذيب

يوم لا يُنْسى

تمرين 42 يللا نمثل

You are an employee at a given company. Your wife plans to visit her sick mother and will be away for a week. You already took your annual leave, but you need to stay home with your young children. Talk to your boss. You can use some of the dialectal expressions in Appendix II.

تمرين 43 اختاروا الكلمات الصحيحة لملء الفراغات

انهال	طرق	الشارب	نفقات	صدمت	يعلك	الدوام	سلوك	الخيط	استوجب

١. ظلّ أطباء الأسنان، لسنوات طويلة، ينصحون الناس بضرورة تنظيف الأسنان باستخدام ________ كوسيلة للحفاظ على نظافة الفم والأسنان.

٢. ارتبطت صورة الرجولة، في مخيّلة الكثير من العرب، بتربية ________ وتهذيبه، وارتبطت معاني الصدق والوعد والثقة بـ________، ففي صعيد مصر والريف، يعتبر الرجل ذو ________ الطويل ذا شأن، وصاحب كلمة مسموعة وسط مجتمعه. ويُقال "شنبه يقف عليه الصقر" وهذا دليل على قوته ورجولته. **(كل الفراغات فيها نفس الكلمة)**

٣. تعتبر ________ وتكاليف الحياة همًّا يشغل الكثير من الأسر، ويزداد هذا الهَمّ في مواسم ومناسبات محددة كالمناسبات الدينية والأعياد والعطل الصيفية وموسم العودة إلى المدارس وغيرها.

٤. تقدم أحد المواطنين بشكوى ضد شرطة المدينة بعد أن أوقفه أحد أفراد الشرطة و________عليه بالضرب دون تقديم أي سبب للضحية.

٥. ذات مساء، ________ رجل باب غرفتي في الفندق الذي كنت أقيم فيه في "واشنطن،" وعندما فتحت الباب ابتسم لي وقال: "المعذرة، أظنّ أني أخطأت في رقم الغرفة."

٦. أعلنت وزارة الخدمة المدنية، أنّ عدد ساعات ________ خلال شهر رمضان المبارك، سيكون ٥ ساعات فقط، تبدأ في العاشرة صباحًا وحتى الساعة الثالثة من بعد الظهر.

٧. أعلنت الشرطة عن إصابة شخصين في حادث سير على الطريق السريع، وأشارت وسائل إعلامية إلى أن الشخصين أصيبا بجروح متوسطة في الظهر والصدر بعد محاولتهما قطع الشارع حين ________ـهما سيارة صغيرة من نوع "بيجو ٤٠٤،" مما ________ نقلهما على الفور إلى أقرب مستشفى.

٨. تعتبر طرق تعديل ________ الأطفال احدى أساسيات التربية من قِبَل الوالدين، ويجب أن تكون طرقًا صحيحة وقائمة على المبادىء السليمة.

٩. قام المصور الماهر بالتركيز بـ"كاميرته" على فك رجل ________ اللبان في زاوية من المقهى، وآخر يلعب بحواجبه ويُرَقِّصها أثناء مغازلته امرأة كانت تعبر الشارع، ورجل آخر يضع رأسه في رأس رجل آخر ويهمس في أذنه بينما يتطاير دخان الشيشة خلال شعره الكثيف.

تمرين 44 اسألوا زملاءكم

١. هل تتكرر نفس الأحلام معهم؟ ما السؤال الذي يتكرر في حياتهم باستمرار؟ هل له إجابة؟ لِمَ؟ لم لا؟

٢. هل هناك أشياء في حياتهم يرغبون في أن يُبقوها سرًا؟ لماذا؟ هل يحبون أن يبقوا مسافة في التعامُل بينهم وبين الأشخاص الآخرين؟ لماذا؟

214

٣. ما الشعور الذي ينتابهم عندما يتولون مناصب أكبر من مؤهلاتهم وامكانياتهم؟

٤. في رأيهم، ما الذي يقهر الرجل أو المرأة؟

٥. في رأيهم، ما الذي يغيّر ميول البشر وعاداتهم؟

٦. في رأيهم، هل ارتفاع تكاليف المعيشة يؤدي إلى زيادة ظاهرة العزوبية بين الشباب؟ لمِ؟ لم لا؟

٧. ما الطريقة التي يستخدمونها كي يفهموا ويستوعبوا ما يقرأون بسهولة؟

٨. ما الذي يجعلهم يستشيطون غضبًا؟

تمرين 45 (كتابة حرة) اكتبوا بما يناسب النص من حيث المعنى

١. لا بأس أن____________________________________.

٢. ينتابني إحساس بـ __________________________________.

٣. هو كثير المال بيد أنه __________________________________.

٤. في نهاية المطاف سوف __________________________________.

٥. يا لطيف! ____________________________________.

٦. أقسم بـ ____________________________________.

٧. يجب مراعاة __________________________________.

٨. تنادي الأديان بـ __________________________________.

٩. عندما رأيتها حاولت أن أغض ____________ بيد أني ______________.

١٠. الطائفية تستنزف طاقات الشعوب وتمنعها __________________________.

١١. منذ أن وطئت قدماي __________________________________.

تمرين 46 ترجموا إلى الإنجليزية

١. توقّفتْ قليلًا وأخذت تفكر بعمق قبل أن تردّ على رسالة حبيبها التي جرحت مشاعرها، وفي نهاية المطاف، قررت ألا تتهاون بحقها وردت عليه بقوة.

٢. حسب مصادر مطلعة فإن هناك اتجاهًا داخل الحكومة لزيادة أسعار الوقود قبل نهاية العام المالي المقبل.

٣. استنفدتُ كل ما لديّ من مال في عمل الخير.

٤. قال وزير الخارجي الروسي إن حرب الكلام بين الرئيس الأمريكي ورئيس "كوريا" الشمالية أشبه بـ**شِجار** quarrel, fight بين أطفال صغار.

٥. رد الرئيس على المذيع بلهجة صارمة قائلًا: "كما أسلفت القول في مقابلات سابقة أن الحرب على الإرهاب مستمرة إلى أن يتم القضاء عليه تمامًا."

٦. همَستْ في أذني قائلة: "كيف أُحْيي نظرة عيني الذابلة وأُخفي مظاهر الشوق والحنين إليك؟"

٧. مَن استعجل شيئًا قبل **أوانه** = (وقته)، عوقِب بحرمانه.

٨. ينمو العقل بالقراءة كما ينمو الزرع بالماء.

٩. فتحتُ دكانًا متواضعًا لتصليح الأحذية من أجل تأمين لقمة العيش لأطفالي الثلاثة وزوجتي المريضة.

تمرين 47 اسألوا بالعربية

1. In their opinion, how does one punish a teenager for lying?

2. Are oral exams easier to pass than written ones?

3. Do they know someone who violated the law? What happened?

4. In their opinion, what causes children to slack off at school?

5. What are the top-paying jobs in their country? In their opinion, who should earn the highest salary (teachers, doctors, etc.)?

6. In their opinion, are there things that are real but cannot be measured?

تمرين 48 ماذا تقولون لزملائكم في المواقف التالية مستخدمين مفردات وعبارات درستموها في الجزء الثاني أو في هذا الدرس (يمكنكم استخدام صيغة الأمر حسب الحاجة)

١. لك صديق يستعجل النتائج دائمًا.

٢. لك صديق يستنفد طاقته ويهدر وقته في أشياء لا تنفعه في حياته.

٣. سئمتَ من سلوك صديق لك حيث يكثر القسم بالله كل مرة تسأله عن أي شيء ولا يفعله.

٤. لك صديق لا يراعي مشاعر زوجته ويلعن اليوم الذي تعرّف عليها فيه دائمًا.

٥. لك صديق أنعم الله عليه بكثير من المال والأولاد ويشكو من الفقر وقلة الحال.

ملاحظات لغوية وثقافية حول مفردات وعبارات نص القصة (٢)

١. "ذهب هدْرًا" to melt away uselessly، فنقول مثلًا: "يا خسارة! ذهب تعبي هدرًا" What a pity! My hard work was spent in vain.

٢. لا بأس عليك don't worry, don't be afraid، في المغرب يقول الناس: "لا باس عليك" أو "كيداير" بمعنى "كيف حالك"؟

٣. عجول quick, hasty، ونقول في العامية: "قردك عجول."
Expression said to someone who is always in a rush and pushy. Literally meaning "your monkey is always hasty."

٤. نقول بالعامية: "شِدّ حيلك."
Pull yourself together, be strong (it can also mean "do well" in an exam or a competition, etc.). It can also be said to someone who is taking his/her time doing something to encourage him/her to speed up. People also say it when they offer condolences to the deceased's family relatives, as if they're telling them to be strong.

٥. كلمة "رجل" في العامية الشامية "زلمة (ج) زْلام" أو رجال، أما في العامية الخليجية، ففي الإمارات مثلًا يقولون: "ريّال" لأن حرف (الجيم) يُلفظ أحيانًا (ياءً).

٦. كلمة "عرض" تجيء أيضًا بمعنى honor, reputation، تعلموا هذا التعبير "أنا في عرضك" have mercy upon me, I rely on your generosity

٧. كلمة رِبح (ج) أرباح interest (on money)، وفي الإسلام الـ interest اسمه "رِبا" وهي حرام.

٨. "من غير لفّ ولا دوران" without much ado, it is like saying "get to the point"

٩. "على كيسي" at my expense

١٠. شغَل، يشغَل، شُغل to occupy, preoccupy، نقول: "أشغَلُ نفسي بالقراءة" I occupy myself with reading، ونقول: "لماذا تأخرت؟ أشغَلتَ بالي!" Why are you late? You disturbed my mind، ونقول: "هو شغل وظيفة" he filled a vacancy، كما نقول: "أولادي هم شغلي الشاغل" my children are my chief concern

تمرين 49 اعرفوا زملاءكم مستخدمين المفردات والعبارات الثقافية التي وردت في النص

١. هل حدث أن ذهب تعبهم هدرًا؟ ماذا حصل؟

٢. هل هم أشخاص عجولون ومتسرعون في قراراتهم؟

٣. بم يشغلون أوقاتهم عادة؟ ما الوظيفة التي يطمحون أن يشغلوها في المستقبل إن شاء الله؟

٤. ما الذي يشغل بالهم دائمًا؟

تمرين 50 ترجموا الجمل التالية إلى الإنجليزية

١. أكدت احدى المغنيات اللبنانيات أن المطبخ هو شغلها الشاغل خلال شهر رمضان وتحب الطبخ كثيرًا رغم ضيق وقتها.

٢. أُحذّرك أن تقع في أعراض الناس و**تغتابهم** backbite them يا صديقي.

٣. والدة الطالب المقتول في الجامعة، برصاص الشرطة أثناء مظاهرة شبابية، أكدّت أن ابنها ترك لها فراغًا كبيرًا في حياتها وحياة كل أفراد العائلة، وأنها لن تنسى ولدها كما أن دمه لن يذهب هدرًا، وتطالب الحكومة بالإسراع عن كشف هوية قَتَلَة ابنها وتقديمهم إلى العدالة.

٤. لا بأس عليك أخي! أتمنى لك شفاء عاجلًا إن شاء الله.

٥. إن التعامل مع شخص عجول يجعلك تشعر وكأنك تمشي في مكان مليء بالمتفجرات، تخاف دائمًا أن تنفجر. ومهما فعلت فإنك مضطر للتعامل مع إنسان هكذا سواء في العمل أو الجامعة أو حتى في العلاقات الشخصية.

٦. "شد حيلك" هو برنامج تلفزيوني يجمع بين المنافسة والمتعة.

٧. يا ترى! ما الفرق بين الربح والربا في البنوك؟ وأيهما حلال؟

٨. نشر رجل الأعمال المهندس "نجيب ساويرس" عبر صفحته الرسمية بموقع التواصل الإجتماعي صورة لـ**غلاف** cover كتابه، الذي أصدره مؤخرًا، تحت عنوان "مصر من غير لف ودوران" والصادر عن الدار المصرية اللبنانية.

٩. شخص رقم ١: ليس عندي رصيد في تليفوني!

شخص رقم ٢: ليست مشكلة يا عزيزي، خذ تليفوني، اتصل على حسابي.

تمرين 51 ترجموا من الإنجليزية إلى العربية مستخدمين العبارات التي درسناها

1. I occupy myself with writing novels, and my husband occupies himself with cooking and playing sports.
2. Why are you not home, dear? You disturbed my mind.
3. What a pity! I have been unemployed since I graduated last year. My hard work and money were spent in vain.
4. Indeed, one who fulfills his duty and trust and refrains from transgressing against the honor of people is the real person.

تمرين 52 يللا نمثل

Your best friend is very late for your wedding party. He show up at the end of the party. You are upset and you wonder why he did not arrive on time. Have a short conversation. Your friend must explain the situation that delayed him, and you still do not buy it. (Use as many cultural and linguistic notes, mentioned in this lesson, as you can.)

تمرين 53 (القصة): أجيبوا عن الأسئلة التالية

This is a culmination drill on the story after reading and comprehending the text and its vocabulary and linguistic and cultural remarks.

١. هل كان عقاب المدير لآدم عقابًا عادلًا في رأيك؟ لمَ؟ لم لا؟

٢. في رأيك هل كان الحل الذي قدمه الحلاق مقنعًا؟ ماذا كنت ستفعل لو كنت مكان آدم؟

٣. كيف كنت ستتعامل مع سائق الـ"تاكسي" لو كنت مكان آدم؟

٤. هل هناك أزمة سير وحالات اختناق مروري في مدينتكم، ما أسبابها؟ في رأيكم، هل هناك حلول جذرية للمشكلة؟

٥. **قراءة جهرية:** اقرأوا الحوارات مع زملائكم.

تمرين 54 يللا نمثل

You are studying in Beirut, and you know the way from home to school well. You take a taxi, and the driver seems to be taking a different route that is longer and costs more. Talk to the driver and try to learn why he is taking that route. Tell the driver that you are a student and that you do not have sufficient funds to pay for the longer trip. See Appendix II for dialectal expressions that you may want to use.

تمرين 55 يللا نمثل

You buy a pair of shoes from a shoe shop in Damascus, Syria. You take them home, and your wife does not like the price; they were very expensive. She wants you to return the shoes. The store has a no-return policy. Try to resolve the issue with the store owner. See Appendix II for dialectal expressions and phrases that you may use.

ظلال ثقافية (٣): غضّ البصر

غضّ البصر أحد الوصايا العشرة، ويتكرر الأمر بغض البصر أكثر من مرة في العهد القديم. فنحن نقرأ: "لاَ تَشْتَهِ بَيْتَ قَرِيبِكَ. لاَ تَشْتَهِ امْرَأَةَ قَرِيبِكَ، وَلاَ عَبْدَهُ، وَلاَ أَمَتَهُ، وَلاَ ثَوْرَهُ، وَلاَ حِمَارَهُ، وَلاَ شَيْئًا مِمَّا لِقَرِيبِكَ. (الخروج: ٢٠: ١٧)

You shall not covet your neighbors house. You shall not covet your neighbor's wife, or his male or female servant, his ox or donkey, or anything that belongs to your neighbor.

وفي العهد الجديد، نجد أن المسيح يساوي بين النظر إلى المرأة الأجنبية **بشهوة** with lust, desire وبين الزنا. فالنظر بشهوة ربما يؤدي إلى الزنا. وغالبًا ما يكون الزنا مسبوقًا بالنظر بشهوة. ففي العهد الجديد نقرأ:

"قَدْ سَمِعْتُمْ أَنَّهُ قِيلَ لِلْقُدَمَاءِ: لاَ تَزْنِ. وَأَمَّا أَنَا فَأَقُولُ لَكُمْ: إِنَّ كُلَّ مَنْ يَنْظُرُ إِلَى امْرَأَةٍ لِيَشْتَهِيَهَا، فَقَدْ زَنَى بِهَا فِي قَلْبِهِ. فَإِنْ كَانَتْ عَيْنُكَ الْيُمْنَى تُعْثِرُكَ فَاقْلَعْهَا وَأَلْقِهَا عَنْكَ، لأَنَّهُ خَيْرٌ لَكَ أَنْ يَهْلِكَ أَحَدُ أَعْضَائِكَ وَلاَ يُلْقَى جَسَدُكَ كُلُّهُ فِي جَهَنَّمَ. (متّى: ٥: ٢٧-٢٩)

You have heard that it was said, "You shall not commit adultery." But I tell you that anyone who looks at a woman lustfully has already committed adultery with her in his heart. If your right eye causes you to stumble, gouge it out and throw it away. It is better for you to lose one part of your body than for your whole body to be thrown into hell.

أما في الإسلام، نجد أن الله تعالى يأمر محمدًا صلى الله عليه وسلم بأن يأمر المسلمين رجالًا ونساء بغض البصر وحفظ الفرج. جاء في القرآن:

قُلْ لِلْمُؤْمِنِينَ يَغُضُّوا مِنْ أَبْصَارِهِمْ وَيَحْفَظُوا فُرُوجَهُمْ ذَلِكَ أَزْكَى لَهُمْ إِنَّ اللَّهَ خَبِيرٌ بِمَا يَصْنَعُونَ. وَقُلْ لِلْمُؤْمِنَاتِ يَغْضُضْنَ مِنْ أَبْصَارِهِنَّ وَيَحْفَظْنَ فُرُوجَهُنَّ وَلَا يُبْدِينَ زِينَتَهُنَّ إِلَّا مَا ظَهَرَ مِنْهَا. (النور: ٣٠-٣١)

Tell the believing men to reduce [some] of their vision and guard their private parts. That is purer for them. Indeed, Allah is acquainted with what they do. And tell the believing women to reduce [some] of their vision and guard their private parts and not expose their adornment except that which [necessarily] appears thereof.

واحة القواعد (١): الفعل المضّعف Doubled

درسنا في الجزء الأول من كتاب كلمة ونغم الفعل: (حبّ)، ودرسنا في الجزء الثاني الأفعال: (حنّ، حسّ، تمّ، رشّ، شدّ، صبّ، ضمّ، طلّ، ظنّ، ظلّ، قصّ، هزّ). في هذا الدرس درسنا الأفعال: (مرّ، قصّ، غضّ، عدّ).

هذه الأفعال تنتهي بشَدّة فهي مضعفة الآخِر. لننظر الآن كيف **نصوغ** formulate الماضي والمضارع والأمر واسم الفاعل واسم المفعول (إن وجد) والمصدر

الضمير	الماضي	المضارع	الأمر	اسم الفاعل	اسم المفعول
أنا	شَدَدْتُ	أَشُدّ		شادّ	مشدود
نحن	شَدَدْنا	نَشُدّ			
أنتَ	شددتَ	تشُدّ	شدّ		
أنتِ	شددتِ	تشدّين	شدي		
أنتما	شددتما	تشدّان	شدا		
أنتم	شددتم	تشدّون	شدوا		
أنتنّ	شددتنّ	تشدُدنَ	اشددن		

هو	شد	يشدُّ			
هي	شدت	تشُدّ			
هما	شدا	يشدّان			
هما (مثنى مؤنث)	شدتا	تشدّان			
هم	شدوا	يشدّون			
هن	شددن	يشدُدْن			

تمرين 56 تعرفوا على زملائكم

1. How did they feel on their first day at school? Use أحس. Remember that we say:

أحس بـ + المصدر = أحس بالتعب، أو **نقول أحس بـ + أنّ + ضمير + صفة** = أحس بأني تعبان

2. Have they ever passed by an accident on their way to class? Use مر. What did they think? Use ظن.
3. Have they ever cut their hair at home? Use قصّ.
4. Have they ever poured hot liquid (water, coffee, tea) on their skin? Use صب. How did they feel? Use أحسّ.
5. Have they ever lowered their gaze? When? Use غضّ.
6. Ask if their siblings have ever cut their hair when they were young. Ask them to tell you the story and describe how their parents reacted.
7. Ask when they started counting in Arabic or any other language, and if counting is easy for them at this point or not.

عالم الجذور والأوزان: الجذر (ر د د)

جاء في النص الفعل (تردد) وهو وزن (تفعل) من الفعل المضعف "ردّ." ومن أوزانه أيضًا "ردّد" و"استرد." والفعل "رد على" معناه (أجاب). و"**تردد**" معناه hesitate، أما كلمة **ارتد** فمعناها (رجع).

تمرين 57 ما معاني الكلمات المشتقة من الجذر (ر د د)

١. عندما دخلت البيت **رددت** السلام. **تردّد** الناس الحاضرون في **الرد** عليّ. لَم أفهم لِمَ **التّردد**؟

٢. هل **استرددتَ** الكتاب الذي أعطيتَه لصديقك؟

٣. كنا في حفلة موسيقية كبيرة. غنّى المغني وكان الناس **يرددون** بعده.

٤. قال النبي محمد: "لا تغضب." و**ردّد** مرارًا: "لا تغضب."

٥. تقدمت للعمل في شركة وكانت عندي مقابلة. طلب مدير الشركة أن أنتظر حتى أسمع منه. انتظرت **ردّه** طويلًا لكنه ما **ردّ**.

٦. بعد موت النبي محمد، **ارتد** بعض الناس عن الإسلام.

تمرين 58 أكملوا الجدول التالي

الفعل	اسم الفاعل	اسم المفعول	المصدر
ردّ			
ردّد			
ارتدّ			
تردّد			
استردّ			

تمرين 59 خمنوا معاني العبارات التالية من خلال السياق

١. قال رئيس الحكومة إن زيادة الضريبة على المبيعات قرار نهائي **لا أخْذ ولا رَدّ فيه.**

٢. فاز فريق كرة القدم الوطني في اللعبة الأخيرة بعد أن حقق هدفًا في **هجمة مُرتدة.**

٣. وصلت **مردودات** المبيعات هذا الشهر إلى نسبة أكبر من تلك التي توقعها الإقتصاديون.

٤. في الأشهر الأخيرة **تردد** على ألسنة المحللين السياسيين أن تغييرًا كبيرًا في الحكومة قريب جدًا.

٥. الموت شيء **لا رادّ له.**

٦. بعد **الزلزال** earthquake الذي ضرب المكسيك كانت هناك هزّات **ارتدادية.**

ظلال ثقافية (٤)

الرِّدة في الإسلام

الرِّدة عن الإسلام يعني الرجوع عنه **والخروج منه** abandoning. ظهرت هذه الحركة بعد موت النبي محمد حيث خرج بعض الناس من الإسلام ورفضوا دفع **الزكاة** charity للخليفة لأبي بكر. كان هناك ثورة و**عصيان مدني** civil disobedience. لذلك ذهب أبو بكر وجيش المسلمين وقاتلوهم حتى دفعوا الزكاة.

السلفية

السلفية من الفعل (سلف) ومعناه سبق. والسلفية مدرسة فكرية إسلامية تدعو إلى فهم الإسلام وتطبيقه **كما** the way فَهِمه وطبّقه النبي محمد وأصحابه. أول من بدأ بهذه هو أحمد بن تيمية في القرن الثامن الميلادي. **وأحيا** revived المصطلح محمد بن عبد الوهاب في منطقة نجد في السعودية. لذلك نسمع الوهابية السلفية. المصادر التي تعتمد عليها السلفية في تلقّي الأحكام هي القرآن و**السُّنة** Sunna و**الإجماع** consensus و**القياس** analogy.

العلكة واللبان وأيضًا **المستكة** أسماء لشيء واحد chewing gum. ولكن هناك ما يسمى **العلكة** أو **اللبان العربي** وهو مأخوذ من شجرة olibanum وله فوائد صحية كثيرة. أما كلمة **مستكة** فهي مأخوذة من اليونانية من كلمة mastikhan.

ملاحظة: في اللهجة السورية يستخدم الفعل "**بِعْلِك**" بمعنى he talks too much without much sense والاسم "**عـلّاك**" ومعناه nonsense.

عالم الجذور والأوزان

الجذر (ب ع د)

تمرين 60 **خمنوا معاني الكلمات المشتقة من (ب ع د) في الجمل التالية**

١. طلبت قوات الأمن من المواطنين أن **يبتعدوا** عن مكان الجريمة. لم **يبتعد** الناس، **فأبعدتهم** الشرطة بالقوة.

٢. سأل الصِّحافي الرئيس إن كانت الحكومة ستزيد الضريبة على وقود السيارات، فقال: إنّ ذلك شيء **مُسْتَبعد**.

٣. **أبعدت** الحكومة الإسرائيلية مجموعة من الفلسطينيين إلى لبنان سنة ١٩٩٢ وقد عاد بعض **المُبعدين** بعد سنة وعاد الآخرون بعد سنتين.

٤. لا **أستبعد** أن تقوم الحكومة برفع أسعار الوقود والخبز في الأسابيع القليلة القادمة.

الجذر (و ص ل)

تكلمنا عن الفعل وصل في الجزء الثاني، والآن نناقش أوزان الفعل المختلفة ومعانيها

تمرين 61 **أكملوا الجدول التالي**

الفعل	المصدر	اسم الفاعل	اسم المفعول	المعنى
وصل				
وصّل				
أوصل				
واصل				
تواصل				
انوصل				
توصّل				
اتصل				
استوصل				

تمرين 62 **عبروا عن الأفكار التالية مستخدمين الفعل (وصل) أو أوزانًا أخرى من نفس الجذر**

1. You had high school friends, and you keep in touch with them via social media.
2. You try to call your parents every weekend, but they call you every other day.
3. You work at a pizza place, where you deliver **orders** طلبات to houses and offices.
4. You were good at connecting the letters in your first year of Arabic.
5. You had differences with your boyfriend/girlfriend/husband/wife, and you had to reach a solution.

واحة القواعد (٢): الأسماء الخمسة: المثنى والجمع والمؤنث

درسنا في الدروس السابقة الأسماء الخمسة. ولكننا ركزنا على الاسم المفرد. ويمكن صياغة المثنى والجمع من كل اسم من الأسماء الخمسة.
الجدول التالي يوضح **حالات مثنى الأسماء الخمسة:**

الأسماء الخمسة	المثنى المرفوع	المثنى المنصوب والمجرور
أخ	أخوان	أخوَيْن
أب	أبوان*	أبوَيـْن
حم	حموان	حموَيـْن
ذو	ذَوان	ذَوَين
فو	فـَوا	فـَوَي

تمرين 63 يللا نتكلم

1. You have two brothers. Describe them to the class. Make sure to use ذوا in your description.
2. Your father and mother have parents-in-law. Talk about one or several of them to your classmates.
3. When you get married (if that is your future plan), what would you like your father-in-law/mother-in-law to be like?

*الأبوان هما الأب والأم parents
والجدول التالي يوضح **حالات جموع الأسماء الخمسة:**

الأسماء الخمسة	الجمع المرفوع	الجمع المنصوب	الجمع المجرور
أخ	إخوةُ / إخوةٌ	إخوةَ / إخوةً	إخوةِ / إخوةٍ
أب	آباءُ / آباءٌ	آباءَ / آباءً	آباءِ / آباءٍ
حم	أحماءُ / أحماءٌ	أحماءَ / أحماءً	أحماءِ/ أحماءٍ
ذو	ذَوو	ذَوي	ذَوي
فو	أفواهُ / أفواهٌ	أفواهَ / أفواهًا	أفواهِ / أفواهٍ

ملاحظة: كلمة (الأحماء) هي جمع حمو، ولكن كلمة (الإحماء) تعني **التسخين** warm up.

تمرين 64 ترجموا إلى الإنجليزية

١. كثير من آباء طلاب صفي من ذوي العائلات الصغيرة. أبواي على العكس، يحبان العائلات الكبيرة.

٢. عند العشاء، كنا نجلس معًا. إخوتي الصغار كانوا يثرثرون. غضب أبي كثيرًا وطلب منهم أن يغلقوا أفواههم.

٣. الأستاذ لطلابه: "هل سيحضر ذووكم إلى حفل التخريج في نهاية السنة؟"

٤. إننا نعيش في عصر مفتوح لا مكان فيه للأبواب المغلقة أو الأفواه **المكمّمة** muzzled.

٥. سياسة تكميم الأفواه سياسة قديمة ولا مكان لها في القرن الحادي والعشرين.

٦. من المعروف أنّ السيارات الحديثة لا يستطيع أن يشتريها إلا ذوو الدخل العالي.

٧. بعد حادث إطلاق النار، قامت الشرطة بالاتصال بذوي الضحايا وإخبارهم بما حدث.

8. Americans with Disabilities Act قانون لحماية حقوق ذوي الاحتياجات الخاصة.

حالات جمع الأسماء الخمسة						
الأسماء الخمسة	المفرد المؤنث المرفوع	المفرد المؤنث المنصوب	المفرد المؤنث المجرور	الجمع المرفوع	الجمع المنصوب	الجمع المجرور
أخ	أختُ / أختٌ	أختَ / أختًا	أختِ / أختٍ	أخواتُ / أخواتٌ	أخواتِ / أخواتٍ	أخواتِ / أخواتٍ
حم	حماةُ / حماةٌ	حماةَ / حماةً	حماةِ / حماةٍ	حمواتُ / حمواتٌ	حمواتِ / حمواتٍ	حمواتِ / حمواتٍ
ذو	ذاتُ	ذاتَ	ذاتِ	ذواتُ / ذواتٌ	ذواتِ/ ذواتٍ	ذواتِ / ذواتٍ
فو				أفواهُ / أفواهٌ	أفواهَ : أفواهًا	أفواهِ / أفواهٍ

تمرين 65 استخدموا الشكل الصحيح للكلمات بين الأقواس

١. سألته عن عدد (أخت) ـه فقال: "لي (٢ أخت) فقط."

٢. عيد الفطر وعيد الأضحى عيدان (ذو) أهمية خاصة في المجتمعات (ذات) الأغلبية المسلمة.

٣. تلعب (الحماة) دورًا مهمًا في المجتمعات العربية بشكل عام وخصوصًا أولئك اللواتي يعشن مع أبنائهن المتزوجين في نفس البيت.

٤. شارك في المؤتمر الكثير من الباحثات (ذات) الخلفيات الاجتماعية المختلفة.

٥. مدينتا القاهرة والإسكندرية (ذات) كثافة سكانية عالية في مصر.

٦. هل صحيح أنّ (أخت) ـك شاركتا في مظاهرة أمس؟

ظلال ثقافية (٥)

استخدام (أب وأم) بدل (ذو)

في كثير من الدول العربية يستخدم الناس كلمتي (أبو) و(أم) بمعنى (صاحب) أو (مالك). وهما بذلك يُستخدَمان بدل الاسم (ذو). فعبارة مثل the man with long hair ممكن أن تكون "الرجل أبو الشعر الطويل" وعبارة مثل the girl with the red bag تكون "البنت أم **الشنطة** = (الحقيبة) الحمراء."

وكذلك تستخدم هاتان الكلمتان في **الألقاب** nicknames. وهي ظاهرة معروفة في حركات المقاومة خاصة، فـ(ياسر عرفات) الزعيم الفلسطيني يُدعى (أبو عمار)، وهي أيضًا معروفة في حركات مثل داعش والقاعدة ومن الشخصيات المعروفة (أبو بكر البغدادي) و(أبو

مصعب الزرقاوي).

من الأمثال العربية الشائعة:
عِنْدِ الضيقْ، لا أَخْ وْلا صَديقْ

In dire circumstances there is neither a brother nor a friend.

- روّقها يا أخي. (بالعامية)

Take it easy, brother!

- جارك القريب ولا أخوك البعيد.

Better your close neighbor than your faraway brother. (A good neighbor, a good morrow)

- أنا وأخوي على ابن عمى وأنا وابن عمي على الغريب.

My brother and I are against my cousin, and my cousin and I are against the stranger. (Blood is thicker than water.)

تمرين 66 **فيما يلي أمثال عربية وأبيات شعر مشهورة فيها بعض من الأسماء الخمسة. اقرأوها وافهموا معانيها، فكروا في سياق مناسب لكل مثل**

١. خذوا **الحكمة** wisdom من أفواه المجانين.

٢. أخوك من صَدَقك لا من صدّقك.

٣. إذا كنت ذا رأي فكُن (فـ + كن) ذا **عزيمة** will.

٤. ذو العقل **يشقى** = (يتعب) في **النعيم** bliss بعقله، و**أخو الجهالة** the ignorant في الشقاوة ينعم. (بيت شعر)

٥. أخاك أخاك إنّ مَن لا أخًا له **كساعٍ** like a runner إلى **الهيجا** fight, battlefield بغير سلاح.

٦. إنّ أخاك مَن **واساك** console you.

٧. المرء = (الشخص) كثير بأخيه.

٨. أُستر cover **عورة** private part, fault أخيك لِما يعلمه فيك.

For Reflection

This proverb reflects a cultural norm within the Arab culture. What is this norm? Do you approve of it or not? Why (not)?

(ذو) في الأسماء:

- ذو القِعدة و ذو الحجة: الشهران الحادي عشر والثاني عشر في **التقويم** calendar الإسلامي.
- ذو النون: اسم النبي **يونس** Jonah أو "يونان ابن أمتّاي" باللغة العبرية والنون هو الحوت.
- ذو الكفل: اسم لنبي من الأنبياء الذين ذكرهم القرآن.
- ذو الجلال والإكرام: اسم من أسماء الله التسعة والتسعين.
- ذو النورين: هو الخليفة (عثمان بن عفان) وسمي بهذا لأنه تزوج بنتين من بنات الرسول محمد عليه السلام.

تمرين 67 من هو / هم ...؟

١. ذو الوجهين أو ذو اللسانين

٢. ذوي الاحتياجات الخاصة

القراءة (١): الثوب الفلسطيني .. تاريخ يعود لأكثر من ٥٠٠٠ عام

مفردات القراءة

تطريزة	embroidery	معتقداتها	convictions, beliefs
تنوُّع	variation, diversity	أرملة	widow
عمار	building (making it inhabited)	الإنجاب	having children

فلسطين ٢٤ - ثوب يفتخر به الفلسطينيون، فهو مرتبط بالأرض في كل لون من ألوانه وتطريزة من تطريزاته، ويرتبط بتنوع وجغرافية المكان، إذ تميز الأزياء النّسائية في بعض الأحيان مدنًا فلسطينية عن سواها، فالتراث في المناطق القروية يختلف عنه في المناطق الساحلية؛ فكل منطقة لها تراثها الخاص.

تقول مديرة مركز التراث الفلسطيني في بيت لحم، مها السقا، لجريدة الوطن للأنباء: الثوب الفلسطيني وثيقة أو هـُوية لوجودنا في كل قرية أو مدينة، ويمكننا تمييز الفلسطينية حسب منطقتها من نوع الثوب الذي تلبسه، لأن المرأة الفلسطينية نقلت الطبيعة وكل معتقداتها على ثوبها.

وتوضح: الثوب في يافا مثلًا رَسمت عليه المرأة الفلسطينية ألوان زهر البرتقال الذي يحيطه السرو، وثوب بئر السبع لونه أحمر وخاصة ثوب العروس، لكن في حال أصبحت المرأة أرملة كانت تطرز ثوبًا آخر باللون الأزرق، وإذا أرادت الزواج مرة أخرى، كانت ترسم عليه الألعاب لترمز أنها تريد الإنجاب وعمار البيت. مشيرة إلى أن الثوب يتحدث عن قصة اجتماعية وعن ثراء العروس.

ويَنسبُ إليه التاريخ حفاظه على (حشمة المرأة)؛ ولو تكلم هذا الثوب لتحدث عن حكاية مجد وبطولات في أرض كنعان، وعن "فلكلور" شعبي يحمل بين خيوطه معاني متعددة، وعن إبداع صانعة أتقنت تلك الفسيفساء لتميز المرأة الفلسطينية عن سواها.

وتضيف السقا: الثوب الفلسطيني يتميز باللون الأحمر فكنعان يعني أرجوان، والأحمر يختلف بدرجاته من منطقة إلى أخرى، فثوب غزة يميل إلى البنفسجي، أما الخليل فإلى البني، وبيت لحم ورام الله ويافا يميل إلى الأحمر القاني.

وعن الزخارف تبين أن ثوب منطقة الخليل كانت تشتهر بزخرفة خيمة الباشا، أما رام الله بشجر السرو والخيمة العالية، وبيت لحم بالنجمة الكنعانية.

الثوب الفلسطيني حكاية امتدت جذورها إلى أكثر من ٤٥٠٠ قبل الميلاد، أي أن الكنعانيين هم من رسّخ وجود هذا الثوب، فأحفادهم ومنذ آلاف السنين لا يزالون يرسمون خيوطه بأيديهم ويضعون ألوانه بأحزان كل فصل من فصول التاريخ الفلسطيني.

وتقول السقا: بما أن عُمر السيد المسيح وولادته قبل ٢٠٠٠ عام، وعمر الثوب الفلسطيني يمتد لأكثر من ٥٠٠٠ عام، فمن الطبيعي أن تكون السيدة مريم العذراء لبست نماذج من التطريز الفلسطيني.

وتضيف: عندما نصعد (طلعة العذراء) في جبل الكرمل بحيفا، نقوم بتلبيس فتاة تمثل العذراء وتحمل تمثالها وتلبس ثوبًا مطرزًا، وهو اللون الأبيض والأزرق والأحمر، لأن الأحمر لون التجسد، والأزرق لون الملائكة، فاللونان كانا ألوان أثواب السيد المسيح والسيدة العذراء.

وتشير إلى أن مهنة التطريز هي المهنة الوحيدة التي تتقنها المرأة في بيتها بين أولادها في أوقات فراغها، وأدعو الجميع لتعلم التطريز، خاصة لمن يراه غالي الثمن، وأتمنى من المدارس أن تعلم البنات التطريز خاصة في حصة الفن، وقد قدمت مقترحًا لزي مدرسي مطرز ليكون حاضرًا دائمًا في كل مكان.

https://www.pal24.net/news/70431.html

تمرين 68 اقرأوا وأكملوا الجمل التالية

١. يرتبط الثوب الفلسطيني بـ ____________ و ____________ .

٢. نقلت المرأة الفلسطينية ____________ و ____________ على ثوبها.

٣. من سمات الثوب الفلسطيني اللون ____________ .

٤. جذور الثوب الفلسطيني تعود إلى الحضارة ____________.

٥. لون الثوب الذي تلبسه الفتاة عند صعود (طلعة العذراء) ____________ و ____________ و ____________.

٦. قدمت السقا اقتراحًا للمدارس هو ____________ .

تمرين 69 أجيبوا عن الأسئلة التالية

١. كيف يتغير شكل الثوب في مدينة بئر السبع؟

٢. كيف تختلف درجة **الحُمرة** redness في الثوب الفلسطيني من منطقة إلى أخرى؟

٣. ماذا تقترح السقا في نهاية النص على الجميع؟ ماذا تطلب من المدارس؟

٤. ماذا يمثل الثوب الفلسطيني للفلسطينيين؟

٥. ما هي **نبرة** tone النص التالي (فأحفادهم ومنذ آلاف السنين لا يزالون يرسمون خيوطه بأيديهم ويضعون ألوانه بأحزان كل فصل من فصول التاريخ الفلسطيني.) ما معنى الجملة بشكل عام؟

تمرين 70 خمنوا

١. ما معنى الحرف "إذ" في الفقرة الأولى؟

٢. ما معنى "حسب" في الفقرة الثانية؟

٣. ما معنى "بما أنّ" في الفقرة السادسة؟

تمرين 71 فكروا

١. السيدة العذراء هي مريم أم عيسى. والعذراء هو لقبها في العربية. لها نفس اللقب في الإنجليزية. ما هو؟

٢. إن كان معنى **جسد** body، فما معنى التّجسّد أو ما يسمى بـ (سِرّ التجسد)؟ فكروا في "في البدء كان الكلمة وكان الكلمة عند الله." (جون ١:١)

In the beginning was the Word and the Word was with God. (John 1:1)

٣. (حشمة المرأة) من القيم المذكورة في النص. ما علاقة الثوب الفلسطيني بهذه القيمة؟

تمرين 72 ابحثوا

طلعة العذراء procession of the Virgin. ما هي؟ متى تحدث؟ ولماذا؟

عالم الجذور والأوزان: الجذر (ح س ب)

تمرين 73 خمنوا معاني الكلمات المكتوبة بالخط الغامق (راجعوا الملاحظات اللغوية والثقافية) وكذلك ما يلي:

حَسَب calculate
حَسِب = ظنّ
حَسْب = كفاية

عندي شركة. **حسبت** أرباحي وخسائري، **وحسَب** شريكي أرباحه وخسائره، ثم ذهبنا إلى **المحاسب لنتحاسب** أمامه. **حاسبني وحاسبته**. اختلفنا واتفقنا. وفي النهاية قلت له: "الله **يحاسب** الجميع." رد علي قائلًا: "**أحتسب** عند الله الشيء كله."

تمرين 74 هذه عبارات مستخدمة بشكل كبير مع (حسْب)، خمنوا معاني العبارات ثم استخدموا ثلاثة منها في جمل تامّة

١. حسْب الحاجة	٤. حسْب الطلب	٧. حسْب الرغبة
٢. حسْب القواعد	٥. حسْب الظروف	٨. حسب الأصول
٣. حسب الضرورة	٦. حسب المزاج	

أيضًا من العبارات المستخدمة

حسب (ألف) حساب have apprehensions about someone (fearing revenge or strong reaction)

لا تحسب له حساب do not take him into regard, forget about him

المحاسب هو الله the one who holds people accountable is Allah

الحساب = الفاتورة bill, check وهذه الكلمة تعني calculation أيضًا.
حسبي الله ونعم الوكيل
المحسوبية nepotism وفي بعض الدول العربية تسمى (**الواسطة**) intermediary.
ذو حسَب ونسَب of noble descent

ظلال ثقافية (٦): الحِشمة decency

الحشمة هي قيمة مهمة في المجتمعات العربية، ولها علاقة بالملابس عادة، والمرأة المحتشمة هي التي تلبس ملابس تغطي جسمها. وقد تعني الحشمة أيضًا الوقار والأدب والحياء، وهي في الأصل للرجل والمرأة ولكنها تستخدم كثيرًا هذه الأيام في كثير من المجتمعات العربية لتصف سلوك المرأة ولباسها. وكلمة (محتشمة) هي وصف للملابس أيضًا: **ملابس محتشمة** decent, reserved وملابس غير محتشمة.

- **ملاحظة:** في الدارجة المغربية "حشومة" تعني shame

واحة الجذور والأوزان

الجذر (خ ن ق)

تمرين 75 ترجموا الجمل التالية مركزين على الكلمات المشتقة من الجذر (خ ن ق)

١. المقاطعة الاقتصادية لأي دولة تؤدي إلى **خنق** اقتصادها.

٢. في الصباح عندما ذهبت إلى عملي وصلت متأخرًا بسبب **الاختناقات** المرورية الشديدة وسط المدينة وخاصة قرب الحِسبة.

٣. الكثير من الأطفال **يتخانقون** لأسباب نحسبها بسيطة وهي ليست بسيطة بالنسبة للأطفال.

٤. الإنسان يحتاج إلى الـ"أوكسجين" حتى لا **يختنق** بسبب ثاني اكسيد الـ"كربون."

٥. **خنق** الحريات يؤدي إلى الثورات في كثير من الأحوال.

الجذر (ط ر ق)

كلمة طريق من الفعل "**طرق**" ومعناه beat, batter, hammer, bang، لذلك **الطريق** هو way, road لأنها تُطرَق دائمًا. و**الطريقة** هي **الأسلوب** أو **المنهج** method. و**الطارق** هو striker أو الذي يطرق على الباب.

Does this word ring a bell? Think of the word "track."

تمرين 76 ما معنى العبارات التالية؟

١. طُرق الاتصالات	٦. شبكة الطرق السريعة
٢. طُرق البحث	٧. طرق رسمية / غير رسمية
٣. الطرق البحرية	٨. طريقة الاستعمال
٤. طريقة الدفع	٩. الطرق الصوفية
٥. شبكة طرق	١٠. طرق مشروعة

- من الأفعال المشتقة من (ط ر ق) الفعل: **تطرق إلى / لـ** broach, discuss, treat a topic.

مثال: تطرق رؤساء الدول في اجتماعاتهم إلى العلاقات الاقتصادية وكيفية تحسينها.

ظلال ثقافية (٧)

- **جبل طارق بين زياد**

جبل طارق Gibraltar مشهور جدًا، و(طارق) هو (طارق بن زياد) القائد المسلم الذي **فتح** conquered "إسبانيا" (سنتكلم عنه أكثر في الدرس الثامن إن شاء الله). وجبل طارق منطقة في جنوب جزيرة "ايبرية" وهي ذات **حكم ذاتي** autonomous تابعة لـ"بريطانيا،" وهي منطقة مقابلة لمدينة طنجة في المغرب.

- **طريق الحرير** Silk Road

هو الطريق التجاري **البرّى** by land والبحري بين "الصين" والجزء الجنوبي الغربي من "آسيا" و"الهند" ثم يصل إلى مدينة "أنطاكيا" في "تركيا." وسمي بهذا الاسم بسبب تجارة الحرير التي كانت معروفة في "الصين."

- سورة الطارق هي من سور القرآن الكريم "والسماء والطارق، وما أدراك ما الطارق، النجم الثاقب."

- **أُحجية** puzzle

اقرأوا بيت الشعر التالي وخمنوا معناه

طرقْت الباب حتى كَلّ مَتْني   فلما كَلّ متني كلّمتنى

(**كَلّ** got tired، **متني** half or side of the back)

تمرين 77 استماع القصة ١

_______ (١) شعور غريب منذ وطأت قدماي _______ (٢) بيروت، لأجل ذلك، أحاول أن أبعد عن رأسي كل الأفكار المُقلقة وأسعى جاهدًا _______ (٣) ما يجري حولي، لكن المشاكل بدأت _______ (٤) على رأسي منذ وصلت لبنان، لا أدري ربما هي _______ (٥) الثقافية كما يقولون! ففي أول أيام العمل وصلت متأخرًا لمدة ساعة، ومرّ الأمر بسلام، _______ (٦) أني عندما تأخرت في اليوم الثاني، استدعاني المدير، الذي لم _______ (٧) الأربعين سنة، إلى مكتبه، طرقت باب مكتبه، ورد بصوت _______ (٨) غضبًا: ادخل يا ابني!

قلت في نفسي:"ابنك؟ لست ابنك،" صباح الخير. قل مساء الخير يا أستاذ، لقد تم _______ (٩) اليوم غيابًا، إنّ في تأخيرك تأثيرًا سلبيًا على _______ (١٠) العامة للشركة كلها _______ (١١) سيدي! لست أنا مِمّن يتأخر عن المواعيد ولكن هناك ظروفًا طارئة و_____ (١٢) أجبرتني على التأخير عن الدوام.

لا بد من تنفيذ الاجراءات المتبعة في مثل هذه الأمور حسب _______ (١٣) وقوانين الشركة يا ابني!

(ياااه، ابني، مرة ثانية) لأعذار تقنية مرتبطة بساعة بالمنبه، ولاختلاف التوقيت الصيفي والشتوي، وبسبب أزمة السير و_______ (١٤) المروري، تأخرت ساعة!

بل ساعتين، أنت تعلم أن في تأخيرك _______ (١٥) لموارد الشركة، وتخاذل لاستيفاء التزاماتك القانونية و_______ (١٦) تجاه عملك والتي قمت بالتوقيع عليها في عقد العمل؟ و_______ (١٧) التأخير، بدون عذر مقنع، يستوجب هذا النوع من _______ (١٨). أنت تعلم أني _______ (١٩) الطرف عنك في اليوم الأول.

أعي ذلك جيدًا سيدي، أعي ذلك جيدًا، وأعدك ألا _______ (٢٠) هذا النوع من التأخير مرة ثانية.

سأتخذ بحقك جزاء تأديبيًا هذه المرة، سأعطيك _______ (٢١) كتابيًا.

ولكن كما _______ (٢٢) لك سيدي، أنا متعشم في كرمك، ستكون هذه أول وآخر مرة أتأخر فيها عن _______ (٢٣).

همممممم! طيب، انذار _____ (٢٤) هذه المرة، وعليك أن تغير هذا النوع من السلوك، لن _______ (٢٥) عن قراراتي أو أتهاون حال حدوث مثل هذه _______ (٢٦) مرة ثانية. _______ (٢٧) على لقمة عيشك يا ابني، وتعلمنّ من _______ (٢٨)، فأنت لا تحتاج مني أن أذكرك بواجباتك المهنية كي تستطيع في نهاية _______ (٢٩) تأمين نفقات حياتك والعيش بكرامة.

(يا ابني يا ابني يوووه) وهو كذلك سيدي، ألف شكر.

واحة القواعد (٣): التوكيد

Have you asked yourself, what is the function of إنّ?

وظيفة (إنّ) في جمل مثل (إنّ إيجارات البيوت في مدينة "نيويورك" عالية جدًا) هي لتوكيد المعنى فقط. يمكننا أن نقول: "إيجارات البيوت في "نيويورك" عالية جدًا" ولكن "إنّ" تُضيف adds another layer of emphasis.

لننظر إلى **المثال** التالي من النص:

- **حافظنّ** على لقمة عيشك يا ابني، و**تعلمنّ** من أخطائك

من الممكن أن نقول:

- حافظْ على لقمة عيشك يا ابني، وتعلمْ من أخطائك.

الجملتان لهما نفس المعنى، دعونا نتساءل: ما وظيفة حرف (النون مع الشدة) في كلمتيْ "حافظنّ" و"تعلمنّ"؟

الوظيفه هي توكيد المعنى placing more emphasis في الفعل.
للتوكيد في العربية أشكال أخرى:
منها التوكيد اللفظي verbal emphasis كما في الأمثلة التالية:

- لست أنا الذي وقّع على العقد. where the subject in the verb is repeated as a pronoun

- لا، لا أريد. where the letter (negation particle, in this case) is repeated

- أفهم ذلك جيدًا سيدي، أفهم ذلك جيدًا. where the sentence is repeated twice

التوكيد المعنوي where the meaning is emphasized
أمثلة:

- أحببت زيارتي لمدينة مراكش كلها.

- رأيت الأستاذة نفسها في المكتبة أمس.

- الفعل المُضارع المُثبت والواقع في جواب القسم: قسمًا بالله، لأبيعنّ سيارتي لك بسعر منافس.

من الكلمات التي تستخدم في التوكيد المعنوي: نفس وعين =(نفس) وكل وجميع وكلا وكلتا:

- حضرت رئيستا الجامعة كلتاهما الإجتماع.

- حضر رئيسا الجامعة كلاهما الإجتماع.

تمرين 78 عبروا عن المعاني التالية مستخدمين أسلوب التوكيد

1. The child tells his mother that he will do the homework tonight.

2. You want to emphasize to your father that it is your brother who took the car without your permission.

3. One student tells the teacher that it was all the students who came late to class.

4. Someone emphasizes the fact that he will attend the conference.

تمرين 79 يللا نمثل

You are a supervisor at a company. You are meeting one of the employees who shows up to work late and has a bad relationship with other colleagues. Talk to this employee, telling him what needs to be done, using التوكيد. You may want to use the dialectal expressions in Appendix II.

ظلال ثقافية (٨): أمثال شعبية

اتعَلّم الحِلاقة في روس الحزانى

A barber learns to shave by shaving poor people

Said of opportunists who try to use others. Also, it can refer to people who learn how to do a skill or a profession by practicing on others. There is a story behind this proverb: It was said that one of the Ottoman rulers was in need of money, so he ordered his tax collectors to collect from the rich people. One of the stingy rich people thought of a way to avoid paying the taxes: he hid his money in a safe place and declared bankruptcy. He started to work as a barber, cutting the hair of poor people and passersby without charging them any money. He used to tell people that he did this service for the sake of God. Other rich people who had known him from before used to pass by him and say the above proverb. Poor people would come in multitudes to have their hair cut. The Ottoman ruler eventually lifted the tax collection from the rich, so the stingy man quit cutting hair and went back to being rich.

في التَّأنّي السلامةُ، وفي العَجَلة النّدامةُ

Taking it slowly will bring you safety, and when rushing you will regret it

Always in a hurry, always behind

This proverb recommends making a conscious, well thought-out decision, as opposed to a rash or hasty one.

تمرين 80

قوموا بخلق وتمثيل موقف من المواقف واستخدموا ما يناسب من الأمثال السابقة في السياق الصحيح. يمكن للأستاذ أن يقسم الفصل إلى مجموعات ويطلب من كل مجموعة أن تستخدم مثلًا مختلفًا.

استماع (٢): الحمامات في نابلس

ظلال ثقافية (٩)

دخول الحمام مش زي خروجه

هذا المثل أصله عثماني. قرر أحد الأشخاص فتح حمام تركي جديد ووضع **لافتة** sign كُتب عليها "دخول الحمام مجانًا،" وهذا ما جذب الناس لتجربة الحمام. وعندما كان الناس يدخلون إلى الحمام، كان يأخذ ملابسهم. وعندما أراد الزبائن الخروج من الحمام، رفض صاحب الحمام تسليم الملابس لهم، إلا بعد دفع ثمن استخدام الحمام. ولقد فاجأ ذلك التصرف الغريب الزبائن، وواجهوه بما كتب في اللافتة المعلقة على بالباب، فأجاب "دخول الحمام مش زي خروجه"

This proverb is said when somone gets involved in a trouble that did not sound suspicious in the beginning.

يوم لا يُنْسى

قبقاب غوّار

حذاء بسيط مصنوع من الجلد والخشب. كان يستخدم في البيوت والحمامات والمساجد. و(غوّار) هو شخصية كوميدية سورية يلعبها الممثل السوري المشهور (دريد لحام) وكان يلبس في مسلسلاته قبقاقًا، وبدأت شخصية غوار في الظهور في ستينيات القرن العشرين وانتشرت في التلفزيونات العربية. هذا النوع من الأحذية ليس موجودًا الآن ولكن هناك حلوى للأطفال بنفس الاسم.

تمرين 81 استمعوا وأجيبوا عن الأسئلة التالية

١. مدينة نابلس مشهورة بالحمامات التركية منذ ________ السنين.

٢. كان في مدينة نابلس أكثر من ________ حمامًا. (الرقم بالعامية الفلسطينية)

٣. بُنيَت بعض أبنية الحمامات قبل ________ و ________ عام.

٤. الحمام التركي علاج لـ ________ مرضًا.

٥. من فوائد الحمامات أنها أيضًا فرصة لـ ________ .

تمرين 82 استمعوا مرة ثانية وأجيبوا عن أسئلة الفهم التالية

١. عمَّ يبحث زائرو مدينة نابلس؟

٢. كيف تؤثر طريقة ترميم الحمامات في نابلس على الزائرين؟

٣. مراحل عملية الحمام التركي خمس، ما هي؟

٤. ما هي بعض الأمراض التي يعالجها الحمام التركي؟

٥. كيف ستشعر عندما تجلس على الكرسي الذي جلس عليه الصحافي؟

تمرين 83 استمعوا مرة ثانية وأجيبوا عن أسئلة الفهم التالية

اقرأوا الأسئلة التالية وناقشوها اعتمادًا على الـ"فيديو"

١. ما هي الحكاية الفلسطينية التي يتحدث عنها الـ"فيديو" في الدقيقة الأولى؟

٢. ماذا حدث للحمامات التي كانت تشتهر بها مدينة نابلس؟ (من كلمات العامل الذي يعمل في الحمام ويتكلم العامية)

٣. كيف تشعر عندما تنتقل من مرحلة إلى أخرى في رحلة الحمام التركي؟

تمرين 84 جدوا عبارات في الـ"فيديو" تعني ما يلي بالإنجليزية

1. Allies of these houses

2. Whenever there is a chance (you get the opportunity)

3. As if you are in a different world

4. Your imagination will take you

5. In all its details

تمرين 85 يللا نبحث: تقديم شفوي

أ. هناك حمامات كثيرة في دول عربية مثل سوريا والأردن والمغرب. ابحثوا عن أحد الحمامات وقدموا عنه في الصف. تحدثوا فيما يلي:

- اسم الحمام ومكانه
- تاريخه وأهميته في الماضي والحاضر
- سمات خاصة به

ب.الحمامات كانت وما زالت مؤسسات إجتماعية مهمة كالمقاهي. ناقشوا، من خلال بحثكم، أهمية هذه المؤسسات وضرورة الحفاظ عليها.

واحة القواعد (٤): صيغة المبالغة

صيغة المبالغة من الفعل هي صفة تستخدم **للمبالغة** to exaggerate في المعنى. وعادة **تشتق** gets derived من **الفعل الثلاثي** trilateral verbs. الجدول التالي يمثل أوزان صيغ المبالغة من أمثلة درسناها

الفعل	اسم الفاعل	فَـعِـل	فـعيـل	فـعول	فعّال	مِفْعال
صَـمَـتَ	صامت			صموت		
خاف	خائف				خوّاف	
صبر	صابر			صبور		
لعب	لاعب			لعوب		
حسّ	حاس				حساس	
شف	شاف				شفاف	
علم	عالم		عليم			
حذر to be cautious	حاذر	حَـذِر				

فشخص **صموت** = (كثير الصمت) أو (دائمًا صامت)

وشخص **فَرِح** = (كثير الفرح)

- **ما الفرق بين الصفة المشبهة وصيغة المبالغة؟**

الفرق بسيط: الصفة المشبهة تأتي من الفعل **اللازم** intransitive، وهي مشبهة باسم الفاعل لأنها تعمل عمله ولا حدود زمانية أو مكانية لها. أما صيغة المبالغة فهي من الفعل **المتعدي** transitive. فكلمة سميع صيغة مبالغة لأن الفعل (سمع) متعدٍ، أما كلمة طويل فهي صفة مشبهة لأنها من الفعل (طال) وهو لازم. لذلك فكثير من الأدوات التي نستخدمها في المنزل والتي تعمل نفس الشيء بشكل كبير تأخذ صيغة المبالغة

من **الأمثلة** على ذلك: غسّالة، جلّاية، نشّافة، قطّاعة، سيّارة، درّاجة، طيارة، سمّاعة، عدّاد، فتّاحة، سمّاعة
هناك **أمثلة** من أفعال رباعية (من أربعة حروف) مثل: أعطى - معطاء.

تمرين 86 **كيف نستخدم صيغة المبالغة أو الصفة المشبهة في وصف الأشخاص أو الأشياء التالية؟ ثم استخدموا هذه الصفات لوصف أو للحديث عن شخص أو شيء في حياتكم. (درسنا كل هذه الأفعال في الجزء الثاني)**

١. شخص كثير الغضب

٢. شخص يأكل كثيراً

٣. شخص يبيع كثيراً

4. Someone who is very attractive

٥. حيوان ينتج حليبًا كثيراً (الفعل: حلب)

٦. إنسان كثير الخيانة

٧. شخص كثير الغدر

٨. إنسان كثير السباحة

٩. شخص كثير الغوص

١٠. شخص كثير الصيد (يصيد كثيراً)

١١. الآلة التي تبرّد الأشياء كثيراً

١٢. الآلة التي تسخّن الأشياء كثيراً

١٣. الآلة التي تعصر الخضار والفواكه

١٤. الآلة أو الشخص الذي يطبخ (طبخ)

تمرين 87 **يللا نمثل**

You have a wife, husband, or friend who has some bad habits. Talk to him/her about the things that you do not like about him/her. Use as many words as you can from صيغ المبالغة that you studied in volume I and II and the previous chapters in volume III. You may want to use the dialectal expressions in Appendix II.

استراحة مفردات

تمرين 88 **استمعوا ثم اكتبوا جمل المفردات ثم ترجموها إلى اللغة الإنجليزية**

تمرين 89 **ترجموا الجمل في الدرس من "ينتابني" إلى كلمة "تأخرت ساعة"**

ظلال ثقافية (١٠)

Grooming the Moustache and Letting the Beard Grow **حف الشوارب وإعفاء اللحية**

الشارب في الثقافة العربية من علامات **الرجولة** manhood والهيبة والجمال، لذلك، نجد الكثيرين من العرب بشوارب. وهناك أقوال شعبية عن وصف الشوارب مثل: "يقف عليها الصقر" و يمكنها ربط زلمة. وكذلك يمكن أن تكون لقبًا مثل وصف شخص بأنه (أبو الشوارب). وللشوارب أهمية خاصة عند الطائفة **الدرزية** Druze. هناك الكثير من المشاهير الذين يعرفون بشواربهم، مثل الممثل المعروف دريد لحام (سوريا) وطوني حنا (مغني لبناني) وداوود جلاجل (أردني) ولكن هناك من يحلق الشوارب أو على الأقل يقصر من الشوارب ويترك اللحية. وهذا أيضًا له **مبرر** justification. الكثير من العرب وخاصة المتدينين منهم من يريد أن يتبع سنة النبي محمد الذي قال: "**حُفوا** shorten الشوارب واعفوا اللحى."

من **طقوس** rituals الحج والعمرة حلق أو تقصير الشعر وهذا واجب على الرجال وليس واجبًا على النساء.

تمرين 90 استماع القصة ٢

املأوا الفراغات:

بعد يوم عمل طويل، قررت أن أمرّ بـ"صالون" حلاقة ________ (١) للسوق، أذهب بعده لزيارة صديق يسكن في صيدا

مرحبًا، نعيمًا

زبون انتهى من الحلاقة: ________ (٢) الله عليك.

الحلاق: أهلًا وسهلًا، ________ (٣)!

لو سمحت، قص شعري—خفيف من الخلف والجانبين، و________ (٤) طويلًا كما هو من الأمام وخصوصًا غـرّة الشعر.

على عيني وراسي، أتريد مني أن ________ (٥) لك السوالف؟ خيط؟ حلاقة لحية؟

أبقِ السوالف كما هي، و________ (٦) اللحية، وحِفّ الشوارب قليلًا. الخيط لا، لا أريد. جِلدي حساس تجاه الخيط و ________ (٧) بشرة وجهي عادة بسببه. آآآآه! ما هذا ما الذي فعلته؟ لقد ________ (٨) قسمًا من شاربي، لقد تغير شكلي تمامًا من فعلتك ________ (٩)!

لم أقصد أن ________ (١٠) منظر وجهك، ولكن المقص مال قليلًا وقص جزءًا بسيطًا من شاربك، فأنت ________ (١١) قطعة لبان في فمك، وتأثرت يدي بعض الشيء ________ (١٢) فكك من مضغ اللبان. ويمكنني ________ (١٢) الأمر ولكن يجب علي أن أقصر الشارب أكثر.

ليس ذنبي، لقد ________ (١٣) كرامتي بقصك شاربي، ________ (١٤) لنقابة الحلاقين، ماذا أفعل الآن؟

يا أخي، لن ________ (١٥) أي أجر منك على هذه الحلاقة اليوم، فحلاقة شعرك ولحيتك على حساب المحل، أما الشارب الذي لم أقصد ________ (١٦) إليه فسينمو قريبًا، ما رأيك؟

طيب، لا ________ (١٧). السلام عليكم.

في سوق الفاكهة والخضار المجاور

بائع ينادي: ع السكين يا بطيخ، يللا يا بندورة، حمرا يا بندورة، يللا يا تفاح، يللا يا موز.

بكم "كيلو" الموز؟

بستمئة (ليرة) وكرمال عيونك ________ (١٨) (ليرة)، كله موز طازة، ع كيفك!

لا يا عم، بدّك تراعينا، أنا ________ (١٩) دائم عندك. جارك ________ (٢٠) بأربعمئة وخمسين (ليرة)، هل تريد أن تبيع بأقل

منه؟ خلصني! أنا __________ (٢١)
يا أخي ليس كل الموز واحد، انظر إلى موزه، إنه ذبلان. كم "كيلو" تريد؟
لا، موزه __________ (٢٢) موزك تمامًا. أريد اثنين "كيلو."
(بصوت منخفض) طيب حيلك...حيلك، يا لطيف بيحلب النملة!! خلي علينا يازلمة! هل معك فراطة؟ هل تريد تفاح، ________ (٢٣)، برتقال؟
لا، ألف شكر، تفضل ________ (٢٤) بالتمام والكمال، سلام عليكم.

عند محل ملابس مجاور، امرأة تقف أمام المحل، تلبس ثوبًا فلسطينيًا وعلى رأسها كوفية فلسطينية، تبادلت الإبتسامة مع آدم الذي دخل محل الملابس.

آدم: أعجبني هذا القميص الأزرق في الـ"فترينة" هل عندك قميص ________ (٢٥) كبير يشبه ذلك القميص المعروض؟
صاحب المحل: مقاسك "لارج؟" نعم، تفضل إلى غرفة القياس هناك في __________ (٢٦) اليسرى.
أود أن أشتريه، ولكن عليك أن تعطيني آخر سعر، فأنا __________ (٢٧) المفاصلة اليوم.
قسمًا بالله، لأبيعنّه لك ________ (٢٨) تقريبًا، فرأس ماله كلفني ٤٥ ألف (ليرة) ولن أربح منك إلا ٥ آلاف (ليرة)، سأحسبه لك بـ ٥٠ ألف (ليرة).
طيب تفضل الفلوس، ______ (٢٩) القميص، وضعه في كيس ______ (٣٠) لو سمحت.

	أفعال شائعة
snore	شخر، يشخر، شخير
lend, advance (money to), loan	أقرض، يُقرِض، إقراض
urge, incite	حثّ على، يحُث على، حثّ على
shuffle, mess up, bring into disorder	لخبط، يلخبط، لخبطة
find strange, extraordinary, or unusual, to be surprised, amazed, or astonished	استغرب، يستغرب، استغراب
to be disordered or confused, to be anxious, deeply stirred, or discomposed	اضطرب، يضطرب، اضطراب
attest to, be evidence of, guide, lead, denote	دلّ على، يدل على، دلالة على
delay (payment, a promise, etc.), temporize	ماطل، يماطل، مماطلة
commit, perpetrate	ارتكب، يرتكب، ارتكاب
spit, cause saliva to go out	بصق، يبصق، بصق
gurgle, simmer, bubble, gargle	غرغر، يغرغر، غرغرة
rinse (out) the mouth, sip	تمضمض، يتمضمض، تمضمُض
tempt, seduce	أغرى، يغري، إغراء
urinate	بال، يبول، بَوْل
imitate	قلّد، يقلّد، تقليد

صفات شائعة	
demagogue	غوغائي
avid, greedy	طمّاع
frowning, gloomy, stern	عبوس
noble, honest, respectable	شريف (ج) شُرفاء
shallow, outer	سطحي
moody	مزاجي
uncivilized, savage, rude, barbaric	همجي (ج) همج = (همجيون)
forged, false	مزيّف
disguised	متنكّر
flexible, smooth, obedient, pliable	سَلِس
inattentive, absentminded	ساهٍ (ج) ساهون
stumbled, stalled	متعثّر

صفات شائعة بالعامية	
eloquent; refers to a person with a gift for public speaking	مِلسِن
eater, drinker, and sleeper; said of someone who is given free room and board and who lives in ease and comfort	ميكل شارب نايم

تعلموا أكثر عن المتلازمات مع كلمة "تغيير"

fundamental change	تغيير جذري	external change	تغيير سطحي
sudden change	تغيير مفاجيء	essential change	تغيير جوهري

تمرين 91 املأوا الفراغ بالفعل أو المصدر أو الصفة المناسبة

١. الشخص _____ هو شخص متقلّب الأفكار، لا يتعامل مع الأشياء حسب المنطق logic، وإنما يتعامل مع الواقع حسب ما يراه مناسبًا وحسب حالته النفسية وما يدور في عقله في لحظة محددة.

٢. يوجد الكثير من _____ المخلصين الذين يضحون بأرواحهم ودمائهم وأموالهم لأوطانهم، ويعمل الكثير منهم بصمت وبدون أي مقابل.

٣. ألقت الشرطة القبض على شاب في أواخر العشرينات كان _____ بلباس امرأة بالقرب من إحدى المستشفيات الخاصة ويطلب المساعدة من المارّة مقلّدًا صوتًا نسائيًا.

٤. يمارس الطفل ـــــــــــــ أفعال الآخرين منذ الأشهر الأولى، وهو يعتمد في البدء على الملاحظة **المباشرة** direct للفعل، ثم يتطور من خلال احتفاظه بصورة الفعل في عقله، يسترجعها في وقت لاحق. فقد نرى الطفل وقد بدأ يحاول ـــــــــــــ حركات من حوله أو كيفيّات جلوسهم أو غير ذلك. (**نفس الكلمة مكررة مرتين**)

٥. هل قمت بـ ــــــــ بالماء والملح من قبل؟ تعتبر نظافة الفم اليومية أمرًا هامًا جدًا للصحة العامة، حيث إن هناك أنواع كثيرة من الـ"بكتيريا" تعيش في الفم، ولذلك فإنه من الضروري الحفاظ على الفم بصحة جيدة.

٦. نبّه أستاذ الخدمة الاجتماعية بالمدارس الابتدائية، إلى أن الاستغلال السلبي للإجازة والتغيير السلوكي خلالها بشكل كبير، يؤدي إلى تغير كافة نظم الحياة لدى الطلاب، يصاحبه ـــــــــــــ في كافة الأنظمة النفسية والإجتماعية والجسمية والغذائية، مما يجعل هذه الأنظمة بحاجة إلى إعادة إصلاح قبل عودة الطلاب إلى مدارسهم.

٧. حذّر الله الناس من الإهمال في صلاتهم فقال في سورة الماعون: "**ويل** woe to للمصلّين الذين هم عن صلاتهم ـــــــــــــ." "قرآن"

٨. انتقد رئيس الوزراء بشدة ممارسة بعض القوات الحكومية، أعمال ـــــــــ منها تفتيش النساء وسرقة أموال نقدية وكميات كبيرة من المجوهرات من بعض البنوك وتكسير بعض النوافذ الزجاجية لمحلات في الشوارع المؤدية لوسط البلد.

٩. الشيء ـــــــ هو تقليد لشيء أصلي، يهدف إلى تقديم سلعة غير حقيقية للبضاعة الأصلية سعيًا وراء الكسب السريع بدون تعب، وهناك أشياء كثيرة ـــــــــــ في حياتنا كالفلوس والمجوهرات والملابس والأدوية وحتى الأشخاص.

١٠. ذكرت صحيفة "سبورت" الإسبانية أن لاعب خط وسط "برشلونة " أرادا توران" ـــــــــــــ خطأ كبيراً حينما رفض عرضًا مُغريًا من الدوري الصيني براتب ٢٠ "مليون" "يورو" سنويًا في سوق الانتقالات الماضية.

١١. أعلن **صندوق** fund النقد العربي أنه ـــــــــــ الأردن مبلغ ٥٦ "مليون" "دولار" أمريكي. وأوضح الصندوق في تصريح له أن وزير المالية الأردني ورئيس مجلس الإدارة في صندوق النقد العربي، قد وقّعا على اتفاقية القرض في العاصمة عمان.

تمرين 92 **ترجموا إلى الإنجليزية**

١. يا ترى! إذا تَمَضمض الصائم بالماء في رمضان، فهل يُفطِر؟

٢. نشرت صحيفة "ديلي ميل" البريطانية خبرًا عن الأم "شيريل بريستلي" ٢١ عامًا والتي لاحظت أن طفلها عبوس منذ ولادته وأكدت أنه يصبح أسوأ عندما يكون جائعًا.

٣. أجابت طالبة محبطة: "الدروس صعبة ومهما اجتهدنا فإن حظّنا متعثر في الامتحانات دومًا."

٤. سأل شابٌ شيخًا أمس: "ما عقاب الشخص الذي يرتكب ذنبًا لا يستطيع تركه مع أنه يعلم بأنه حرام؟"

٥. الشخص السطحي هو الذي ينظر إلى أشكال الأشياء فقط ولا يدرك أهمية ما بداخلها.

٦. أكد الكاتب في مقالته أن بطل الرواية كان شخصًا هادئًا وفاعلًا وذكيًا، ويدرك متى يسكت ومتى يتراجع ومتى يهاجم، أما

الشخصية الأخرى لابن عم بطل الرواية فتتصف بالغوغائيّة والتمرّد.

٧. عند البصق، تنتشر الفيروسات في الهواء وغالبًا ما تحيا عدة أيام، ما يزيد نسبة عدد المصابين. ومن أمثلة الأمراض التي يمكن أن تنتقل عن طريق البُصاق: الـ"إنفلونزا" و"فيروس" **الكبد** liver الوبائي (أ) و (ب).

٨. قد يعاني الكثير من الرجال والنساء من سَلَس البول، ويجدون أنفسهم غير قادرين على التحكم في **مثاناتهم** their bladders، ويضطرون إلى إفراغها، أكثر من مرة في الساعة الواحدة، وهو الشيء الذي يسبّب لهم إحراجًا كبيرًا.

٩. أفطرتُ سهوًا في رمضان، فهل يستوجب إعادة صيام ذلك اليوم؟

١٠. سألَتْه: لماذا تلهث؟ أجابها: "كنت أسابق العمر إليك يا حياتي."

تمرين 93 اعرفوا زملاءكم

١. هل يعانون من الشخير أحيانًا؟ ما الذي يسبب الشخير في رأيهم؟ كيف يمكن التخلّص من الشخير؟

٢. هل حدث أن أقرضوا شخصًا شيئًا وأصبحوا نادمين على ذلك فيما بعد؟ لماذا؟

٣. هل هناك من يحثّهم على العلم والتعلم (الزواج، السفر، إلخ) من هو؟ كيف يشعرون؟

٤. هل عانوا ذات مرة من اضطراب الرحلات الجوية الطويلة أو اختلاف التوقيت أو كما يسمونه بالإنجليزية الـ"جيت لاغ"؟ ماذا حدث؟

٥. في رأيهم، علامَ يدلّ السكوت عند الغضب؟ هل هو قوة أم ضعف أم ماذا؟

٦. ما الفرق بين الشخص الطمّاع والشخص الطموح؟

٧. هل حدثت تغييرات مفاجئة في بلدهم (حياتهم، حياة شخص يعرفونه)؟ ما هي التغيرات؟ كيف استقبلوها؟ هل هناك أشياء في حياتهم تحتاج إلى تغييرات جذرية؟

٨. هل يستطيعون تقليد صوت شخص أو حيوان أو غير ذلك؟ كيف؟

٩. هل يعرفون شخصًا ميكل شارب نايم (أو ملسِن)؟

واحة القواعد (٥): فعل الأمر: توسُّع

لننظر إلى جمال اللغة العربية!

استمعوا إلى بيت الشعر التالي ثم اقرأوه:

عِـشْ ابْـقَ اسْـمُ سُـدْ جُـدْ قُـدْ مُـرْ انـْهَ اسـْرُ فَـهْ تُـسَـلْ
غظ ارمِ صبِ احمِ اغزُ اسبِ رُعْ زَعْ دِ لِ اثنِ نلْ

قائل هذا البيت هو الشاعر العربي المشهور أبو الطيب المتنبي في **مدح** praise سيف الدولة الحمداني. والممتع في بيت الشعر أنّ فيه ٢٢ فعل أمر وليس هناك شيء آخر.

تمرين 94 مع زملاء لك وباستخدام القاموس أو بمساعدة مدرسكم، خمنوا جذور ومعاني أفعال الأمر في بيت الشعر

زاوية الأدب: القراءة (٢)

قصة قصيرة

أخي وسيدي، لماذا؟

بقلم: نزار قبيلات

نزار قبيلات: كاتب و أكاديمي أردني

تخرج من الجامعة الأردنية -عمّان ٢٠٠٥ حاصلًا على شهادة الدكتوراه في **النّقد** criticism الحديث والدراسات **السردية** narratives، له أعمال نقدية تخص الرواية والقصة القصيرة، كما أن له مجموعة قصصية **صادرة** published بدعم من وزارة الثقافة في الأردن بعنوان (يحدث كثيرًا) وأخرى قيد النشر. يعمل في قسم اللغة العربية في الجامعة الأردنية ويدرّس مساقات في فن الرواية والقصة القصيرة والمسرح، والنقد الأدبي الحديث، له ورشات عمل تطوعية في مجال الكتابة **الإبداعية** creative. عمل في جامعات غربية كمدرس للغة العربية للناطقين بغيرها منها كلية "مدلبري - ميلز." وجامعة "كباردينو- بلقاريا" في جنوب "روسيا الاتحادية." له مقالات واهتمامات في العمل الصحفي. **ينصَبّ** focuses اهتمامه الأكاديمي، فضلًا عن النقد الأدبي الحديث والدراسات السردية، على نظريات تعليم العربية للأجانب وأُسسها.

تمرين 95 **اقرأوا القصة التالية وأجيبوا عن أسئلة كل فقرة**

"ياه، منتصَف النهار!" هكذا قال عادل لنفسه وهو يرفعُ الغِطاء عن جسمه النحيف، ويفتح عينيه المُغْـمَـضَـتَيْـن منذ ساعات الفجر، لِيجِدَ كل شيء في غرفته كما تركه قبل أن يغلبه النّعاس؛ إذ الضوء ما زال يسطع في الغرفة، وأكواب القهوة والشاي مترامية في جَنباتها، فغرفته المستأجرة هذه ليست سوى جدران متهالكة كان قد رمّمها مالكُها قبل أن يعرضها للإيجار، وتحوي الغرفة ببساطة على حمّام صغير وركن بمثابة مطبخ. لقد كانت بعض هذه الأكواب على الطاولة الخشبية بجانب السرير، وبعضها تُرك مسكوبًا على الأريكة، أما هاتف عادل فما زال على الشّاحن، وكذلك ملابسُه التي خلعها أمس ما زالت مكانها لم تُحمَل للخِزانة.

١. متى استيقظ عادل من النوم؟

٢. مَمّ (من ماذا) تتكون غرفة عادل؟

٣. أين كان هاتف عادل؟

نهض عادل متثاقلًا من فراشِه وهو يفرك عينيه الحمراوتين، سَعَلَ قليلًا وسمع صوت (قحّته) في أنحاء الغرفة، وذهب للحمام فاغتسل سريعًا وتوجّه بعد ذلك نحو مطبخه ليُعِدّ قهوتَه بنفسه. "ماذا عساني أن أفعلَ اليوم؟" هكذا سألَ نفسَه وهو يُشعل آخر سيجارة في علبة السجائر ويأخذ آخر رَشْفة من فنجان القهوة. لبس عادل ملابسَه وخرج ليتمشّى في الشّارع الفرعي المُمتد أمام البناية التي يسكُن فيها، وبينما هو خارجٌ من البناية تَحَسَّس في جيب قميصه سيرته الذاتية، تلك التي أعدّها ونقّحها مِرارًا، فقد ترجمها للإنجليزية له صديقه توفيق الذي يعمل مراسلًا في صَحيفة الـ"نيويورك تايمز،" اجتاز عادل الشارع وأسئلة كثيرة أخذت تهاجم رأسه الصغير: "متى سأشتري سيارة؟ متى سأتزوج ويكون لي أسرة؟ متى...؟ متى...؟" وهربًا من تلك الأسئلة قرّر أن يقضيَ بعض ما تبقّى من سحابة يومه في المقهى مع زملائه، فهناك يُمْضي الوقت معهم ويعبر دون عناء.

٤. أين ذهب عادل بعد أن استيقظ من النوم؟

٥. أين ذهب عادل بعد أن شرب القهوة؟

٦. من هو توفيق؟ ماذا يعمل؟

٧. أين قضى عادل يومه؟

المقهى يقع في مكان خَفيّ في زقاق وسطَ المدينة، مكان غير بارز لِلمارّين من الشّارع العام، ذلك لأنّه مقهى عتيق يجلس فيه المتقاعدون وكبار السن وبعض الأجانب. أصناف المشروبات التي يقدمها هذا المقهى القديم للزبائن محدودة فهي إمّا الشاي بالنعناع أوالحليب أو

القهوة الوسط أو السّادة.

٨. من يجلس في المقهى الذي ذهب إليه عادل؟

٩. ما هي المشروبات التي يقدّمها المقهى؟

عادةً، يجلس عادل وحيدًا في المقهى قُبيل قدوم رفاقه، فيتصفّح الجرائد ويدخن أرجيلته بطعم النعناع والعنب، ويشرب الشاي بالنعناع معها، ويدفع عادل فاتورة المقهى نهاية كل شهر من ذلك المبلغ الزهيد الذي يرسله شقيقُه المغترب في "كندا." ففي كل مكالمة بينهما وقبل أن يرسل شقيقه الأكبر الحوالة المالية له يسأله هذا السؤال دائمًا: "متى ستجد عملًا يا عادل؟" وكان عادل مستعدًا للإجابة عن هذا السؤال الذي سمعه مئات المرات قائلًا: "لماذا لا تساعدني أنت في الهجرة إلى "كندا"؟ هنا البلد أقفر فعليًا، ويكاد ينفجر من البطالة."

١٠. ماذا يفعل عادل في المقهى عادةً؟

١١. من الذي يسكن في "كندا"؟

١٢. ماذا يريد عادل من هذا الشخص الذي يسكن في "كندا"؟

سحب عادل من على طاولته الجريدة التي كانت أمامه، بينما كان النادل يضع له كوب الشاي، وعامل آخر يضع الجمرعلى رأس الأرجيلة بجانبه، فتح عادل الصفحة الأولى متجاوزًا أخبار السياسة التي سئِمها، واتّجه إلى صفحة الرياضة وتحديدًا أخبار دوري أبطال "أوروبا" لكرة القدم، وبعدها راح إلى صفحة الإعلانات، وهناك قرأ إعلانات لشركات كبرى تعلن عن شواغر تناسب تخصصه، لكنها وإن كانت كذلك فإنها كانت تشترط خبرة لثلاث سنوات، أغلق عادل الصحيفة بانفعال وهو يردّد: "من أين لي ذلك؟!" أخذ نَفَسًا من أرجيلته وهو ينظر في الأفق ثم يعيد النّظر إلى زبائن المقهى الذين بدأوا يتوافدون إليه، وفي تلك اللحظات التفَتَ إلى الصحيفة ولعلها الصدفة أو الحظ ذلك حين وقعَ بصرُه على مربّع صغير في أسفل صفحة الإعلانات مكتوب فيه و بخط صغير:

"مكتب (الأفق) يبحث عن مهندس حديث التخرج، الراتب مجزٍ بالإضافة إلى حوافز إضافية، للمهتمين يُرجى الاتصال على الرقم أدناه ..."

١٣. ماذا يقرأ عادل عادة في الجريدة؟

١٤. ماذا رأى عادل في الجريدة؟

لم يكذّب ما رأى، ظهرت علامات الدهشة والسرور على وجهه، صار يلتفت يمينًا وشمالًا، تحسّس جيبه بحثًا عن هاتفه وسيرته الذاتية في الوقت ذاته. التقط هاتفه وطلب الرقم، وجاءه الصوت من الطرف الآخر:

عادل (وهو يتلعثم): "آلو آلو، مرحبًا أنا **عادل**... اسمي **عادل**، قرأت إعلانكم للتو. مَن معي لطفًا؟"

الرجل في الطرف الآخر: أهلًا أهلًا، يتكلم معك المهندس **كريم**، من مكتب الأفق للاستشارات الهندسية.

عادل: أنا مهندس حديث التخرج قرأت قبل قليل إعلانكم، وأريد أن أتقدّم بطلب للحصول على الوظيفة المُعلَنة.

المهندس **كريم**: نعم. نعم، لقد استحدثنا وظيفة جديدة، وفي الحقيقة مالِك المكتب هو الذي سيُجري المقابلة معك، هو سيأتي من "كندا" غدًا، هل تستطيع الحضور بعد يومين في الساعة الثامنة صباحًا؟

عادل (وهو متحمّس): نعم. نعم، بإذن الله. اتّفقنا.

١٥. من هو كريم؟

١٦. من سيُجري المقابلة مع عادل ومن أين سيأتي؟

١٧. متى كان موعد مقابلة عادل؟

في الليلة التي سبقت ليلة المقابلة، لم ينمْ عادل حيث كان يفكر في أمر المقابلة، وفي أحيان يتصل بأصدقائه وأسرته يزفّ لهم خبر عثوره على وظيفة. نهض من فراشه واستعد كما يستعد الجنود للحرب، وصل مكان المقابلة قبل قدوم أعضاء اللجنة أنفسهم. شاهدهم وهم يدخلون ويخرجون، بدأ يُعرِّف نفسه إلى من هم حوله فهو لا يحتمل الصبر، فقد خرج مرات عديدة للتدخين ورجع إلى غرفة الانتظار، وما هي إلا

دقائق حتى سمعهم ينادون اسمه للدخول للمقابلة. لم يشعر بالرّهبة على الإطلاق، بل بقي متمالكًا نفسه، وأخذ نَفَسًا عميقًا، وشدّ ربطة عنقه جيدًا ثم فتح الباب. حينها، وجد عادل شقيقه المغترب يتوسّط أعضاء لجنة المقابلة ... مرّت لحظات ينظر فيها كل منهما للآخر بدهشة دون أي انفعال. تقدم عادل خطوة ثم تراجع خطوات ثم خرج وصفق الباب خلفه، سمع أصواتًا تناديه في الخلف، لكنه كان قد هبط إلى الشارع، وفي رأسه سؤال وحيد لا يجد جوابًا، ليش = (لماذا) يا أخي؟

١٨. ماذا كان يفعل عادل قبل الدخول إلى غرفة المقابلة؟

١٩. من رأى عادل في لجنة المقابلة؟

٢٠. ماذا فعل عادل عندما رأى هذا الشخص؟

٢١. بعد الإجابة عن الأسئلة، حاولوا أن تحكوا القصة بتفاصيلها من البداية إلى النهاية.

القسم الثاني

تمرين 96 اقرأوا القصة مرة ثانية وأجيبوا عن الأسئلة التالية بـ (صواب) أو (خطأ)

١. نام عادل مبكرًا ليلة أمس.

٢. عادل شخص منظّم ويهتم بنظافة غرفته.

٣. لم يكن عادل يعرف أين سيذهب وماذا سيفعل في يومه.

٤. ذهب عادل إلى المقهى ليهرب من واقعه ومشاكله.

٥. لم يكن عادل غنيًا ولكنه ما كان فقيرًا أيضًا.

٦. كان عادل سعيدًا لقراءة إعلانات شركات كبرى تحتاج إلى موظفين.

٧. كان عادل متوترًا ولكنه لم يكن خائفًا قبل المقابلة.

القسم الثالث

تمرين 97 خمنوا معاني الكلمات التالية

١. إنْ كان معنى **رمى** throw فما معنى "مترامية"؟	الفقرة الأولى
٢. إن كان معنى **ثقيل** heavy فما معنى "متثاقلًا"؟	الفقرة الثانية
٣. إن كان معنى **إحساس** feeling فما معنى "تحسّس"؟	الفقرة الثانية
٤. إن كان معنى **مشى** walk فما معنى "ليتمشّى"؟	الفقرة الثانية
٥. إن كان معنى **مدّ** stretch فما معنى "الممتدّ"؟	الفقرة الثانية
٦. إن كان معنى **حديث** modern فما معنى "استحدث"؟	الفقرة السادسة
٧. إن كان معنى **جرى** run فما معنى "سيُجري"؟	الفقرة السادسة
٨. إن كان معنى **حمل** carry فما معنى "يَحتمِل"؟	الفقرة السابعة

٩. إن كان معنى **ساطع** bright فما معنى "يسطَع"؟ الفقرة الأولى

١٠. إن كان معنى **بجانب** beside فما معنى "جَنَبات"؟ الفقرة الأولى

القسم الرابع

تمرين 98 **١. ارسموا صورة لشقة عادل والمقهى الذي يذهب إليه، واكتبوا بالعربية مسمّى كل شيء ترسمونه**
٢. قراءة جهرية: اقرأوا الفقرة الثانية (نهض ... عناء).

القسم الخامس

تمرين 99 **اقرأوا العبارات التالية**

١. "وأسئلة كثيرة أخذت تهاجم رأسه الصغير."

ما هي الصورة في هذه العبارة؟ لماذا اختار الكاتب الفعل "تهاجم" ليصف الأسئلة؟

٢. "هنا البلد أقفر فعليًّا، ويكاد ينفجر من البطالة."

بم = (بـ + ماذا) يشبّه عادل البلد؟ لماذا. فكروا في الفعلين "أقفر" و "ينفجر."

٣. في الفقرة الثالثة طباق؟ أين؟ ما نوعه؟

٤. هناك أفعال في النص تدل على حالة عادل النفسية. ابحثوا عنها وبينوا كيف يمكن أن تحقق هذه الأفعال هذا الغرض.

القسم السادس

تمرين 100 **أجيبوا عن الأسئلة التالية**

١. تناقش القصة مشكلة اجتماعية هامة وخاصة للشباب. ما هي المشكلة وما آثارها على الشباب كما توضح القصة؟

٢. ماذا تقول القصة عن العلاقة بين عادل وأخيه؟ هل هذا واقعي؟ لِمَ (لا)؟

٣. ما الذي يمكن أن يفعله عادل بعد أن خرج من المقابلة؟ هل كنت ستفعل نفس الشيء؟ لم (لا)؟

٤. اكتبوا مئة كلمة أو أكثر: أ. نهاية أخرى للقصة، ب. ماذا حدث بعد أن ترك عادل **قاعة** hall المقابلة؟

تمرين 101 **يللا نمثل**

With your classmate, act out Adel's older brother after you have met him the next day. You may want to use the dialectal expressions in Appendix II.

الكتابة: أدوات الربط

- **بَيْد أنّ** = (لكن) but

بيْد = (غير)، وهي دائمًا مقترنه بأنّ التي يتبعها جملة اسمية.

مثال: لديه مال كثير بيد أنّه بخيل.

- **بل** yet, even, still

من **حروف العطف** the conjunctions (و، أو، مع، لكن)، وكلها تفيد **الاستدراك** disjunctive بعد النفي.
مثال: عندما ذهبت إلى "صالون" الحلاقة، ما وجدت صاحبه بل وجدت ابنه. وفي النص قرأنا:
ـــــ (ياااه، ابني، مرة ثانية) لأعذار تقنية مرتبطة بساعة المنبه، ولاختلاف التوقيت الصيفي والشتوي، وبسبب أزمة السير والإختناق المروري، تأخرت ساعة!
ـــــ **بل** ساعتين.
والمعنى: أنت لم تتأخر ساعة، بل تأخرت ساعتين.

- **وهذا يعني** and this means, in other words

مثال: ارتفعت أسعار الوقود، والطريق طويل ومزدحم وهذا يعني أنه سيستخدم وقودًا أكثر.

- **باديء ذي بدء** = (في البداية) to begin, in the beginning

مثال: قال رئيس الجامعة في كلمته: "باديء ذي بدء، يجب أن أرحب بالضيوف الكرام من طلاب وزملاء وعائلات."

- **زيادة على ذلك** = (زِد على ذلك) more than that

مثال: بعد غزو الولايات المتحدة للعراق، سقطت الحكومة العراقية، وزيادة على ذلك تدهور الاقتصاد الوطني بشكل كبير.

After the American invasion خب Iraq, the Iraqi government collapsed, and more than that, the national economy deteriorated immensely.

- **كان بإمكانك** = (كان باستطاعتك) = (كان بمقدورك) you were able to

هذه عبارة تستخدم للتعبير عن أن شخصًا كان قادرًا على فعل شيء ما.

مثال: قال الشرطي للسائق: "كان بإمكاني أن أسحب منك رخصة سياقة السيارة لكني سأعطيك إنذارًا كتابيًا هذه المرة."

كان بإمكان الحكومة أن تُحيل موظفين كثيرين إلى التقاعد لكن الحالة السياسية وكذلك الاقتصادية لا تسمحان بذلك.

- **حال حدوث** in case this happens (**حال + مصدر**)

مثال: لن أتنازل عن قراراتي أو أتهاون حال حدوث مثل هذه المخالفات مرة ثانية.
I will not forgo my decisions or be lax should these violations happen again.

- **في نهاية المطاف** in the end

مثال: فأنت لا تحتاج مني أن أذكرك بواجباتك المهنية كي تستطيع، في نهاية المطاف، تأمين نفقات حياتك والعيش بكرامة.

You do not need me to remind you of your professional obligations, so that in the end, you will be able to secure your life needs and live with dignity.

- **بغض النظر عن ...** regardless of

درسنا (غض الطرف) في هذا الدرس. من العبارات المأخوذة من هذا الفعل "**بغض النظر عن**" regardless of

مثال: بغض النظر عن رأيك في شاربي فأنا أحبه ولا أريد أن أحلقه.

Regardless of what you think of my moustache, I still like it and will not shave it.

- **طرأ على بال** comes to one's mind

مثال: وأنا في طريقي إلى العمل، طرأ على بالي أن أذهب الى السوق لأشتري بدله جديدة، فعندي مقابلة مهمة مع رئيس الشركة.

تمرين 102 عبّروا عما يلي مستخدمين إحدى العبارات السابقة

1. You have a job interview. Regardless of what the outcome is, you will remain optimistic about your future.
2. You had a conflict with one of your siblings. You both spoke and argued, but in the end, your mother had to intervene and help you resolve the conflict.
3. You are the teacher. One of your students keeps missing classes. You invite him to your office and tell him that you could fail him in the class, but you prefer to give him another chance.
4. You go to your office without shaving your beard, despite the fact that you could have shaved it before leaving home. It just came to your mind that having a long beard in this cold weather may keep you warm.

تمرين 103 تحدثوا عن أنفسكم أو شخص تعرفونه

١. ماذا خطر على بالك أمس؟ هل فعلت ذلك أم لا؟ لماذا؟

٢. ماذا كان بمقدورك أن تعمل / ـي تدرس/ ـي ولم تعمله / ـيه تدرسه / ـيه؟

٣. ماذا ستفعل / ـين حال تخرجك من الجامعة؟

تمرين 104 استخدموا العبارات التالية في جمل تعني شيئًا لكم

بغض النظر عن	زيادة على ذلك
بيد	باديء ذي بدء

أغنية

أغنية: عربيّ أنا

المغني: يوري مرقدي

تمرين 105 الاستماع الأول:

أ. استمعوا إلى الأغنية وناقشوا موضوعها

ب. هناك كلمة ليست عربية في الأغنية. ما هي؟ ما معناها؟ كيف عُرِّبت الكلمة؟

المفردات

الكلمة	المعنى	الكلمة	المعنى
اخشيني	خافيني	مُخمليّ	velvety
الويل	woe	انتشل، ينتشل، انتشال	save
قفص، أقفاص	cage	خصلة (ج) خصل	braids
حرس، يحرس، حراسة	حمى، يحمي، حماية	رحيق	nectar
رمح (ج) رِماح	spear	عدّل، يعدّل	modify

عربي أنا اخشيني — الويل إذا أحببْتِني

قلبي قفص دهريّ — يحرسه رمح مخمليّ

أغرقني لون البحر في عينيك — وعادت وانتشلتني خصل شعرك

ونمت وحلمت واشبعني رحيق شفتيك

عدلت لك أنا دقات قلبي لترقصي معي فالسك المفضل

ونمت وحلمت واشبعني رحيق شفتيك

تمرين 106 الاستماع الثاني: استمعوا وأجيبوا

١. مع من يتكلم المغني / الشاعر؟

٢. ماذا يطلب المغني / الشاعر من **المخاطَب** addressee؟

٣. إن لم يحدث ما طلبه الشاعر، ما النتيجة؟

٤. ماذا فعل لون البحر للمغني / للشاعر؟

٥. ماذا فعلت خصل الشعر للمغني / الشاعر؟

٦. ما الذي أشبع المغني / الشاعر؟

٧. لماذا عدّل المغني / الشاعر دقات قلب المخاطب؟

تمرين 107 الاستماع الثالث: أجيبوا عن الأسئلة التالية

١. يشبه الشاعر قلبه بـ __________ .

٢. يشبه الشاعر الرمح بـ __________ .

٣. ما هي الصورة في (أغرقني لون البحر في عينيك وعادت وانتشلتني خصل شعرك)؟

٤. يشبه الشاعر رحيق الشفتين بـ __________ . ما هي الصورة؟

تمرين 108 الاستماع الرابع

أ. يخطيء المغني في نطق أكثر من كلمة. ما هي هذه الكلمة / الكلمات؟ ما النطق الصحيح؟

ب. قواعد: صرفوا الفعل (خشي) في الأمر

الضمير	فعل الأمر
أنتَ	
أنتِ	اخشي
أنتما	
أنتم	
أنتنّ	

البلاغة (١): المقابلة Juxtaposition

المقابلة: أن يستخدم المتكلم في كلامه معنيَيْن متوافِقيْن أو أكثر ليس بينهما **تضاد** contradiction، ثم يأتي بما يقابل ذلك **على الترتيب** consecutively. وتعتبر المقابلة من الأساليب التي تسعى إلى تحسين المعنى، والفرق بين المقابلة والطباق أن الطباق يكون غالبًا بين كلمتين تحملان عكس المعنى.

أمثلة:

١. ليس لي صديق في السر ولا عدو في العلانية (تذكروا جذر كلمة أعلن).

(هذا النوع من المقابلة هو مقابلة اثنين باثنين، فإذا نظرنا إلى المثال في الأعلى، نجد أن أول جزء من الجملة يحتوي على معنيين (صديق) و(السر)، وفي الجزء الثاني من الجملة، نجد ما يقابل الجزء الأول منها على الترتيب، فهناك (العدو) والتي تقابل (الصديق) ثم (العلانية) والتي تقابل (السر).

٢. قال تعالى: "يحلّ لهم الطيبات ويحرّم عليهم الخبائث." (قرآن)

وهذا النوع من المقابلة هو مقابلة ثلاثة بثلاثة، فهنا مقابلة بين (يحلّ) (تذكروا كلمة حلال) بـ (يحرّم) (تذكروا حرام)، و(لهم) بـ (عليهم) و(الطيبات) بـ (الخبائث).

٣. قال أبو بكر الصّديق في **وصيته** his will عند الموت: "هذا ما أوْصى به أبو بكر عند آخر عهده بالدنيا خارجًا منها، وأول عهده بالآخرة داخلًا فيها."

وهذا النوع من المقابلة هو مقابلة أربعة بأربعة، فهنا مقابلة بين (آخر) بـ (أول)، و(الدنيا) بـ (الآخرة)، و(خارجًا) بـ (داخل)، و(منها) بـ (فيها).

تمرين 109 بينوا مواقع المقابلة فيما يلي

١. قال تعالى: "فليضحكوا قليلًا وليبكوا كثيراً." (التوبة: ٨٢)

٢. قال تعالى: "تُخرِج الحيّ من الميت، وتُخرِج الميت من الحي." (الروم: ١٩)

٣. قال الشاعر أبو دلامة: "ما أحسن الدين والدنيا إذا اجتمعا ... وأقبح الكفر والإفلاس بالرّجل."

تمرين 110 ميّزوا الطباق من المقابلة فيما يلي

١. قال تعالى: "فأولئك يُبَدّل الله سيئاتِهم حسنات." (الفرقان: ٧٠)

٢. قال تعالى: "وأنه هو أضحَك وأبكى، وأنه هو أماتَ وأحْيا." (النجم: ٤٣)

٣. غَضَبُ الجاهل في قوله، وغضبُ العاقل في فِعله.

٤. قدّم الحظ ناسًا وأخّر آخرين.

٥. لا يعرف الإنسان قيمة الصحة إلا ساعة المرض.

٦. ما أمرّ الحياة مع المرض، وأصعب الموت بعد الصحة **التامة** = (الكاملة).

٧. الخير في صحبة الأخيار، والشّر في صحبة الأشرار.

٨. العالم الفقير أفضل من الجاهل الغني.

"كوربسيّات"

تمرين 111 ما هي الأسماء الأكثر شيوعًا التي تأتي قبل أو بعد الكلمات التالية (الكلمات مأخوذة من الأفعال الشائعة والصفات الشائعة). اختاروا ثلاثًا من الكلمات التالية وترجموا ثلاث جمل على كل كلمة.

أقرض	اضطراب ج. اضطرابات	ارتكب
إغراء	قلّد	شرفاء
مزيّف	أطماع	حثّ على

خمسة فرفشة

عثّورة لسان

حاولوا أن تفهموا الجمل التالية ثم كرروها ثلاث مرات بسرعة

١. بلح تعلّق تحت قلعة حلب.

٢. صبرتُ وصَبَرَ أخي صابر صبرًا لا صَبْر بعده.

نكات ع الطاير

١. في أحد شوارع صنعاء القديمة اصطدم **كَتِف** shoulder رجل يماني بكتف أحد السائحين الأجانب، فقال السائح معتذرًا I am sorry "أيام سُرِي،" فظنّ الرجل أنه يقول له: "أنا سوري" = أنا من سوريا، فأجابه بغضب: "سو وَتْ،" "أيام يماني"! So what, I am Yemeni!

٢. سأل الأستاذ الطلاب: ما وجه الشبه بين الملح والغباء؟ فأجابه واحد من طلابه: كلاهما يرفع ضغط الدم يا أستاذ.

٣. سأل الأستاذ الطالب: أين يكثُر الذَّهَب يا أولاد؟ فأجابه طالب: في يد أمي يا أستاذ.

٤. الزبون للحلاق: لماذا تضع صورًا مُخيفة في "صالون" الحلاقة؟ فأجابه الحلاق: كي يراها الزبون فيقف شعره من الخوف فيَسهُل عليّ حلاقة الشعر.

شعبيات

تمرين 112 مراجعة الأمثال الشعبية

من خلال دراستكم للأمثال الشعبية في الأجزاء السابقة من سلسلة كتب كلمة ونغم، وفي هذا الجزء، ما المثل الذي يمكن استخدامه في المواقف التالية؟

1. Said to someone who is entrusted to guard and protect the rights of others, while in reality he or she is the true robber of their rights.
2. Said when people want to forget about the past and turn over a new leaf.
3. Said to warn someone from getting involved in other people's affairs, which may cause a person more trouble than if he minded his own business.
4. Said to express satisfaction or dissatisfaction with the food before eating (especially if the food presentation does not look appealing).
5. Said of a slanderer who does something bad and attributes it to someone else. It can also be said to make fun of the aggressor who plays the role of the victim.
6. Said by the strong person who stands steadfast, like a mountain, in the face of other people's oppression and stubbornness.
7. Said of opportunists who try to use others. Also, it can refer to people who learn how to do a skill or a profession by practicing on others.
8. Said to a person involved in a dangerous scheme, as a way of indicating the impossibility of a good outcome to his wishes or requests.
9. Said to a person who always talks filthy, or a person who is not good at choosing his words when he talks.
10. Said to recommend making a conscious, well thought-out decision, as opposed to a rash or hasty one.

البلاغة (٢): الكناية Metonymy

الكناية: لفظ لا يُقصَد منه المعنى الحقيقي وإنما معنى مُلازمًا للمعنى الحقيقي.

Metonymy is a figure of speech in which an object or concept is referred to by the name of something closely associated with that object or concept.

أنواع الكناية:

١. **كناية عن صفة:** وهي أن اللفظ المُستخدَم يُكنى به عن صفة مثل الكَرم والشجاعة والجُبن والقوة والضعف وغيرها من الصفات.

الأمثلة:

١. هو شاب نؤوم **الضحى** forenoon. (الصفة التي تلزم من أنه ينام إلى وقت **الضحى** late morning وأنه مُدلّل مخدوم يعيش حياة عِزّ وغنى.)

٢. هي بنت ناعمة الكفين. .She is soft-handed (spoiled) (الصفة التي تلزم من أنها ناعمة الكفين أنها تعيش في عز وأن الخدم هم الذين يقومون بأعمال البيت).

٣. **يُشار إليه بالبنان** (people point at him by "using" their index finger). (الصفة هنا هي الشهرة وعلوّ المكانة .high status)

٤. في قول الرسول في الحديث الذي درسناه من قبل "كبد رطبة ..." (الكناية هنا عن **الحياة** life، فَكبِد الحيوان الحي تكون رطبة، وإذا مات الحيوان أصبح جسمه **جافاً** dry وجفّت معه كبده.)

٢. الكناية عن الموصوف: وهي أن اللفظ المستعمَل يُكنّى به عن موصوف لا عن الصفة مثل اللغة والناس والحمار وغيرها.

الأمثلة:

١. كبُر سنّه وجاء **النذير** warning, alarming indication. (الموصوف المقصود the intended meaning من كلمة النذير **الشَّيْب** gray hair، لأن الشيب علامة اقتراب نهاية الإنسان.)

He grew older, and the warning arrived.

٢. قال أبو النواس (هو شاعر مشهور عاش في العصر العباسي، وولد سنة ١٤١هـ ومات سنة ١٩٥ هـ) في الخمر:

ولمّا شربناها **ودَبّ** to move slowly دبيبها إلى **مَوطِن** residence, place الأسرار، قلتُ لها قِفي

(الموصوف المقصود من موطِن الأسرار هو القلب أو العقل.)

٣. الكناية عن النسبة: وهنا يصرح بالصفة ولكنها لا تُنسَب مباشرة إلى الموصوف بل تنسب إلى شيء متّصل بالموصوف.

الأمثلة:

١. الفصاحة في **بيانه** his explanation **والبلاغة** eloquence في لسانه. (كناية عن نسبة هذا الشخص إلى الفصاحة لأنها موجودة في بيانه وإلى البلاغة لأنها موجودة في لسانه.)

٢. قال رجل **أعرابي** = (بدوي): دخلتُ البصرة فإذا ثياب أحرار على **أجساد** = (أجسام) عبيد.

عندما دخل **الأعرابي** مدينة البصرة، ما كان يعرف عادات أهل المدينة وطبيعة حياتهم، لأنه ربما دخلها لأول مرة. فهنا رأى الأعرابي أهل المدينة يلبسون ملابس جميلة ولكن هؤلاء الناس تحكمهم القوانين وهناك قيود على طبيعة حياتهم. فبدلًا من أن يقول الأعرابي إن أهل مدينة البصرة **مُستعبَدون** enslaved، قال: "إن ملابسهم تضمّ تحتها عبيدًا،" وهنا نَسَب العبودية إلى ما له صلة بهم وهو الملابس.

تمرين 114 بيّنوا الصفة التي تلزم كل من الكنايات الآتية

١. ركب **جناحيْ نعامة** .ostrich wings

٢. نرفع **القبَّعة** hat للأستاذات والأساتذة.

تمرين 115 بينوا الموصوف الذي يلزم كل من الكنايات الآتية

١. يا ابنة **اليمّ** = (البحر).

٢. أحب لغة الضاد.

٣. تنتج السعودية الذهب الأسود.

5 كرة قدم...أم مصارعة ثيران؟!

مفردات من عالم الرياضة

مفردات تعلمناها			
wrestling	المصارعة	boxing	الملاكمة
hunting	الصيد	boxing ring	حلقة الملاكمة = (حَلبة الملاكمة)
mountain climbing	تسلّق الجبال	fan	مُشجِّع (ج) مشجعون
aerobics, sport exercising	تمارين رياضية	header	ضربة رأس
water-skiing	تزلّج على الماء	halfway line	خط منتصف الملعب
gymnasium	صالة الألعاب الرياضية	free kick	ضربة حرة
defender	مدافع (ج) مدافعون	attacker, forward	مهاجم (ج) مهاجمون
championship cup	كأس البطولة	trainer	مدرّب (ج) مدربون
club	نادٍ (ج) نوادٍ = (أندية)	gold medal (silver, bronze)	ميدالية ذهبية (فضية، برونزية)
compete	نافس، ينافس، منافسة	committee	لجنة (ج) لجان
loss	خسارة = (هزيمة)	interval	استراحة
penalty shoot-out	ضربة جزاء	seat, bench	مقعَد (ج) مقاعد
observer	مراقِب (ج) مراقبون	net	شبكة (ج) شِباك
team leader	قائد الفريق = ("كابتن" الفريق)	banish, kick out	طرد، يطرد، طرد
exhibition game (cordial)	مباراة ودّية	playground	أرض = (أرضية الملعب)

تمرين 1   ما العلاقة بين ...

١. "مُدافِع" و"دفاع"؟

٢. "الرياضة" و"الرياضيات"؟

٣. ضربة "حرة" و"حرية"؟

٤. "راحة" و"استراحة"؟

٥. "ودّ" ومباراة "وُدّيّة"؟

تمرين ٢: دردشوا مع زملائكم حول المواضيع التالية

١. هواياتهم التي يمارسونها: ما هي؟ ولماذا؟ ومنذ متى يمارسونها؟ (درسنا موضوع الهوايات في الدرس الثاني من الجزء الثاني من كلمة ونغم).

٢. هوايات يحبون أن يمارسوها لكنهم لا يمارسونها: ما هي؟ ولماذا لا يمارسونها؟

٣. هل هناك هوايات خاصة بالرجال وأخرى خاصة بالنساء؟ ما هي؟ ولماذا؟

٤. مدرِّب يعرفونه جيدًا: من هو؟ من يدرِّب؟ لماذا يحبونه؟ أو لماذا لا يحبونه؟

			مفردات جديدة 🎧
touchline	خط التَّماس	crossbar post	عارضة قائِم
canoeing, rowing	التجديف	referee linesman	حَكَم (ج) حُكّام حكم خط
street fighting	قتال شوارع	sneak into offside	تسلّل، يتسلّل، تسلُّل تسلُّل
weight lifting	رفع الأثقال	martial arts	فنون قتالية
stand	مِنصّة (ج) منصات	windsurfing	ركوب الأمواج
discus throw	رمي القرص	bell	جرس (ج) أجراس
stadium	استاد	English tournament, league	الدوري الإنجليزي
grandstand, stadium (audience seating)	مُدَرَّج (ج) مدرجات	national team	مُنْتَخَب (ج) منتخبات
point toward an object, take aim	سدّد، يسدّد، تسديد	play fast and loose, deceive	راوغ، يراوغ، مراوغة
kick	ركل، يركُل، رَكْل	goalkeeper	حارس مرمى (ج) حُرّاس مرمى
whistle, siren	صفّارة (ج) صفّارات صافرة (ج) صافرات	flag	راية (ج) رايات = (عَلَم) (ج) (أعلام)

to become professional pro (sports), professional	احترف، يحترف، احتراف مُحترف (ج) محترفون	qualifying games, contests, also clearance	تصفية (ج) تصفيات
bodybuilding	كمال الأجسام	amateur	هاوٍ (ج) هواة
ballot, lot-casting, toss	قُرعة (ج) قُرَع	energy pills	عقاقير مُنشّطة
long pass faulty pass	تمريرة طويلة (ج) تمريرات طويلة تمريرة مقطوعة	time out	وقت مُستقْطَع
stretcher	نقّالة (ج) نقالات	physical therapy	علاج طبيعي
rolling the ball	دحرجة الكرة	rocket (strong and fast) counterattack	هجمة مرتدة صاروخية (ج) هجمات مرتدة صاروخية
formation, structure	تشكيلة	dribbling the ball	تنطيط الكرة
crowd	جمهور (ج) جماهير	follow up, resume, do again or anew	تابع، يتابع، متابعة
detach from, retire, dissociate	اعتزل، يعتزل، اعتزال	substitute	لاعب بديل

تمرين 3 ما العلاقة في المعنى بين ...

١. "عارِضة" و"عارَض" و"عارِض / عارِضة أزياء" ؟
٢. "مُنتخب" و"انتخابات"؟
٣. "الدوري" و"دور (ج) أدوار"؟
٤. "مِنصّة" و"نص"؟
٥. "حَكَم" و"حُكم"؟
٦. " ميزانية" و"وزن"؟
٧. "تصفيات" و"مِصفاة"؟
٨. "هاوٍ" و"هواية"؟

تمرين 4 خمنوا معنى ما يلي

١. هيئة تحكيم ____________________
٢. ضربة شمس ____________________
٣. خط ساخن ____________________
٤. ساحة القتال ____________________
٥. الصيد البحري ____________________
٦. تصفية حسابات ____________________
٧. صفّارة الإنذار ____________ صفّارة الأمان ____________

٨. لجنة مُتابعة ________________________________
٩. حلول بَـديلة ________________________________

تمرين 5 **أكملوا بإجابة مناسبة من مفردات وتعابير لها علاقة بمفردات الرياضة**

١. أعلن الاِتحاد السعودي أنّه اتفق مع المدرّب الأرجنتيني "خوان أنطونيو بيتزي" للإشراف على تدريب ________ السّعودي لكرة القدم والذي شارك في كأس العالم سنة ٢٠١٨.

٢. ________ السمك يعتبر إحدى الرياضات التي تحتاج إلى صبر طويل، ويعود تاريخ هذه الرياضة على الأقل إلى العصر الحجري، والتي بدأت قبل حوالي ٤٠ ألف سنة.

٣. ___________ في رياضة كرة القدم هو المشرف على النشاط الرياضي القائم، ويمكنه أن يقوم باتخاذ قرارات وتطبيق القوانين وإعلان النتيجة في الوقت المناسب.

٤. أُسِّس ________ القاهرة الدولي عام ١٩٥٨ في زمن الرئيس جمال عبد الناصر، والذي كان يحمل اسمه حتى تم تجديده عام ٢٠٠٤. وقد قام المهندس المعماري الألماني "فيرنر مارش" بتصميمه، ويمثّل هذا المكان علامة هامة في البُنية الرياضية المصرية حيث تُقام عليه أهم المباريات بين النوادي المصرية المعروفة كنادي الأهلي والزمالك ومباريات منتخب مصر لكرة القدم.

٥. رياضة ________ هي إحدى الرياضات المائية التي يتم ممارستها في مياه الأنهار أو البحيرات باستخدام **القوارب** boats المُصمَّمة خِصّيصًا لها، ومن شروط ممارستها أن تكون المياه هادئة ومحمِية من الهواء.

٦. تعود عادة **قَرْع** = (دق) = (طرق) ________ الكنائس إلى العام ٤٠٠ بعد الميلاد، وفي كل مرة يسمع خلالها المؤمنون المسيحيون **رنينها** its ringing فإنهم يدركون فورًا أنّ الوقت قد حان للتوجّه إلى الكنيسة.

٧. يحاول بعض لاعبي كمال الأجسام الوصول إلى أكبر ضخامة عضلية من خلال تناول ____________ ____________ والتي قد تؤدي إلى حدوث نتائج صحية سلبية.

تمرين 6 **اعرفوا زملاءكم**

١. هل يعرفون شخصًا مراوغًا في تعامله مع الآخرين؟ كيف؟

٢. هل يعرفون أين ستكون تصفيات كأس العالم القادمة؟ أيّ فريق يتوقعون له الفوز؟

٣. هل تعرّضوا لضربة شمس من قبل؟ هل يعرفون شخصًا تعرّض لضربة شمس؟ ماذا حدث؟

٤. هل يستمتعون بممارسة أو مشاهدة الفنون القتالية؟ في رأيهم، من أشهر مُمثّل عالمي يجيد الفنون القتالية؟

٥. في رأيهم، من هي أكثر جماهير كرة القدم شَغَبًا في العالم؟ لماذا؟

٦. في رأيهم، هل هناك سنّ محدد لاعتزال لاعبي الرياضات المختلفة؟ ما أنسب سن لاعتزال الرياضيين في تلك الرياضات؟

تمرين 7 ترجموا من العربية إلى الإنجليزية

١. التسلل هو قانون من قوانين لعبة كرة القدم، ويحدث ذلك عندما يكون اللاعب أقرب إلى المرمى من الكرة وآخِر لاعب من الفريق المنافِس.

٢. كان المصريون أول من وضع الأسس والقواعد التي نَظّمت المواجهات الثنائية في لعبة المصارعة قبل ٤٠٠٠ عام من الميلاد كما تُظهِر الآثار.

٣. اتفقت إدارة نادي القوة الجوية مع مدرب المنتخب الوطني على استلامه المَهمّة الفنية لفريق كرة القدم، بدلًا من المدرب المستقيل.

٤. **الرّكْمَجة** = (ركوب + موج) هي رياضة ركوب الأمواج المتكسّرة على الشاطىء بواسطة **ألواح** boards خاصة. الأمواج المناسبة لهذه الرياضة غالبًا ما تكون في المحيط، ولكن هذا لا يمنع من ركوب أمواج البحيرات والأنهار.

٥. (قتال الشوارع) هو "فيلم" حركة وإثارة تم إنتاجُه في "أمريكا" وصدر سنة ١٩٩٤. الـ"فيلم" بطولة "جين كلود فاندام" و"كيلي مينوغ."

٦. في إحدى الحفلات الموسيقية، وبينما كان بعض الأفراد مشغولين بالتحضير للحفلة، هبّت ريح عاصفة فجأة مما أدى إلى انهيار المنصة بشكل كامل فوق رؤوس الكثير من الناس، وأثار ذلك خوف الكثير من المشجّعين المتواجدين في ذلك الوقت.

٧. في تصفيات الدوري الأخيرة، طرد الحكمُ "كابتن" الفريق بعد أن ركل الكرة خارج أرض الملعب بشكل متعمّد، وتابع الفريق اللعب بعشرة لاعبين فقط.

تمرين 8 ترجموا من الإنجليزية إلى العربية

1. "Our vision has always been to show the world that surfing is already possible in Dubai," said Chambers, who grew up in Dubai, where people have been surfing since the late 1980s.
2. How should I lift weight to builds muscles?
3. The touchline is the sideline of a soccer field, which is the longest line on the field. Fans should sit at least 1–2 yards away from the touchline in order to give players space to throw the ball in, and to allow the assistant referee to run up and down the field.
4. The goalkeeper's primary role is to prevent the opposing team from successfully moving the ball over the defended goal line (under the crossbar and between the goal posts).
5. The discus throw is a field event in which an athlete throws a heavy disc, called a discus, in an attempt to mark a farther distance than his or her competitor.
6. Raise the flag high, fly it with pride.

تمرين 9 ◄ اعرفوا زملاءكم

1. Is it bad to lift weights? How? Why orwhy not?

2. Do they know what the penalty for offside in soccer is? What is it?

3. Who is the best goalkeeper in the world?

4. In their opinion, what does it take to become a pro athlete?

5. Do they know how to dribble a soccer ball/basketball? In their opinion, which soccer/basketball player is the best at dribbling a ball?

تمرين 10 ◄ يللّا نصف

Bring to class an image of a sport event or a player and describe to your class what is happening and why you chose this image in particular. If it is an event, tell what happened in detail. If it is a person, describe his or her physical, mental, and emotional qualities (if you have such information).

تمرين 11 ◄ يللا نتكلم

تحدّثوا مع زملائكم عن أجمل **حدث** event رياضيّ شاهدوه على التلفزيون أو الـ"انترنت" أو **بشكل شخصي** in person ما هو؟ وماذا حدث بالضبط؟

تمرين 12 ◄ يللا نمثل

1. Your friend is going to watch a game that you would really like to watch. He/she buys a ticket for himself/herself and does not buy you one. Talk to him/her and show that you are mad about this and that he/she has to make it up to you. You may want to use the dialectal expressions in Appendix II.

2. You go to watch a game, and you have a designated seat. You try to find your seat, and you find that someone has occupied it. Try to convince him/ her to move and give you your seat back. The stadium is packed. You may want to use the dialectal expressions in Appendix II.

ظلال ثقافية (١): أعظم ١٠ رياضيين مسلمين في التاريخ

تمرين 13 ◄ استمعوا إلى النص وناقشوه. هل عرفتم معلومات عن اللاعبين العشرة، وماذا تعرفون الآن؟

تمرين 14 **استمعوا إلى النص حسب اللاعب، وجدوا كلمة عربية للكلمات الإنجليزية التالية:**

١. مارات سافين: title

٢. شاكيل أونيل: won

٣. نسيم حميد: is a descendent of

٤. عمران خان: the most prominent

٥. برنارد هوبكنز: crimes

٦. حكيم عليوان: exceptional

٧. مايك تايسون: was crowned

٨. زين الدين زيدان: journey

٩. كريم عبدالجبار: point

١٠. محمد علي كلاي: rejection, denouncement

استماع (١)

الاستماع

جيل جديد من اللاعبين العرب يبهرون عشاق الكرة في "أوروبا"

تمرين 15 **استمعوا ثم أكملوا الجدول التالي**

اسم اللاعب	البلد	النادي	الدَّوْر role

تمرين 16 **أجيبوا بـ (نعم) أو (لا). صححوا الإجابات الخاطئة**

١. محمد صلاح هو أحد أسرع لاعبي كرة قدم في العالم الآن.

٢. مدرب فريق "بايرن ميونخ" الألماني إسباني الأصل.

٣. اللاعب التونسي أيمن عبد النور انتقل من فريق "فالنسيا" الإسباني إلى "موناكو" الفرنسي.

٤. اللاعب التونسي الخزري هو هدّاف فريق "بوردو" الفرنسي.

٥. الجزائري محرز أكبر لاعب وسط يُحرز أهدافًا في "بريطانيا" و"أوروبا".

تمرين 17 **استمعوا وخمنوا معاني العبارات التالية. لا تستخدموا القاموس أو "جوجل." استخدموا السياق context**

١. القارة العجوز

٢. صخرة الدفاع

٣. ركيزة أساسية

٤. القدم الذهبية

تمرين 18 **استمعوا واكتبوا الكلمات المفقودة**

١. يعد ________ الدولي المصري محمد صلاح أحد ________ اللاعبين في العالم حاليًا. ورغم أنه ليس ________ صريحًا إلا أنه يحرز العديد من ________. صلاح الذي برز في "بازل" انتقل إلى "تشلسي" ثم ________ في "فيورنتينا" واحد من أبرز اللاعبين الذين يشكلون الجيل الجديد ________ العرب في القارة العجوز.

٢. صخرة ________ في صفوف "بايرن ميونخ" المغربي مهدي بن عطية يعتبر ركيزة أساسية في ________ المدرب الأسباني "تب بوارتيلا" رغم غيابه مؤخرًا عن صفوف الفريق البافاري بسبب الإصابة.

٣. مدافع عربي آخر. التونسي أيمن عبد النور الذي تألّق مع ________ "موناكو" الفرنسي قبل أن ينتقل إلى "فالنسيا" الإسباني ويواصل مسيرته الاحترافية الناجحة في "الليجا" الإسبانية.

٤. تونسي آخر يحوّل أغلب المخالفات المباشرة إلى ________ في الدوري الفرنسي المتخصص في ________ الكرات الثابتة وهبي الخزري لاعب ________ فريق "بوردو" الذي يجذب عديد الأندية الأوروبية العريقة.

٥. لاعب آخر يصنع الحدث في "أوروبا" الجزائري ياسين براهيمي، نجم فريق "بورتو" البرتغالي، وأحد أفضل ________ في القارة العجوز وفي العالم كما أثبتته الإحصائيات في ________ الثلاثة الأخيرة.

٦. ولعل اللاعب العربي الأبرز في الفترة الحالية هو الجزائري رياض محرز لاعب الوسط و ________ و________، صاحب القدم اليسرى الذهبية التي قاد بها فريق "ليستر سيتي" إلى ________ الدوري الإنجليزي الممتاز متقدمًا على قطبي "مانشترااليونايتد" و"السيتي" بالإضافة إلى حامل اللقب "تشلسي" والـ "آرسنال" و"ليفربول" و"نوتنهام." محرز بين ________ وممرر حاسم كان وراء نصف الحصيلة ________ لفريق "ليستر سيتي" لحد الآن. كما أنه أكثر لاعب وسط يحرز أهدافًا في "إنجلترا" و"أوروبا" يعد أفضل مراوغ في الـ"برمير ليغ" رغم وجود أسماء مثل "الكسي شانشيز" و"إدي نازار."

لغة إعلام

مفردات ومصطلحات إعلام رياضية تعلمناها	
to communicate, convey, transmit, air	نقل، ينقل، نقل
result	نتيجة المباراة (ج) نتائج
actual playing time	الوقت الفعلي = (الأصلي) للمباراة
makeup time, injury time	الوقت بدل الضائع

prize, reward	جائزة (ج) جوائز = (مكافأة) (ج) (مكافآت)
title holder	حامل اللقب
semifinals	الدور قبل النهائي
home team	صاحب الأرض
visiting team	الفريق الضيف
key player	لاعب أساسي
star	نجم (ج) نجوم
substitute player	لاعب بديل
extra time	وقت إضافي
thriller	مباراة مثيرة
winning blow	هدف الفوز
early goal	هدف مُبكِّر
tie score	هدف التعادل
well-played goal	هدف ملعوب
header	هدف بالرأس
clean goal	هدف نظيف
play injured, act as if injured	اِدّعى الإصابة

مفردات ومصطلحات إعلام رياضية جديدة	
commentator	مُعلّق رياضي (ج) معلقون رياضيون
beginning of the first half of the game	بداية الشوط الأول (ج) بدايات الأشواط الأولى
closing ceremony (rituals)	مراسِم الخِتام
legally incompetent, disqualification	عدم أهليّة
eliminate, isolate, cause to be far	أقصى، يُقصي، إقصاء
qualify	تأهّل، يتأهل، تأهُّل
maintain the lead	يحافظ على الصدارة
playing under floodlights	اللعب تحت الأضواء الكاشفة
physical fitness	لياقة بدنية
scorer	هدّاف (ج) هدافون
squander a chance	أهدر فرصة، يُهدر فرصة، إهدار فرصة
win a sweeping victory	أحرز انتصارًا كاسحًا = (أحرز نصرًا كاسحًا)
honorable defeat	هزيمة بشرف

crushing defeat	هزيمة ساحقة
disallowed goal	هدف غير مُحتَسب
muscle strain	شدّ عضلي
last game of s.o.'s career	مباراة اعتزال
suspend a player	أوقف اللاعب، يوقف اللاعب، إيقاف اللاعب
in the interest of	لصالح
negative draw (0–0 result)	تعادل سلبي
shake the nets (score a goal)	هزّ الشِّباك، يهز الشباك، هزّ الشباك
block, turn away	صدّ، يصدّ، صدّ

عبارات عامية لأشهر معلقي comentators الرياضة العرب	
How nice! (Excellent, May God protect you!)	الله عليك
literally means "he shares the ball." Often said when a player skillfully handles the ball with confidence with his teammates.	ويوزّزّزّزع
How nice you are (you beloved of your parents)	الله عليك يا حبيب والديك
How wonderful! A good kick and a better ball blocking!	يا سلام! شوطة حلوة وصدّة أحلى
Come on, get it from the net, goalkeeper!	هاتها من الشبكة يا "جول"
Let's say "congratulations" to the winner and "hard luck" to the loser	نقول مبروك للفائز و"هارد لَك" للخسران
a dangerous, well-played, and beautiful "kick" of a ball	كورة خطيييييرة وملعوبة وجميلة

تمرين 19 خمنوا معاني التعابير التالية

١. هزة أرضية	٩. مكان الصدارة
٢. شخص انهزاميّ	١٠. تأهيل مهني
٣. تعادل الأصوات	١١. المسجد الأقصى
٤. مادة عازلة	١٢. مراسم الزواج
٥. أهدر دمه	١٣. قطع شوطًا طويلًا
٦. أهداف حربية	١٤. شخص مهزوز
٧. غير لائق	١٥. نتيجة الإهمال الطبي
٨. جُهد بدني عالي	١٦. نقل الدم

تمرين 20 **أكملوا بإجابة مناسبة من مفردات ومصطلحات الإعلام في الجداول السابقة**

١. بعد أن تنحّى الرئيس من منصب رئاسة الجمهورية، قرر ______السياسة والعيش كأيّ مواطن عاديّ من أبناء الشعب.

٢. لحارس المرمى أهمية خاصة في مباراة كرة القدم، فقوانين اللعبة تقول إنه لا يمكن إكمال اللعبة في حالة إصابته، وفي حالة الطرد توقـف المباراة إلى أن يتم إدخال حارس آخر أو أن يأخذ أحد اللاعبين مكانه. وفي حين أن كل اللاعبين يستخدمون أرجلهم في اللعب، فحارس المرمى هو الوحيد الذي يسمح له بـ ______ الكرة مستخدمًا يديه.

٣. اضطر اللاعب للاِنسحاب من البطولة بعد أن أُصيب بـ ______ ______ في قدمه اليمنى أثناء منافسات الجري، أخذ بعدها استراحة قصيرة ثم سعى جاهدًا من أجل متابعة وإنهاء **سباق** race الجري، لكن الإصابة عادت إليه مرة أخرى ليُضطر في النهاية إلى إعلان انسحابه من سباق الجري بعد أن قطع شوطًا طويلًا واقترب من النهاية.

٤. الجميع يرغب في الحصول على جسم قوي و______ ______ عالية وصحة جيدة، فمن الضروري متابعة ممارسة التمارين الرياضية بشكل دائم والنوم لفترة كافية.

٥. حافظ نادي الوحدات على ______ للدوري الأردني لكرة القدم، وفاز على ضيفه العربي بثلاثة أهداف مقابل هدفين ضمن منافسات الأسبوع السابع للبطولة بكأس الأندية.

٦. يقترب المهاجم الأرجنتيني "ليونيل ميسي" من الفوز بـ ______ الكرة الذهبية كأفضل ______ في العالم، وذلك بعدما تصدُّر الترتيب العالمي للهدّافين لعام ٢٠١٧ في كل المسابقات الرسمية.

تمرين 21 **يللا نتكلم**

١. هل نقل الدم يسبّب الأمراض؟ كيف؟

٢. هل يعرفون أسماء المنتخبات العربية التي تأهلّت لتصفيات كأس العالم الماضي / القادم؟ ما هي؟ ماذا يعرفون عنها؟

٣. ما أسباب الشد العضلي؟ كيف يتم علاجه؟

٤. ما الرياضة التي يمارسونها دائمًا؟ هل يحبون ممارستها أثناء النهار أم تحت الأضواء الكاشفة؟ لماذا؟

تمرين 22 **ترجموا من العربية للإنجليزية**

١. نادي الجزيرة الإماراتي هزّ شباك "ريال مدريد" بالهدف الأول من هجمة مُرتدّة رائعة.

٢. أحرز مهاجم المنتخب هدفين نظيفين في الشوط الأول في الدقيقة الثانية والرابعة من الوقت المُحتسب بدل الضائع للشوط الأول، قاد بهما منتخب بلاده لانتصار تاريخي كاسح على الفريق المنافس.

٣. يرى نجم المنتخب الوطني السابق (رابح ماجر) أن سبب تشجيع الجزائريين للمنتخب البرتغالي ضد المنتخب الفرنسي في نهائي "يورو" ٢٠١٦ لا يرجع لأسباب تاريخية فقط، وإنما يعود إلى سياسة إقصاء اللاعبين ذوي الأصول الجزائرية من صفوف الفريق الفرنسي.

٤. صبّ المدرب غضبه على بعض اللاعبين مباشرة بعد نهاية المباراة التي أُقْصِي خلالها الفريق من تصفيات كأس الأندية.

٥. انتهت المباراة التي جمعت بين ناديَيْ الزمالك وإنبي، على ملعب "استاد" "بتروسبورت." في الجولة الرابعة من بطولة الدوري الممتاز لكرة القدم، بالتعادل السلبي، وبعدها احتسب حكم المباراة ضربة جزاء لصالح المدافع الأيسر للزمالك، سدّدها لاعب الزمالك باسم مُرسي على يسار حارس مرمى إنبي الذي أمسكها وأضاع على نادي الزمالك فرصة التقدم بهدف.

تمرين 23 ترجموا العناوين الإخبارية التالية من العربية إلى الإنجليزية

١. جريدة البلاد: ادّعى الإصابة بـالشلل paralyzed لتوظيف ممرضة كي تبدّل ملابسه الداخلية

٢. Twitter: الهزيمة بشرف هي أن تقاتل ولا تكون الهزيمة خيارًا

٣. البوابة "نيوز": (الخولي) يشهد مراسم ختام مسابقات "تنس" الطاولة بأسبوع شباب الجامعات

٤. شروق "نيوز": فريق الوداد المغربي يُقصي حامل اللقب "صن داونز" ويلتحق بفريقيْ الأهلي المصري واتحاد العاصمة الجزائري

٥. البوابة "سبورت": "بيكيه" و"سيرجيو" و"جوردي ألبا" يشاركون في مباراة اعتزال اللبناني (رضا عنتر)

٦. بي بي سي: محمد صلاح يفوز بجائزة رابطة المحترفين لأفضل لاعب في الدوري

تمرين 24 ترجموا العناوين الإخبارية التالية من الإنجليزية إلى العربية

1. Funny video: Goalkeeper blocks five penalty kicks with his face

2. Six players: Two trainers suspended from men's soccer

3. 14 October 1878: The first football match played under floodlights

4. Russian soccer commentator quits on live television after referee "misses" two penalty calls

5. Dancing with the stars: Week 9: Semi-Finals

تمرين 25 اعرفوا زملاءكم

1. Who is their favorite goalkeeper in the world? Do goalkeepers have to wear long sleeves?

2. Who is on your top ten list of favorite soccer commentators on T.V. (or scorers)?

3. Have they ever squandered a chance? What happened? How did they feel back then? How do they feel now?

ظلال ثقافية (٢): الاستثمارات العربية والأندية الرياضية العالمية

للدردشة:

● ماذا تعرف عن الرياضة وعالم التجارة؟ من يملك الفِرَق والأندية الكبيرة؟ هل هذه استثمارات جيدة أم لا؟

يملك كثير من المستثمرين العرب، سواء كانوا أفرادًا أم شركات، كثيرًا من الأندية التي نسمع عنها، ومن أهم هذه النوادي:

١. **"مانشستر سيتي":** وقد اشتراه الشيخ الإماراتي منصور بن زايد آل نهيان سنة ٢٠٠٩ ونتيجة لذلك انضم الكثير من اللاعبين الكبار للنادي، والذي استطاع منذ ذلك الوقت أن يحصل على بطولة الدوري league الإنجليزي أكثر من مرة.

٢. **"باريس سان جيرمان":** اشترت هذا الفريق شركة قطر للاستثمارات سنة ٢٠١١. انضمّت أسماء كبيرة للفريق، وحصل الفريق على بطولة الدوري الفرنسي مرتين متتاليتين.

٣. **"نيويورك سيتي"**: فريق أمريكي لكرة القدم يملكه أيضًا الشيخ الإماراتي منصور بن زايد آل نهيان، وتم تأسيس الفريق سنة ٢٠١٣.

٤. **"ميونيخ ١٨٦٠"**: يملك رجل أعمال أردني ٤٩٪ من أسهم الفريق.

ومن الشركات **الراعية** sponsoring للأندية الأوروبية:

١. **"ريال مدريد"**: الراعي الأول للفريق شركة طيران الإمارات. كانت قيمة العقد ٣٩ "مليون" "دولار" في عام ٢٠١٣.

٢. **"برشلونة"**: الراعي الأول للفريق شركة قطر للطيران. كانت قيمة العقد ٤٥ "مليون" "دولار" في عام ٢٠١١.

٣. **"آرسنال"**: الراعي الأول للفريق شركة طيران الإمارات. قيمة العقد لمدة خمس سنوات ٥٠ "مليون" "دولار."

٤. **"مانشستر سيتي"**: الراعي الأول للفريق شركة طيران الاتحاد الإماراتية (أبو ظبي). كانت قيمة العقد ٦٧ "مليون" "دولار" لعشرة مواسم.

٥. **"ميلان"**: الراعي الأول للفريق شركة طيران الإمارات. قيمة العقد ١٦ "مليون" "دولار" للموسم الواحد.

القصة: مفردات النص الرئيسي

مفردات تعلمناها		
الكلمة	**سمات عامية**	**المعنى بالإنجليزية**
ظلّ (ج) ظِلال		shade
حُضور		presence
شعبيّة		popularity
سِباق (ج) سباقات		race
حَذَر		caution
دقّة قلبي (ج) دقات قلبي		my heartbeat
سجّل، يسجل، تسجيل		register, score
أطلق، يُطلِق، إطلاق		release, launch
عانق، يعانق، مُعانقة		hug, embrace
زائد		extra
خُبث		slyness, wickedness
مقصود		intended
خُلُق (ج) أخلاق		manners
مع قُرب		with the approaching
عُنْف		violence
رقبة (ج) رقاب		neck
احتجّ على، يحتج على، احتجاج على		protest
أثار، يثير، إثارة		trigger, motivate, raise, excite
تحمّل، يتحمّل، تحمُّل		bear, endure

mobile phone		هاتف جوّال
glad tidings		بُشرى (ج) بشائر
jump		قفز، يقفِز، قفْز
except	غير	سِوى
run		ركض، يركُض، ركْض
yearning, interest		شَوْق (ج) أشواق
touch		لمس، يلمس، لَمْس
examine		فَحَص، يفحص، فحْص

تمرين 26 ما العلاقة بين ...

١. "محاضَرة" و"حضور"؟

٢. "طلاق" و"أطلق"؟

٣. "راقب" و"رقبة"؟

٤. "حمل" و"تحمّل"؟

تمرين 27 دردشوا مع زملائكم عن

١. شخص ذي حضور (شعبيته بين أصدقائه، في مجتمعه...)، ما الذي جعله كذلك؟

٢. الحذر الزائد في حياة بعض الأفراد؟ هل الحَذر يمنع القدر؟

٣. العنف الأسري.

٤. استخدام الهواتف المحمولة الزائد عن حدّه.

٥. ما الذي يثير فضولهم؟ كيف؟

مفردات جديدة		
المعنى بالإنجليزية	سمات عامية	الكلمة
increase	زاد، كِتر	ازداد، يزداد، ازدياد
under the protection of		في ظلّ
shooting		رِماية
horsemanship, equitation		الفروسيّة
what a perfect …! truly, an excellent …!		نِعمَ

communiqúe, notice, announcement, release		بيان (ج) بيانات
live coverage		تغطية مباشرة
expert, skilled		مُخَضرَم (ج) مخضرمون
fond of	بموت في	مولع بـ (ج) مولعون بـ
how lovely!	ياريت	حبّذا
shoulder take s.th. upon oneself, take over		عاتق (ج) عواتق أخذ على عاتقه
mission		مَهَمّة (ج) مهام
similar, equal, comparable		نظير (ج) نظراء = (نظائر)
to be raised, exalted	علي	تعالى، يتعالى، تعالي
warm-up	تسخين	إحماء
rhythm		إيقاع (ج) إيقاعات
prevail, govern		ساد، يسود، سيادة
calm down calmness, assurance	هِدي، يِهدى، هَدَيان	اطمأنّ، يطمئن، اطمئنان طمأنينة
every time		كلّما
corner kick	"كورنر"	ضربة رُكنية
change, transfer		حوّل، يحوّل، تحويل
genius ingenuity		عبقريّ عبقرية
rocket		صاروخ (ج) صواريخ
double (v.)		ضاعَف، يُضاعف، مُضاعفة
balance pan, scale pan palm of the hand		كَفّة = (كِفة) (ج) كِفاف = (كِفف)
determined to	مْصَمِّم على	عازم على (ج) عازمون على
put a stop or end to (s.th.)	أنهى	حَسَم، يحسِم، حسْم
penalty shoot-outs		ركلات الترجيح
to the climax, to the peak of it	ع الآخر	على أشدّه
enthusiasm		حَماس
to be rough (agitated), to stir up		هاج، يهيج، هيجان = (هياج)
grin, grimace show one's teeth		كشّر، يكشر، تكشير كشر عن أنيابه = (كشر عن أسنانه)
right after	بعد	إثر

advance violently and quickly, dash		اندفع، يندفع، اندفاع
battle, struggle with or against		التحم، يلتحِم، التحام
ligament, ligature shoestring		رباط (ج) أربطة رباط حذاء
knee		رُكبة (ج) رُكب
wretched is ...		بِئْس
betrayal, deception		غَدْر
be alone with, be distinguished by		انفرد بـ ينفرد بـ انفراد بـ
face toward, encounter, take up		تصدَّى لـ يتصدى لـ تصدِّي لـ
barbarity, savage or barbarous cruelty		وَحشيّة
obtain		نال، ينال، نيْل
discover, explore		تبيّن، يتبيّن، تبين
fracture		كَسْر (ج) كسور
jaw		فَكّ (ج) فكوك
leg	رِجل (ج) رجلين	ساق (ج) سيقان
make (s.th.) generally known		أشهر، يُشهر، إشهار
attack, assault, dive down		انقضّ على، ينقض على، انقضاض على
bull		ثور (ج) ثيران
closely عن قُرْب		عن كَثَب
with all honesty		بكل صدق
impression		انطباع (ج) انطباعات
numberless		لا حصْر لها
terror		رُعْب
ascend, rise, develop		ارتقى، يرتقي، ارتقاء
captivate, charm, fascinate		أسَر، يأسِر، أسر
planet		كوكب (ج) كواكب
space		الفضاء
not good for		غير صالح لـ
surface		سَطْح (ج) أسطُح = (سطوح)
machine		آلة (ج) آلات
amazing, astonishing		عجيب
curve		مُنْعَطَف (ج) منعطفات
incarnate, personify, embody		جسّد، يجسد، تجسيد

انبثق، ينبثق، انبثاق		be caused by
تولّد من، يتولد من، تولُّد من		be caused by, be bred (by)
دمَّر، يدمِّر، تدمير		demolish
خراب		destruction
بَرْهن، يبرهن، برهنة	أثبَت = (أثبَت)	be proof of, betoken
علا، يعلو، عـُلُوّ		rise
حفَّز، يحفِّز، تحفيز		stimulate, arise
قاسٍ (ج) قاسون		hard, stern
أحْرى		more adequate, more proper
تَبِعات		repercussions
ضِلْع (ج) أضلُع = (ضلوع)		rib
قاعة (ج) قاعات		hall
قَفَص (ج) أقفاص		cage
بفارغ الصبر		impatiently
راضٍ (ج) راضون		pleased, satisfied
عسى		I hope

بستان المفردات

تمرين 28 خمنوا معنى ما يلي

١. صاروخ أرض جوّ	٨. سطح الكرة الأرضية
٢. أسير الحب	٩. الانطباع الأول
٣. فحص سنوي	١٠. نيْل المطالب المشروعة
٤. جسد بلا روح	١١. مُنعطَف حاد
٥. قاعة العرْض	١٢. إشهار الزواج
٦. أعمال تخريبية	١٣. اِرتقاء الذات
٧. الفضاء الخارجي	١٤. سَرِقة بيانات شخصية

تمرين 29 ترجموا العناوين الإخبارية التالية

١. هبوط الذهب والفضة في جو من الحذر بعد انهيار محادثات اليونان (وكالة الأنباء السعودية)

٢. الفروسية تحتفل: سمو الأمير يرعى حفل سباق الخيل السنوي الكبير (صحيفة سبْق الالكترونية)

٣. رئيس "بنجلادش" يتهم جيش "مينمار" بارتكاب أعمال وحشية ضد "الروهينجا" (اليوم السابع)

٤. انطباعات خاصة حول مَهرجان الكويت لمسرح الشباب العربي (٢) (جريدة الشرق)

٥. اكتشاف أول كوكب بِحَجْم الأرض يمكن العيش عليه ("فرانس" ٢٤)

٦. غياب التنسيق بين البلديات يُسهِم في تدمير البُنية التحتية للبلد (الدستور)

تمرين 30 أكملوا الفراغات في الجدول التالي

الكلمة	الجذر	كلمة أو أكثر من نفس الجذر
فارس (ج) فرسان		
محوّل (ج) محولات		
ضِعف (ج) أضعاف		
عزيمة (ج) عزائم		
دُفْعة (ج) دُفعات		
راكِب (ج) رُكّاب		
فردة (حذاء)		
مَطبعة (ج) مطابع		
توليد		

تمرين 31 اعرفوا زملاءكم

١. هل البنات ينافسن الرجال في الرّماية أو رياضات أخرى؟ كيف؟

٢. كل واحد منا قد يأخذ على عاتقه مسؤولية القيام ببعض الأشياء، فمثلًا قد يأخذ شخص على عاتقه مسؤولية تنظيف الشارع الذي يسكن فيه، أو الارتقاء بنفسه للأفضل، إلخ. ماذا أخذوا على عاتقهم؟

٣. ما الأشياء التي تجعلهم يشعرون بالاطمئنان؟

٤. في رأيهم، هل إهدار الفرص في الحياة يُضاعِف من صعوبة النجاح في النهاية؟

٥. هل الإحماء ضروري قبل ممارسة تمارين تقوية العضلات؟ لماذا؟

٦. في رأيهم، ما دور الأسرة والمدرسة والحكومة في تخفيف معدلات السُّمنة؟

تمرين 32 استبعدوا الكلمة الغريبة بدون استخدام المعجم (القاموس)

١.	زاد	ضاعَف	أقنع
٢.	حوّل	عبر	غير
٣.	كمالي	عبقري	بارع
٤.	عازم على	جدّي	لا مبالٍ
٥.	حماس	اندفاع	تصدّي
٦.	انقضّ على	دمّر	أنقذ
٧.	رُعب	مُلك	خوف
٨.	أسر	اعتقل	تنفّس
٩.	فحص	امتحن	أدمَنَ
١٠.	تولّد	قاوم	انبثق
١١.	بشوش	عجيب	غريب
١٢.	وحشيّ	همجيّ	مميّز
١٣.	دفع	حفّز	سكت
١٤.	أضلُع	عِظام	مُعاناة
١٥.	شاحب	قنوع	راضٍ

تمرين 33 صلوا نصف الجملة بالنصف الآخر المناسب ثم ترجموها إلى الإنجليزية

١.	عسى الله أن يملأ القلوب		نتيجة المباراة رغم صعوبة المواجهة.
٢.	كلما ازداد الإنسان علمًا ازداد تواضعًا كالشجرة التي		هاج الجمهور مندفعًا تجاه أرض الملعب وانقض على الحكم بكل وحشية، مما اضطر الشرطة إلى التصدي لهم بالـ"غاز" المسيل للدموع.
٣.	أكّد المدرب أن فريقه عازم على حسم		عسى الله أن يتغير، حينها يمكن أن تتغير انطباعاتي عنه.
٤.	بعد أن مضى الشوط الأول دون إثارة إلا من الهدف الوحيد لصالح الفريق الآخَر		ولكن سرعان ما تبيّن لها عكس ذلك، وأنه غير صالح ليكون زوجًا له، حيث بدأ يكشّر عن أنيابه لها ويُريها الوجه الحقيقي من شخصيته.
٥.	كنت جالسًا في المدرج أراقب المباراة المرعبة عن كثب، فبينما كان الالتحام بين الفريقين على أشدّه		بالطمأنينة ويضاعف في الحسنات.
٦.	بكل صدق، أنا لست راضيًا عن تصرفاته		عندما انفرد بحارس مرمى الفريق المنافس وسدّد كرة قوية ولكن الحارس تصدى لها بكل حماس وقوة.
٧.	في بداية الأمر، أسرها بوسامته وكلامه المعسول		كشر مهاجم فريقنا عن أنيابه واندفع بكل قوة تجاه مرمى حارس الفريق المنافس محرزًا هدف التعادل.
٨.	وساد الهدوء أجواء الشوط الثاني واستقر اللعب في وسط الملعب، ليجد مهاجم فريقنا نفسه أمام فرصة إحراز هدف محقّق		كلما ازداد حِملها ازدادت **أغصانها** branches قُربًا من الأرض.

تمرين 34 أعيدوا ترتيب الكلمات التالية في جمل مفيدة

١. التربية والتعليم – أمس – نظيره – وزير – التقى – الأردني – التونسي (التقى ... أمس)

٢. الجيش – لمظاهرة – بطريقة – سلمية – تصدت – وحشية – قوات (تصدت ... وحشية)

٣. وزير الخارجية الروسي – التوتر - عن أسفه – القنصلية العامة – قرار – أعرب – لتزايد – بعد – في "سان فرانسيسكو" – إغلاق (أعرب ... "سان فرانسيسكو")

٤. المنظمات – من أكبر – أصوات – اليمن – مجاعة – الإنسانية – يشهدها – بالتحذير – تعالت (تعالت ... اليمن)

٥. شخص – وأصيب – إثر – تصادم - بين – لقي – ٦ آخرون – حادث – سيارتين – مصرعه (لقي ... سيارتين)

٦. السوريون – المناطق الأخرى - التدمير – أكثر من – الذي - يعتقد – حجم – والخراب – مدينة حلب – أنّ – تعرضتْ له – باقي (يعتقد ... المناطق الأخرى)

تمرين 35 ضعوا كلمة أو عبارة أخرى مما درسناه من قبل بالمعنى نفسه، بدلًا مما تحته خطان

١. لا تنتظر حبيبًا باعك، وانتظِر ضوءًا جديدًا يمكن أن يتسلّل إلى فؤادك الحزين فيُرجِع لأيامك الهناء ويرجع لفؤادك نبضه الجميل.

٢. صَعد المدرب "أوزيبو دي فرانشيسكو" بـ"روما" إلى مستوى آخر، بعد قيادته إلى الدور الثاني من مسابقة دوري أبطال "أوروبا" متصدّرًا لمجموعته أمام "تشلسي" بطل "انجلترا،" وذلك بحسب تقييم قائد نادي العاصمة الإيطالية "دانييلي دي روسي."

٣. أحرز اللاعب "غابريل خيسوس" الهدف الثالث لـ"مانشستر سيتي" في شباك "آرسنال" في المباراة التي جمعت الفريقين لحساب الجولة الحادية عشرة من الدوري الإنجليزي، وأثبتت الإعادة التلفزيونية أنه تلقّى تمريرة من وضع تسلل. وتوقف لاعبو "آرسنال" على أمل إطلاق حكم المباراة صافرته كوْن اللاعب في وضعية تسلل، إلا أن الحكم أمر باستئناف اللعب.

٤. تعالت الأصوات في "أوروبا" للتحقيق في نظام "مالطا" لمكافحة غسيل الأموال بعد مقتل الصحافية المالطية "دافني كاروانا غاليزيا."

٥. هل ترغب في التخلص من السلبية تمامًا والحصول على الطمأنينة المطلقة؟ **أطلِق العنان** unleash لقوتك الإيجابية عبر التركيز على ما ترغب في تحقيقه، وتخطَّ أن تحمل ما لا تُطيق ومارِس الرياضة باستمرار وسافِر بين الفينة والفينة.

٦. دعا وزير الخارجية البريطاني "بوريس جونسون" إلى إجراء نقاش هادف في "إيران،" جرّاء مقتل ١٠ متظاهرين على الأقل إثر احتجاجات في الشارع الإيراني. وكتب "جونسون" على موقع "فيسبوك": "إن المملكة المتحدة تراقب عن كثب الأحداث في "إيران،" بحسب ما جاء في وكالة الأنباء الألمانية.

٧. أكد لاعب فريق الشارقة، المحترف البرازيلي "فاندر فييرا" (٢٩ عامًا) أن تاريخ نادي الشارقة حفّزه كثيرًا للانضمام إلى صفوفه، مفضلًا العرض الذي قدّمه له النادي على عروض أندية أخرى، وقال أنه سيبذل ما يستطيع حتى يتمكن مع بقية زملائه اللاعبين من وضع فريق الشارقة في مكانة أفضل في الدوري.

كرة قدم...أم مصارعة ثيران؟!

تمرين 36 ترجموا الجمل التالية

١. بثت وسائل إعلام أمريكيةُ على الهواء مباشرة خط سير إعصار "إرما" المدمّر بواسطة خمس "كاميرات" تغطي مختلف مناطق ولاية "فلوريدا."

٢. الضلع هو أحد عظام القفص الصدري في الإنسان، ويوجد لدى الإنسان ٢٤ ضلعًا، حيث أن هناك ١٢ ضلعًا في كل جانب من الجسم، وتوجد بين الأضلاع عضلات وأوعية دموية وأعصاب.

٣. نشرت صحيفة "ديلي ميل" البريطانية مشهدًا عجيبًا ومُثيرًا في نفس الوقت يبيّن سيارة "**الشبح**" the ghost التي ظهرت فجأة وتسبّبت في حادث سير مُرعب.

4. Why do people in the USA prefer American football over soccer?

5. My friends and I were waiting impatiently for a table in a restaurant in the heart of New York City.

6. Does it really surprise anyone that the president betrayed his party leaders, who have been trying their best to please him?

تمرين 37 يللا نمثل

1. Your 10-year-old child is extremely fond of playing soccer, and he is well-known for being a rough player among his peers. Give him some advice using as many of the previously presented vocabulary words and expressions as you can.

2. You are a very well-known player on your university soccer team. You have to miss a very coming important upcoming game. Call your team captain and try to explain the situation to him. Use the dialectal expressions in Appendix II.

تمرين 38 ضعوا حرف جر مناسب

١. كشف التقرير أن مجموعة من المتظاهرين نجحوا في الفرار ______ قبضة الـ"بوليس،" وأشارت المصادر إلى أن زعيم المعارضة أعرب ______ فرحه الشديد عندما سمع الخبر.

٢. ذكرت بعض المصادر الإعلامية أنّ مسؤولين كبارًا في الدولة المصرية ضغطوا ______ الرئيس المخلوع مبارك يوم الجمعة ١١ "فبراير" للتنحي ______كرسي الحكم فورًا ورفضوا عرضًا بتأجيل ذلك إلى ما بعد أن يطمئنّ ______ وصول ولديه علاء وجمال إلى شرم الشيخ.

٣. تناقلت الصحف البريطانية خبرًا عن اهتمام رئيس "كوريا الشمالية" ____الدوري الإيطالي وأنه مولع __اللاعب الدولي المصري (محمد صلاح).

٤. تصدى حارس المرمى _____ركلة جزاء عندما كانت نتيجة المباراة تشير _____ تقدم فريقه _____هدف.

٥. كشر فريق منتخبنا الوطني _____أنيابه، وكان عازمًا ______ الفوز بالمباراة بأي ثمن، حيث هزّ شباك مرمى الفريق المنافس بأربعة أهداف نظيفة مقابل لاشيء.

٦. **أفرج** release القاضي _____ شخص يبلغ _____ العمر ٤٥ عامًا، بالرغم من مطالبة محامي الدفاع بفرض العقوبات عليه، بسبب تحرشه جنسيًا ____طفلة لا تتجاوز الثالثة عشرة ______ عمرها.

النص

أحب متابعة الرياضة عمومًا وكرة القدم خصوصًا وأعشق تفاصيلها، فَكُرة القدم هي اللعبة الشعبية الأولى في العالم العربي، وازدادت شهرتها في ظل الوسائل التقنية الحديثة وعالم التواصل الاجتماعي، كما أن بعض اللاعبين العرب انتقلوا إلى "أوروبا" للاحتراف واللعب في نواد رياضية هناك، بالإضافة إلى أن هناك حضورًا عربيًا عالميًا في العديد من الرياضات الأخرى ولكنها ذات شعبية أقل من كرة القدم كالسباق والسباحة ورفع الأثقال والمصارعة والرماية وكرة السلة وكرة اليد والفروسية.

استدعاني المدير إلى مكتبه وقال لي: " نِعم الرجل أنت، فأنت رجل والرجال قليل يا آدم. لقد استلمت بيانًا من وزارة الإعلام للقيام بتغطية مباشرة لكأس النقابات المهنية، و قد تم اختيارك كشخص مخضرم ومولع بكرة القدم كي تقود فريق نقابة الصحافيين، حبذا لو تأخذ على عاتقك هذه المهمة."

وجاء يوم المباراة التي كنت أنتظرها طويلًا والتي جمعت بين فريق نقابة الصحافيين ونظيره من نقابة المهندسين على ملعب المنارة ببيروت. تعالت أصوات الجماهير عند نزول الفريقين إلى أرض الملعب لإجراء عملية الإحماء. بدأ الشوط الأول من المباراة بإيقاع هادىء يسودُه الحذر الشديد. وفي الدقيقة العاشرة، أخذ فريق المهندسين يضغط على فريق الصحافيين، وكنت أسمع دقات قلبي تتسارع مع كل هجمة على مرمى نقابتنا، وسرعان ما اطمأن عندما استقرت الكرة بين يديّ حارس مرمى الصحافيين العملاق والذي كان كالصخرة في وجه كل هجمات فريق المهندسين. وفي الدقيقة الثالثة والعشرين من الشوط الأول، سجل فريقنا الهدف الأول في اللقاء عن طريق ضربة ركنية نفذها مهاجم فريقنا فلمسها لاعب آخر برأسه إلى القدم اليمنى لهدّاف الصحافيين الذي حوّلها بعبقرية إلى مرمى المهندسين. فجأة، وفي الدقائق الأخيرة من الشوط الأول، أطلق الحكم صافرته وأشار إلى ركلة جزاء لصالح المهندسين. تقدم هدّاف فريق المهندسين وسدد الكرة كالصاروخ لتعانق شباك مرمى الصحافيين محرزًا بذلك هدف التعادل. وفي بداية الشوط الثاني، ضاعف الصحافيون مجهودهم، ومع مرور الوقت بدأت الكفة تميل لفريق الصحافيين الذين كانوا عازمين على حسم اللقاء بالفوز وإنهاء المباراة قبل ركلات الترجيح. يبدو أن الحماس كان على أشدّه في الشوط الثاني، حيث هاج فريق المهندسين وكشّر عن أنيابه، مما أدّى إلى وقوع إصابات عديدة للاعبين من الفريقين، وأصيب مدافع فريق المهندسين، إثر اندفاع زائد منه، بشدّ عضلي. التحم "كابتن" فريق المهندسين بعُنف وخبث مع مدافع الصحافيين مما أسفر هذا الالتحام، الذي اعترف الـ"كابتن" أنه كان مقصودًا، عن إصابة المدافع الضحية بقطع كلي في أربطة الركبة اليمنى، قد يؤدي لاعتزاله لاحقًا. حقًا، بئس الخلق الغدر! وبعد ضغط كثيف على مرمى المهندسين، ومع قرب انتهاء الشوط الثاني، انفرد مهاجم فريق الصحافيين بحارس المهندسين المتهور، الذي تصدّى للمهاجم بكل وحشية، لينال نصيبه من العنف الذي أدى إلى فقدانه الوعي ونقله إلى المستشفى، حيث تبين إصابته بكسور على مستوى الفك والرقبة والساق اليمنى، وفقدانه لثلاثة من أسنانه، ليُشهر الحكم بذلك بطاقة حمراء للحارس العنيف. وقبل نهاية المباراة بلحظات، أطلق الحكم صافرته معلنًا نهاية المباراة، وانقضّت عليه أغلبية لاعبي المهندسين وهي تحتجّ على قراره إنهاء المباراة قبل موعدها. "أهذه مباراة كرة قدم أم مصارعة ثيران؟" هذا ما تساءلت عنه الجماهير التي كانت تتابع المباراة عن كثب.

ليلى تتحدث

مرحبًا أعزائي! مازلت أذكر ذلك المساء الجميل حين كنت في الـ"سينما" أشاهد "فيلمًا" من أفلامي المفضلة التي أرغب بكل صدق أن أشارككم انطباعي عنها. فهذا الـ"فيلم" يحمل معاني كبيرة في حياتي أيضًا.

قليلة هي أفلام الـ"أنيميشن" التي يمكن لنا أن ننسى أحداثها، بالرغم من مشاهدتي لمجموعة لا حصر لها من أفلام الحب والرعب والإثارة والخيال وغير ذلك، إلا أنها لم ترتقِ لتكون ضمن أفلامي المفضلة، ولكن "فيلم" "وول-إي" *Wall-E* أسَرني بجماله وروعته من نواحٍ عدة. فأحداث الـ"فيلم" تدور حول "روبوت" يعيش وحيدًا على كوكب الأرض، بعد أن رحل جميع البشر إلى الفضاء الخارجي، حيث أصبحت الأرض غير صالحة للعيش فيها. في أول الـ"فيلم،" يظهر "وول - إي" يمارس حياته اليومية المعتادة على سطح الأرض، إلى أن تظهر آلة جديدة تدعى "إيفا" أُرسِلت إلى الأرض في مَهمة لفحص ذلك الكوكب العجيب، بعدها، تأخذ حياة "وول -إي" في الدخول في منعطف آخر. ومما يميز الـ"فيلم" هو التجسيد الرائع لشخصية "وول - إي" وبالذات نظرات عينيه الرائعتين. بالإضافة إلى ذلك، علاقة الحب الجميلة التي انبثقت بين "وول - إي" و"إيفا،" تلك العلاقة الرائعة التي تولّدت وسط عالم مُدمَّر، ليس فيه غير الخراب، تبرهن لنا وبكل قوة عن أن صوت المحبة هو الأقوى وألا شيء يعلو فوقه، ذلك الشيء الجميل الذي يحفزنا على الاستمرار في الحياة. استطاعت تلك الآلة الصغيرة العيش على الأرض رغم كل الظروف القاسية، ومن هنا، أرسلت رسالة للناس في الفضاء بأن الأرض جميلة ويمكن العيش على سطحها بكل طمأنينة، ولا داعي أن نتركها بعد أن قمنا بتدميرها بأنفسنا، وأحرى بنا أن نتحمل تبعات أفعالنا بأنفسنا.

كرة قدم...أم مصارعة ثيران؟!

وفي الدقيقة الأخيرة من الـ"فيلم،" وصلتني رسالة نصية من آدم على هاتفي المتحرك تحمل بشرى قدومه إلى بيروت. كاد قلبي يقفز بين أضلعي فرحًا وبهجة، وما كان مني سوى أن وجدت نفسي أركض خارج قاعة المشاهدين في سرعة وسرور كعصفور غادر قفصه. هيا آدم، ماذا بعد؟... ماذا بعد يا قطعة من قلبي؟! موعد انتظرته بفارغ الصبر، لقد زاد شوقي إليك، ولكني راضية بما قسم الله لي، فالمؤمن راضٍ بقضاء الله وقدره. الحمد لله أولًا وأخيرًا، مَن يصبِر ينَل، عسى اللقاء قريبًا إن شاء الله يا أغلى من روحي.

القراءة الأولى

تمرين 39 أجيبوا عن الأسئلة التالية

١. ما اللعبة الأكثر شهرة في العالم العربي، وما هي بعض الألعاب الرياضية الأخرى المعروفة فيه؟

٢. لماذا استدعى مدير الشركة آدم؟

٣. مَن لعب في المباراة؟ ما نتيجة الشوط الأول؟ أيُّ فريق فاز في المباراة؟

٤. ما هي أفلام ليلى المفضلة؟

٥. من الذي يعيش وحيدًا على كوكب الأرض؟ أين ذهب البشر؟ من جاء إلى الأرض؟

٦. في آخر الـ"فيلم"، من أرسل رسالة لليلى؟ ماذا تقول الرسالة؟

القراءة الثانية

تمرين 40 أجيبوا عن الأسئلة التالية

١. ما الذي يقوله آدم عن لعبة كرة القدم في العالم العربي؟

٢. في الشوط الأول، صفوا مشاعر آدم.

٣. من أحرز الهدف الأول؟ كيف تم ذلك؟

٤. مَن سجّل هدف التعادل؟ كيف تم ذلك؟

٥. لماذا أنهى الحكم المباراة قبل موعدها المحدد؟ ماذا حدث؟

٦. كيف وصفت ليلى علاقة "وول - إي" بـ"إيفا"؟ ما الرسالة التي تحملها تلك العلاقة؟

ملاحظات ثقافية ولغوية مشتقة من جذور بعض مفردات نص القصة (١)

١. أشعب: name of a legendary miser، نقول: أطمع من أشعب greedier than Ashab

٢. مولع: ولّاعة (cigarette) lighter

٣. نظير: مُنقطع النظير incomparable

نظارة شمسية (ج) نظارات شمسية sunglasses، نظارة طبية medical (prescription) glasses

٤. أشار إلى: إشارة مرور (ج) إشارات مرور traffic light

٥. شدّ: شدّ الرحال (لـ إلى) to depart headed to, leave for

٦. بِلحمه وشحمه in his real human form

٧. صدّ: في هذا الصدد in this respect, with regard to this

٨. نال: صعب المنال unattainable، سهل المنال easy to get

٩. تبين: كان على بيّنة من to be fully aware of, to be up-to-date about

١٠. عن كثب: كثبان رملية sand hills, dunes

تمرين 41 ترجموا من العربية إلى الإنجليزية

١. (أطمع من أشعب) مَثل مشهور كثُر استعماله في كتب الأدب. وأشعب هو: أشعب بن جبير، من أهل المدينة، ولقبُه "أبو العلاء" وكان طمّاعًا.

٢. كنت أراقب رجلًا يلبس نظارة شمسية سوداء من بعيد وأقول في نفسي: "غريب عالم المدخنين! أهم أناس كرماء إلى هذا الحد؟" فبعد أن وزّع ذلك الرجل السجائر على ضيوفه، أخرج ولّاعته وأخذ يُشعل السيجارة تلو الأخرى.

٣. شهد يوم أمس، وهو اليوم قبل الأخير لعملية تسجيل الناخبين، إقبالًا منقطع النظير في مختلف مراكز التسجيل للإنتخابات.

٤. دعا الرئيس الفلسطيني المسلمين والمسيحيين إلى شدّ الرحال لزيارة القدس، مؤكدًا على أن زيارة القدس في حد ذاتها دعم معنوي واقتصادي وسياسي لسكان القدس الشرقية.

٥. على الرغم من كل المحاولات لمساعدة منكوبي الكوارث الطبيعية والحروب، فلا زالت الأغلبية تعيش بعيدًا عن موطنها الأصلي، وفي هذا الصدد، أودّ أن أُشير إلى المساعدات الإنسانية التي قامت بها المؤسسات الخيرية في شتى أنحاء العالم.

٦. بعدما توفيت أمي، كان أكثر ما يؤلمني ويثير مشاعري هو أن تلك المرأة التي كانت منذ وقت ليس ببعيد، تجرّ، بلحمها وشحمها، خلفها الهواء والضوء والحب، يا إلهي! لا أصدق أنها **ترقد** = (تنام) الآن تحت التراب.

٧. كُن على بيّنة من الأمر قبل أن تشتري بيتك الجديد.

تمرين 42 اعرفوا زملاءكم مستخدمين المفردات والعبارات الثقافية التي وردت في النص

١. هل سبق لهم أن صعدوا إلى قمم الكثبان الرملية؟ أين؟ كيف كانت التجربة؟

٢. هل يعتقدون أن الوصول إلى المستوى المتميز في امتحان الكفاية الشفوية "آكتفل" أمر صعب المنال؟

٣. هل الحصول على بيت في بلدهم حلم سهل المنال؟ ما الذي يجعله / لا يجعله كذلك؟

٤. هل التخلص من الإرهاب أمر سهل المنال أم صعب المنال؟ لماذا؟

٥. هل يعرفون شخصًا لديه ذكاء أو (غباء، غضب، ولَع بالحيوانات أو غيرها، درجة من التشاؤم أو التفاؤل، إلخ.) منقطع النظير؟ لماذا يعتقدون ذلك؟

تمارين إضافية على المفردات

تمرين 43 اختاروا الكلمة الصحيحة لتكملوا الجمل التالية

١. إن السؤال الذي يجب طرحه هو: كيف يمكن المحافظة على الدور الهام الذي تقوم به الشرطة في الحفاظ على أمن المجتمع، ومنع **الجرائم** crimes و**مطاردة** chasing المجرمين، وأن نخلّص ضباط الشرطة مما يُنسَب إلى بعضهم من ممارسة _____الزائد تجاه المواطنين.

ج. العنف	ب. التحمل	أ. الحضور

٢. اعتذر رئيس تحرير الجريدة المحلية في مدينتنا عن نشر إعلان يسيء إلى أحد كبار السياسيين في البلد، وأكد في تغريدة له على "تويتر" أن هذا خطأ غير _____، وقد تمّت معاقبة المسؤول عن نشر الإعلان.

ج. مقصود	ب. جذّاب	أ. مخضرم

٣. يا بني، أكثِر من عمل الصالحات وتجنّب السيئات وأحسِن ظنك بربك، وصاحب الأخيار وتجنّب الأشرار، وأعطِ الفقراء والمساكين، فإن فعلت بنصيحتي، _____قلبك وارتاح ضميرك.

ج. استأنف	ب. احتل	أ. اطمأن

٤. يهتم الكثير من الناس بتعليم أبنائهم _____ والسباحة وركوب الخيل.

ج. الغثيان	ب. الرماية	أ. الأقفاص

٥. اعتبرت "الصين" أن التوتر حول "كوريا الشمالية" وصل إلى _____ حاد وطالبت الجميع **بضبط** control, discipline النفس بعدما أطلقت "بيونغ يانغ" صاروخًا **حلّق** flew فوق "اليابان."

ج. فحص	ب. منعطف	أ. خراب

٦. لو خُيِّر was given a choice الإنسان بين عصفور في _____ أو عشرة على الشجرة، لكان اختياره للعصفور الواحد بدلًا من العشرة؛ إذ جرت العادة أن تُعطى الأهمية بشكل أكبر لِما في اليد على الذي خارجها.

ج. عبء	ب. ضلع	أ. اليد

٧. امنَحْ حفل زفافك الخصوصية ضمن جو دافئ وعصري، واخترْ واحدة من __________ الأفراح في مدينة جدة، وتواصَلْ مع المسؤولين عنها لمعرفة الأسعار والمواعيد وكافة المعلومات من مكان واحد هو (زفاف "نت.")

أ. قاعات	ب. حوارات	ج. بلديات

٨. قد تكون مندهشًا أحيانًا من رفض قبولك في وظيفة ما، مع أنك كنت متأكدًا بأنك ستحصل عليها وأنك صاحب الصفات والمؤهلات المطلوبة، لكن على ما يبدو أن ______ الذي تركته في نفوس المسؤولين عن هذه الوظيفة لم يكن جيدًا.

أ. التجسيد	ب. الالتصاق	ج. الانطباع

٩. نشرت (كتائب القسام) الذراع العسكري لحركة حماس في غزة تسجيلًا مُصَوّرًا يظهر فيه الجندي الإسرائيلي "جلعاد شاليط" الذي وقع في _______ حركة حماس بغزة لمدة خمس سنوات.

أ. سطح	ب. أسر	ج. أمَل

١٠. بعد زيارتي الأخيرة إلى مخيمات اللاجئين، _______ لي أن الجميع عانى باستمرار، بما في ذلك هؤلاء الذين حاولوا إخفاء معاناتهم.

أ. انتقد	ب. ازدهر	ج. تبين

تمرين 44 اختاروا الكلمات الصحيحة لملء الفراغات

وحشية	الخراب	حسم	يزداد	الغدر	نيْل	عازم	بيان	شعبية	أشهر	نظير

١. __________ "كاسيوس كلاي" إسلامه بعد حصوله على بطولة العالم في الملاكمة لأول مرة عام ١٩٦٤، وغير اسمه إلى "محمد علي كلاي."

٢. قرأت تقريرًا يقول إن الاهتمام بمرض **التوحّد** autism بدأ __________ نظرًا للارتفاع الملحوظ لمعدل الإصابة به، الذي ما زال يرتفع دون توقف منذ عام ١٩٧٠ حيث كانت نسبة الإصابة طفل واحد على ١٠ آلاف طفل، وارتفع عام ٢٠٠٠ الى طفل واحد بين كل ١٥٠ طفل ثم أصبح يَطال طفلًا واحدًا بين كل ٨٨ طفلًا، ويوجد فقط في الولايات المتحدة ما يقارب الـ"مليون" حالة من الأطفال المصابين بالتوحد.

٣. تعتبر بناطيل الـ"جينز" واحدة من أكثر قطع الملابس شهرة على الإطلاق مع ملايين أزواج البنطلونات التي تُصنع وتُباع يوميًا حول العالم، لكن يبقى السؤال هنا، ما الذي يجعل من بنطلونات الـ"جينز" هذه ذات _______ كبيرة لهذه الدرجة؟

٤. قال الـ"كرملين" في _______ يوم الاثنين إن الرئيس الروسي "فلاديمير بوتين" ناقش مشروعات طاقة والوضع في سوريا خلال محادثة هاتفية مع _______ه الإيراني.

٥. قال الرئيس المصري إنه ______ على _____نتائج انتخابات الرئاسة لصالح حزبه وبأسرع وقت ممكن.

٦. يرى الفيلسوف الروسي "تولستوي" (عام ١٩١٠) أنّ السبب في فشل الإنسان في _________ السعادة أنه يسعى إلى الحصول على السعادة الفردية، ولا يمكن الحصول عليها، لأن ذلك يتطلب إيقاع الضرر بالآخرين، والسعادة الحقيقية هي سعادة الجماعة عن طريق المحبة والتعاون والتضحية من أجل إسعاد الآخرين.

٧. اتهم الرئيس البنغالي محمد عبد الحميد الجيش في "مينمار" بارتكاب أعمال _______ وقاسية ضد أقلية الـ"روهينجا" المسلمة هناك.

٨. إن خيانة أقرب الناس لنا تبقى كجرح كبير في القلب، فعندما ينظر الفرد منا ويرى أن ________ أتى من أقرب الأشخاص إليه، فإن القلب ينزف حزنًا، وربما يحتاج الجرح إلى وقت طويل كي يشفى منه.

٩. كشفت النشرة الإنسانية المقدمة من مكتب الأمم المتحدة لتنسيق الشؤون الإنسانية "أوتشا" عن تزايد حجم ________ وتدهور الوضع الإنساني باليمن، نتيجة استمرار العمليات العسكرية فيه.

تمرين 45 اسألوا زملاءكم

١. هل هم راضون عن أنفسهم (تخصصاتهم، حياتهم، إلخ)؟ لمَ؟ لمَ لا؟

٢. في رأيهم، ما التقنيات المستقبلية التي ينتظرها العالم بفارغ الصبر؟ ما الأشياء التي ينتظرونها بفارغ الصبر (العطلة، التخرج، إلخ.)؟

٣. في رأيهم، مَن أكثر المتضررين الذين يتحملون تبعات الخلافات الزوجية التي تؤدي إلى الطلاق؟ هل هم الأزواج، الأبناء، الأقارب، ...؟ كيف؟

٤. هل الشعور بالخوف يحفّز الكلاب ضد الإنسان الخائف؟

٥. هل نال اللاجئون (ذوو الاحتياجات الخاصة، الأقليات، إلخ) حقوقهم في بلدهم؟

٦. كيف يمكن للإنسان أن يتخلص من الشعور بعدم الأمان والطمأنينة؟

تمرين 46 (كتابة حرة) أكملوا بما يناسب الجزء الآخر من الجمل التالية

١. حبذا لو ________________.

٢. لا أستطيع إنجاز المهمة في ظلّ ________________.

٣. أخذت على عاتقها ________________.

٤. في البداية كان النقاش على أشده ________________.

٥. أشهر سلاحه ثم انقض على منافسه كـ ________________.

٦. أرى أن هذه الآلة غير صالحة لـ ________ وأحرى بك أن ________.

٧. انتظرتُها بفارغ الصبر ________________.

٨. أنا لست راضيًا عن ________________.

٩. طوال حياتي، واجهتني مشاكل لا حصر لها ولكن بكل صدق، ________________.

١٠. جلس يراقب المباراة عن كثب و________________.

تمرين 47 ترجموا إلى الإنجليزية

١. ما إن أعلن التلفزيون خبر وفاة حاكم "إسبانيا" الجنرال "فرانكو" عام ١٩٧٥ حتى ساد الشارع الإسباني جو من الحذر الشديد، لاحتمال وقوع اضطرابات أو حتى حرب أهلية في البلاد.

٢. كانت الفروسية في العصور الإسلامية مطمعًا لأنظار الشباب، إذ كانوا مولعين بها وكانت تعشقها قلوبهم لما فيها من ألوان الشجاعة، لذا مارسوها واتخذوا لها زيًا خاصًا، وتدرّبوا على استعمال السلاح.

٣. كنا نسهر حتى ساعات الفجر في مكتب الإعلام ونتابع التغطية المباشرة للثورات العربية، بكل صدق، لا أستطيع أن أصف انطباعاتي حينها حيث كانت تدور في رأسي الصغير أفكار لا حصر لها، أهمها السؤال القصير الذي يقول: "إلى أين"؟

٤. كل مرة أشاهد فيها الأخبار الفلسطينية أو الإسرائيلية، أسمع عبارة من كلا الطرفين تقول: على الجانب الآخر أن يتحمل تبعات التصعيد الأخير المتمثّل في قصف مناطق المدنيين الآمنة.

٥. عندما سألت الرئيس عن سبب استقالته المفاجئة، راوغ وحاول أن يتهرّب من الجواب، ثم اختار كلماته بعناية قائلًا: "أريد أن أكون حرًا طليقًا، دون قيود القيادة والتزاماتها."

٦. أصابت قطيعًا من الماعز حالة من الجنون والهيجان بعد أن مضغت مادة مخدّرة من مُصنّع غير قانوني، وذلك في قرية "ريديبياندي" الواقعة في وادي "سونزاي" جنوب "ويلز."

٧. أكّد القائم بأعمال النجم السويدي، "زلاتان إبراهيموفيتش،" "مينو رايولا" أنّ الأطباء الذين أشرفوا على علاج لاعب فريق "مانشستر يونايتد" الإنكليزي المصاب، أبدوا دهشة كبيرة من قوة ركبتيْ المخضرم البالغ من العمر ٣٥ عامًا.

٨. فاز البطل الروسي حبيب نورمحمدوف، ببطولة العالم للوزن الخفيف في الفنون القتالية المختلطة، على حساب الإيرلندي "كونور ماكغريغور،" في النزال = القتال الذي احتضنته مدينة لاس فيغاس الأمريكية في شهر أكتوبر ٢٠١٨.

تمرين 48 اسألوا بالعربية

1. In their opinion, why are some people so fond of animals? Are they very fond of something? What is it? Why?
2. Can they trust first impressions? Why? Why not?
3. Watching a game on television and watching it in a stadium: which one do they prefer? Why?
4. What triggers them or their (stress, envy, fear, anger, etc.)?
5. What are three things they cannot stand?
6. Are they determined to achieve their goals in life? What is their biggest goal?

تمرين 49 ماذا تقولون لزملائكم في المواقف التالية مستخدمين مفردات درستموها في الجزء الثاني أو في هذا الكتاب (يمكنكم استخدام صيغة الأمر حسب الحاجة)

١. صديقك شخص لا مبالٍ، يعانق صديقته ويقبّلها في حضور أخيك الصغير.

٢. أختك المراهقة مولعة باللعب ولا تهتم بدراستها أو المساعدة في شغل البيت.

٣. والدك، الذي يسكن بعيدًا عنك، حوّل لك مبلغًا من المال ولكن الحوالة المالية لم تصلْك.

٤. والدتك تريد منك مضاعفة جهدك لتحصل على نتائج أفضل في دراستك أو في محاولتك لتخفيف وزنك أو في التحكم بمستوى التوتر أو الخوف أو الضغط لديك.

ملاحظات ثقافية ولغوية على مفردات نص القصة (٢)

١. فضلًا عن ذلك besides, moreover، وكلمة "أفضلية" (على) بمعنى priority, precedence

٢. عجيب: يا للعجب!

Oh, how wonderful! How strange (astonishing, etc.) is (are) …!

عجب عُجاب most prodigious happening, wonder of wonders

٣. لا حصر لها: حصار اقتصادي economic blockade

حصيرة (ج) حُصُر = (حصائر) mat

٤. ضمن: ضمان اجتماعي social security

٥. لا غير that's all, nothing else

٦. بالذات: ابن ذوات highborn، أولاد الذوات children from well-to-do and powerful families

احترام الذات self-respect

٧. تبعات: تبعًا لـ according to

تِباعًا = (بالتتابُع) one by one, successively

٨. إذا قسم الله: قسمًا بـ ... I swear by

٩. آلة: آلية mechanism

١٠. تعلموا هذه التعابير من نفس جذر "أثر":

ineffective	لا أثر له
with retroactive force	بأثر رجعي
to be fully destroyed, leave nothing but memory	أصبح أثرًا بعد عين

١١. تعلموا هذه التعابير من نفس جذر "دور":

to be much discussed, to be on everyone's lips	دار على الألسن
calamity overtook them	دارت عليهم الدائرة
(I) for my part	(أنا) بِدَوري
by turns, alternately	بالدّور

تمرين 50 ترجموا من العربية إلى الإنجليزية

١. الفريق خسران واللاعبون يضحكون، يا للعجب!

٢. "الصين" عجب عجاب! في ذلك البلد، ما لا عين رأت ولا أذن سمعت.

٣. حصل مستشفى الملك خالد العام بالسعودية على الأفضلية على مستوى مستشفيات وزارة الصحة، وذلك ضمن التقرير النصفي لبرنامج (أداء الصحة) الذي يهدف إلى تحسين وتطوير خدمات الرعاية الصحية في جميع أنحاء المملكة.

٤. يعرّف الخبير العسكري "وليام دفلاط" الحصار الاقتصادي بأنه عملية حربية تمارسها قوة ضد منطقة أو مدينة بهدف احتلالها.

٥. استلمت منك مبلغ ١٠٠٠ "دولار" لا غير، كيف تدّعي أنك أعطيتني ١١٠٠ "دولار"؟ وفضلًا عن ذلك، تقول لي إن المبلغ سيزداد ١٠٠ "دولار" كل شهر! أنا بدوري، لن أسلمك سوى ١٠٠٠ "دولار." قسمًا بالله، إنك شخص نصّاب، وستدور عليك الدائرة في يوم من الأيام.

٦. في الحروب، يموت أشخاص كثيرون ويُجرح آخرون، وبيوت ومبانٍ تصبح أثرًا بعد عين بسبب الدمار الهائل الذي تخلّفه آلات الحروب الثقيلة.

٧. (أولاد الذوات)، حسب بعض المصادر، هو أول "فيلم" عربي ناطق، تم إنتاجه عام ١٩٣٢، وهناك خلاف على هذه النقطة حيث تقول مصادر أخرى إن "فيلم" (أنشودة الفؤاد) هو أول "فيلم" عربي ناطق.

تمرين 51 ترجموا من الإنجليزية إلى العربية مستخدمين العبارات التي درسناها

1. The new tax will be retroactive to January 1.

2. Social Security is the largest federal program for US citizens.

3. I wonder where I can find the best mats for camping.

4. Last night, I read an article about the best TVs to buy in the coming year according to *Consumer Reports*.

5. The Palestinian-Israeli conflict has been on everyone's lips for many years, and no solution has been achieved yet.

تمرين 52 اعرفوا زملاءكم مستخدمين المفردات والعبارات الثقافية التي درستموها

١. ما هو احترام الذات؟ هل يؤدي احترام الذات إلى نيْل احترام الآخرين؟

٢. هل يعتقدون أن حكومة بلدهم لديها آلية واضحة لإيجاد فرص للعاطلين عن العمل؟ أو (حل مشاكل الشباب، القضاء على ظاهرة انتشار المخدرات، إلخ)

٣. هل يفضلون النوم على السرير أو على حصيرة على الأرض؟

٤. في رأيهم، لمن الأفضلية، للزوجة أم للأمّ أم للزوج؟ لماذا؟

تمرين 53 يللا نمثل

Your classmate is very rich, and you are not. While you were out partying, he tried to make fun of the way you dressed. Talk to him in front of everyone and try to teach him a lesson he never forgets. (Use as many cultural and linguistic notes, mentioned in this lesson, as you can.)

تمرين 54 بعد فهم القصة والمفردات، أجيبوا عن الأسئلة التالية

١. هل يمكن للهاتف المتحرك أن يكون سلاحًا يقتل العلاقات الاجتماعية بين الناس؟ كيف؟

٢. في رأيهم، ما هي مهمة الإنسان في هذه الحياة؟

٣. ما الذي تغير في حياتهم خلال الخمس سنوات الأخيرة؟ هل هناك منعطفات كبيرة أثرت في طبيعة حياتهم؟

٤. في رأيهم، ما الذي يؤدي إلى خراب العالم؟ هل هناك حلول لمنع مثل هذه الأزمات؟

الكتابة: الروابط والعبارات الشائعة

- **في ظل** under the circumstance of, due to ...

مثال: وازدادت شهرتها في ظل الوسائل التقنية الحديثة وعالم التواصل الاجتماعي.
... and it became more known due to current technological tools and the world of social media.

- **كلما** whenever

وهي مثل حروف الشرط إذا، إن، لو ...
مثال: كلما ازداد الإنسان علمًا ازداد تواضعًا.
The more educated a person is, the more humble he/she becomes.

- **على أشده** at its peak

مثال: فبينما كان الالتحام بين الفريقين على أشده، أعلن الحكم نهاية المباراة.
When the clash between the two teams reached its peak, the referee announced the end of the game.

- **مع قرب** with the approaching of

مثال: ومع قرب انتهاء الشوط الثاني، انفرد مهاجم فريق الصحافيين بحارس المهندسين المتهور.
As the end of the second half was approaching, the Sahafiyyiin team's forward was alone with al Muhandisiin's frivolous goalie.

- **عن كثب** closely

مثال: كنت جالسًا في المدرج أراقب المباراة المرعبة عن كثب.
I was sitting at the stadium watching the dreadful game closely.

- **بكل صدق** (بكل حب، بكل قوة، بكل عزيمة...) in all honesty

مثال: بكل صدق لا استطيع وصف مشاعري حين كنت أشاهد مباراة فريقي المفضل.
In all honesty, I cannot describe my feeling watching my favorite team's game.

- **بالأحرى** the more so, with greater reason, ought to

مثال: وأحرى = (بالأحرى) بنا أن نتحمل تبعات أفعالنا بأنفسنا.
We ought to endure the repercussions of our deeds by ourselves.

- **لا حصر لها** has no limit, countless

مثال: بالرغم من مشاهدتي لمجموعة لا حصر لها من أفلام الحب والرعب والإثارة والخيال وغير ذلك...
Despite watching a countless (big) number of romance, horror, suspense, and fiction films ...

تمرين 55 **كتابة وكلام**

أ. استخدموا خمسة من الروابط والعبارات الشائعة في فقرتين عن الرياضة بشكل عام أو رياضتكم المفضلة.

B. You and your friends were closely watching the final game of the World Cup. Towards the end of the game, the power went out. Describe the situation and how you and your friends reacted, using as many connectors and common expressions as you can.

القراءة (١): نجوم الكرة والتدخين ... أغرتهم (السيجارة) فسقطوا في عشقها

حسين غازي

2 يوليو 2015

١. هي كرة القدم، بحلوها ومرّها، تسجل أحداثًا تبقى في الذاكرة، نستمتع بأهداف نجوم، ولمسات فنية راقية، ورغم جمال هذه اللعبة، تحدث الكثير من الأمور التي يستغربها بعضهم في عالم المستديرة.

٢. (آفة التدخين لدى اللاعبين)، مشكلة كل زمان وعصر، هي ليست معضلة جديدة، لكنها لطالما كانت محورًا للحديث عن نجوم (امتهنوا) التدخين غاية في الحياة، منهم من أفصح عنها علنًا، وبعضهم الآخر اختبأ وراء الستارة، ظنًا أن ذلك لن يؤثر عليه سلبًا.

٣. تنتشر هذه الظاهرة السيئة بشكل كبير في الأروقة الكروية وبين صفوف اللاعبين، ولكن ضررها لا يقع فقط على أولئك النجوم المدخنين، بل هي تؤثر على جيل كامل ربما، فالكثير من المراهقين والشباب يتخذون اللاعبين قدوة لهم، يقلّدون تصرفاتهم وحركاتهم، من قصّات شعر إلى ملابس، فما الذي يمنعهم من اللجوء إلى حمل السيجارة، ظنًا منهم أنه أمر عادي، ومرغوب فيه، مثل نجومهم المفضلين.

٤. وعلى مرّ السنين شهد المستطيل الأخضر تسجيل حالات متعددة، أبعدت الرياضيين ربما عن مستواهم البدني، وجعلتهم يسقطون في فخ الانحراف، فمنهم من بدأ بسيجارة وتحوّلت حياته بعدها إلى جحيم.

"مارادونا" والـ"سيجار" الكوبي

٥. عُرف عن النجم الأرجنتيني "دييغو أرماندو مارادونا،" عشقه الكبير للتدخين، ولكن الأخير كان يفضّل الـ"سيجار" الكوبي على السيجارة الصغيرة، وهو الذي لم يُخفِ يومًا حبه لهذه الآفة التي لا يجب أن تكون أمرًا عاديًا لدى لاعب عرفه العالم (بالأسطورة التي لن تتكرر)، لكن نجم "التانغو" السابق، قاده (حب التدخين) إلى أمور أكثر مرارة، فوقع في فخ المخدرات قبل أن يتعافى منها بعد فترة صراع طويل.

"يوهان كرويف" شراهة وتوقف

٦. كان نجم الكرة الهولندية الشاملة مدمنًا كبيرًا على التدخين، حيث دفع ثمنًا غاليًا جراء تعلّقه بالسيجارة طوال عشرين عامًا. كان اللاعب الطائر، وصاحب الإمكانات الخيالية، يذهب مباشرة إلى إحدى الزوايا، بين شوطي المباريات، يشعل (سُمّ الرياضيين القاتل)، ورغم ذلك كان ابن البلاد المنخفضة لاعبًا استثنائيًا، من حيث المهارات والإبداعات، لكنه لم يعلم يومًا أن هذه الآفة قد تقرّبه من الموت في عام ١٩٩١، حين قرر يومها الإقلاع عن التدخين والخضوع لعملية، كي يبقى على قيد الحياة.

كرة قدم...أم مصارعة ثيران؟!

"سقراط" التزم في ١٩٨٢ لكن

٧. بعض الناس يعشقون الأكل، ولا يمكن لهم الابتعاد عن الطعام بكل أصنافه، هكذا كان "سقراط،" النجم البرازيلي الكبير، والذي تميّز بشراهة لا مثيل لها في التدخين، ولكنه في "مونديال" ١٩٨٢، اضطر للإلتزام كي يشارك بصحبة منتخب بلاده في كأس العالم، وأقر حينها أن السيجارة تؤدي إلى إضعاف القوة البدنية والتحمّل، ولكن عندما انتقل إلى "فيورنتينا" عانى الأمرّين، لأنه لم يتمكن من أخذ راحته في ممارسة عادته السيئة، المنافية للرياضة، ما جعله يرحل سريعًا عن نادي مدينة "فلورنسا."

يوم دخّن "ستويشكوف" وزملاؤه وسقطوا بالستة

٨. حدثت هذه القصة في "مونديال" ١٩٩٨، عندما اجتمع المنتخب البلغاري، والذي كان يقوده "خريستو بونيف،" وأخذوا يشعلون السجائر تواليًا، ويحتفلون بشرب الجعة، قبيل مباراتهم أمام المنتخب الإسباني في دوري المجموعات، وكان من بين أولئك نجم "برشلونة" السابق، "ستويشكوف،" ومرت تلك اللقطة أمام أعين المشاهدين عبر التلفاز، ومُنِي بعدها المنتخب البلغاري بخسارة ثقيلة أمام نظيره الإسباني بنتيجة ٦-١.

زيدان و"مونديال" التاريخ في ٢٠٠٦

٩. يومها لعب زيدان آخر كأس عالم في مسيرته، وآخر مبارياته ليعتزل اللعب بعد واقعة (نطح) "ماركو ماتيراتزي،" مدافع المنتخب الإيطالي، لِيتلقى الطرد، ويخرج زيدان من الأمسية الختامية، لتسقط يومها "فرنسا" بركلات الجزاء، ويحمل "باولو كانافارو" الكأس الغالية. لكن سبقت تلك المباراة صورٌ لنجم الديوك الفرنسية، بينما كان يلجأ للتدخين بصحبة زميليه في المنتخب الفرنسي، "باتريك فييرا" و"فابيان بارتيز،" رغم أن الأخير اشتهر أيضًا بهذه الآفة السيئة، وخاصة عندما كان في "مانشستر يونايتد،" ولكن لم يكن ذلك واضحًا عليه، لأنه لم يكن يخرج من مربع منطقة الجزاء كونه حارس مرمى.

نجوم المستديرة الحاليين

١٠. قد لا يخفى على أحد أن النجم الأول العالمي، "ليونيل ميسي،" ضُبط قبل سنتين يدخن، وأثير حوله الكثير من الكلام، وتحدثت الصحافة العالمية عن هذا الأمر. صحيح أن مستوى "ليونيل" يبقى مذهلًا دائمًا، لكن هذا الأمر لا يجب أن يحصل للاعب يعشقه الصغير قبل الكبير، فحال لسان الفتى يقول: "نجمي الأول يدخن فلماذا لا أسير على خطاه؟"

١١. وليس "ميسي" هو الوحيد الذي شوهد ينفخ الدخان سرًا، بل إن قائد فريق "مانشستر يونايتد" الإنجليزي "الغولدن بوي،" "واين روني،" كان يحاول التدخين، والتقطت صورٌ له بينما كان يقوم بذلك. لاعبون آخرون أقدموا على الفعلة نفسها، أمثال "ويسلي شنايدر" الذي من المفترض أن يتمتع بلياقة بدنية عالية، نظرًا لمركزه الحساس في وسط الملعب، وكذلك هو حال "أشلي كول،" والمنضم منذ سنة إلى فرقة المدخنين "جاك ويلشير،" وزميله في "آرسنال" المحب للخروج وقضاء الوقت، "مسعود أوزيل،" وهناك بعض الأشخاص الذين لا يأبهون للأمر، أمثال المشاغب "ماريو بالوتيلي،" والذي يدخن علنًا في المعسكرات، أما البلغاري "ديميتري بيرباتوف،" فيقول: "أحيانًا أشعر أن السيجارة في فمي حتى لو لم أكن أدخن."

تمرين **56** خمنوا معاني المفردات التالية

١. إن كان معنى **غريب** strange، فما معنى (يستغربها) في السطر الثاني في الفقرة ١؟

٢. إن كان معنى **مهنة** profession، فما معنى (امتهنوا) في السطر الثاني في الفقرة ٢؟

٣. إن كان معنى **فصحى** eloquent، فما معنى (أفصح) في نفس السطر والفقرة؟

٤. إن كان معنى **يفعل** do, make، فما معنى (فِعلة) في السطر الثاني في الفقرة ١١؟

تمرين **57** أسئلة فهم

١. ما هي الظاهرة السيئة وأين تنتشر؟ (الفقرة ٣)

٢. ماذا كان يفضل "دييجو مارادونا" على التدخين؟

٣. ماذا كان "كرويف" يفعل بين شوطي المباريات؟

٤. لماذا ترك "سقراط" اللعب لنادي "فيونتينا" في مدينة "فلورنسا"؟

٥. ماذا فعل المنتخب البرتغالي الذي قاده "ستويسكوف" قبل مباراته مع المنتخب الإسباني؟

٦. ماذا كانت نتيجة المباراة الأخيرة في "مونديال" ٢٠٠٦؟

٧. ما الكلام الذي قيل عن "ليونيل ميسي"؟

تمرين **58** الكلمات أو العبارات التالية هي كناية metaphors لأشياء أو معانٍ أخرى. ما هي؟

١. المستديرة (الفقرة ١)

٢. اختبأ وراء الستارة (الفقرة ٢)

٣. المستطيل الأخضر (الفقرة ٣)

٤. نجم "التانجو" (الفقرة ٥)

٥. البلاد المنخفضة (الفقرة ٦)

تمرين **59** أسئلة فهم متعمقة

١. ماذا كانت مواقف اللاعبين المدخنين من امتهان التدخين؟ (الفقرة ٢)

٢. كيف تؤثر ظاهرة التدخين على غير المدخنين؟ (الفقرة ٣)

٣. بأي لقب عرف "دييجو مارادونا"؟ ما معنى اللقب؟ (الفقرة ٥)

٤. كيف أثر التدخين على "دييجو مارادونا"؟ (الفقرة ٥)

٥. ماذا فعل "كرويف" حتى يبقى على قيد الحياة؟ (الفقرة ٦)

٦. ماذا فعل "سقراط" في "مونديال" ١٩٨٢؟ لماذا؟ (الفقرة ٧)

٧. ماذا حدث للمنتخب البلغاري في "مونديال" ١٩٩٨؟ (الفقرة ٨)

٨. ماذا فعل اللاعب زيدان في مباراة اعتزاله؟ وماذا حدث له نتيجة لذلك؟ (الفقرة ٩)

تمرين 60 ترجموا إلى الإنجليزية الفقرة ٦ والفقرة ١١

تمرين 61 مراجعة قواعد: استخرجوا من النص

١. مفعولًا لأجله (الفقرة ٢)

٢. فعلًا مضارعًا مجزومًا (الفقرة ٥)

٣. فعلًا مضارعًا منصوبًا (الفقرة ٦)

٤. اسم تفضيل (الفقرة ٧)

٥. فعل من أخوات "كاد" (الفقرة ٨)

٦. حالًا (الفقرة ١٠)

ظلال ثقافية (٣): حقائق عن السينما في البلاد العربية

شهدت مصر أول عرض سينمائي تجاري عام ١٩٠٨، حيث عُرض أول "فيلم" سينمائي فيها في مقهى يعرف باسم "زواني" بمدينة الإسكندرية، وفي عام ١٩٠٥ كان هناك ٣ دور عرض في القاهرة وحدها.
في نفس العام تقريبًا ١٩٠٨، بدأت الدولة السورية تعرض أفلامًا سينمائية في مدينة حلب، لكن سوريا لم تنتج أول "فيلم" لها سوى في عام ١٩٢٧.

عَرف لبنان دور الـ"سينما" سنة ١٩٣٠ حيث تم بناء دور "سينما" فخمة، مقسمة إلى ٣ درجات، وصالات أرضية و"بالكونات،" وعُرض في دور الـ"سينما" اللبنانية عدد من الأفلام الصامتة وقتها، وكان هناك تعاون كبير بين القاهرة وبيروت في هذا المجال.
عندما استقلت السودان عام ١٩٥٦، كان عدد دور العرض فيها ٣٠ دارًا.

ويقال إن أول دار "سينما" في فلسطين افتتحها مصريون في القدس عام ١٩٠٨، وعرفت باسم دار "أوراكل."

وأُنشئت أول دار "سينما" في المغرب عام ١٩١٩، حيث تعتبر الفترة التى خضع فيها المغرب للاستعمار هي بداية معرفة الجمهور المغربي بالـ"سينما،" أما إنتاج الـ"سينما" فبدأ في المغرب في السبعينيات.

تونس شهدت في العقد الأول من القرن العشرين افتتاح أول دار عرض سينمائي بها، وكان هذا عام ١٩٠٨.

وفي العشرينيات افتتحت مملكة البحرين أول دار عرض سينمائي بها، على يد محمود الساعاتي وكانت عبارة عن كوخ مصنوع من سعف النخيل، في منطقة بها مقاهٍ كثيرة، وتوضع كراس بالقرب من الكوخ، وشاشة على أحد هذه الكراسي، لكن دار العرض المجهزة فعليًا تم إنشاؤها عام ١٩٣٧.
في الإمارات، وتحديدا في إمارة الشارقة تأسست أول دار "سينما" في الإمارات عام ١٩٤٥، وحملت الدار اسم "سينما المحطة."
وفي قطر أسِّسَت أول دار عرض عام ١٩٧٦، وكانت تعرض بها الأفلام التي تنتج بمصر.

//:sptharabic.sputniknews.com/mosaic201804041031334827/

أعضاء الجسم وأكثر

مفردات تعلمناها			
skin	جلد	head	رأس (ج) رؤوس
chest	صدر (ج) صدور	eye	عين (ج) عيون = (أعيُن)
mouth	فم (ج) أفواه	ear	أذُن (ج) آذان
abdomen, belly	بطن (ج) بطون	face	وجه (ج) وجوه
finger	إصبع (ج) أصابع	hand	يد (ج) أيدٍ = (أيادٍ)
foot	قدم (ج) أقدام	leg	رجل (ج) أرجُل
flesh, meat	لحم	bone	عظمة (ج) عظام

مفردات جديدة			
forehead	جَبهة (ج) جِباه = جبين (ج) أجبن	shoulder	كتِف (ج) أكتاف
lip	شفة (ج) شفاه	waist	خصر
throat	حُنجرة (ج) حناجر، (حَلْق) (ج) (حلوق)	cheek	خد (ج) خدود
eyelid	جفن (ج) جفون	skull	جُمجمة (ج) جماجم
eyebrow	حاجب (ج) حواجب	eyelash	رِمش (ج) رموش
lung	رِئة	brain	مُخّ
navel, belly button	سُرّة	stomach	مَعِدة
nerve	عَصَب	kidney	كُلية (ج) كُلى
skeleton	هيكل عظمي	testicles	خِصية (ج) خصاوٍ = (الخصاوي)
butt	مُؤخّرة (ج) مؤخرات	nail	ظُفر (ج) أظافر = (أظفار)
appendix	زائدة دودية	heel	كعب (ج) كعوب
liver	كَبِد (ج) أكباد	breast	ثدي (ج) أثداء
mucus	مُخاط	spine	عمود فقري
vomit	قيء	phlegm	بَلغم
joint	مِفصل (ج) مفاصل	fat	دهون
muscle	عَضلة (ج) عضلات	groin, thigh	فَخْذ (ج) أفخاذ

تمرين 62 ترجموا الجمل التالية من العربية إلى الإنجليزية

١. أمسِك كتف المريض الأيمن، وضَع دعامة لرأسه ورقبته، ثم لفّ المريض تجاهك.

٢. يعاني الكثير من الأشخاص من مشكلة تزايد الدهون في الجسم، وهي مشكلة صحية وجمالية، تؤثر بدورها سلبًا على المظهر الخارجي، كما قد تسبب الإصابة بأمراض القلب والشرايين veins.

٣. كَسْر الجمجمة هو الكسر الذي يحدث في هيكلها الذي يحيط بالمخ وقد يصاحبه إصابات في الرأس، وتمتد الإصابة لتؤثر على المخ والجهاز العصبي ثم حدوث النزيف.

٤. يعتبر التهاب الزائدة الدودية من أهم الأسباب لألم البطن الحاد، ويتطلب العلاج الفوري تجنبًا لمضاعفات الحالة.

٥. يمكن أن يحدث التهاب المفاصل في أية مرحلة عمرية، ويعد أحد أكثر المشاكل الطبية شيوعًا في الولايات المتحدة.

٦. عنده ألم شديد في أسفل الظهر، كما أنه لا يستطيع الجلوس على مؤخّرته.

تمرين 63 ترجموا الجمل التالية من الإنجليزية إلى العربية

1. I wonder, what is the strongest muscle in the human body?

2. Signs and symptoms of kidney infection might include fever, back or groin pain, abdominal pain, persistent urge to urinate, nausea, and vomiting.

3. Lower back pain can be caused by problems with the spinal muscles, nerves, and bones.

4. The liver carries out many important functions, such as making important blood proteins, changing food into energy, and cleaning alcohol and poisons سموم from the blood.

5. Phlegm is a slightly different substance. It is a form of mucus produced by the lower airways, not the nose. You may not notice phlegm except as a symptom of bronchitis (lung infection) or pneumonia.

6. An eyelid is a thin fold of skin that covers and protects the human eye.

تمرين 64 اعرفوا زملاءكم

1. Have they tried navel oranges? Are the different from other oranges?

2. Do big eyebrows make you look younger? What eyebrow shape is best in their opinion?

3. What do they drink or eat when they have a sore throat? How do they get rid of it?

4. Do the young ladies like wearing high-heeled shoes?

تمرين 65 **يللا نمثل**

١. لعبة "سيمون" يقول: يمكن للأستاذ أن يختار طالبًا من الطلاب، الذي بدوره يقوم بسؤال باقي الطلاب أن يلمسوا أي عضو من أعضاء الجسم. أو يمكن للأستاذ أن يقسم طلاب الصف إلى مجموعتين وتقوم كل مجموعة بالطلب من المجموعة الأخرى أن تقوم بلمس عضو من أعضاء الجسم.

2. While you are asleep, there is a battle between the organs of your body. In a group of three or more, act as the brain while the other two or more act out the roles of the different organs. Each of the organs will try to prove that they are the best and the most important.

٣. حادث أثناء اللعب

You are playing your favorite sport. You have an accident where you injure yourself or break a limb or bone. Talk to the team's doctor and describe your condition. You insist that you want to continue playing. The doctor says no.

المذكر والمؤنث في أعضاء الجسم

كما تعلمون فالمؤنث عادة له علامة مثل التاء المربوطة أو الألف المقصورة (سلمى، ليلى، ...) والألف التي تتبعها همزة (لمياء، أسماء، هيفاء، علياء...). لكن هناك أسماء مؤنثة **لا علامة لها** has no marker مثل كلمة دار. وفي أعضاء الجسم هناك أعضاء مؤنثة، لكن بدون علامة وهذه الأعضاء عادة هي **ما منها اثنان** those with two organs و هي: العين والأذن والسن (في رأس الإنسان) والرجل واليد والعنق والكتف **والكَعب** ankle **والفخذ** thigh **والكف** palm والأصابع كلها مؤنثة.
بشكل عام، كل عضو **زَوج** pair هو مؤنث وكل عضو **فرد** single هو مُذكر. لكن دائمًا هناك **استثناءات** exceptions. لذلك لا تعميم.
ونقول:

- رجلي تؤلمني.
- هو ذو عين خضراء. He is a pervert.
- يده طويلة. (used figuratively for "He is a thief.")

استماع القصة ١

تمرين 66 **استمعوا إلى نص القصة واملأوا الفراغات**

وجاء يوم المباراة التي كنت أنتظرها طويلًا والتي جمعت بين فريق ______ (١) الصحافيين و________ (٢) من نقابة المهندسين على ملعب المنارة ببيروت، ______ (٣) أصوات الجماهير عند نزول الفريقين إلى أرض الملعب لإجراء عملية ________ (٤)، بدأ الشوط الأول من المباراة ________ (٥) هادئ يسوده الحذر الشديد. وفي الدقيقة العاشرة، أخذ فريق المهندسين ________ (٦) على فريق الصحافيين، وكنت أسمع دقات قلبي تتسارع مع كل هجمة على مرمى نقابتنا، وسرعان ما ________ (٧) عندما استقرت الكرة بين يديّ حارس مرمى الصحافيين ________ (٨) والذي كان كالصخرة في وجه كل هجمات فريق المهندسين. وفي الدقيقة الثالثة والعشرين من ______ (٩) الأول، سجل فريقنا الهدف الأول في اللقاء عن طريق ضربة ________ (١٠) نفذها مهاجم فريقنا فلمسها لاعب آخر برأسه إلى القدم اليمنى ________ (١١) الصحافيين الذي حوّلها ________ (١٢) إلى مرمى المهندسين. فجأة، وفي الدقائق الأخيرة من الشوط الأول، أطلق الحكم

كرة قدم...أم مصارعة ثيران؟!

________ (١٣) وأشار إلى ركلة جزاء لصالح المهندسين، تقدم هدّاف فريق المهندسين و______ (١٤) الكرة كالصاروخ لتعانق شباك مرمى الصحافيين ________ (١٥) بذلك هدف التعادل. وفي بداية الشوط الثاني، ________ (١٦) الصحافيون مجهودهم، ومع مرور الوقت بدأت ________ (١٧) تميل لفريق الصحافيين الذين كانوا عازمين على ________ (١٨) اللقاء بالفوز وانهاء المباراة قبل ركلات الترجيح. يبدو أن الحماس كان على ________ (١٩) في الشوط الثاني، حيث هاج فريق المهندسين و________ (٢٠) عن أنيابه، مما أدى إلى وقوع إصابات عديدة للاعبين من الفريقين، وأصيب مدافع فريق المهندسين، ________ (٢١) اندفاع زائد منه، بشدّ عضلي. ________ (٢٢) "كابتن" فريق المهندسين بعنف وخبث مع مدافع الصحافيين مما أسفر هذا الالتحام، الذي اعترف الـ"كابتن" أنه كان ________ (٢٣)، عن إصابة المدافع الضحية بقطع كلي في ________ (٢٤) الركبة اليمنى، قد يؤدي ________ (٢٥) لاحقًا. حقًا، بئس الخلق الغدر! وبعد ضغط كثيف على مرمى المهندسين، ومع قرب انتهاء الشوط الثاني، انفرد مهاجم فريق الصحافيين بحارس المهندسين المتهور، الذي ________ (٢٦) للمهاجم بكل وحشية، لينال نصيبه من العنف، الذي أدى إلى فقدانه الوعي ونقله إلى المستشفى، حيث تبين إصابته بكسور على مستوى الفك والرقبة و______ (٢٧) اليمنى، وفقدانه لثلاثة من أسنانه. ________ (٢٨) الحكم بذلك بطاقة حمراء للحارس العنيف. وقبل نهاية المباراة بلحظات، أطلق الحكم صافرته معلنًا نهاية المباراة، و________ (٢٩) عليه أغلبية لاعبي المهندسين وهي تحتج على قراره إنهاء المباراة قبل موعدها. "أهذه مباراة كرة قدم أم مصارعة ثيران؟" هذا ما تساءلت عنه الجماهير التي كانت تتابع المباراة عن ______ (٣٠).

ظلال ثقافية (٤): أمثال شائعة

These are proverbs that reference body parts.

العين ما بْتِعْلى عن الحَاجِب

The eye cannot go any higher than the brow

These are words of respect. It is a matter of fact that the brows are higher on a face than the eyes; therefore, he or she who says this proverb is one who defers and yields to the person he or she is talking to, as a token of respect.

يا طُخُّهْ، يا إكْسرْ مُخُّهْ

Either shoot him or smash his head

This refers to a person who does not believe in moderate solutions; rather, he tends to always adopt the most extreme of measures.

زَيّ اللُّقْمِةْ في الزُّورْ

Like a bite (of food) stuck in the throat; he is a pain

Said to describe a person who is stubborn, argumentative, and through his or her constant objections stops things from going smoothly.

تمرين 67 قوموا بخلق وتمثيل موقف من المواقف واستخدموا ما يناسب من الأمثال السابقة في السياق الصحيح. يمكن للأستاذ أن يقسم الفصل إلى مجموعات ويطلب من كل مجموعة أن تستخدم مثلًا مختلفًا.

واحة القواعد (١): أسلوب المدح والذم

لنقرأ الجمل التالية:

- نِعم الطلاب أنتم.
- حبّذا لو تساعدون كبار السّن.
- بِئس الخُلق الكذب.

الكلمات التي تحتها خط هي أفعال، وتُستخدم **لـلمدح** praise أو **الذم** scold. وهناك ثلاثة عناصر لهذا الأسلوب:

١. الفعل مثل: نِعْم (للمدح) وبِئس (للذم)

٢. الفاعل

٣. الاسم **المخصوص** targeted بالمدح والذم.

كلمة (حبّذا) تتكون من (حبّ: فعل ماضٍ) و (ذا: اسم إشارة) وتُستخدم الكلمة مع المذكر والمؤنث في الإفراد والتثنية والجمع، وعكسها (لا حبذا).

تمرين 68 **استخدموا أسلوب المدح أو الذم لوصف ما يلي**

1. The sport that you like most
2. The food that you hate most
3. Your favorite TV program
4. Your favorite or least favorite class
5. Your favorite or least favorite friend/relative
6. The best or worst president/leader in your country
7. Your favorite or least favorite player
8. Your most loved/hated car
9. Use حبذا لو to describe your dream boyfriend/girlfriend/spouse

واحة الجذور والأوزان

تمرين 69 **مراجعة الأفعال. استخدموا الجذور بين الأقواس بالشكل المناسب**

١. لا ____________ الكثير من العلماء أن تغرق بعض المدن بسبب ارتفاع مياه المحيطات نتيجة الارتفاع المتواصل لدرجة حرارة الأرض. (ب ع د)

٢. بعد انتشار مواقع الـ____________ الاجتماعي، أصبح الناس قادرين على أن ____________ مع بعضهم البعض بسهولة وسرعة. (و ص ل)

٣. "من الضروري أن تأخذوا بـ____________ أن الفريق المنافس يستعد كما نستعد وربما أكثر." هذا ما قاله المدرب للاعبين في التدريب الأخير. (ح س ب)

٤. مات عدد كبير من الناس ____________ بسبب النيران التي اجتاحت مساحات واسعة من ولاية "كاليفورنيا" في السنوات الأخيرة. (خ ن ق)

٥. ناقشت الحكومة في الاجتماع الأخير ____________ تحسين شبكة ____________ الرئيسية في البلاد

ولتحقيق ذلك قررت رفع الضرائب على وقود السيارات والطائرات. (ط ر ق)

٦. بعد خسارة فريق الجامعة بالمباراة النهائية في كرة القدم ____________ أفراد الفريق بالحزن والأسى الشديدين. (ح س س)

٧. يا طلاب! حتى تحفظوا المفردات الجديدة، من الضروري أن ____________ بعد أن تستمعوا إلى الأستاذ. (ر د د)

٨. بسبب تصريحات الرئيس الأخيرة ____________ آراء أعضاء الـ"كونغرس" ولم يعرفوا كيف يردون على أسئلة الصحافيين. (ض ر ب)

٩. ____________ الطفل حتى حصل على ما يريده من والديه. الوالدان يعرفان أن ____________ ما كان حقيقيًا لكن تبقى الأم أمًا ويبقى الأب أبًا. (ب ك ي)

١٠. رفض بعض الرياضيين الأمريكيين أن ____________ أثناء عزف السلام الوطني بسبب، ما سمّوه، التمييز العرقي في نظام العدالة **الجنائي** criminal. (و ق ف)

١١. في الثامن والعشرين من شهر "نوفمبر" سنة ٢٠١٧ ____________ طائرة تابعة لشركة مصر للطيران كانت في ____________ها إلى القاهرة بجناح طائرة أخرى. (ص د م) (ط ر ق)

١٢. الـ____________ في أمور الناس الآخرين مثل مشاهدة الصور والمحادثات على "تلفون" شخص دون إذن مرفوض اجتماعيًا ودينيًا. (د خ ل)

١٣. من نتائج العولمة ____________ مستوى التجارة العالمية للمخدرات. (ز د د)

ظلال ثقافية (٥): أفضل عشرة لاعبين عرب

تمرين 70 **شاهدوا الـ"فيديو" وأكملوا الجدول**

الرقم	اسم اللاعب	البلد	**الإنجازات** accomplishments
١.			
٢.			
٣.			
٤.			
٥.			
٦.			
٧.			
٨.			
٩.			
١٠.			

واحة القواعد (٢): الاستثناء Exception

الاستثناء من أساليب اللغة العربية ويعني خروج اسم من الحكم الذي ينطبق على غيره. **مثال:**

ليس فيه غير الخراب. *There is nothing in it except destruction.*

ويمكن أن يكون **منصوبًا** مثل: حضر اللاعبون إلا لاعبًا.

All players came except for one.

ويمكن أن يكون **مرفوعًا** مثل: لم يحضر الموظفون إلا مديرُ الشركة.

The company's employees did not come except for the company's director.

لمعرفة وظيفة وإعراب الاسم المستثنى، cross out (إلا) و**أداة النفي** negation particle (if it is there)

أمثلة:

١. وما محمد إلا رسول —> محمد رسول —> رسول: خبر مرفوع بتنوين الضمة لأن محمد مبتدأ

٢. سقط على الأرض ولم تنكسر إلا يده —> تنكسر يده —> يده: فاعل مرفوع بالضمة

٣. ما قابلت إلا أباك في حفلة الزواج —> قابلت أباك —> أباك: مفعول به منصوب بالألف لأنه من الأسماء الخمسة

من حروف الإستثناء أيضًا (سوى) و(غير) وهما يُعرَبان مثل الاسم المستثنى بعد (إلا)

- فهم الطلاب الدرس غيرَ طالب (إلا طالبًا)
- حضر اللاعبون سوى حارسِ المرمى (إلا حارسَ المرمى)
- ما نجح الطلاب في الامتحان غيرَ طالبٍ (إلا طالبًا)

ملاحظة: تذكروا أنّ (غير) تستخدم للنفي مثل: رسمي وغير رسمي، حكومي وغير حكومي.

تمرين 71 عبّروا عن الجمل التالية باستخدام أسلوب الإستثناء

1. You answered all the questions except the fourth question.
2. You did not like any of the food except the falafel sandwich.
3. You did not respect the presidents except Abraham Lincoln.
4. You brought all the party needs except the cups.
5. You invited all your friends to your birthday party except for one who did not invite you to his/hers.
6. You read the entire novel except the last chapter.
7. All the government's employees are on strike except those in emergency services.

تمرين 72 هناك كلمات أخرى نستخدمها في الاستثناء. اقرأوا النص التالي وحددوا هذه الكمات وضعوا حركة الإعراب على الأسماء التي بعدها، ثم استخدموا كل واحدة منها في جملة تامة

There are other words used to show الاستثناء. Read the following and identify these words and provide the case endings for the nouns that follow. Then use each one in a complete sentence.

إنني أقدر الطلاب كلهم حاشا الكسول، وقد أُعْجِبت بأجوبة الطلاب ما عدا جوابًا واحدًا، وعلى الطلاب أن يفهموا أن الكتاب سهل ما خلا موضوعًا واحدًا فيه بعض الصعوبة.

استراحة مفردات

تمرين 73 استمعوا ثم اكتبوا جمل المفردات ثم ترجموها إلى اللغة الإنجليزية

تمرين 74 ترجموا الجمل في الدرس من "يبدو أن" إلى كلمة "عن كثب"

واحة القواعد (٣): كاد وأخواتها

درسنا كان وأخواتها. هناك عائلة أخرى مثل عائلة كان، هي عائلة (كاد وأخواتها)، وهي تتصرف بنفس الشكل فلها اسم (مبتدأ) وخبر.

لاحظوا الجمل التالية:

- كاد قلبي يقفز.
- أخذ فريق المهندسين يضغط.

الكلمات التي تحتها **خط** هي **أسماء كاد أو أخواتها**، والكلمات التي تحتها **خطان** هي **خبر كاد أو أخواتها** (كما هو الحال مع كان وأخواتها).

تختلف كاد وأخواتها عن كان وأخواتها بأنّ **الخبر دائمًا جملة فعلية يبدأ بفعل مضارع**

هناك ثلاثة **أنواع** من **أخوات كاد**:

١. **أفعال المُقاربة**: مثل كاد، كرب، أوشك (the predicate is about to take place)

٢. **أفعال الرَّجاء**: مثل عسى وحرى واخلولق (hoping for the predicate to take place)

٣. **أفعال الشُّروع**: مثل جعل، بدأ، أخذ، أنشأ، طفِق (the predicate has started)

تمرين 75 عبروا عما يلي مستخدمين كاد وأخواتها

1. Your favorite team started playing better.
2. You hope that your boyfriend/girlfriend passes his or her final examinations
3. It is about to get darker, and the sun is about to set.
4. You wish the teacher will allow you to take a makeup exam, because you were sick.
5. Your mother started preparing dinner although your father is not about to come home.
6. Your favorite friend started watching horror films when he/she turned fourteen.

تمرين 76 ترجموا الجمل التالية إلى الإنجليزية

١. "وَعسى أنْ تُحِبّوا شيئًا وَهُو شرٌّ لَكم." (النساء: ١٩)

٢. "إذا أخرَجَ يدَه لَـمْ يَكَد (تذكروا كاد) يراها." (النور: ٤٠)

٣. بدأ المشجعون يغادرون الملعب عندما أوشك فريقهم على أن يخسر المباراة.

٤. بعد عشر سنوات من الزواج، رزقهما الله ببنتٍ جميلة سمّياها بهجة، فكادا أن يطيرا من الفرح والسعادة.

٥. بسبب نقص الغذاء والماء، أوشك الكثير من الأطفال على الموت نظرًا الجوع.

٦. "قال هل عسيتم إن كُتِب عليكم القتال أن لا تقاتلوا." (البقرة: ٢٤٨)

استماع القصة ٢

تمرين 77 استمعوا ثم املأوا الفراغات

مرحبًا ________ (١)! مازلت أذكر ذلك المساء الجميل حين كنت في الـ"سينما" أشاهد "فيلمًا" من أفلامي المفضلة التي أرغب بكل صدق أن أشارككم ________ (٢) عنها. فهذا الـ"فيلم" يحمل معاني كبيرة في حياتي أيضًا.

قليلة هي أفلام الـ"أنيميشن" التي يمكن لنا أن ننسى أحداثها، بالرغم من مشاهدتي لمجموعة لا ________ (٣) لها من أفلام الحب والرعب والإثارة والخيال وغير ذلك، إلا أنها لم ________ (٤) لتكون ضمن أفلامي المفضلة، ولكن "فيلم" "وول - إي" *Wall-E* ________ (٥) بجماله وروعته من نواحي عدة. فأحداث الـ"فيلم" تدور حول "روبوت" يعيش وحيدًا على ________ (٦) الأرض، بعد أن رحل جميع البشر إلى ________ (٧) الخارجي، حيث أصبحت الأرض غير ________ (٨) للعيش فيها. في أول الـ"فيلم،" يظهر "وول - إي" يمارس حياته اليومية المعتادة على ________ (٩) الأرض، إلى أن تظهر ________ (١٠) جديدة تدعى "إيفا" أُرسِلت إلى الأرض في مهمة ________ (١١) ذلك الكوكب العجيب، بعدها، تأخذ حياة "وول -إي" في الدخول في ________ (١٢) آخر. ومما يميز الـ"فيلم" هو ________ (١٣) الرائع لشخصية "وول - إي" وبالذات نظرات عينيه الرائعتين. بالإضافة إلى ذلك، علاقة الحب الجميلة التي ________ (١٤) بين "وول - إي" و"إيفا،" تلك العلاقة الرائعة التي تولّدت وسط عالم ________ (١٥)، ليس فيه غير الخراب، ______ (١٦) لنا وبكل قوة عن أن صوت المحبة هو الأقوى وألا شيء يعلو فوقه، ذلك الشيء الجميل الذي ______ (١٧) على الإستمرار في الحياة. استطاعت تلك الآلة الصغيرة العيش على الأرض رغم كل الظروف ________ (١٨)، ومن هنا، أرسلت رسالة للناس في الفضاء بأن الأرض جميلة ويمكن العيش على سطحها بكل ________ (١٩)، ولا داعي أن نتركها بعد أن قمنا بتدميرها بأنفسنا، وأحرى بنا أن نتحمل ________ (٢٠) أفعالنا بأنفسنا.

وفي الدقيقة الأخيرة من الـ"فيلم،" وصلتني رسالة نصية من آدم على هاتفي المتحرك تحمل ______ (٢١) قدومه إلى بيروت. كاد قلبي يقفز بين أضلعي فرحًا وبهجة، وما كان مني سوى أن وجدت نفسي ________ (٢٢) خارج قاعة المشاهدين في سرعة وسرور كعصفور غادر قفصه. هيا آدم، ماذا بعد؟... ماذا بعد يا ______ (٢٣) من قلبي؟! موعد انتظرته بفارغ الصبر، لقد زاد شوقي إليك، ولكني ______ (٢٤) بما قسم الله لي، فالمؤمن راضٍ بقضاء الله وقدره. الحمد لله أولًا وأخيرًا، مَن يصبِر ________ (٢٥)، عسى اللقاء قريبًا إن شاء الله يا أغلى من روحي.

واحة الجذور والأوزان

الجذر (ت ب ع)

- الفعل **تبع** معناه follow, chase. فالسيارات تتبع بعضها البعض واللاعب يتبع الكرة. والفعل تبع هو فعل **متعدٍ** transitive.

التابعون هم الجيل الذي جاء بعد الصحابة the generation that came after the generation of the Prophet's companions والذين جاؤوا بعدهم إلى يوم القيامة، ومفردها (تابعي).
في العامية الشامية كلمة (تبعي) تعني (خاصتي، لي)، فنقول مثلًا: هذا القلم تبعي = (لي)، وهذه الكرة تبعتي. (لاحظوا المطابقة في الجنس). أما في المصرية فيستخدمون كلمة (بتاع) لهذا المعنى. ولهذه الكلمة معانٍ كثيرة جدًا فقد كتب الشاعر المصري المشهور أحمد فؤاد نجم (الله يرحمه) قصيدة بعنوان (البتاع) واستخدم هذه الكلمة بأكثر من خمسة عشر معنى. وفي العامية الخليجية يستخدمون كلمة (حقي) أو (مالي) وفي المغربية يقولون (ديالي).

تمرين 78 **بناء على معرفتك بأوزان الفعل، ما معنى الأفعال المكتوبة بالخط الغامق؟**

١. كان ابني يشاهد الـ"تلفزيون" **ويُتابع** كل كلمة وفِعل يقوم به الممثلون.

٢. في دولة القانون، المواطنون **يتّبعون** ما يقوله القانون ويحترمونه.

٣. نتيجة رفض الحكومة مشاركة الأحزاب السياسية الدينية في الانتخابات، **استتبع** ذلك أحداث عنف في كافة المدن.

٤. "هل **أتّبعك على** أن تُعلّمَنِ مِمّا علمت **رُشدًا** guidance." (قرآن كريم)

٥. سباق **التّتابع** من ألعاب القوى، ويتكون الفريق في هذا النوع من السباقات من أربعة لاعبين.

الجذر (ل ح م)

الفعل "**لحم**" يعنى weld، ولكنه يعني أيضًا be fleshy.
اللحام هو الشخص الذي يزيل اللحم عن العظم و(الملحمة) هي اسم المكان. واللحام يسمى أيضًا القصّاب أو الجزّار.
الملحمة (الشعرية) **epic** هي قصيدة قصصية طويلة. تتحدث عن مواضيع **بطولية** heroic وأشخاص غير عاديين كأن يكون الشخص إلهًا، أو **نصف إله** half god. واشتهرت الملاحم الشعرية عند **الإغريق** Greeks والرومان. من أشهر الملاحم "الإلياذه" و"الأوديسة" وملحمة "**بيولف**" Beowulf. من الملاحم العربية المشهورة ملحمة (عنترة بن شداد) وملحمة (تغريبة بني هلال).
اللَّحمة (بالفتحة): (قطعة اللحم)، أمّا **اللُّحمة** (بالضمة) هي (القرابة، العلاقة الحميمة)
في العامية الشامية الفعل (**لحّم**) يعني beat up badly. فنقول **مثلا**: الأولاد لحّموا بعضهم البعض The kids beat each other up very badly. أما الفعل **استلحم** فيعنى charged and got ready to attack.
فكروا: هل هناك علاقة بين **الملحمة** butchery و الملحمة الشعرية؟ ما هي العلاقة؟

298

القراءة (٢): السُّمنة في العالَم العربي: القاتل المَنْسيّ

ناقشوا قبل القراءة ما يلي:

١. هل السمنة ظاهرة معروفة في بلادكم؟

٢. في رأيكم، ما أهم أسباب السمنة؟

مفردات (١)			
الكسل	الخمول	حالات موت	وفيات
hormone	هرمون	adult	بالغ
diabetes	السكري	consider more probable, give more weight	ترجح
blood vessels	الأوعية الدموية	lack of balance	اختلال
body mass index	مؤشر كتلة الجسم	hardening of arteries	تصلّب الشرايين
		calories	السُّعُرات الحرارية

تمرين 79 اقرأوا وأجيبوا عن الأسئلة خلال النص

١. تُعدُّ السمنةُ واحدةً من أشهر المشاكل الصحية المنتشرة على الصعيد العالمي؛ إذ تشهد كثير من دول العالم معدلات وفياتٍ مرتفعةٍ جرّاء الوزن الزائد والسمنة، ويؤكد التقرير الصادر عن معهد القياسات الصحية والتقييم في جامعة "واشنطن" الأمريكية، إصابة أكثر من ٦٠٠ "مليون" بالغ من سكان العالم بالسمنة، بالإضافة إلى ١٠٧ ملايين طفل في عام ٢٠١٥. فضلًا عن هذا، تُشير الإحصائيات العالمية حول معدل انتشار السمنة بين سكان كل دولة من دول العالم، إلى ارتفاع معدلات السمنة المفرِطة في دول الشرق الأوسط و"أمريكا" الجنوبية بشكل أكبر نسبيًا عن بقية دول العالم.

أسئلة:

١. ما هي أخطر نتيجة من نتائج السمنة؟

٢. ما عدد الأشخاص المصابين بالسمنة في العالم وخاصة الأطفال منهم؟

٣. في أي منطقة مشكلة السمنة أخطر في العالم؟

السمنة ومشكلاتها

٢. تُعرّف منظمة الصحة العالمية مشكلة السمنة على أنها تراكم غير طبيعي أو مفرط للدهون، من شأنه أن يتسبب في أضرار صحية. ويجري تصنيف الوزن الزائد والسمنة في البالغين وفق ما يُسمى بمؤشر كتلة الجسم، الذي يُمكن حسابه عن طريق قسمة وزن الفرد بالـ"كيلوغرام" على مربع طوله بالـ"متر."

٣. وإذا وقع ناتج القسمة بين (١٨٫٥ إلى ٢٤٫٩) يُعد الوزن صحيًّا، وإذا وقع الناتج بين (٢٥ إلى ٢٩٫٩) يُعد الوزن زائدًا، أما إذا كان ٣٠ أو أكثر يُوصف بالسمنة.

٤. وتُرجع منظمة الصحة العالمية السبب الرئيسي لزيادة الوزن والسمنة على مستوى العالم، إلى اختلال توازن الطاقة بين السعرات الحرارية التي يحصل عليها الجسم، مقابل السعرات الحرارية التي يحرقها ويستخدمها في إنتاج الطاقة، لذا ترجع أهم أسباب السمنة إلى زيادة معدل السعرات الحرارية التي نحصل عليها من غذائنا، خاصةً من الأطعمة الغنية بالدهون والسُّكريّات.

٥. ويُعد الخمول وقلة النشاط البدني كذلك ضمن الأسباب الرئيسية في الإصابة بالسمنة، ويُلاحظ انتشار ظاهرة قلة النشاط

البدني مع التقدم والتطور التكنولوجي؛ إذ أصبحت الأعمال الشاقة التي كانت تتطلب مجهودًا يدويًا تُنفذ باستخدام التقنيات الحديثة والـ"روبوتات."

٦. وتوجد أمثلة تكنولوجية عدة ساهمت في تقليل النشاط البدني لملايين البشر حول العالم، مثل انتشار وسائل المواصلات، والأجهزة الإلكترونية، وألعاب الـ"فيديو،" التي شجعت الشباب والأطفال على البقاء في المنزل لساعاتٍ أطول، وقللت من رغبتهم في اللعب خارج المنزل، أو ممارسة الرياضة في النوادي وغيرها من الأنشطة.

٧. أيضًا قد يرجع سبب السمنة في بعض الأحيان إلى أسباب وراثية، أو خلل في نسب الـ"هرمونات" في الجسم، مثل زيادة إفراز "هرمون الكورتيزول" من الغُدّة الكظرية بشكلٍ مرضي، المعروف طبيًا باسم "**متلازمة كوشينغ**." Cushing's syndrome

٨. أما عن المشكلات الصحية التي تُسببها السمنة، يتصدر مرض السكري وأمراض القلب والأوعية الدموية، مثل تصلب الشرايين وارتفاع ضغط الدم، وتكوّن الجلطات، لائحة أخطر وأهم المشكلات التي تنتج من السمنة، وقد تؤدي في بعض الحالات إلى الوفاة المبكرة. بالإضافة إلى عديد من المشاكل الأخرى التي تشمل الاضطرابات العضلية الهيكلية، وبعض أنواع السرطانات مثل سرطان الـ"قولون" والـ"بروستاتا."

أسئلة:

١. ما هو تعريف السُّمنة؟

٢. ما السبب الرئيسي لزيادة الوزن والسُّمنة في العالم؟

٣. هل هناك أسباب أخرى؟ ما هي؟

٤. كيف لعبت الـ"تكنولوجيا" دورًا في زيادة نسبة السمنة؟

السمنة في العالم العربي

مفردات (٢)			
تَصدَّر	come first	فئة	category, group, class

٩. تُعاني الشعوب العربية من مشكلة السمنة بشكلٍ متزايد، خاصةً أن الثقافة الغذائية الشائعة بها لا تهتم كثيرًا بمعدل السعرات الحرارية اليومية الكافية، وأحيانًا أخرى لا تهتم بتنظيم المواعيد الصحية لتناول الوجبات الرئيسية، فضلًا عن غياب الوعي بأهمية ممارسة الرياضة خاصةً بين فئة كبار السن.

١٠. ووفقًا للإحصائيات العالمية في السمنة، صُنفت خمس دول عربية ضمن أكثر ٢٠ دولة على مستوى العالم تشهد أعلى معدلات إصابة بالسمنة. وشملت هذه الدول العربية دولة الكويت، التي احتلت المرتبة العاشرة عالميًا والأولى عربيًا، تليها قطر ومصر في المرتبة السادسة عشرة والسابعة عشرة عالميًا على التوالي، وجاءت المملكة العربية السعودية في المرتبة التاسعة عشرة، وكانت المرتبة العشرون من نصيب دولة البحرين. في حين تصدرت جزر "ساموا" الأمريكية التصنيف، كأعلى معدل إصابة بالسمنة على مستوى العالم.

١١. وأوضحت كذلك دراسة نُشرت في مجلة *New England Journal of Medicine* جمع فيها الباحثون بيانات من ٦٨ مليون مُصاب بالسمنة خلال الفترة بين عامي ١٩٨٠ و٢٠١٥ في ١٩٥ دولة حول العالم من بينها دول عربية، أن نسبة الإصابة بالسمنة في مصر تصل إلى ٣٥٪ من البالغين، أي ما يُعادل ١٩ "مليون" مواطن مصري، الأمر الذي يُعد بالغ الضخامة على المستوى العالمي.

أسئلة:

١. في الفقرة الاولى هناك ثلاثة أسباب لازدياد مشكلة السمنة في الدول العربية. ما هي الأسباب؟

٢. لماذا تعتبر نسبة الإصابة بالسمنة في الدول العربية بشكل عام ومصر بشكل خاص خطيرة على مستوى العالم؟

طرق العلاج وسياسات التخلص من السمنة

مفردات (٣)			
تفادي	تجنب	تعاطي	أخْذ

البقوليات	grains	المنظار	telescope
استنفاد	finishing	استئصال	eliminating

١٢. لحسن الحظ، يُمكن التخلص من مشكلة السمنة، كما أنه من الممكن تفاديها، وتُعد طرق الوقاية من زيادة الوزن وعلاج السمنة متشابهة على مستوى العالم، نعرض منها هذه الطرق والخطوات المتبعة في علاج السمنة:
- التخفيف من تناول الأطعمة الغنية بالدهون والسكريات.
- الإكثار من تناول الخضروات والفاكهة والبقوليات.
- ممارسة الأنشطة الرياضية بانتظام، إذ حددت منظمة الصحة العالمية معدل النشاط الرياضي بساعة على الأقل يوميًا للأطفال، وساعتين ونصف على الأقل من المجهود الرياضي للبالغين موزعة على مدار الأسبوع.

١٣. كما توجد طرق علاج دوائية، تشمل أدوية تُقلل من امتصاص الدهون، وأخرى تزيد من معدل حرق السعرات الحرارية، وهي أدوية يُمنع تعاطيها دون استشارة الطبيب المختص. وفي حال استنفاد جميع الطرق والحلول السابقة، قد يلجأ المريض إلى التدخل الجراحي مثل جراحة ربط المعدة بالمنظار، أو الاستئصال الجزئي للمعدة في الحالات الشديدة.

١. ما هي أهم طرق الوقاية من مشكلة السمنة؟

٢. كيف تساعد الطرق الدوائية على علاج السمنة؟

اكتشاف طبي جديد في علاج السمنة

مفردات (٤)			
لاصقة طبية	medicated patch	الجهاز الهضمي	digestive system
إبر مجهرية	microscopic needles	الغثيان	dizziness
حقن	injecting	التدخل الجراحي	surgical intervention
جزيئات	particle	تجارب معملية	lab experiments
وريديًا	venously		

١٤. تَوَصّل علماء في جامعتي "نورث كارولينا" و"كولومبيا" إلى تصميم لاصِقة طبية مزودة بِإبر مجهرية، تقوم بِحقن جرعات صغيرة تحت الجلد من أدوية، تُحوّل الدهون البيضاء المُخزّنة في أجسادِنا إلى دُهون بُنّيّة اللون سريعة الحرْق.

١٥. وتغرس الضّمّادة أو اللاصقة الطبية إبرًا مجهرية الحجم بلطف تحت الجلد، في أي مكان مخصص لتخزين الدهون في الجسم. بعدها تخرج جزيئات دوائية متناهية الصغر من الإبَر، تعمل على تحويل الدهون بيضاء اللون المُخزّنة للطاقة، والمتسببة في السمنة إلى دهون بنية اللون حارقة للطاقة.

١٦. وعن السبب في تقديم هذه الجزيئات في شكل مجهري تحت الجلد في أماكن محددة، على الرغم من إمكانية تقديمها بكميات كبيرة عن طريق الحقن الوريدي أو عن طريق الجهاز الهضمي، يُجيب الـ"دكتور" " كيانغ لي Li Qiang الأستاذ المساعد في قسم الـ"باثولوجي" في جامعة "كولومبيا" بقوله: "توجد بالفعل أدوية مشابهة يتم حقنها وريديًا أو عن طريق الجهاز الهضمي، لكن تكمن مشكلتها في تعرُض الجسم بأكمله لتأثير هذه الأدوية، ما يؤدي إلى حدوث أعراض جانبية تشمل الغثيان واضطراب المعدة. وفي بعض الأحيان قد يحدث زيادة في الوزن على عكس المتوقع، وقد تصل الأعراض الجانبية في بعض الحالات إلى حدوث كسور في العظام، نتيجة تعرض أجهزة الجسم لكميات كبيرة من هذه الأدوية."

١٧. ويؤكد أيضًا الـ"دكتور" "كيانغ" أن اللاصقة الطبية المزودة بالإبر المجهرية، ستُجنب المريض جميع الأعراض الجانبية والمضاعفات، الناتجة عن تعاطي هذه الأدوية بالطريقة التقليدية؛ إذ تقوم اللاصقة بتوصيل كميات بسيطة ومركزة، تستهدف النسيج الدهني في مناطق محددة فقط من الجسم، دون تعرض باقي أجهزة الجسم لتأثير الدواء.

١٨. وجرت تجربة اللاصقة الطبية في تجارب معملية على الفئران، واستطاعت خلال ٤ أسابيع إنقاص نسبة الدهون في الفئران السمينة، بمقدار ٢٠٪ دون ظهور أية أعراض جانبية، ويستعد الفريق البحثي للبدء في استخدام وتجربة اللاصقة على البشر في الفترة القادمة.

أسئلة:

١. كيف تخفف اللاصقة الطبية من نسبة السمنة في الجسم؟

٢. ما هي الأعراض الجانبية للأدوية التي تُحقن وريديًا؟

٣. ما هي إيجابيات اللاصقة الطبية؟

تمرين 80 أجيبوا عن الأسئلة التالية

١. ما معنى الحرف (إذ) في السطر الأول من الفقرة ١؟

٢. ما معنى (جرّاء) في نفس السطر؟

٣. في السطر الثالث عبارة معناها in addition to this، ما هي؟ هناك نفس العبارة في الفقرة ٩. هل لهما نفس المعنى؟ كيف؟

٤. ما معنى (من شأنه) في السطر الأول في الفقرة ٢؟ علام = على ماذا يعود الضمير (ـه) في كلمة (شأنه)؟

٥. ما الفرق بين الفعل (ترجع) في السطر الأول في الفقرة ٤ والفعل (ترجع) في السطر الثالث من نفس الفقرة؟

٦. ما معنى العبارة (في حين) في الفقرة ١٠؟

٧. ما معنى (ما) في السطر الثالث في الفقرة ١١؟

٨. في الفقرة ١٦، جدوا كلمة بمعنى entirely وعبارة بمعنى contrary to what is expected.

تمرين 81 يللا نمثل

1. You are the parent of a child who is obese. He/she comes to you seeking help. Try to persuade him/her that he/she needs to change his/her lifestyle. Be diplomatic!

2. You have a child who wants you to buy him/her an electronic gadget that you think will make him/her inactive. Talk to him/her and try to persuade him/her that now is not the time for it.

3. **Reading out loud**: Read the text as if you are reading in front a TV camera.

واحة الجذور والأوزان

الجذر (ر م ي)

الفعل **رمى** يعنى (ألقى) throw. ومنه، الفعل "**ترامى**" spread, stretch و"**ارتمى**" fall down. أما اسم الفاعل فهو "رامي/ رامٍ"، و"رامي" اسم مذكر. في العربية يقول المثل: "رُبَّ رمية من غير رام."

What a lucky shot!

وفي القرآن الكريم، يقول الله عز وجلّ: "وما رَمَيْتَ إذْ رميت ولكِنّ اللهَ رَمى." (الأنفال: ١٧٩)

And you threw not, [O Mohammed], when you threw, but it was Allah who threw.

وكما تعرفون **الرماية** في الرياضة archery. والرماية أيضًا هي **إطلاق النار** discharging of fire.

وممن الشعر العربي

رمى بكَ اللهُ بُرْجَيْها فهدَّمها ولوْ **رمى** بكَ غيرُ اللهِ لمْ يصبِ (أبو تمام: شاعر عباسي في فتح عمورية)

ومن الأقوال المشهورة: "**على مرمى حجر**" within reach

تمرين 82 **ما معنى العبارات التالية**

١. رِماية ليلية

٢. الرماية الحية

٣. منطقة رماية مُراقَبة

٤. في مرمى البصر

الجذر (ر ض ي)

الفعل **رضي** يعني be pleased, satisfied. ومنه **ارتضى** to accept، **تراضى** to come to common ground، **راضى** to please s.o.، **استرضى** seek satisfaction.

من العبارات المشهورة المستخدمة **رضي الله عنه أو عنها / رضوان الله عليه** May Allah be pleased with him/her بعد ذكر اسم من أسماء **الصحابة** Prophet's companions.

واسم الفاعل منها هو (راضٍ/ راضي) واسم المفعول (مرضيّ) وقد ذُكرا في القرآن في آية واحدة "ارجِعي إلى ربّك راضِيةً مَرْضِيّة. (الفجر: ٢٨)

Return unto thy Lord, content in His good pleasure!

و(رضوان) اسم مذكر، وهو من أسماء الجنة جنة الرِّضوان.

تمرين 83 **ترجموا الى الإنجليزية**

أ. البنت لأمها: هل أنت **راضية** عنى يا أمي؟ لقد **استرضيتك** كثيرًا لكنك ما زلت غاضبة مني. ماذا تريدينني أن أفعل حتى **ترضي** عني؟ تريدين مني أن **أتراضى** مع أخي؟ لقد فعلت **وتراضينا**. أمي: أرجوك، **ارضي** عنى **فرضاك** من **رضى** الله.

الأم: لا تقلقي يا بنتي فقد **رضيت** عنك كلّ **الرضى**.

ب. **استخدموا الأفعال التالية في جمل تامة**

رضي ______________________

أرضى ______________________

ارتضى ______________________

استرضى ______________________

الجذر (ر ق ي)

الفعل **رقى** to progress, advance, ascend، ومن هذا الفعل كلمة **ترقية** promotion. و**الرُّقي** هو (الازدهار) prosperity. ومن الأسماء المشتقة من هذا الفعل (رُقَيّة) وهو اسم مؤنث وكان اسمًا لإحدى بنات النبي محمد.

الرُّقْية الشرعية Incantation, Faith Healing

هي نوع من **الدعاء** prayer, supplication يقوم به البعض لحمايتهم من العين والحسد. كان النبي يقوم بذلك أيضًا وذلك بقراءة آيات من القرآن والدعاء إلى الله. بعد **عهد** era النبوّة، انتشرت عادات أخرى منها **الشَّعْوَذة** conjuration, charlatanism و**السحر** magic وهي حرام في الإسلام. وفي الرقية الشرعية، يقوم شخص بقراءة سور قصيرة من القرآن مثل الإخلاص والمعوذتين (الناس والفلق) وسُمّيتا بالمعوذتين لأنهما تبدآن بكلمة **أعوذ** I seek refuge.

تمرين 84 تعرفوا على زملائكم مستخدمين الأفعال المذكورة أعلاه

1. Do they like meat? What kind of meat? Why (not)?
2. Are they happy (pleased) with their life? Why (not)?
3. Do they like a sport where throwing something is part of it? What is the sport, and how good are they with throwing?
4. Did they or someone they know get a promotion? When and why?
5. What is their definition of رقي?

تمرين 85 يللا نمثل

You work for a company, and it is time to apply for a promotion. You apply and someone else in your department gets it. You think it is unfair. Go and talk to your supervisor and present your case. Be polite and diplomatic.

واحة القواعد (٤): المضارع المنصوب والمجزوم

تكلمنا عن الفعل المضارع المنصوب والمجزوم في أكثر من مكان. وهنا نلخص هذا الموضوع. لاحظوا الجدول التالي لمعرفة أحوال الفعل المضارع المنصوب والمجزوم:

الضمير	المضارع المنصوب مع (لن)			المضارع المجزوم مع (لم)		
	صحيح	أجوف	ناقص	صحيح	أجوف	ناقص
أنا	لن أفعلَ	لن أقولَ	لن أدعوَ	لم أفعلْ	لم أقلْ	لم أدعُ
نحن	لن نفعلَ	لن نقولَ	لن ندعوَ	لم نفعلْ	لم نقلْ	لم ندعُ
أنتَ	لن تفعلَ	لن تقولَ	لن تدعوَ	لم تفعلْ	لم تقلْ	لم تدعُ
أنتِ	لن تفعلي	لن تقولي	لن تدعي	لم تفعلي	لم تقولي	لم تدعي
أنتما	لن تفعلا	لن تقولا	لن تدعوا	لم تفعلا	لم تقولا	لم تدعوا

304

أنتم	لن تفعلوا	لن تقولوا	لن تدعوا	لم تفعلوا	لم تقولوا	لم تدعوا
أنتنّ	لن تفعلنَ	لن تقلنَ	لن تدعينَ	لم تفعلنَ	لم تقلنَ	لم تدعينَ
هو	لن يفعلَ	لن يقولَ	لن يدعوَ	لم يفعلْ	لم يقلْ	لم يدعُ
هي	لن تفعلَ	لن تقولَ	لن تدعوَ	لم تفعلْ	لم تقلْ	لم تدعُ
هما	لن يفعلا	لن يقولا	لن يدعوا	لم يفعلا	لم يقولا	لم يدعوا
هما	لن تفعلا	لن تقولا	لن تدعوا	لم تفعلا	لم تقولا	لم تدعوا
هم	لن يفعلوا	لن يقولوا	لن يدعوا	لم يفعلوا	لم يقولوا	لم يدعوا
هنّ	لن يفعلنَ	لن يقلنَ	لن يدعونَ	لم يفعلنَ	لم يقلنَ	لم يدعونَ

- بالإضافة إلى "لن" المضارع يكون منصوبًا بعد "أن، كي، حتى، لا **السببية** causal" وهناك بعض الأدوات التي لم ندرسها بعد.

- بالإضافة إلى لم، يكون الفعل المضارع مجزومًا في الحالات التالية:

١. بعد "إنْ" **مثال:** "إن تصبر تنلْ." (الفعلان مجزومان)

(هناك **أدوات** particles شرط مثل "إن" حيث يكون الفعلان بعدها مجزومين مثل **كيفما** however، **مَن** whoever، **حيثما** wherever، **مهما** whatever وأدوات أخرى. سندرس بعضها في دروس لاحقة.)

٢. بعد **لا الناهية**. **مثال:** يا أولاد، لا ترموا الكرة بعيدًا.

٣. بعد **لام الأمر**. **مثال:** لتزرْ الطبيب إنْ كنت مريضًا.

تمرين 86 ترجموا مستخدمين المضارع المنصوب أو المجزوم

1. Our favorite team will not play in the semifinals next week.
2. Oh, students, do not worry about the final examination.
3. If they visit Fez in Morocco, they will enjoy their visit.
4. Do not visit him before he visits you.
5. The fire truck did not arrive on time.
6. Let's buy the tickets for the play before the prices go higher.

تمرين 87

أ. **صرفوا الأفعال التالية في المضارع المنصوب والمجزوم: نظر، فاز، رمى**

ب. **يللا نمثل**

Give advice to your classmate about one of the following topics using the imperative, command negation, conditional, etc. Topics may include smoking, staying up late, drinking or eating too much, etc.

من الشعر العربي: للإمام الشافعي

١. دعِ الأيامُ تفعلُ ما تشاء — وطِبْ نفسًا إذا حَكَمَ القَضاءُ
٢. ولا تَجزَع لِحادِثةِ اللّيالي — فما (فـ + ما) لِحوادِثِ الدُّنيا بقاءُ
٣. وكنْ رجلًا على الأهوالِ جلدًا — وَشيمَتكَ السّماحة والوَفاء
٤. ولا حزنٌ يدومُ ولا سرورٌ — ولا بؤسٌ عليك ولا رخاءُ
٥. إذا ما كنتِ ذا قلبٍ قنوعٍ — فأنت ومالكُ الدّنيا سواءُ
٦. ومنْ نزلتْ بِساحته المنايا — فلا أرض تقيه ولا سماء
٧. وأرض الله واسِعة ولكن — إذا نزل القضا ضاق الفَضاءُ

من هو الإمام الشافعي؟

أبو عبد الله محمد بن إدريس الشافعي، ولد بغزّة عام ١٥٠ هجرية، ونقلته أمه إلى مكة، وهناك تعلم القرآن واللغة والشعر، وصار يتنقل بين اليمن والعراق والحجاز، ثم استقر بمصر عام ١٩٩ هجرية، وفيها **دوّن** wrote المذهب الشافعي الجديد. توفي الشافعي عام ٢٠٤ هجرية، وله ديوان شعري، ومنه تلك الأبيات التي فيها الكثير من الحكم والدعوة للرضا بقضاء الله وقدره.

وَدَعَ الشيء	تركه، وفعل الأمر منه: دَعْ. (الماضي قليل الإستخدام)
طاب الشيء	لذّ (أصبح لذيذًا)
جَزِعَ، يجزِع، جَزَع	خاف، لم يصبر على المصيبة أو المشكلة (لذلك نقول: هو جَزِع أو جَزوع على وزن فعول (صيغة المبالغة)
حادثة (ج) حوادث	مصيبة (والليالي هنا هي "الزمن")
جَلْد (ج) أجْلاد	الشديد القوي الصابر على المصيبة
هول (ج) أهوال	الشيء المخيف
شيمة (ج) شِيَم	الخُلُق
السماحة	الكَرَم والجود
وَفَى بعهده، يفي بعهده، وفاء بعهده	عمل به ولم يُخلِف الوعد
البؤس	الفقر
السواء	نفس الشيء، النظير
المَنيّة (ج) المنايا	الموت
وقى، يقي، وقاية	حمى، يحمي، حماية
ضاق، يضيق، ضيق	عكس (اتسع، يتسع اتساع)
الفضاء	space

بعض الملاحظات النحوية:

١. (طب نفسًا). كلمة "نفسًا" في هذه الجملة (تمييز).

٢. (إذا ما كنت ...) (ما) هنا **زائدة** redundant وجاءت للتوكيد، وفي الأصل هي: (إذا كنت ذا قلب قنوع ...)

معاني الأبيات الشعرية بأسلوب بسيط:

١. عليك يا ابن آدم أن تترك الدنيا تفعل ما تريد، وأن ترضى بالنصيب وبقضاء الله حال حدوث شيء تكرهه.

٢. واصبر على ما يجيء إليك من مصائب ومشاكل، فإنها لا تستمر.

٣. عليك ألا تبدو ضعيفًا أمام المصائب وامتحانات الدنيا، بل على العكس كن قويًا واجعل الرضا والوفاء صفة من صفاتك.

٤. إن الحزن والفرح لا يستمران، كما أن ضيق العيش وسعته لا يستمران.

٥. إذا كان الشخص قنوعًا بما أعطاه الله، فهو كمَن يملك الدنيا في رضا النفس وراحتها.

٦. إذا أصاب الإنسان قضاء من عند الله لا يفيده أي شيء، ولا تحميه أرض ولا سماء.

٧. إن أرض الله واسعة، ولكنها تصبح ضيقة عندما ينزل قضاء الله، فلا هروب من القضاء.

البلاغة في الأبيات الشعرية:

١. هناك (طباق) في الأبيات التي تقول: "لا حزن يدوم ولا سرور" وفي "ولا بؤس عليك ولا رخاء."

٢. هناك (كناية في الأبيات التي تقول: "ومن نزلت بساحته المنايا" استعارة بالكناية، فقد شبه الموت في نزوله بإنسان ينزل ضيفًا عليك، وحذف المشبّه به (الإنسان).

تمرين 88 أسئلة فهم

١. اذكروا ثلاث نصائح وجّهها لنا الشافعي.

٢. ماذا قال الشاعر عن (أ) الموت (ب) المصائب (ج) القناعة

٣. اشرحوا الأبيات التالية بأسلوبكم:

دع الأيام تفعل ما تشاء	وطب نفسا إذا حكم القضاء
ولا تجزع لحادثة الليالي	فما لحوادث الدنيا بقاء
وكن رجلًا على الأهوال جلدًا	وشيمتك السماحة والوفاء

٤. ما الجانب البلاغي وأين هو في:

ولا حزن يدوم ولا سرور	ولا بؤس عليك ولا رخاء

٥. استخرجوا من الأبيات:

- جواب شرط
- اسم من الأسماء الخمسة، وبيّنوا إعرابه
- فعل مضارع مجزوم
- فعليْ أمر

٦. ما عكس الكلمات التالية:

١. بؤس________ ٢. جزع ________ ٣. حزن ________ ٤. ضاق ________

الجذر (ن ظ ر)

درسنا كلمة نظير، وهي من الجذر **ن ظ ر** look, view.

تمرين 89 **استخدموا معرفتكم بالجذر (ن ظ ر) والأوزان بشكل عام في تخمين معاني الكلمات التالية في الجمل التالية من نفس الجذر**

١. تعتبر **نظرية** "دارون" في النشوء والترقي نظرية مشهورة.

٢. هذه الطريق من الطرق ذات **المناظر الخلابة** attractive فهناك الشجر والبحر والجبال.

٣. كانت عندي مشكلة في **نظري** فذهبت إلى **النّظّاراتي** وطلبت **نظارات** جديدة.

٤. هذا الكلام **نظري** ولا يقنعني. أريد أن أرى دليلًا عمليًا.

٥. هل شاهدت **المناظرة** بين مرشحي الرئاسة ليلة أمس؟ عندهما **وجهات نظر** مثيرة حول تشجيع الاستثمار، لكن **منظورهما** في التعامل مع القوى الاقتصادية الأخرى في العالم واحد.

٦. **التناظر** من السمات الجميلة في وجه الإنسان.

تذكروا: كلمة **ناظر** في العامية المصرية: **مدير** وهي خاصة بمدير المدرسة.

البلاغة والأدب: التورية Pun

التورية: أن يذكر المتحدث كلمة لها معنيان، قريب **ظاهر** explicit غير **مقصود** intended، وبعيد **خفي** implicit, subtle هو المقصود.

- أيها **المُعرِض عنا** = (المبتعد عنا)، **حسبك** = (يكفيك) الله تعالَ.

التورية في كلمة (تعالَ) فمعناها القريب (تعاظم وعلا) أما البعيد (طلب الحضور) وهو المقصود.

- ذهبنا نشتكي إلى قاضي المدينة فوجدناه قد قضى.

الجملة الثانية هي رسالة قصيرة أرسلها سعيد كي يخبر صديقه أيمن بخبر سيء، فقد كان قاضي المدينة آخر القضاة الصالحين، ولو تولى أمر قضيتهم قاضٍ آخر لضاعت القضية لصالح أعدائهم، ولذا كان يجب عليهما التصرف بسرعة قبل انتشار الخبر السيء.
حسنًا! ماذا فهتم من الرسالة؟ إنها رسالة تحمل معنى خفي، إذ أن القاضي الذي كان سيتولى أمر قضيتهما قد مات. فسعيد ذكر كلمة نشتكي هنا ليخدع أعداءه، فظنوا أن معنى قضى أي (حكم بيننا)، بينما المقصود هنا أنه القاضي مات، فكلمة قضى تحمل معنيان (أصدر حكمًا) و (مات).

تمرين 90 **فكروا في معاني الجمل التالية، وبينوا المعنى القريب والبعيد من كل كلمة فيها تورية وتحتها خط**

١. شاهدت كثيرًا من آثار المصريين، فهل رأيت شيئًا من القُصور؟

٢. وقالت رُح بربك من أمامي، فقلت لها بربّكِ أنتِ روحي.

٣. هناك شاعران مصريان، أحدهما اسمه (حافظ ابراهيم) والآخر اسمه (أحمد شوقي). أحب حافظ ابراهيم أن **يمازح** أحمد شوقي فقال: يقولون إن الشوق نار ولوعة **فما بال** = (لماذا) شوقي أصبح اليوم باردًا؟

٤. أحمد شوقي أحب أن يمازح حافظ ابراهيم فقال: وحمّلتُ إنسانًا وكلبًا **أمانة** trust، فضيّعها الإنسان والكلب حافظ.

أفعال شائعة	
move	حرك، يحرّك، تحريك
win	ربح، يربح، ربح
smash	حطّم، يحطم، تحطيم
borrow	استعار، يستعير، استعارة
run over	دهس، يدهس، دهْس
deprive of	حرم (من)، يحرم (من)، حِرمان من
take revenge	انتقم من، ينتقم من، انتقام من
stutter	تلعثم، يتلعثم، تلعثُم = (تأتأ، يُتأتِئ تأتأة)
cough	كحكح، يكحكح، كحكحة = (سعل، يسعل، سُعال)
grill, broil	شوى، يشوي، شوي = (شواء)
to be in solidarity with	تضامن مع، يتضامن مع، تضامُن مع
insult, heap curses upon one another	(شتم، يشتم، شتم) سبّ، يسب، سبّ =
become dizzy	داخ، يدوخ، دوخ

صفات شائعة	
causing disgust, detestable, very unpleasant	فظيع
reckless, harebrained	أهوج = (طائش)
deceiver, disloyal, traitor	غدّار
unstable (person), easily shaken, blurred by movement (photograph)	مهزوز
chaotic, anarchic	فوضوي
stupid, imbecilic, foolish	عبيط
tolerant, kind, indulgent	سَمْح
uninvited guest, parasite	متطفّل
suffocated, suppressed	مخنوق
destroyed, broken, out of order	خربان
withdrawn, unsociable	انطوائي
powerful, mighty, strong	جبّار

صفات شائعة بالعامية	
قليل حَيا	shameless, impudent
قليل حيلة	lazy, incapable
قليل أدب	impolite, rude
قرفان (من)	disgusted

تعلموا أكثر عن بعض المتلازمات لكلمة "جهود":

جهود جبارة	powerful efforts, massive efforts	جهود مثمرة	fruitful efforts
جهود مُضنية	enervating = weakening efforts	جهود مباركة	blessed efforts

تمرين 91 دردشوا مع زملائكم عن ...

- من الشخص السّمْح في حياتهم؟
- شخصية فوضوية يعرفونها، لماذا يعتقدون ذلك؟
- شخصية متطفّلة، لماذا يعتقدون ذلك؟
- الجهود الجبارة التي تقوم بها بعض المؤسسات الحكومية أو الخاصة في بلادهم.

تمرين 92 استبعدوا الكلمة الغريبة

١.	حرّك	حفّز	دهس
٢.	أهوج	مميّز	لا مبال
٣.	نشأ	دعَم	تضامن مع
٤.	وقح	فظيع	بشوش
٥.	حرم	منع	عشق
٦.	فوضوي	عشوائي	مجتهد
٧.	شتم	تجنب	أساء إلى
٨.	صارم	مذبذب	مهزوز
٩.	ربح	فاز	طرد
١٠.	غدّار	سلس	شرس
١١.	انتقم	ضرّ	هبط
١٢.	قليل حيلة	كسلان	نشيط
١٣.	قليل حيا	محترم	قليل أدب

تمرين 93 ترجموا إلى الإنجليزية

١. إضافة البصل إلى مغامرة الشوي سيُضيف لك انفجارًا من الطعم اللذيذ وسيزيدك ببعض الفوائد الصحية، حيث أثبتت بعض الدراسات أن تناول البصل بشكل دوري ارتبط بمنع السرطان وتحسين التهابات الصدر. اجعل شوي البصل عادةً ترافق أطباقك المفضلة وتضيف لها الطعم الطيب وتحسّن من صحتك.

٢. العبيط هو شخص يستخدم أسلوبًا غريبًا لكي يجذب أنظار الآخرين إما عن طريق ضحك ساخر بلا سبب أو **استهزاء** mocking أو بنقد عارٍ من الصحة.

٣. يعتبر السعال بمثابة رد فعل دفاعي وطبيعي يقوم به الجسم للتخلص من المواد التي تُهيّج الممرات الهوائية، ورغم الإزعاج الذي يسببه السعال إلا أنه ضروري لصحة الإنسان.

٤. يُعدّ إقفال الهاتف الذكي بكلمة سر أو **ببصمة الإصبع** fingerprint، من الأمور الهامة التي تمنع المتطفلين من محاولة الدخول إلى هاتفك كما أن ذلك يحمي خصوصيتك بشكل كبير.

٥. أثارت صورة الطفل السوري كريم، الذي فقد عينه وكُسرت جمجمته، نتيجة قصف على الغوطة الشرقية في ريف دمشق، حملة تضامن واسعة على وسائل التواصل الاجتماعي.

٦. لا يُعتبر التلعثم أمرًا غريبًا عن الأطفال من سن سنتين إلى خمس سنوات، ففي معظم الأحيان، يكون ضمن عملية تعلُّم الكلام وتكوين كلمات وجمل. وغالبًا ما يُصاب الأهل بصدمة عندما يبدأ الطفل بالتكلم بطريقة مختلفة عن باقي الأطفال الذين هم من نفس عمره.

٧. صِل من قطعَك، وأعطِ من حرمك واعفُ عمّن (عن من) ظلمك.

٨. قالت وكالة "شينخوا" الصينية في تقرير لها إن مصر **تبذل** exerts جهودًا مضنية لحل القضية الفلسطينية واستئناف مفاوضات السلام بين الإسرائيليين والفلسطينيين.

تمرين 94 اعرفوا زملاءكم

١. هل يعرفون شخصًا يستعير أشياء أصدقائه بدون إذنهم؟ من هو / هي؟ كيف عرفوا ذلك؟

٢. كيف يتعاملون مع شخص أهوج (متطفل، فوضوي، مهزوز، غدار) يضايقهم؟

٣. هل يعرفون شخصًا يدوخ أو يشعر بالدوار عند ركوب وسائل المواصلات؟ ما أسباب الدوخة في رأيهم؟

٤. هل حرمهم والداهم من أشياء عندما كانوا صغارًا؟ ممّ حرماهم؟

٥. هل ينتقمون ممّن حطم قلوبهم أو جرحهم عاطفيًا؟ (أو ربما شتمهم أو أساء إليهم)

٦. هل يعرفون شخصًا يتلعثم عندما يتحدث مع الجنس الآخر وجهًا لوجه؟ من هو / هي؟ كيف؟

تمرين 95 املأوا الفراغ بالفعل أو المصدر أو الصفة المناسبة

١. كن _____ ولا تكن عبوسًا يا أخي!

٢. يا ترى! هل يمكن إصلاح الصورة _____ بواسطة الـ "فوتوشوب"؟

٣. يا الله! هاتفي _____ منذ يومين، وأنا مفلس ولذا لا أستطيع أن أصلحه، أشعر بأني _____ و _____. أعرف أن هذا شعور فظيع ويجب التخلص منه بسرعة. انصحوني ماذا أفعل.

٤. سجلت "كاميرا" مراقبة في "بولندا" مقطع "فيديو" لرجل وهو _____ زجاج محل تجاري وسرعان ما أمسك به شاب

عشريني وهو يقوم بذلك، وعندما علم الرجل باستدعاء الشرطة له، قرر المعتدي أن يفرّ ليلقى عقابه على الفور حيث __________ـه سيارة، ونُقل على إثر الحادث إلى أقرب مستشفى وتبيّن أنه تعرّض لإصابات خفيفة.

٥. أبحث كأيّ شاب من جيلي عن مشروعات شبابية يمكن تطبيقها واعتبارها مشاريع خاصة بي أحقق من خلالها __________ كثيرة وتجعلني أشعر بالإستقلال المادي.

٦. يا ترى! ما الأمور التي تجذب الرجل إلى المرأة بدون تفكير و________ مشاعره تجاهها؟

٧. أنهت ربة منزل بمنطقة (دار السلام) حياة زوجها، حيث قامت بتسديد عدة ضربات بسكين أدّت إلى مقتله على الفور. واعترفت المتهمة بارتكابها الجريمة قائلة إن الزوج كان يتهرّب منها ويتركها وحيدة حيث كان يقضي وقته عند زوجته الأولى، التي سبق أن انفصل عنها بالطلاق، وهو الأمر الذي دفع المتهمة للتخطيط لقتله و________ منه.

٨. لا يمكنني أن أثق به بعد أن حطّم قلبي وأفقدني ثقتي بنفسي، إنه شخص __________ بكل معنى الكلمة.

٩. عبّرت بعثة منظمة الأمم المتحدة في ليبيا، عن استيائها من تقرير مصوّر، أظهر بيع مهاجرين أفارقة في البلاد، ووُصِفت الحادثة بأنها أمر __________، وأكدت أنها تتابع هذه القضية عن كثب.

تمرين 96 يللا نمثل

١. أنت لاعب كرة قدم والتحمت مع لاعب آخر مما أدى إلى وقوعه على الأرض. قام بسبِّك والإساءة إليك. تكلم معه واعتذر؟

٢. زيارة طبيب

You are on a study abroad program in an Arab country. One night you get sick. Your roommate takes you to the emergency room. Describe your condition to the nurse/doctor and tell them your symptoms, explain what you have/have not done, and try to get the proper medication or plan of action.

أغنية

الحياة أمل

إيمي هيتاري Amy Hetari

المفردات					
تألّق	shine	جَوف	منتصف		
ارتقى	صعد إلى أعلى	وجل	خوف		
محلقًا	طائرًا	ضَرْب من خيال	fantasy		
قيد	cuffs	ينجلي	be clear		
مواسيًا	consoling, solacing	جعل	بدأ		

تمرين 97 **بعد الاستماع وقراءة الأغنية وتعلُّم المفردات أجيبوا عن الأسئلة خلال الأغنية**

أملٌ تألّق وارتقى
مثل النّجومِ مُحلـِّقا
في وسط قلب في الهموم تـَمزّقا
أملٌ تألّقَ وارتقى
مثل النجومِ محلقا
في وسط قلبٍ في الهمومِ تمزقا

١. ماذا فعل الأمل؟

٢. ماذا حدث للأمل؟ أين حدث ذلك؟

قد كنتُ وحديَ في المَسير
في الحزنِ عشتُ كما الأسير
حتى رأيتُ الزَّهرَ يُزهـِر ها هُنا
فبدأتُ أركضُ نحوه
و بدأتُ ألثمُ عـِطره
حتى شعرتُ بقيدِ حُزنيَ ينكسر

٣. كيف عاش المتكلم في الحزن؟

٤. ماذا فعل عندما رأى الزهر؟

٥. ماذا حدث بعد أن فعل ذلك؟

لكنّ صباحيَ لم يَطل
فالليل في الأجواءِ حَلّ
و الغيمُ غطّى كلّ شيءٍ في المدى
فـَحَنَيْت رأسيَ يائسًا
و بدأتُ أبكي جالسًا
حتى أتى بعضُ النسيمِ مُواسيًا
فسمعته يقولُ لي
الغيمُ حتمًا ينجلي
و الشمسُ في جوفِ الظلامِ ستنتصر

٦. لماذا لم يطُل صباح المتكلم؟

٧. ماذا فعل بعد أن ذهب الصباح؟

٨. ماذا قال النسيم للمتكلم؟

أَصغِ لنصحيَ لا تَمَل
فالنصرُ إيمانٌ عمل
من نفسكَ كُن واثقًا وبِلا وَجل
لا لا تقل هذا مُحال
أو ذاكَ ضربٌ من خيال
كُن ثابتًا كُن راسخًا مثلَ الجِبااااال

٩. هناك خمسة أشياء تطلبها الأغنية. ما هي؟

فَجعلتُ أنظرُ للسماء
و سَرحتُ في هذا الفضاء
فبدا الغَمام يزولُ يُظهرُ لي القمر
و بَدت نجومٌ حَوله
و بدأتُ أَلْقَى حبه
فأشعَّ نحويَ في ضياءٍ و ابتسم
فشعرتُ في نفسي الأمان
و سمعتُ ألحانَ الكَمان
و لقدْ توقف لحظةً، عِندي الزمان
فَعرفتُ أنَّ حياتنا
ليست سوى بعضِ المُنى
مبنيةٌ في قلبنا مِثل الجُمَل
حتى نُحققها نُريد
آمال قلبٍ أن نعيد
حتى تصيرَ حياتنا في الكونِ عيـــــــد
حتى نُحققها نريد
آمالَ قلبٍ أن نعيد
حتى تصيرَ حياتنا في الكونِ عيــــــد

١٠. ماذا حدث بعد أن بدأت المتكلمة تنظر الى السماء؟

١١. كيف شعرت بعد ذلك؟

١٢. ماذا تعلمت المتكلمة عندما توقف الزمان؟

أملٌ تألقَ وارتقى
مثل النجومِ محلقا
في وسط قلبٍ في الهمومِ تمزقا

تمرين 98 أسئلة ما بعد الفهم

١. ما هي الصورة التي ترسمها الأغنية للأمل في الجزء الأول والأخير؟

٢. ماذا يُمثّل الزهر في الجزء الثاني من الأغنية؟

٣. ما الدور الذي يلعبه النسيم في الجزء الثالث من الأغنية؟ من يفعل ذلك عادة؟

٤. هناك دروس حياتية كثيرة نتعلمها في الجزء الرابع من الأغنية، ما هي بعض هذه الدروس؟

٥. إلام ترمز الجمل في الجزء الخامس من الأغنية؟

٦. يتكلم الجزء الخامس عن فلسفة حياة. ما هي هذه الفلسفة وهل توافقون على ما تقول الأغنية؟

٧. والأن لنتكلم عن الواقع

هل مررتم بتجربة حياة تعلمتم منها درسًا مهمًا؟ ما هي هذه التجربة؟ تحدثوا عنها بالتفصيل. ما الدرس الذي تعلمتموه؟ هل ساعدكم هذا الدرس بالنجاح في حياتكم؟ كيف؟

تمرين 99 قواعد وبلاغة

١. هناك أمثلة كثيرة على الحال في الأغنية. جدوا بعضها وترجموها من خلال النص.

٢. هناك أمثلة على فعل الأمر **والنهي** prohibition. جدوا بعضها وحولوها إلى مؤنث

مثال: كنْ: كوني

٣. ما خبر إن في:

فَعرفتُ أنَّ حياتنا
ليست سوى بعضِ المُنى

٤. جدوا أمثلة على (كاد) وأخواتها. ما اسم وخبر كل جملة من الجمل

٥. هناك أمثلة على الإسثناء. ما هي؟

٦. ما **الاستعارة** metaphor في:

فَعرفتُ أنَّ حياتنا
ليست سوى بعضِ المُنى
مبنيةٌ في قلبنا مِثل الجُمَل

"كوربسيّات"

تمرين 100 ما هي الأسماء الأكثر شيوعًا التي تأتي قبل أو بعد الكلمات التالية (الكلمات مأخوذة من مفردات الإعلام والأفعال الشائعة والصفات الشائعة). اختاروا ثلاثًا من الكلمات التالية وترجموا ثلاث جمل على كل كلمة.

مراسم	تأهل	إهدار
هزيمة	صدّ	حرّك
حطّم	تضامن مع	انتقام
فظيع	فوضى	

خمسة فرفشة

عثّورة لسان

استمعوا ثم حاولوا أن تفهموا الجمل التالية ثم كرروها ثلاث مرات بسرعة

١. تتبعتُ تتابُع فرص بيع البيت تبعي تتبُّعًا جيدًا.

٢. ثار ثور ثائر وعلى إثره ثارت الثيران ثورة مثيرة.

نكات ع الطاير

١. الأستاذ يسأل طلابه: ما أقدم حيوان على وجه الأرض يا أولاد؟ الطالب: **حمار الوحش** zebra. الأستاذ: وكيف ذلك؟ الطالب: لأنه بالأبيض والأسود.
٢. غبي يدرس يوميًا على سطح بيته. لماذا؟ يكمل دراسات عليا.

تمرين 101 **أطلقوا عنان خيالكم**

You are confronted with a challenge: you do not like any sport, and you have to create your own sport that you would like to become a reality. Write a description of this sport, its rules, and when and where it can be played. Try your best to convince the reader that this is the best sport ever created.

6 وأخيراً...ضحِكتْ الأقدار

مفردات وتعابير لها علاقة بالـ"تكنولوجيا"

مفردات تعلمناها			
computer	حاسوب (ج) حواسيب	information technology	"تكنولوجيا" المعلومات
machine	جهاز (ج) أجهزة	net	شبكة الـ"انترنت" = (الشبكة العنكبوتية) (ج) شبكات ...
screen	شاشة (ج) شاشات	instructional technology	"تكنولوجيا" التعليم
site	موقع (ج) مواقع	operating system	نظام تشغيل
chatting	دردشة	blog	مدوّنة (ج) مدونات
password	كلمة السر = (كلمة المرور)	email	بريد الكتروني
main page	الصفحة الرئيسية	comment	تعليق (ج) تعليقات
save	حفظ، يحفظ، حفظ	upload	حمّل، يحمّل، تحميل
upload	رفع، يرفع، رفع	download	نزّل، ينزّل، تنزيل
press, click here (imp. masc. sing.)	اضغط هنا = (انقُر هنا)	register	سجّل، يسجّل، تسجيل
error occurred	حصل خطأ	print	طبع، يطبَع، طباعة
username	اسم مستخدِم	call us (imp. masc. sing.)	اتّصل بنا
join	انضم (لـ / إلى)، ينضم (لـ / إلى)، انضمام (لـ / إلى)	digital	رقميّ

وأخيرًا...ضحِكتْ الأقدار

تمرين 1 ما العلاقة بين ...

١. "محاسب" و"حاسوب"؟
٢. "موقع" و"وقع"؟
٣. "تجهيز" و"جهاز"؟
٤. "ارتفع" و"رفع"؟

تمرين 2 دردشوا مع زملائكم عما يلي

١. حسب خبراتهم، ما أفضل المواقع التسويقية أو مواقع الدردشة على الـ"إنترنت"؟ لماذا؟
٢. ماذا يحمّلون على هواتفهم الجوالة؟ ماذا لا يحمّلون؟ لماذا؟
٣. ما هي أفضل أنواع أجهزة الحاسوب؟ لماذا؟
٤. هل ينمّي الحاسوب ذكاء الطفل أم لا؟ كيف؟
٥. هل يستخدمون مواقع التواصل الاجتماعي؟ ما هي المواقع؟ كيف يستخدمونها وكيف تؤثر على حياتهم؟

مفردات جديدة			
تطبيق (ج) تطبيقات تنزيل تطبيقات	application application downloading	محرك بحث (ج) محركات بحث	search engine
متصفّح الـ"انترنت" (ج) متصفّحو الـ"انترنت"	browser	المزوّد = (الخادم)	server
خطأ (ج) أخطاء	bug	الشيفرة	code
مؤشر (ج) مؤشرات	cursor	"فيروس"	virus
ملف (ج) ملفات	file, folder	مُبرمِج "كمبيوتر"	computer programmer
قاعدة بيانات	database	محلّل "كمبيوتر"	computer analyst
مطوّر برمجيات	program developer	مطوّر "ويب"	web developer
رابط (ج) روابط	link	اخترع، يخترع، اختراع	invent
زِرّ (ج) أزرار، زُرور	button	سمّاعة (ج) سماعات	speaker, stethoscope
لاسلكيّ	wireless	بثّ حيّ	live broadcasting
بيانات	data	لوحة مفاتيح	keyboard
رمز (ج) رموز	symbol	خزّن، يُخَزِّن، تخزين	store
حذف، يحذف، حذْف	delete	فعّل، يفعل، تفعيل	activate
فأرة	mouse	خاصية (ج) خواص = (خصائص)	feature, properties
إعدادات	settings	أيقونة	icon

penetrate hacked account	اخترق، يخترق، اختراق حساب مُختَرَق	video (piece, excerpt)	مقطع "فيديو" (ج) مقاطع "فيديو"
cut and paste	قصّ ولصق	have been exposed to piracy or robbery	تعرّض للقرصنة

تمرين 3 أكملوا بإجابة مناسبة من مفردات وتعابير لها علاقة بمفردات الـ"تكنولوجيا"

١. "تشارلز بابينج" عالم رياضي وفيلسوف ومهندس ميكانيكي، بريطاني الجنسية، بدأ مفهوم الحاسوب القابل للبرمجة، ودرس في جامعة "كامبردج،" وقد قام بتصميم أول حاسبة أسماها (ماكنة الفروق). وعلى الرغم من أنها لم تستخدم، إلا أن فكرتها كانت أساس __________ الحاسوب.

٢. إذا كنت تعتقد أنك لن تستخدم "فيسبوك" مرة أخرى، فيمكنك طلب ________ حسابك بشكل دائم، مع العلم أنك لن تستطيع استرجاع تفعيل حسابك، أو استعادة أي من عناصر المحتوى التي أضفتها.

٣. لا يحتاج الفرد منا الكتابة على لوحة المفاتيح بيديه الاثنتين، وقد يفضل البعض الكتابة بإصبع واحد ولذلك، دعونا نتكلم معكم عن أفضل لوحة مفاتيح "آيفون" التي تسمح لأي شخص بالكتابة بيد واحدة دون أن __________ بالخطأ على الحروف الأخرى وهي تطبيقات تدعم خواص one-thumb typing التي تغير طريقة عرض لوحة المفاتيح لتُناسب اليد.

٤. يعتبر "غوغل" من أشهر __________ __________ في العالم.

٥. عندي مشكلة، وهي أن جهاز الحاسوب **لم يعُد** no longer يعمل لأن ________ الفأرة ثابت ولا يتحرك. على الرغم من أني قمت بإعادة التشغيل إلا أن المشكلة بقيت ولم تختفِ.

٦. من فضلك، انقر على هذا __________ للانضمام إلى مجموعتي في "وتس آب".

٧. نحتاج في كثير من الأوقات إلى نقل ومشاركة __________ بين جهازيْ حاسوب، فما هي الطرق المختلفة للقيام بذلك؟

تمرين 4 ترجموا العناوين الإخبارية والجمل التالية من العربية إلى الإنجليزية

١. متصفحو الـ"انترنت" يطرحون أسئلة طبية على محرك البحث "غوغل".

٢. ما الفرق بين مطور الـ "ويب" ومصمّم الـ "ويب"؟

٣. استعادة اسم مستخدم أو كلمة مرور بعد نسيانهما.

٤. سبعة تطبيقات مجانية يُنصَح باستخدامها في ٢٠١٨.

٥. نظم القيادة الآلية والسيطرة اللاسلكية ووسائلها وتطورها.

٦. تعرّف على ٨ إعدادات مُزعجة في هاتف "آيفون "وكيفية تجنّبها.

٧. كان اختراع حروف الطباعة على يد الألماني "يوحنا غوتنبرج" أحد أسباب النهضة العلمية التي شهدتها "أوروبا" في العصر الحديث، فبينما ساهمت الطباعة في تقدم العلوم، تردَّد المسلمون في استخدامها خوفًا من تحريف القرآن الكريم، حتى استطاع (إبراهيم متفرقة) بإقناع شيخ الإسلام في الدولة العثمانية باستخدامها.

٨. تقوم قناة الجزيرة بالتغطية المباشرة للأخبار العاجلة على مدار الساعة، وقد قامت أمس ببث حي لكلمة الرئيس التركي "أردوغان."

٩. تحفظ شركة "جوجل" بيانات مستخدميها الهائلة، من "فيديوهات" وصور ومعلومات، بمراكز بيانات ضخمة، حسبما ظهر في مقطع "فيديو" تابع لأحد مراكز البيانات الضخمة الخاصة بـ "جوجل."

تمرين 5 ترجموا من الإنجليزية إلى العربية

1. The national average salary for a program developer is $62,000 in the United States.
2. A database is a great way to store, search for and select information.
3. Does pressing the pedestrian ("مشى" استخدم جمع اسم الفاعل للفعل) crossing button do anything?
4. How do you make Facebook symbols on chat?
5. A server is a computer that provides data to other machines.
6. Cut and paste is a process in which text or other data is moved from one part of a document and inserted elsewhere.

تمرين 6 اعرفوا زملاءكم

١. هل أضاف الحاسوب شيئًا لحياتهم؟ ماذا؟ هل يمكنهم الاستغناء عنه؟ بالنسبة لهم، هل العقل البشري أقوى من الحاسوب؟ كيف (لا)؟

٢. هل انضموا إلى نادٍ أو إلى مؤسسة تطوعية من قبل؟ ما هي؟ ما هي نشاطاتهم؟

٣. هل يحبون سمّاعات الأذن؟ في رأيهم، ما أفضل سماعات الرأس؟ هل جرّبوا السماعات اللاسلكية؟ ما رأيهم فيها؟

٤. كيف تعرّض حسابهم في "فيسبوك" أو أي حساب آخر للاختراق أو للقرصنة من قبل؟ وكيف تصرفوا؟

٥. هل يفضلون الفأرة اللاسلكية؟ لماذا؟

تمرين 7 تعلموا هذه الأفعال التى تم اشتقاقها من الإنجليزية

cancel	كنسَل، يكنسل، كنسلة
send a message	مسّج، يمسّج
check	شيّك، يشيّك، تشييك

call, phone	تلفن، يتلفِن
freeze	فرّز، يفرز، تفريز
cash	كيّش، يكيّش
park	بركن، يبركن برّك، يبرّك
share	شيّر، يشيّر، تشيير

تمرين 8 أكملوا الفراغات بالفعل المناسب

١. بدي __________ حسابي على "فيس بوك،" كيف يا شباب؟

٢. بدنا __________ "الشيك" من البنك، وين أقرب "بنك" يا خالد؟

٣. عندي سمك اشتريته من السوق هلق وبدي __________ في التلاجة.

٤. عايز __________ سيارتي وأدخل البيت بسرعة، أنا ميت من التعب.

٥. يا أخي! لا __________ معلوماتك الشخصية ع الـ"فيس بوك."

٦. عندي مشكلة في "تليفوني" الـ"آيفون،" لازم آخده ع محل "أبل ستور" عشان __________ عليه.

القصة: مفردات النص الرئيسي

كلمات وعبارات تعلمناها

المعنى بالانجليزية	سمات عامية	الكلمة
broker		سمسار (ج) سماسرة
bitter		مُرّ
initial, original		مبدئي
things went smoothly (OK)	مشت الأمور تمام التمام	مشت الأمور على ما يرام
better, best		خير = (أحسن)
pressing, urgent		عاجل
by the way		بالمناسبة
writing the marriage contract	كتْب لِكتاب	(عقد الزواج) = (عقد القِران)
with prior knowledge	عارف / عارفة	على علم مُسبق
many times	كتير، مرات كتيرة	مرارًا
land		حطّ، يحطّ، حطّ
cheeks	خدود = (خداد)	خدّ (ج) خدود

let alone, in addition to		فضلًا عن
to be convinced		اقتنع، يقتنع، اقتناع
drowning, sinking		غرقان
style		أسلوب (ج) أساليب
generation		جيل (ج) أجيال
group of notables		جاهة (ج) جاهات
dowry		مهر (ج) مهور
with the amount of (worth)		بمقدار
lab tests		فحوصات مخبرية
coming to get married	جاي ع جواز	مقبل على الزواج
to be connected to		ارتبط بـ يرتبط بـ ارتباط بـ
health risks		مخاطر صحية
fever	حرارة	حُمّى
couch	كنباية (ج) كنبايات	أريكة (ج) أرائك = كنبة (ج) كنبات
procession (of people), wedding procession		زفّة
hang, comment		علّق، يعلق، تعليق
run away, escape		شرد، يشرد، شرود
box wooden box		صندوق (ج) صناديق صندوق خشبي
hide	خبّى، يخبّي، تخباية	أخفى، يُخفي، إخفاء
حب شديد	حب	غرام
taste	طعِم	مَذاق
touch		لمسة (ج) لمْسات، لمَسات
type, kind	نوع	صنف (ج) أصناف = (صنوف)
store		مخزن (ج) مخازن
طوال	طول	طيلة
charm		روْعة
mobile phone		هاتف نقّال = (هاتف محمول) = (هاتف جوال) = (هاتف خلوي) (ج) هواتف ...
naked		عارٍ، عاري
distorted		مشوّه
burning, agony, pain		حُرقة

full of hope		مملوء بالأمل
call (n.)		نداء
wipe off, erase		مسَح، يَمسح، مسْح
glitter, shine, gloss		بريق (ج) برائق

تمرين 9   ما العلاقة في المعنى بين ...

١. "مبدئي" و"ابتدائي"؟

٢. "عاجل" و"على عَجل"؟

٣. "وجه" و"وجاهة"؟

٤. "بريق" و"بَرْق"؟

ظلال ثقافية (١): الفعل (علّق)

المُعلّقات The Hangings

من المفردات التي تعلمناها **علّق** to comment. من معاني هذا الفعل أيضًا hang. هناك في الشعر العربي قصائد مشهورة اسمها "المُعلّقات،" وهي من أفضل القصائد في الشعر **الجاهلي** (ما قبل الإسلام). واسمها المعلقات لأنها كانت **معلَّقة** hung على جدار الكعبة. ولكن السبب الرئيس ربما أنها كانت تعلق في نفوس الناس فلا ينسونها. من شعراء المعلقات عنترة وزهير بن أبي سلمى وامرؤ القيس. وعددها سبع قصائد. هذه بعض أبيات من معلقة إمرؤ القيس:

أفاطِمَ مَهْلًا بَعْضَ هَذَا التَّدَلُّـل   وإِنْ كُنْتِ قَدْ أَزْمَعْتِ صَرْمِي فَأَجْمِلِي

Do from your coyness, Fatima, desist

Or leave me, and on being coy, insist

أَغَرَّكِ مِنِّي أَنَّ حُبَّكِ قَاتِلِـي   وأَنَّكِ مَهْمَا تَأْمُرِي القَلْبَ يَفْعَلِ

You've turned vain, now that by your love I'm slain

Command my heart. Servant it shall remain

وإِنْ تَكُ قَدْ سَاءَتْكِ مِنِّي خَلِيقَـةٌ   فَسُلِّي ثِيَابِي مِنْ ثِيَابِكِ تَنْسُـلِ

If I gave you offence, then you may

My heart take out from yours; free let it stay

ومن محاور المعلقات والقصائد بشكل عام قبل الإسلام البكاء على **الأطلال** what's left from beloved's traces التي تمثل ذكريات في نفس الشاعر والشوق إلى المحبوبة وإلى أيامها.

مفردات وعبارات جديدة		
come in a frequent sequence	اتّابع، ييجي ورا بعض	تواتر، يتواتر، تواتُر
real estate		عـَقار (ج) عقارات
embrace	حضَن، يِحضُن	احتضن، يحتضن، احتضان
there is no objection to it		لا بأس بها
residence, resting place		مُستَقَرّ
adapt to		تأقلم مع، (على)، يتأقلم مع، (على)، تأقلُم مع (على)
trouble, hardship	غَلبة	مَشقّة (ج) مَشاق
being, entity		كيان
forever and ever		أبد الآبدين
rise, beginning		مَطلع (ج) مطالع
covering, protection	ستيرة	
honor (here, it refers to women in general, sister, wife, cousin, etc.)		العرض
manhood	مراجل	رجولة
righteousness, kindness		البرّ
the best generosity is that which is quick "He gives twice who gives quickly"		خير البرّ عاجله
limited to, restricted to stranded (in)		مَحصور على محصور في
on a narrow scale	ع الضيّق	
the average citizens, the common people		عوامّ = (عامّة الناس)
connect, associate		اقترن بـ ، يقترن بـ ، اقتران بـ
mud, clay		طين
Take from the mud of your country and put on your cheeks. It urges someone to marry a person known to them rather than a stranger.	من طين بلادك حط ع خدادك	
priority, seniority, precedence	أولوية	أسبقية
eldest, firstborn virgin		بكر (ج) أبكار
kindness, gentleness Humane Society	حنية	رِفق جمعية الرفق بالحيوان

come, arrive		ورَدَ، يرِدُ، ورود
it came to my attention	سمعت	ورد إلى مسامعي
what a difference between …		شتّان بين …
it is absolutely out of the question that …		هيهات أن
tuft of hair, lock		شوشة
He's drowned in love up to his hair. It describes someone who is deeply in love.	غرقان في الحب لشوشته	
moment, little while		سويعة (ج) سويعات
consist (of)		اشتمل على، يشتمل على، اشتمال على
official authorized by the cadi (judge) to perform civil marriages		مأذون شرعي
زوجة	حُرمة، مَرة	حليلة (ج) حلائل
زوج	جوز	حليل (ج) أحلاء
خصوصًا وأنّ		لا سيّما
peculiar quality		نوعية (ج) نوعيات
trousseau		جهاز العروس
clothing		كُسوة (ج) كُسا = كسوات
clothe, dress		كسا، يكسو، كسْو
to be subject to, yield, surrender		خضع لـ يخضع لـ خضوع لـ
tickle, to titillate (e.g., the imagination), to crush		دغدغ، يدغدغ، دغدغة
stare, gaze	بحلق، يبحلق	حملق في (بـ)، يحملق في (بـ)، حملقة في (بـ)
pick up		التقط، يلتقط، التقاط
make a picture	أخذ صورة	التقط صورة
pronounce, speak, spit out,		لفظ، يلفظ، لفْظ
breathe his last breath, die		لفظ نفسه الأخير
leap, rise		طفرة
wave		موجة (ج) موجات، (أمواج، موْج)
place (s.th.), neglect, recline		ركن، يركن، ركون
corner, pillar		رُكن (ج) أركان = (زاوية) (ج) (زوايا)
remains, ruins		أطلال
familiar		مألوف

fold, pleat involve, comprise, contain within itself		طيّ (ج) طيات حمل بين طياته = (ضمّ في طياته)
pure, sinless delightful odor	ريحة حلوة	زكي (ج) أزكياء رائحة زكية
robber	حرامي (ج) حرامية	لص (ج) لصوص
kidnap		خطف، يخطف، خطف
find it easy, consider it easy		استسهل، يستسهل، استسهال
rub, itch touchstone, test		حكّ، يحك، حك مِحَك
prey, victim		فريسة (ج) فرائس
erase, wipe off, rub		محا، يمحو، محو
ghost		شبح (ح) أشباح
publicly		على الملأ
disclose s.o.'s fault, disgrace		فضح، يفضح، فضح
cause (s.o. or s.th.) to fall		أوقع، يوقع، إيقاع
nightmare		كابوس (ج) كوابيس
twin		توأم (ج) توائم
direction to Mecca, direction		قِبلة

تمرين 10 ما العلاقة بين ...

١. "كبس" و"كابوس"؟

٢. "قلم" و"تأقلم"؟

٣. "حليلة" و"حلال"؟

٤. "بكر" و"مبكر"؟

٥. "مُستقَر" و"قرار"؟

٦. "اقترن" و"مقارَن"؟

بستان المفردات

تمرين 11 خمنوا (المجموعة ١)

أ. درستم كلمة جهاز (ج) أجهزة equipment، خمنوا معاني ما يلي

جهاز إداري	جهاز كشف الكذب

أجهزة الأمن	ألبسة جاهزة

ب. ودرستم كلمة "أوقع،" خمنوا معنى ما يلي

وقعت حرب	أوقع الرعب في قلوبهم
وقعوا في بعضهم	أوقع عقوبة على
وقعت في هواه	أوقعه في **فخ** = (كمين) trap

تمرين 12 اعرفوا زملاءكم

١. هل أحسّوا في بعض الأحيان أنه لا شيء على ما يرام في حياتهم؟ ماذا حدث؟ كيف عالجوا الموقف؟

٢. هل يعتقدون أن نتائج جهاز كشف الكذب دقيقة؟ في رأيهم، هل يمكن **خداع** deceiving جهاز كشف الكذب؟

٣. كيف ينظر المواطن العادي في بلدهم إلى أجهزة الأمن؟ هل يكرهها، يخافها، يحترمها، إلخ؟

٤. ما رأيهم فيمن يقع في هوى شخص آخر يكبره أو يصغره سنًا بكثير من السنوات؟

تمرين 13 ترجموا الجمل التالية

١. قال وزير التخطيط للإصلاح الإداري، إن رؤية الإصلاح الإداري بالدولة تستهدف خلق جهاز إداري يتميز بالكفاءة والفاعلية.

٢. قالت مصادر إعلامية إن منفّذ هجوم "مانشستر" الذي أوقع الرعب في حفل موسيقي جمع العديد من المراهقين وأشخاص من فئات عمرية شابة نسبيًا، هو من مواليد عام ١٩٩٤، ومن سكان مدينة "لندن،" وقد سافر من العاصمة البريطانية، وتحديدًا محطة "فكتوريا" إلى "مانشستر" بالقطار كي ينفّذ هجومه الانتحاري الذي أوقع ٢٢ قتيلًا.

٣. وكان الاتحاد الفرنسي لكرة القدم قد أوقع عقوبة قاسية على "ليوناردو" بإيقافه لمدة تسعة أشهر بعد أن اعتدى على أحد الحكام في مباراة فريقه أمام "فالنسيان" في الدوري الفرنسي.

4. World War I erupted on August 1, 1914, as Germany and Russia declared war.

5. I feel like we are about to walk into an ambush.

تمرين 14 يللا نمثل

After a bank (restaurant, clothes store, house) robbery, act with your classmate where you play the role of an investigator and he or she is the suspect. Use as many previously learned vocabulary words and expressions as you can. See Appendix II for more useful dialectal expressions.

ظلال ثقافية (٢): المأذون

المأذون أو المأذون الشرعي هو موظف تابع للدولة يُشرف على عقد الزواج و**يوثقه** documents it وكذلك حالات الطلاق. وهي مهنة أو عمل رسمي في كثير من البلاد العربية والإسلامية. والمأذون يأخذ **أجرًا** stipend على عمله. في بعض البلاد هذا الأجر معلوم، وفي بعضها الآخَر ليس هناك مبلغ محدد. وتلعب الطبقة الاجتماعية والحالة الاقتصادية دورًا في هذا أيضًا فكلما زاد غِنى العريس وأسرته، فأُجرة المأذون تكون أكبر. في بعض الدول أصبح المأذون الشرعي يدخل المعلومات الخاصة بعقد الزواج إلكترونيًا كما الحال في مدينة أبو ظبي. والمأذون يقوم بتسجيل معلومات مهمة منها اسم الزوج والزوجة وتاريخ العقد والمهر (المقدم والمؤخر).
ومن جذر هذه الكلمة (ء ذ ن) جاءت كلمة **أذان** وهي الدعوة للصلاة call for prayer وأيضًا كلمة **استئذان** asking permission.
والاستئذان هو طلب إذن الدخول. وهو مهم في الثقافة العربية والإسلامية كأدب وسلوك.

قراءة جهرية: بعد مناقشة الموضوع ، اقرأوا النص قراءة جهرية.

تمرين 15 **خمنوا معاني ما يلي (المجموعة ٢)**

١. إجراءات عاجلة	٨. رهن عقاري
٢. خدود وردية	٩. سجن مؤبّد
٣. فك الارتباط	١٠. أركان الحرب
٤. تجارب وأبحاث مخبرية	١١. رئيس أركان الجيش
٥. صندوق النقد الدولي	١٢. أمواج صوتية
٦. صندوق التوفير	١٣. نظرة خاطفة
٧. مخزن أدوية	١٤. في طيّ الغيب

تمرين 16 **اعرفوا زملاءكم**

١. في رأيهم من يستحق عقوبة السجن المؤبد؟ (الإرهابيون، المُغتصبون، إلخ)

٢. في رأيهم، ما هي أهم القضايا التي يستوجب على المجتمع الدولي أن يتّخذ إجراءات عاجلة لإيجاد حلول لها؟ لماذا؟

٣. هل يعرفون اسم رئيس أركان الحرب في بلدهم؟ من هو؟ ماذا يعرفون عنه وعن عمله؟

تمرين 17 **ترجموا الجمل التالية**

١. تتجه بعض النساء إلى الخضوع لعمليات تجميل بهدف الحصول على خدود وردية ممتلئة، إلا أن هناك وصفات طبيعية يمكن أن تغنيهنّ عن ذلك وتمنحهنّ نتائج إيجابية.

٢. بعد قرار اللجنة التنفيذية لمنظمة التحرير الفلسطينية تشكيل لجنة لدراسة فك الارتباط مع "إسرائيل" وتعليق الاِعتراف بها، يدور في الذهن سؤالان، الأول، هل يمكن فعل ذلك؟ والثاني، ما الأثر؟ وكيف ستنعكس هذه الخطوات على الفلسطينيين؟

٣. يسعى صندوق النقد الدولي إلى تعزيز الاستقرار المالي والتعاون في المجال النقدي على مستوى العالم، كما يسعى لتسهيل التجارة الدولية، وزيادة مُعدّلات توظيف العمالة والنموّ الاقتصادي القابل للاستمرار، والتقليل من مستوى الفقر في مختلف بلدان العالم.

٤. سألت إحدى المواطنات المغربيات أحد رجال الدين قائلة: "يا شيخ! هل يجوز لي **إيداع** = (وضع) المال في صندوق التوفير الوطني بالمغرب علمًا بأني أقوم بإعطاء الفوائد للفقراء؟"

5. Lab research generally involves experiments conducted in a laboratory where researchers look to explore and understand the interaction and relationship between various materials or biological matter and/or use computational analyses.

6. After years of growth, 53 chain drugstore locations, nearly 10 percent of the total, closed in New York City in 2017.

تمرين 18 أكملوا الفراغات في الجدول التالي

الكلمة	الجذر	كلمة أو أكثر تعلمناها من نفس الجذر
مستقر		
كيان		
عرض		
اقترن بـ يقترن بـ ، اقتران بـ		
بكر (ج) أبكار		
رفق		
جاهة		

تمرين 19 استبعدوا الكلمة الغريبة بدون استخدام المعجم (القاموس)

١.	تأقلم	تنفّس	تكيّف
٢.	انتقد	اقترن	ارتبط
٣.	رفق	حنان	تحذير
٤.	احتوى	اشتمل	أنجز
٥.	حليلة	حلاوة	زوجة
٦.	ركن	زاوية	معبد
٧.	زكي	قذر	نقي
٨.	لمعان	بريق	وجل
٩.	متحرر	لص	سارق
١٠.	ضحية	فريسة	مِغرفة
١١.	أسّس	محا	مسح
١٢.	قِبلة	قُبلة	إتّجاه
١٣.	مألوف	لئيم	معروف

وأخيرًا...ضحِكتْ الأقدار

١٤.	كسوة	لبس	لَحْن
١٥.	شرف	عِرض	كَعب

تمرين 20 صلوا نصف الجملة بالنصف الآخر المناسب

١.	يمكن للوافدين شراء العقارات بنظام التملك الحر في دبي		وقد نسي وجودي تقريبًا، رغم أني قد جئت لزيارته بناءً على طلبه.
٢.	خلال فترة السبعينيات، عاد الكثير من الطلبة السعوديين من الولايات المتحدة		أنّ هناك كتبًا لا تعتمد على الخيال والإبداع، فقد تكون تاريخية أو علمية أو حتى سير ذاتية، وفي الوقت الحالي يستسهل الكثير كتابة مثل هذا النوع من المؤلفات.
٣.	جلس صديقي يحملق في فنجان القهوة، تائه النظرات		فقد تسبب اضطرابات نفسية، حينها قد يحتاج الشخص إلى البحث عن مساعدة طبية لتجنّب ظهورها مرة أخرى.
٤.	انتشر عبر مواقع مصرية مقطع "فيديو" لطالبات بالمرحلة الثانوية يرقصن على أنغام أغنية شعبية داخل احدى المدارس		تُبقيكم على اطلاع دائم بما هو جديد على الساحتين المحلية والعالمية.
٥.	أكد الكاتب "تريسي كيدر" مؤلف كتاب (روح آلة جديدة) والذي حصل على جائزة "بُلتزر" عام ١٩٨٢		وذلك عن طريق تدمير معالمهم البارزة، وحرق أراضيهم وبيوتهم حتى تكون العودة بالنسبة لهم نوع من المستحيل.
٦.	كشفت صحيفة "نيويورك تايمز" النقاب عن أنّ الجيش في "مينامار" يسعى لمحو تاريخ أقلية "الروهينجا" في البلاد		من مُستثمرين آخرين في السوق الثانوية.
٧.	تعتبر الكوابيس من الأمور الشائعة، لكن إن استمرت في الظهور للنائم مرة تلو الأخرى		مما أثار موجة من الاعتراض والغضب على صفحات التواصل الإجتماعي.
٨.	خدمة الأخبار العاجلة عبر الرسائل النصية القصيرة		وذلك لصعوبة تأقلمهم مع الحياة هناك.

ظلال ثقافية (٣): شهر العسل

شهر العسل ترجمة لـ honey moon، وهو المدة التي يقضيها الزوجان بعد حفل الزواج، وليس من الضروري أن يسافرا إلى بلاد أخرى لقضاء شهر العسل، بل ربما يبقيان في بيت الزوجية مستمتعين بوقتهما معًا. وأصل هذا التقليد **بابلي** Babylonian حيث كان على أبي الزوجة أن يقدّم **الجعة** beer المخلوطة بالعسل لـ**شهر قمري** lunar month وذلك لأن البابليين كانوا يؤمنون بأن هذا المشروب يقوّي **القدرة الجنسية** potency.

زَفّة العريس

غالبًا ما يُحيي الناس زفة العريس في الشوارع، حيث يركب العريس حصانًا، أو يمشي ببطء وسط مجموعة من الناس، أو يحمله الشباب على الأكتاف مُعبّرين عن فرحتهم مشيًا على الأقدام، ويتخلّل الزفة الزغاريد والرقص والغناء حتى يصل الجميع إلى مكان العرس. ويغني في الزفة الشباب أغاني يخاطبون فيها العريس

330

مباشرة، قائلين له كم هو محظوظ لارتباطه بالعروس الجميلة (ربما يشبّهونها بالبطة أو بالغزال، إلخ) وقد يقوم المشاركون بالاِنقسام إلى مجموعتين تتنافسان في الغناء بينهما (فربما تبدأ مجموعة بالغناء تصف فيها البنت البيضاء اللون على أنها أجمل من السمراء والعكس صحيح).

تمرين 21 أعيدوا ترتيب الكلمات التالية في جمل مفيدة

١. تنفيذ – أكد – إعدام - أنه – بموعد - حكم – على علم مسبق – (صدام حسين) - لم يكن - الرئيس (طالباني) (أكد ... صدام حسين.)

٢. "أنقرة" و"موسكو" – شراء – حسب ما – اتفاق مبدئي - التركي – إلى – أعلن – حول - الخارجية – صواريخ "اس ٤٠٠" – توصّلت – وزير (توصلت ... التركي.)

٣. ما ندمت على – مرارًا – لكني - أندم على – الكلام – سكوتي – أنا – مرة (أنا ... مرارًا.)

٤. في سيارته – رجلًا – الموت – على الرغم من أنه – طعام – ظل – الشرطة – محصورًا – لشهرين – تقول إن – أُنقِذ من – ودون (الشرطة ... طعام.)

٥. الشهر- المستحقات الضريبية - الشركات المسجلة - الضرائب - لدى هيئة – تسديد - اعتبارًا من - تبدأ - المقبل (تبدأ ... المقبل.)

٦. الطينية نفسها - أهم - لمشكلة - الحلول - تقدّم - المناطق – الإسكان - كأحد - في كثير من - الفقيرة – البيوت (تقدم البيوت الطينية نفسها ... الفقيرة.)

٧. حريق - جمعية - في - الرفق - كلبين – بالحيوان - مما أدى إلى - اندلع – هائل - مقتل (اندلع ... كلبين.)

٨. مدربي – لحيواناتهم - الكثير من – فريسة - وقع - الحيوانات (وقع ... لحيواناتهم.)

٩. الحاجة إلى – بإمكان – "كاميرا" - التقاط الصور - التي يريدونها - احترافية - أصبح - في أي وقت – الجميع - دون – حمل (أصبح بإمكان ... كاميرا احترافية.)

تمرين 22 ضعوا كلمة أو عبارة أخرى مما درسناه من قبل بالمعنى نفسه، بدلًا من الكلمات المكتوبة بالخط المائل italics

١. أرجو مساعدتي يا شباب، فأنا أبحث عن أسهل طريقة لتحميل مقاطع "يوتيوب" على جهاز "آيقون" الخاص بي.

٢. أريد أن أتعرّف على أبرز وجهات الدراسة في الخارج وكيفية الانضمام إليها.

٣. من يوم ما كنسلت حسابي في "فيس بوك" وأنا أشعر بأن لديّ وقت كافٍ للتركيز على دراستي أكثر.

٤. حطّت الطائرة في مطار دبي الدولي أمس.

٥. أخبرتك مرارًا بأني لن آتي إلى الحفلة غدًا، لماذا تُصرّ على سؤالي مرة تلو الأخرى.

٦. دخلت إلى غرفتي واستلقيت على سريري، وفجأة دخلت زوجتي وقالت: "ما لي أراك شاردًا مهمومًا وحزينًا يا قرة عيني؟"

٧. جرّبت كلّ صنوف الغرام، ولم أجد أروع منك يا حبيبتي، سأظل على عهدي بك إلى أبد الآبدين.

تمرين 23 أكملوا الفراغات بكتابة الجذور للكلمات التالية، ثم اكتبوا كلمات تعلمتموها من نفس الجذر

الكلمة	الجذر	كلمات تعلمناها من نفس الجذر
قِبلة		
مسح		
استسهل		
بريق		
مألوف		
حليل		
اشتمل		
أسبقية		
عوام		
محصور		
مطلع		
تأقلم		

تمرين 24 ضعوا حرف جر مناسب

١. أكدت وزارة الخارجية أن الموقع السابق للوزارة، والذي لم يتم استخدامه ______ مدة طويلة، هو الذي قد تعرّض ____هجوم الكتروني ______ قِبَل مجهولين.

٢. هيا، لا تتردّد! انضم مجانًا____ فريق استطلاع "يوجوف" اليوم! بصفتك عضوًا _____ فريق استطلاع "يوجوف"، ستكون جزءًا _____ مجتمع عالمي ____ الـ"إنترنت" يتكون ____ الناس الذين يشاركون ____آرائهم مقابل النقاط والمكافآت.

٣. قال عضو اتحاد المؤرخين العرب ابراهيم عناني، إن عيد الفطر ارتبط ___ الكعك في العصور الإسلامية، وفي العصر الطولوني عام ٨٦٨م صنعوا الكعك في قوالب مكتوب عليها (كُل هنيئًا) أو (كل واشكر).

٤. أخفى حارس مرمى فريق نفط ميسان العراقي لكرة القدم خبر وفاة ابنته ______ زملائه اللاعبين، حتى يتمكّن _____ خوض مباراة بالدوري _____ فريقه أمام نادي الشرطة. الحارس علاء محمد، ٢١ عامًا، توفيت ابنته بعد خمسة أيام _____ عملية الولادة. وقال: "تحاملت على نفسي كثيرًا ولم أخبر مدرب الفريق أو زملائي لأني متأكد _____ رفضهم مشاركتي لو علموا ___الخبر."

٥. لفتت الشركة _____ تقريرها العقاري الأسبوعي، إلى أن القطاعات الاقتصادية الرئيسية وفي مقدمتها القطاع العقاري، أظهرت قدرة ______ التأقلم ______ ظروف السوق، وأظهرت المزيد من مؤشرات المقاومة لظروف التراجع والضغط التي أحاطت ____كافة التوقعات بأداء القطاع العقاري والقطاعات الأخرى.

٦. أكد سمو أمير منطقة القصيم الدكتور فيصل بن مشعل بن سعود بن عبد العزيز خلال لقائه ____منسوبي الجمعية السعودية الخيرية لمرضى الكبد (كبدك) أنها تعتبر الجمعية الأولى _____نوعها _____ المملكة _____خدمة مرضى الكبد، فهي ليست محصورة ______ السعوديين فقط وإنما لعموم مرضى الكبد، لأن المرض لا يعرف جنسية معينة.

٧. يعتبر (تل أم بشر الجبلي) أو ما يسمى بـ (صخرة أم بشر) الذي يقع ____ الإحساء بالسعودية، من **المعالم** landmarks الأثرية التي لا زالت محط تساؤل الكثير ____ أهالي القرية ____أكثر ____٧٠ عامًا، حيث لا زال الناس حتى وقتنا هذا مختلفين حول السبب الرئيسي لاقتران اسم هذا التل ____اسم امرأة توفيت قبل حوالي ٤ سنوات، والتي كانت مشهورة في القرية ____توليد النساء في الماضي.

٨. ورد ______ مسامع مدير المدرسة قيام بعض الطلاب ___التدخين سرًا _____ حمامات المدرسة.

٩. أعلنت مديرة المشروع التربوي الأكاديمي الذي يهدف ____ بناء الثقة __ النفس لدى شريحة الشابات اللاتي تتراوح أعمارهن ما بين ١٢ ___ ٢٢ سنة، ____ انتهاء فعاليات البرنامج بمُستوييْه الأول والثاني، بتخريج دفعة متميزة من المشاركات، وذلك في حفل ختامي اشتمل _____ العديد _____المفاجآت والفعاليات.

١٠. توقفتُ فجأة، وبقيتُ أحملق ____ بنت تجلس على حافة الجدار ثم أخذتُ أضحك بشكل هستيري، فانتفضت المسكينة ووقعت ___الأرض.

ظلال ثقافية (٤): المهر = (الصُّداق) والشّبكة

المهر dowry عادة وتقليد **واجب** obligatory في الدين الإسلامي. قال الله تعالى "وآتوا النساء صَدُقاتِهِنّ نِحلة." والمهر قسمان: **مُعجّل** advance و**مؤجّل** delayed. المعجل هو ما يدفعه الزوج قبل الزواج، والمؤجل يدفعه الزوج إن كان هناك طلاق. ومبلغ المهر يختلف من شخص إلى آخر، لكن كثيرًا من الناس يطلبون مهرًا عاليًا عند تزويج بناتهم، وهذا يسبِّب الكثير من المشاكل في بعض المجتمعات التي لا يستطيع الشباب فيها دفع المهور العالية. وتُعَدّ فكرة المهر **رمزية** symbolic لذلك ليس هناك تحديد له. والمهر هو **مِلك** property للزوجة فقط.

أما الشّبْكة، فمن الممكن أن تكون من المهر أو لا تكون، فالتقاليد هي التي تحدد ذلك. والشبكة عادة ما تكون من الذهب و**المجوهرات** jewelry. وهي موجودة في بلاد مثل مصر والأردن وفلسطين، وهي هدية من العريس لعروسه. ولكن بسبب قيمتها العالية أصبح الكثيرون يعتبرونها جزءًا من مهر الزوجة.

النص

الحمد لله، تتواتر الأخبار السعيدة، ولدي خبران مهمان، أخيرًا حصل والدي على وظيفة أستاذ في جامعة "أن سي ستيت" في ولاية "نورث كارولاينا،" وسننتقل جميعًا قبل بدء الصيف، فأنا انتهيت من دراستي والحمد لله، ولقد قام أخواي عامر وأشرف باستشارة سمسار عقارات كي يتم البحث عن بيت لنشتريه في مدينة "رالي" عاصمة الولاية. تعتبر "رالي" واحدة من المدن الأجنبية التي تحتضن الكثير من اللاجئين من شتى الجنسيات، وفيها جالية سورية لا بأس بها، كما أن بها فلسطينيين هاجروا إليها أثناء حرب الخليج الأولى في أوائل التسعينات. يا الله! أين المُسْتقر، نحاول جميعًا التأقلم مع الواقع المُرّ والغربة وتحمُّل مشقتها وألمها، وسيبقى حلم العودة إلى أحضان الأهل والوطن في سوريا محفورًا في الكيان إلى أبد الآبدين. والخبر الثاني والأهم أنّ والد آدم طلب يدي لآدم بشكل رسميّ من والدي، وتم الاتفاق المبدئي على أن يكون العرس في "أمريكا" في مطلع "أغسطس" القادم. وحسب التقاليد الفلسطينية في الزواج، فقد طلب أبو آدم أن نقوم بإتمام الخطوبة وكتابة عقد الزواج في الأردن الشهر القادم، ومشت الأمور على ما يرام وتمت الموافقة بين الطرفين، فكما يقولون "ستيرة العرض مراجل" و"خير البر عاجله." سيكون الاحتفال في الأردن محصورًا على بعض الأقارب والأصدقاء، "على الضّيق" على رأي عوام الناس هنا. بالمناسبة، سيجيء أخي عامر إلى كتب كتابي وستجيء معه صديقته الأمريكية "لورا." والدتي على علم مُسبَق بعلاقة عامر بـ "لورا،" ونصحته مرارًا بالاقتران بِبِنت عربية، وتقول له دائمًا: "يا عامر، من طين بلادك حط ع خدادك، يا ولدي! حسب العادات والتقاليد، فإن أسبقية الزواج لك، حيث إنك ابننا البكر وستكون أول فرحتنا، عليك بالرفق بيّ وفي أبيك أبي عامر، فكِّر فيما سيحدث لأبيك لو وَرَد إلى مسامعه خبر تلك

الأجنبية، هناك اختلاف في عادات الأسر العربية والغربية وطقوس الزواج، فضلًا عن أن "لورا" غير مسلمة. شتّان بين العربية والأجنبية يا ولدي، فكِّر! الله يهديك!" بيني وبينكم، هيهات هيهات أن يقتنع عامر، فهو غرقان في الحب لشوشته. نحن الشباب لنا أسلوب حياة مختلف عن الجيل القديم.

بعد شهر

آهٍ! لا أصدق أني في الأردن وتجمعني وآدم سماء عمان الجميلة. ما هي إلا سُويعات وستصل جاهة تشتمل على بعض كبار عائلة عمي أبو آدم وسننتهي من إجراءات الخطوبة، وسيتم استدعاء المأذون الشرعي، والذي علمت أنه من أصول شركسية، إلى بيت أحد أقارب والدي في جبل اللويبدة، وسيتم عقدُ الكتاب ودفع المهر المؤجل والذي هو دينار أردني واحد والمهر المُعجّل بمقدار خمسة آلاف دينار أردني. وسأصبح حليلة آدم بشكل شرعي. اتفقت مع آدم على أن نشتري الذهب من الأردن لا سيما وأن الذهب في الشرق الأوسط أفضل من نوعية الذهب في "أمريكا،" أما جهاز العروس أو ما يعرف بـ (الكسوة) من ملابس ليوم الحناء والزفة ولشهر العسل، فسنقوم بشرائه من "أمريكا" في الصيف. نسيت أن أقول لكم، طُلِب مني ومن آدم أن نقوم بإجراء فحوصات مخبرية يخضع لها المقبلون على الزواج للتأكد من عدم الإرتباط بأي مخاطر صحية قد تؤثر على أحد الزوجين أو كليهما أو أبنائهما في المستقبل.

بعد الرجوع إلى سوريا

بدأت حمّى السفر وصارت حرارتها ترتفع كل يوم، وأخذت دقات الساعة تُدغْدِغ أذنيّ قبل طلوع شمس كل نهار جديد يقترب من صيف انتظرته طويلًا وأشتاق إلى العيش فيه بكل تفاصيله.

بعد يوم طويل، استلقيت على الأريكة أحملق في صورة زفاف والديّ المعلقة على الجدار، وأقول لنفسي: "يااااه ما أجملها من صورة، وما أروع ذكريات الماضي!" كانت والدتي قد حدثتني عن "استديو" التصوير الذي ذهبا إليه لالتقاط تلك الصورة. يا الله! "استديوهات" التصوير!!! والله لا أظنها الآن إلا لافظة أنفاسها الأخيرة في طفرة عصر الـ"تكنولوجيا" الذي نعيش فيه.

شردت في لحظة سفر وسط أمواج أفكاري، حتى كادت تُجبِرني أن أقفز داخل ذلك الصندوق الخشبي الكبير المركون في زاوية صالة الضيوف، يُخفي داخله أطلال والدي ووالدتي من صور ورسائل وهدايا والكثير الكثير، ففيه عشرات رسائل الغرام مكتوبة بخط كليهما، وبالرغم من أنّ محتوياتها مألوفة لديّ، إلا أن قراءتها مرة ثانية تحمل بين طياتها مذاقًا مختلفًا. ففي وجود الذكريات المحسوسة لمسة من الماضي، وفيه رائحة زكية للذكريات، كأنها تنادي صنوف البشر كي تغسلهم من هموم الحاضر. أتساءل كثيرًا! كيف سنبني أنا وآدم مخزن ذكريات مراحل حياتنا ونحافظ على تلك الذكريات طيلة عمرنا كي تبقى جيلًا بعد جيل؟! يا ترى! هل ستُفقدنا حياة الـ"تكنولوجيا" بريق وروعة الذكريات؟ فوسائل التواصل الإجتماعي أصبحت كالحرامي يخطف الواحد منا دون أن يشعر، وأصبحنا نستسهل تخزين الذكريات على هواتفنا الذكية. فالتقاط الصور عبر الهاتف النقال ووضعها على "إنستجرام" أو ارسالها عبر "سناب شات" أمر سهل. كما أن حفظ الـ"فيديوهات" والرسائل الرقمية وغيرها من الذكريات الإلكترونية أصبحت مسألة على المحك، حيث أنها قد تصبح فريسة لـ"فيروس" أو "هاكر" قرر أن يمحو فجأة ذكرياتك وماضيك، أو ربما وجب التخلص منها لسبب ما أو آخر. هل أصبح جيلنا عاريًا، بلا قيمة أو ذكريات، كلما تقدم بنا العمر أصبحنا جيلًا رقميًا سهل المسح؟! من ناحية أخرى، أصبحت الذكريات الإلكترونية كأنها شبح يمكن استخدامه، وعلى الملأ، لفضح الآخرين أو الإيقاع بهم، فبدلًا من أن تكون ذكريات جميلة ونقية، إلا أنها صارت مشوّهة وانقلبت إلى كابوس.

آدم، يا توأم روحي! متى اللقاء مرة ثانية؟ أنتظره وفي فؤادي حرقة لا تهدأ إليك وإلى يوم الزفاف. آه من يوم الزفاف! يوم أنتظره بفارغ الصبر، وبقلب مملوء بالأمل أتطلع إلى سماع النداء الأخير الخاص بطائرتنا المغادرة إلى "أمريكا،" أرض الأحلام وقِبلتنا القادمة إن شاء الله يا حبيب العمر!

تمرين 25 بعد القراءة الأولى أجيبوا عن الأسئلة التالية

١. أين ستستقر عائلة أبي عامر في الصيف؟

٢. ماذا ستشتري العائلة؟ من يساعدها في ذلك؟

٣. ما الخبران الجميلان اللذان تتكلم عنهما ليلى؟

٤. من سيجيء من "أمريكا" لحفل كتب كتاب ليلى وآدم؟ هل يعلم والد عامر بقصة غرام ولده؟

٥. ما الأشياء التي سيتم شراؤها من الأردن والأشياء الأخرى التي ستُشتَرى من "أمريكا"؟

٦. فيم كانت ليلى تحملق وهي جالسة على الأريكة في بيتها في سوريا؟ كيف شعرت حينها؟

تمرين 26 اقرأوا مرة ثانية وثالثة ثم أجيبوا عن الأسئلة التالية

١. هل تفضل ليلى الاستقرار في "أمريكا" أم العودة إلى بلدها؟ كيف نعرف؟

٢. ما رأي أم عامر في مسألة زواج الأجنبيات؟ هل من السهل أن يقتنع عامر برأيها؟ لماذا؟

٣. ما الخطوات التي تمّت حتى أصبحت ليلى حليلة آدم بشكل شرعي؟

٤. لماذا يُطلَب من المقبلين على الزواج القيام بفحوصات مخبرية؟ هل هناك شيء من هذا القبيل في بلدكم؟ مارأيكم في هذا الأمر؟

٥. كيف تشعر ليلى تجاه حياة الـ"تكنولوجيا"؟ ما رأيكم في هذا الصدد؟

ملاحظات ثقافية ولغوية على مفردات النص ١

١. ضرب على الوتر الحساس to touch on a sensitive spot

٢. كلمة "عِقار (ج) عقاقير" بمعنى drug, medicament

تذكروا أن "عَقار" real estate

٣. في أحضان amid, in the folds of نقول "في أحضان الطبيعة" أو "في أحضان الصحراء"

من كلمة "حضن" hug

٤. ذو بأس brave, courageous = (شديد البأس)

٥. الفعل "شقّ" بمعنى split, cut through، نقول "شق شارعًا" to build a street، ونقول "شق عصا الطاعة" to rebel، ونقول "بِشقّ النفس" with great difficulty، والصفة "شاقّ" difficult, hard

٦. أبد الآبدين: نقول "إلى الأبد" أو "أبد الدهر" forever، ونقول: "سأظل أحبك إلى الأبد"

٧. درسنا كلمة "رسمي" بمعنى official، تعلموا كلمة "رسميات" formalities.

٨. في العامية، نقول: "اطلَع برة" get out

٩. ستارة (ج) ستائر curtain، من وراء الستار behind the scenes.

من الفعل "ستر" cover

١٠. نقول "البرّ بالوالدين" filial (parental) piety.

١١. لا مبرّر له unjustified

١٢. كلمة "قرينة" بمعنى "زوجة"

١٣. لاحظ الفرق بين "مأذون" و"مؤذِّن" announcer of the hour of prayer

١٤. الكسوة (الشريفة)

the covering of the Kaaba: a black, brocaded carpet covering the walls of the Kaaba, made yearly in Egypt and transported with the pilgrimage caravan to Mecca

١٥. استخبار (ج) استخبارات secret services، "دائرة الاستخبارات" information bureau

١٦. في العامية نقول "محصور" للشخص الذي يريد أن يستخدم الحمام. فمثلًا إن قال شخص: "أنا محصور" فهنا تعني I want to urinate so bad

١٧. حكّ: من الفعل عبارة "حكّلي تحكّلك" You do me good, I'll do you good.

This proverb is said by one who wants to help another, but only if the other is willing to help, too.

١٨. ليلة الحناء: a celebration held the night before an actual wedding for the bride and the groom

تمرين 27 ترجموا من العربية إلى الإنجليزية مستخدمين العبارات اللغوية والثقافية السابقة

١. تعتبر الكُسوة الشريفة من أهم مظاهر التشريف والتعظيم لبيت الله الحرام، ويرتبط تاريخ المسلمين بكُسوة الكعبة وصناعتها التي تفرّد بها أشهر فناني العالم الإسلامي، وتسابقوا لينالوا هذا الشرف الكبير. وهي قطعة من الحرير الأسود المنقوش عليه آيات من القرآن من ماء الذهب، تُكسى بها الكعبة ويتم تغييرها مرة في السنة.

٢. عبد الحليم خدّام (نائب الرئيس السوري، وأحد أقدم أعضاء الحزب الاشتراكي الحاكِم في سوريا) قرر أخيرًا أن يشقّ عصا الطاعة وينفصل عن النظام السوري ويسافر إلى "باريس."

٣. هل تخيّلت العيش في أحضان الطبيعة؟ في منازل الغابات، حيث تصميمات المنازل الجاهزة، وربما منزل مبني من **الطوب** = (الحجر أو الطين)، أو منزل وسط الأشجار العالية مع نوافذ "بانورامية."

٤. اعتمدت "روسيا" سياسة الضرب على الوتر الحسّاس مع "تركيا" سنة ٢٠١٦، حيث أن "موسكو" لم يَكفِها توسيع إجراءاتها العقابية ضد "تركيا" عسكريًا واقتصاديًا بعد إسقاط أحد الطيارات الروسية على الحدود التركية السورية، بل إنها استقبلت صلاح الدين دمرداش زعيم حزب الشعوب الـ"ديموقراطي" التّركي المُعارض.

٥. أشارت دراسة جديدة إلى أن التوقف عن تناول العقاقير المُخفِّضة للـ"كولسترول" بسبب آلام في العضلات أو في المعدة يمكن أن يمثّل خطرًا على المدى البعيد، حيث أن ذلك يمكن أن يزيد نسبة الوفاة أو الإصابة بأزمة قلبية.

٦. سمعت من الكثير أن أهل اليمن أناس ذوو بأس، أشدّاء، أقوياء، لا يخافون المخاطر، يتحدّون الموت ويواجهون الصِّعاب بِثَبات.

٧. بلا رسميات ولا **حراسات** bodyguards، وفي جولة مفاجئة لأمير منطقة مكة، تفقّد فيها التوسعة الجديدة التي يتم تنفيذها، وسير العمل فيها والمراحل التي قُطعَت لتنفيذها.

٨. إذا سمعت صوت المؤذن فسأصلّي في المسجد، وإن لم أسمعه فَسَأؤدي الصلاة في البيت.

تمرين 28 **اعرفوا زملاءكم مستخدمين المفردات والعبارات الثقافية التي درستموها**

١. هل سبق لهم أن تعرّضوا لانتقادات لا مبرر لها؟ (ربما من الوالدين أو الأصدقاء أو الأقارب، إلخ) متى ولماذا؟

٢. هل يعتقدون أن بر الوالدين واجب على الأبناء؟ لماذا (لا)؟

٣. هل انتصر فريق بلدهم / فريقهم المفضل بشقّ النفس في إحدى مبارياته؟ ماذا حدث؟

٤. هل تعرضوا لموقف مُحرِجٍ أُضطروا فيه أن يقولوا لشخص "اطلع برة" أو العكس؟

٥. في رأيهم، هل هناك أيادٍ تُحرك السياسات الداخلية والخارجية لبلدهم من وراء ستار؟ كيف ذلك؟

تمارين إضافية على المفردات

تمرين 29 **اختاروا الكلمة أو العبارة الصحيحة لتكملوا الجمل التالية**

١. ________ الأخبار **المُفَبركة** fake على مدى السنوات الماضية حول موت أو تدهور الأحوال الصحية لواحد أو أكثر من دُعاة الدين في العالم الإسلامي.

أ. شرحت ب. انصّبت ج. تواترت

٢. لم تكتفِ الحكومة التركية بتعريب لافتات أحياء ومناطق "تركيا،" وبإدخال اللغة العربية في جزء من جامعاتها الحكومية، وإنما جعلتها مرافقة للغة التركية في كتابة أسماء المَرافق والمكاتب والصفوف داخل المدارس التي تشهد الآن احتواء أعداد ________ من أبناء المنطقة العربية.

أ. على عجل ب. فضلًا عن ج. لا بأس بها

٣. ________ "سنغافورة" فعاليات معرض الطائرات والدفاع الجوي الذي يعد أكبر حدث من نوعه بالقارة الآسيوية، ويُنظَّم المعرض في ظل توتر تشهده مختلف مناطق شرق "آسيا" وغربها، مما يؤدي لِتَسابق الدول لاقتناء أحدث الطائرات وأنظمة الدفاع الجوي.

أ. تتبرّع ب. تحتضن ج. تنتمي

٤. يجب علينا أن نتحمل المصاعب، فلا يمكن **إدراك** = (الوصول إلى) = (الحصول على) الراحة إلا بالتعب والـ________.

أ. مشقة ب. عُذر ج. استرسال

٥. شرّع الإسلام الدفاع عن ________، حتى وإن كان لا يتحقق إلا بقتل المعتدي، أو كان يؤدي إلى قتل المدافع.

أ. المداهمة ب. التعبئة ج. العِرض

٦. ليست ________ بأن تحبك كل النساء، ولكنها تكون بأن تعشق وتُخلِص لإنسانة واحدة وتجعلها فوق كل النساء.

أ. العرقلة ب. الرجولة ج. المأساة

٧. إن ______ الوالدين هو أقصى درجات الإحسان إليهما، ولقد أكدت كل الأديان السماوية على ضرورة إكرام الوالدين ورعايتهما والعناية بهما.

أ. برّ ب. تصعيد ج. تناثُر

وأخيرًا...ضحِكتْ الأقدار

٨. لم يتحمل ______ قرية الروضة في مركز (ملوي) جنوب محافظة (المنيا) بمصر، تحويله إلى التحقيق، إثر اكتشاف خطأ في عقد زواج كان قد كتبه، خاصة وأنه كان من أقدم الموظفين في المركز، فانتحر بواسطة إطلاق **عيار ناري** = (رصاصة) على نفسه من سلاح خاص به.

أ. مستطيل   ب. زقاق   ج. مأذون

٩. أعلن أسطورة كرة القدم الأرجنتينية "دييغو مارادونا" أنه ______ في دبي، حيث يقيم، لعملية جراحية في كتفه بسبب إصابة يعاني منها منذ زمن طويل.

أ. دهس   ب. داخ   ج. خضع

١٠. (الرجل) والبعض يلقبونه بـ "براد بيت السويد،" وآخرون يرون فيه ملك جمال العالم. مهما اختلفت المسميات والألقاب، يبقى المؤكد أن هذا الشاب العشريني ويدعى "بن دالهاوس" قد ضمن ونجح خلال فترة قصيرة في ______ الأنظار على شبكات التواصل الاجتماعي.

أ. خطف   ب. احتراف   ج. ركوب

تمرين 30 **اختاروا الكلمات الصحيحة لملء الفراغات**

قبلة	حك	مطلع	التوائم	بريق	محو	فضح	طيّات	الكُسوة	الطفرة

١. ______ الوراثية هي من الأمور التي لا تزعجك بعد اليوم، فقد اهتم بها العلماء ويدرسونها بشكل مستمر لأنها تؤثر على الإنسان مثل أمراض السرطان وغيرها.

٢. هل لديك ذكريات تود ______ها تمامًا من رأسك؟ ماذا لو كان بإمكانك أن تغيّر الذكريات الحزينة كي لا تزعجك بعد اليوم، أو كان بإمكانك تشكيل ذكريات جديدة كليًا. فماذا تختار؟

٣. أصبحت مدينة مكة ______ الحجاج والمعتمرين المسلمين من كل أنحاء العالم منذ سيادة الإسلام فيها في سنة ٨ هجرية / ٦٢٩ ميلادية وحتى يومنا هذا.

٤. ارتفعت نسبة ولادة ______ حول العالم بشكل ملحوظ، حيث ازدادت بنسبة ٧٦٪ منذ عام ١٩٨٠-٢٠١٥، ويرى أغلبية الناس أن هذا أمر رائع حقًا.

٥. عُثر **على** = (وُجِد) رجل في أوائل الستينات، ميتًا في حديقة منزله، بعد يوم واحد من ______ **تورّطه** involvement في علاقات جنسية مع بنات مراهقات. وأكدت السلطات المحلية أنها ترجّح انتحاره.

٦. عاد السيّاح مع أعياد نهاية السنة شيئًا فشيئًا إلى صحراء موريتانيا لاكتشاف كثبانها الرملية سيرًا على الأقدام، أو على ظهور الجِمال، أو في سيارات رباعية الدفع، فـ______ الصحراء **أزال** = (محا) مخاوفهم الأمنية حيث استُئنفَت الزيارات السياحية التي توقفت منذ ٢٠١١ لأسباب أمنية.

٧. يجمع العالم المعاصر في ______ـه بين الكثير من **المتناقضات** contradictions، فتجد فيه معادي السلام ومُحبيه على سبيل المثال.

٨. قالت المنظمة الدولية للهجرة، إن ١٩٢ لاجئًا غرقوا في مياه البحر المتوسط، منذ ______ ٢٠١٨، خلال محاولتهم الوصول إلى "أوروبا."

٩. وزع مركز الملك سلمان ______ الشتوية على ٥٧٤ أسرة سورية في الأردن.

١٠. دخلت أعضاء جسم الإنسان كمكوّن أساسي في علم الأساطير الشعبية التي يمكن من خلالها للـعرافين -fortune tellers التعرف على أشياء غيبيّة كثيرة، يصفون على إثر تغيّرها وحركاتها أدويتهم ووصفاتهم الشعبية، ومنها اليدان. فالأسطورة التي التصقت بهما دخلت في مجتمعات كثيرة، فمثلًا، تقول الأسطورة إن ـــــــــــــ اليد اليمنى يعني (وصول خير) وأموال لصاحبها، واليسرى (شر قادم).

تمرين 31 اسألوا زملاءكم

١. الكثير يقولون إن الطلاب الأمريكيين يستسهلون دراسة اللغات الأخرى كالإسبانية والفرنسية ويستصعبون دراسة لغات أخرى كالعربية والصينية وغيرها، ما رأيهم في هذه المسألة؟

٢. في رأيهم، ما الذي سيكون على المحك إذا وقعت حرب تجارية بين "الصين" والولايات المتحدة؟

٣. هل سبق أن أوقعهم أحد في مشكلة؟ أو ربما سبق أن أوقعوا أحدًا في مشكلة بقصد أو بدون قصد؟ ماذا حدث؟

٤. هل هناك أشياء في حياتهم يودّون أن يمحوها من ذاكرتهم؟ ما هي ولماذا؟

٥. ما رأيهم فيمن يقومون بالخضوع لعمليات تجميلية ويغيرون ملامح وجوههم؟

٦. هل هو/ هي الابن أو البنت البكر بين إخوته / ـها في ثقافته / ـها؟ هل يقع على كاهل البكر مسؤوليات أكثر من باقي الإخوة؟

تمرين 32 (كتابة حرة) أكملوا بما يناسب الجزء الآخر من الجمل التالية

١. طلبت المساعدة من سمسار عقارات لشراء بيت في وسط المدينة، في البداية مشت الأمور على ما يرام وبعدها ـــــ
ــ.

٢. قلت لك مرارًا وتكرارًا ـــ.

٣. ما كنت على علم مُسبق ـــ.

٤. بالمناسبة، ـــ.

٥. إن **رسوم الدراسة** tuition في الجامعات مكلفة، فضلًا عن ـــــــــــــــــــــــــــــ.

٦. يا أخي، كلامك عارٍ عن / من الصحة، وسأتخذ الإجراءات القانونية ـــــــــــــــــــــــــ.

٧. أجابها بحرقة قائلًا ـــ.

٨. أخفَت غرامها به لمدة طويلة ثم ـــــــــــــــــــــــــــــــــــ.

٩. لا يشرفني أن ارتبط بـ ـــــــــــــــــــــــــــــــــــــــ.

١٠. شتّان بين ـــ.

١١. هيْهات أن ـــ.

١٢. ورد إلى مسامعي ـــ.

تمرين 33 ترجموا إلى الإنجليزية

١. من أسباب تشوّه الجنين في بطن أمه شُرب الكحول، والتدخين، وتعاطي المخدرات، حيث إن هذه المواد من أخطر الأسباب التي تؤدّي إلى ولادة طفل مُشوّه.

٢. تعتبر القهوة العربية المُرّة من أشهر المشروبات تناولًا في المجتمع الخليجي، ولا يكاد يخلو بيت عربي من حبوب أو مسحوق powder البُنّ ذي المذاق المميز.

٣. إذا كنت مقبلًا على الزواج، فاحرص على أن تُجهّز نفسك ليوم الزفاف لأنه لا يتكرر، ولابد أن تكون في كامل أناقتك وتخطف الأنظار بمظهرك الوسيم. اختر بدلة مُميّزة للغاية، حتى لا تتشابه مع الحضور.

٤. أسبقيات المرور هي العلامات التي تعطي لمستخدم الطريق الأمر بأن أسبقية المرور له أو ليست له.

٥. رغم محاولاتها غير الناجحة للتشبّه بالمُمثلة العالمية "أنجلينا جولي،" إلا أنّ الإيرانية "سحر طبر،" تقول إنها سعيدة بالنتائج. وحسب موقع "ذا صن" فإن الفتاة الإيرانية البالغة من العمر ١٩ عامًا، خضعت لـ ٥٠ عملية جراحية كي تُشبه الممثلة الأمريكية الشهيرة.

6. In Islam, dowry is a mandatory payment paid or promised to be paid by the groom, or the groom's father, to the bride at the time of marriage, which legally becomes her property.

7. There can be a number of psychological triggers that cause nightmares in adults. For example, anxiety and depression may cause nightmares.

8. I think my neighbor is courageous. He publicly responded to news of his son's death.

9. Teslas are not easy to steal, but thieves managed to break into a car dealership and steal three Tesla cars.

تمرين 34 اعرفوا زملاءكم

1. Do they prefer to drink bitter or sweet drinks? Why?

2. How well do they adapt to new situations?

3. Where is the real estate market headed in their country in the current year?

4. Can someone take a picture of them without their permission?

5. What do they do if they become a victim of identity theft?

تمرين 35 ماذا تقولون لزملائكم في المواقف التالية مستخدمين مفردات درستموها في الجزء الثاني أو في الدروس السابقة من هذا الكتاب (يمكنكم استخدام صيغة الأمر حسب الحاجة)

١. لكم جار مزعج يريد أن يعرف كل صغيرة وكبيرة عن حياتكم.

٢. جلس جدكم يتذكر أيام الشباب وأطلال بيته القديم التي أصبحت في طي الماضي.

٣. معكم (أختكم أو صديقتكم) ورجل في الشارع أخذ يحملق بها ولا يرفع نظره عنها.

٤. لكم صديق يستصعب التحدث باللغة العربية ويفكر في التوقف عن تعلمها.

٥. شاهدتم شخصًا ذا وجه مألوف لديكم في السوق التجاري.

٦. لكم صديقة أخطأت في حقكم، وحاولت أن تصلح الخطأ، جاءت إليكم وحاولت أن تدغدغ مشاعركم ببعض الكلمات الرقيقة.

تمرين 36 يللا نمثل

١. وصلتك أخبار عن طريق أحد أقاربك أنّ صديقًا لك قال شيئًا يسيء إليك وعار من الصحة تمامًا. قم بالاتصال بصديقك، وبيّن موقفك.

٢. قمت باستعارة جهاز الحاسوب أو أي جهاز تقني من مكتبة الجامعة، وبينما كان الجهاز معك، تعطّل الجهاز (أو تمت سرقته). تكلم مع موظف الجامعة وأخبره الذي حصل وحاول أن تقوم بحل المشكلة.

ملاحظات ثقافية ولغوية على مفردات النص ٢

١. نقول "علّق الآمال على" بمعنى to set one's hopes on، ونقول "فيما يتعلّق بـ" بمعنى with regards to

٢. تعلموا هذه المفردات والعبارات من نفس جذر (التقط):

لَقْطة (ج) لقطات	snapshot, a shot (film)
لُقطة (ج) <u>لُقَط</u>	lucky (find), (Egyptian) good bargain, pick up
مَلقط (ج) ملاقط	(pair of) tweezers, (pair of) tongs

٣. نقول "أخطأ اللفظ" بمعنى to mispronounce، ونقول "لفظًا ومعنى" in letter and spirit

٤. "شرد بي الفكر" to become lost in thought، "شريد" fugitive، "حياة التشريد" the unsettled life

تذكروا أن كلمة مشرَّد تعني homeless

٥. "موجة استنكار" wave of disapproval، "موجة سخط" ripple of anger

٦. "اختطف الكلام" to talk rapidly and breathlessly

٧. "سهل الهضم" easily digestible

٨. "ممحاة" وبالعامية "<u>مَحّاية</u>" eraser

"محو الأمية" eradication of illiteracy

٩. "بملء فيه" at the top of one's voice

١٠. "كبس (على)" to press (s.th. or on s.th.)، "كبسة" raid، "مكبوس" prickled، كما أن كلمة "مكبوس" تُلفَظ *matchbuus* في الخليج وهي أكلة خليجية تحتوي على الرز والدجاج، وفي السعودية يسمونها "كبسة".

١١. حرق قلبها to vex, exasperate her heart

١٢. "نداء استغاثة" call for help

تمرين 37 اعرفوا زملاءكم مستخدمين المفردات والعبارات الثقافية التي وردت في النص

١. مَن يُعلق آمالًا عليهم؟ لماذا؟

٢. هل اشتروا أشياء يعتبرونها "لُقطة"؟ ما هي ولماذا؟

٣. في رأيهم، ما أجمل لقطات الأفلام الأمريكية التي شاهدوها والتي مازالت **عالقة** stuck في أذهانهم؟

٤. هل حدث أن شرد بهم الفكر أثناء أدائهم للصلاة (الدرس، الامتحان، مقابلة عمل، إلخ.)؟ ماذا حدث؟

٥. ما الأطعمة سهلة الهضم؟ ما الأطعمة صعبة الهضم بالنسبة لهم؟ أيهما أفضل، ولماذا؟

تمرين 38 ترجموا الجمل التالية إلى الإنجليزية

١. يعدّ المغرب من البلدان الناشطة في مجال محو الأمية، إذ يبذل جهودًا كبيرة في هذا الإطار، وتأتي تلك الجهود رسمية وأهلية على حد سواء، إذ أن الهدف هو تأمين أفضل النتائج لا سيما بين النساء.

٢. أطلقت وكالة الأمم المتحدة لإغاثة وتشغيل اللاجئين الفلسطينيين "أونروا،" نداء استغاثة من أجل برامجها الطارئة بمبلغ ٨٠٠ "مليون" "دولار" أمريكي.

٣. أثارت صور نشرتها وسائل الإعلام الإيرانية، تُظهِر نحو خمسين فقيرًا ومُدمِنًا ينامون في قُبور graves داخل مقبرة "شهريار" غرب "طهران،" موجة كبيرة من السخط في "إيران."

٤. قامت زوجة سعودية بحرق منزلها في منطقة "جازان" بالسعودية، بعد أن انفجرت الخلافات بينها وبين زوجها الذي حرق قلبها بزواجه من امرأة أخرى، وأسفر الحريق عن إصابة طفلة ودمار البيت بالكامل، وكانت الزوجة قد فوجئت، بعد زواج دام عشر سنوات وإنجاب ستة أبناء، بخبر زواج الزوج.

٥. أمس، أعطتني جارتي وصفة سريعة وشهية لعمل مكبوس الدجاج، يا الله! كانت من أروع ما يكون!

٦. قام كهربائي بإلقاء نفسه من الطابق الثالث هربًا من "كبسة شرطة الآداب،" مما أدى إلى إصابته بكسر في ساقه اليسرى، وتمّ إلقاء القبض عليه ونقله إلى أقرب مستشفى على الفور.

٧. يمكن كَبْس الزيتون الأسود والزيتون الأخضر، لكن وصفة كبس الزيتون الأخضر تختلف عن وصفة كبس الأسود، كما يختلف المذاق أيضًا.

٨. قد يضحك الإنسان بملء فيه عندما يرى مواقف تدعو إلى الضحك، أو يسمع قصة أو نكتة معينة.

٩. نظريًا، يمكننا أن نكتب حوالي ٤٥ ألف كلمة بقلم الرّصاص الواحد، وفي حال وقوعنا بالأخطاء أثناء الكتابة، وهو أمر شائع جدًا، يأتي دور المِمحاة لتصحيح أخطائنا، ربما لم نعُد نهتم كثيرًا بأقلام الرصاص والممحاة في عالمنا المعاصر، كوْن التطور التقني جعلنا أكثر ارتباطًا بالأجهزة الرقمية التي تُسهّل عملية الكتابة والحذف فيها.

١٠. لاقى قميص قطني موجة عالية من الاستنكار والغضب عبر وسائل التواصل الاجتماعي، بسبب عبارة دُوّنت عليه بالانجليزية، وترجمتها: (لا تقولي "ربما" إذا كنت تريدين أن تقولي "لا.") وقد اعتبر المحتجون أن هذه العبارة تشجع بشكل أو بآخر على ثقافة العنف والاغتصاب، وتُهين المرأة.

تمرين 39 ترجموا من الإنجليزية إلى العربية مستخدمين العبارات التي درسناها

1. Do you not get annoyed every time you see random **strands** جدائل of hair around your eyebrows or cheeks? Our magic tweezers could rightly do the job for you!
2. The president welcomed the "honored" Turkish president, Recep Tayyip Erdogan, to the White House recently, and he repeatedly mispronounced his guest's name.
3. A photography project has given 14-year-old Manal the confidence to set her hopes high for the future.
4. Eating easily digestible foods is one way to make sure that your digestive system gets a break and can function more smoothly.
5. "The Fugitive" is an American drama series created by Roy Huggins.
6. Two years since fleeing Syria, Rafan and his family are still enduring an unsettled life on the move, without access to basic necessities.

تمرين 40 يللا نمثل

You lost your **wallet** مِحفظة, which has all of your credit cards, driver's license, social security card, etc. Speak with someone at the bank (licensing office, social security office), explain what happened, and try to have a new credit card (license, social security card) issued for you.

تمرين 41 (القصة): أجيبوا عن الأسئلة التالية

Now that you have learned the new vocabulary and cultural and linguistic expressions and understand the main text, answer the following questions:

١. ما رأيكم في الزواج المبكر؟ هل من اللازم أن يتزوج الابن أو البنت البكر أولًا؟

٢. ما رأيكم في المثل القائل <u>من طين بلادك حط ع خدادك</u>؟

٣. من خلال كلام ليلى عن رأيها في الـ"تكنولوجيا" في النص. ماذا يمكن أن تقولوا عن شخصيتها؟

٤. هل وجود اللاجئين فرصة أم عبء على اقتصاد الدولة المُضيفة؟ كيف؟

واحة القواعد (١): مراجعة وتمارين على المبني للمجهول

تمرين 42 في الجدول التالي نراجع بعض الأمثلة للمبني للمجهول لأشكال مختلفة من الأفعال

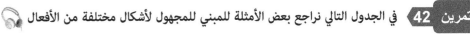

	الفعل الصحيح	الفعل المضعف (قبّل)	الفعل الذي أوله همزة	الفعل الأجوف (وسطه حرف علة)	فعل المثال	الفعل المقصور
أنا	سُمِعْتُ	قُبِّلْتُ	أُخِذْتُ	شوهِدْتُ	وُعِدتُ	رُميتُ
نحن	سُمِعنا	قُبِّلنا	أُخِذْنا	شوهِدْنا	وُعِدْنا	رُمينا
أنتَ	سُمعتَ	قُبِّلْتَ	أُخِذْتَ	شوهِدْتَ	وُعِدْتَ	رُميتَ
أنتِ	سُمعْتِ	قُبِّلْتِ	أُخِذْتِ	شوهِدْتِ	وعِدْتِ	رُميتِ
أنتما	سُمعْتما	قُبِّلْتُما	أُخِذْتما	شوهِدْتُما	وُعِدْتُما	رُميتُما
أنتم	سُمِعتُم	قُبِّلْتُم	أُخِذْتم	شوهِدْتُم	وُعدتم	رُميتُم
أنتن	سُمِعتنَّ	قُبِّلْتُنَّ	أُخِذْتُنَّ	شوهِدْتُنَّ	وُعِدْتُنَّ	رُميتُنَّ
هو	سُمِعَ	قُبِّلَ	أُخِذَ	شوهِدَ	وُعِدَ	رُمِيَ
هي	سُمِعَتْ	قُبِّلَتْ	أُخِذَتْ	شوهِدَتْ	وُعِدَتْ	رُمِيَتْ
هما	سُمِعا	قُبِّلا	أُخِذا	شوهِدا	وُعِدا	رُمِيا
هما	سُمِعَتا	قُبِّلَتا	أُخِذَتا	شوهِدَتا	وُعِدَتا	رُمِيَتا
هم	سُمِعوا	قُبِّلوا	أُخِذوا	شوهِدوا	وُعدوا	رُموا
هن	سُمِعْنَ	قُبِّلْنَ	أُخِذْنَ	شوهِدنَ	وُعِدْنَ	رُمينَ

تمرين 43 ترجموا الجمل التالية من العربية الى الانجليزية

١. وقد تم التأكيد في الاجتماع بين قيادة الدولتين أن العلاقات يجب أن تستمر وأن التوتر يمكن أن يُحَلّ بالطرق السلمية.

٢. في المباراة النهائية بين فريقي كرة القدم الوطنيين لـ "البرازيل" و"ألمانيا،" سُجّل هدف واحد وتم طرد لاعبين وكانت المباراة ستُلغى بسبب الأمطار الغزيرة.

٣. الطعام المشويّ بالنسبة لي لذيذ وطيب. لكن أخي لا يحب ولا يأكل الطعام الذي يُشوى على النار ويفضل الطعام الذي يُطبخ بالطريقة التقليدية.

٤. كان هناك حادث مأساوي على الطريق الصحراوي الليلة الماضية وقد حُطّمت سيارتان بشكل تام، كما أُصيب أحد السائقين بجروح خطيرة في رأسه ونُقل إلى المستشفى بطائرة الـ"هليوكوبتر". وعندما وصل إلى المستشفي قرر الأطباء أن تُجرى له عملية جراحية فورًا.

٥. يُستعار من مكتبة الجامعة الكثير من الكتب بشكل يومي. يتم إرجاع بعض هذه الكتب ولكن كثيرًا منها لا يُرجع. ويُعاقب المستعيرون الذين لا يُرجعون كتبهم بدفع "دولار" على كل يوم تأخير.

٦. هناك الكثير من الجرائم التي تُرتكب بشكل يومي في المدن الكبيرة ولا يتم الكشف عن مرتكبيها. تُحفظ التحقيقات بهذه الجرائم في ملفات خاصة ثم تُنسى.

٧. لقد قام المستشار الخاص الذي كُلِّف بالتحقيق في قضية تواطؤ حملة "ترمب" الانتخابية مع "روسيا" بالتحقيق مع

الكثير من المقرّبين إلى الرئيس "ترمب". ومن الأشخاص الذين حُقّق معهم كان وزير العدل الأمريكي. ولقد أُدين عدد من هؤلاء بجرائم سيُقدّمون بسببها للمحكمة. ربما يُحكم عليهم بالسجن لسنوات عديدة.

٨. كثير من الدراسات تشير إلى أن الطعام الذي لا يُستهلك ويُرمى في المطاعم الأمريكية يمكن أن يطعم الملايين من الناس الذين يمكن أن يموتوا جوعًا في بلاد فقيرة.

٩. يُصدَّر الـ"بترول" بشكل يومي من الدول المنتجة للنفط. ربما يُستهلَك هذا النفط وربما يُحفظ لاستخدامه عند الحاجة.

١٠. من السهل أن يُستفزّ كثير من الناس لكن أستاذي في الجامعة لا يُستفز أبدًا. حاول الطلاب أن يستفزوه أكثر من مرة لكنه كان أكثر هدوءًا من الجبال.

عالم الجذور والأوزان: الفعل (تواتر)

الفعل **تواتر** = (تتابع) succeed, come after another

و**الوِتر** هو العدد المفرد odd numbers ومنها صلاة الوتر التي يجب أن تكون مفردة (١، ٣، ٥، ...)

و**الوَتَر** هو string في الآلات الموسيقية. فهناك آلات وترية مثل الـ"جيتار" و**الكمان** violin والعود.

تمرين 44 بناء على فهمكم للجذر (و ت ر) أجيبوا عن الأسئلة التالية

١. ما هي العلاقة بين الجذر وكلمة **توتّر** unrest التي درسناها في الدرس الأول؟

٢. كيف نقول vocal cords مستخدمين كلمة من نفس الجذر؟

٣. في القرآن الكريم، هناك سورة اسمها "الفجر" في الآية الثالثة تجدون كلمة الوِتر وعكسها. ابحثوا عنها.

٤. كيف نقرأ الكلمتين التاليتين: متوتّر، متواتر، ما الفرق بينهما في المعنى؟

٥. ما اسم الفاعل من الفعل "أوتر"؟

٦. هناك قول "ضرب على الوتر الحسّاس،" ابحثوا عن معناه ومتى يمكن أن يُستخدم؟

ظلال ثقافية (٥): الأحاديث المتواترة

الحديث بصفة عامة هو ما قاله أو فعله النبي محمد (عليه السلام)، والحديث المتواتر هو الحديث الذي رَوَتْه جماعة عن جماعة عن النبي، وهو من أصحّ الأحاديث، ويأتي في المنزلة بعد القرآن. ويمكن للحديث المتواتر أن يكون متواترًا من حيث اللفظ، بحيث أنه لا يكون هناك أي اختلاف في الكلمات بين **رواية** narrative ورواية أخرى، وهو متواتر بالمعنى، فالمعنى واحد، لكن ربما تكون هناك روايات مختلفة. وهناك كتب خاصة بالأحاديث المتواترة منها:

- الأزهار المتناثرة في الأحاديث المتواترة
- نظْم المُتناثر في الحديث المتواتر

وأخيرًا...ضحِكتْ الأقدار

الفعل (قام)

الفعل (قام) هو فعل أجوف وجذره (ق و م) وعكسه (قعد). وله أوزان ذات معان مختلفة، ومن الأوزان الشائعة والمعاني المختلفة للفعل ما يلي:

قام	stand	قام من (النوم) = (نهض واستيقظ)	
قام بـ	do, accomplish	قوّم	straighten
قام إلى	to be ready	أقام	establish
استقام	to lead a straight life		

ومن الأقوال المشهورة (**قامت قيامته**) بمعنى مات أو غضب غضبًا شديدًا his day of resurrection has arrived.

و**التقويم** هو calendar وأيضًا معناه assessment في علم التربية والنفس.

نسمع كثيرًا كلمة **قومية** nationality وهي من كلمة قوم وهي مجموعة الناس وخاصة الرجال في الأصل. وعندما نقول **هو قومي** he is nationalistic. والقومية العربية انتشرت كثيرًا في الخمسينيات والستينيات من القرن العشرين، وتعني أنّ الشعوب العربية شعب واحد بسبب اشتراكها في اللغة والتاريخ والعادات والتقاليد.

قيام الليل

وهي صلاة ليلية، وعادة تكون قبل صلاة الفجر. وأكثر ما يقوم المسلمون بقيام الليل في شهر رمضان لحديث النبي "من قام رمضان إيمانًا واحتسابًا غفر له ما تقدّم من ذنبه."

تمرين 45 اعرفوا زملاءكم

1. Do they perform their prayers on a daily basis?

2. What time do they usually wake up in the morning?

3. Do they sit or stand when they are on a bus or train (not necessarily in their towns, but maybe in other places they have been)?

4. Are they honest (morally upright) in their lives or not, and how?

5. What kind of projects have they accomplished in their lives?

تمرين 46 استخدموا ثلاثة من الأفعال أو العبارات السابقة تحت الفعل (قام) في جمل من عندكم

تمرين 47 تقديم شفوي

ابحثوا عن روّاد pioneers القومية العربية وقدموا عن أحدهم تقديمًا تذكرون فيه معلومات حياتية عن هذا الشخص وأهم أفكاره القومية ودوره في **تعزيز** reinforcing هذا المفهوم.

346

ظلال ثقافية (٦): التلطيش Catcalling

التلطيش كلمة عامية تعنى catcalling وهي كلمة **ملطفة** euphemism لكلمة التحرش اللفظي. وفي بعض البلاد مثل مصر تسمى (معاكسة) وفي فلسطين والأردن يسمونها (التطقيس). وهي عادة ما تكون بالكلام **المجازي** metaphorical وعادة ما تكون في الشارع. والرجال هم عادة من يبدأون بالتلطيش. ولكل دولة عربية عبارات خاصة بالتلطيش ربما لا تكون مفهومة في بلد آخر.
الـ"فيديو" التالي فيه الكثير من العبارات المستخدمة في التلطيش في منطقة الشرق الأوسط وفيه نقد لهذه الممارسات.

The video is in the Levantine dialect. It includes expressions used in catcalling, and the presenter makes fun of the nonsense of these expressions and the ones who use them. Watch and see if you can understand any of the expressions.

القراءة (١): التلطيش يَـلقى آذانًا مُصغية في لبنان

تمرين 48 **قبل القراءة**

١. ما هو تعريف التلطيش في رأيكم؟

٢. هل ظاهرة التلطيش منتشرة في مجتمعاتكم؟ من يمارسها؟ هل لها حدود؟

٣. ما هي أسباب ظاهرة التلطيش وما هي الحلول المناسبة لها؟

المفردات

التلطيش = (المعاكسات) = (التحرش)

اللياقة الأدبية sense of propriety and decency

اقرأوا النص التالي عن التلطيش في المجتمع اللبناني ثم أجيبوا عن الأسئلة التي تليه

للمُعاكسات عادات خاصة في المجتمع اللبناني، حيث تدخل طقوسها في مناهج بعض معاهد ومدارس تعليم اللغة العربية، وبالتحديد اللهجة اللبنانية لتتعلم الفتيات الأجنبيات كيفية التعامل معها.

المُلاحظ في الآونة الأخيرة أن التحرش بدأ يخرج عن السياق التقليدي الشعبي له ليقتصر على مجتمعات معينة وفي أوساط الشباب المراهقين الذين يبتكرون قاموسًا خاصًا بهم في فن المغازلات باستمرار. منها ما يبقى مقبولًا، وقد يرسم الابتسامة على شفاه مَن تسمعها، ومنها ما يخرج عن سياق اللياقة الأدبية ويدعو إلى الانزعاج **والازدراء**.

ويبدو هذا الواقع اللبناني مشابهًا للواقع الإسباني الذي أصبحت فيه المعاكسات في طريقها إلى الزوال بعدما كانت جزءًا من الثقافة الإسبانية، لأسباب عدة؛ أهمها تغير دور المرأة في المجتمع الإسباني، باعتبار أن المعاكسات تمثل تجسيدًا للتقاليد الاجتماعية والسلوكية القديمة التي كان الذكور يلعبون فيها الدور الإيجابي والإناث الدور السلبي، أو المتلقّي.

ونفى تقرير نشرته وكالة الأنباء الألمانية أن يكون الرجل مُتـّهمًا بِنسيان أو عدم إتقان فن المغازلة، وإنما التراجع يعود إلى تغير المرأة وظروفها، وبالتالي عدم تقبلها هذا الشكل من الإطراء الذي قد أصبحت تعتبره استفزازًا أكثر منه إطراءً أو إعجابًا.

لكن في لبنان حيث لهذه المعاكسات **وَقْعها** في ذاكرة الفتيات، فيمكن القول إنها سلكت طريقا حديثًا ومخالفًا لتلك التي كانت معتمدة منذ سنوات عدة. أما الأسباب فهي تتنوع بين انفتاح المجتمع بشكل عام وطبيعة العلاقات بين الذكور والإناث بشكل خاص، إضافة إلى ما توفره وسائل الاتصال الحديثة من فرص للتواصل بين الجنسين وما يدور بين هؤلاء من حوار مباشر أسرع وأسهل بكثير من ذلك الذي كان يدور على طريق هنا وفي شارع هناك.

وانتقلت رَحى المعاكسات – في لبنان يطلق عليها اسم التلطيش - من الشارع إلى حائط الـ"فيسبوك" حيث يستطيع الشاب أن يتعرف على الفتاة ويتواصل معها بطريقة مباشرة. وفي حين يرجع سبب تراجع هذه الظاهرة إلى الانفتاح في المجتمع اللبناني حيث لم يعد هناك شباب محرومون من العلاقات، يلفت إلى أن مظهر الفتاة وشكلها يلعبان الدور الأساسي في إقدام الشاب على معاكستها.

وأخذت ظاهرة المعاكسات في لبنان تَوجُّهًا مختلفًا عن ذلك الذي كان معتمدًا في السنوات السابقة وهو يظهر اليوم بطريقة منفتحة أكثر ومباشرة قد تكون في الشارع أو عبر وسائل اتصال أخرى، والدليل على ذلك الأساليب المتعددة التي يعتمدها الشباب للتحرش بالفتيات. وتعدد أشكال المعاكسات الحديثة كالملاحقة بالسيارة أو إرسال رسائل عبر وسائل التواصل الاجتماعي أو الهاتف تحتوي عبارات شبيهة بتلك التي كانت مستخدمة في المعاكسات قديمًا.

والمعاكسات بشكل عام تنتج عن **الكبت** الذي يعيشه الشباب في مجتمع تقليدي مغلق وفي سن معينة تتحرك خلالها غرائزهم ومشاعرهم.

كما توضح المتخصصة في علم النفس الاجتماعي الدكتورة بشرى قبيسي في حديثها لصحيفة (الشرق الأوسط):

وبالتالي كان (التلطيش) يعتبر نوعًا من فشّة الخُلق (وسيلة يمكن من خلالها التعبير عن هذه المشاعر)، وهذا ربما كان أقصى ما يستطيعون الحصول عليه. المشكلة كانت أنه كان يصل في أحيان كثيرة إلى استخدام ألفاظ غير لائقة ومهينة، لكن وفي حين أن المعاكسات الشعبية في طريقها إلى الزوال في لبنان، لا بد من التأكيد أن الظاهرة الاجتماعية لا تزول فجأة من أي مجتمع، وتحتاج إلى فترة من الوقت كي تختفي نهائيًا.

وتشير إلى أن هذا النوع من المعاكسات الشعبية كانت تُرضي غرور بعض الفتيات، ويشكل فرصة للإيقاع بهن في الشارع وعلى الطرقات، صار اليوم يعكس صورة سلبية عن الشاب الذي يقدم على القيام بها، بل تنظر إليه الفتاة بازدراء وسخف. وتعود أسباب تراجع هذه الظاهرة إلى انفتاح المجتمع اللبناني وسهولة التواصل بين الجنسين، بالإضافة إلى الدور الكبير الذي تلعبه وسائل الاتصال الحديثة في هذا الإطار، الأمر الذي انعكس بشكل واضح على تراجع ظاهرة المعاكسات الشعبية التي تحولت إلى تواصل مباشر عبارة عن فعل ورد فعل عبر وسائل عدة، وتكون النتيجة إما التجاهل والرفض أو القبول من الطرف الآخر بعدما كانت قبل ذلك لا تلقى آذانا مُصغية من الإناث اللاتي كن لا يتفاعلن معه.

تمرين 49 أجيبوا عن الأسئلة التالية

١. من يمارس التلطيش في المجتمع اللبناني؟

٢. لماذا يذكر النص المجتمع الإسباني؟ كيف يختلف المجتمع اللبناني عن المجتمع الإسباني؟

٣. لماذا لا توجد ظاهرة التلطيش في "ألمانيا"؟

٤. لماذا تراجعت ظاهرة التلطيش في المجتمع اللبناني؟

٥. كيف تفسر الدكتورة بشرى قبيسي ظاهرة التلطيش؟

٦. كيف لعبت وسائل التواصل الحديثة دورًا في تراجع ظاهرة التلطيش؟

تمرين 50 بعد القراءة الثانية، أجيبوا عن الأسئلة التالية

١. اقرأوا النص مرة ثانية وخمنوا معاني الكلمات بالخط الغامق.

٢. العبارة "فشة الخلق" التي تحتها خط هي عبارة عامية والنص يعطي معناها بالفصحى. ماذا يقابلها باللغة الإنجليزية؟

٣. جدوا في النص كلمات بالمعاني التالية: among, embodiment, recipient, compliment, egoism

٤. جاءت عبارة "يَلقى آذانًا مُصغية" في العنوان وعبارة "لا تلقى آذانًا مصغية" في نهاية النص. ما معنى هاتين العبارتين؟

واحة القواعد (٢): اسم الفعل

قرأنا في النص:

- **عليك** بالرفق فيّ وفي أبيك أبي عامر.
- **شتان** بين العربية والأجنبية يا ولدي، فكّر! الله يهديك!
- بيني وبينكم، **هيهات هيهات** أن يقتنع عامر.
- **آه**! لا أصدق أني في الأردن.

الكلمات التي تحتها خط ليست أسماء وليست أفعالًا وليست حروفًا. ما هي إذًا؟ هذه الكلمات تسمّى "أسماء أفعال،" وهي كلمات تدل على معاني الأفعال. فكلمة "**عليك**" معناها "يجب" أو "اِلتزم." أما **شتّان** فهي تعني "بَعُـدَ" (الفعل من بعيد)، وكلمة **هيهات** **أيضًا** تعنى "بَعُدَ،" أما **آه** فمعناها "**أتألم** I am hurting." هذه الكلمة مثل ouch في الإنجليزية. أسماء الأفعال ثابتة ولا تتغير حركة الحرف الأخير.

ومن أكثر **أسماء الأفعال** انتشارًا ما يلي:

صَه	be quiet اسكُت	هاك	خذ
حَيَّ	تعال	سرعانَ	أسرع
أُفّ	I complain, I am being annoyed	حذار (من)	beware احذر
هيّا	أسرِع		

تمرين ٥١: ترجموا من الإنجليزية إلى العربية مستخدمين اسم فعل مناسب

1. Beware of the dog!
2. After prayers, one says, "Amen."
3. Be respectful to your parents and do not say a word to show you are annoyed. Hint: a verse in Quran)
4. In the call for prayer, the caller says, "Come to prayer."
5. You have to smoke shisha outside.
6. It is remotely possible that my professor will agree to postpone the test.
7. The parents told the annoying children to keep quiet.
8. The trainer asked the player to play hard.

واحة الجذور والأوزان: الفعل (تجبّر)

قرأنا في النص "شردت في لحظة سفر وسط أمواج أفكاري، حتى كادت **تجبرني** أن أقفز داخل ذلك الصندوق الخشبي."
الفعل تجبر من الجذر (ج ب ر). والفعل جبر معناه "أصلح" وهو عكس "كسر". ومن الأفعال **المشتقة** derived من هذا الجذر ما يلي:

جبّر fix something that is broken

تجبّر to be a tyrant, arrogant

أجْبَر force s.o. to do s.th.

والجبيرة هي cast

تمرين 52 **بناءً على هذه المعلومات، ترجموا الجمل التالية**

١. من أسماء الله الحُسنى الجبّار.

٢. انكسر قلبه بعد أن ماتت زوجته التي عاش معها أكثر من خمسين سنة. ليس هناك ما يجبر قلبه المكسور.

٣. يا طلاب، هذا الواجب إجباري. عليكم أن تقوموا به قبل يوم الجمعة.

٤. الكثير من الحكام والملوك والرؤساء الذين لا يحكمون بالعدل هم من الجبابرة.

٥. المدرسة الجبرية هي مدرسة تقول إن الناس ليس لهم اختيار في أفعالهم فهم مجبورون وليست عندهم الحرية.

٦. تزوجت جارتي من ابن عمها جَبْرًا. وبالتأكيد كانت النتيجة الطلاق. لماذا يُجبر الناس بناتهم على الزواج من أشخاص لا يحببنهم؟ سؤال صعب!

٧. وقع أخي الأصغر وكسِرت قدمه. بعد وقت ليس قصيرًا انجبرت والحمدلله.

تمرين 53 **اقرأوا بيت الشعر التالي وترجموه إلى الإنجليزية**

الخير في الناس مصنوع إذا جُبِروا   والشر في الناس لا يفنى وإن قُبِروا

ع الماشي

هل سمعتم بكلمة algebra؟ هي **الجبر** باللغة العربية. ما هي العلاقة بين هذا العلم والجذر (ج ب ر) if any؟

استماع (١): ازدياد معدلات الطلاق في البلاد العربية

للنقاش قبل الاستماع

١. هل سمعتم أو **خبرتم** experienced حالة طلاق؟ كيف حدثت؟ ما هي الأسباب والنتائج على أفراد العائلة؟

٢. هل تعتبرون الطلاق مشكلة اجتماعية في الولايات المتحدة؟ لمَ؟ لمَ لا؟

٣. في رأيكم هل يمكن أن يكون الطلاق حلًا؟ كيف (لا)؟؟

تمرين 54 الاستماع الأول: شاهدوا ثم أجيبوا

صحيح أم خطأ؟

١. يتكلم البرنامج عن انتشار حالة الطلاق في معظم البلاد العربية.

٢. لا يحدث الطلاق في السنوات الأولى للزواج أو قبل بداية الحياة الزوجية.

٣. علماء النفس يجب أن يبحثوا في أسباب ارتفاع نسبة الطلاق.

٤. التربية الخاطئة من أهم أسباب الطلاق.

٥. التدخّلات الخارجية بين الزوجين ليست سببًا مهمًا في ارتفاع نسبة الطلاق.

تمرين 55 الاستماع الثاني: استمعوا ثم أجيبوا عن الأسئلة التالية

١. ما هي أهم أسباب الطلاق؟

٢. علامَ (على ماذا) يجب أن يركز الآباء في تربية أبنائهم على أسس القيم النبيلة؟

٣. علام تساعد تنشئة جيل يفهم معنى العلاقة الزوجية وقدسيته؟

٤. ما الحل في مشكلة (سوء اختيار الشريك)؟

٥. ماذا يحدث عندما يسمح الزوجان لأطراف خارجية بالتدخل في علاقتهما الزوجية؟

٦. علام تُبنى العلاقة بين الزوجين؟

تمرين 56 الاستماع الثالث: ما الكلمات أو العبارات التي تعني ما يلي؟

الانتظار	consequences نتائج		الأرقام
secrecy	make the wrong choice	do not do well	مشكلة كبيرة

تمرين 57 كتابة

الطلاق ظاهرة اجتماعية منتشرة في كثير من المجتمعات. ناقشوا هذه الظاهرة في مجتمعاتكم من حيث:

١. مدى انتشار الظاهرة.

٢. أهم الأسباب التي تؤدي إلى الطلاق.

٣. آثار الطلاق على أفراد الاسرة وخاصة الأطفال منهم.

٤. إن استمرت ظاهرة الطلاق في مجتمع وانتشرت بشكل كبير، كيف يمكن أن يؤثر ذلك على مفهوم الأسرة وعلاقات أفرادها ببعضهم.

الجذر (ل ق ط)

تمرين 58 جاء في النص الفعل التقط ومن أوزان الجذر (ل ق ط) : (لقط) و(التقط) و(تلقط) ومن العبارات الشائعة المرتبطة بهذا الجذر ما يلي:

- الصحن اللاقط satellite dish
- لاقط الصوت microphone
- لقيط foundling, abandoned child of unknown parents who is found by somebody

ما العلاقة في المعنى بين الجذر والعبارات الشائعة؟

الجذر (ق د م)

من الأوزان الشائعة من هذا الجذر: قدم، أقدم، قدّم، تقادم، استقدم

تمرين 59

درسنا مجموعة من الكلمات التي لها علاقة بهذا الجذر منها قدم (ج) أقدام، وقديم. من الكلمات والعبارات الجديدة التي يمكن أن **نشتقها** derive من الجذر أيضًا ولكنها تلتقي جميعًا في موضوع الزمان والمكان. بناءً على هذه العلاقة الدلالية،

١. ما العلاقة بين الجذر (ق د م) و**قدم** foot؟

٢. إن كان معنى **أقدم** more senior (same as older) فما معنى seniority؟

٣. لماذا يوصف الشخص الشجاع بأنه (مِقدام)؟

تمرين 60 **ما معنى الجمل التالية**

١. قدِم والدي إلى الولايات المتحدة في خمسينيات القرن الماضي.

٢. قدّم السفير أوراق اعتماده إلى الرئيس.

٣. "الجنة تحت أقدام الأمهات."

٤. "يا ليتني قدّمت لحياتي" (القرآن: الفجر: ٢٤).

٥. تعتبر (المُقدِّمة) من أهم أعمال عالم الاِجتماع التونسي (ابن خلدون).

٦. لك الشكر مُقدّمًا.

٧. الصيد نشاط عرفه الإنسان منذ القِدَم.

٨. تقدّم السّن بجدي فهو الآن في التسعين من عمره. لقد حارب في "فيتنام" وهو من المحاربين القُدامى.

تعلموا العبارات التالية

لشخص **متردد** hesitant نقول "يقدّم قدمًا ويؤخّر أخرى."

لشخص ليس له تأثير نقول "لا يـُقدّم ولا يـُؤخـّر."

تمرين 61 صلوا بين العمودين

١.	تقدم، تقدمي، تقدمية
٢.	أقدمون
٣.	قدامى (المحاربون القدامى)
٤.	أقدمية
٥.	مقدام
٦.	منذ القدم
٧.	على قدم وساق
٨.	على قدم المساواة
٩.	مشى على أطراف قدميه
١٠.	وقف على قدميه
١١.	من أخمص قدمه إلى قمة الرأس
١٢.	قدم للكتاب
١٣.	تقدمت بها السن

stand on one's feet (be independent)	
from head to toe	
became old in age	
tiptoeing	
progress, move persistently	
on an equal footing (equally), in full swing	
veterans	
write a book introduction (preface)	
courageous	
progress and progressive	
previous generations	
long time ago	
seniority	

العلاقات الشخصية قبل الزواج

تعتبر المجتمعات العربية والإسلامية بشكل عام مجتمعات محافظة، وذلك فيما يخص علاقات ما قبل الزواج، وخصوصًا إن كان الجنس جزءً منها. إن ظاهرة الصاحب / الصاحبة أو **الحبيب / الحبيبة** boyfriend/girlfriend غير شائعة كما الحال في بلاد أخرى. بشكل عام، فإن العلاقات التي يكون الجنس جزءً منها مرفوضة وغالبًا ما يدفع أشخاص كثيرون ثمنًا لها خصوصًا البنات. فالمجتمع العربي والإسلامي إلى حد ما مجتمع ذكوري. لكن الظاهرة بدأت تنتشر حديثًا وخاصة بين **الطبقة المخملية** high class فأبناء وبنات هذه الطبقة ربما يقيمون علاقات ما قبل الزواج، ولكن لا تزال محافظة في كثير من الأوقات.

القراءة (٢): العلاقات الجنسية قبل الزواج ظاهرة خطيرة في مجتمعنا العربي

من وجدان الربيعي

تمرين 62 **القراءة الأولى:** اقرأوا الفقرات من ١-٦ قراءة سريعة. عمّ تتكلم هذه الفقرات؟ ما هي أهم الأفكار التي خرجتم بها؟

تمرين 63 **القراءة الثانية:** اقرأوا الفقرات من ١-٦ مرة ثانية وأجيبوا عن الأسئلة التي تليها.

١. اعتبر خبراء في علم الاجتماع والعلاقات الأسرية أن ظاهرة العلاقات الجنسية قبل الزواج أصبحت تشهد انتشارًا متزايدًا في عدد من البلاد العربية رغم تعارضها مع القيم الدينية والاجتماعية، ودعوا إلى الشّفافية في التعامل مع هذه الظاهرة، ووضع حلول اجتماعية واقتصادية عبر تسهيل أعباء الزواج أمام الشباب. وأكدوا أن مواقع التواصل الاجتماعي غـَدت من العوامل المؤثرة في انتشار العلاقات الجنسية قبل الزواج في بعض البلاد العربية إلى جانب أسباب تقليدية مثل تفاقم المشاكل كالبطالة، **والعنوسة celibacy**، والعولمة وتراجع الروابط الأسرية.

١. ما هي أسباب انتشار العلاقات الجنسية قبل الزواج في بعض الدول العربية؟

٢. وقالت الخبيرة الاجتماعية العراقية سلامات يوسف لـ "القدس العربي": أصبحت الظاهرة منتشرة بشكل واسع في عدد كبير من البلاد العربية، وأحيانًا **تتخطّى** crosses الحدود، لذا نقترح على المقبلين على الزواج أن يتم عقد القران بسرعة حتى لا يقعوا في المحظور. والشاب لا يصرح عادة بطبيعة العلاقة التي تجمعه بمن يود الارتباط بها، لكن في الآونة الأخيرة نلاحظ أن الشباب بدأوا يتجاوزون الالتزامات الدينية.

٢. ماذا تقترح الخبيرة الاجتماعية سلامات يوسف على من يريد الزواج؟ لماذا؟

٣. وتتساءل: إلى أي درجة تستطيع الأسرة السيطرة على عفة الشاب والتزامه؟ أعتقد أنه أمر صعب، وأرى أنه على علماء الدين مسؤولية كبيرة في تقديم حلول تتناسب واحتياجات الشباب. أتتني حالات كثيرة من فتيات حوامل لا يعرفن ماذا يفعلن بعد أن تمت العلاقة بعقد بين الطرفين دون علم الأهل.

٤. وبالنسبة إلى نظرة الشاب الشرقي إلى موضوع "عفة الفتاة" قالت: أعتقد أن نظرته اختلفت لمفهوم **العفة** chastity، فقد يقوم بعلاقة في فترة التعارف والخطوبة ويعتبر أنه لم يخطيء والمشكلة تكمن في أنه قد يحدث خلاف مع الخطيبة قبل الزواج، وبالتالي تنتهي العلاقة بدون زواج وتفقد الفتاة **عذريتها** virginity، إلا أن أحكام الزواج للعذراء تختلف عن أحكام الزواج لغير العذراء. وتتعرض الفتاة لضغط نفسي واجتماعي، ولا تستطيع الزواج إلا إذا أخبرت من يود الارتباط بها بحقيقة علاقتها السابقة. الفتاة هنا لا تعتبر أنها أذنبت لكن تعرف أن المجتمع لن يتقبل ذلك. على عكس الأوضاع في الغرب؛ إذ أنني عالجتُ قبل فترة فتاة غربية تبلغ من العمر ٢٣ سنة كانت تعاني من الاكتئاب بسبب أنها مازالت عذراء. هناك حالات كثيرة لفتيات يرغبن في الزواج لكن مررن بعلاقات في الماضي يذهبن إلى العيادات الخاصة لخياطة أو ترقيع غشاء البكارة حتى يستطعن الزواج. في الحقيقة أنا أشجع على عدم إجراء هذه العمليات وأن تكون الفتاة صادقة مع نفسها، ومع من ترغب بالارتباط به خاصة أن الشباب اليوم هم أكثر تفتحًا واستيعابهم أكبر لمفهوم العذرية.

٣. ما هي المشكلة التي تناقشها الفقرة ٤؟ ما هو رأي الخبيرة في حل المشكلة؟ هل توافقون الخبيرة في ذلك؟ لِمَ؟ لِمَ لا؟

٥. وعن كيفية مواجهة هذه الظاهرة، قالت: أرى أن الطريقة الوحيدة هي التربية الدينية والأخلاقية وتنمية شعور العفة، ونصيحتي للأهل والمجتمع أن يُسهّلوا الطريق أمام أولادهم ويُعطوا الحرية للشباب في إطار عقد زواج مبدئي من أجل منح الطرفين فرصة للتعارف بدون تعقيدات المهر والشبكة والمصاريف التي لا تنتهي. وبالتالي يتوفر مجال للتعارف بقليل من الحرية المسموح بها ضمن إطار شرعي. بالنسبة للفتاة ما يحميها هو وعيها، وعلى كل حال هذه العلاقات موجودة وتحدث من وراء ظهر الأهل، وهنا من الضروري أن يتدخل الأهل حتى لا يصل الأبناء إلى مرحلة الإحساس بالذنب أو على الأقل تسهيل عملية الزواج والتخفيف من أعبائه المكلفة والمعقدة والغريبة عند الشباب حتى لا يقعوا في خطأ العلاقات خارج الأطر المقبولة.

٤. ماذا تنصح الخبيرة الأهل والمجتمع؟

٥. ما هي أهمية منح الشباب شيئًا من الحرية في عقد الزواج؟

٦. وتختتم بالقول: لحد الآن لا توجد حلول مطروحة تناسب الدين وفي الوقت نفسه تناسب الحاجة الإنسانية المتمثلة في الجنس. ومن خلال بحثي أعتقد أن الاعتماد على عفة الشباب والتزامهم سوف يكون أمرًا صعبًا لذلك نسمع بين الفينة والأخرى عن مظاهر سلبية نتيجة الكبت من اعتداءات وتحرشات جنسية.

حكايات العشاق

Parts of the text below are in colloquial speech. At this stage, you will have the tools to decode such texts. They are in colloquial speech because they are the scripts of oral conversations. The writer reports them as is and without any modification.

٧. تحدّي فكر (المجتمع العقيم)، و(التحرر من الخوف) و(المثالية الفارغة)، كانت هذه أولى كلمات الفتاة المصرية "س" (٢٦ عاما) التي تروي قصتها قائلة: "مارست الجنس "الخارجي" لأكترمن تلات = (ثلاث) سنوات مع خطيبي، أنا وهو بنحب = (نحب) بعض جدًا ومقدرناش = (لم نقدر) نستنى = (ننتظر) لحد ما = (حتى) نتجوّز = (نتزوّج)، والجنس ده = (هذا) احتياج طبيعي بيحس = (يشعر، يحس) به كل شاب وكل بنت واللي بيقول = (الذي يقول) إنه يقدر يقاومه = (يستطيع أن يقاومه) كذاب، وأنا لسه = (لا زلت) بنت "عذراء" يعني **ماجبتش** did not bring العار لأهلي ومش بحس = (لا أشعر) بأي ندم في العلاقة، أنا بشوفها = (أراها) أمر طبيعي مثل مسكة إيد = (يد) أو **حضن** hug بين أي حبيبين ودي = (هذه) الطريقة الوحيدة اللي بنفرغ = (التي نفرّغ) بها الكبت الجنسي لي ولخطيبي في وسط ظروف اقتصادية مش سامحة نتجوز = (لا تسمح بالزواج) حاليًا، ولو حصل وافترقنا فعادي = (فهذا عادي) جداً وده نصيب العلاقة دي مش هي اللي هتجبرنا = (ستجبرنا) نتجوز بعض لو إحنا مش حابين = (نحن لا نحب) ومتمسكين ببعض فعلًا سواء بوجودها أو لأ.

٦. كيف تنظر الفتاة المصرية (س) إلى الجنس؟

٨. وأضافت: احنا بنعمل ده برضانا **وواخدين بالنا** and we are careful، ومش إحنا بس اللي بنعمل كده = (نحن لسنا الوحيدين الذين يفعلون ذلك) شباب وبنات كتير، هو ده الحل الوحيد عندهم لحد ما يقدروا يتجوزوا ولو على الحرام والحلال ما هو أصلًا حتى كلام الحبيبين في الـ"تليفون" ومقابلتهم حرام يبقى ما نحللش = (لا نحلل) حاجة = (شيء) ونسيب = (نترك) حاجة. الحرام والحلال بيتاخد **حتة واحدة** one piece, as a bulk.

٧. ماذا تقول الفتاة المصرية (س) عن الحلال والحرام في العلاقات بين الشاب والبنت؟

٩. وفسرت جملة "واخدين بالنا" قائلة: إحنا بنعمل علاقة خارجية بس يعني أي حاجة وكل حاجة ممكن تحصل بين الراجل ومراته ماعدا "فض البكارة" وده مش بيفرق لأننا بنكون وصلنا لحد المتعة من غير ما أفقد بكارتي، وطبعًا الموضوع ابتدا تدريجي يعني زي كتير مخطوبين بنعيش لحظات رومانسية، وابتدا القرب بينّا بلمسات كلها حب بعدين بقينا نحس إن ده مش كفاية وإننا مشتاقين لبعض أكتر، فقررنا إننا نتقابل في شقتنا اللي هنتجوز فيها مستقبليًا وماكانتش = (ما كانت) جاهزة كلياً بس = (لكن) بتقضيّ الغرض وبقينا نمارس علاقة طبيعية زي أي زوج وزوجة بس مش كاملة ووجدنا إن الموضوع "ممتع جدًا" ولا نستطيع التوقف، وده كان بيحصل كل ما ظروفنا تسمح، وطبعًا من غير ما حد يشوفنا، وبنكون مبسوطين جدًا وده خلانا = (جعلنا) نتمسك ببعض أكتر.

١٠. ويقول "م" وهو شاب جامعي "إنه لا يمانع من زواجه من فتاة مارست الجنس مسبقًا بشرط ان تكون مارسته مع حبيب لها وبسبب مشاعرهما تجاه بعضهما البعض أو ضمن مشروع زواج لم يكتمل" وأضاف: كل واحد حر في حياته يحب بمشاعره بس يحب ويعمل علاقة. دي = (هذه) أمور شخصية طالما إنه لا يؤذي حد وهو المسؤول عن نفسه وبس

٨. ماذا يقول الشاب (م) عن ممارسة بنت للجنس قبل الزواج؟

١١. ويؤكد "م" من خلال تجربته في الجامعة أن "الزواج العرفي" أصبح السمة المميزة لعلاقات الكثيرين في الجامعات، خاصة لمن يرون أن الاختلاط دون مبرر شرعي حرام فيقومون بتزويج بعضهم لبعض تحت مُسمّى الدين، وبشهادة أصدقائهم حتى يُحَل للشاب إقامة علاقة مع صديقته (زوجته) في أي وقت ودون الشعور بتأنيب الضمير، ويتم ذلك أيضًا بدون علم الأهل أو أي شخص خارج نطاق "الشهود" وإن تيسّر لهم الحال للزواج كان بها، وإلا فيتم الطلاق بالتراضي وكأن شيئًا لم يكن.

٩. ما معنى الزواج العرفي من خلال النص؟

"لندن" – القدس العربي

تمرين 64 ابحثوا في النص عن كلمات مرادفة للكلمات التالية

١. أصبحت (الفقرة ١)

٢. الممنوع (الفقرة ٢)

٣. رأي (الفقرة ٤)

٤. أخطأت (الفقرة ٤)

٥. إعطاء (الفقرة ٥)

٦. الغالية (الفقرة ٥)

تمرين 65 ناقشوا مع زملائكم

Some of the questions may be of a private nature. Students may choose to share their stories with their classmates or not. It is highly recommended that students discuss the issue in general terms.

١. ما هي تجاربهم في علاقاتهم الشخصية؟ تحدثوا عن علاقاتكم الأولى وكيف بدأت وكيف كان رأي الأسرة (الأب والأم والأقارب) فيها؟

٢. هل يظنون أن إقامة علاقات شخصية قبل الزواج ضروري لنجاح الحياة الزوجية؟ لماذا؟ لماذا لا؟

٣. هل يظنون أن العلاقات الشخصية قبل الزواج أمر فردي أم أن للمجتمع دورًا فيه؟

٤. هل يظنون أن الدين يمكن أن يلعب دورًا في تشكيل / شكل العلاقات الشخصية بين الذكور والإناث أو الذكور والذكور أو الإناث والإناث؟ لم؟ لم لا؟

٥. هل زاروا بلادًا أخرى؟ كيف تنظر المجتمعات الأخرى إلى هذا النوع من العلاقات؟

تمرين 66 كتابة

بعد مناقشة الموضوع، اكتبوا مقالة من ٢٠٠ كلمة تناقشون فيها آراءكم وأراء زملائكم في العلاقات الزوجية قبل الزواج. هل تتفقون في وجهة النظر أم تختلفون؟

• ما هي أدلة كل طرف التي يدعم بها رأيه إن كان هناك اختلافات؟

• في ظل التطور التكنولوجي وإقبال الشباب والناس بشكل عام على مواقع التواصل الاجتماعي، كيف ترون مستقبل العلاقات الزوجية قبل الزواج؟

واحة القواعد (٣)

الأسماء الممدودة والمقصورة والمنقوصة

لاحظوا مجموعات الأسماء التالية

- سماء، صحراء، حمراء، انتهاء
- فتى، مصطفى، مستشفى، أنثى
- واعي / واعٍ، هادي / هادٍ، وادي / وادٍ

ماذا تلاحظون؟

كل هذه أسماء ولكن لكل مجموعة **فئة** category خاصة بها.

← الأسماء التي تنتهي بـ (ألف) بعدها همزة اسمها (أسماء ممدودة).

← الأسماء التي تنتهي بـ (ى) اسمها (أسماء مقصورة).

← الأسماء التي تنتهي بـ (ي) اسمها (أسماء منقوصة).

The interesting part of these is not their names but how they behave in terms of forming the dual and the plural in addition in terms of case endings.

		المفرد	المثنى	الجمع
الممدود	**المرفوع**	السماءُ / سماءٌ	(الـ) سماوان	السماواتُ / سماواتٌ
	المنصوب	السماءَ / سماءً	(الـ) سماوَيْن	السماواتِ / سماواتٍ
	المجرور	السماءِ / سماءٍ	(الـ) سماوَيْن	السماواتِ / سماواتٍ
المقصور	**المرفوع**	الفتى / فتىً	(الـ) فَتَيان	الفِتيانُ / فتيانٌ
	المنصوب	الفتى / فتىً	(الـ) فتَيَين	الفِتيانَ / فتياناً
	المجرور	الفتى / فتىً	(الـ) فتيَين	الفِتيانِ / فتيانٍ
المنقوص	**المرفوع**	الواعي / واعٍ	واعيان / الواعيان	الواعون / واعون
	المنصوب	الواعيَ / واعيَ	الواعيَيْن / واعيَين	الواعين / واعين
	المجرور	الواعي / واعٍ	الواعيَيْن / واعيَين	الواعين / واعين

- من أين جاءت الواو في مثنى وجمع (سماء)؟ أصل الهمزة هو الواو لأن الجذر هو (س م و)
- من أين جاءت الياء في مثنى وجمع (فتى)؟ أصل الألف هو الياء لأن جذر الكلمة هو (ف ت ي)

لاحظوا

١. لا تظهر الضمة والكسرة على نهاية المنقوص المرفوع والمجرور المفردين.

٢. تظهر الفتحة لأن الياء حرف **صحيح** consonant وليست **حرف علة** vowel.

٣. تُحذف الياء من نهاية المنقوص المرفوع والمجرور وينتهي الاسم بتنوين الكسر.

اسم الفاعل واسم المفعول من الفعل الناقص

الفعل	المضارع	اسم الفاعل	اسم المفعول
روى	يروي	الراوي / راوٍ	مرويّ
سمّى	يسمّي	المسمّي / مسمٍّ	المسمَّى / مسمَّى
راعى	يراعي	المراعي / مراعٍ	المراعَى / مراعَى
أنهى	يُنهي	المنهيّ / منهٍ	مُنْهى
تساوى	يتساوى	المتساوي / متساوٍ	______
تحدّى	يتحدى	المتحدي / متحدٍ	المتحَدّى / متحدَّى
اجتبى = اختار	يجتبي	المجتبي / مجتبٍ	المجتَبى / مجتبى
انقضى	ينقضي	المنقضي / منقضٍ	______
استجدى	يستجدي	المستجدي / مستجدٍ	المستَجدى / مستَجدى

تمرين 67 **أكملوا الجدول التالي (تذكروا ليس هناك اسم مفعول من الفعل اللازم intransitive إلا إذا لازمه حرف جر)**

الفعل	المضارع	اسم الفاعل	اسم المفعول
سما			
أدّى			
ألقى			
تسامى			
تمنّى			
انتهى			
استدعى			

تمرين 68 **حددوا اسم الفاعل أو اسم المفعول من الفعل الناقص في الجمل التالية وبينوا الحالة الإعرابية (مرفوع، منصوب، مجرور) والسبب**

١. كثير من المربين هذه الأيام لديهم أكثر من عمل بسبب تكاليف الحياة الغالية.

٢. عليكم أن تختلطوا بالآخرين وألّا تكونوا من المنطوين.

٣. استقال محامي الرئيس "ترامب" بعد أن بدأ مكتب التحقيقات الـ"فيدرالي" التحقيق معه.

٤. لا تكن متعاليًا في سلوكك مع الآخرين.

٥. هذا القميص غالٍ. قليل من المشترين يستطيعون دفع ثمنه.

٦. "فهل (فـ + هل) أنتم مُنْتَهون؟" (المائدة: ٩١)

تمرين 69 عبروا عما يلي باستخدام اسم الفاعل أو اسم المفعول من الأفعال الناقصة

1. Are your parents pleased with you? رضي

2. The caller called for the prayer. نادى

3. The quality of the goods that were bought was bad. اشترى

4. My mother always eats the leftovers. بقي

5. You see lots of shepherds when you visit the countryside in Morocco. رعى

🎧 استماع (٢): مكاتب التعارف الإسلامية: وسيلة للزواج في "تتارستان" 🎧

قبل الاستماع: ناقشوا الأسئلة التالية
١. كيف تعرفتم على أعز أصحابكم / أعز صاحباتكم / زوجاتكم / أزواجكن؟

٢. ما هي طرق التعارف المنتشرة في مجتمعاتكم؟ كيف تغيرت عن طرق التعارف في الماضي؟

٣. ما هي طريقة التعارف المفضلة لديكم / لديكنّ؟ لماذا؟

تمرين 70 الاستماع الأول: اقرأوا الأسئلة، ثم استمعوا وأجيبوا عنها

١. أين يوجد مكتب التعارف؟

٢. ماذا عرف الشاب من أخته عن صديقتها؟

٣. من يجلس مع الشاب والفتاة عادة؟

٤. متى يجلس الشاب والفتاة لوحدهما؟

٥. من هو "ألماز"؟

٦. كم طفلا لـ"ألماز" وزوجته؟

٧. كم طول "ألماز"؟

٨. متى تم افتتاح المكتب / الوكالة؟

٩. ماذا درست مشرفة المكتب في الجامعة؟

١٠. كم عدد حالات الزواج الناجحة في المكتب؟ كم طفلًا؟

تمرين 71 الاستماع الثاني: استمعوا مرة ثانية وأجيبوا عن الأسئلة التالية

١. ماذا فعل الشاب بعد أن سمع من أخته عن صديقتها؟

٢. متى يُسمح للشاب والشابة أن يتبادلا أرقام الهواتف؟

٣. كيف تعرف "ألماز" على زوجته؟

٤. كيف تعرفت الزوجة على زوجها؟

٥. ماذا كانت شروط الزوجة في الشاب الذي ترغب في الزواج منه؟

٦. ماذا فعلت مشرفة المكتب قبل أن تقرر فتح المكتب؟

٧. لماذا أصبح التعارف عن طريق المكاتب شيئًا معروفًا ومنتشرًا؟

تمرين 72 جدوا كلمات مرادفة للكلمات التالية

4. specifications	3. by mere coincidence	٢. حسْب	١. بهدف
		6. celibacy	5. marriages

تمرين 73 أسئلة للمناقشة

١. ماذا يقول "ألماز" بالعربية؟ ما معنى العبارة؟ لماذا قال ذلك؟

٢. هل هناك ما يشبه مكاتب التعارف في ثقافتكم؟ ما رأيكم بها؟

٣. لماذا يجلس شخص ثالث مع الشاب والفتاة؟ هل أنتم مع ذلك أم لا؟ لماذا (لا)؟

تمرين 74 كتابة

انتشرت مواقع التعارف في السنوات الأخيرة. كثير من الناس يتعرفون على شركاء العمر عن طريق هذه المواقع. اكتبوا عن هذه المواقع أو واحد منها من حيث:

• أهميتها

• انتشارها

• مستخدميها

• كيف غيرت طبيعة العلاقات الاجتماعية والعاطفية

• هل **ستتعايش** coexist هذه المواقع مع الطرق التقليدية أم أنها ستقضي عليها؟

واحة القواعد (٤): العدد والمعدود: مراجعة وتوسع

العدد الأصلي والعدد الترتيبي

الجدول التالي يوضح علاقة المطابقة بين العدد والمعدود في **العدد الاصلي** cardinal numbers

مطابقة العدد والمعدود		
العدد	**المعدود (مذكر)**	**المعدود (مؤنث)**
١	شاب واحد	شابة واحدة
٢	شابان اثنان	شابتان اثنتان
٣ إلى ١٠	ثلاثة شباب	ثلاث شابات
مفرد ١٠٠ و٢٠٠	مئة، مئتا شاب	مئة، مئتا شابة
٣٠٠ إلى ٩٠٠	ثلاثمائة، تسعمائة شاب	ثلاثمائة، تسعمائة شابة
١٠٠٠	ألف شاب	ألف شابة
١١	أحد عشر شابًا	إحدى عشرة شابة
مركّب ١٢	اثنا عشر شابًا	اثنتا عشرة شابة
١٣-١٩	ثلاثة – تسعة عشر شابًا	ثلاثة – تسعة عشرة شابة
عقود ٢٠ إلى ٩٠	عشرون شابًا	عشرون شابة
٢١	واحد وعشرون شابًا	واحدة وعشرون شابة
معطوف ٢٢	اثنان وعشرون شابًا	اثنتان وعشرون شابة
٢٣ إلى ٩٩	ثلاثة وعشرون شابًا	ثلاثة وعشرون شابة

أما الجدول التالي فيلخص مطابقة العدد والمعدود في **الأعداد الترتيبية** ordinal numbers

مطابقة العدد والمعدود		
العدد	**المعدود (مذكر)**	**المعدود (مؤنث)**
١	الدرس الأول	الوحدة الأولى
مفرد ٢	الدرس الثاني	الوحدة الثانية
٣ إلى ١٠	الدرس الثالث	الوحدة الثالثة
١١	الدرس الحادي عشر	الوحدة الحادية عشرة
مركب ١٢	الدرس الثاني عشر	الوحدة الثانية عشرة
١٣ إلى ١٩	الدرس الثالث عشر	الوحدة الثالثة عشرة
٢٠ إلى ٩٠	الدرس العشرون	الوحدة العشرون
١٠٠	الدرس المئة	الوحدة المئة
٢٠٠	الدرس المئتان	الوحدة المئتان

الوحدة الثلاثمئة	الدرس الثلاثمئة	عقود إلى ٩٠٠
الوحدة الألف	الدرس الألف	١٠٠٠
الوحدة الألفان	الدرس الألفان	٢٠٠٠
الوحدة الثلاثة آلاف	الدرس الثلاثة آلاف	٣٠٠٠
الوحدة الحادية/ الإحدى/ الواحدة والعشرون	الدرس الواحد والعشرون	٢١
الوحدة الثانية والعشرون	الدرس الثاني والعشرون	معطوف ٢٢
الوحدة الثالثة والعشرون	الدرس الثالث والعشرون	٢٣ إلى ٩٩

تمرين 75 ترجموا من الإنجليزية إلى العربية

1. One hundred and one boys arrived.

2. I saw the one hundred and second girl.

3. He passed by one hundred and three houses.

4. She saw the two hundred and twelfth girl.

5. One hundred and eleven boys arrived.

6. I passed by the one thousand and twelfth boy.

7. Twenty thousand and one girls arrived.

8. The twenty thousand and first boy arrived.

9. Twenty-two thousand, two hundred and twenty-two men came.

10. The twenty-second thousand two hundred and twenty-second girl arrived.

تمرين 76 استماع القصة ١

الحمد لله، _____ (١) الأخبارة السعيدة، ولدي خبران مهمان، أخيرًا حصل والدي على وظيفة أستاذ في جامعة "أن سي ستيت" في ولاية "نورث كارولاينا"، وسننتقل جميعًا قبل _____ (٢) الصيف، فأنا انتهيت من دراستي والحمد لله، ولقد قام أخواي عامر وأشرف باستشارة _____ (٣) عقارات كي يتم البحث عن بيت لنشتريه في مدينة "رالي" عاصمة الولاية. تعتبر "رالي" واحدة من المدن الأجنبية التي _____ (٤) الكثير من اللاجئين من شتى الجنسيات، وفيها جالية سورية لا _____ (٥) بها، كما أن بها فلسطينيون هاجروا إليها أثناء حرب الخليج الأولى في أوائل التسعينات. يا الله! أين _____(٦)، نحاول جميعًا التأقلم مع الواقع المر والغربة وتحمل _____ (٧) وألمها، وسيبقى حلم العودة إلى أحضان الأهل والوطن في سوريا محفور في _____ (٨) إلى أبد الآبدين. والخبر الثاني والأهم أنّ والد آدم طلب يدي لآدم بشكل رسمي من والدي وتم الإتفاق _____ (٩) على أن يكون العرس في "أمريكا" في _____ (١٠) أغسطس القادم. وحسب التقاليد الفلسطينية في الزواج، فقد طلب أبو آدم أن نقوم بـ _____ (١١) الخطوبة وكتابة عقد الزواج في الأردن الشهر القادم، ومشت الأمور على ما يرام وتمت الموافقة بين الطرفين، فكما يقولون "ستيرة _____ (١٢) مراجل" و"خير _____ (١٣) عاجله." سيكون الاحتفال في الأردن

_______ (١٤) على بعض الأقارب والأصدقاء، "على الضيق" على رأي _______ (١٥) الناس هنا. بالمناسبة، سيجيء أخي عامر إلى كتب كتابي وستجيء معه صديقته الأمريكية "لورا." والدتي على علم _______ (١٦) بعلاقة عامر بـ "لورا،" ونصحته _______ (١٧) بـ_______ (١٨) ببنت عربية، وتقول له دائمًا: "يا عامر، "من _______ (١٩) بلادك حط ع خدادك،" يا ولدي! حسب العادات والتقاليد، فإن _______ (٢٠) الزواج لك، حيث أنك ابننا _______ (٢١) وستكون أول فرحتنا، عليك بـ_______ (٢٢) فيّ وفي أبيك أبي عامر، فكّر فيما سيحدث لأبيك لو ورد إلى مسامعه خبر تلك الأجنبية، هناك اختلاف في عادات الأسر العربية والغربية وطقوس الزواج، فضلًا عن أن "لورا" غير مسلمة. _______ (٢٣) بين العربية والأجنبية يا ولدي، فكر! الله يهديك!" بيني وبينكم، هيهات، هيهات ... هيهات أن يقتنع عامر، فهو غرقان في الحب لـ_______ (٢٤). نحن الشباب لنا أسلوب حياة مختلف عن الجيل القديم.

بعد شهر

أوهٍ! لا أصدق أني في الأردن وتجمعني وآدم سماء عمان الجميلة. ما هي إلا _______ (٢٥) وستصل _______ (٢٦) تشتمل على بعض كبار عائلة عمي أبو آدم وسننتهي من إجراءات الخطوبة، وسيتم استدعاء _______ (٢٧) الشرعي، والذي علمت أنه من أصول شركسية، إلى بيت أحد أقارب والدي في جبل اللويبدة، وسيتم عقد الكتاب ودفع المهر _______ (٢٨) والذي هو دينار أردني واحد والمهر المعجل بمقدار خمسة آلاف دينار أردني. وسأصبح _______ (٢٩) آدم بشكل شرعي. اتفقت مع آدم على أن نشتري الذهب من الأردن لا _______ (٣٠) وأن الذهب في الشرق الأوسط أفضل من_______ (٣١) الذهب في "أمريكا،" أما جهاز العروس أو ما يعرف بـ "_______ (٣٢)" من ملابس ليوم الحناء والزفة ولشهر العسل، فسنقوم بشرائه من "أمريكا" في الصيف. نسيت أن أقول لكم، طُلِب مني ومن آدم أن نقوم بإجراء فحوصات _______ (٣٣) يخضع لها المقبلون على الزواج للتأكد من عدم الإرتباط بأي مخاطر صحية قد تؤثر على أحد الزوجين أو كليهما أو أبنائهما في المستقبل.

ظلال ثقافية (٧): أمثال شعبية

ما حكّ جلدَك مثلُ ظفرك

Scratch your own itch

The proverb is said to encourage people to take care of their own business and not rely on others.

اصرِفْ ما في الجيب ... يَأْتيك ما في الغِيب

Spend and God will send

The proverb means literally, "Spend what is in your pocket, you will get more from the unknown." This proverb either lauds generosity or justifies squandering.

كُلُّ شيْ بالخْناقْ إلا الجّوَازْ بالإتّفاقْ

We could argue about almost everything except marriage; it requires complete agreement (between the two parties)

This proverb emphasizes the necessity of mutual satisfaction and agreement between the bride and the groom before approaching marriage.

وأخيرًا.. ضحِكتْ الأقدار

يا نِيّالْ مِينْ وَفَّقْ راسينْ بالحلالْ

Lucky the one who fixes two heads together

This proverb praises and thanks the person who strives to set up a man with a woman in order for them to lawfully get married.

مفيش عِنْدُهْ وَقِتْ يْحُكْ راسُهْ

He doesn't even have time to scratch his head

This describes a very busy person who spends all his time working and barely has time to rest or even to reflect on his life.

مراجعة الأمثال الشعبية

تمرين 77 من خلال دراستكم للأمثال الشعبية في الأجزاء السابقة وفي هذا الجزء، ما المثل الذي يمكن استخدامه في المواقف التالية؟

1. He or she who says this proverb is one who defers and yields to the person he or she is talking to as a token of respect.
2. Said to describe a person who is stubborn or argumentative and through his or her objections stops things from going smoothly.
3. A person says this proverb to one who is very learned, knowledgeable, and intellectual. It is often said as an act of courtesy.
4. A proverb said to indicate things that are difficult to hide or deny, such as being in love, being pregnant, and appearing on a camel's back.
5. This proverb emphasizes the necessity of mutual satisfaction and agreement between the bride and the groom before approaching marriage.
6. A proverb describing those who misbehave and who laugh for no reason.
7. This refers to a person who does not believe in moderate solutions; rather, he tends to always adopt the most extreme of measures.
8. This proverb either lauds generosity or justifies squandering.
9. This proverb praises and thanks the person who strives to set up a man with a woman in order for them to lawfully get married.

تمرين 78 قوموا بخلق وتمثيل موقف من المواقف واستخدموا ما يناسب من الأمثال السابقة في السياق الصحيح. يمكن للأستاذ أن يقسم الفصل إلى مجموعات ويطلب من كل مجموعة أن تستخدم مثلًا مختلفًا.

واحة القواعد (٥): التصغير

قرأنا في النص الجملة التالية

• "ما هي إلا سويعات وستصل جاهة تشتمل على بعض كبار عائلة عمي."

وكلمة سويعات هي من ساعات. ولكن ما الفرق بينهما؟ "سويعة" هي **تصغير** diminutive لكلمة ساعة. فساعة تعني ٦٠ دقيقة ولكن "سويعة" تعني "أقل من ذلك" a little while, short hour

والتصغير صيغة مستخدمة لتصغير الحجم أو للـ**تحبّب** a sense of intimacy or endearment أو للـ**تحقير** belittling. في الإنجليزية يتم التعبير عن هذا المعنى باستخدام مركبة مثل Little Dorrit, or Tiny Tim. أما في العربية فله أوزان:

من الاسم الثلاثي (ثلاثة حروف)، الوزن (فُعَيْل) للمذكر

مثال: رجل —> رُجَيل

وللمؤنث الوزن (فُعَيْلة)

مثال: أذن —> أُذينة، شجرة —> شُجيرة

وكذلك من (الاسم الذي وسطه حرف علة)

مثال: باب —> بُوَيب (لاحظوا الجمع أبواب فأصل الألف واو)، بيت —> بُيَيْت

أما الاسم الرباعي (أربعة حروف) فالوزن (فُعَيْعِل)

مثال: ملعب —> مُلَيْعِب

أما الاسم الذي زاد عن أربعة حروف فوزنه (فُعَيْعيل)

مثال: عصفور —> عُصَيْفير

تمرين 79 كيف تقولون الأسماء التالية المكتوبة بالخط المائل مستخدمين التصغير

١. زميلك عنده قلم صغير

٢. دار خالك فيها غرفة واحدة فقط (ملاحظة: دار كلمة مؤنثة)

٣. أنت اشتريت كتابًا من خمسة عشرة صفحة

٤. بيتك يقع على جبل صغير

٥. جارك يظن أنه شاعر مشهور وأنت تظن أنه شاعر غير مهم

٦. العريس بخيل وأعطى عروسه خاتمًا صغيرًا جدًا.

7. Tiny Solomon

٨. زميلك في العمل يظن أنه لاعب مشهور وعظيم. أنت لا تظن ذلك.

٩. ذهبت إلى سوق صغيرة.

استراحة مفردات

تمرين 80 استمعوا ثم اكتبوا جمل المفردات ثم ترجموها إلى اللغة الإنجليزية

تمرين 81 ترجموا الجمل في الدرس من "الحمد لله" إلى "الجيل القديم"

تمرين 82 استماع القصة ٢

بدأت ________ (١) السفر وصارت حرارتها ترتفع كل يوم، وأخذت دقات الساعة ________ (٢) أذنيّ قبل طلوع شمس كل نهار جديد يقترب من صيف انتظرته طويلًا وأشتاق إلى العيش فيه بكل تفاصيله.

بعد يوم طويل، استلقيت على ________ (٣) ________ (٤) في صورة زفاف والديّ المعلقة على الجدار، وأقول لنفسي: "ياااه ما أجملها من صورة، وما أروع ذكريات الماضي!" كانت والدتي قد حدثتني عن "استديو" التصوير الذي ذهبا إليه ________ (٥) تلك الصورة. يا الله! "استديوهات" التصوير!!! والله لا أظنها الآن إلا ________ (٦) أنفاسها الأخيرة في ________ (٧) عصر الـ"تكنولوجيا" الذي نعيش فيه.

________ (٨) في لحظة سفر وسط ________ (٩) أفكاري، حتى كادت تجبرني أن أقفز داخل ذلك الصندوق الخشبي الكبير ________ (١٠) في زاوية صالة الضيوف، يُخفي داخله ________ (١١) والدي ووالدتي من صور ورسائل وهدايا والكثير الكثير، ففيه عشرات رسائل ________ (١٢) مكتوبة بخط كليهما، وبالرغم من أنّ محتوياتها ________ (١٣) لديّ، إلا أن قراءتها مرة ثانية تحمل بين ________ (١٤) مذاقًا مختلفًا. ففي وجود الذكريات المحسوسة لمسة من الماضي وفيه رائحة ________ (١٥) للذكريات، كأنها تنادي صنوف البشر كي تغسلهم من هموم الحاضر. أتساءل كثيرًا! كيف سنبني أنا وآدم ________ (١٦) ذكريات مراحل حياتنا ونحافظ على تلك الذكريات طيلة عمرنا كي تبقى جيلًا بعد جيل؟! يا ترى! هل ستُفقدنا حياة الـ"تكنولوجيا" ________ (١٧) وروعة الذكريات؟ فوسائل التواصل الإجتماعي أصبحت كالحرامي ________ (١٨) الواحد منا دون أن يشعر، وأصبحنا ________ (١٩) تخزين الذكريات على هواتفنا الذكية. فالتقاط الصور عبر الهاتف ________ (٢٠) ووضعها على "إنستجرام" أو ارسالها عبر "سناب شات" أمر سهل. كما أن حفظ الـ"فيديوهات" والرسائل ________ (٢١) وغيرها من الذكريات الإلكترونية أصبحت مسألة على ________ (٢٢)، حيث أنها قد تصبح ________ (٢٣) لـ"فيروس" أو "هاكر" قرر أن ________ (٢٤) فجأة ذكرياتك وماضيك، أو ربما وجب التخلص منها لسبب ما أو آخر. هل أصبح جيلنا ________ (٢٥)، بلا قيمة أو ذكريات، كلما تقدم بنا العمر أصبحنا جيلًا رقميًا سهل ________ (٢٦)؟! من ناحية أخرى، أصبحت الذكريات الإلكترونية كأنها ________ (٢٧) يمكن استخدامه وعلى الملأ ________ (٢٨) الآخرين أو ________ (٢٩) بهم، فبدلًا من أن تكون ذكريات جميلة ونقية، إلا أنها صارت مشوّهة وانقلبت إلى ________ (٣٠).

آدم، يا توأم روحي! متى اللقاء مرة ثانية؟ أنتظره وفي فؤادي ________ (٣١) لا تهدأ إليك وإلى يوم الزفاف ... آه من يوم الزفاف! يوم أنتظره بفارغ الصبر، وبقلب ________ (٣٢) بالأمل أتطلع إلى سماع النداء الأخير الخاص بطائرتنا المغادرة إلى "أمريكا" ... أرض الأحلام و________ (٣٣) القادمة إن شاء الله يا حبيب العمر!

واحة القواعد (٦): البدل Substitute

قرأنا في النص " عليك بالرفق فيّ وفي أبيك أبي عامر."

نلاحظ أن أبيك = أبي عامر. هما نفس الشخص. فـ"أبي عامر" هي **بدل** substitute "أبيك" substituted (المبدل عنه).

والبدل **يتبع** follows المبدل منه في الحالة الإعرابية (منصوب، مرفوع، مجرور).

والبدل ثلاثة أنواع:

١. البدل **الشامل** comprehensive عندما يكون البدل **مشمولا** incorporated في المبدل منه. مثال: أعجبتني المدينة بناياتها .I liked the city, its building in particular

٢. البدل **الجزئي** partial عندما يكون البدل جزء من المبدل منه. مثال: أكلت التفاحة نصفها I ate the half of the apple

٣. البدل **المطابق** identical عندما يكون البدل مطابقا للمُبدل منه. مثال: مغنيتي المفضلة كوكب الشرق أم كلثوم

My favorite singer is the star of the East, Umm Kolthoum.

تمرين 83 استخدموا البدل في التعبير عن الجمل التالية

1. The state where you are from (each state has a nickname).

2. You ate x number of pizza slices.

3. You like the wheels of the car your friend x bought (two substitutes).

4. Your favorite politician (a president, a senator, etc.).

5. You climbed the highest peak in the world, Mount Everest.

6. You visited the lowest point on earth, the Dead Sea.

7. You do not like the drills of the new lesson.

تمرين 84 اكتبوا جملة على كل نوع من أنواع البدل

زاوية الأدب: تلخيص عن رواية "الشيطان في خطر"

توفيق الحكيم

من هو توفيق الحكيم؟

شاهدوا الـ"فيديو" حتى تعرفوا بعض المعلومات الهامة عن هذا الكاتب المصري المشهور وحياته وأعماله.

للتحضير لمناقشة تلخيص الرواية، شاهدوا الـ"فيديو" التالي:

وأخيرًا...ضحِكتْ الأقدار

النص

كان الفيلسوف جالسًا في غرفته وعلى مكتبه وسط سكون الليل مستغرقًا في تفكيره وإذ بجرس الـ"تليفون" يدق

الفيلسوف: ألو ... ألو ... من حضرتك؟

المتصل: أريد مقابلتك في أمر هام.

الفيلسوف: الآن ؟ من حضرتك؟

المتصل: أنا الشيطان.

الفيلسوف: ما هذا المزاح؟ في هذا الوقت المتأخر من الليل **صفاقة** وقلة ذوق؟

(يُغلق الهاتف ثم يسمع دقّات الباب فيفتح ليجد أمامه الشيطان.)

كان بملابسه الحمراء وجسده النحيل. عيناه لامعتان وله قرنان صغيران على رأسه ، ثم قال بأدب :أعرف أنها صفاقة وقلة ذوق زيارتي في هذا الوقت ولكن الأمر هام.

الفيلسوف (في فزع): أنت؟ أنت الشيطان الذي نقرأ ونسمع عنه؟

الشيطان: نعم أنا من تذكرونه دائما بالخير. أعرف أنك من أكبر الفلاسفة وعملك هو التفكير، لذلك أتيت لك كي تفكر لي.

الفيلسوف: أنا؟ أفكر لك أنت؟

الشيطان: نعم فكِّرْ لي في حلّ يُخرجني من المصيبه التي أنا واقع بها، وفي الخطر الداهم الذي يهددني وينذر بنهايتي.

الفيلسوف: مصيبه وخطر عليك أنت؟ وما هو هذا الخطر؟

الشيطان: الحرب.

الفيلسوف: الحرب تهددك أنت؟ ظننت أنك من يؤسس للناس بالحرب والنزاع.

الشيطان: وهل أنا بهذا الغباء؟ الحرب تهدد بزوال البشرية وموت الناس يعني نهايتي فهم عملي وموتهم يعني القيامة وعذابي ونهايتي!

هل أنا **مغفل** لأحطم العالم وأنتحر معه؟ أريدك أن تفكر لي في طريقة لمنع الحرب.

الفيلسوف: وهل يصعب عليك أن توسوس للناس أن يوقفوا الحروب؟

الشيطان: فعلت ولم أفلح.

الفيلسوف: الأمر بسيط ولدي أفكاري، ولكن دعنا أولا نتفق على الثمن.

الشيطان: ثمن ماذا؟ أنت تفعل ذلك لخدمة البشرية.

الفيلسوف: ألم تأت إلي في هذا الوقت لأترك عملي وأفكر لك. إني أكتب كل أعمالي للإنسانية لكن ذلك لم يمنع أن **أتقاضى** أجرًا عن أعمالي.

فلماذا تريدني أن أفكر بالمجان؟ أنا عندي بيت وأولاد وأسرة أفكر بها.

الشيطان: أنت متزوج إذًا؟ أنا لم أجرب هذا الامر أبدًا.

الفيلسوف: ألم يخطر ببالك أن تتزوج؟

الشيطان: فات أوان هذا الامر.

هنا تدخل زوجة الفيلسوف وهي تصرخ فيه: أما كفاك قراءة؟ أليست الكهرباء هذه بنقود؟

من الذي سيدفع كل هذا الحساب؟ مِن جيبك أم من فلوس الشهر؟ أنت رجل **مشاكس** وعنيد تريد أن تُسيّر البيت على هواك وبكلامك أنت.

الشيطان للفيلسوف: خذ راحتك في الكلام معها فهي لا تراني.

الفيلسوف: ألا يجب أن يكون لي في البيت رأي؟

الزوجة: لا. رأيك تضعه في كتبك أما هنا فتضع نقودك فقط! أنت تخفي عني كل المال الذي يصل إلى يديك.

الفيلسوف: ما هذه التهمة وكيف أخفي عنك ولك أنف يشم رائحة المال كما يشم **الحاوي** رائحة الثعابين؟

الزوجة: ليس هناك ثعبان إلا لسانك الذي يقطر سُمّا.

الفيلسوف: سُمّي لا يؤثر فيك على أي حال.

هنا تدخل الشيطان وقال للفيلسوف: هل هذا هو الزواج؟ فقال الفيلسوف: نعم لطيف جدًا أليس كذلك؟
فقالت الزوجة: أنا أعرف من معنا في الغرفة.
اندهش الشيطان وقال للفيلسوف: كيف شمّت رائحتي؟ أنت تعلم جيدًا أني هنا **بِمحض الصدفة**.
الزوجة: الشيطان هو الذي بيننا الآن وهو يوسوس لي أن ألقيك بهذه المحبرة.
الشيطان قال للفيلسوف نافيًا: يا للظلم! أنا؟ أتصدق ما تقول عني؟
الزوجة لزوجها وقد رفعت المحبرة بيديها: صدقني سأفعل إن لم تسلم لي بلا قيد أو شرط.
الفيلسوف مستنجدًا بالشيطان: ما رأيك؟
الشيطان: ياخيبة أملي فيك، جئتك لتساعدني برأيك وفكرك فتطلب مني المساعدة؟ أرأسك هذا الذي سيفكر في منع الحرب؟
الفيلسوف: أنقذني. لا تنصرف وتتركني. ساعدني.
فقال الشيطان: يا خيبة أملي فيك! دعني أذهب لأنقذ نفسي أولًا.

(ثم يُهرول هاربًا من الباب ويُلوح بالوداع.)

تمرين 85 اقرأوا ثم أجيبوا عن الأسئلة التالية

١. كيف وصفت المسرحية الشيطان؟
٢. ماذا أراد الشيطان من الفيلسوف؟
٣. ماذا كان رد الفيلسوف؟
٤. لماذا يريد الشيطان منع الحرب؟
٥. كيف تصرفت الزوجة عندما دخلت الزوجة على زوجها الفيلسوف وهو يتكلم مع الشيطان؟
٦. ما التهمة التي وجّهتها الزوجة إلى زوجها الفيلسوف؟
٧. ماذا أرادت أن تفعل الزوجة بزوجها؟
٨. ماذا فعل الشيطان عندما رأى ذلك؟
٩. **قراءة جهرية (نشاط جماعي)**: يقوم الطلاب بلعب الأدوار المختلفة في النص وكلٌ يقرأ دوره قراءة جهرية.

ظلال ثقافية (٨)

من الكلمات التي جاءت في النص "وسوس" وهذا فعل رباعي. وهو فعل يدل على عمل الشيطان. هناك سورة قصيرة في القرآن الكريم تتحدث عن هذا وهي سورة الناس (آخر سورة في القرآن).

"قل أعوذ بربّ الناس. ملك الناس. إله الناس. من شرّ الوسواس الخناس. الذي يوسوس في صدور الناس. من الجِنّة والناس."

فالوسواس هو الشيطان وعمله **الوسوسة** whispering في صدور الناس.

- لا تنسوا الأفعال الرباعية التي رأيناها في هذا الدرس أيضًا مثل برمج، بحلق، دغدغ.

تمرين 86 خمنوا معاني الكلمات بالخط الغامق من خلال السياق

تمرين 87 (محادثة): يتحدث النص عن أحد أسباب الخلافات الزوجية وهو المال. بعض الناس من يقول إن المال هو وسيلة من وسائل السيطرة على الحياة الزوجية، ولكن البعض الآخر يقول إن المال هو فقط الشكل الخارجي ولكن المشكلة هي أعمق من ذلك في الخلافات الزوجية. مع أي رأي أنتم ولماذا؟

تمرين 88 (كتابة أو تقديم شفوي): يللا نبحث

من الأسماء المشهورة في عالم الكتابة والأدب طه حسين ويوسف إدريس وعباس العقاد. ابحثوا عن أحد الكتّاب وقدموا أو اكتبوا عنه: من هو؟ من أين، دراسته، عمله، حياته، أعماله، أهميته في عالم الكتابة والأدب، تأثيره على **النمط الأدبي** literary genre.

🎧 أفعال شائعة	
tear, rip apart (s.th.)	مزّق، يمزّق، تمزيق
kneel down, bend the body down	ركع، يركع، ركوع
stab, thrust	طعن، يطعن، طعن
take as a model, take after, follow	احتذى بـ يحتذي بـ احتذاء بـ
be in no need of, manage without	استغنى عن، يستغني عن، استغناء عن
assume, admit as true without proof	افترض، يفترض، افتراض
inject, restrain, withhold	حقَن، يحقن، حقن
go deep into, delve	توغّل في، يتوغّل في، توغُّل في
to be exterminated, be destroyed, ruined, wiped out	اندثر، يندثر، اندثار
to become worse, be critical, be aggravated	تفاقم، يتفاقم، تفاقُم
make a small cut, make or become septic	خدش، يخدش، خدش
break through, make a way or entry suddenly or by force, embark upon, plunge into	اقتحم، يقتحم، اقتحام
become reconciled, make peace	تصالح، يتصالح، تصالح
call upon, appeal to, plead with	ناشد، يناشد، مناشدة
to have gooseflesh, shake	اقشعرّ، يقشعر، اقشعرار
melt	ذاب، يذوب، ذوبان

🎧 صفات شائعة	
empty-headed, stupid	بليد
a man who cannot be trusted, cowardly person	نذل (ج) أنذال = (حقير) (ج) (حقيرون)
wretched, miserable	بائس (ج) بؤساء = (بائسون)
loose	رخو

shallow	ضحل
comprehensive	شامل
soft	ناعم
frightened	مذعور (ج) مذعورون
experienced, prudent, clever, worldly wise	محنّك (ج) محنكون
under the effect of stimulants, "high" (on hashish, etc.), drunk, intoxicated	مسطول (ج) مسطولون (مساطيل)
simple, plain, innocent, naïve	ساذج (ج) سُذّج
brilliant	لمّاح (ج) لماحون
disappointed, unsuccessful	خائب (ج) خائبون

صفات وتعابير شائعة بالعامية	
puzzled and restless	حايص لايص
craving, aching for	خَرْمان = (مْنَقرز)
baby's rattle, said to describe a man who is controlled by his wife or one who is not a decision maker	شُخْشيخة (n.)
similar فخ shilling, same as the English term "son of a gun," may be said mockingly to describe a naughty or slick person	أخو شِلن = (أخو شليتة)

تعلموا أكثر عن المتلازمات لكلمة "خاب" من "خائب":

- خاب ظن to be disappointed **مثال:** خاب ظني فيك I was disappointed in you

- خاب رجاء to be disaapointed **مثال:** خاب رجاء الأم في ولدها.|خاب أمل to be disappointed **مثال:** خاب أمل المديرة في موظّفيها.

تمرين 89 ترجموا إلى الإنجليزية

١. الأشخاص في حياتنا يختلفون من واحد إلى آخر، فهذا بليد كـالحمار donkey وذاك شجاع كالأسد وآخر جبان كالصرصور.

٢. وصف الرئيس الذين يشاركون بالمظاهرات بأقذر الأوصاف عندما قال بأنهم مجموعة من الأنذال والحقيرين. الكثير يعتقدون أن الوضع سيتفاقم على الأرض، ومن اللازم أن يتراجع الرئيس عن أقواله ويتصالح مع المحتجّين في الشوارع أو يتنحى عن منصبه.

٣. نُشرت رواية (البؤساء) للكاتب "فكتور هوجو" سنة ١٨٦٢، وتُعدّ من أشهر روايات القرن التاسع عشر، وفيها يصف الكاتب وينتقد الظلم الاجتماعي في "فرنسا" بين سقوط "نابليون" في سنة ١٨١٥ والثورة الفاشلة ضد الملك "لويس فيليب" سنة ١٨٣٢.

٤. جريان مياه الأمطار حول المباني قد يسبب كارثة، وخاصة إذا كانت الأرض رخْوة. يقشَعِرّ بدني كلما أتخيل انهيار أحد المباني القديمة أمام عينيّ.

٥. جاري شخص سريع الغضب، ضحل التفكير، عصبي المزاج، يحب المشاجرات ولا يهمه إذا قام بخدش كرامة أي شخص أمامه، ولا يلتزم بالمبادىء والقوانين الاجتماعية، كما أنه يُخلف الوعود، ويفشل في التخطيط لمستقبله، ولا يشعر بالندم على أفعاله السيئة.

٦. أعلن رئيس الوزراء العراقي أن القوات العراقية بدأت عملية عسكرية شاملة، وستتوغل قدر المستطاع في مناطق شمال بغداد من أجل تركيع وطرد مسلحي تنظيم الدولة (داعش) منها.

٧. اقتحم فأر مُصلّى النساء في مسجد الحسن الثاني بالمغرب، وتسبّب ذلك الفأر المذعور في سقوط ٨١ مصابًا بالإضافة إلى حالات الإغماء جرّاء تدافع مصلين غالبيتهم من النساء.

٨. أكد استشاري الطب النفسي الـدكتور طارق الحبيب أن شخصية الرئيس اليمني السابق علي عبد الله صالح تدلّ على رجل سياسي محنّك من الدرجة الأولى.

٩. يعتقد البعض أن الصوت الناعم والجميل مظهر من مظاهر الأنوثة، حيث أن الصوت الناعم يُذيب الأحاسيس الباردة ويمتلك تأثيرًا خاصًا على مستمعيه وخصوصًا الرجال.

٠١. أحب أن أستمع إلى نكات <u>المساطيل</u> المصرية.

١١. الإنسان الساذج يتحدث مع كل من حوله في كل شيء، ولا توجد لديه أسرار، فكل من يعرفونه سواء من المقربين له أو غير المقربين له يعرفون ما يتعلق بأموره المادية والأسرية والعاطفية.

١٢. الشخص الذكي اللماح هو الذي يَلْمح المقصود من الكلام والغرض منه، ولديه قدرة على استنتاج الأمور بسرعة، ويخرج بنتائج سليمة.

١٣. ترك الرئيس منصبه في الشركة بعد أن خاب رجاؤه في تطويرها.

تمرين 90 اعرفوا زملاءكم

١. إذا رأوا شخصًا يتصرف تصرفات غريبة، ما هو أول افتراض يتبادر إلى أذهانهم؟ (ربما ذلك الرجل مسطول، مجنون، مدمن كحول أو مخدرات، ...؟

٢. من هي الشخصية المثالية التي يحتذون بها في حياتهم؟ لماذا؟

٣. هل سبق وأن **طَعَنَهم أحد في ظهورهم** to speak ill of them behind their back؟ كيف تعاملوا مع الموقف؟

٤. هل كانوا يخافون من الحُقن عندما كانوا صغارًا؟ هل يعرفون شخصًا مازال يخاف منها؟

٥. هل هناك عادات اندثرت في المجتمع الذي يعيشون فيه؟

٦. بم يُناشدون حكومة بلدهم؟ (البعض يناشد الحكومة بتخفيض أسعار البترول أو رفع الضرائب أو مجانية التعليم، إلخ.) لماذا؟

٧. البعض يقول إن مواقع التواصل الإجتماعي مَزّقت البُنية الأسرية؟ ما رأيهم في هذا الشأن؟

٨. هل مرّوا في حياتهم بموقف أو حادثة، أو ربما سمعوا أغنية تقشعر لها الأبدان؟ حدثونا عن تجربتكم؟

٩. هل خاب ظنهم في أحد كانوا يظنون أنه / ـها صديق / ـة مخلص / ـة من قبل؟ ماذا حدث؟

١٠. هل تستغني الآلة عن الإنسان؟ هل سيستغني الإنسان عن البترول في وقت من الأوقات؟ لماذا (لا)؟ كيف؟

تمرين 91 املأوا الفراغ بالفعل أو المصدر أو الصفة المناسبة

١. مالك حايص لايص يا أخي؟!

والله يا أخي صار لي ________ على سيجارة منذ الصباح، وليس معي فلوس لأشتري علبة سجائر.

٢. ليس هناك حياة زوجية خالية من الخلافات بين الطرفين، فكل زوجين ربما يمران بفترة عصيبة أو خلاف بسيط. المهم هنا، كيف ________ الطرفان ويعتذران لبعضهما البعض بطريقة حضارية؟

٣. أعلنت الشرطة الألمانية أن رجلًا ________ بسيارته، التي تحوي عبوات للغاز و"**غالونات**" gallons وقود، مقرّ الحزب الاشتراكي الديموقراطي في "برلين."

٤. ________ تحدُث تلقائيًا وبشكل لا إرادي عند تعرُّض الشخص لدرجة حرارة باردة مثلًا، ويظهر انعكاس تأثيرها واضحًا على الجسم بما يعرف بـ (وقوف الشعر).

٥. انتشر "فيديو" على مواقع التواصل الإجتماعي، يبيّن ارتفاع درجة الحرارة بشكل كبير في دولة الكويت، ويُظهِر الـفيديو ________ طبقة الـ"أسْفَلْت" من جراء ارتفاع درجات الحرارة، مما تسبّب في التصاق إطارات السيارات بـالـ"أسفلت."

٦. اختطف **تمساح** alligator امرأة استرالية أثناء سباحتها ليلًا في مياه ________ ببحيرة متنزه "دانتري" الوطني.

٧. قال لي صديقي بكل حزن وحسرة: "لقد فقدت الرغبة في كل شيء، أحس أني شخص ________ لا يمكنه تحقيق أي إنجاز، فقدت ثقتي بنفسي عندما فشلت في الحب والزواج والاستقرار كأي رجل آخر. لا أؤمن بوجود شيء اسمه السعادة، دعني وشأني، أرجوك، اتركني لوحدي، لا أريد أن أرى أحدًا أو أكلّم أحدًا."

٨. وصف أحد الصّحافيين أبناء الشعب السوري الذين يعيشون في الغوطة بأنهم أناس ________ يعتقدون أن قصف الطيران قريب منهم، ويعيشون في حالة من الخوف والترّقُّب منذ أكثر من أسبوع.

٩. غرقت منازل المواطنين بمياه **مجاري الصرف الصحي** sewage system في وسط المدينة، حيث وصلت المياه إلى ارتفاع أكثر من نصف متر في كافة أرجاء المنازل مما أدى إلى انبعاث الروائح الكريهة منها. وتقدّم أصحاب المنازل بشكوى رسمية إلى البلدية والدفاع المدني ولكن دون جدوى. و________ أصحاب المنازل الجهات المعنية والمختصة بضرورة إيجاد حل فوري وجذري لهذه المشكلة.

٠١. ________ قوات من الجيش صباح اليوم في منطقتين مختلفتين في شمال وجنوب مدينة بغداد، في وقت متزامن وسط اطلاق نار شديد.

١١. نُقل الرئيس صباح اليوم إلى مستشفى عسكري خاص، بعد ________ حالته الصحية. وسبق للرئيس أن خضع لعمليتين جراحيتين في الولايات المتحدة الأمريكية.

١٢. جددت المملكة العربية السعودية تأكيدها أن توجهاتها نحو توطين الوظائف بسعوديين لا يقلّل من دور العمالة الوافدة التي ساهمت في بناء التنمية في الماضي وما قدمته من خدمات في مجالات شتى. وقال مسؤول بارز في الحكومة لمراسل جريدتنا: "لن يتم ________ عن العمالة الوافدة، ولكن نحتاج إلى عمالة ماهرة وعالية التدريب بحيث يستفيد الموظّف السعودي من خبرات العامل الوافد."

وأخيرًا...ضحِكتْ الأقدار

تمرين 92 كتابة

اكتبوا عن صديق أو مجموعة من الأصدقاء الذين يتصفون بمجموعة من الصفات التي جاءت تحت صفات شائعة. وضحوا لم يتصفون بهذه الصفات مستخدمين مجموعة من الأفعال الشائعة في الجدول أيضًا

الكتابة: الروابط

- **على وتيرة واحدة** in the same manner

مثال: إن التغيُّر في عادات وتقاليد الزواج في البلاد العربية لم يتم على وتيرة واحدة.

- **نوعًا ما** kind of, of some sort

مثال: أعتقد أنه حساس نوعًا ما تجاهي. لا أعرف السبب.

- **الأول من نوعه** first of its kind

مثال: جهاز الجوال هذا، هو الأول من نوعه الذي يعمل باللمس.

- **في عُقر ديارهم**

عقر الدار = (وسط الدار)

مثال: أتذكر عندما كنا نجلس في عقر الدار ندخن الشيشة ونشرب القهوة.

- **على سبيل الحصر** exclusively

مثال: ستقوم الدول الغنية بتمويل بعض البرامج التعليمية على شكل مِنَح على سبيل الحصر.

- **لا بأس بـ** (اسم أو ضمير)

"... وفيها جالية سورية لا بأس بها." " ... it has an OK (relatively speaking) Syrian population."

تمرين 93 **ترجموا الجمل التالية من العربية إلى الإنجليزية مستخدمين العبارات السابقة**

١. أحيانًا لا بأس أن تعترف أنك لا تعرف كل الإجابات.

٢. لقد فاز فريق الصحافيين لكرة القدم على الفريق المهندسين في عقر داره في المباراة قبل النهائية.

٣. القضاء على الجريمة في المدن الكبيرة لا يتم على وتيرة واحدة، ويرجع السبب هنا إلى نسبة الدعم الذي تقدمه الحكومة للمدن.

٤. لم تعجبني الزيارة الأخيرة التي قمت بها إلى عائلتي بعد غياب ستة أشهر. لقد كانت مملة نوعًا ما.

٥. في معرض السيارات الأخير في مدينة "ديترويت" في ولاية "ميتشيغن" بـ "أمريكا،" رأيت سيارة ذات قيادة ذاتية بشكل تام. كانت هذه هي المرة الأولى من نوعها التي أرى فيها مثل هذه السيارة.

٦. حقوق بث المؤتمر الصحافي بين الرئيسين أُعْطِيت لقناة مقرّبة من الحكومة على سبيل الحصر.

البلاغة: السجْع assonance

السجع: توافق الفاصِلتين أو الفواصل من النثر في آخر حرف، والفواصل في النثر كالقوافي في الشعر. والفاصلة هي الكلمة الأخيرة من جملة مُقارِنة لأخرى، وأحسن السجع ما تساوت فِقَرُه. ويكون سر جمال السجع في أنه يعطي الكلام جرسًا موسيقيًا يجذب أذن السامع، كما أنه يزيد التعبير قوة وتأثيرًا ووضوحًا. ولا يعتبر السجع حسنًا إلا إذا كان قوي التركيب وبعيد عن **التكلُّف** constraint, unnaturalness of manner **وخاليًا من** void of التكرار من دون **فائدة** use, benefit.

ملاحظة: في اللغة العربية، نقول سَجْع **الحمام** pigeons بمعنى cooing, making a soft, murmuring sound of doves.

مثال:

١. "رحم الله عبدًا قال خيرًا **فغَنِم** = (ربِح) = (فاز)، أو سكت فَسَلِم." (حديث شريف)

في المثال نجد أنّ فيه فقرتين متّحدتين في الحرف الأخير، وهذا النوع من الكلام يسمى **سجعًا**. وتسمى كل من الكلمتين الأخيرتين: "غنم" و"سلم" **فاصلة**. ويمكن أن نُسكّن = (نضع سكون) على الفاصلة دائمًا في النثر للوقف.

تمرين 94 بيّنوا السجع في الجمل التالية

١. الصوم **حرمان** deprivation مشروع، وتأديب بالجوع.

٢. أين الآباء والأجداد؟ وأين الفراعنة الشّداد؟

٣. "فيها سُرر مرفوعة، وأكواب موضوعة." (قرآن كريم)

٤. أفشوا = (انشروا) السلام، وأطعموا الطعام، وصِلوا **الأرحام** = (الأقارب)، وصَلّوا بالليل والناس نيام، تدخلوا جنة ربكم بسلام." (حديث شريف)

والآن دعونا نحاول أن نفهم الجملة التالية ونبنيها بناءً آخر فيه سجع

اتق = (خَف ... "من خاف") الله في كل صباح ومساء، وخَف على نفسك الدنيا **الغَرور** seducing, tempting.

الإجابة: اتق الله في العشيّة والبكور، وخف على نفسك الدنيا الغرور.

تمرين 95 ابنوا الجمل التالية بناءً آخر مسجوعًا Rewrite the sentences using words that show assonance

١. الحب دواء القلوب، والعداوة سبب المشاكل.

٢. الإنسان بآدابه، لا بزِيِّهِ وما يلبس.

أغنية

داء الحب

مفردات			
وصال	communion in love	فما (فـ + ما) بال	what's wrong
هزال	weakness	ثغر	فم
داء	مرض	فلا تعتب	do not blame
يؤرّق	keep someone restless, sleepless	لعمر الله	والله
يُبالي	يهتم	تهافت	run on (s.th.); love-rush
غامضة المقال	the one whose words are vague	أُداري	hide
حباها	أعطاها		

بكيت على فراق، تولّد من وِصالٍ
فصار الجسم مني، ضعيفًا من هزالٍ
وداء الحب داء يؤرق من يبالي
يذوّقه البلايا وأشكال الوبالِ

تعلّق قلبي يومًا بغامضة المقالِ
حباها الله حُسنًا، كأمثال اللآليء
وراقصني هواها على نغم الدلالِ
فصرت لها أسيرًا كمجنون الليالي

وقالت ذات يوم بأن الحب غالي
فما بال الدعاوى كحبات الرمالِ
كلام العشق دومًا على ثغر الرجالِ

فلا تعتب على من بمثلك لا تبالي

فكان جواب روحي بأن الصدق حالي
لعمر الله أنت تهافتك بدا لي
أحبك لا أداري حقيقة ما جرى لي
ثقي دومًا بأني على عهد الوصالِ

تمرين 96 استمعوا إلى الأغنية وأجيبوا عن الأسئلة التالية

١. لماذا بكى المُحب؟ ماذا حدث لجسمه؟

٢. ماذا يفعل الحب بالمُحب؟

٣. كيف أو ماذا أصبح المُحب بعد أن تعلّق بمحبوبته؟

٤. ماذا تقول غامضة المقال عن الرجال عندما يتعلق الأمر بالحب؟

٥. ماذا كان جواب المُحب؟

تمرين 97 استمعوا مرة ثانية واجيبوا

١. كيف تشبه كلمات الأغنية داء الحب؟

٢. بماذا تشبه الأغنية المحبوبة (البيت الخامس)، ما معنى ذلك؟

٣. كيف يمكن للدعاوى أن تكون مثل حبات الرمال؟

تمرين 98 مراجعة قواعد

١. استخدمت الأغنية حرف الفاء في أكثر من مكان. ما معنى حرف الفاء في هذه الأماكن؟

٢. هناك أمثلة على الفعل المجزوم. جدوها وبينوا سبب الجزم.

٣. سمعنا كلمات مثل "من" و"ما" في الأغنية. جدوا هذه الكلمات وبينوا معانيها المختلفة حسب السياق.

"كوربسيّات"

تمرين 99 ما هي الأسماء الأكثر شيوعًا التي تأتي قبل أو بعد الكلمات التالية (الكلمات مأخوذة من الأفعال الشائعة والصفات الشائعة). اختاروا ثلاثًا من الكلمات التالية وترجموا ثلاث جمل على كل كلمة.

مزق	توغّل في	تفاقُم
مناشدة	اقتحام	استغنى عن
طعن	شامل	بائس
خائن	ساذج	محنّك

خمسة فرفشة

عثّورة لسان

حاولوا أن تفهموا الجمل التالية ثم كرروها ثلاث مرات بسرعة

١. خَيّرْتُ (خيري) أن يختار، فاختار الخِيار.
٢. سليم استلم سُلّمين أمس وسلّمهما لسلمان تسليم اليد.

نكات ع الطاير

١. الأول: هل تعرف لماذا يضع الأطباء **كمّامة** mask على وجوههم أثناء العملية الجراحية؟

الثاني: حتى لا يتعرف عليهم أحد إذا فشلت العملية.

٢. المرأة لزوجها: لقد حلمت ليلة أمس أنك اشتريت لي ساعة ذهبية.

الزوج: البسيها في الحلم القادم.

٣. الأم: هل معلمتك مسرورة منك؟

الابن: طبعًا يا أمي، فأنا الوحيد الذي تقول له: "ستبقى معي في العام القادم."

مفردات وتعابير لها علاقة بالسفر

مفردات تعلمناها			
ticket	تذكرة (ج) تذاكر	flight	رحلة جوّية (ج) رحلات جوية
flight attendant	مضيفة طيران = (مضيفة جوية) (ج) مضيفات	pilot	طيّار (ج) طيارون
boarding pass	بطاقة الصعود للطائرة	flight number	رقم رحلة الطيران
carry-on bag	حقيبة يد (ج) حقائب يد	passport	جواز سفر
booking office	مكتب الحجز	suitcase	حقيبة سفر
landing	هبوط	customs	الجمارك
direct flight	رحلة مباشرة	taking off	إقلاع
business class	درجة رجال الأعمال	excess baggage charge	تكلفة الوزن الزائد للأمتعة
cancel reservation	ألغى الحجز، يُلغي الحجز، إلغاء الحجز	to confirm reservation booking on the internet	أكّد الحجز، يؤكد الحجز، تأكيد الحجز حجز على الإنترنت
on time	الوقت المحدد	airport terminal	مبنى المطار
non-smoking section	قسم غير المدخّنين	change (s.th.) with seat change	استبدل ... بـ يستبدل ... بـ استبدال ... بـ استبدال المقاعد
set something on fire	أشعل، يشعل، إشعال	bottle of juice	زجاجة عصير
sharp objects	أدوات حادة	liquids	سائل (ج) سوائل

tray	صينية (ج) صوانٍ = (الصواني)	window or aisle seat	مقعد بجانب النافذة أو الممر / الممشى
departure hall	قاعة مُغادرة	arrival hall	قاعة وصول (ج) قاعات...
apologize for the delay	اِعتذر للتأخير، يعتذر للتأخير، اعتذار للتأخير	proceed now to	توجّه فورًا إلى (لـ)، يتوجه فورًا إلى (لـ)، توجُّه فورًا إلى (لـ)
electronic device	جهاز الكتروني (ج) أجهزة الكترونية	turn off mobile phone	أغلق الهاتف، يغلق الهاتف، إغلاق الهاتف
short stay, layover	توقّف قصير	local time	التوقيت المحلي
information	استعلامات	international departures	مغادرة دولية
transit	تحويل "ترانزيت"	locker	خزانة (ج) خزائن
interline connection	تبديل طائرات وخطوط جوية	in-flight	على مَتْن الطائرة
international dialing code	مفتاح الاتّصال الدولي	international carrier	ناقل دولي
nose (head) count	عدّ الركاب = (إحصاء الحضور)	milk run, multi-stop flight	رحلة تتخلّلها محطات توقُّف عديدة
unchecked baggage	أمتعة محمولة	stopover	توقف في مكان ما من الرحلة

تمرين 1 ما العلاقة في المعنى بين ...

١. "تجاوز" و"جواز"؟

٢. "أمتعة" و"مُمتِع"؟

٣. "تذكرة" و"تذكّر"؟

٤. "عبّأ" و"عبء"؟

تمرين 2 دردشوا مع زملائكم حول المواضيع التالية

١. في رأيهم، ما الأفضل، الرحلات الجوية أم الرحلات البرية أم البحرية؟ لماذا؟

٢. في رأيهم، أيّهما أصعب (أكثر رهبةً، أخطر، ...) إقلاع الطيارة أم هبوطها؟ كيف يشعرون أثناء الهبوط أو الإقلاع؟ لماذا؟

٣. أيهما أفضل الرحلات المباشرة أم الرحلات التي يتخلّلها توقُّف في بلد ما عندما يسافرون إلى بلاد بعيدة؟

٤. وجود قسم المدخنين في بعض المطارات والمؤسسات العامة: هل هو ضرورة أم لا؟ لماذا؟

٥. تبديل الطائرات والخطوط الجوية أثناء السفر: كيف يشعرون عندما يحدث ذلك؟

مفردات جديدة			
duty-free	مُعفى من الرسوم	boarding gate	بوابة الصعود للطائرة
final destination	وجهة نهائية	baggage he packed the bags him-self	أمتعة حزَم الأمتعة بنفسه، يحزِم ...، حزْم ...
pillow	مِخدّة (ج) مخدات	blanket	بطانية (ج) بطانيات
last call	نداء أخير (ج) نداءات أخيرة	recline, bend	حنى، يحني، حنو = (حني)
metallic objects	أغراض معدنية	trolley	عَرَبة (ج) عربات
overhead locker	صندوق فوق الرأس (ج) صناديق فوق الرأس	empty pocket	أفرغ جيْب (ج) جيوب، يُفرغ، إفراغ
zero-zero, blurred vision	انعدام الرؤية = (ضبابية الرؤية) = (عدم وضوح الرؤية) = (تشوُّش الرؤية) = (زغللة العينين)	turn off fasten seatbelt sign	أطفأ إشارة حزام الأمان، يطفيء ...، إطفاء ...
passport control	حاجز تفتيش الجوازات (ج) حواجز	return seat to the upright position	أعاد المقعد إلى الوضعية المستقيمة = (ضَبَط المقعد بشكل عمودي)، يعيد ...، إعادة ...
baggage carousel, baggage conveyer belt	الناقل الدائري للأمتعة = (حزام نقل الأمتعة)	control tower	بُرج تحكُّم (ج) أبراج تحكم
furnished apartment	شقة مفروشة	runway	مدرج طيران
bill	فاتورة (ج) فواتير	form	استمارة (ج) استمارات
adjoining room	غرف متلاصقة = (متجاورة)	keep the change (imp.)	احتفِظ بالباقي
connection	استئناف الرحلة	baggage check	إيصال إستلام الأمتعة (ج) إيصالات استلام الأمتعة
designated driver	سائق مكلّف بالقيادة	corporate rate	تسعيرة الشركة
vender stand	موقف بائع متجول (ج) مواقف باعة متجولين	chariot	حنطور (ج) حناطير، عربة تجرّها الخيل
fill in customs (immigra-tion) form	عبّأ نموذج الجمارك (الهجرة)، يعبيء ...، تعبئة ...	honorarium	إكرامية، مكافأة شرفية، أتعاب استضافة متحدِّث أو محاضر
overbooking	حجز فائض	jetway	خرطوم (ممر، معبر) مؤدي إلى الطائرة
technical fault	خلل فني = (عُطل فني)	room for four people room for five people	غرفة رباعية (أربعة أشخاص) غرفة خماسية
railway	سِكّة الحديد	deviate from the path	انحرف عن المسار، ينحرف عن ...، انحراف عن ...

رُبّان الطائرة = ("كابتن" الطائرة)	airplane captain	مقصورة القيادة ("كبينة" القيادة)	crew cabin

تمرين 3 ما العلاقة في المعنى بين ...

١. "حزْم" و"حِزام"؟

٢. "وَصَل" و"إيصال"؟

٣. "إكرامية" و"كريم"؟

٤. "مخدّة" و"خدّ"؟

٥. "عدم" و"انعدام"؟

تمرين 4 خمنوا معنى ما يلي

١. تصعيد خطير	٥. برج مراقبة
٢. بشكل تصاعدي	٦. خرطوم مياه قابل للتمدُّد
٣. حزام متحرّك	٧. حاجز الصمت
٤. احذر! أمامك منحنيات حادة على الطريق	٨. توائم متلاصقة

تمرين 5 أكملوا بإجابة مناسبة من المفردات والتعابير التي لها علاقة بمفردات السفر.

١. **عميلنا** our client, our agent العزيز، يمكنك دفع_______الكهرباء والماء والتليفون خلال دقائق باستخدام حلول الدفع السريعة والسهلة المنتشرة عبر فروع خدمة مكتب (الأنصاري للصرافة) المنتشرة في دولة الإمارات العربية المتحدة.

٢. ركوب_______، أو الـ"كارو" بالإيطالية، إحدى وسائل المواصلات الأساسية في مصر حتى ثلاثينيات القرن الماضي، وتُعتبر من أهم وسائل المواصلات السياحية المنتشرة بكثرة في المناطق الأثرية والمتنزهات خاصة في صعيد مصر.

٣. لكل شركة طيران سياستها الخاصة فيما يتعلق بنقل _______ على الطائرة حيث تختلف الأغلبية فيما بينها بخصوص الشروط المفروضة على رُكّاب الطائرة، والتي تتعلّق باحترام الأوزان والأحجام المحدّدة للحقائب.

٤. أعلنت السلطات البولندية أن طائرة ركاب تابعة للخطوط الجوية البولندية "لوت" أقلعت من "كراكوف" متجهة إلى "وارسو،" نفّذت مساء الأربعاء _______ًا اضطراريًا في مطار العاصمة بعدما واجهت خللًا فنيًا في عمل **عجلاتـها** wheels الأمامية، من دون أن يُصاب أيّ من ركابها الـ٥٩ بأذى.

٥. هل أنا بحاجة إلى _______ حجز الطيران على (طيران العربية)؟

ليس هناك أي داعٍ لفعل ذلك، فبعد الانتهاء من دفع ثمن تذكرة الحجز وتزويدك برقم حجز، يتم إرسال تذكرة سفرك إلى بريدك الإلكتروني، ولن يستوجب عليك أن تتصل بنا بهدف التحقق من الحجز.

٦. من ضمن شروط الحصول على تأشيرة سفر إلى الولايات المتحدة الأمريكية، يجب __________ نموذج DS-160 برقم "باركود" جديد عند التقدم لطلب أي **تأشيرة** = ("فيزا") جديدة، كما يجب ملاحظة أن إحضار أي نموذج قديم، كان قد تم استخدامه خلال مقابلة سابقة، سيؤدي إلى رفض الطلب.

٧. في ٢١ "أكتوبر" ٢٠١٦ على خط "كامريل" تعرّض قطار للركاب لحادث __________ عن السكة الحديدية بينما كان متجهًا إلى مدينة "ياوندي" نحو مدينة "دوالا" وسط "الكاميرون،" وتحديدًا في قرية صغيرة تُدعى "إزيكا،" حيث لقي أكثر من ستين شخصًا مصرعهم، وأُصيب ٦٠٠ شخص آخر في قطار كان **يُقِل** = (يحمل) ١٣٠٠ شخص.

٨. قال موقع "ترافيل آند ليجر" نقلًا عن خبيرة إنه يستوجب على المسافرين اختيار التوقيت المناسب لاستخدام حمامات الطائرة، لا سيما وإن كانوا من النوع الذي يقضي وقتًا طويلًا داخله، وذكرت "إريكا روث" وهي مضيفة طيران سابقة، أنّ أفضل وقت لدخول الحمام يكون مباشرة بعد __________ ربان الطائرة إشارة ربط الحزام، لأن الحمامات تكون حينها أقل ازدحامًا.

تمرين 6 اعرفوا زملاءكم

١. في رأيهم، ما أهم أسباب عدم وضوح الرؤية أو ما يُسمّى زغللة العينين عند بعض الأشخاص؟ متى يحدث ذلك؟

٢. هل هم ممن يشترون حقائب السفر عبر الـ"إنترنت"؟ لِمَ؟ لِمَ لا؟

٣. في رأيهم، ما موقع أفضل مقعد في الطائرة؟ كيف يتم الحصول على أحسن مقعد في الطائرة؟ هل هم ممن يبحثون عن تبديل المقاعد في الطائرة إذا ما أعجبهم مكان مقعدهم؟

٤. في رأيهم، ما هو السبب الحقيقي لطلب إغلاق الهواتف النقالة على متن الطائرة خصوصًا عند الإقلاع أو الهبوط، أو تحويلها إلى وضع الطيران؟

٥. في حالة سفر أسرة كبيرة، هل هم مع أو ضد فكرة أن يسافر شخص على الدرجة الأولى أو على درجة رجال الأعمال بينما تسافر باقي الأسرة على الدرجة الاقتصادية؟ لِمَ ولِمَ لا؟

٦. هل طلاب المدارس الحكومية معفَوْن من الرسوم؟ ماذا سيحدث لو تحول الأمر وفرضت وزارة التعليم رسومًا على التعليم الحكومي؟

٧. كثير من العوائل تفضل اختيار غرف متلاصقة عند حجزها لغرف فندقية خلال السفر، هل هذه فكرة مجدية؟ لِمَ ولِمَ لا؟

8. Do they think that airlines should pay compensation for technical fault delays?

9. What should you do if you are removed from an overbooked flight?

10. Would they live near a train track in a nice apartment? Are there advantages or disadvantages of living next to a railway?

11. What factors might be responsible for the deviation of a car from the straight path?

تمرين 7 **ترجموا من العربية إلى الإنجليزية**

١. ضَع الأغراض الخفيفة مثل الهاتف المتحرك والمحفظة وساعة اليد في صندوق لتمريره عبر جهاز الفحص الأمني، وإذا كان حزامك أو حذاؤك يحتويان على أجزاء معدنية، عليك أن تخلعهما وتضعهما في الصندوق لتمريرهما عبر جهاز **المسح الضوئي** scanner.

٢. إذا كنت تحمل أمتعة يتجاوز وزنها حدود الأوزان المسموح بها، الرجاء شراء وزن إضافي في المطار أو عبر الـ"إنترنت."

٣. أشار باحثون أمريكيون إلى أن الركاب الذين يفضلون الجلوس في المقاعد المجاورة للمشي في الطائرة أكثر عرضة للإصابة بالـ"بكتيريا" والـ"فيروسات" من أولئك الذين يجلسون بجوار النوافذ، نظرًا لكثرة الأشخاص الذين يتحركون ذهابًا وإيابًا إلى دورة المياه.

٤. من اللازم أن تتوجه فورًا إلى أقرب مستشفى لو شعرت بألم في الصدر مصحوب بعَرَق **غزير** = (كثير جدًا).

٥. عليك أن تنتبه إلى أنّ رقم بوابة الصعود إلى الطائرة ووقت الصعود محددان على بطاقة الصعود إلى الطائرة.

٦. خلال السفر بالطائرة، يُنصَح ركاب الطائرة بضرورة ضَبْط مقاعدهم بالوضع العمودي أثناء الإقلاع والهبوط.

٧. يشكو عدد كبير من أصحاب المحلات التجارية، في **حيّ** neighborhood البطحاء بمدينة الرياض في السعودية، من سيطرة الباعة المتجولين على المواقف المخصصة للسيارات، وتحويلها إلى أماكن بيع عشوائية، تَضُرّ الجميع سواء كانوا أصحاب محلات أو متسوقين.

٨. قررت الشرطة إطلاق سراح رجل قام بسرقة هاتف "آيفون" من بنت، خلال مرورهما على حاجز تفتيش بالمطار، بعد أن تنازلت البنت عن حقّها.

تمرين 8 **يللا نصف**

Bring to class an image of your favorite airline (or hotel) and describe to your class why you chose this image in particular. If you took a flight with them before, tell us what happened in detail. If it is an airplane or a hotel, describe it and tell us how a person feels mentally, or maybe emotionally, inside it. Think about things such as space, lights, leg room, service, etc.

تمرين 9 **ترجموا من الإنجليزية إلى العربية:**

1. An honorarium is a gift for services for which no fee has been set up or agreed upon in advance.
2. Whether you are new to the area or you are looking for an easier way to move across town, furnished apartments available in the heart of the city are a very attractive option for many people.
3. Give us your car, and we will offer you a driver. Let us do the driving for you; reserve a designated driver now through our company site.
4. The "Keep the Change" program is simple. Every time you use a Bank of America debit card, the

purchase total is **rounded up** يتم تقريب المبلغ and that extra money is saved. So when you spend $5.75 on a morning coffee, you will obtain 25 cents.

5. I wonder how I can make my airport connection work to my advantage?

6. A quad room can accommodate up to 4 persons. The room features two large beds or four single beds, and it has a refrigerator, a coffee and tea maker, and a desk. Our quad rooms have either garden-side or city views, and some of them have balconies.

7. The "Final Call" is a newspaper published in Chicago. It was founded in 1979 by Minister Louis Farrakhan and serves as the official newspaper of the Nation of Islam.

تمرين 10 يللا نكتب

اكتبوا عن أجمل رحلة قمتم بها في حياتهم، ماذا حدث بالضبط؟ ابدأوا من لحظة مغادرة البيت حتى الرجوع إليه.
تحدثوا عن تأثير هذه الرحلة في حياتكم بعد ذلك؟ هل تغيرتم؟ هل تغيرت وجهات نظركم عن الحياة والناس والأماكن؟ كيف ولماذا؟

تمرين 11 يللا نمثل

1. You are visiting a country in the Middle East, and at the passport control section you are denied entry to that country. Talk to the officer on duty and explain your situation.

2. After you arrive in the airport in a Middle Eastern country, you find out that your bags are lost. Go to the baggage claim office and file a report. Explain your situation to the employee in charge.

3. You made a reservation for you and your 6 family members to sit next to one another. When you picked up your boarding passes, you came to discover that the seat assignments do not match the original booking you made and that each member of your family is seated in a different part of the plane. Talk to an official.

4. You arrive at the airport in the Middle East, and you go to pick up your rental car. The company employee tells you that the system is down and no paperwork can be processed. You need a car in order to continue your trip. Explain your situation to the employee. You may use some of the dialectal expressions in Appendix II.

ظلال ثقافية (١): عباس بن فرناس

هو عالم ومخترع مسلم ولد في الأندلس ونشأ في "قرطبة." كان شاعرًا وعالم فلك كما كان يعزف الـ"موسيقى" وخاصة العود. من أشهر اختراعاته **الساعة المائية** = (الميقاتة) water clock. كما صنع نظارات طبية وهو أول من صنع **قلم حبر** pen. كان أول من حاول الطيران باستخدام جناحين وكان قد فعل ذلك في بغداد قريبًا من الرصافة. ولتكريم عباس بن فرناس افتتح جسر باسمه في مدينة "قرطبة" على نهر الوادي الكبير وفيه تمثال لهذا العالم مُثبَّت على جناحين كبيرين.

تمرين 12 **يللا نتكلم**

١. في رأيكم، من أهم العلماء الذين كان يجب أن **يكرَّموا** honored في حياتهم ولم يُكرّموا؟

٢. سمعتم عن جائزة "نوبل." وهي محاولة لتكريم العلماء في العلوم والإنسانيات مثل الكيمياء والأدب. ما هي أهمية تكريم العلماء في أي حضارة من الحضارات؟ يقول بعض الناس إن جائزة "نوبل" خاضعة لعوامل سياسية. هل أنتم مع هذا الرأي أم لا؟ قدموا أدلة مقنعة.

لغة إعلام

مفردات ومصطلحات إعلام تعلمناها	
نفى، ينفي، نفي	to refute, deny, repudiate, to exile
جدول الأعمال	agenda
تصريح (ج) تصريحات	statement, permission
تحليل (ج) تحليلات	analysis
مشروع (لاحظوا كلمة شريعة)	legitimate
في أعقاب	in the wake of
جناح (ج) أجنحة	wing
حل وسط	compromise
مصادر مقرّبة من	sources close to
على المدى البعيد	in the long run
بتوقيت "جرينتش"	GMT (Greenwich Mean Time)
في وضع استعداد لـ	in a state of readiness for
استقرار الأسعار	price stability
تبادُل تجاري	trade exchange
استهدف تحديدًا، يستهدف تحديدًا، استهداف تحديدًا	target specifically
هجوم مسلّح على	armed attack on

مفردات ومصطلحات إعلام جديدة	
أفاد، يفيد، إفادة (ج) إفادات	notify, inform s.o. of s.th.
شدّد على، يشدد على، تشديد على (ج) تشديدات	stress, emphasize
شاور، يشاور، مشاورة (ج) مشاورات	consult

pave the way	مهّد الطريق إلى (لـ)، يمهد الطريق إلى (لـ)، تمهيد الطريق إلى (لـ) (ج) تمهيدات
justify	برّر، يبرّر، تبرير (ج) تبريرات
impasse, predicament	مأزِق (ج) مآزق
firm, solid (firm relationships)	وطيد (علاقات وطيدة)
imminent	وشيك
crew, team	طاقم (ج) طواقم
peace settlement	تسوية سلمية
marginalize	همّش، يُهمِّش، تهميش
merge, immerse	اندمج، يندمج، اندماج
hostage	رهينة (ج) رهائن
forge, falsify	زوّر، يزوِّر، تزوير

تمرين 13 خمنوا معاني التعابير التالية اعتمادًا على مفردات الإعلام

٦. بضاعة مزوّرة	١. رسالة من المنفى
٧. تهميش أحزاب المعارضة	٢. اختبار تحليل الشخصية
٨. ظاهرة اندماج الشركات	٣. أجنحة فندقية خاصة
٩. عملية تبادل الرهائن	٤. انهيار اقتصادي عالمي وشيك
١٠. تسوية الصفوف	٥. علاقات وطيدة وممتدة

تمرين 14 أكملوا بإجابة مناسبة من مفردات ومصطلحات الإعلام في الجداول السابقة

١. _____ مصادر إعلامية أن السفارة الفرنسية في "واغادغو" والمعهد الثقافي الفرنسي قد تعرضا هناك لهجوم مسلح. وقال سفير "فرنسا" في غرب "أفريقيا" إن هجومًا إرهابيًا وقع في "واغادغو" وذلك بعد أن هزّ انفجار مقر الجيش هناك.

٢. أكد الأمين العام لحلف شمال الأطلسي "ناتو" "ينس ستولتنبرغ" ضرورة الخروج من _____ الراهن في سوريا. تصريحات "ستولتنبرغ" جاءت بكلمة ألقاها في كلية الدفاع التابعة لـ "ناتو" في العاصمة الإيطالية "روما،" أضاف فيها أن أول خطوة لإنقاذ الوضع في سوريا تتمثّل بالجلوس لطاولة المفاوضات من جديد.

٣. قال رئيس المجلس الرئاسي الليبي، فائز السراج، إن لقاءه مع قائد الجيش الليبي، خليفة حفتر، جاء سعيًا لتحقيق _____ _____ للأزمة الليبية، والعزم على تهدئة الظروف.

٤. _____ البَرلمان على ضرورة وضع علاج جذري لظاهرة سقوط الطائرات التي تكررت بصورة كبيرة. وقالت نائبة رئيس المجلس سامية أحمد محمد في تصريحات محدودة - إن سقوط الطائرات أصبح أمرًا مُخجلًا ومُزعجًا، وقالت إن الخلل فيها لا يحتاج إلى اجتهاد أو _____ لما حدث.

٥. لماذا يقوم المسؤول بـ ________ موظف يعمل تحت إمرته الإدارية، حيث يتبع معه سياسة الاستثناء أوعدم الشمول و**الإقصاء** = (الإبعاد)، علمًا بأن هذا الموظف تم تعيينه بعد اجتيازه الإجراءات المتبعة ويتمتع بقدرة تؤهله القيام بمسؤوليات ومهام وظيفته؟

٦. ________ الشركات له آثار إيجابية عديدة، ولذا من المهم توضيح إجراءات تلك العملية بين الشركات التي ترغب في ذلك. وفقًا للقانون، فإن تلك العملية تتم إما عن طريق (الضم) أو عن طريق (**المزج**) mixing. والضم عبارة عن حل شركة قائمة ونقلها إلى شركة أخرى قائمة، بينما المزج يتم في حل شركتين وتأسيس شركة جديدة.

تمرين 15 ترجموا من العربية للإنجليزية

١. حاول السفير الأميركي الجديد في "هولندا" أن ينفي تصريحات قالها قبل سنوات، اتّهم فيها مسلمي "هولندا" بالتسبّب بفوضى. وارتكب "بيتي هوكسترا" هذا الخطأ في مقابلة مع صحافي من محطة التلفزيون الهولندية الرسمية "أن أو أس."

٢. يا ترى، لماذا يضع طاقم الطائرة أيديهم خلف ظهورهم عند إلقاء التحية على الرّكاب؟

٣. الوصول إلى حل وسط بين الأطراف المتنازعة هو أحد أنسب الوسائل من أجل حل الخلافات سلميًا، ولكن الوصول إلى تسوية سلمية للخلافات يحتاج منك الكثير من الذكاء والدبلوماسية.

٤. تعتبر المحافظَة على استقرار الأسعار من أهم العوامل التي تؤثر على النشاط الإقتصادي والمؤشرات الإقتصادية الرئيسية.

٥. دعا وزير الدفاع الأمريكي جنود بلاده أن يكونوا في وضع الاستعداد للحرب في حال لم تنجح جهود الدبلوماسيين الأمريكيين لحل أزمة البرنامج النووي لـ "كوريا" الشمالية.

تمرين 16 ترجموا العناوين الإخبارية التالية من العربية إلى الإنجليزية

١. الأهرام اليومي: سفير مصر في "تل أبيب": السّادات مهّد الطريق إلى السلام

٢. الصباح "نيوز": مقتل ٤٨ شخصًا في تفجيرات استهدفت عدة مساجد

٣. الجمهورية: احذروا "مافيات" تزوير الجوازات والتأشيرات

٤. العربية "نت": ٢٠ "مليار" "دولار" تبادل تجاري متوقّع بين السعودية و"تركيا"

٥. "رويترز": أمير قطر يلقي خطابًا الساعة ١٩٠٠ بتوقيت "جرينتش" بشأن أزمة الخليج

تمرين 17 ترجموا ما يلي من الإنجليزية إلى العربية

1. If a colleague steals your idea and then undermines you in front of your boss, it is human nature to want to get revenge, but will revenge make you feel better in the long run?

2. When a non-profit committee meeting is planned well, it helps the committee chair to make fast decisions about managing agenda items.

3. The Paris peace settlement was criticized by both winners and losers. To what extent was this criticism justified?

4. A report in the "Jerusalem Post" says that former secretary of state and Massachusetts Senator John Kerry might run in 2020 and that he disrupted peace talks.

5. Experts examine the current state of US military readiness.

تمرين 18 اعرفوا زملاءكم

١. في رأيهم، هل يجب أن يكون الزوج / ـة صاحب القرار بعد التشاور؟ أو أن يكون أحد الزوجين "ديكتاتوريًا" ويصرّعلى رأيه؟ أو أن يترك أحد الزوجين كل شيء دون أن يكون له قرار؟

٢. هل مهّد لهم أحد الطريق للوصول إلى هدف ما في حياتهم؟ ماذا حدث؟

٣. هل الغاية تُبَرِّر الوسيلة؟ هل يبررون لأحد الزوجين خيانة الآخر مهما كان السبب؟

٤. في رأيهم، هل هناك فئات من البشر تعاني التهميش في مجتمعاتهم؟ إلامَ (إلى ماذا) يؤدي التهميش والحرمان؟

٥. هل تندمج الشعوب بناءً على قواسم الثقافة المشتركة من عادات وتقاليد وقيم أم على الإقتصاد بمصالحه وبرامجه ومشاريعه؟ كيف ذلك؟

6. What is the benefit of apologizing, in terms of relationship repair?

7. Is it justifiable to violate certain civil liberties in the name of national security?

8. Can the right leadership mind set pave the way to success?

ظلال ثقافية (٢): الإكرامية أو الـ"بغشيش" أو "التب" Tipping

الـ"بقشيش" أو الـ"بخشيش" أو الـ"بغشيش" أو الإكرامية أو الـ"تِبّ" هو مبلغ يضاف إلى السعر الأساسي عند تقديم الخدمة. في بعض البلاد يعتبر الـ"بغشيش" ضرورة والحياة بدونها صعبة جدًا، وفي بلاد أخرى، مثل السعودية، فإن الـ"بغشيش" ممنوع، كما أن الـ"بغشيش" يعتبر **رشوة** bribe يعاقب عليها القانون في دول أخرى.

شاهدوا الـ"فيديو" عن الـ"بغشيش" في مصر. الـ"فيديو" بالعامية المصرية. ليس من الضروري أن تفهموا الكلمات لأن الـ"فيديو" يعبّر عن المعنى بشكل جيد. بعد المشاهدة، تكلموا عن ثقافة الـ"بغشيش" في بلادكم وكيف تختلف عما شاهدتموه: **الـ"بغشيش" في مصر: "من غير "بغشيش" خدمة مفيش"**

استماع (١): ثقافة الـ"بقشيش": اقتصاد جارح للكرامة 🎧

تختزل	summarize
يطلق	say, spit out

تمرين 19 استمعوا وأجيبوا عن الأسئلة التالية

١. ما هو الـ"بغشيش" حسب الـ"فيديو"؟

٢. ماذا تجسد ظاهرة الـ"بغشيش"؟ كيف؟

٣. ماذا يستحق من يحاول أن ينسى أو يتجاهل الـ"بغشيش"؟

٤. لماذا يسعد الفقراء بنظام الـ"بغشيش"؟

٥. ما موقف الأغنياء من هذا النظام؟

٦. ماذا يصبح الـ"بغشيش" عند بعض العاملين؟

٧. ماذا يقول الـ"فيديو" عن عاملي محطات الوقود؟

تمرين 20 استمعوا مرة ثانية وأجيبوا عن الأسئلة التالية

١. العبارة في بداية الـ"فيديو" هي بالمصرية. ما هي العبارة؟

٢. ماذا تختزل = تلخص هذه العبارة؟

٣. من يُطلق هذه العبارة عادة؟

٤. ما شعور وسلوك من يقول العبارة ومن يسمعها؟

٥. ما معنى عبارة "بالتلميح حينًا وبالتصريح أحيانًا"؟ (ملاحظة: التلميح عكس التصريح في هذا السياق.)

٦. في الدقيقة ١:٤٠ يستخدم الـ"فيديو" عبارة "الجنيه غلب الكرنيه" وهي عبارة باللهجة المصرية. ما معنى العبارة؟ لماذا يستخدمها الـ"فيديو"؟

٧. ما هي العلاقة بين عمال محطات الوقود وصيادي السمك؟

تمرين 21 للمناقشة العامة

١. قارنوا بين مفهوم الـ"بغشيش" الذي يعرضه الـ"فيديو" ومفهوم الـ"بغشيش" في مجتمعاتكم؟

٢. هل الـ"بغشيش" يشكل نظامًا اقتصاديًا في مجتمعاتكم؟ كيف؟

٣. هل يعبر مفهوم الـ"بغشيش" عن سمة من سمات الطبقية في المجتمع؟ كيف (لا)؟

٤. هل يمكن للمجتمع أن يعيش دون نظام الـ"بغشيش"؟ كيف يمكن لمجتمع تعوّد على هذا النظام أن يتخلص منه؟

القصة: مفردات النص الرئيسي

كلمات وتعابير تعلمناها		
الكلمة	**سمات عامية**	**المعنى بالانجليزية**
دمار		destruction
جريح (ج) جرحى		wounded
تعطّل، يتعطّل، تعطُّل	خِرب، يخرَب، خرَبان	become out of order
بأكملها	كلها	wholly
نقدًا	"كاش"	cash
أشار، يشير، إشارة		indicate
شنطة (ج) شُنَط		suitcase, bag, travel bag
ضوء (ج) أضواء	ضَو	light, brightness
وزّع، يوزّع، توزيع		distribute
قُبلة (ج) قُبَل	بوسة	kiss
دَمعة (ج) دمعات = (دموع)		tear
حبيب (ج) أحباب = (أحِبّة)		loved one
اصطحب، يصطحب، اصطحاب	أخد معه	accompany
مدّ، يمُد، مدّ		extend, expand, stretch
مارّ (ج) مارّة = (مارين)		passerby
نقر، ينقر، نَقْر	دق، يدق، دق	click, knock
نافذة (ج) نوافذ		window
هزّ، يهزّ، هزّ		shake
كَيان		being, existence, entity
	الله يرحمنا برحمتُه	may God bestow His mercy on us
على غير ما جرت عليه العادة	مش زي العادة	unlike the usual practice
صرخ، يصرخ، صراخ		scream, cry
ميزان (ج) موازين		scale
خاطب، يخاطب، مخاطبة		address, talk to
رسْم (ج) رسوم		fee, tuition
تعمّد، يتعمّد، تعمُّد (تذكروا كلمة تعميد من الجزء الثاني)		intend, mean, do s.th. on purpose
زبون (ج) زبائن		customer
آلة نقاط البيع		credit card machine (point-of-sale machine)

tape		شريط (ج) أشرطة
unleash, release reign	سرح، يسرح، سرَحان	أطلق عَنان، يطلق عنان، إطلاق عنان عنان
pressures		ضغوطات
complication		تعقيد (ج) تعقيدات
relax	تمدّد، يتمدد	استرخى، يسترخي، استرخاء
mood swing, fluctuation	مززنجي	تقلّب المزاج، يتقلب المزاج، تقلُّب المزاج (ج) تقلبات المزاج
temper mixture		مزاج (ج) أمزجة مزيج
pour, empty he poured out his rage		صبّ، يصب، صبّ صب جام غضبه
creature		مخلوق (ج) مخلوقات
God has created all kinds of things (odd things can happen in this world)		لله في خلقه شؤون
smell	ريحة	رائحة
the loved ones (a person who is loved because he or she reminds us of the lover)	الحبايب من ريحة الحبايب	الأحبة
together	سوا، مع بعض	سويًا
heart		فؤاد (ج) أفئدة
direction		وُجهة (ج) وجهات
fantasy, vision, spectrum, type		طَيْف (ج) أطياف = (طيوف)
treasure		كنز (ج) كنوز
minaret	ميدنة (ج) مآدن	مئذنة (ج) مآذِن
to be headed for, go to	راح	قصد، يقصد، قصْد
paved, floored		مرصوف
stair, ladder		سُلّم (ج) سلالم
landmark		معلَم (ج) معالم
captivating, attractive	حلوة كتير	خلّاب
toward	باتجاه	صَوْب
bridge		جسر (ج) جسور
horn, century		قرن (ج) قرون
bargain	فاصل، يفاصل، مفاصلة	ساوم، يساوم، مساومة

to be distinctive of, distinguished by		امتاز بـ يمتاز بـ امتياز بـ
captivating		أخّاذ
geographical features		تضاريس
station		محطة (ج) محطات
coast		ساحل (ج) سواحل
whisper		هَمسة (ج) همسات
snatch away, rescue from		انتشل، ينتشل، انتشال
abbreviate, reduce		اختزل، يختزل، اختزال

تمرين 22 ما العلاقة بين ...

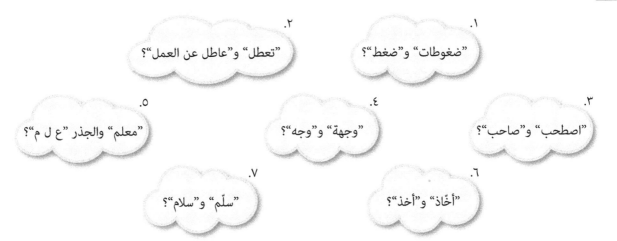

١.
"ضغوطات" و"ضغط"؟

٢.
"تعطل" و"عاطل عن العمل"؟

٣.
"اصطحب" و"صاحب"؟

٤.
"وجهة" و"وجه"؟

٥.
"معلم" والجذر "ع ل م"؟

٦.
"أخّاذ" و"أخذ"؟

٧.
"سلّم" و"سلام"؟

تمرين 23 كيف نقول ما يلي

1. to pave   2. to complicate

3. to whisper

4. speech, sermon   5. to kiss

ظلال ثقافية (٣): ست الحبايب

(ست الحبايب) هي ببساطة الأم. في الجزء الثاني، تعلمنا أغنية محمود درويش والتي غناها المطرب اللبناني مرسيل خليفة (إلى أمي) والتي يحنّ فيها إلى قهوة وخبز أمه ويخجل من دمعاتها إن مات. وقد قال الشاعر المصري أحمد شوقي الملقب بـ (أمير الشعراء):

الأم مـــدرســـة إذا أعـــددتـــهـــا
أعـددت شـعبًا طـيب الأعْـراق

الأم روض إن تــعــهــده الـحــيا
بــالــريّ أورق أيّــمــًا إيــراق

وفي الحديث الشريف، سُئِلَ النبي محمد (صلى الله عليه وسلّم) "من أحق الناس بحُسْن صُحبتي؟ قال: 'أمك.' قال الرجل: ثم مَن؟ قال (النبي): 'أمك.' ثم قال (الرجل): ثم مَن؟ قال النبي: 'أمك.' ثم قال (الرجل): ثم مَن؟ قال: 'أبوك.'"

هناك أغنية بعنوان ست الحبايب، وهي للمغنية المصرية المشهورة (فايزة أحمد) شاهدوا الـ"فيديو كليب" التالي:
والأغنية باللهجة المصرية وكلماتها كالتالي:

ست الحبايب ياحبيبة يا أغلى من روحي ودمي
Oh the lady of the beloved ones, oh my love
You're more precious than my soul and my blood

ياحنينة وكلك طيبة   يارب يخليكي يا أمي
يا رب يخليكي يا أمي   يا ست الحبايب يا حبيبة...
Oh you're tender and full of goodness
God keep you for me, my mom

زمان سهرتي وتعبتي وشلتي من عمري ليالي
In the past you stayed sleepless at night, got tired holding me for many nights of my life

ولسه برضه دلوقتي بتحملي الهم بدالي
And now you are still enduring the hurt on my behalf

أنام وتسهري وتباتي تفكري
وتصحي من الآدان وتيجي تشقري
يا رب يخليكي يا أمي .. يا ست الحبايب يا حبيبة...
I sleep and you don't, you stay thinking at night
And you wake up since the (adhan) and you check on me
May you live for me, my ... mother ... my beloved

ثم شاهدوا الـ"فيديو كليب" تغنية إحدى مرشحات برنامج "The Voice" الذي يعد من البرامج المشهورة في العالم العربي إلى جانب برنامج "Arab Idol"
وكذلك من برنامج "Arab Idol"

تمرين 24 يللا نتكلم عن الأم

كيف ترى عاطفة المغنين في هذه الأغنيات؟ هل تشاركهم نفس العاطفة؟

كيف ترى مكانة الأم في مجتمعك؟ هل تغيرت مكانة الأم في رأيك؟ (تستطيع أن تعرف ذلك من خلال كلام والديك عن أمهاتهم.)

مفردات وتعابير جديدة

الكلمة	سمات عامية	المعنى بالانجليزية
استغرق، يستغرق، استغراق	أخد	take up, occupy wholly
عالِق (ج) عالقون		stranded, unresolved, pending
نَقض (ج) أنقاض		debris, rubble
تعذّر، يتعذّر، تعذُّر	صار صعب	become difficult
مندوب (ج) مندوبون		agent, representative
استرجع، يسترجع، استرجاع = (استعاد، يستعيد، استعادة)	رَجّع	take back, regain
بتّ، يبُت، بتّ		cut off, determine, settle
لملم، يلملم، لملمة		collect, gather up
فِراق		separation, parting, farewell
غريق (ج) غرقى		drowned
نجا، ينجو، نجاة = (نُجُو) نجا بروحه = (نجا بنفسه، بحياته)		be saved (from), escape (danger) save one's skin
وهم (ج) أوهام		delusive imagination, fantasy
استرعى انتباه، يسترعي انتباه، استرعاء انتباه	شد انتباهي، يشد انتباهي	catch my attention, direct my attention
متسوّل (ج) متسولون	شحّاد (ج) شحادين	beggar
ضَنْك ضنْك العيش		difficulty, poverty, straits wretched life
افترش، يفترش، افتراش		to be able to stretch up, extend to s.th.
استجدى، يستجدي، استجداء		beg, plead with, request earnestly
توسّل إلى، يتوسّل إلى، توسُّل إلى		beg, plead with
استعطف، يستعطف، استعطاف		ask for s.o.'s mercy, appeal to
قوت (ج) أقوات		nourishment, food
فاجأ، يفاجيء، مفاجأة		take by surprise, come suddenly or unexpectedly
طابور (ج) طوابير		row, line
نبْرة (ج) نبرات		intonation, tone, raising of the voice

select	نقّى، ينقّي، تنقاية	انتقى، ينتقي، انتقاء
the worst of it	الأمرّ من هيك، الأنكى من هيك	الأدهى من ذلك
credit card		بطاقة ائتمانية
once, sometimes	مرات	تارَة
relax, have fun, rest		استجمّ، يستجم، استجمام
recuperation, recovery		نقاهة
assistance, help		عوْن (ج) أعوان
He is hard to please (proverb).		لا يعجبه العجب ولا الصيام في رجب
assail, make inroads upon, have the cheek to		تطاول على، يتطاول على، تطاوُل على
mix	خربط، لخبط	مَزَج، يمزج، مزْج
beat (heart), shake		خَفَق، يخفق، خفقان
freeze		تجمّد، يتجمّد، تجمُّد
excess, exaggeration (with following abstract noun)	كُتْر	فرط + اسم (مُجرّد)
How beautiful you are, Turkey!	الله عليكي يا تركيا!	
rush upon, throng, flock, crowd		تهافت على، يتهافت على، تهافُت على
from all sides		من كل حدب وصوب
to be abundant, overflow	انتلى، ينتلي	زخر، يزخر، زخور
fabulous, legendary	مصارش، ولا في الخيال	خُرافي
newness, novelty, modernism		حداثة
invaluable, inestimable		لا يُقدّر بثمن
become obvious, to be evident, appear		تجلّى، يتجلّى، تجلي
to be graded, advance gradually		تدرّج، يتدرّج، تدرُّج
dazzling, splendid		مُبهِر
prestige, standing, dignity, gravity		هيبة
bale, bouquet, straw		باقة (ج) باقات
the far	لِبْعيد	القاصي
the near come close, approach	القريب قرّب	الداني دنا، يدنو، دنوّ
pulsing		نابض
favor, choose to	فضّل	آثر، يُؤْثِر، إيثار
market	سوق	"بازار"

spice		تابل (ج) توابل
noise		ضجيج
amazing		مُذهِل
to be filled with, swarming with, congested with		عجّ بـ يعجّ بـ عجّ بـ
gentle sound of water flowing over stones, babble		خرير
waterfall		شلّال (ج) شلالات
foot of the mountain		سفح الجبل (ج) سفوح الجبال
spray, sprinkle, drizzle		رذاذ
play around with, dally with, jest with		داعب، يُداعب، مداعبة
pull back and forth we got engaged in conversation, we were deep in conversation		تجاذب، يتجاذب، تجاذُب نتجاذب أطراف الحديث
pierce, penetrate		اخترق، يخترق، اختراق
exclamation of tenderness or admiration meaning "How much I love you!"	عيني يا عيني	
lovebirds		عصافير الحب
Come on! Get up!	يلا قوموا	
it's over (it is like saying it is Eid time)	عيّدت	
person	واحد، بني آدم	مرء
stand as if pinned in the ground		تسمّر، يتسمّر، تسمُّر
shelter		ملجأ (ج) ملاجيء
limbs, extremities (of the body) with all my strength, with might and main		جوارح بكل جوارحي

تمرين 25 ما العلاقة بين ...

١. "تعذّر" و"عذر"؟

٢. "استغرق" و"غرق"؟

٣. "تطاول" و"طويل"؟

٤. "القاصي" و"المسجد الأقصى"؟

٥. "حداثة" و"حادث"؟

بستان المفردات

تمرين 26 خمنوا معنى ما يلي

١. مندوب مبيعات (مندوب تأمين، مندوب خاص)	٨. تدنّي الأخلاق
٢. حديث العهد بالحب	٩. سلّم متحرك
٣. القتل العمد	١٠. شخصية جذّابة
٤. توهّم المرض	١١. قُبلة وداع
٥. خرق الأمن العام	١٢. طيور جارحة
٦. تجميد أموال (تجميد أسعار)	١٣. جسور السلام والمحبة
٧. الشرق الأدنى	١٤. عالقين على المعابر والحدود

تمرين 27 ترجموا العناوين الإخبارية التالية

١. عرب ٤٨: فتح معبر رفح ليوم لعودة العالقين بمطار القاهرة

٢. الجزيرة "نت": عندما يجد مُنقِذَ والدته تحت الأنقاض

٣. العربية "نت": هل يمكن النجاة من تحطم طائرة على طريق سريع

٤. العربية "نت": صورة صادمة: **جاموسة** = (بقرة) في طابور الصباح بمدرسة مصرية

٥. صحيفة النبأ: أهل الغوطة الشرقية: **يطاردهم** chase them الموت في ملاجيء تحت الأرض

٦. العربية "نت": اختراق تاريخي لـ "فيسبوك:" حملة "ترمب" جمعت بيانات ٥٠ "مليونًا"

تمرين 28 ترجموا الجمل التالية

١. أحبك بكل جوارحي، بعقلي، بقلبي، بروحي، بدمي، بجسمي ودموعي، بأوراقي، بنثري، بشعري. أحبك بكل لمسة وهمسة، بكل كلمة وقُبلة.

٢. تسمّر حارس مرمى "بيتيس" في مكانه أمام تسديدة "رونالدو" الصاروخية والتي بلغت سرعتها ١٣٢ "كيلومترًا" في الساعة.

٣. تسبب سائق في مصرع طفله الرضيع الذي لم يتعدَّ عمره ٥٠ يومًا، عندما أراد أن يعبِّر عن سعادته حين كان يداعبه ويرفعه إلى أعلى وأسفل، فسقط منه الطفل على الأرض ولقي مصرعه في الحال.

٤. بعد صعودنا إلى الطائرة، تجاذبنا أطراف الحديث وتطرقنا إلى موضوعات شتى، وتبيّن لي أن الرجل يحمل شهادة في علم النفس.

5. A doctor proposed to a woman he rescued after she was stabbed in the market many times.

6. With Ramadan approaching, Sharjah Police have launched anti-begging campaigns, including distribu-

tion of booklets in Arabic and English.

7. Apply now for credit cards from our bank and get some of the best credit card privileges, such as no annual fees and free travel insurance up to US $1 million.

تمرين 30 اعرفوا زملاءكم

١. كم من الوقت يستغرق شحن بطارية تليفونهم (أو قبول الماجستير أو الدكتوراة بجامعتهم، الحصول على قبول في الجامعة، تعلُّم لغة جديدة، وصول كتاب عند شرائه من "أمازون." استلام طلبية من "بيتزا هت؟")

٢. هل سبق أن تعذّر عليهم إرسال رسائل أو استلامها على جهاز التليفون (أو تسجيل الدخول لحساب من حساباتهم، سماع شخص عند إجراء مكالمة، فهم ما يقول شخص آخر بلغة أخرى)؟ ماذا حدث؟

٣. ما أهم الأشياء التي يستوجب عليهم أن يبتّوا في أمرها في حياتهم؟ هل لديهم خطة؟

٤. هل فاجأهم أحد بتصرف لطيف أو سلوك سيء لم يتوقعوه؟ ماذا حدث؟

٥. في رأيهم، ما أفضل ثلاث وجهات سياحية في العالم للاستجمام والنقاهة؟ ولماذا؟

٦. هل هناك أشياء في الحياة لا يمكن شراؤها بمال ولا تقدر بثمن؟ ما هي ولماذا؟

تمرين 31 يللا نمثل

1. You are shopping in a clothing store. When paying for your purchase, you find out that you have been robbed. Talk to the cashier and try to explain your situation.

2. A beggar stops you in the street and asks for money. He is young and in good health. Initiate a conversation.

3. You are in the bank, standing in line and waiting for your turn. A man comes running and squeezes himself in front of you. Initiate a conversation.

You may use the dialectal expressions in Appendix II.

تمرين 32 أكملوا الفراغات في الجدول التالي

الكلمة	الجذر	كلمة أو أكثر من نفس الجذر
عالق (ج) عالقون		
غريق (ج) غرقى		
افترش، يفترش، افتراش		
تطاول، يتطاول، تطاول		
امتاز، يمتاز، امتياز		
سُلّم (ج) سلالم		
مئذنة (ج) مآذن		

وجهة (ج) وجهات		
اصطحب، يصطحب، اصطحاب		
تعطّل، يتعطل، تعطل		
شريط (ج) أشرطة		

تمرين 33 استبعدوا الكلمة الغريبة بدون استخدام المعجم (القاموس)

١.	دمار	تقبيل	أنقاض
٢.	خاطب	تحدّث	مدّ
٣.	استجمام	استرخاء	تعمّد
٤.	متقلب المزاج	عزيز النفس	غريب الأطوار
٥.	استرجع	قصد	توجّه إلى
٦.	شاحب	أخّاذ	خلّاب
٧.	انتشل	أنقذ	قوّم
٨.	لملم	تبادل	جمع
٩.	وداع	فراق	احتلال
١٠.	وهم	إثارة	خيال
١١.	استقلّ	استجدى	استعطف
١٢.	انتقى	اختار	أنجز
١٣.	عوْن	مساعدة	اضطرار
١٤.	عشوائي	خرافي	أسطوري
١٥.	دنا	تجنّب	اقترب

تمرين 34 صلوا نصف الجملة بالنصف الآخر المناسب ثم ترجموها إلى الإنجليزية

١.	خلال الحفل، تهافت الجمهور من كل صوب وحدب		موقعه الالكتروني ونشر رسالة تنتقد إجراءاته الأمنية.
٢.	اعتقل جهاز الأمن العراقي مدونًا عراقيًا قام باختراق		حتى أصبحت مزيجًا من المطابخ الهندية والصينية والعربية، وهو ما يضيف نكهة أخرى على الأطعمة، وتجذب القاصي والداني لتذوقها.
٣.	نشرت صحيفة "ديلي ميل" مقطع "فيديو" مُذهل، لشاب تلقى طعنة في الظهر		وإذا لملم الفقير فيها نفسه بعد توفير قوت يومه، يذهب ليستجم على الشاطيء بعيدًا عن ضغوطات الحياة وتعقيداتها.
٤.	زار مسؤول أكاديمي أحد الأقاليم في "الصين،" واسترعى انتباهه كيف أن المدارس كانت أفخر المباني		كانت قد دفنت تحت أنقاض دار للضيافة لمدة ٥ أيام بعد وقوع زلزال مدمر في المنطقة.

٥.	ضاق بحر غزة على شريحة واسعة من سكان غزة التي يعاني سكانها من ضنك العيش		أو ربما تجد متسولًا يضع بجواره صندوقًا يجمع فيه بعض النقود من السائحين المارين في المكان.
٦.	نظرًا للتنوع العرقي في "إندونيسيا،" فإن البلاد تمتلك مزيجًا من ثقافات الطبخ، وخصوصًا فيما يتعلق بالبهارات		للقاء النجم العربي كاظم الساهر والتقاط الصور التذكارية معه والحصول على توقيعه الشخصي.
٧.	أثناء جلوسك بالقرب من الشلال، ستستمتع بصوت خرير الماء المريح، وقد يعجّ المكان بأشخاص يقومون بنشاطات رياضية		في القرى والبلدات التي زارها، على عكس الغرب حيث تكون مجمعات التسوق هي في العادة أروع المباني في المدن.
٨.	أعلن مسؤولون بالشرطة ووزارة الداخلية في "نيبال" أنه تم انتشال سيدة نيبالية		بواسطة سكين مطبخ كبيرة الحجم، لكنه لم يفقد حالة الهدوء الشديد، وجلس بين المارة منتظرًا سيارة الإسعاف.

تمرين 35 أعيدوا ترتيب الكلمات التالية في جمل مفيدة

١. مكنون - تكشف - الصوت - صاحبها - عن - نبرة (تكشف ... صاحبها.)

٢. قال - مشاعر – الكلام – تظهر – بالدموع – المرأة – والقبلات (قال صديقي: ... والقبلات.)

٣. من أهم - الأجيال – باقات - طالت - والشوكلاتة – أساليب - تبقى - عن الحب – مهما – الأزمان - تغيرت – التعبير- الورود (تبقى باقات الورود ... والأجيال.)

٤. أي - لا نقبل – على - السبب - إنسان - كان – أو - الإساءة – مهما - التطاول (لا نقبل ... السبب.)

٥. سيتم - الإصلاحات - بعض – التدرج - الاقتصادية - في تطبيق (سيتم ... الاقتصادية.)

٦. في أحجامها - الكهوف - تزخر - المتفاوتة - وتضاريسها - بالعديد من - عُمان (تزخر ... وتضاريسها.)

تمرين 36 ضعوا كلمة أو عبارة أخرى مما درسناه من قبل بالمعنى نفسه، بدلًا مما تحته خطان

١. حاول مواطن من "جورجيا" نقل امرأة روسية بصورة غير شرعية إلى خارج الأراضي التركيّة، ولكن رجال الجمارك عثروا عليها في حقيبة سفره.

٢. تشهد الكويت حالة من الطقس غير المُستقر حيث تعرّضت لموجة من الغبار الكثيف وانعدام الرؤية مما أدى إلى توقف الملاحة البحرية في ميناء الشّويخ.

٣. تهافت المواطنون لشراء كميات كبيرة من الخبز خوفًا من إضراب أصحاب المخابز الذي أعلنته نقابتهم، في الوقت الذي نفى عدد كبير من أصحاب المخابز نيتهم التّوقّف عن العمل.

٤. خضعت سيارة "كيا ستنجر" ٢٠١٨ الجديدة لاختبار السلامة والأمان من المعهد الأوروبي لتقييم السيارة الجديدة، وحصلت على نتائج مُبهرة لجميع الإختبارات التي قد أُجريت لها.

٥. آلمني وهزني كثيرًا ما تطالعنا عليه بعض الصحف بين الحين والآخر، وما يتداوله الناس في أحاديثهم اليومية حول ما يتعرض له المعلم في هذا الزمن العجيب من اعتداءات ظالمة لا مبرر لها، بدءً بالمضايقات والتطاول عليهم وانتهاءً بالضرب وأحيانًا القتل العمد.

تمرين 37 ضعوا حرف جر مناسب

١. يُشار ___ أن الصاروخ "إريان ٥" القادر ___حمل أوزان ثقيلة تعرّض __كارثة عام ٢٠٠٢، عندما انحرف ___ مساره فوق المحيط الأطلسي، فيما أطلق الصاروخ ___نجاح مرتين عام ٢٠٠٥ بعد إجراء بعض التعديلات.

٢. أكد الوزير السعودي للطاقة والصناعة والثروة المعدنية خالد الفالح ___ أنّ زيارة الأمير محمد بن سلمان بن عبد العزيز ___ اليابان، خلال الفترة ___ الأول من "أيلول" ___ الثالث من "أيلول" ٢٠١٦، نالت اهتمامًا كبيرًا جدًا، وذلك نظرًا ___ما احتوته ___ فرص استثمارية عدة، تمثّلت ___ توقيع العديد ___ الاتفاقات بين البلدين اللذيْن تجمعهما علاقات وطيدة.

٣. شدد الرئيس ___ ضرورة اندماج المهاجرين ___ المجتمعات المضيفة، مُشكّلين مجتمعًا واحدًا يحتضن اختلافاتهم، وقال إن عملية الدمج تتطلب استعدادًا ___جانب اللاجئين ليتمكّنوا ___ التكيف ___ أوضاع الوطن المُضيف.

٤. أوقفت شركة محلية ___ مدينة الرياض بالسعودية موظفًا عربيًا عن العمل، ورفعت شكوى ضده ___الجهات المسؤولة، لتعمّده الإساءة ___المملكة وتطاوله ___الشعب السعودي ___كتابات مسيئة ___ موقع التواصل الاجتماعي، وفقًا __جريدة (عكاظ).

٥. نقلت صحيفة "ذا صن" البريطانية بعض الكلمات التي وجهتها "أوبرا وينفري" ___ اللاعب الأرجنتيني "ميسي" الذي يأمل ___ تحقيق لقب كأس العالم ___المرة الأولى ___ مسيرته الكروية. وقالت "أوبرا" ___ "ميسي" أثناء تواجدها ___ برنامج تلفزيزني أرجنتيني: "عليك التعمق كثيرًا في داخلك، لكي تجد قوتك الكاملة مع "الأرجنتين،" عليك أن تكون مقاتلًا ___ الملعب."

٦. ليست مراكش مجرد مدينة يحددها موقعها الجغرافي ___ الخريطة. إنها رمز وتاريخ ممتد ___ تفاصيله ___ الكتب وفي جغرافية المكان. تُعرف مراكش ___أكثر ___اسم ولقب، فهي: (مراكش) تاريخيًا، و(الحمراء)، و(لونا)، و(مدينة النخيل)، و(السبعة رجال)، كما أنها (البهجة) لأن ساكنيها يمتازون ___ المرح وحِسّ النكتة دون غيرهم من المغاربة.

النص

في اليوم المقرر للسفر إلى "أمريكا"

في ساعات الفجر الأولى، تسبّب القصف بدمار كبير في منطقة مجاورة، مما جعل الدفاع المدني يستغرق أكثر من ساعتين في انتشال القتلى والجرحى العالقين من تحت الأنقاض. وتعذّر إجراء أي اتصال هاتفي، وذلك لتعطل شبكة الاتصالات والـ"انترنت" بأكملها. واضُّطررت أنا ووالدتي إلى التغيب عن موعد طبيب الأسنان الذي كان مقررًا قبل موعد السفر بسبع ساعات، ونظرًا لصعوبة الوصول إلى المطار، قمت بالاِتصال بشركة الطيران حيث قال لي مندوبها إنني لن أتمكن من استرجاع فلوس حجزي المخفّض على الدرجة السياحية، نقدًا، بالإضافة إلى أن الشركة ربما لن تعوضني عنه ولو بـ(ليرة) واحدة.

تسارعت الأحداث وأخيرًا بَتّ والدي في الأمر، وأشار إلى وجوب الخروج فورًا إلى الأردن ومنها إلى "تركيا" ثم إلى "أمريكا،" كنا قد حزّمنا أمتعتنا من شنط السفر وغيرها، وتحت ضوء قمر ذلك اليوم الطويل، لملمنا أشياءنا وأشواقنا ووزّعنا القُبل ودموع الفراق على أحبّتنا من الأقارب والجيران. انطلقنا إلى الحدود الأردنية، خارجين من أرض الوطن، لم نعد نشعر بجوع أو عطش إلا عطش الغريق إلى شاطيء

النجاة. رباه! أهذا وهم أم حقيقة؟ وفيما كانت السيارة تسير بنا، استرعى انتباهي منظر بعض المتسولين الهاربين من خطر الموت وضنك العيش، كانت هناك بعض النساء يفترشن الأرض وأخريات يصطحبن أطفالهن يمدون أيديهم مستجدين المارة أوينقرون على نوافذ السيارات يتوسّلون إلى من بداخلها ويستعطفونهم للحصول على قوت يومهم—منظر يقطّع القلب ويهزّ الكيان، الله يرحمنا برحمتُه.

في المطار بالأردن

على غير ما جرت عليه العادة في المطار، فوجئنا ببردة فعل موظف، صرخ في وجوهنا طالبًا مني ومن والدتي التراجع عن ميزان الحجز والوقوف في الطابور، وخاطب والدي بنبرة قاسية قائلًا: "لا توجد مقاعد متلاصقة، على كل منكم أن يجلس وحده، كما أن لديكم زيادة في أوزان أمتعتكم عن الحد المسموح به، وسيتم تطبيق رسوم الوزن الزائد." يا إلهي! كأن الموظف تعمّد عدم صعودنا الطائرة، أو أن المقاعد المخصصة لنا بيعت لزبون آخر، رغم انتقائنا المقاعد عند حجز الرحلة. الأدهى من ذلك أن بطاقة والدي الاِئتمانية لم تعمل عند تمرير البطاقة داخل آلة نقاط البيع.

جلست في الطائرة أستعيد شريط الذكريات ومشاهد من حياتي في سوريا، ثم أطلقت عنان خيالي أفكر في أمر ذلك الموظف، فتارة أقول في نفسي، "ربما يعاني ذلك الرجل من ضغوطات وتعقيدات في الحياة، ويحتاج إلى فترة للاسترخاء والنقاهة والاستجمام،" و تارة أخرى أقول، "كان الله في عون زوجته على تقلباته المزاجية واضطراب شخصيته، فهو كما يقولون "لا يعجبه العَجب ولا الصيام في رجب،" ولذلك يصب جام غضبه على عامة الناس، يهاجمهم ويتطاول عليهم. الله وحده أعلم بحال هذا المخلوق، حقًا! لله في خلقه شؤون!"

الوصول إلى "تركيا"

لم تكن هذه المرة أول مرة أزور فيها "تركيا،" لكن لحظة لقاء "داليدا" و"بطرس" فيها كانت خاصة، فَهُما "من ريحة الحبايب،" خصوصًا بعد أن كِدنا نفقد الأمل في الوصول إلى "تركيا." كان "بطرس" و"داليدا" في طريقهما إلى "أطلانطا" من رام الله، وسيحضران حفل الزفاف إن شاء الله. سينضم إلينا في "اسطنبول" آدم صباح الغد، وسنقضي يومين سويًا، ثم أغادر أنا ووالديّ إلى "أمريكا،" وسيلحق آدم بنا في آخر شهر "يوليو" لنكمل طقوس الزواج. آه! ما أروع لقاء الحبيب بعد الفراق! بُكرة، ستكون مشاعر الفرح والحزن ممزوجة بدموع الشوق، يخفق قلبي لذكر اسمك يا آدم، وتتجمد مشاعري من فرط فرحة الفؤاد.

"تركيا"! الله عليكي يا "تركيا"! فهي تعد واحدة من أشهر الوجهات السياحية في العالم، وهي من الأماكن المفضلة لملايين السياح الذين يتهافتون عليها سنويًا من كل حدب وصوب، وقد سحرت عقول الناس بجمال مدنها وعمارتها المميزة ومطبخها الذي يزخر بشتى أطياف المأكولات اللذيذة. أما "اسطنبول،" تلك العاصمة الخرافية التي تجمع لزائريها حداثة الغرب وسحر الشرق، فتمتلك كنوزًا سياحية لا تُقدّر بثمن، ويتجلى جمال "اسطنبول" في بناء "آيا صوفيا" الذي تدرّج من كنيسة إلى جامع ثم إلى متحف، ليختزل روعة الرسومات المسيحية المبهرة مع هيبة المآذن والعمارة الإسلامية، وباقة فنية يقصدها القاصي والداني.

كانت إقامتنا في أحد الفنادق في منطقة السلطان أحمد، فهي قلب "اسطنبول" النابض، تأخذنا عبر أزقتها المرصوفة الضيقة وسلالمها الأثرية وبناياتها الرائعة إلى معالم "اسطنبول" الخلابة صوب جسر "غلاطة" أو الجامع الأزرق ذي المآذن الجميلة، أو قصر "دولمة" و قصر "توب كابي" المطل على القرن الذهبي وبحر "مرمرة." أما والداي فلقد آثرا زيارة الـ"بازار" الكبير، الذي ذكّرهما بسوق الحميدية بدمشق، وسوق التوابل الذي تملؤه أصوات الباعة وضجيج مساومات الأسعار.

يُقال بأنه من لم يزر "أنطاليا" فكأنما لم يزر "تركيا،" فهي تمتاز بمناظرها الطبيعية الأخاذة وتضاريسها الجغرافية الساحرة، وكانت، مدينة "تيرميسوس" الإغريقية المذهلة، هي محطتنا الأولى، والتي تعج بالشباب الذين يبحثون عن روح المغامرة. ومن "أنطاليا" كان لنا لقاء مع خرير مياه شلالات "دودن" التي تبعد عن "أنطاليا" ٢٨ كم. جلست وآدم مقابل سفح الشلال تاركين رذاذ المياه يداعب وجهينا ونحن نتجاذب أطراف الحديث وكأننا في عالم آخر اخترقه صوت "بطرس" قائلًا: "عيني يا عيني على عصافير الحب، يلا قوموا، عيّدت، لازم نمشي." في الحقيقة يحتاج المرء إلى أيام وأيام كي يزور أماكن أخرى كساحل "الليسية" و"بودروم" و"كوساداسي" و"بورصة" و"صبنجة" وغيرها الكثير، ولكن غدًا موعدنا مع "أمريكا" إن شاء الله. كلما يزورني طيفك يا حبيبي، أتسمّر مكاني، فأنت، بعد الله، ملجأي وعنواني، غدًا سأرحل حاملًا همساتك وأحلامك، سأشتاق إليك بكل جوارحي.

القراءة الأولى

تمرين 38 **أجيبوا عن الأسئلة التالية**

١. متى حدث القصف؟ أين؟ بمَ تسبّب؟

٢. هل ذهبت ليلى ووالدتها إلى موعد الطبيب؟ لماذا؟

٣. فيمن اتصلت ليلى بالمطار؟ ماذا قال لها؟

٤. كيف سافرت الأسرة إلى الأردن؟ ماذا شاهدوا على الطريق؟

٥. في المطار، هل كان الموظف لطيفًا في تعامله مع والد ليلى وأسرته؟ ماذا حدث؟ ماذا فعل معهم؟

٦. في "تركيا،" من قابلت ليلى؟ ومن سيجيء إلى "تركيا" أيضًا؟

القراءة الثانية

تمرين 39 **أجيبوا عن الأسئلة التالية**

١. ما هي بعض الآثار السلبية التي سبّبها القصف لأسرة ليلى؟

٢. كيف حدثت عملية خروج أسرة ليلى من سوريا؟ صفوا لنا ما شاهدوه على الطريق؟

٣. فيم جلست ليلى تفكر عندما كانت في الطائرة؟

٤. لماذا تعتبر "تركيا" من أشهر الوجهات السياحية في العالم؟

٥. لماذا تعتبر "أنطاليا" وجهة سياحية فريدة للسياح؟

تمارين إضافية على المفردات

تمرين 40 **اختاروا الكلمة الصحيحة لتكملوا الجمل التالية**

١. أفادت قناة "سي أن أن" الأمريكية نقلًا عن مصادر وصفتها بالمطلعة، بأن مجموعة من الـ "هاكرز" الروس هي التي ________ وكالة الأنباء القطرية، مما أثار فضيحة كبرى بين دول المنطقة.

أ. داعبت   ب. اخترقت   ج. لمست

٢. يقول الـ"فَيْلسوف" الفرنسي "سارتر" إن الآخرين هم الجحيم، فلماذا يحرص ________ على بناء علاقات اجتماعية بمن حوله والاِنتماء إلى جماعة معينة؟ لماذا لا يعيش الإنسان متحررًا من تلك القيود والسلطات الإجتماعية والثقافية التي تقيّد حريته؟

أ. المرء   ب. المندوب   ج. المارّ

٣. تقع ________"نياغرا" على نهر "نياغرا" بين مدينة "نياغرا" في ولاية "نيويورك" ومدينة "نياغرا" في مقاطعة "أونتاريو" الكندية.

أ. سفوح   ب. شلالات   ج. عصافير

٤. إن الكثير من الأسماء والألفاظ خرجت من رَحِم womb اللغة التركية، ولا زالت _____ بها العامية المصرية، ويتداولها المصريون في تعاملاتهم اليومية في الشارع والبيت والعمل، ربما دون أن يعرفوا مصدرها الأصلي.

أ. تتجاذب	ب. تتسمر	ج. تعجّ

٥. أوضح مسؤول في الشرطة الإماراتية أن ("رادار" مراقبة _________) يتكون من نِظامين هما مستشعر شدة الصوت و"كاميرا" لتصوير المركبات المخالفة، حيث يعمل الـ "رادار" بصورة آلية على قياس شدة الصوت الصادر عن المركبة المارّة في الشارع ضمن المنطقة المحددة وفي حال ارتفاع نسبة الصوت الصادر عن المركبة عن نسبة القياس المسموحة يقوم الـ "رادار" بتصوير وقراءة لوحة المركبَة.

أ. الاِختزال	ب. الهمسات	ج. الضجيج

٦. غَزَت _______ المغربية أطباق الجزائريين لتصبح المُكوِّن الأول المطلوب في شهر رمضان بعد ________ ربّات البيوت إلى المتاجر لشرائها. يروي (كمال عقيل) المقيم في مدينة (مغنية) على الحدود مع المغرب، في حديث للأناضول إن أسواق مغنية (التي تبعد ٥٠٠ كلم غرب الجزائر العاصمة)، ______ بالمحلات التي تبيع التوابل المغربية من الفلفل الأسود إلى الزعفران والكمون.

الفراغ الأول: أ. التوابل ب. الباقات ج. الحداثة
الفراغ الثاني: أ. تدرّج ب. تجلّي ج. تهافت
الفراغ الثالث: أ. تزخر ب. تؤثِر ج. تدنو

٧. لم يستطع العديد من الطلاب المغاربة مسايرة الدراسة في عدد من المناطق المغربية التي تعرف تساقط الثلوج، بسبب برودة الطقس و______ الثلوج.

أ. تجمّد	ب. عنان	ج. مزج

٨. (الله يخليك يا "دكتور")، (هذه خامس مرة أتقدم للامتحان)، (لا تنسني من رحمتك يا "دكتور")، (أنا يتيم)، (أبي تزوج بعد وفاة أمي)، (لا يمكنك أن تتخيل قسوة زوجة أبي يا "دكتور")، (توفيت والدتي منذ يومين ولا يمكنني القدرة على التركيز يا "دكتور")، كل هذه عبارات استجداء وتوسل يكتبها بعض الطلاب أسفل ورقة إجابة الامتحان من أجل _________الأساتذة في وضع العلامات التي تساعدهم على النجاح.

أ. مفاجأة	ب. انتقاء	ج. استعطاف

٩. قضى شاب مهاجر من ساحل العاج في بحيرة هادئة في شمال "إيطاليا" وذلك بعد أن كان قد ______ من حادث غرق في البحر الأبيض المتوسط، حسب ما أفادت به وسائل إعلام إيطالية متحدثة عن نهاية عَبَثية له.

أ. خاطب	ب. صرخ	ج. نجا

١٠. استخدمت الشرطة الأسترالية ______ الفلفل لوقف اشتباكات بين مُحتَجين قوميين يمينيين وآخرين معارضين للعنصرية في شوارع مدينة "ملبورن."

أ. أنقاض	ب. دموع	ج. رذاذ

على غير موعد

تمرين 41 اختاروا الكلمات الصحيحة لملء الفراغات

الأنقاض	الكيان	عون	استرجاع	المرصوفة	الطابور	الجرحى	الفراق	موازين	أوهام	انتشال	أتجاذب

١. يرى معظم المحللين والمتابعين أن انتهاء الحرب الباردة قد أدّى إلى انعدام التوازن في النظام الدولي على المستوى الدولي والإقليمي، كما تأثرت ______ القوى بعد انهيار الاِتحاد السوفيتي وسقوط جدار "برلين" في تسعينات القرن الماضي مما أدى إلى وقوع ثلاث حروب إقليمية في منطقة الشرق الأوسط والخليج العربي.

٢. لا شك أن حوادث القتل في بعض المدارس والمؤسسات التعليمية بـ"أميركا،" التي حدثت في فترات ماضية، هزت ______ التعليمي بكل معنى الكلمة، فقد كان الجميع يعتقد بأن المدارس مكان للتعليم وحصد العلم، وأن السلاح الوحيد المسموح به فيها هو القلم، سلاح العلم.

٣. تضم دمشق القديمة العديد من الأحياء العريقة والأسواق والخانات والمساجد والكنائس والمدارس والشوارع ______ والقلعة والسور الروماني، والجدير بالذكر أنها تضم معظم آثار مدينة دمشق.، في حين أن دمشق القديمة لا تشكّل سوى حوالي ٥٪ من مساحة مدينة دمشق الحالية وتمتاز الآثار التاريخية بأنها تعود لعدة فترات زمنية من الحضارات الماضية.

٤. بعد أكثر من ساعة على الاِنفجار، كانت سيارات الإسعاف لا تزال تنقل ______ إلى المستشفيات، وكانت عمليات ______ جثث القتلى من تحت ______ متواصلة، فيما كان رجال الإطفاء يحاولون السيطرة على الحرائق التي اندلعت في عدد من المباني.

٥. إن سجلات الدردشة لا يتم حفظها في أنظمة الـ"وتس أب" ولا يمكن ______أي من الرسائل المحذوفة، ويمكن لأي مستخدم استعمال خاصية النسخ الإحتياطي على iCloud لإنشاء نسخة احتياطية واستعادة الدردشات عند اللزوم.

٦. قال الرئيس الروسي "فلاديمير بوتين" إن اتهام بلاده بالتدخل في الانتخابات الأميركية عبر التواصل مع فريق حملة "دونالد ترمب" هي مجرد ______، وتحرّكها اعتبارات السياسة الداخلية الأميركية.

٧. بعد طلاق صديقي، نظر إليّ باكيًا، وقال لي بِنبرة يملؤها الحزن: "______ مُرّ ... مرّ جدًا يا صديقي، تعتقد النساء أن الرجال قادرون على النسيان بسهولة، وأن تجاوز علاقاتهم الفاشلة لا يتطلب شيئًا. هذه حقًا إساءة في حق الرجل."

٨. وقفت في ______ أحملق في السماء وأستمع إلى صوت سقوط المطر فوق بلاط الرصيف المجاور، وبعد أن انتهيت، عدت إلى صديقتي ______ معها أطراف الحديث.

٩. كان الله في ______ك يا أخي، فالمشاكل تكاثرت عليك إلى حد لا يُطاق.

تمرين 42 (كتابة حرة) أكملوا الجمل التالية بما يناسب

١. تسبّب تأخّره عن ______.

٢. اضطررنا إلى ______.

٣. نظرًا لـ ______.

٤. لم أعد أُطيق ______.

406

٥. فيما كنا نتجاذب أطراف الحديث ______________________.

٦. على غير ما جرت عليه العادة فوجئت بـ ______________ والأدهى من ذلك ______
______________________.

٧. لم تكن هذه أول مرة ______________________.

٨. كانت المدينة تعجّ بـ ______________________.

٩. كلما أتذكر ______________________.

تمرين 43 ترجموا إلى الإنجليزية

١. يا عيب الشوم عليك! لماذا صرخت في وجه ذلك المتسول المسكين؟

٢. نيّالك يا فاعل الخير! إن الله في عون العبد مادام العبد في عون أخيه. (حديث شريف)

٣. يا أخي قل لي كلامًا غير هذا! كيف تطلّقت صديقتنا أمينة من زوجها الذي كانت تحبه بكل جوارحها؟! هذا والله من رابع المستحيلات.

٤. اقترب متسوّل من سيارتي ونقرعلى النافذة يستعطف ويتوسل أن أعطيه بعض النقود، مددت يدي في جيبي ووضعت بعض الدولارات في يده. وفي أقل من دقيقة، كانت السيارة مُحاطة بحوالي عشرين متسولًا، نظرت إلى زوجتي مبتسمًا وقلت لها: "ماذا نفعل مع هؤلاء الآن؟" ردت بابتسامة قائلة: "لا أدري، كل ما أعرفه أنها وقعة بنت كلب، وعليك أن تفكر في طريقة للخروج من هذا المأزق."

٥. ذكرت مجلة "تايم" البريطانية، أنّ "ترمب" قابل "ميركل" بالترحاب عند حضورها للبيت الأبيض، إلا أنه غيّر موقفه، وتعمّد تجاهلها عندما حاولت مصافحته مجددًا أثناء جلوسهما أمام الـ"كاميرات" التلفزيونية التي كانت تبثُّ اللقاء.

٦. أفادت تقارير صحافية إسبانية أنّ "لويس إنريكي" مدرّب فريق "برشلونة" الإسباني قد صب جام غضبه على ثلاثة من لاعبيه عقب لقاء "يوفنتوس" بدوري أبطال "أوروبا." وكان "برشلونة" قد تعرّض لخسارة قاسية أمام مضيفه "يوفنتوس" الإيطالي بثلاثة أهداف نظيفة.

تمرين 44 اسألوا زملاءكم

١. في رأيهم، هل اصطحاب الحيوانات في وسائل النقل العام (كالأوتوبيسات والقطارات مثلًا) شيء مقبول؟ لِمَ؟ لِمَ لا؟

٢. هل أنت مع اصطحاب بعض الموظفين لأبنائهم إلى العمل في إجازات المدارس؟ لم (لا)؟

٣. هل سيمدّون يد العون لشخص قد أساء إليهم في يوم ما؟ لم (لا)؟

٤. كم من الوقت يستغرق ذهابهم إلى الدراسة أو العمل والعودة منه؟

٥. هل هناك فعلًا أعداء للنجاح أم أنّ هذا وهم و**شمّاعة** hanger تعلّق عليها الأخطاء والفشل؟

٦. هل ينتقون كلماتهم بعناية قبل أن تخرج من أفواههم؟ (كيف ينتقون أصدقاءهم؟ هل ينتقون ما يقرأونه؟ كيف ينتقون هدايا لأشخاص أعزّاء على قلوبهم؟ كيف ينتقون شركاء حياتهم، هل هناك مواصفات خاصة بشريك حياتهم / شريكة حياتهم؟)

٧. كيف يتدرّجون في دراسة اللغة العربية ليفهموها **على الوجه الصحيح** = (بشكل صحيح)؟

تمرين 45 اسألوا بالعربية

1. If they were stranded on an island with no technology, what would they do? How would they tell the time?
2. What is the best way to save an active drowning victim? Is it true that a drowning person will drag you down, too?
3. When should a person use credit card, and when should he/she use cash? Are there advantages/disadvantages of using credit cards?
4. Do they like mixing drinks together? What do they mix?
5. Are there medications they should never mix together (or with something else)?
6. Do parents favor one child over another? Why (not)?

تمرين 46 ماذا تقولون لزملائكم في المواقف التالية مستخدمين مفردات درستموها في الجزء الثاني أو في هذا الكتاب (يمكنكم استخدام صيغة الأمر حسب الحاجة)

١. أنت غضبان جدًا من إلغاء حجز الطيران الخاص بك، وصديقك الغير مبالٍ يضحك ويمزح معك.

٢. ضاعت شنطة سفرك التي تحتوي على كل ملابسك والدواء الخاص بوالدتك التي تعاني من مرض السكر.

٣. أنت تعبان جدًا وترغب في أن تسترخي وتنام قليلًا في الطائرة، ولكن هناك طفلًا لا يتوقف عن الصراخ بالمقعد المجاور لك.

٤. أنت تسكن في الطابق الرابع في بناية ليس فيها مصعد، جاءت جدتك، التي لا تستطيع صعود السلم، كي تزورك.

تمرين 47 بعد فهم القصة والمفردات، أجيبوا عن الأسئلة التالية

١. ما أسباب ظاهرة التسول؟ هل هناك طرق لعلاجها؟

٢. كيف يمكن استعمال البطاقة الائتمانية بشكل ذكي؟

٣. هل هناك وسيلة لتجنّب الوقوف في طوابير الِانتظار الطويلة خلال موسم العطلات في المطارات؟

٤. ما هي أفضل مدن العالم للاستجمام؟ بم تمتاز عن غيرها؟

استماع (٢): التوابل

قرأنا في النص "وسوق التوابل الذي تملؤه أصوات الباعة وضجيج مساومات الأسعار." هذا الاستماع عن موضوع التوابل.

أسئلة للنقاش قبل المشاهدة

١. ما هي التوابل؟ اذكروا بعض أسماء التوابل التي تعرفونها.

٢. أين ترون التوابل عادة؟ من أين تشترونها؟ ما هي بعض الدول المشهورة بالتوابل الجيدة؟

٣. ما أهمية التوابل بشكل عام في الحياة؟

تمرين 48 الاستماع الأول: شاهدوا الـ"فيديو" التالي، ثم أجيبوا عن الأسئلة التالية

١. ما الكلمة المستخدمة لوصف التوابل أو البهارات في الجملة الاولى من الـ"فيديو"؟

٢. ماذا يقول بعض الخبراء عن التوابل ومكانتها؟

٣. ماذا تضيف ربة البيت إلى الطعام عندما تستخدم التوابل والبهارات في طبخها؟

٤. استخدام التوابل بكثرة يؤدي إلى ____________.

٥. استخدام التوابل باعتدال يؤدي إلى ______________.

٦. البهارات غنية بـ__________ و __________ المعدنية.

تمرين 49 الاستماع الثاني

١. ماذا تفعل المكوّنات الطبيعية في البهارات للـ"ميكروبات" والفطريات؟

٢. ماذا تفعل هذه المكونات أيضًا؟

٣. مِـمّ تتكون الأعشاب؟

٤. ما الفرق بين الأعشاب والبهارات من حيث الشكل؟

٥. ما هي أصناف البهارات من حيث الجزء الذي تصنع منه؟

٦. ماذا يقول البرنامج عن القيمة الغذائية للبهارات حسب دراسة أمريكية ؟

تمرين 50 الاستماع الثالث: ما هي الكلمات أو العبارات التي تعني ما يلي؟

1. additives
2. natural ingredients
3. food poisoning
4. healthy and precautionary uses
5. nutritional supplements
6. fragrant plants

سؤال للتفكير: هناك خطأ في الـ"فيديو" ما بين ١:٢٧-١:٣٣. ما هو؟ كيف تُصحّحون الخطأ؟

القراءة (١): الصداقة والعلاقات العاطفية عبر مواقع التواصل الإجتماعي

للنقاش باختصار قبل القراءة

١. ما أهمية مواقع التواصل الاجتماعي في حياة الناس العاطفية؟

٢. كيف أثرت مواقع التواصل الاجتماعي على العلاقات العاطفية؟

تمرين 51 اقرأوا الفقرة التالية. بعد تخمين معنى كلمة (إشباع) أجيبوا عن الأسئلة التي تليها

لكل شخص وفي جميع المراحل العُمرية حاجات إجتماعية وانفعالية وعاطفية يسعى إلى إشباعها مع اختلاف مصادر وطرق الإشباع من مرحلة لأخرى . ففي حين يميل الأفراد في مرحلة الطفولة لإشباع الحاجات العاطفية والانفعالية والاجتماعية من خلال تفاعلهم مع الكبار مقدمي الرعاية لهم ورفقاء اللعب والأطفال القريبين منهم فيزيائيًا (بمعنى من يتفاعل معهم عن قرب)، يميل الأفراد في مرحلة المراهقة والرشد المبكر لإشباع تلك الحاجات من خلال بناء علاقات قريبة مع شلّة الأصدقاء ومع فرد آخر من الجنس المغاير لهم. وهذا أمر طبيعي في هذه المراحل العمرية حيث تكون من أهم متطلباتها النمائية، التي يسعى الفرد لتحقيقها، القبول والإنتماء لمجموعة أصدقاء بالإضافة للتمهيد أو الإقامة الفعلية للعلاقات العاطفية القريبة والمتمثلة بالزواج. ولسعي الفرد لتحقيق تلك المتطلبات وإشباع تلك الحاجات، يقوم بعمليات تواصل فعلية على أرض الواقع ضمن الحدود المسموح بها في ثقافته.

١. كيف يُشبِع الأطفال حاجاتهم العاطفية والانفعالية؟

٢. كيف يشبع المراهقون حاجاتهم العاطفية والانفعالية؟

إن التطور الذي حدث في وسائل التواصل الاجتماعي وسّع دائرة التفاعل فأصبح بإمكان الفرد التفاعل مع أشخاص متعددين وفي أماكن قد تبعد أو تقرب منه ومع أنماط شخصية مختلفة بل وبثقافات وأخلاق مختلفة. وللحكم على نتائج العلاقات التي تنشأ عبر وسائل التواصل، ومآلات تلك العلاقات لابد أن نأخذ بعين الاعتبار نظرة المجتمع والثقافة التي ينتمي إليها الفرد. ففي حين تشير نتائج العديد من الدراسات في المجتمع الأميركي إلى نتائج إيجابية لوسائل التواصل الاجتماعي على زيادة العلاقات العاطفية بنسبة تتراوح من (٧٠-٨٠٪) وإلى زيادة بناء علاقات الصداقة وخروج العديد من الأفراد من عزلتهم من خلال علاقات الصداقة مع نفس النوع الإجتماعي أو الآخر، نجد أن نتائج ومسارات مثل هذه العلاقات في مجتمعاتنا وثقافتنا العربية تواجهها العديد من الصعوبات ومخاطر الفشل بسبب الرفض والتحفظ الاجتماعي للعلاقات التي تنشأ عبر وسائل التواصل وتكون في الغالب ضمن أحد المسارات التالية:

٣. كيف أثرت مواقع التواصل الاجتماعي على العلاقات العاطفية في المجتمع الأمريكي؟

٤. ما هي نتائج التفاعل بين الأفراد في مواقع التواصل الاجتماعي على المجتمعات العربية؟

أن يكون كلا الطرفين صادقيْن في العلاقة وهنا سيواجهان برفض المجتمع والثقافة. فإما أن لا تنتهي بالإرتباط المأمول مما قد يعرض كلا الطرفين أو أحدهما لصدمة عاطفية ويبقى غير قادر على إقامة علاقة سعيدة تحقق شروط قبول مجتمعه وثقافته لاعتقاده أن العلاقة التي كان يتمناها ويعتقد أنها العلاقة المثالية له خسرها بسبب ظلم المجتمع. وإما أن ينتهي بالإرتباط مع احتمالية أن تكون المشاكل أكبر وأكثر شدة لعدم وجود دعم الأهل لمثل تلك العلاقات. وتأثر الطرفين لاسيما الذكور بالثقافة المجتمعية يجعل الشك يراوده من إقدام الشريكة على تجربة أخرى عبر تلك الوسائل كما عملت معه. أو لأن الطرفين كان كل منها يتوقع من الآخر صورة مثالية ويعتقد أنه ضحّى من أجل الارتباط به وصدم، حيث أن التفاعل على أرض الواقع سيختلف بالضرورة عن التفاعل في العوالم الافتراضية.

٥. بماذا يتمثل رفض المجتمع لعلاقة بين طرفين صادقين في العلاقة؟

٦. ما هو تفسير ذلك؟

أن يكون أحد الطرفين صادقًا والآخر غير صادق. وهنا سيتعرض الطرف الصادق للاستغلال وعند اكتشافه لعدم صدق الطرف

الأخر قد يتعرض لصدمة عاطفية وقد يؤثر على نتائج علاقاته المستقبلية من حيث نظرته وتفاعله معها. وإما أن ينسحب الطرف غير الصادق بحجج أخرى دون أن يكتشف الطرف الصادق عدم صدقه ويبقى متعلقًا به انفعاليًا مما يؤثر سلبًا على علاقته الفعلية التي قد تتم لاحقًا.

وأخيراً بالرغم من أهمية إشباع الحاجات الاجتماعية والانفعالية والعاطفية إلا أن الأخذ بعين الاعتبار مبادىء وقيم مجتمعنا وثقافتنا التي ننتمي إليها أمر ذو أهمية لبناء علاقات مشبعة، وتتسم باحتمالية أعلى للنجاح حيث ستطوق بمباركة ودعم المحيطين وتكون مواقفهم عوامل تساعد في نجاح تلك العلاقة بدلًا من كونها عوامل تسهم في فشلها.

٧. ما هي نتيجة ارتباط طرفين أحدهما صادق والأخر غير صادق؟

الـ"دكتورة" عائشة عجوة

مركز الإرشاد الطلابي

http://alwatan.com/details/148386

تمرين 52 للنقاش بعد القراءة والفهم

١. هل تنتهي العلاقات في مجتمعاتكم بين أطراف صادقة وغير صادقة بنفس الشكل؟ كيف؟

٢. ما هو دور المجتمع في العلاقات بين الأفراد؟ هل للمجتمع الحق في التدخل في تلك العلاقات؟ إن كانت الإجابة "نعم" فمتى؟ إن كانت الإجابة "لا" فلماذا لا؟

قراءة جهرية: بعد مناقشة الدرس وفهمه، اقرأوا الفقرة (أن يكون ... الافتراضية.) قراءة جهرية

تمرين 53 محادثة

اقرأوا القصة التالية ثم أجيبوا عن الأسئلة التي بعدها.

التضحية في الحياة الزوجية

عاش رجل فقير جدًا مع زوجته، وذات مساء طلبت منه زوجته شراء مشط لشعرها الطويل حتى يبقى أنيقًا. نظر إليها الرجل وفي عينيه حزن شديد، وقال لها: "لا أستطيع ذلك، حتى أنّ ساعتي تحتاج إلى قشاط جلد، ولا أستطيع شراءه." لم تجادله زوجته وابتسمت في وجهه. في اليوم التالي وبعد أن انتهى من عمله، ذهب إلى السوق وباع ساعته بثمن قليل، واشترى المشط الذي طلبته زوجته. وعندما عاد في المساء إلى بيته وبيده المشط، وجد زوجته بشعر قصير جدًا، وبيدها قشاط جلد للساعة، فنظرا إلى بعضهما وعيناهما مغرورقتان بالدموع، ليس لأن ما فعلاه ذهب هباءً، بل لأنهما أحبّا بعضهما بنفس القدر، وكلاهما أراد تحقيق رغبة الآخر.

بعض الناس يقول "إن التضحية ضرورية لنجاح العلاقة الأسرية، ولا حدود لها،" وآخرون يقولون "إن التضحية ضرورية لكن المصلحة الشخصية أيضًا مهمة ويجب أن يكون هناك توازن بينها."

١. ما مفهوم التضحية بالنسبة لكم؟

٢. ما رأيكم في هذين الرأيين؟ ولماذا؟

٣. كيف تتصورون حياة أسرية دون تضحية؟

ملاحظات ثقافية ولغوية حول مفردات النص (١)

١. "نشّال (ج) نشالون" pickpocket

٢. كلمة "نقض" جاءت بمعنى destruction, violation، تعلموا هذه العبارات:

لا يجوز نقضه	(it is) no longer open to an appeal
حق النقض	right to veto
محكمة النقض	court of cassation

٣. تذكروا كلمة "عذراء" بمعنى virgin، ونقول "العذراء" أو "مريم العذراء" Virgin Mary، كما نقول "المعذرة" بمعنى pardon, excuse me، كما نقول "هو معذور" بمعنى he is excused

٤. كلمة "البتّة" أو "بتّة" definitely, positively، كلمة "بتاتًا" definitely, absolutely، وكلمة "باتّ" بمعنى definite، فنقول مثلًا "منع بات" بمعنى categorical interdiction

٥. "سوّلت له نفسه" he let himself be seduced

٦. الفعل "قات" to provide for the support of، لاحظوا الفرق بين الفعل "قات" والاسم "قات" بمعنى the leaves grown in Yemen that act as an excitant when chewed

٧. كلمة "خَطْب (ج) خطوب" matter, calamity، ونقول: "ما خطبُك؟" What's the matter with you?

٨. نقول "عمدًا" أو "عن عمْد" intentionally، تعلموا كلمة "عُمدة" chief of a village or a small community

٩. "هذا لا يوافق مزاجي" this is not to my taste

١٠. نقول "ألصق به تهمة" to raise an accusation against s.o.

تمرين 54 ترجموا من العربية إلى الإنجليزية

١. أوقفت عناصر من قوى الأمن الداخلي نشالَيْن يركبان دراجة نارية، واقتادتهما إلى أقرب قسم شرطة، حيث تعرّفت عليهما إحدى ضحاياهما.

٢. حق النقض أو حق الـ"فيتو" هو حق الاعتراض على أي قرار يُقدّم لمجلس الأمن دون إبداء أسباب، ويُمنح للأعضاء الخمس دائمي العضوية في مجلس الأمن وهم: "روسيا" و"الصين،" و"بريطانيا" و"فرنسا" و"أمريكا."

٣. لا يجوز نقض العهد في الإسلام إلا في أحوال خاصة.

٤. وقعت محكمة النقض المصرية مذكرة تفاهم مع وحدة مكافحة غسل الأموال وتمويل الإرهاب، بشأن التعاون في مجال جرائم غسل الأموال والجرائم الأصلية المرتبطة بها وتمويل الإرهاب والقضاء عليه.

٥. لم أقصد جرح مشاعرك يا حبيبتي، المعذرة كل المعذرة على الخطأ.

٦. يُمنَع منعًا باتًا التدخين في المستشفيات.

٧. القات هو أحد النباتات الموجودة في شرق "إفريقيا" واليمن، ويسبّب انعدام الشهية وحالة من النشاط الزائد.

تمرين 55 **اعرفوا زملاءكم مستخدمين المفردات والعبارات الثقافية التي وردت في النص**

١. كيف يدافعون عن أنفسهم إذا ألصق أحد بهم تهمة ما؟

٢. بعض الناس ينصحون باختيار الألوان التي توافق المزاج عند اللبس، هل يرَوْن للألوان تأثيرًا على مزاج الشخص؟ كيف؟

٣. هل يتغيبون عن بعض المحاضرات أو الاجتماعات عمدًا؟ لماذا؟

٤. هل انتابهم شعور بالفراغ وبأنهم ربما فقدوا شيئًا ما بداخلهم، ماذا كان خَطْبُهم؟ كيف عالجوا الأمر؟

٥. هل سوّلت لهم أنفسهم بالانتقام من أحد وامتنعوا عن فعل ذلك؟ ماذا حدث؟

استماع (٣): حقائق عن السودان

تمرين 56 **هذا الاستماع هو مشروع للاستماع السريع. يستمع الطلاب إلى النص مرة واحدة ويحاولون الإجابة عن الاسئلة التالية**

١. عدد اللغات المستخدمة في السودان __________.

٢. السودانيون أكثر الشعوب العربية __________ بعد الإيرلنديين.

٣. مساحة محمية الدندن في السودان __________ .

٤. عدد الأهرامات الموجودة في السودان __________

٥. إنتاج السودان من الذهب __________ .

٦. التيجان الماحي هو أول __________ .

٧. استقل جنوب السودان عن السودان سنة __________ .

٨. استقل السودان عن "بريطانيا" ومصر سنة __________ .

٩. مساحة الأرض الصالحة للزراعة في السودان __________ .

١٠. السودان أكبر منتج عالمي لـ__________ .

١١. سُكِن السودان منذ __________ قبل الميلاد.

١٢. من أقدم الممالك السودانية مملكة __________ .

١٣. كانت مدينة مروي عاصمة السودان بين __________ قبل الميلاد و __________ الميلادي.

واحة الجذور والأوزان

الجذر (ع ذ ر)

استخدموا معرفتكم في معاني الأوزان والملاحظة رقم ٣ أعلاه لتخمين معاني الأفعال بالخط المائل بين الأقواس

تأخّر الموظفون عن الاجتماع. جاؤوا متأخرين (واعتذروا) للمدير لكنه لم (يعذرْهم) وغضب منهم، وبسبب التأخر، (تعذّر) عقد الإجتماع وتم تأجيله. بعد ذلك، كتب المدير رسالة إلكترونية إلى الموظفين، ذكر فيها أن التأخير ليس مقبولًا، وأنه قد قرر عقد اجتماع في اليوم التالي وسوف يطرد أيّ موظف لا يحضر الاجتماع و"قد(أعذر) من أنذر."

الجذر (ط ل ق)

من معاني الجذر (ط ل ق) **التحرر** being free

تمرين 57 **ما هي العلاقة بين الجذر والكلمات التالية المشتقة من نفس الجذر؟**

١. كان الطلاق هو الحل الوحيد لحل المشاكل التي كانت بين الزوجين.

٢. انطلقت سيارات السباق بسرعة كبيرة.

٣. أطلقت الحكومة عددًا من السجناء الذين كانوا محتجزين بدون محكمة لمدة أسبوعين.

٤. **الطّلْق** being in labor

٥. هو طَلِق اللسان يستطيع أن يتكلم في مواضيع كثيرة دون تحضير.

٦. انطلاقة حركة فتح الفلسطينية كانت في ١٩٦٤.

٧. من هواياتها المشي في الهواء الطلق.

٨. "اذهبوا فأنتم الطُّلقاء." (حديث نبوي)

ظلال ثقافية (٤): من عالم الأمثال

درسنا في النص الفعل "تعذر". الأمثال التالية لها علاقة بهذا الفعل (درستم المثل الثاني في الدرس الأول)

قـد أعـذَرَ مَـنْ أنذَر

Forewarned is forearmed (You have been warned)

وكذلك تذكروا

عـذْر أقبحُ من ذنب

It is an excuse that is worse than the fault

واحة القواعد (١): الممنوع من الصرف

قرأتم في النصوص الجمل التالية

- قمتُ بالإعلان عن رحلتي إلى لبنانَ على مواقع التواصل الإجتماعي. (الدرس الثاني)
- ولقد مَرّ الجامع العمري بعدة مراحلَ من الترميمات على مَرّ الزمن. (الدرس الثاني)
- غادر ملايين السكان كنازحين فارّين من ديارهم للبحث عن أماكنَ بديلةٍ عن وطنهم أكثر أمنًا واستقرارًا. (الدرس الثالث)
- فأنا انتقلت للدراسة في جامعة دمشقَ حيث تستمر الحياة بصورة طبيعية. (الدرس الثالث)
- تسبّب الحادث في حدوث أضرارٍ وخسائرَ بشريةٍ وعرقلة سير كبيرة. (الدرس الثالث)
- جلست في الطائرة أستعيد شريط الذكريات ومشاهدَ من حياتي في سوريا. (الدرس السابع)

هل تلاحظون شيئًا خاصًا بالكلمات التي تحتها خط؟

هذا النوع من الكلمات يسمى ممنوعًا من الصرف. باختصار، تنتهي الأسماء الممنوعة من الصرف بالفتحة بدلًا من الكسرة، ولا تقبل التنوين عندما تكون غير مضافة وغير معرفة بأل التعريف. ومن الأسماء الممنوعة من الصرف:

١. **أسماء الأعلام المؤنثة**

- **أسماء الأعلام المؤنثة** proper nouns التي تحتوي على ثلاثة أحرف وغير منتهية بتاء التأنيث مثل: سعاد وزينب وكوثر ومريم وأسماء
- **وأسماء الأعلام المنتهية بتاء التأنيث** مثل: عائشة وجدة، ومكة، وغزة
- **وأسماء انتهت بتاء التأنيث** مثل حمزة وأسامة وخليفة ومعاوية (وهي أسماء مذكرة لكنها مؤنثة في الشكل)
- وأسماء **أعلام مؤنثة بها ثلاثة أحرف والحرف الأوسط متحرك** مثل: أمَل، ملَك، قطَر، سحَر أما إذا كان **العلم مؤنث ثلاثي الحروف وأوسطه ساكن**، فيجوز إعرابه مثل: هِنْد، مِصْر، شمْس، حُسْن.

٢. **الأسماء الأعجمية** = (غير العربية) مثل: "إبراهيم" و"لندن" و"اسطنبول" و"إسحاق" و"نوفمبر" و"يعقوب"

٣. **أسماء الأعلام التي تنتهي بألف ونون** مثل: عدنان وعمران ورمضان وشعبان

٤. **الصفات على الأوزان التالية:** أفعل وفعلاء، مثل: (أحمر، حمراء)، **فعلان والمؤنث فعلى** مثل: (عطشان وعطشى)، **فُعل أو فُعال أو مَفعل** مثل: (أُخَر، ثُلاث، مَربع)

٥. **كل أسماء الأنبياء ممنوعة من الصرف، لأنها أعجمية ما عدا ستة أسماء هي:** (محمد، صالح، شعيب، هود، نوح ولوط)

٦. **العلم المُركّب**، مثل: "نيويورك،" بور سعيد، حضرموت، بيت لحم

٧. **الأعلام على وزن (فُعَل)** مثل: عُمر، زُحل

٨. **صيغة مُنتهى الجموع** (كل جمع على وزن **مَفاعِل** "مساجد،" **مَفاعيل** "مساكين،" **فواعِل** "صوامع" و**فَواعيل** "طواحين").

تمرين 58 حددوا الأسماء الممنوعة من الصرف في الجمل التالية وبينوا السبب

١. في مدينة "شفشاون" في المغرب مرَرْنا ببيوت زرقاء وبيضاء.

٢. كان عثمان بن عفان الخليفة الرابع بعد النبي محمد. من سمات عثمان الصبر والكرم.

٣. في رحلتنا لمدينة "باريس،" شاهدنا واستمتعنا بمعالم كثيرة منها برج "أيفل" وجادّة الـ"شانزليزيه."

٤. "أما السفينة فكانت لمساكين يعملون في البحر." (القرآن: سورة الكهف: ٧٩)

٥. "فرجع موسى إلى **قومه** his people غضبان أسِفًا." (القرآن: طه: ٨٦)

٦. ليس هناك فرق بين إنسان أبيض أو أسود أو أحمر.

تمرين 59 الممنوع من الصرف في الأمثال

أ. اقرأوا المثلين التاليين ثم أجيبوا عن الأسئلة

يقول المثل العربي "الساكت عن الحق شيطان أخرس."

١. أين الاسم الممنوع من الصرف؟

٢. ما معنى المثل؟

٣. هل توافق على المعنى العام للمثل أم لا؟ لماذا؟

ب. عندما يرجع شخص الى مكانه بأمان وسلام، ربما يقول "عدنا والعود أحمد."

١. أين الاسم الممنوع من الصرف؟ لماذا؟

٢. ما معنى العبارة أو المثل؟

ع الماشي

انظروا إلى الصورة التالية. ما علاقة الصورة بموضوع الممنوع من الصرف؟

عالم الجذور والأوزان: الجذر (ر ع ى)

تمرين 60

أ. من الأفعال المشتقة من هذه الجذر: رعى، راعى، استرعى. المعنى الذي يجمع بينها هو الاهتمام وتحمل المسؤولية. بناءً على هذا، خمنوا معاني الكلمات التالية حسب سياقها

١. ظاهرة انتشار فقدان الأمتعة في المطارات **استرعت** اهتمام الحكومة التي قامت بتشكيل لجنة للتحقيق في هذا الموضوع. لكن اللجنة لم **تراعِ** شهادات كثير من المسافرين بذريعة أن هؤلاء المسافرين وجدوا حقائبهم فيما بعد.

٢. تحت **رعاية** وزير العمل أُقيم احتفال لتكريم الشركات الناشئة التي نجحت بشكل سريع في تبنّي الـ"تكنولوجيا" الحديثة في منتجاتها.

٣. "كلّكم **راعٍ** وكلكم مسؤول عن **رعيّته**." (حديث شريف)

٤. أَنَا هُوَ **الرَّاعِي** الصَّالِحُ، وَالرَّاعِي الصَّالِحُ يَبْذِلُ نَفْسَهُ عَنِ الْخِرَافِ. (إنجيل يوحنا: ١٠:١١)

ب. تحدثوا مع زملائكم عن معاني رقم ٣ ورقم ٤. ما رأيكم بهذه المعاني؟ هو توافقون أم لا؟ لماذا؟ ما هو دور الراعي في رأيكم في القرن الحادي والعشرين؟

الجذر (م ز ج)

تمرين 61 الكلمات التي تلتقي في الجذر (م ز ج) فيها معنى الخلط mixing عادة. بناءً على هذا أجيبوا عن الأسئلة التالية

١. ترجموا: "ستكون مشاعر الفرح والحزن ممزوجة بدموع الشوق،" من نص القصة.

٢. ترجموا: "لا بد أن تمزجوا الماء بالدواء قبل شربه."

٣. ترجموا: "ما كنت لأشرب هذا المزيج العجيب من عصير الفواكه."

٤. ترجموا: "آراء المجتمع ممتزجة حول موضوع معالجة ظاهرة التسول المنتشرة في الشوارع هذه الأيام."

٥. ما العلاقة بين الجذر (مزج) وكلمة **مزاج** temper, mood من حيث المعنى؟

٦. مع معنى moody بالعربية؟

تمرين 62 استخدموا الجذر (م ز ج) لوصف العلاقات التالية

١. الرسام والألوان (ماذا يفعل الرسام بالألوان؟)

٢. الحليب والقهوة والسكر

٣. الثقافات في مجتمع واحد

٤. علاقات الدول ومصالحها

على غير موعد

الجذر (ج ذ ب)

تمرين 63 خمنوا معاني الكلمات التالية المشتقة من الجذر (ج ذ ب) من السياق

١. ليس هناك **جاذبية** على القمر.

٢. هناك بعض الدول العربية التي تعتبر مناطق **جذْب** للاِستثمارات الأجنبية.

٣. ما كنت أتوقع أن يكون كلام الضيف الذي زار جامعتنا **جذابًا**. لقد استمع الناس إليه حتى النهاية.

٤. بسبب الفرص الموجودة في دول الخليج العربي **ينجذب** الشباب العربي إليها.

٥. مباراة أمس في كرة القدم كانت مثيرة جدًا حيث **تجاذب** الفريقان الكرة بشكل غير عادي.

٦. **جذبت** الـ"موسيقى" التي عزفتها الفرقة الموسيقية قلوب السامعين.

الجذر (ق ل ب)

تمرين 64 قرأنا في النص " كان الله في عون زوجته على تقلباته المزاجية." وعرفنا أن "تقلبات" معناها "تغيرات وتحولات." بناء على هذا المعنى، ما هي العلاقة بين هذا الجذر و...

١. **قلب** heart (لماذا هذا الاسم من هذا الجذر؟)

٢. **انقلاب** coup

٣. **قالب** mold

٤. **مقلوبة** (الطبق الوطني في فلسطين) upside down

٥. قلب الهجوم (في رياضة مثل كرة القدم)

٦. انقلبت السيارة

٧. "إنا إلى ربنا لمنقلبون." (القرآن: الزخرف: ١٤)

تمرين 65 هناك صفات كثيرة على شكل إضافة غير حقيقية مثل "طيب القلب" kindhearted. ما معاني الصفات التالية؟

١. قاسي القلب	٢. أبيض القلب	٣. أسود القلب	٤. أعمى القلب
٥. ضعيف القلب	٦. سليم القلب	٧. خالي القلب	٨. قوي القلب

تمرين 66 استماع القصة ١

في ساعات الفجر الأولى، ________ (١) القصف بدمار كبير في منطقة مجاورة، مما جعل الدفاع المدني ________ (٢) أكثر من ساعتين في ________ (٣) القتلى والجرحى العالقين من تحت ________ (٤). وتعذّر اجراء أي اتصال هاتفي، وذلك لتعطل شبكة الاتصالات و"الانترنت" بأكملها. ________ (٥) أنا ووالدتي إلى التغيب عن موعد طبيب الأسنان الذي كان مقررًا قبل موعد السفر بسبع ساعات، و________ (٦) لصعوبة الوصول إلى المطار، قمت بالإتصال بشركة الطيران حيث قال لي ________ (٧) إنني لن أتمكن من ________ (٨) فلوس حجزي، المخفّض على الدرجة السياحية، ________ (٩)، بالإضافة إلى أن الشركة ربما لن ________ (١٠) عنه ولو بـ(ليرة) واحدة.

تسارعت الأحداث وأخيرًا ________ (١١) والدي في الأمر، وأشار إلى وجوب الخروج فورًا إلى الأردن ومنها إلى "تركيا" ثم إلى "أمريكا،" كنا قد ________ (١٢) أمتعتنا من شنط السفر وغيرها، وتحت ضوء قمر ذلك اليوم الطويل، ________ (١٣) أشياءنا وأشواقنا ووزّعنا القُبل ودموع ________ (١٤) على أحبّتنا من الأقارب والجيران. انطلقنا إلى الحدود الأردنية، خارجين من أرض الوطن، لم نعد نشعر بجوع أو عطش إلا عطش ________ (١٥) إلى شاطيء ________ (١٦). رباه! أهذا وهم أم حقيقة؟ وفيما كانت السيارة تسير بنا، ________ (١٧) انتباهي منظر بعض ________ (١٨) الهاربين من خطر الموت و________ (١٩) العيش، كانت هناك بعض النساء يفترشن الأرض وأخريات ________ (٢٠) أطفالهن يمدون أيديهم ________ (٢١) المارة أوينقرون على نوافذ السيارات يتوسّلون إلى من بداخلها و________ (٢٢) للحصول على ________ (٢٣) يومهم. منظر يقطّع القلب ويهزّ ________ (٢٤)، <u>الله يرحمنا برحمتُه</u>.

في المطار بالأردن

على غير ما جرت عليه العادة في المطار، ________ (٢٥) بردة فعل موظف، صرخ في وجوهنا طالبًا مني ومن والدتي التراجع عن ________ (٢٦) الحجز والوقوف في ________ (٢٧)، وخاطب والدي ________ (٢٨) قاسية قائلًا: "لا توجد مقاعد ________ (٢٩)، على كل منكم أن يجلس وحده، كما أن لديكم زيادة في أوزان ________ (٣٠) عن الحد المسموح به، وسيتم ________ (٣١) رسوم الوزن الزائد." يا إلهي! كأن الموظف تعمّد عدم صعودنا الطائرة، أو أن المقاعد المخصصة لنا بيعت لزبون آخر، رغم ________ (٣٢) المقاعد عند حجز الرحلة. ________ (٣٣) من ذلك أن بطاقة والدي ________ (٣٤) لم تعمل عند تمرير البطاقة داخل آلة نقاط البيع.

جلست في الطائرة أستعيد ________ (٣٥) الذكريات ومشاهد من حياتي في سوريا، ثم أطلقت ________ (٣٦) خيالي أفكر في أمر ذلك الموظف، ________ (٣٧) أقول في نفسي، "ربما يعاني ذلك الرجل من ________ (٣٨) وتعقيدات في الحياة، ويحتاج إلى فترة للاسترخاء و________ (٣٩) والاستجمام،" و تارة أخرى أقول، "كان الله في عون زوجته على ________ (٤٠) المزاجية واضطراب شخصيته، فهو كما يقولون "لا يعجبه العجب ولا الصيام في رجب،" ولذلك يصب ________ (٤١)غضبه على عامة الناس، يهاجمهم و________ (٤٢) عليهم. الله وحده أعلم بحال هذا المخلوق، حقًا! لله في خلقه ________ (٤٣)!"

ظلال ثقافية (٥): أمثال شائعة

السياق: قرأنا في النص "استرعى انتباهي منظر بعض **المتسولين** الهاربين من خطر الموت وضنك العيش."

(١)

<u>**شَحَّادْ وِمْشارِطْ**</u>

A beggar, and he bargains

Beggars cannot be choosers

This proverb implies that a needy person cannot choose what he or she begs for. The following short story is about beggars: A beggar asked a man: "Please give a blind man something to eat." The man said: "How can I know that you are blind?" The beggar said: "Well, can you see that tree beside the wall?" The man replied: "Yes, I sure can," and the beggar said: "Well, I cannot see it." This illustrates the ridiculous nature of some begging.

(٢)

عَلَّمْناهُم الشَّحْدِةْ سَبَقونا عَ الابْوَابْ

We taught them begging, and (now) they have the start of us at the gates

We taught them a game but they beat us at it

This describes the student who overtakes his master. It is also said by someone who feels sorry for a person and who teaches him something of benefit, only to have the person turn around and use that knowledge to compete with the teacher.

(٣)

ما يِمْسَحْ دَمْعتَكْ إلاّ إيدَكْ

Nothing wipes your tear away but your own hand

The master's eye makes the horse fat

A proverb urging someone to be self-dependent.

تذكروا المثل الشائع "ما حكّ جلدك مثلُ ظفرك."

(٤)

نُصّ الأَلِفْ خَمَسْمِيِّةْ

Half of a thousand is five hundred

Refrain from being nervous and angry

Said to calm someone down. It is like saying, "Just as sure as half of a thousand is five hundred, you will certainly have better days ahead."

تمرين 67 يللا نستخدم الأمثال

قوموا بخلق وتمثيل موقف من المواقف واستخدموا ما يناسب من الأمثال السابقة في السياق الصحيح. يمكن للأستاذ أن يقسم الفصل إلى مجموعات ويطلب من كل مجموعة أن تستخدم مثلًا مختلفًا.

واحة القواعد (٢): الأمر ومعانيه

للأمر أربعة أشكال:

١. **فعل الأمر**: **قمْ** للمعلم **واحترمه**.

٢. **المضارع المجزوم بلام الأمر: لتحذرْ** عدوك مرة، **ولتحذر** صديقك ألف مرة.

٣. **اسم فعل الأمر: هاك** الدواء فخذه.

٤. **المصدر النائب عن فعل الأمر: صبراً** يا بني.

قد تخرج أشكال الأمر عن معناها الأصلي إلى معان تستفاد من سياق الكلام، **كالإرشاد** guidance، و**الدعاء** prayer، و**الاِلتماس** begging، والتمني، و**التخيير** giving choice، و**التسوية** compromise، و**التعجيز** disablement, crippling، والتهديد، و**الإباحة** permission, allowance، و**التوبيخ** scolding.

أمثلة:

١. قال الله تعالى في القرآن مخاطبًا يحيى (عليه السلام): "**خذِ** الكتاب بقوة" (المعنى المراد: المعنى الحقيقي **للأمر**)

٢. نصح أحد الخلفاء عاملًا له: "**تمسك** بحبل القرآن **واستنصحه**، **وأحِلّ** حلاله **وحرِّم** حرامه." (المعنى المراد: **النصح والإرشاد**)

٣. **اكتب** ما تريد. (المعنى المراد: **التخيير**)

٤. **قل** خيراً أو **اسكت**. (المعنى المراد: **التهديد**)

٥. "**هاتوا** برهانكم إن كنتم صادقين." (قرآن كريم) (المعنى المراد: **التعجيز**)

٦. **العب واترك** قراءة الدرس. في هذا المثال قد يكون للمعنى المراد أكثر من هدف:

   ١. (**التوبيخ**) في هذا المثال **المُخاطَب** addressee مشغول في اللعب عن القراءة، ولذلك المتكلم يوبخه.

   ٢. (**الإرشاد**) بحيث أن المخاطَب شخص مجتهد وأتعب نفسه بالقراءة كثيراً، والمتكلم ينصحه أن يترك القراءة ويذهب ليلعب كي يستريح.

   ٣. (**التهديد**) المخاطَب هنا نسي نفسه تمامًا في اللعب، واستمر في الإنصراف عن الدراسة والقراءة، ولذلك يريد المتكلم أن يوضح له أنه سيعاقبه على هذا الإهمال.

تمرين 68 **بيّنوا صيغة** = (شكل) **الأمر في الجمل التالية**

١. عليكم بأنفسكم.

٢. قال تعالى: "وبالوالدين إحسانًا"

٣. غيِّر ملابسك الآن.

٤. فلتذهب معنا.

تمرين 69 بينوا المعنى المراد intended من الأمر في الجمل التالية

١. دَعْ ما يؤلِمُك.

٢. قال تعالى: "ربِّ اشرَحْ لي صدري، وَيسِّرْ لي أمري." (القرآن: طه: ٢٥-٢٦)

٣. قال تعالى: "فأتوا بِسورة من مِثله." (القرآن: البقرة: ٢٣)

٤. ابتَعدْ عن التّدخين يا أخي، فإن التدخين ضارٌ بالصحة.

٥. قال تعالى: "وكُلوا واشْربوا حتى يتبيّن لكم الخيطُ الأبيضُ من الخيط الأسود من الفجر." (القرآن: البقرة: ١٨٧)

ملاحظات ثقافية ولغوية حول مفردات النص (٢)

١. تذكّروا "انفرط عقدهم" they broke up, they dissolved

في العامية الشامية "فرطت من الضحك" I almost died as a result of laughing too much، كذلك في العامية الشامية نقول "فارِط" كي نَصِف شخصًا سيء الخلق، وفي العامية التونسية "فارط" بمعنى "ماضي" فمثلًا "الأسبوع الفارط" في العامية التونسية يعني "الأسبوع الماضي" بالفصحى.

٢. "أحدب" hunchbacked, humped للمذكر و"حدباء" للمؤنث، كما نقول "احديداب الظهر" spinal deformation، ونقول "محدودب" bowed upward

٣. "خَرَف" feeblemindedness (of an old person)، ونقول "خَرِف" أو "خَرفان" أو "مُخَرِّف" feebleminded

و"خروف (ج) خِراف أو أخرفة" lamb

٤. "حديث العهد" أو "حديث عهد" not long accustomed to (s.th.)، فنقول مثلًا "كان حديث العهد بـأمريكا" he had not known America until recently

٥. تعلموا التعابير التالية المتعلقة بالقدر

لا قدّر الله	God forbid!
قدّر فكان	the inevitable happened
ليلة القدر	the night of power, which was when, according to Sura 97 in the Quran, the Quran was revealed during the night of the 26th and 27th of Ramadan
على قدر المستطاع = (قدر الإمكان)	to the best of one's ability

٦. "بالتدريج" gradually، "اللغة الدارجة" colloquial language

٧. "بهار (ج) بهارات" spice، و"مبهور" out of breath, panting

٨. نقول " أدنى من حبل الوريد" closer than the vein, very near، "الحد الأدنى" the minimum، "المُوقّع أدناه" the one signed below

٩. "تضاريس الوجه" wrinkles of the face، ضرس (ج) أضراس = (ضروس) molar tooth

١٠. لاحظوا "عِجّة" omelet، و"عجاج" بمعنى "غُبار" dust

١١. "سفّاح" shedder of blood, killer

١٢. كلمة "خرق" tear apart, pierce، "خرق العادة" to go beyond what is customary، "خِرقة" rag

١٣. من كلمة تسمّر: "مسمار (ج) مسامير" nail

١٤. تعلمنا "جرح" to wound، و"جراحة" surgery، أما "جارحة (ج) جوارح" predatory animal or bird

تمرين 70 ترجموا من العربية إلى الإنجليزية

١. (أحدب "نوتردام") رواية رومانسية فرنسية، من تأليف "فيكتور هوغو" تتناول أحداثها التاريخية كاتدرائية "نوتردام" "باريس" والتي تدور فيها الأجزاء الأكثر أهمية من الرواية.

٢. تم بيع خروف في مكة المكرمة، أُطلق عليه اسم (الصافي) بمبلغ ٤٠٠ ألف ريال سعودي في **مزاد علني** auction، حضره مُحبّو الخراف النادرة والتي تتمتع بصفات جمالية عالية. ويهتم عاشقو هذه الخراف بحفظ نسَبِها عن طريق معرفة آبائها وأمهاتها من الخراف، لأن ذلك يزيد من سعرها وأي خطأ في تحقيق هذا النَسَب يجعل فرصة بيع الخروف الجميل بمبلغ كبير مهدّدة في ظل وجود مراقبين مخضرمين يعرفون جيدًا نسب هذه الخراف وأعمارها وأطوالها ومقاساتها وكل المواصفات التي تجعل سعر خروف واحد منها يعادل سعر سيارة "بورش" حديثة الصنع.

٣. نشر موقع "بورد باندا" مجموعة من الصور الغريبة التي انتشرت على مواقع التواصل الإجتماعي، بعدما أظهرت مطعمًا كل موظفيه مصابون بمرض "الخرَف،" الأمر الذي يعني عدم حصولك على وجبتك التي تطلبها أساسًا، واستبدالها حسب ذاكرة النادلة أو النادل.

٤. الطيور الجارحة هي التي **تطارد** chase الحيوانات الأخرى وتتغذّى على لحومها.

٥. ليلة القدر عند المسلمين هي ليلة تقع فيها مناسبة هامة وقعت في شهر رمضان، حيث يؤمن المسلمون أن القرآن قد أُنزِل إلى النبي محمد في ذلك الشهر، حيث يشير القرآن إلى ذلك في سورة (القدر)، وفيها أنّ ليلة القدر أفضل من ألف شهر، وفيها تتنزّل الملائكة بالرحمات حتى طلوع الفجر.

٦. عند وقوع حادث سيارة، لا قدّر الله، وإصابة سائق السيارة، في أي حالة لا يغطي التأمين على السيارة تعويض الضرر الناتج عن الحادث؟

تمرين 71 ترجموا من الإنجليزية إلى العربية مستخدمين العبارات التي درسناها

1. How can he lose weight gradually?
2. Nails are definitely one of the most stubborn objects made, especially when they are buried deeply into a surface.
3. What can you do for a fractured molar tooth?
4. By signing below, I acknowledge that I have completely read and fully understand the policy mentioned.

5. I heard that the minimum wage is going up soon.

6. "We are closer to him than (his) jugular vein." (Quran, Surat Qaaf)

تمرين 72 اعرفوا زملاءكم مستخدمين المفردات والعبارات الثقافية التي درستموها

١. هل يحبون العجّة؟ لماذا لا؟

٢. كيف يمكنهم أن يفرّقوا بين تضاريس الوجه الحزين وتضاريس الوجه السعيد؟

٣. هل هم مبهورون بثقافة شعب محدد؟ لم؟

٤. هل يحبون البهارات على أطعمتهم؟ هل يُؤثِرون نوع بهارات على نوع آخر؟

٥. هل يعرفون شخصًا حديث العهد بالحب أو الزواج أو العمل ويحتاج إلى نصائح؟ ما أفضل نصيحة يمكن تقديمها لشخص حديث العهد بالحياة الرومانسية؟

٦. ما الحل الأفضل لمنع دخول الغبار من خلال نوافذ البيوت وأبوابها؟ هل للغبار فوائد أو أضرار؟

تمرين 73 يللا نمثل

You invited a carpenter to your house in order to solve a problem of dust and rain leaking into your bedroom window. While he was trying to hammer a nail into the window frame, he accidentally hit his finger. Talk to him and use as many previously learned vocabulary words and expressions as you can. Use the dialectal expressions in Appendix II.

القراءة (٢): أسباب ظاهرة التسول وآثارها الاقتصادية

د. محمد عرفة

للنقاش قبل القراءة

١. ما هو التسول في رأيكم؟

٢. لماذا يتسول بعض الناس؟

٣. ما هي نظرة الناس إلى التسول كظاهرة اجتماعية؟

تمرين 74 اقرأوا النص فقرة تلو الفقرة ثم أجيبوا عن أسئلة كل منها

١. من المُلاحظ انتشار ظاهرة التسول وازديادها في شهر رمضان؛ حيث يستعمل بعض ممتهني هذا العمل ميل المسلمين إلى فعل الخير والإحسان إلى الفقراء والمساكين، فيعمَدون إلى استخدام الوسائل الاحتيالية كافة والتي تمكنهم من تجميع أكبر قدر ممكن من الأموال. ولا شك أن لهذه الظاهرة آثارها الاقتصادية والاجتماعية والأمنية التي سنوضحها ثم نقترح بعض الحلول التي تكفل مكافحتها.

١. اقرأوا الفقرة التالية وركزوا على الإحصائيات. ما معنى هذه الأرقام بالنسبة لكم؟

٢. ويُشير التقرير السنوي الإحصائي الصادر عن وزارة العمل والشؤون الاجتماعية إلى أن إجمالي عدد المتسولين في خمس سنوات (من عام

١٤١٥ هـ حتى عام ١٤١٩ هـ) قد بلغ (٩٢,٤٦٧) حالة تسول، وكشفت دراسة ميدانية أجراها مكتب مكافحة التسول في منطقة عسير خلال الأشهر الماضية في مدن ومحافظات وقرى المنطقة أن 70 في المائة من الأجانب، و٣٠ في المائة منهم سعوديون. وتشير الإحصائيات الحديثة الصادرة عن وزارة الشؤون الاجتماعية إلى أن نسبة السعوديين من المتسولين تصل إلى ١٧ في المائة و٣٨ في المائة، بينما تتراوح نسبة غير السعوديين منهم بين ٦٢ في المائة و٨٣ في المائة. (صحيفة "عكاظ" في عددها الصادر يوم الأربعاء ١٤٢٨/٠٩/١٤هـ العدد: ٢٢٩٢.)

٢. العبارات والجمل بالخط الغامق تلخص أسباب ظاهرة التسول. **فسروا** explain هذه العبارات بلغتكم الخاصة.

٣. وفي الحقيقة، إن ظاهرة التسول ليست مقصورة على المجتمع السعودي، بل هي ظاهرة قائمة في المجتمعات كافة. ولكنها تختلف من مجتمع لآخر كما تختلف أسبابها، ومن أهم أسبابها: **تفكك الأسرة وقسوتها وتمزق أوصالها**، حيث يهرب الأطفال إلى الشارع ويجدون في التسول ضالّتهم للحصول على المال بطريقة سهلة لتحقيق مطالبهم؛ ويُعد **الفقر** أحد أهم أسباب التسول، حيث تدفع الحاجة بعض الأطفال أو النساء أو الرجال إلى امتهان التسول وسيلة لتعويض الحرمان من المال. وتُعد **القدوة السيئة** من أسباب التسول كذلك، فتؤثر في بعض الأشخاص فتدفعهم إلى التسول، فمثلًا قد يجد الصبي أباه أو أمه يمتهنان التسول فيقلدهما خصوصًا مع علمه بالمردود المادي المرتفع الذي يجنياه من مهنتهما. ولرفقاء السوء دور مهم في انتشار الظاهرة بين الأطفال، فيجد الطفل في البيئة الاجتماعية المحيطة به في المنزل أو في الشارع أو المدرسة بعض الضالعين في التسول الذين يحاولون اجتذابه للتسول، بأن يظهروا له أنه الطريق السريع والسهل للحصول على المال ويحكي كل منهم تجربته الشخصية فتكون أقوى في الإقناع.

٣. كيف يمكن لـ"ضعف الوازع الديني" أن يكون من أسباب التسول؟

٤. وينتشر التسول عادة بين الشرائح الاجتماعية غير المتعلمة، إذ لا يُدرك المتسول تمامًا مفهوم القيم الاجتماعية، بل إنه يضع أمامه هدفًا يتمثل في الحصول على المال بأية وسيلة لتعويض الحرمان الذي يُعانيه. كما أن **ضعف الوازع الديني** يجعل تصرفاته غير متوازنة ولا يوجد رادع له، فيفعل أي عمل دون البحث عما إذا كان حلالًا أم حرامًا.

٥. وتُشير بعض الدراسات الاجتماعية التي أجريت على بعض فئات العمالة الوافدة إلى أنها تسعى ـ ولاسيما غير المتعلمين منهم ـ إلى **الحصول على المال بأسرع الطرق وبأية وسيلة**، دون النظر إلى قضية العيب أو مراعاة القيم الاجتماعية أو مباديء الشريعة الإسلامية السامية، حتى إن بعضهم يستغل وجوده في الأماكن المقدسة في مكة المكرمة والمدينة المنورة ويسعى للتسول لجمع الأموال مستغلًا تسامح الحجاج والمعتمرين، وكثرة أعدادهم، وصعوبة اكتشاف شخصيته بينهم ليحقق الأموال ويعود بها إلى وطنه.

٤. الكلمات باللون الغامق تلخص نتائج التسول، ما معنى العبارة؟ ما هي الدلائل التي تدعم مثل تلك النتيجة في الفقرة؟

٦. وتترتب عن التسول أضرار اقتصادية واجتماعية وأمنية، فعلى الرغم من أن هذه الظاهرة لا تزال مشكلة فردية، إلا أنها تُعتبر نتاج تلك المتغيرات التي واكبت النمو الاقتصادي الهائل الذي شهدته السعودية، وما نتج عنه من نمو حضاري وانفتاح على ثقافات العالم الخارجي واستقدام العمالة الأجنبية التي تحمل معها ثقافات وتقاليد وقيم مختلفة لا يجمع بينها سوى قاسم مشترك واحد هو أن هدفها جمع المال والعودة به إلى بلادها، فمن الناحية الاقتصادية يترتب على التسول **تجميع أموال ضخمة وتركيزها في يد فئة جاهلة غير واعية، يتم تهريب جزء كبير منها إلى خارج البلاد.** ففي دراسة ميدانية متخصصة قدرت العام الماضي عدد المتسولين في المملكة بأكثر من ١٥٠ ألف متسول. وأن حجم الإنفاق السنوي على هؤلاء المتسولين أكثر من ٧٠٠ "مليون" ريال، وحسب دراسات اقتصادية فإن تحويلات العمالة الرسمية، أي التي لديها إقامة وتعمل في المؤسسات، تقدر بنحو ٢٠ "مليار" "دولار" وبذلك تُسهم ظاهرة التسول في نزيف الأموال وتهريبها إلى الخارج. وما يؤكد وجود أضرار اقتصادية محققة لظاهرة التسول هو أن كثيرًا من المتسولين أصبحوا من أصحاب الملايين، وفي تحقيق أجرته إحدى الصحف السعودية ذكرت فيه أن أحد المتسولين في مدينة الرياض أكد أنه قد يحصل على أربعة آلاف ريال في كل يوم من أيام شهر رمضان، وقد تزيد هذه الحصيلة في العشر الأواخر منه؛ ما يعني أنه يحصل على مبلغ ١٢٠ ألف ريال في هذا الشهر، فإذا استمر على هذا النمط لمدة تسعة أشهر فقط من العام فإنه يُمكن أن يُحقق ١,٠٨٠٠٠٠ ريال، وبذلك يُصبح من أصحاب الملايين خلال مدة قصيرة جدًا لا تصل إلى عام، دون أي مجهود. كما أن انتشار ظاهرة التسول يمكن أن يُشيع لدى بعض الشرائح الاجتماعية نزوات الحصول على المال بأية طريقة، ما

يُشجع على الكسل وعدم الرغبة في العمل المنتج، فضلًا عن ذلك فإن انتشار ظاهرة التسول يؤدي إلى تشويه الوجه الحضاري للبلاد وخاصة الأماكن المقدسة في مكة المكرمة والمدينة المنورة، إذ يُعطي انطباعًا ظاهريًا بوجود حالات فقر وبؤس في البلاد على الرغم من وجود أموال الزكاة والتبرعات الضخمة التي يقدمها مواطنو هذه البلاد الطيبة.

//:ptthwww.aleqt.com/01/05/2009/article.10536_html

من جريدة العرب الاقتصادية الدولية

تمرين 75 جدوا في الفقرة السابقة الكلمات والعبارات التي تعني ما يلي

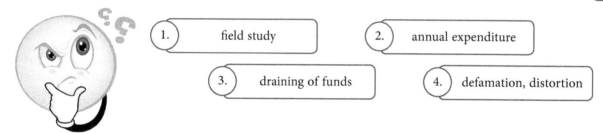

1. field study
2. annual expenditure
3. draining of funds
4. defamation, distortion

تمرين 76 مناظرة debate

يرى البعض أن ظاهرة التسول هي ظاهرة سلبية وتؤثر على المظهر العام للمجتمع واقتصاده، ويرى البعض الآخر أن التسول ليس عيبًا ولا يشكل أية مشكلة اجتماعية أو نفسية وهو عبارة عن حق الفرد في التعبير عن رأيه وأسلوب حياته. وهل توافقون الكاتب على أن "انتشار ظاهرة التسول يؤدي إلى تشويه الوجه الحضاري للبلاد؟"

يقسم الأستاذ الطلاب إلى مجموعتين وتقوم كل مجموعة بتبني وجهة نظر والدفاع عنها والإجابة عن أسئلة وادعاءات المجموعة الأخرى.

استراحة مفردات

تمرين 77 استمعوا ثم اكتبوا جمل المفردات ثم ترجموها إلى اللغة الإنجليزية

تمرين 78 ترجموا الجمل في الدرس من "على غير ما جرت" إلى كلمة "شؤون"

استماع (٤)

السياق: قرأنا في النص "ويتجلى جمال "اسطنبول" في بناء "آيا صوفيا" الذي تدرّج من كنيسة إلى جامع ثم إلى متحف."

تركيا تسمح ببناء كنيسة سريانية

للنقاش قبل الاستماع

١. ما معنى أقلية؟ هل هناك أقليات في بلادكم أو ولاياتكم؟ ماذا تعرفون عن هذه الأقليات؟

٢. ماذا تعرفون عن "تركيا": الموقع، السكان، النظام السياسي، الأهمية الاستراتيجية، علاقتها مع الشرق والغرب؟

٣. ماذا تعرفون عن الأقليات التي تعيش في "تركيا"؟ أهميتها في المجتمع التركي؟

تمرين 79 الاستماع الأول: استمعوا وأجيبوا بـ"نعم" أو "لا"

١. تأسست الجمهورية التركية الحديثة قبل أقل من تسعين سنة.

٢. بابا الـ "فاتيكان" سيزور "تركيا" بعد عدة أسابيع.

٣. انفتحت الحكومة التركية على الأقليات الدينية بعد انفتاحها على الأقليات العرقية مثل الأكراد.

٤. لم يكن المسيحيون يستطيعون أن يُعبّروا عن أفكارهم ومعتقداتهم بحرية في السنوات الماضية.

٥. هناك كنيسة واحدة خاصة بالمسيحيين بشكل عام في مدينة "اسطنبول."

تمرين 80 الاستماع الثاني: أجيبوا عن الأسئلة التالية

١. ما هو قرار الحكومة التركية الخاص بالأقلية السريانية؟

٢. ما موقف الأقلية المسيحية من هذا القرار؟

٣. ما هي السياسة التي يتّبعها "أردوغان" منذ مدة حسب بعض الناس؟

٤. كيف يصف قسيس الطائفة السريانية الأجواء في السنوات الأخيرة الماضية مقارنة مع السنوات السابقة؟

٥. كيف فسّرت مصادر مقرّبة من الحكومة هذا القرار؟

تمرين 81 الاستماع الثالث: استمعوا مرة أخرى وأجيبوا عن الأسئلة التالية

١. ماذا يمكن أن نعرف عن مستوى الحياة الاقتصادية للطائفة السريانية من الـ"فيديو"؟ كيف نعرف ذلك؟

٢. لماذا يشكّك البعض في قرار الحكومة وكيف يفسرونه؟

٣. هناك رأي آخر في تفسير هذا القرار، ما هو؟

٤. في الجزء الأخير من الـ"فيديو" هناك رأيان حول قرار الحكومة. ما هما؟ ما رأيكم في هذين الرأيين؟ هل أنتم مع أحدهما أم أن عندكم رأي آخر؟ ناقشوا الموضوع بشكل واسع.

تمرين 82 الاستماع الرابع: استمعوا وجدوا في النص كلمات تعني

١. وبشكل خاص

٢. **يسمح** allows

3. Islamization

4. setting, environment

5. to a great degree, level

على غير موعد

ظلال ثقافية (٦): اللغة العربية في بلاد إسلامية "تركيا"

كان الاهتمام باللغة العربية في "تركيا" مقتصرًا على بعض الجمعيات الإسلامية وعدد بسيط من الجامعات. ومع تولّي حزب العدالة والتنمية الحكم، بدأ الاهتمام باللغة العربية يتزايد، فظهرت الكثير من المراكز لتعليم اللغة العربية، تطور بعضها إلى أكاديميات تمنح شهادات جامعية، كما قامت الحكومة بإدخالها في المدارس الابتدائية.

وبعد أن ازدادت increased أعداد العرب في "تركيا" بعد عام ٢٠١١ وخصوصًا اللاجئين السوريين، بدأت مراكز تعليم العربية تنتشر بشكل واسع. واختلفت الأسباب وراء رغبة الأتراك في تعلم العربية، فهناك كثير من الأتراك، بالتحديد في الأماكن القريبة لسوريا والعراق وفي الأناضول وجنوب شرق "تركيا،" من أصول عربية حيث أن الأجداد والآباء يعرفون العربية لكن الأبناء من الجيل الجديد لا يعرفونها، ومن هنا، بدأ الجيل الجديد البحث عن سبل لتعلمها. وهناك أسباب أخرى وراء إقبال الأتراك على تعلم العربية منها زيادة الحركة التجارية والاستثمارية والسياحية بين "تركيا" والدول العربية، كما أن هناك شريحة كبيرة محافظة من الشعب التركي والتي ترغب في تعلم العربية لتتمكن من قراءة القرآن وفهمه ومعرفة الدين الإسلامي بشكل أفضل.

تمرين 83 يللا نبحث

قوموا بإجراء بحث عن واحد مما يلي وتقديم نبذة عنه في الصف أو اكتبوا عنه ١٧٥ كلمة أو أكثر (يمكن تقسيم المواضيع على مجموع الطلاب في الصف)

١. تاريخ اهتمام الأتراك باللغة العربية ومدى أثر العربية في التركية
٢. الاهتمام باللغة العربية في دول إسلامية أخرى ("ماليزيا" أو "أندونيسيا" أو "باكستان" أو الهند، إلخ)
٣. اهتمام العلماء والمثقفين في الغرب بدراسة اللغة العربية

ظلال ثقافية (٧): مريم العذراء

تحدثنا في بداية هذا الدرس عن مريم العذراء وهي أم عيسى المسيح. في القرآن هناك سورة كاملة اسمها (سورة مريم) وهي تتحدث عن قصة مريم قبل المسيح وعند ميلاده. فيما يلي الآيات التي تتحدث عن هذه الشخصية المهمة في الديانة النصرانية. اقرأوها. بعد قراءة الآيات، تكلّموا عن الأشياء الجديدة التي تعلمتموها عن هذه الشخصية. هل هناك اختلافات بين مريم القرآنية ومريم الإنجيلية؟ ما هي؟

آيات من سورة مريم

وَاذْكُرْ فِي الْكِتَابِ مَرْيَمَ إِذِ انتَبَذَتْ مِنْ أَهْلِهَا مَكَانًا شَرْقِيًّا ﴿١٦﴾ فَاتَّخَذَتْ مِن دُونِهِمْ حِجَابًا فَأَرْسَلْنَا إِلَيْهَا رُوحَنَا فَتَمَثَّلَ لَهَا بَشَرًا سَوِيًّا ﴿١٧﴾ قَالَتْ إِنِّي أَعُوذُ بِالرَّحْمَٰنِ مِنكَ إِن كُنتَ تَقِيًّا ﴿١٨﴾ قَالَ إِنَّمَا أَنَا رَسُولُ رَبِّكِ لِأَهَبَ لَكِ غُلَامًا زَكِيًّا ﴿١٩﴾ قَالَتْ أَنَّىٰ يَكُونُ لِي غُلَامٌ وَلَمْ يَمْسَسْنِي بَشَرٌ وَلَمْ أَكُ بَغِيًّا ﴿٢٠﴾ قَالَ كَذَٰلِكِ قَالَ رَبُّكِ هُوَ عَلَيَّ هَيِّنٌ وَلِنَجْعَلَهُ آيَةً لِّلنَّاسِ وَرَحْمَةً مِّنَّا وَكَانَ أَمْرًا مَّقْضِيًّا ﴿٢١﴾ فَحَمَلَتْهُ فَانتَبَذَتْ بِهِ مَكَانًا قَصِيًّا ﴿٢٢﴾ فَأَجَاءَهَا الْمَخَاضُ إِلَىٰ جِذْعِ النَّخْلَةِ قَالَتْ يَا لَيْتَنِي مِتُّ قَبْلَ هَٰذَا وَكُنتُ نَسْيًا مَّنسِيًّا ﴿٢٣﴾ فَنَادَاهَا مِن تَحْتِهَا أَلَّا تَحْزَنِي قَدْ جَعَلَ رَبُّكِ تَحْتَكِ سَرِيًّا ﴿٢٤﴾ وَهُزِّي إِلَيْكِ بِجِذْعِ النَّخْلَةِ تُسَاقِطْ عَلَيْكِ رُطَبًا جَنِيًّا ﴿٢٥﴾ فَكُلِي وَاشْرَبِي وَقَرِّي عَيْنًا فَإِمَّا تَرَيِنَّ مِنَ الْبَشَرِ أَحَدًا فَقُولِي إِنِّي نَذَرْتُ لِلرَّحْمَٰنِ صَوْمًا فَلَنْ أُكَلِّمَ الْيَوْمَ إِنسِيًّا ﴿٢٦﴾ فَأَتَتْ بِهِ قَوْمَهَا تَحْمِلُهُ قَالُوا يَا مَرْيَمُ لَقَدْ جِئْتِ شَيْئًا فَرِيًّا ﴿٢٧﴾ يَا أُخْتَ هَارُونَ مَا كَانَ أَبُوكِ امْرَأَ سَوْءٍ وَمَا كَانَتْ أُمُّكِ بَغِيًّا ﴿٢٨﴾ فَأَشَارَتْ إِلَيْهِ قَالُوا كَيْفَ نُكَلِّمُ مَن كَانَ فِي الْمَهْدِ صَبِيًّا

428

﴿٢٩﴾ قَالَ إِنِّي عَبْدُ اللَّـهِ آتَانِيَ الْكِتَابَ وَجَعَلَنِي نَبِيًّا ﴿٣٠﴾ وَجَعَلَنِي مُبَارَكًا أَيْنَ مَا كُنتُ وَأَوْصَانِي بِالصَّلَاةِ وَالزَّكَاةِ مَا دُمْتُ حَيًّا ﴿٣١﴾ وَبَرًّا
بِوَالِدَتِي وَلَمْ يَجْعَلْنِي جَبَّارًا شَقِيًّا ﴿٣٢﴾ وَالسَّلَامُ عَلَيَّ يَوْمَ وُلِدتُّ وَيَوْمَ أَمُوتُ وَيَوْمَ أُبْعَثُ حَيًّا ﴿٣٣﴾

And mention, [O Mohammed], in the Book [the story of] Mary, when she withdrew from her family to a place toward the east. (16) And she took, in seclusion from them, a screen. Then We sent to her Our Angel, and he represented himself to her as a well-proportioned man. (17) She said, 'Indeed, I seek refuge in the Most Merciful from you, [so leave me], if you should be fearing of Allah.' (18) He said, 'I am only the messenger of your Lord to give you [news of] a pure boy.' (19) She said, 'How can I have a boy while no man has touched me and I have not been unchaste?' (20) He said, 'Thus [it will be]; your Lord says, It is easy for Me, and We will make him a sign to the people and a mercy from Us. And it is a matter [already] decreed.' (21) So she conceived him, and she withdrew with him to a remote place. (22) And the pains of childbirth drove her to the trunk of a palm tree. She said, "Oh, I wish I had died before this and was in oblivion, forgotten.' (23) But he called her from below her, 'Do not grieve; your Lord has provided beneath you a stream. (24) And shake toward you the trunk of the palm tree; it will drop upon you ripe, fresh dates. (25) So eat and drink and be contented. And if you see from among humanity anyone, say, 'Indeed, I have vowed to the Most Merciful abstention, so I will not speak today to [any] man.' (26) Then she brought him to her people, carrying him. They said, 'O Mary, you have certainly done a thing unprecedented. (27) O sister of Aaron, your father was not a man of evil, nor was your mother unchaste.' (28) So she pointed to him. They said, 'How can we speak to one who is in the cradle a child?' (29) [Jesus] said, "Indeed, I am the servant of Allah. He has given me the Scripture and made me a prophet. (30) And He has made me blessed wherever I am and has enjoined upon me prayer and zakah as long as I remain alive. (31) And [He has made me] dutiful to my mother, and He has not made me a wretched tyrant. (32) And peace is on me the day I was born and the day I will die and the day I am raised alive." (33)

تمرين 84 استماع القصة ٢

لم تكن هذه المرة أول مرة أزور فيها "تركيا." لكن ______ (١) لقاء "داليدا" و"بطرس" فيها كانت خاصة، فهما "من ريحة الحبايب." خصوصًا بعد أن ______ (٢) نفقد الأمل في الوصول إلى "تركيا." كان "بطرس" و"داليدا" في طريقهما إلى "أطلانطا" من رام الله، وسيحضران حفل الزفاف إن شاء الله. ______ (٣) إلينا في "اسطنبول" آدم صباح الغد، وسنقضي يومين ______ (٤)، ثم أغادر أنا ووالديّ إلى "أمريكا،" وسيلحق آدم بنا في آخر شهر "يوليو" لنكمل ______ (٥) الزواج. آه! ما أروع لقاء الحبيب بعد ______ (٦)!، بُكرة، ستكون مشاعر الفرح والحزن ______ (٧) بدموع الشوق، ______ (٨) قلبي لذكر اسمك يا آدم، و______ (٩) مشاعري من ______ (١٠) فرحة الفؤاد.

"تركيا"! الله عليكي يا تركيا!! فهي تعد واحدة من أشهر ______ (١١) السياحية في العالم، وهي من الأماكن المفضلة لملايين السياح الذين ______ (١٢) عليها سنويًا من كل ______ (١٣) وصوب، وقد سحرت عقول الناس بجمال مدنها وعمارتها المميزة ومطبخها الذي ______ (١٤) بشتى أطياف المأكولات اللذيذة. أما "اسطنبول،" تلك العاصمة ______ (١٥) التي تجمع لزائريها ______ (١٦) الغرب وسحر الشرق، وتمتلك كنوزًا سياحية لا ______ (١٧) بثمن. و______ (١٨) جمال "اسطنبول" في بناء "آيا صوفيا" الذي ______ (١٩) من كنيسة إلى جامع ثم إلى متحف، ______ (٢٠) روعة الرسومات المسيحية المبهرة مع هيبة المآذن والعمارة الإسلامية، و______ (٢١) فنية يقصدها ______ (٢٢) والداني.

كانت إقامتنا في أحد الفنادق في منطقة السلطان أحمد، فهي قلب "اسطنبول" ______ (٢٣)، تأخذنا عبر أزقتها ______ (٢٤) الضيقة وسلالمها الأثرية وبناياتها الرائعة إلى معالم "اسطنبول" ______ (٢٥) صوب جسر "غلاطة" أو

الجامع الأزرق ذي ________ (٢٦) الجميلة، أو قصر "دولمة" و قصر "توب كابي" المطل على القرن الذهبي وبحر "مرمرة." أما والداي فلقد ________ (٢٧) زيارة الـ"بازار" الكبير، الذي ذكّرهما بسوق الحميدية بدمشق، وسوق التوابل الذي ________ (٢٨) أصوات الباعة و________ (٢٩) مساومات الأسعار.

يُقال بأنه من لم يزر "أنطاليا" فكأنما لم يزر "تركيا،" فهي تمتاز بمناظرها الطبيعية الأخاذة و________ (٣٠) الجغرافية الساحرة، وكانت مدينة "تيرميسوس" الإغريقية ________ (٣١)، هي محطتنا الأولى، والتي ________ (٣٢) بالشباب الذين يبحثون عن روح المغامرة. ومن "أنطاليا" كان لنا لقاء مع ________ (٣٣) مياه شلالات "دودن" التي تبعد عن أنطاليا ٢٨ كم. جلست وآدم مقابل ________ (٣٤) الشلال تاركين ________ (٣٥) المياه يداعب وجهينا ونحن نتجاذب أطراف الحديث وكأننا في عالم آخر ________ (٣٦) صوت "بطرس" قائلًا: "عيني يا عيني على عصافير الحب، يلا قوموا، عيّدت، لازم نمشي." في الحقيقة يحتاج ________ (٣٧) إلى أيام وأيام كي يزور أماكن أخرى كساحل "الليسية" و"بودروم" و"كوساداسي" و"بورصة" و"صبنجة" وغيرها الكثير، ولكن غدًا موعدنا مع "أمريكا" إن شاء الله. كلما يزورني طيفك يا حبيبي، ________ (٣٨) مكاني، فأنت، بعد الله، ملجأي وعنواني، غدًا سأرحل حاملًا ________ (٣٩) وأحلامك، سأشتاق إليك بكل ________ (٤٠).

	أفعال شائعة
crack (nuts, shells)	قزقز، يقزقز، قزقزة
chuckle	قهقه، يقهقه، قهقهة
slap	لطم، يلطم، لطم
leak	تسرّب، يتسرّب، تسرُّب
mince, cut into small pieces (meat), hash	فرم، يفرم، فرم
brake (a car, train)	فرمل، يفرمل، فرملة
disarrange, tousle, to cause (s.th.) to fail (engagement, project, etc.)	فركش، يفركش، فركشة
crack (shot, whip, etc.), pop, burst, explode	فرقع، يفرقع، فرقعة
redden, roast, fry	حمّر، يحمّر، تحمير
adhere, stick	لزق، يلزق، لزق
destroy, demolish, tear down	هدم، يهدم، هدم
swell, to grow a tumor or abscess	تورّم، يتورّم، تورُّم
speak under one's breath, whisper, to tempt (s.o.) with wicked suggestions	وسوس لـ (إلى)، يوسوس لـ (إلى)، وسوسة لـ (إلى)
cause to become rotten, harm, cause loss of value, damage	أتلف، يُتلِف، إتلاف
be unable to	عجز عن، يعجز عن، عجْز عن
conduct (war, attack, raid ...)	شنّ، يشنّ، شنّ

تعلموا هذا التعبير: (خَبط لَزْق) = (بسرعة) من دون تفكير. **مثال**: كان عنيفًا في رده وقال رأيه خبط لزق

صفات شائعة 🎧	
swollen	وارم = (مُنتفِخ)
unsteady, light-headed	أرعن
stupid	أخرق
wet	مبلّل
careful	حريص
daring	جَسور
spontaneous	عفوي
arrogant	مُتَغطرس
swindler	دجّال
virulent	حاقد
shameful, disgraceful, scandalous	فاضح
forgiving, ready to forgive	صفوح = (متسامح)
tensed, cramped	متشنّج

صفات شائعة بالعامية 🎧	
he's out of fuel (stupid)	خالص كازه
imposter, gossip	ديوونجي (أونطجي)
sly person, cunning	داهْية

تعلموا أكثر عن المتلازمات للفعل "شن": 🎧

launch an attack	شن هجومًا	wage a war	شن حربًا
launch a counterattack	شن هجومًا مضادًا	start a campaign	شن حملة
launch a daring attack	شن هجومًا جريئًا	make a raid	شن غارة

تمرين 85 دردشوا مع زملائكم عن

١. من الشخص الأخرق في رأيهم؟

٢. شخص صفوح / متسامح قابلوه في حياتهم. مَن؟ لماذا؟

٣. شخص متشنج دائمًا. لماذا؟

٤. شخص ديوونجي أو خالص كازه أو داهية يعرفونه.

تمرين 86 استبعدوا الصفة الغريبة

أرعن	متوازن	أخرق
متغطرس	مغرور	بريء
لعوب	حريص	حذر
جسور	جريء	وقح
دجّال	مغامر	نصّاب
حاقد	لئيم	بسيط
فاضح	غير مؤدب	بشوش
صفوح	مرن	معقَّد
مميَّز	متضايق	متشنِّج
عفوي	عشوائي	متطوّر
داهية	مكار	مفيد
مجنون	خالص كازه	متحرر
عملي	ثرثار	ديوونجي
عاجز	غير قادر	متسرِّع

تمرين 87 استبعدوا الفعل الغريب

قهقه	ضحك	لطم
فرمل	توقف	تسرب
ظلم	تورّم	اضطهد
دمّر	هدم	قزقز
وسوس	همس	تنفّس
لزق	ألصق	فرقع
فركش	لخبط، خربط	فرم
لطم	ضرب	نشأ

تمرين 88 ترجموا إلى الإنجليزية

١. أثار وزير الزراعة الروسي "ألكسندر تكاشوف" ضَحِك الرئيس "بوتين" وقَهْقهة أعضاء الحكومة بينما كان يشرح كيف تصدّر "ألمانيا" لحم الخنزير إلى مجموعة من الدول.

٢. أكدت مصادر ملاحية بالمطار، أنه عقب وصول رحلة الخطوط السعودية رقم ٣١٠ والقادمة من الرياض، طلب قائد الطائرة من رجال الأمن سرعة التوجه إلى الطائرة للوقوف على مخالفة ٤ راكبات كُنّ يقزقزن المكسرات ويرمين

بقاياها على أرض الطائرة.

٣. الرجل الذكي هو الذي يعطي النصائح لشريكة حياته ويستقبل النصائح منها بكل سرور، وهو شخص حريص على نقل رسالة لزوجته على أنه يحبها ويريدها أن تكون راضية عن نفسها وعنه.

٤. ألقت الشرطة القبض على شاب وفتاة كانا يمارسان الأفعال الفاضحة داخل حديقة عامة.

٥. اعترف عصام الحضري حارس مرمى منتخب مصر، بفركشة خطوبة محمود عبد المنعم الملقب بـ (كهربا) لاعب اتّحاد جدة ونادي الزمالك، من ابنته شدوى الحضري. وقال الحضري وفقًا لموقع (اليوم السابع)،: "نعم تم **فسخ** disengagement, splitting, breaking الخطوبة، وعمومًا كل شيء نصيب."

٦. تتورم العيون نتيجة أسباب عدة منها: قلة النوم، والإفراط في البكاء، والتهابات العيون، والخلل في التوازن الهرموني.

٧. شن الجيش هجومًا مفاجئًا على مواقع الأعداء.

تمرين 89 اعرفوا زملاءكم

١. هل يمكن أن نُسمّي الشخص الحريص على ماله بخيلًا؟ لم (لا)؟

٢. هل توسوس لك نفسك بعدم فعل الخير؟ كيف يمكن التخلص من هذا الشعور؟

٣. كيف يتسرب السلاح إلى أيدي المراهقين دون السن القانوني؟ كيف تتسرب الأفكار المتطرفة إلى عقول بعض الناس؟

٤. يقول البعض "إن الشخص العفوي هو كتاب مفتوح قد يُرْبِك (يُخيف، يُحْرِج، إلخ.) مَن هم حوله أحيانًا." ما رأيكم في هذا الطرح؟

٥. هل الشخص المتسامح ضعيف؟ لم، ولم لا؟

٦. هل تسبّب لك **فرقعة** = (طقطقة) = (طرقعة) الأصابع راحة عظيمة، أم يقشعر بدنك عند سماعها؟

تمرين 90 املأوا الفراغ بالفعل أو المصدر أو الصفة المناسبة:

١. كشف المغني البريطاني الشهير "إد شيران" أنه ___________نجم الغناء الكندي - المثير للجدل - "جستن بيبر" على وجهه، حيث وجّه إليه ضربة قوية بمضرب جولف.

٢. استغلّ رجل _______ ، في أواخر الثلاثينات من عمره، بعض المطلقات والعوانس اللواتي كنّ يتوافدن على منزله جنوب الجيزة بالقاهرة، من أجل علاجهن من **المسّ الشيطاني** satanic touch، وايهامهن بأنه قادر على تزويجهن. وقد اعترف الرجل للشرطة باغتصاب عدد من هؤلاء النساء بزعم (إخراج الجن) من أجسادهن.

٣. هاجم الوزير رئيس الحكومة، واصفًا إياه بـ___________ للغاية. وقال الوزير في مقابلة له مع التلفزيون: "الاِستياء الشعبي من الرئيس كبير جدًا، فهو يتصرف بكل غرور."

٤. يمكن اتباع طريقتين مختلفتين لـ_______ اللحوم، في الأولى، يجب البدء بفرن مرتفع الحرارة، ثم تخفيفها أثناء الطبخ، والثانية أن يكون الفرن على حرارة منخفضة ثم يتم رفعها تدريجيًا فيما بعد.

٥. صرّح السفير الروسي لدى الولايات الأمريكية المتحدة "أناتولي أنطونوف" أن مسؤولية _______ العلاقات الروسية

الأمريكية تقع على عاتق الولايات المتحدة.

٦. ينتج عن النوم بالشّعر ــــــــــ العديد من المشاكل، وقد يؤدي عدم تنشيف الشعر إلى حدوث مجموعة من الأضرار الصحية للجسم والشعر معًا ومنها الإصابة بالبرد والصداع وإتلاف نهايات الشعر.

٧. أكد رئيس الوزراء العراقي حيدر العبادي أن بلاده قامت بـ ــــــــــــ جميع الأسلحة الكيماوية التي خلّفها النظام الحاكم السابق، وأعرب عن تضامنه مع ضحايا تلك الأسلحة وخصوصًا الأكراد العراقيين الذين سقطوا في مدينة حَلَبْجَة.

٨. كثيرًا ما تعلق رائحة اللحم على آلة ــــــــــ اللحوم، مما يؤثر على مذاق الأطعمة الأخرى جرّاء استخدام نفس الآلة.

٩. قد يبحث المرء منا عن طريقة لتجديد شكل ملابسه / ـها أو ملابس الأطفال، ويمكن عمل ذلك عن طريق ــــــــــ رسمة على "تيشيرت" باحتراف كي تبدو جاهزة وأصلية.

١٠. هل أحسست مرة أنك ــــــــــ عن الكلام أو النوم لسبب ما أو آخر؟

١١. هدد قائد الجيش العدو بأنه سيقوم بتدمير مواقعه إذا فكر العدو بـ ــــــــــ حرب على بلاده.

🎧 **تمرين 91** يللا نمثل:

You told a secret to a friend and asked him/her not to leak it to anyone. A week later, you found out that he/she did. Initiate a conversation. Use the dialectal expressions in Appendix II.

الكتابة والبلاغة: الروابط والعبارات الشائعة

الأدهى من ذلك أنّ = الأمرّ من ذلك أنّ ... worse than that is
للمقارنة بين شيء سيء وشيء أسوأ.

مثال: الأدهى من ذلك أن بطاقة والدي الإئتمانية لم تعمل عند تمرير البطاقة داخل آلة نقاط البيع.
Worse than that, my father's credit card did not work when it was scanned at the cash register

• **تارة ... وتارة** ... once (one time)..., and another (time)...

مثال: فتارة أقول في نفسي، "ربما يعاني ذلك الرجل من ضغوطات وتعقيدات في الحياة، ويحتاج إلى فترة للاسترخاء والنقاهة والاستجمام،" وتارة أخرى أقول، "كان الله في عون زوجته على تقلباته المزاجية واضطراب شخصيته".

• **لم تكن هذه ... لكن (بل)** ... This was not ..., but ...

مثال: لم تكن هذه المرة أول مرة أزور فيها "تركيا،" لكن لحظة لقاء "داليدا" و"بطرس" فيها كانت خاصة.

• **من كل حدب وصوب** from all directions = من كل مكان

مثال: "وهي من الأماكن المفضلة لملايين السياح الذين يتهافتون عليها سنويًا من كل حدب وصوب."

تمرين 92 استخدموا كل عبارة في جملة تامة.

تمرين 93 يللا نمثل

A person embarrassed another person more than once. He was warned a couple of times, but he did it again. Act out the situation using the expressions from the previous page.

أغنية

من "موسيقى" الـ"راب" العربية
مغني الـ"راب" الجزائري: عبدو سلام

من هو عبدو سلام؟

تمرين 94 **شاهدوا الـ"فيديو" التالي ثم أجيبوا عن الأسئلة التالية وهي أيضًا مكتوبة على الشاشة أمامكم.**

١. من أين هو؟ وكم عمره؟

٢. لماذا قرر أن يدخل في عالم "موسيقى" الـ"راب"؟ (هناك سببان)

٣. لماذا يغنى بالعربية الفصحى؟

٤. ماذا أراد أن يقول عبدو للذين لا يشجعون الغناء بالفصحى؟

٥. بالنسبة لعبدو، ما الفرق بين الـ "راب" بالعامية (الدارجة) والفصحى؟ أيهما أصعب؟

٦. ما هي طموحات عبدو وآماله المستقبلية؟

٧. عمّ يتكلم **المقطع** excerpt الذي نال أكبر عدد من المشاهدات؟

تمرين 95 **استمعوا إلى كلمات المقطع من أغنية "دموع اليتيم" في نهاية الـ"فيديو" السابق ثم استمعوا إلى نفس الأغنية مع الـ"موسيقى" إلى ١:١٩ وأجيبوا عن الاسئلة بعد دراسة المفردات التالية:**

مفردات الأغنية			
الكلمة	**المعنى**	**الكلمة**	**المعنى**
حالك	مظلم جدًا	دامس	حالك
خِلته	ظننته	البلوى	المصيبة
يأويه	يحميه	يُجير	rescue
مصيرها	its destination		

ولدتُ من جديدٍ حينَما رأيتُ ذلك
طفلٌ بريءٌ يمشي ليلًا والظلامُ حالِك
يمشي وحيدًا خائفًا وضَوءُ البدرِ ساطِع
وحيدٌ لا صديقَ له، في أرضِ ربي ضائع
شجاعٌ لا يهابُ شيئًا خِلتُهُ كفارِس
فلا مأوىً يأويه من ضِرارِ البردِ القارِس
طفلٌ يغطي جِسمَهُ بعضٌ من القماشِ
أحلامُه تبخّرَت مصيرُها التلاشي
اليومُ باردٌ والليلُ دامِسٌ ظلامُه
والطفلُ شارِدٌ وقد تمزقَت آلامُه
صغيرٌ في نظيرِ العُمْرِ عقلُهُ كبيرُ
فأينَ من يحميهِ أو منَ البلوى يُجيرُ
فراشُه الترابُ قد توسّدَ الصُخورَ
وكلُ من رآهُ لم يكن بهِ فخورا
سألتُه: أما من نورٍ في الحياة؟
أما من بسمةٍ قد تُذهِبُ المُعاناة؟
أجابني بحسرةٍ ودمعةٍ سيالة
بنظرة حزينة فلتسمعوا ما قالَه
فلتسمعوا ما قالَه

تمرين 96 **أجيبوا عن الأسئلة التالية**

١. كيف يصف الشاعر الطفل؟
٢. كيف يصف الشاعر الزمان والمكان حيث رأى الطفل؟
٣. ماذا يقول الشاعر عن ملابس وأحلام الطفل؟
٤. ماذا يقول عن عقل الطفل؟
٥. أين؟ وكيف ينام الطفل؟
٦. كيف ينظر الناس إلى الطفل اليتيم؟
٧. عمّ سأل الشاعر الطفل؟
٨. ارسموا الأغنية ومثلوها تمثيلًا صامتًا.

تمرين 97 **ترجموا المقطع إلى الإنجليزية بلغتكم الخاصة**

تمرين 98 **هناك صور مجازية في الأغنية. ما هي بعض هذه الصور وما هي معانيها؟**

تمرين 99 قواعد

أ. جدوا في الأغنية أمثلة على ما يلي:
١. الحال

٢. لا النافية للجنس

٣. جملة صفة

٤. جملة كان أو أخواتها

ب. رأينا "قد" أكثر من مرة في الأغنية. ما معناها في كل مرة؟
ج. ما معنى حرف الفاء في "فلتسمعوا" ما قاله؟

البلاغة: الجِناس Paronomasia

الجناس: أن تتشابه كلمتان في النطق وتختلفا في المعنى، وهو نوعان:

أ. جناس تام = (كامل): ويكون عندما تتفق الكلمتان في أربعة أشياء هي: **نوع الحروف، وشكلها، وعددها وترتيبها. مثال:**

- قال تعالى : "ويوم تقوم الساعة يُقسم **المجرمون** criminals ما **لبثوا** stayed غير ساعة ." فمعنى "الساعة" الأولى هو "يوم القيامة" Doomsday أما "الساعة الثانية" فهي الساعة الزمنية المشيرة للوقت.

ب. جناس غير تام = (ناقص): ويكون عندما تختلف الكلمتان في واحد من الأشياء الأربعة سابقة الذكر. مثال:

- قول الشاعر "أبو فراس الحمداني": من بحر شعرك **أغترف** scoop ... وبفضل علمك **أعترف** confess

تمرين 100 أين الجناس وما نوعه في الجمل التالية؟

١. صليت المغرب في بلاد المغرب.
٢. **دارِهم** = (كن لطيفًا معهم) ما دمتَ في دارهم، وأرضِهم ما دمت في أرضِهم.
٣. قال علي بن أبي طالب - رضي الله عنه - الدنيا دار ممر والآخرة دار **مقرّ** = (استقرار).
٤. لا تُضِع يومك في نومك.
٥. لاطِف الجار ولو **جار** = (ظلم).

تمرين 101 هاتوا من عندكم مثالًا واحدًا للجناس التام وآخر لغير التام، وابتعدوا عن التكلّف artificiality.

١. ____________________________________.
٢. ____________________________________.

"كوربسيّات"

تمرين 102 **ما هي الأسماء الأكثر شيوعًا التي تأتي قبل أو بعد الكلمات التالية (الكلمات مأخوذة من مفردات الإعلام والأفعال الشائعة والصفات الشائعة). اختاروا ثلاثًا من الكلمات التالية وترجموا ثلاث جمل على كل كلمة.**

نفي	تصريح	تحليل
مشروع	حلّ	مصادر
بتوقيت	استهدف	أفاد
تشديد	مشاورات	مأزق
وشيك	وطيد	رهينة
تسرّب	هدم	أتلف
عجز	شنّ	عفوي
متغطرس	فاضح	

خمسة فرفشة

عثّورة لسان

حاولوا أن تفهموا الجمل التالية ثم كرروها ثلاث مرات بسرعة

١. أشار مشير لمشيرة بإشارة شريرة. (**مشير ومشيرة**: أسماء أشخاص)

٢. خطب الخطيب خطبةً خاطب فيها الخطباء عن خَطْب عظيم.

نكات ع الطاير

١. أراد زوج أن توقظه زوجته عند الساعة السادسة مساءً، لكنهما **متخاصمان** disputing, at odds، فكتب لها ورقة: "أيقظيني الساعة السادسة مساءً، توقيع الزوج ..." فاستيقظ الزوج الساعة العاشرة، وقد وجد ورقة بجانبه مكتوب فيها: "هيا استيقظ فالساعة أصبحت السادسة ... توقيع الزوجة."

٢. سأل الأستاذ طالبًا غبيًا: لماذا لا يزرعون **التين** figs في "الأرجنتين"؟ قال الطالب: "لأن "الأرجنتين" من الدول اللا-تينية يا أستاذ."

تمرين 103 **أطلقوا عنان خيالكم**

Two individuals meet at a dating site, and like each other's profiles. They agree to meet in person. When they meet, they find out that the profiles do not match the expected personality. Write three paragraphs in which you describe how they met, what they liked in each other, and what may have led to the mismatch and its possible outcome. Conclude by providing your own opinion about the advantages and disadvantages of dating sites.

مفردات وتعابير لها علاقة بالهجرة والجاليات

تذكروا أننا بدأنا الكلام عن هذا الموضوع سابقًا وخاصة في الدرس السابع

مفردات تعلمناها

الكلمة	المعنى	الكلمة	المعنى
جالية (ج) جاليات	community	حامل جنسية (ج) حاملو جنسيات	citizenship holder
مُقيم بالخارج (ج) مقيمون بالخارج	resident abroad	إقامة دائمة	permanent residency
وافد (ج) وافدون	immigrant, newcomer	إقامة مؤقتة	temporary residency
مواطن (ج) مواطنون	citizen	يانصيب	lottery
لاجيء (ج) لاجئون	refugee	هجرة غير نظامية = (هجرة غير شرعية)	illegal migration
مجتمع (ج) مجتمعات	community, society	هجرة المؤهلين = (هجرة الكفاءات)	qualified migration
تورّط، يتورط، تورُّط	get involved	بلد مضيف (ج) بلاد مضيفة	host country
أصل (ج) أصول جذر (ج) جذور	origin root	تجمُّع (ج) تجمعات	gathering
جيل (ج) أجيال	generation	محافظ (ج) محافظون	conservative
مُنفتح (ج) منفتحون	open-minded	نزح، ينزح، نزوح	leave home for another country (often suddenly and secretly)
تمييز عنصري = (تفرقة عنصرية)	racial discrimination	مسيحي (ج) مسيحيون	Christian
يهودي (ج) يهود	Jew	وجهة أولى (ج) وجهات أولى	first destination
موجة هجرة (ج) موجات هجرة	wave of immigration	قرن (ج) قرون	century

culture shock	صدمة ثقافية	minority	أقلية (ج) أقليات
person	نسَمة = (فرد) = (شخص)	age group	فئة عمرية (ج) فئات عمرية
civil rights	حقوق مدنية	identity	هُويّة (ج) هويات
immigrant detention	سجن هجرة (ج) سجون هجرة	stereotype	صورة نمطية
majority	الأغلبية	atheist	مُلْحِد (ج) ملحدون
school, sector	مذهب (ج) مذاهب	to be united in solidarity with	تضامن مع، يتضامن مع، تضامُن مع
arouse, motivate	حفّز، يحفز، تحفيز	unemployment	بِطالة
legal immigrant	مهاجر شرعي (ج) مهاجرون شرعيون	seeking political asylum	طلب اللجوء السياسي

تمرين 1 ما العلاقة بين ...

١. "وفْد" و"وافد"؟

٢. "مستوطن" و"مواطن"؟

٣. "تضامن" و"ضِمن"؟

٤. "محافظ" و"حفظ"؟

تمرين 2 دردشوا مع زملائكم عن

١. الأسباب التي تدفع بعض الناس للهجرة.

٢. أهم المشاكل التي تواجه الأقليات المقيمة في الخارج.

٣. أهم أسباب التمييز العنصري وانتشاره في مجتمعاتهم وملامحه.

٤. الصدمة الثقافية وأسبابها.

٥. أسباب وآثار هجرة الكفاءات إلى الخارج.

تمرين 3 كتابة حرة (أكلموا الجمل التالية مشكلين فقرات قصيرة)

١. بعد نشوب الحرب، نزح ...

٢. تورط الكثير من رجال الدولة في ...

٣. يتمركز الكثير من المشردين في ...

٤. بدأت بعض البلاد فرض ضرائب شهرية على الوافدين المقيمين فيها مما أدى إلى ...

٥. تضاعف عدد ...

مفردات جديدة			
المعنى	**الكلمة**	**المعنى**	**الكلمة**
nationalism	قومية (ج) قوميات	place or country of emigration	مهجَر
root, race ethnic cleansing	عِرق (ج) أعراق تطهير عرقي	hail from, come from, descend	انحدر من، ينحدر من، انحدار من
Kurd	كُردي (ج) كرد = (أكراد)	double the number	تضاعف عدد، يتضاعف عدد، تضاعُف عدد
Armenian	أرمني (ج) أرمن	reunion	جمع شمل = (لمّ شمل)
Sunni	سُنّيّ (ج) سنة	immigrant, expatriate	مُغترب (ج) مغتربون
Shiite	شيعيّ (ج) شيعة	live, reside	قَطَن، يقطن، قطن
diaspora	شتات	party, group	طائفة (ج) طوائف
Maronite	مارونيّ (ج) موارنة = (مارونيين)	Druze	درزي (ج) دروز
enemy, adversary	معادٍ (ج) معادون	Amazigh (ethnic group in North Africa)	أمازيغي (ج) أمازيغ
statistics	إحصائية (ج) إحصائيات	shrink in population	انكمش عدد السكان، ينكمش ...، انكماش ...
offspring, descendants	نسل (ج) أنسال	to be centered	تمركز، يتمركز، تمركُز
travel document	وثيقة سفر (ج) وثائق سفر	civil war	حرب أهلية (ج) حروب أهلية
to be revived, become active	انتعش، ينتعش، انتعاش	invest	استثمر، يستثمر، استثمار
parallel society	مجتمع موازٍ (ج) مجتمعات موازية	lobby	"لوبي" = (جماعة) = (فريق ضغط)
displaced, refugee, expelled	مشرَّد (ج) مشردون = (مهجَّر) (ج) (مهجرون)	destabilize	زعزع الاستقرار، يزعزع ...، زعزعة ...
revive heritage, save heritage	أحيا التراث، يحيي ...، إحياء ...	threatened with deportation	مهدد بالإبعاد (ج) مهددون بالإبعاد
human trafficking gang	عصابة تهريب البشر (ج) عصابات تهريب البشر	deport deportation ruling	رحّل، يرحِّل، ترحيل = (سفّر، يسفِّر تسفير) حُكم ترحيل (ج) أحكام ترحيل
diaspora, calamity, catastrophe	النكبة	reflection	انعِكاس (ج) انعكاسات
		dynasty	سُلالة (ج) سلالات

جاءت كلمة "تنتعش" في جدول المفردات. في الجزء الأول تعلمنا كلمتي "طنش" و"فرفش." الشعر التالي بالعامية وينتهي بنفس القافية. حاولوا أن تقرأوه وتفهموا معناه. (لاحظوا أن حرف "ش" في نهاية الكلمة ينفي الفعل وكذلك ما قبل الفعل وحرف "ش" بعده وهذا يشكل نفيًا مضعفًا double negation.

طَنّش تعِش تنتَعِــشْ
ولغير ربك تِرْكعِـشْ
وعن حقك تِتْزَحزَحِـش

وعن هالدنيـــا تِسألـــش
وحُبّ هالأيـــام بِنْفعِـــش
واللي راح منك برجعِـــش
واللي باعَك بيعو وما تسألِـش
سامح الكل وبعد هيك ما تِرجَعِـش
وحياتك الدنيـــا ما تسوي قِـــرش

تمرين 4 **أكملوا بإجابة مناسبة من مفردات وتعابير لها علاقة بمفردات الهجرة والجاليات**

١. في مقاطعات "كندا" المختلفة، تسعى الكثير من ________ لاعتماد تدريس لغاتها المختلفة في المدارس الكندية كي يتمكّن أبناؤها من تَعلّم اللغة الأم، وقد أصبحت هناك مقاطَعات تسمح بتدريس الفرنسية والبرتغالية والصينية واللاتينية، ولكن أن يُسمح بتدريس اللغة العربية فهذه خطوة نجح في تحقيقها أبناء ________ العربي الكندي في مقاطعة "ألبرتا."

٢. في عام ١٨٦٠، أُثير نقاش حاد بين عالِم الحفريّات "توماس هيكسلي" (١٨٩٥-١٨٢٥)، وهو صديق لـ"داروين." وبين رجل الدين الإنجيليّ "صمويل ويلبرفورس" (١٨٧٣-١٨٢٥). وقد كان هذا الأخير قد هاجم نظرية التطوّر، وللسخرية من "هيكسلي،" وجّه سؤالًا قائلًا له إن كان قد __________ من سلالة القرد، فهل هذا القرد على صلة قرابة بجدّه أو بجدّته؟ وقد أجابه "هيكسلي" بأنه لا يستشعر الخجل من انتمائه إلى الحيوان بقدر ما يستشعر الخجل من انتمائه إلى رجل لا يعرف عمّ يتحدث.

٣. ________ الأكراد في غرب "آسيا" شمال الشرق الأوسط بالقرب من جبال "زاكروس" وجبال "طوروس" في المنطقة التي يسمّيها الأكراد "كردستان" الكبرى، وهي اليوم عبارة عن أجزاء من شمال العراق وشمال غرب "إيران" وشمال شرق سوريا وجنوب شرق "تركيا."

٤. __________ عدد سكان "اليابان" في عام ٢٠١٦، بسبب انخفاض معدل المواليد تحت الـ"مليون" لأول مرة منذ إجراء أول ________ لِتعداد السكان في البلاد.

٥. تشهد الولايات المتحدة كل سنة موجَة ________ الآلاف من ________ الشرعيين، الذين أقاموا في "أميركا،" إلى بلادهم بسبب تورطهم في مشاكل بسيطة دون الأخذ بعين الاعتبار علاقاتهم المتشابكة في "أميركا" أو تاريخهم المهني، أو تغير سلوكهم وتصرفاتهم واندماجهم في المجتمع الأمريكي.

٦. تعتبر ______الشباب من أهم التحديات الاقتصادية التي تواجه العديد من دول العالم المتقدم والنامي على حد سواء، فالتقديرات الصادرة عن منظمة العمل الدولية تشير إلى وجود ٧٥ "مليون" عاطل عن العمل على مستوى العالم.

٧. إن غياب الآباء والأمهات عن الأسرة قد يؤدي إلى ______ الاستقرار الأسري وحرمان الأولاد من المتابعة والتوجيه والشعور بالأمان.

تمرين 5 **ترجموا العناوين الإخبارية والجمل التالية من العربية إلى الإنجليزية**

١. العربية "نت": "تركيا": لن نسمح بإقامة دولة على أساس عرقي على حدودن

٢. الحياة: خريطة التوزع العرقي في "روسيا" وتاريخ الصراع بين القوميات

٣. أزتاك للشؤون الأرمنية: الـ"روم" والـ"موارنة" والـ"أرمن" والـ"لاتين" والـ"كلدان" أشهر الأقليات المسيحية في مصر

٤. جريدة الاتحاد: اتفاق ألماني داخلي بشأن جمع شمل أسر اللاجئين

٥. صوت "ألترا": أمازيغ ليبيا يبحثون عن الهوية في أنقاض الحرب

٦. العربي الجديد: معادون للإسلام يستخدمون حسابات وهمية و"روبوتات" على "تويتر" لنشر تحريضهم في "بريطانيا"

٧. البيان: الإمارات تؤكد رفضها أشكال التمييز العنصري كافّة

٨. الرأي: تقرير يُحذِّر من (مجتمع موازٍ) إسلامي في "كندا"

٩. الجريدة: الأجهزة الأمنية متورّطة مع عِصابات تهريب البشر في ليبيا

١٠. "يكتي ميديا": قوّات أمريكيّة تتمركز في مدينة كركوك

تمرين 6 **ترجموا من الإنجليزية إلى العربية**

1. The US Civil War began in 1861, after decades of tensions between Northern and Southern states over slavery, states' rights, and westward expansion.
2. A refugee travel document is issued to a refugee by the state in which he or she normally resides, allowing him or her to travel outside that state and to return there.
3. Lobbying is a form of advocacy, with the intention of impacting decisions made by the government, by individuals or more usually by lobby groups; it includes all attempts to influence legislators and officials, whether by other legislators or by organized groups.
4. The civil rights movement was a struggle for social justice that took place during the 1950s and 1960s and aimed to secure equal rights for blacks under US law.
5. The Dubai police arrested two suspects who had been deported from the country several times but were returning illegally.
6. One advantage of a stereotype is that it enables us to react quickly to situations because we may have had a similar experience before. One disadvantage is that it makes us ignore differences between individuals. Therefore, we think things about people that might not be correct.

تمرين 7 اعرفوا زملاءكم

١. هل هم منفتحون في علاقاتهم مع الآخرين؟ كيف؟

٢. كيف يمكن لهم أن يضاعفوا قوة ذاكرتهم (إيراداتهم المالية، إلخ)؟ هل كثرة الاِعتماد على الـ"تكنولوجيا" تضاعف النسيان (مستوى الكسل، تسبب السمنة، إلخ)؟

٣. ما أهم المشاكل الأسرية وانعكاساتها التي تنتج عن اغتراب الزوج أو الزوجة للعمل في الخارج؟

٤. في رأيهم، ما أفضل الطرق لاستثمار الأموال ومضاعفتها؟

٥. في رأيهم، ما أهم الأسباب التي تُزعْزِع الثقة بين الحبيبين (الزوجين، الصديقين، إلخ)؟ كيف يمكن أن تنتعش العلاقة بينهما من جديد؟

٦. في رأيهم، هل هناك انعكاسات اقتصادية واجتماعية لقيادة المرأة السعودية للسيارة؟

٧. هل هناك انعكاسات ثقافية سلبية أو إيجابية لمشاهدة الأفلام الأجنبية في أي مجتمع محلي؟

ظلال ثقافية (١): الأقليات في العالم العربي

تتعدد الأقليات في الوطن العربي منها أقليات دينية ومنها أقليات عرقية. تعلموا عن أهم الأقليات في الـ"فيديو" التالي. بعد المشاهدة، ناقشوا المعلومات التي قرأتموها في الـفيلم. ما هي المعلومات الأخرى التي من الممكن أن تضيفوها إلى المعلومات التي جاءت في الـ"فيديو"؟

تمرين 8 تقديم شفوي

اختاروا واحدة من الأقليات التي ذُكِرت في الـ"فيديو" وقدموا تقديمًا شفويًا يتناول تاريخ الأقلية، أماكن تواجدها وأهميتها السياسية أو الاجتماعية أو الاقتصادية، وكذلك علاقتها مع الأكثرية في المجتمع الذي تعيش فيه والأقليات الأخرى.

تمرين 9 مناظرة debate

الأقليات موجودة في كثير من دول العالم. ويختلف الناس حول دور الأقليات في أي مجتمع. من الناس من يقول إن وجود الأقليات يضيف ثراء وغنى الى الثقافة المحلية. آخرون يظنون أن دور الأقليات ربما يؤثر سلبيًا على الثقافة العامة وربما تستطيع الأقليات في يوم من الأيام السيطرة على مجالات سياسية أو اقتصادية في المجتمع.
يقسم الأستاذ الطلاب إلى مجموعتين أو أكثر (حسب عدد الطلاب) ويطلب من كل مجموعة أن تتبنى وجهة نظر وتدافع عنها وتجيب عن أسئلة المجموعة الأخرى.

القصة: مفردات النص الرئيسي

كلمات وعبارات تعلمناها

الكلمة	سمات عامية	المعنى بالانجليزية
حـَطّ، يحـُطّ، حـَط	نزلت (الطيارة)، هدّت (الطيارة)	land
وطيء، يطأ، وطء	خبّط، يخبّط، تخبيط	set foot (on), tread, step
ثرى	تْراب	earth, soil, ground
ذِهن (ج) أذهان	عقل	mind, intellect
سكران (ج) سكارى = (سكرانين)		drunk
ذات اليمين وذات الشمال	يمين وشمال	left and right
صمت		silence
نقاء		purity
مزيّن		decorated
تعانق، يتعانق، تعانُق	حضن، يحضن	hug each other, embrace
مُتحضر		civilized
أولى اهتمامًا لـ يولي اهتمامًا لـ إيلاء ...		pay attention
عجوز (ج) عجائز = (عُجُز)	ختيار(ج) ختيارية = (ختايرة) / ختيارة (ج) ختيارات	old man or woman
تسابَق، يتسابق، تسابُق		race (v.)
فارق، يفارق، فِراق		to be distant from
صالِح (ج) صالحون		good, pious
هنيء (ج) هنيئون	بيشرح النفس	pleasant
أُهبة (ج) أُهَب على أهبة الاستعداد		readiness to be fully prepared
تعثّر، يتعثر، تعثر	بيكون صعب	to be hindered, delayed
ديْن (ج) ديون		debt
دعم، يدعم، دعم		support
مزيج		mixture
برز، يبرز، بروز	طِلع، يطلع	come out, appear
عريق		deep-rooted
ريف (ج) أرياف		countryside
فلاح (ج) فلاحون		farmer
قرية (ج) قُرى		village
قوّى، يقوِّي، تقوية		strengthen

belong to		انتمى إلى (لـ)، ينتمي إلى (لـ)، انتماء إلى (لـ)
golden cage (referring to marriage)		قفص ذهبي
reserve		حجز، يحجز،حجْز
hall		قاعة (ج) قاعات
accommodate, to be able to take in		اتّسع لـ يتسع لـ اتساع لـ
complicated		معقّد
costly		مكلِف
في نفس الوقت		في الوقت ذاته
trigger		أثار، يثير، إثارة
admire		أُعجَب بـ يعجب بـ إعجاب بـ
circle		دائرة (ج) دوائر
haircut style		قصة الشعر
handsomeness		وَسامة

ظلال ثقافية (٢): طلع الزين من الحمام، الله واسم الله عليه

This is a part of a Palestinian song sung at wedding processions after the groom showers. (The handsome one has come out of the shower, may God protect him.) Watch the following video to listen to the entire song.

زفّة العَريس

تذكروا ظلال ثقافية (٣) في الدرس السادس

تمرين 10 درسنا كلمة "اتسع،" خمنوا معاني ما يلي

١. وسّع خُطواته ____________

٢. وسّع مكانًا لضيفه ____________

٣. بكل ما تتسع له الكلمة من معنى ________________

٤. لم يتّسع قلبي لـ ________________________

٥. ليس في وسعي أن ________________________

٦. توسّع في الانتاج ________________________

٧. سياسة التوسُّع________________________

٨. واسع الاِنتشار ________________________

تمرين 11 خمنوا معاني ما يلي

١. مُعجَب بنفسه	٥. اللهم احمِنا من عـثَرات الزمان
٢. لا شيء أغلى من ثرى الوطن	٦. بيت العَجزة
٣. بروز الأسنان	٧. الدين ممنوع والعتب مرفوع
٤. دائرة المُخابرات	٨. على شكل نِصف دائرة

تمرين 12 ترجموا العناوين الاخبارية التالية

١. نون "بوست": ما السر وراء سباق دول الخليج العربي نحو التسلّح؟

٢. صحراء "ميديا": مخاوف من تعثُّر المفاوضات بين أطراف الأزمة في "مالي."

٣. جريدة الصباح الجديد: حجز ومصادرة أموال صدام حسين وأقاربه و٤٢٥٧ شخصًا.

4. Anger management in the civilized world (NPR)

5. US military: No "support" for Kurdish YPG in Afrin (Al Jazeera)

6. Bollywood celebs who belong to royal families (Cosmpolitan)

تمرين 13 اعرفوا زملاءكم

١. هل يتذكرون اللحظة التي وطأت أقدامهم ثرى أول جامعة درسوا فيها؟ مع من كانوا؟ كيف أحسوا؟

٢. كيف يمكنهم أن يعرفوا ما يدور في أذهان الآخرين وهم صامتون؟

٣. هل القيادة السياسية في بلادهم تولي اهتمامًا للشباب ومستقبلهم؟ كيف (لا)؟

٤. في رأيهم، هل المؤسسات الحكومية أو المدنية في بلادهم على أُهبة الأستعداد للتعامل مع أي طارىء؟ (كالحريق مثلًا أو الكوارث الطبيعية كالأعاصير والزلازل وغير ذلك.)

٥. كيف يمكن تقوية الذاكرة (الإرادة، الشخصية، العلاقات الاجتماعية)؟

مفردات وعبارات جديدة

الكلمة	سمات عامية	المعنى بالانجليزية
ضاحية (ج) ضواحٍ		suburb
غار من، يغار من، غيرة من غار على		get jealous from feel unhappy because someone is showing interest in someone you love
لا محالة		undoubtedly, inevitably

loud, noisy		صاخب
echo, resound, ring out		دوّى، يُدوّي
sway, go unsteadily, to be arrogant	تمْايل	ترنّح، يترنّح، ترنُّح
lofty, tall	عالي كتير	باسِق
vertical		عموديّ
horizontal		أفقي
rainbow		قوس قزح
enact or pass	طَلّع قانون	سنّ (قانونًا)، يسنّ، سنّ
cheat, trick, deceive, allure		تحايل على، يتحايل على، تحايُل على
chase, pursuit		تعقّب، يتعقّب، تعقُّب
grab, seize, arrest		ضبط، يضبط، ضبْط
caught red-handed, in the act		متلبّس (ج) متلبسون
offense, crime, sin recognizable crime		جُرم (ج) أجرام = (جروم) جرم مشهود
penalty, fine, mulct		غرامة (ج) غرامات
glance of the eye	ع السريع	لمح البصر
adjacent, neighboring		متاخم
transport object (ship, boat, vessel), mount		مركب (ج) مراكب
prime, principal		أولى
spot, spot or patch (of earth)		بقعة (ج) بُقع = (بِقاع)
liquidity, flowing		سيولة
accumulate	كوّم، يكوّم، تكويم	راكم، يراكم، مراكمة
return, revert, lead he eventually got to the point where …	يوصّل	آل بـ ... إلى، يؤول بـ ... إلى آل به المطاف إلى ... = (آل به الأمر إلى ...)
to be in a place		حلّ، يحل، حلّ
decamp, depart (especially from home to another place)		ارتحل، يرتحل، ارتحال
place where one lives		رُبوع
grow up	كِبِر، يِكبَر	ترَعْرع، يترعرع، ترعرُع
on a narrow scale	ع الضيّق	
invited, called upon, so-called		مدعوّ (ج) مدعوون
carry, transport		أقَلّ، يُقِلّ، إقلال
It is legitimate for you to take your bride		حلال عليكم عروستكم
intervene, interpose, come between		تخلَّل، يتخلل، تخلُّل

ask for permission		استأذن، يستأذن، استئذان
obstruct, shut off, imprison		حبس، يحبس، حبْس
catch his breath		حبس أنفاسه
drop, fall down		هوى، يهوي، هَوِي = هواء
envelope, (wrapped) package		مُغلّف (ج) مغلفات
wrap (s.th.) in a cover		غلّف، يغلّف، تغليف
cabinet, compartment, loge		مقصورة (ج) مقاصير = مقاصر = مقصورات
splendid		زاهي

ظلال ثقافية (٣)

يا عريس يابو الحطة، من وين صايد هالبطة

This is part of a Palestinian song sung at the wedding procession. "(O groom with the kufiya, from where did you hunt this duck?" In other words, this means "Where did you get this beautiful girl from?")

شِنّ قليلِهْ شن قليلة...من هالليلة صار لُه عيلة

What a night! What a night! From this night on, he will make a family.

النّقوط

wedding presents

Presents (mostly money) that are given to the bride and the groom.

الدبكة

This is a national dance of Palestinians (also people in Lebanon, Jordan, and Syria), and the term may be said to denote the dance and even the music associated with it. Both males and females can dance the debkeh using different steps, certain rhythms being more popular in different areas. It is a dance of community, usually done at weddings and parties. Usually the leader of the debkeh will be in the front of the line or out of it, sometimes facing the dancers and some other times facing the audience.

تمرين 14

أ. درستم كلمة (لمح)، خمنوا معاني ما يلي

١. في أقل من لمح البصر ______________

٢. في لمح البرق ______________

٣. شخص لمّاح ______________

٤. لمحات من حياتي ______________

٥. فيها لمحة من والدتها ______________

ب. كما درستم كلمة (أهبة) خمنوا معاني ما يلي

١. على أهْبة الحرب ______________

٢. على أهْبة الرحيل ______________

٣. حالة تأهّب قصوى______________

٤. تأهّب غير مسبوق ______________

تمرين 15 خمنوا معاني ما يلي

١. سباق اجتياز الضاحية	٦. مُزيل البقع السوداء
٢. إذن غياب عن العمل	٧. ورق تغليف
٣. غلاف جوي	٨. شخص ضيق الأفق
٤. من تحت الركام	٩. مجرم حرب
٥. حبس انفرادي	١٠. حبس احتياطي

تمرين 16 ترجموا العناوين الإخبارية التالية

١. أخبار "سكاي نيوز" عربية: "تشسلي" يتلقى هزيمة مدوّية في عقر داره

٢. جريدة الاتحاد: ربط دفع المخالفات والغرامات بالسفر والمغادرة يحفظ الحقوق

٣. العربي الجديد: الأردن يعلن مناطق متاخمة للحدود السورية (عسكرية ومغلقة)

4. Eight migrants drown as Italian coast guard attempts to rescue first sinking boat of 2018 (The Telegraph)

5. What code words used by pilots and cabin crew really mean (The Sun)

6. Bollywoods celebs who belong to royal families (Cosmopolitan)

تمرين 17 اعرفوا زملاءكم

١. ما أهم الألوان الزاهية التي يمكن للمَدعوّين من رجال ونساء لبسها في المناسبات المختلفة؟

٢. ما رأيهم، في أعمال العنف التي تتخلّل المظاهرات السلمية؟

٣. ما رأيهم، في استئذان المراهقين من والديهم عند الخروج من البيت؟

٤. ما نوع البيت الذي ترعرعت فيه؟ (هل فيه عشق للـ"موسيقى" أو للذهاب إلى دور العبادة أو للسفر؟)

٥. في رأيهم، هل يجوز للعامل أن يتحايل لأخذ حقه من صاحب العمل؟

تمرين 18 يللا نمثل

You are the father of the groom, and you are embarrassed because the space of the hall at the hotel is not big enough for all the guests. Initiate a conversation with people around you, and then hold the microphone and talk to the audience in and outside of the hall. You may want to use the following proverbs:

العَجَلِة من الشّيطان

Haste is the devil's work (and patience is from God the Merciful)

Fools rush in

Decisions should be made only after studying all surrounding possibilities. This expression is said if haste leads to a mistake.

إذا بدّك تحيرُه خَيرُه

If you want to cause him confusion, give him a choice

Make things easier by defining the right way

Sometimes, people grow confused when they are asked to choose between two appealing things.

بِدْها طولِة بال

It requires patience

A phrase used to tell someone to be patient.

إشي وْصارْ

A thing that happened

It is over now!

Said when urging someone not to grieve over anything that has already happened.

غَلْطِة الشاطرْ بْمِيِّة

A mistake done by the clever one is equal to a hundred mistakes

ملاحظات ثقافية ولغوية حول المفردات الجديدة ١

١. "طائرة عمودية" helicopter، "عمود (ج) أعمدة" post, pole, column وتسمّى أيضًا "طائرة مروحية،" ونقول "عمود كهرباء" electricity pole، كما نقول "عمود دخان" column of smoke، "العمود الفقري" the spine.

٢. "أفق (ج) آفاق" horizon, distant land، نقول اجتازت شهرتها الآفاق her reputation spread throughout the world.

٣. "نقطة" dot, period, station، "نقطة ضعف" weak point.

٤. كلمة "سَنّ" أو "شحَذ" تجيء بمعنى to sharpen، فنقول "شحذ سكينه" أو "سنَّ سكينه" he sharpened his knife. كذلك، كما نعرف أن كلمة "سِنّ (ج) أسنان" بمعنى tooth. أما كلمة "سُنّة (ج) سُنن" norm, habitual practice، فنقول مثلًا: "سُنة الحياة" عند زواج شخص أو موته. وكلمة "مسِن (ج) مسِنون" old, aged، فـ "دار المسنين" old folks' home.

٥. "مقصورة الطرف" (woman) chaste eyed.

٦. "أولاه ثقته" to have confidence in، تعلموا ما يلي:

ولي الأمر (ج) أولياء الأمور	the man in charge, legal guardian
ولي العهد	successor to the throne (His/Her Royal Highness)
والله وَليّ التوفيق	and God is who bestows success (fixed phrase, esp. at the end of speech)
من باب أَوْلى	with greater reason, the more so

تمرين 19 ترجموا من العربية إلى الإنجليزية

١. قال رئيس الوزراء اللبناني إنه من بابٍ أولى مَنعُ أيِّ طرف من التدخل في شؤون لبنان واستخدامُه منصة لتوجيه رسائل إقليمية.

٢. إن جميع أولياء الأمور مدعوّون إلى المشاركة النَشِطة والفعَالة في العملية التعليمية لأبنائهم وفقًا لسياسات المدارس. كما يجب تشجيع جميع أولياء الأمور على متابعة أداء أبنائهم الطلبة من خلال الحرص على حضور الاجتماعات الدورية مع مديري المدارس ورؤساء الهيئات التدريسية والمعلمين.

٣. للاِستفسارعن منتوجاتنا، الرجاء الاتصال بالأرقام في الأسفل، وفي حالة عدم الرد، الرجاء ترك رسالة صوتية بعد سماع الصفّارة، وسيتم الرد على مكالماتكم بأقصى سرعة، شاكرين لكم حُسن تعاونكم وتعاملكم، وفّق الله الجميع إلى ما يحب ويرضى، والله ولي التوفيق.

٤. تأسّس ديوان ولي عهد أبو ظبي سنة ١٩٧٦، ويهدف الديوان الذي يتمتع بالوضع القانوني الكامل كهيئة ذات شخصية اعتبارية إلى تنفيذ واجبات صاحب السمو الشيخ محليًا ودوليًا، وتسهيل التفاعل بين سمو ولي العهد ومواطني دولة الإمارات من خلال المراسلات العامة.

٥. يلجأ البعض إلى حل مشاكل العمود الفقري بممارسة تمارين تساعد على تقويته، والاِنتظام على أدائها من أجل الحفاظ على صحة العمود الفقري.

٦. قال الله تعالى في القرآن الكريم: "فيهن قاصرات الطرف." (القرآن: الرحمن: ٥٦)

٧. بدأ المشاركون في المسيرة يُحطّمون إشارات المرور، بينما قام آخرون بوضع إطارات السيارات في الشوارع وإشعال النار فيها، وبدأت أعمدة الدخان ترتفع وتظهر من بعيد.

تمرين 20 أكملوا الفراغات في الجدول التالي

الكلمة	الجذر	كلمة أو أكثر تعلمناها من نفس الجذر
مغترب		
استثمر		
تعقّب		
متلبّس		
حلّ		
ارتحل		
تخلّل		

تمرين 21 استبعدوا الكلمة الغريبة بدون استخدام المعجم (القاموس)

١.	صاخب	ساهٍ	مدوّي	
٢.	باسق	مرتفع	عميق	
٣.	مزيّف	زاهي	فاخر	
٤.	ترعرع	نشأ	هبط	
٥.	طارد	استجوب	تعقّب	
٦.	تنفّس	ضبط	اعتقل	
٧.	تذاكر	غرامات	رسوم	
٨.	أقصى	متاخم	ملاصق	
٩.	يهوي	يتسلق	يسقط	

تمرين 22 صلوا نصف الجملة بالنصف الآخر المناسب

١.	قضى شخص وأصيب خمسة آخرون بجروح في مظاهرات تخللتها		منفذّي الهجوم على بعض المباني الحكومية ليلة أمس.
٢.	إن تعبئة وتغليف المنتجات مزيج ما بين العلم والفن والـ"تكنولوجيا"، حيث أنه صمم في الأصل		بمثابة تحايُل على خفض القيم الإيجارية وظروف السوق.
٣.	أعلنت دائرة الإعلام التابعة للشرطة أنها تعرّفت على السيارة التي أقلّت		الأهل والعشيرة والتي لم يكن فيها أكثر من شيخ قبيلة، ثم انتقل إلى محاولة تلبُّس دور الزعيم القومي فيما بعد.
٤.	أعلنت شركة "آبل" إحدى كبرى شركات الـ"تكنولوجيا" في العالم عن امتلاكها لربع "تريليون" "دولار" أمريكي		أعمال عنف وإطلاق نارفي محافظة النّجَف جنوب العراق.
٥.	اعتبر مستأجرون العروض والتسهيلات التي تقدّمها بعض الشركات حاليًا		ويمكن أن تكون بقصد أو غير قصد، وهي شعور سلبي غير مرغوب فيه، ويجب أن يعمل الإنسان بجد على إيقاف هذا النوع من المشاعر.

٦.	ترنّح الرئيس كثيرًا في خطبه بين الشعبوية ورجل الدولة، فبدأها بخطبة
٧.	الغيرة هي تصرفات وأفكار وأحاسيس تظهر عندما يحس الإنسان أن هناك شخصًا يهدد علاقته المترابطة مع الآخرين
٨.	أشارت الوزيرة بأن الجزائر من الدول القليلة التي سنّت قانون حماية ذوي الإحتياجات الخاصة

	وأنها اتّبعت سياسة دمجهم في المجتمع المحلي بشكل فاعل، وحذّرت من سياسة التمييز ضدهم.
	على شكل سيولة نقدية واستثمارات، حسب ما نشره موقع "سي إن إن."
	لحفظ ونقل البضاعة، ولكنه أصبح الآن أحد أنواع الفن المهمة جدًا لتسويق تلك البضاعة.

تمرين 23 أعيدوا ترتيب الكلمات التالية في جمل مفيدة

١. محاولتهم - الشرطة - مجموعة - ذهب - رجال - أثناء - تنفيذ - من اللصوص - سرقة - لمحل بيع - ضبط (ضبط ... ذهب.)

٢. للإيجار - في ضاحية - بأفضل - شقق - ابحث عن - الأسعار - هادئة (ابحث عن ... الأسعار.)

٣. الإقلاع - ضبط - في الطائرات - يجب - بشكل - خلال - والهبوط - المقاعد - عمودي (يجب ... والهبوط.)

٤. ينام - الزرافة - بشكل أفقي - بينما - وتنام - بشكل عمودي - الإنسان - تنام - **البومة** owl - رأسًا على عقب - لماذا ؟ (بينما ... بشكل عمودي؟)

٥. غامضة - واحدة - كانت - قوس قزح - من الظواهر الطبيعية - ظاهرة - في القرون - تعتبر - التي - الماضية (تعتبر ... الماضية.)

٦. في مركب - البحرية - أشخاص - بحري - تسعة - أنقذت - من الغرق - القوات (أنقذت ... بحري.)

٧. التي - البقع - الجمالية - يتعرّض لها - يُعدّ - الرجال والنساء - على الجلد - على حد سواء - ظهور - من المشاكل (يعد ... على حد سواء.)

٨. حول - يزيد من - دراسة جديدة - **الدهون** fat - أعضاء- أكّدت - الجسم - أنّ - لفترات طويلة - الجلوس - تراكم (أكدت ... الجسم.)

٩. سيرًا على - الحدود - الأقدام - بينما - دخلنا - غادرت - التي - نقطة - السيارة - أقلّتنا (غادَرَتْ ... الأقدام.)

تمرين 24 ضعوا كلمة أو عبارة أخرى مما درسناه من قبل بالمعنى نفسه، بدلًا مما تحته خطان

١. الشخصية المنفتحة والشخصية الإنطوائية هما أول ضدّين في تصنيف MBTI للشخصيات، ومن خلالهما يتم قياس مدى انفتاح الشخص على العالم ومدى انغلاقه على نفسه.

٢. أطلق ناشطون على مواقع التواصل الإجتماعي حملة تضامنية مع طفل سوري يُدعى (كريم عبد الرحمن) فقد والدته وعينه وجزءًا من جُمجمته بعد أسابيع من ولادته، إثر قصف استهدف بلدة حمورية في غوطة دمشق.

٣. تقدّم السعودية ١٣٠ طن من التمور قبل حلول شهر رمضان المبارك إلى القرى والأرياف الموريتانية، حيث يقطن السكان الأكثر فقرًا في واحدة من أكثر المناطق السكانية كثافة.

٤. انكمش عدد سكان اليابان في عام ٢٠١٦، بسبب انخفاض معدل المواليد تحت الـ"مليون."

٥. <u>حطت</u> الطائرة التي تُقلّ منتخب "ألمانيا" بطل كأس العالم ٢٠١٤ في مطار "برلين" عند الساعة العاشرة و١٠ دقائق بالتوقيت المحلي، حيث كان يتواجد بانتظاره عشرات الآلاف من <u>أنصاره</u>.

٦. تقول إحدى الأساطير في "كوريا" الشمالية إن نجمًا ساطعًا <u>برز</u> في السماء وشوهد قوس قزح <u>ابتهاجًا</u> بقدوم المولود الجديد "كيم جونغ إيل" سنة ١٩٤٢.

٧. <u>تحايل</u> شاب <u>على</u> الخدمة العسكرية بطريقة <u>ماكرة</u>، حيث دانت محكمة في "كوريا" الشمالية شابًا بالسجن مع وقف التنفيذ، جرّاء إخضاع نفسه لتسمين مكثف، في وقت قصير، كي يتجنّب الخدمة العسكرية في الجيش.

تمرين 25 أكملوا الفراغات بكتابة الجذور للكلمات التالية، ثم اكتبوا كلمات تعلمتموها من نفس الجذر

الكلمة	الجذر	كلمات تعلمناها من نفس الجذر
مجتمع		
منفتح		
تضامن		
رحّل		
مُتحضر		
عجوز		
فارق		
صالح		
عمودي		
مركب		
ربوع		

تمرين 26 ضعوا حرف جر مناسب

١. كانت لا تشك بأن زوجها من أنبل تجّار السوق إلى أن تم القبض ـــــــه. حينها عرفت الحقيقة المُرّة، وقفت أمامه وقالت: "يا الله! كيف تحايلتَ ـــــــ طوال فترة زواجنا؟ كيف آل ـــــــكَ المطاف ـــــــ هذا المستوى؟ كيف تدهور ـــــــكَ الحال ـــــــ تاجر مستقيم وصالح ـــــــ رجل خارج ـــــــ القانون؟"

٢. قد تكون الغيرة طبيعية ومقبولة عند الرجل، حيث يغار ـــــــ زوجته ـــــــ الرجال حولها و ـــــــزملائها ـــــــالعمل.

٣. أثبت نجم المنتخب الكولومبي "فالكاو" أن مشاهير كرة القدم ليسوا بمنأى = (بعيدين) ـــــــ الضعف، فقد أثار مقطع "فيديو" تناقله موقع "يوتيوب" النجم وهو غير قادر على مقاومة دموعه عندما التقاه صبي ـــــــ أشد المُعْجَبين ـــــــه للمرة الأولى، فانهار "فالكاو" باكيًا.

٤. يعدّ جامع (محمد صالح العذل) ـــــــ أكبر الجوامع في محافظة (الرّس)، والوجهة الأولى ـــــــ أبناء المحافظة الذين يحرصون ـــــــ أداء صلاة التراويح. وقد أُسّس الجامع - الذي افتتحه أمير منطقة القصيم بالسعودية، (فيصل بن بندر) عام ١٤٢٧هـ

= (هجرية)، على طراز عالٍ _____ الهندسة المعمارية، وبُني على مساحة تبلغ ٣٠٠٠ مترمربّع.

٥. ردّت المستشارة الألمانية "أنجيلا ميركل،" على وزير خارجيتها الجديد، الذي قال إن الإسلام لا ينتمي _____ "ألمانيا،" مؤكدة أن مسلمي البلاد وديانتهم يشكلون جزءاً _____ها.

ملاحظات ثقافية ولغوية ٢

١. من نفس جذر (تعقب "ع ق ب")، تعلموا ما يلي:

ارتدوا على أعقابهم	they retreated, they withdrew
رأسًا على عقب	head over heels, upside down
سار في أعقابهم	he followed their footsteps
لحاجة في نفس يعقوب	for some unknown reason

٢. أعقاب السجائر cigarette butts.

٣. "تُخمة dyspepsia (ج) تُخَم" illness from overeating.

٤. "مركب شراعي" sailing object، "مركب صيد" fishing boat.

٥. "حل محل فلان" to take the place of s.o. "كلامك في غير محله" your talk is improper، "لا محل لـ" there is no room for.

٦. "من دواعي سروري" it gives me great pleasure

٧. لاحظوا أن جذر "تحايل" هو "ح و ل" ومنه كلمة "**حيلة** (ج) حِيَل" trick، تعلموا ما يلي:

ما الحيلة؟	What's to be done?
لا حيلة لي في ...	I am in no position to …
ما باليد حيلة.	I can do nothing.

تمرين 27 اعرفوا زملاءكم مستخدمين المفردات والعبارات الثقافية التي وردت في النص

١. هل يعرفون شخصًا انقلبت حياته رأسًا على عقب؟ ما الذي حدث؟

٢. هل حدث في السابق أنْ فَسَّر أحدٌ كلامهم في غير محله؟ ماذا حدث؟ كيف تعاملوا مع الموقف؟

٣. في رأيهم، ما أفضل الوسائل للتخلص من التخمة والنعاس بعد الوجبات الدّسمة الثقيلة؟

٤. هل سبق لهم أن ركبوا مركبًا شراعيًا أو مركب صيد؟ تحدثوا عن هذه التجربة بشكل مفصل.

تمرين 28 ترجموا الجمل التالية إلى الإنجليزية

١. فشلت مجموعة من سلاح البحرية في تنفيذ المهمّة فشلًا **ذريعًا** = (شديدًا) وارتدوا جميعًا على أعقابهم.

٢. أكدت بلدية دبي أن عدم رمْي أعقاب السجائر في أماكنها المخصصة سيكلّف من يرتكبها غرامة قدرها ٥٠٠ درهم.

٣. "حاجة في نفس يعقوب" هي آية قرآنية وليست مثلًا شعبيًا، وجاءت الآية عندما طلب النبي يعقوب من أبنائه دخول مصر من أبواب متفرقة، ويقول العلماء أنه طلب منهم ذلك لإبعاد الحسد عن الأبناء عند دخولهم جماعة.

٤. أعلن وزير الداخلية الفرنسي "جيرار كولومب" وفاة الضابط الذي حلّ محلّ رهينة أُفرِج عنها خلال عملية احتجاز رهائن في جنوب شرق "فرنسا."

٥. إنه لمن دواعي سرورِ أسرة منظمة دعم الإعلام الدولي (IMS) في مدينة السليمانية دعوتكم لحضور الافتتاح الرسمي لـ (مركز المعلومات والتواصل مع اللاجئين السوريين والنازحين العراقيين في السليمانية) بالتعاون مع المفوضية السّامية لشؤون اللاجئين UNHCR.

٦. قال اللاعب المصري حسام غالي باكيًا: كنت أتمنى الاعتزال في النادي الأهلي ولكن ما باليد حيلة.

تمرين 29 يللا نمثّل

Your friend is a boxer, and he is scheduled to play against a very strong opponent. At the last minute, he retreats and refuses to enter the ring. Have a short conversation with him and try to convince him to go back. (Use as many of the cultural and linguistic notes mentioned in this lesson as you can.)

النص

حَطّت بنا الطائرة في مطار "آر دي يو" في مدينة "رالي،" عاصمة ولاية "كارولاينا" الشمالية، والتي تُعتبر بضواحيها من أسرع المدن نموًا في "أمريكا،" كما تشتهر بوجود العديد من الجامعات وشركات التقنية والأدوية والاتصالات. كانت هذه أول مرة تطأ فيها قدماي ثرى هذه المدينة التي يغار الخيال منها- لا محالة. ربما يرسم بعض الناس في أذهانهم صورة لـ"أميركا،" وكأنها تعج بشوارع صاخبة تدوّي فيها ضحكات المارّة ويترنّح السكارى بأجسامهم ذات اليمين وذات الشمال، شوارع مملوءة بالعوام والسياسيين والمشاهير، إلا أن مدينة "رالي،" في حقيقة الأمر، أخبرتني عن نفسها بصمت ونقاء، فهي في غاية الحسن، صامتة، مزينة بأشجار باسقة، ملونة، يقفن رافعات الرأس، متعانقات بشكل عمودي وأفقي، ترتدي أوراقها لون قوس قزح، ويتغير لونها مع دوران الشمس.

وبما أن العالم المتحضّر يولي اهتمامًا بصحة مواطنيه، فقد سنّت الحكومة الأمريكية قوانين تمنع عادة التدخين في الأماكن المغلقة، وهناك أجهزة، يصعب التحايل عليها، تتعقّب رائحة الدخان، وعلى من يتم ضبطه متلبسًا بالجرم المشهود، دفع غرامة مالية.

الوقت يمر بسرعة في "رالي،" فساعات الصباح تأتي كلمح البصر، وفيها يمكنك أن تشاهد عجوزًا يمارس هواية المشي أو الجري، وشابًا يقود دراجته الهوائية، أو امرأة تسابق كلبها الذي لا يفارقها.

لم أقدّر طوال حياتي ما ذكره الحديث الشريف عن أنّ البيت الواسع جزء من السعادة الدنيوية، إلا عندما دخلت بيتنا الجديد في مدينة "كاري" المتاخمة لمدينة "رالي،" فالحديث يقول: "من سعادة المرء: الجار الصالح والمركب الهنيء والمسكن الواسع." ليلة أمس، دخلت في نقاش مع أخي عامر الذي لم يحبّذ فكرة شراء البيت، ويقول إن امتلاك الحرية أولى من امتلاك العقار، ويرى بأنه على أي شخص يقطن سواء في "أمريكا" أو "كندا" أن يكون على أُهبة الاستعداد للاِنتقال، نظرًا لصعوبة العيش في بقعة واحدة، وحرية التنقل تحتاج إلى سيولة مالية يتعذر الحصول عليها من خلال الاستثمار في العقار. ويرى عامر أن الإصرار على البقاء في البيوت المملوكة، ورفض القبول بوظائف في مدن وولايات أخرى، بسبب العقار، قد يراكم الديون والفوائد ثم يؤول بمالك البيت إلى الفقر، أتفهم وجهة نظره ولكني أدعم

ليلة العُمر

فكرة الاستثمار بالعقارات أينما حلّ المرء وارتحل.

في "رالي" مزيج من الجاليات العربية والإسلامية ذات أصول مختلفة منها المغربية والمصرية واللبنانية والتونسية والباكستانية والهندية والتركية وغيرها، إلا أن الجالية الفلسطينية تبرز كواحدة من أعرق الجاليات العربية الكبيرة فيها، وتعود معظمها إلى أصول ريفية (فلاحية) غالبيتها من قرى رام الله ونابلس ومناطق فلسطينية أخرى. ويشعر الآباء أن هويتهم مهدّدة، فيقومون بصحبة أبنائهم لزيارة الوطن في العطلة الصيفية، يتعرفون على ربوع الوطن وأبناء البلدة، ويكوّنون صداقات جديدة، ويتعلم الأبناء اللهجة الفلسطينية التي يحملونها إلى المهجر كي تصبح لغة التواصل اليومي. ويسعى الآباء أيضًا إلى تسجيل أبنائهم في المدارس العربية الإسلامية للتأكد من ترعرع الأبناء في بيئة تقوّي عمق الاِنتماء للوطن واللغة والدين.

يااا! لا أصدق أن آدم موجود في "جورجيا" اليوم، لضيق الوقت، سيتم الاحتفال بليلة الحناء عِ الضيّق في بيتنا في مدينة "كاري،" وسيكون حفل الزفاف في "أطلانطا" بعد غد إن شاء الله، أخيرًا، يا الله! أخيرًا سندخل القفص الذهبي يا حبيب العمر.

يوم الزفاف

تختلف طقوس الأعراس الفلسطينية عن السورية إلى حد ما، فلقد حجز آدم قاعة كبيرة تتسع لحوالي ٥٠٠ مدعوّ، فحفلات العرس الفلسطينية معقدة ومكلفة في الوقت ذاته. وقد تولّى آدم مسؤولية تحمل كل المصاريف من تكاليف وجبة العشاء والزينة والمغني والمصور وسيارة الـ "ليموزين" التي ستُقلّنا إلى قاعة الفرح. وتجمع أقارب آدم وأصدقاؤه في بيت عمي أبي آدم وقاموا بعمل طقوس حمام العريس، بينما غنى الشباب "طلع الزين من الحمام ... الله واسم الله عليه،" ثم قاموا بعمل زفة قصيرة لآدم أثارت إعجاب الجيران الأمريكيين، حيث تجمّع الأهل والأقارب على شكل دائرة حول العريس، يرددون الأغاني الشعبية التي تتكلم عن حمّامِه وقصة شعره ووسامته وجمال عروسه، قائلين: "يا عريس يا بو الحطة ... من وين صايد هالبطة" " شِنّ قليلِهْ شن قليلة ... من هالليلة صار لُه عيلة." وانطلقت الزفة إلى بيت "بطرس" جارنا حيث كنت مع أسرتي في الإنتظار، وتقدّم والد آدم إلى والدي وقال: "هذه الجاهة جاءت لتأخذ عروستنا" فرد عليه والدي: "أهلًا وسهلًا، حلال عليكم عروسكم،" وخرجت مع والدي على اليمين وأخواي عامر وأشرف على اليسار، وتقدما بي إلى سيارة الـ"ليموزين،" وفتح آدم لي الباب وأجلسني في المقعد الخلفي، ثم جلس بجواري وانطلقنا إلى قاعة الفرح.

استغرقت حفلة العرس حوالي أربع ساعات، تخللتها الرقصات والدبكات الفلسطينية والسورية، أعجبتني فقرة (السحجة) كثيرًا، وهي صنف من أصناف التراث الغنائي الفلسطيني. كما قام أصدقاء آدم بحمله على أكتافهم ورموه في الهواء ثم التقطوه وكرروا فعل ذلك عدة مرات، وكنت أحبس أنفاسي ويهوي قلبي من شدة الخوف مع كل رمية في الهواء.

بدأ المغادرون بالخروج من القاعة بعد تناول العشاء، حيث كانوا يقومون بالإستئذان وتهنئة العريس وترك مغلّف في صندوق خاص قرب مقصورة (لوج) العريسين، يضم مبلغًا من المال يُسمّى (النقوط). وانتهى الحفل بالتقاط الصور التذكارية مع جموع المهنئين، وقام والدي ووالدتي واخوتي بتقديم نقوط الذهب حيث تزين صدري وعنقي ويداي بقطع الذهب الزاهية. أخيرًا، تقدم آدم وحملني إلى سيارته وانطلقنا لقضاء ليلة العمر ومن ثم شهر العسل في "كانكون."

تمارين الفهم والاستيعاب

تمرين 30 (القصة): أجيبوا عن الأسئلة التالية

١. بم تشتهر مدينة "رالي"؟

٢. أين يُمنَع التدخين؟ كيف تتم عملية تعقّب رائحة الدخان؟ ما جزاء مُخالفي القوانين؟

٣. ماذا يُمكن لأي شخص أن يشاهد في ساعات الصباح الأولى في مدينة "رالي"؟

٤. هل تحبّذ ليلى فكرة شراء بيت في "أمريكا"؟ كيف نعرف؟

٥. ما أبرز الجاليات العربية في مدينة "رالي"؟ إلام تعود أصولُها؟

٦. في أيّ مدينة تم زفاف آدم على ليلى؟ في بيت مَن كانت ليلى؟ أين تمّت مراسيم حفل الزواج وكم استغرقت من الوقت؟

تمرين 31 (القصة): أجيبوا عن الأسئلة التالية

١. ما الصورة التي يرسُمها البعض في أذهانهم عن "أميركا"؟ في رأيكم، هل هي صورة واقعية؟

٢. ما الصورة التي قدمتها ليلى عن المدينة حسب رؤيتها الشخصية؟

٣. ما وجهة نظر عامِر بالنسبة لشراء البيوت؟

٤. ما الشعورالذي يهدد الآباء وأبناء الجاليات الفلسطينية؟ كيف يتغلّبون على هذه القضية؟

ظلال ثقافية (٤)

قرأنا في النص "... ويترنّح السكارى بأجسامهم ذات اليمين وذات الشمال."

والسُّكارى جمع **سكران** drunken, intoxicated. والسكران هو المخمور الذي ذهب عقله. وقد ذكر القرآن الخمر في آيات منها:

يَسْأَلُونَكَ عَنِ الْخَمْرِ وَالْمَيْسِرِ قُلْ فِيهِمَا إِثْمٌ كَبِيرٌ وَمَنَافِعُ لِلنَّاسِ وَإِثْمُهُمَا أَكْبَرُ مِنْ نَفْعِهِمَا وَيَسْأَلُونَكَ مَاذَا يُنْفِقُونَ قُلِ الْعَفْوَ كَذَلِكَ يُبَيِّنُ اللَّهُ لَكُمُ الْآيَاتِ لَعَلَّكُمْ تَتَفَكَّرُونَ. (البقرة: ٢١٩)

They ask you concerning alcoholic drinks and games of chance. Say: in them are harm and goods for men, but their harms exceed their good effects.

"يَا أَيُّهَا الَّذِينَ آمَنُوا لَا تَقْرَبُوا الصَّلَاةَ وَأَنْتُمْ سُكَارَى حَتَّى تَعْلَمُوا مَا تَقُولُونَ." (النساء: ٤٣)

Oh, you who believe, do not approach prayers while you are drunk, so that you know what you say.

"يَا أَيُّهَا الَّذِينَ آمَنُوا إِنَّمَا الْخَمْرُ وَالْمَيْسِرُ وَالْأَنْصَابُ وَالْأَزْلَامُ رِجْسٌ مِنْ عَمَلِ الشَّيْطَانِ فَاجْتَنِبُوهُ لَعَلَّكُمْ تُفْلِحُونَ." (المائدة: ٩٢)

Oh, you who believe! Intoxications and gambling, (dedication of) stones and (divination by) arrows are an abomination of Satan's handiwork: so avoid it that you may prosper.

تمارين إضافية على المفردات

تمرين 32 اختاروا الكلمة الصحيحة لتكملوا الجمل التالية

١. أعلنت الأمم المتحدة أنّ تصعيد المعارك في شمال غرب سوريا أدى إلى _____ أكثر من مئتي ألف شخص منذ "ديسمبر" ٢٠١٧.

ج. جمع شمل	ب. تورّط	أ. نزوح

٢. يقوم الأشخاص بـ _____ هداياهم حسب المناسَبة، ويضعون معها بطاقة يكتبون عليها كلمات بسيطة تعبّر عن مشاعرهم تجاه مَن يهدونه.

ج. تغليف	ب. ضبط	أ. نقوط

٣. لا تخلو علاقة زوجية من أحاسيس _____، التي قد تصيب الزوج أو الزوجة بين حين إلى آخر. وقد يكون لهذه الأحاسيس بعض الفائدة في توثيق العلاقة بين الزوجين إذا بقيت ضمن حدود المعقول.

أ. التحايُل	ب. الغيرة	ج. التصعيد

٤. نعيش في عصر كثيرٌ من الشباب فيه لا يعشقون إلا الحياة ________ المليئة بالضجيج والحركة السريعة التي لا تتوقف.

أ. الباسقة	ب. المترنحة	ج. الصاخبة

٥. إذا كان الكائن البشري يتميز بالعقل، ويسمح بشكل إرادي لأحاسيسه بالتأثير عليه، فما الذي يجعل من ________ النفس أمرًا صعبًا؟ إنها مهارة يملكها جميع الناس، إلا أننا لا نمنح أنفسنا الوقت الكافي لاستخدامها.

أ. ضبط	ب. إثارة	ج. تعثر

٦. تسببت أزمة قلبية، **ألمّت** = (أصابت) بمساعد طيار داخل ________ القيادة على متن الخطوط الملكية المغربية في "يونيو ٢٠١٧"، في وفاته.

أ. ربوع	ب. بقعة	ج. مقصورة

٧. ستنتهي صلاحية كل الدعوات التي ترسلها في غضون أسبوع إذا لم يقبل ________ الدعوة أثناء هذه الفترة المحددة، فقد تحتاج إلى إرسال الدعوة لهم مرة أخرى.

أ. المدعوون	ب. المعقدين	ج. المنتميان

٨. ينصح عالِم النفس الفرنسي "جاك جويشار" في مستشفى "كوشان" الفرنسي، الأشخاص الذين يعانون من ضعف الذاكرة وعدم تذكّر بعض الأشياء، بضرورة الاهتمام بالذاكرة وتنشيطها بين الحين والآخَر ومعرفة كيفية ________ها ومساعدتها على التذكر بسرعة. فقد طالَب العالم بالإستعانة بالـ"موسيقى" أثناء ترتيب الأفكار أو حفظ أي معلومة في الذاكرة لاسترادادها مرة ثانية.

أ. تقوية	ب. حجز	ج. اتساع

9. فسّر الباحثون في العلوم الاجتماعية ________ ________ على أنها المعاناة التي يواجهها المغترب عن الوطن عندما يصل للمرة الأولى إلى بلد مختلف عن بلده في العادات والتقاليد والأفكار والمُعتَقدات والبيئة والحياة اليومية.

أ. الصدمة الثقافية	ب. التفرقة العنصرية	ج. الصورة النمطية

١٠. عبّر عدد من الحِرفيّين والباعة في سوق التراث الشعبي عن ارتياحهم لـ ________ الطلب على الحرف التقليدية على اختلاف أنواعها خلال فصل الصيف الذي يعتبر بالنسبة لهم مثاليًا لتسويق منتوجاتهم التراثية.

أ. استثمار	ب. انعكاس	ج. انتعاش

تمرين 33 **اختاروا الكلمات الصحيحة لملء الفراغات في العناوين الإخبارية التالية**

لا محالة	ارتحال	صاخبة	متاخمة	مُدوّي	استئذان	أوْلى	السيولة	أنحاء

١. يوتيوب: صوت رعد ________ على سماء الحرم المكي

٢. فرانس ٤٢: سوريا: هل الضربات قادمة ________؟

٣. الجزيرة: جلسة ______ بـ "برلمان" تونس و**اتهامات** accusations لرئيسه

٤. الخبر: مراكز مراقبة مغربية جديدة ______ للجزائر

٥. الشرق الأوسط: حجم ______ النقدية بِيَد شركة "آبل" خيالي ... فأين مكانها؟

٦. اليوم السابع: بأمر الرئيس، قوات الأمن تنتشر في ______ سيناء لإعادة الاستقرار

٧. العربية نت: مصلحة الفقراء ______ من مصلحة البنوك

٨. مجلة سيدتي: أخرجت الطعام بلا ______ زوجة أبيها فَقَتَلها

٩. صحيفة الراية: "كرستيانو رونالدو" يطلب ______ سبعة لاعبين

تمرين 34 أكملوا بما يناسب الجزء الآخر من الجمل التالية

١. آل به المطاف إلى ______________________.

٢. ______________________ لا محالة.

٣. أغار من ______ على ______________.

٤. أُعجِب بـ ______________________.

٥. أثارتني بـ ______________________.

٦. لم يولِ اهتمامًا كافيًا لـ______________________.

٧. بينما كان يترنّح ذات اليمين وذات الشمال______________________.

٨. رغم تورّطه في______________________.

تمرين 35 ترجموا إلى الإنجليزية

١. يحاول بعض العلماء معرفة ما يدور في ذهن الإنسان عن طريق المسْح الإشعاعي.

٢. انتشر "فيديو" على موقع "يوتيوب" لسباق على مدرج مطار الدوحة القطري بين سيارة "فورميولا ١" وطائرة "بوينغ ٧٨٧ دريملاينر" تابعة للخطوط الجوية القطرية.

٣. تعثرت مسودّة البيان الصحفي الذي تقدّمتْ به دولة الكويت إلى مجلس الأمن بشأن تطورات الأوضاع في غزة، وذلك إثر اعتراض أحد الأعضاء.

٤. من أجل الحصول على نوم هنيء، خالٍ من الأحلام المُزعجة، ننصحك بعدم تناول وجبات ثقيلة ودسمة قبل النوم، والابتعاد عن تناول بعض الأغذية التي قد تجعل نومك مضطربًا.

٥. رافقتكم السلامة في الحِل والترحال، أحبّائي.

تمرين 36 **اسألوا زملاءكم**

١. هل يتذكرون حادثة حيث ضبطهم أحد والديهم متلبسين بجرم مشهود؟ ماذا حدث؟

٢. في رأيهم، هل تزيد اللحية من وَسامة الرجل؟

٣. ما أسباب الغيرة بشكل عام؟ ما علامات الغيرة عند كل من الرجل أو المرأة؟ كيف يمكن أن تثير المرأة غيرة الرجل وبالعكس؟

٤. ما مدى فعالية البرامج التي تتعقب الهواتف والحواسيب المسروقة؟ هل حقًا لديها القدرة على المساعدة في إعادتها إلى أصحابها؟

٥. هل تولي حكومة بلادهم اهتمامًا كافيًا لحماية وتعزيز حقوق الإنسان؟ (تأهيل المعاقين أو المصابين بالتوحّد ودمجهم في المجتمع)

تمرين 37 **اسألوا بالعربية**

1. In their opinion, should the man ask the parents' permission before his marriage to their daughter?
2. Is it important to wrap presents? In their opinion, what is the reason behind gift wrapping?
3. Where did they grow up, and what was it like? Was it better than growing up somewhere else (city, chicken farm, North, South, etc.) and why?
4. Do they support their government passing laws in order to restrict immigration?
5. What are some of the essential practices that will strengthen their family's relationships?

تمرين 38 **ماذا تقولون لزملائكم في المواقف التالية مستخدمين مفردات وعبارات درستموها في الجزء الثاني أو في هذا الدرس (يمكنكم استخدام صيغة الأمر حسب الحاجة)**

١. شاهدت شابًا يعانق صديقته في الطريق ولا يعطي اهتمامًا للأطفال الجالسين بالقرب منه.

٢. صديقك شخص مُعجَب بنفسه ويمشي مختالًا فخورًا.

٣. جاءتك زميلتك تشكو من غيرة زوجها اللامحدودة عليها. (مثلا: مِن تعقُّب طالب جامعي لها في كل مكان)

٤. دخلت البيت فجأة وضبطت أخاك الصغير ذا العشر سنوات متلبسًا بالجرم المشهود وبيده سيجارة.

تمرين 39 **(القصة): أجيبوا عن الأسئلة التالية**

١. هل تفضّلون حياة الريف أم المدينة؟ لماذا؟ (السكن في منطقة جبلية أم بحرية أم صحراوية)

٢. في رأيكم، هل هناك قوانين سنّتها قيادة بلدكم أو ألغتها ويستوجب إعادة النظر فيها؟ ما هي ولماذا؟

٣. هل تدعمون فكرة ليلى أم عامر بخصوص شراء البيوت، ولماذا؟

تمرين 40 ابحثوا في المواضيع التالية (تقديم شفوي أو كتابة ٣٥٠-٣٠٠)

١. طقوس الأعراس في البلاد العربية والإسلامية المختلفة

٢. حق الجار في الديانات الثلاثة

٣. الجاليات العربية في "أمريكا" ("أوروبا،" "آسيا،" "كندا،" "أستراليا،" "تركيا،" إلخ)

تمرين 41 يللا نمثل

A. You and your family moved to a city in a new country. You prefer renting a place for the next two years, but your wife is pushing you to buy a house that is way above your budget. Initiate a conversation with her, trying to convince her that it is not the right time to buy a house. You may want to use the dialectal expressions in Appendix II.

B. A drunken person is leaving a party with his friends. He insists he is OK, and he is determined to drive the car. Try to convince him not to do so.

تمرين 42 اعرفوا زملاءكم مستخدمين المفردات والعبارات الثقافية التي درستموها

١. ما هي نقطة ضعفهم في الحياة؟

٢. هل يعرفون شخصًا ("فيلمًا،" أو سيارة أو هاتفًا، إلخ) اجتازت شهرته الآفاق؟ هل يستحق تلك الشهرة؟

٣. هل أوْلوا ثقتهم لشخص وكلّفهم ذلك الكثير؟ ماذا حدث؟

٤. هل يعتبرون وضع الوالدين بدار المسنّين حرص ورعاية أم **عقوق** disobedience للوالدين؟

٥. كيف يمكن لهم أن يوسّعوا آفاقهم ويزيدوا من ذكائهم؟

٦. ما رأيهم في فكرة خدمة التنقل بالطائرة المروحية (العمودية) أو السيارات الطائرة؟ هل هي فكرة بنّاءة؟

تمرين 43 للمناقشة

تختلف تقاليد الزواج من ثقافة إلى أخرى فكل ثقافة لها ما يميّزها عن غيرها. هناك عوامل متعددة تلعب دورًا في اختلاف هذه التقاليد. ما هي برأيكم أهمّ هذه العوامل؟ كيف تؤثر على تقاليد الزواج؟ تحدثوا عن الموضوع بشكل عام واذكروا بعض الأمثلة لتوضيح آرائكم.

زاوية الجذور والأوزان

الجذر (ج ل س)

قرأنا في النص "وأجلسني في المقعد الخلفي، ثم جلس بجواري وانطلقنا إلى قاعة الفرح."
الفعل أجلس من الوزن الثاني والفعل جلس من الوزن الأول، وأنتم تعرفون معنى الفعلين والفرق في الإستخدام بينهما.

تمرين 44 **بناء على معرفتكم، خمنوا معاني الكلمات التالية المأخوذة من نفس الجذر**

١. كان الجو حارًا **فأجلست** ضيوفي في غرفة مُكَيَّفة.

٢. كانت تريد أن تتكلم مع **جليسة** أطفالها التي كانت **ستُجالسهم** أثناء سفر الأم، **فاستجلستها** قريبًا منها حتى لا يسمع أفراد العائلة **الجالسون** في نفس **المجلس** حديثهما.

٣. قال الوالد لأولاده: "لا **تُجالسوا** أولادًا سيئي الأخلاق."

الجذر (ع ن ق)

قرأنا في النص: "يقفن رافعات الرأس، **متعانقات** بشكل عمودي وأفقي."

تمرين 45 **من خلال معنى كلمة (تعانق)، أجيبوا عن الأسئلة التالية**

١. ما العلاقة بين الفعل تعانق والجذر (ع ن ق)؟ (هل تتذكرون كلمة عُنُق؟)

٢. العنق ترمز إلى العلو والارتفاع أيضًا. كيف نقول high hill؟ (تذكروا وزن أفعل المؤنث)

٣. عندما يدخل الإنسان في دين أو يؤمن بفكرة جديدة، نقول "اعتنق ..." ما معنى الفعل؟

٤. الشخص الطويل هو شخص أعنق. ما هو مؤنث "أعنق" وما الجمع؟

٥. لماذا قال النص "متعانقات" ولم يقل "متعانقة" على الرغم من أن الفاعل جمع غير عاقل؟

الجذر (ر م ي)

قرأنا في النص: "كما قام أصدقاء آدم بحمله على أكتافهم **ورموه** في الهواء."
والفعل **رمى** (كما تعرفون) يعني throw.

تمرين 46 **أجيبوا عن الأسئلة التالية**

١. أكملوا الجدول التالي

	الماضي	المضارع	الأمر
أنا	رميْتُ		
نحن			
أنتِ			اِرْمِ

أنتِ		ترمين	
أنتما	رميْتما		
أنتم			
أنتنَّ			
هو			
هي			
هما			
هما			
هم			
هنَّ		يرمين	

٢. ما اسم الفاعل وما اسم المفعول؟

٣. كيف نقول goalkeeper (the guard of the place where players score goals).

٤. كيف نقول crash كما في she crashed on the sofa.

٥. ما معنى "هذه مدينة مترامية الأطراف"؟

القراءة (١)

تكلمنا عن ظاهرة الهجرة في بداية الدرس وفي النص الرئيسي. في هذا النص نقرأ عن نوع خاص من الهجرة هو:

هجرة الأدمغة

شحدة سعيد البهبهاني

أسئلة للنقاش في الصف

١. كيف تُعرّفون هجرة **الأدمغة** = (العقول)؟

٢. هل تعاني بلادكم أو مدنكم منها؟ لِمَ؟ لم لا؟

٣. كيف تؤثر هجرة العقول على المجتمع والوطن؟

مفردات

مرتع (ج) مراتع	hotbed, pasture, a place to stay	أسدى، يُسدي، إسداء	أعطى
روّع، يروّع، ترويع	أخاف	هول	gravity, seriousness
أدمى الخواطر، يُدمي، إدماء	أحزن	لاك، يلوك، لوْك	chew
عزم	قرار	لَهفي	يا حسرتي
علّ	it is hoped	حالك	very dark

تمرين 47 اقرأوا القصيدة التالية ثم أجيبوا عن الأسئلة التي تليها

١. حَمَلَ الحقيبةَ راحِلًا ما ودَّعَهْ ... قاعُ السفينةِ حيثُ حلَّتْ مَرْتَعَهْ
٢. ضاعَ الهوىٰ مِنْ قَلْبِهِ في لحظةٍ ... كالطَّيرِ يَهْجُرُ عشَّهُ، منْ روَّعَهْ؟
٣. أدمَى الخواطرَ حينَ صاحَ مُودِّعًا ... "قَدْ نلتقي" والعينُ تسكُبُ أدْمُعَهْ
٤. ما عادَ شيءٌ في الوجودِ يَردُّهُ ... عَنْ عَزْمِهِ نحو الرحيل لِيَرْدَعَهْ
٥. تَرَكَ الأحبَّةَ والبلادَ وأَهلَها ... وسعَى لمالٍ في الحياةِ ليَجْمَعَه
٦. المالُ يُغْرِي والحضارة والرُّؤى ... وتراقصُ الأحلام يَحْرِقُ أَضْلعَه
٧. ما عاد يَبْحَثُ عَنْ سعادةِ أُمِّهِ ... عَنْ دَمْعِها عَلَّ الرَّجا أَنْ يَمْنَعَه
٨. هَلْ حُبُّ والدِهِ وَما أَسْدَى لهُ ... ذاكَ الحنانُ بقلْبِهِ أنْ يَرْدَعَه
٩. أينَ المحبةُ، أينَ عَهْدٌ عَاشَهُ ... مَنْ حبَّ أرضًا لا يُفارِقُ مَوْضِعَه
١٠. قَدْ يعشقُ الإنسانُ حلمًا إِنَّما ... هولُ الحقيقةِ غابَ عنهُ ليصرعَه
١١. مَا بالُ أرضي تَشْتكِي فَقْدَ الأُلَى ... قَدْ أنجبتْهُم، فالمصيبةُ مُوجِعَه
١٢. تلكَ الغصونُ الزاهياتُ يلوكُهَا ... زيفُ الحضارةِ، فاسأَلوا مَنْ رَصَّعَه
١٣. ماذا تريدُ مِنَ الشبابِ ولَمْ يجدْ ... صدرًا حنونًا يحتويهِ لِيسْمَعَه
١٤. الظلمُ أسْفَرَ عَنْ شبابٍ ضائعٍ ... والفقرُ والحرمانُ رَوَّعَ مَضْجَعَه
١٥. لَهْفِي علَى وطنٍ يَضِيعُ بلحظةٍ ... تَعْمَى القلوبُ بِها لتبكيَ مَصْرَعَه
١٦. كم هانَتِ الأوطانُ عنْدَ شبابِنَا ... فسعوا لِدَربٍ حالكٍ ما أبْشَعَه
١٧. جرداءُ أَضحتْ من عُقُولِ شبابِها ... تزدادُ ضعْفًا، فالخسارةُ مُوجعَهْ
١٨. يا أُمَّتِي إنَّ الشبابَ عمادُنا ... والخيرُ كلُّ الخيرِ في أنْ نُقْنِعَه
١٩. يا أُمَّةَ الإسلامِ كُوني قُدْوَةً ... اَلعدلُ حقٌّ، ظالمٌ مَنْ ضَيَّعَه
٢٠. بالعدلِ سَادتْ أُمَّتِي في حِقْبَةٍ ... وطريقُنا نحوَ النجاةِ لِنتْبَعَه

الأسئلة

١. يذكر الشاعر في البيت الخامس سببًا من أسباب الهجرة. ما هذا السبب؟

٢. يتحدث الشاعر عن ظروف وأسباب أخرى في البيت الرابع عشر، ما هي؟

٣. يتحدث الشاعر في البيتين السابع والثامن عن العلاقة بين المهاجر وبين أبويه بعد قرار الهجرة. كيف تغيرت هذه العلاقة؟

٤. يتكلم الشاعر عن أثر هجرة العقول على الوطن في الأبيات من ١٣-١٥. ما هو هذا الأثر؟

٥. يخاطب الشاعر أمّة الإسلام في البيتين ١٨-١٩. ماذا يطلب منها؟

تمرين 48 اقرأوا القصيدة بصوت عال ثم أجيبوا

١. كيف تصف شعور الشاعر تجاه المهاجر؟

٢. كيف تصف شعور الشاعر تجاه الوطن؟

٣. كيف تصف شعور الشاعر تجاه الأمة؟

تمرين 49 البلاغة

١. يشبّه الشاعر المهاجر بالطير في البيت الثاني؟ كيف يتشابهان؟

٢. في البيت السادس هناك صورة مجازية. ما هي وماذا تعني؟

٣. بماذا يشبه الشاعر الأرض في البيت الحادي عشر؟ كيف؟

٤. من هي "الغصون الزاهيات" في البيت الثاني عشر؟ لماذا استخدم الصفة في حالة الجمع؟

٥. كيف يُشبه الشاعر الشباب في البيت الثامن عشر في قوله "إن الشباب عمادنا"؟

تمرين 50 القواعد

١. ما خبر "ما عاد" في البيت الرابع؟

٢. ما معنى "قد" في البيت الثالث وفي البيت العاشر؟

٣. ما معنى "كم" في البيت السادس عشر؟

٤. لماذا يستخدم الشاعر "يا" في البيتين الثامن عشر والتاسع عشر؟

٥. لماذا يخاطب الشاعر الشباب باستخدام صيغة المفرد؟

٦. لماذا انتهت حركة الفعل "هانتِ الأوطان" في البيت السادس عشر بالكسرة بدلًا من السكون كما هو متوقع؟

تمرين 51 استماع القصة ١

_____ (١) بنا الطائرة في مطار "آر دي يو" في مدينة "رالي" عاصمة ولاية "كارولاينا" الشمالية، والتي تُعتبر _____ (٢) من أسرع المدن نموًا في "أمريكا"، كما تشتهر بوجود العديد من الجامعات وشركات التقنية والأدوية والاتصالات. كانت هذه أول مرة _____ (٣) فيها قدماي ثرى هذه المدينة التي_____ (٤) الخيال منها- لا محالة. ربما يرسم بعض الناس في _____ (٥) صورة لـ"أميركا،" وكأنها تعج بشوارع صاخبة _____ (٦) فيها ضحكات المارّة و_____ (٧) السكارى بأجسامهم ذات اليمين وذات الشمال، شوارع مملوءة بالعوام والسياسيين والمشاهير، إلا أن مدينة "رالي" في حقيقة الأمر، أخبرتني عن نفسها بصمت و_____ (٨)، فهي في غاية الحسن، صامتة، مزينة بأشجار _____ (٩)، ملونة، يقفن رافعات الرأس، متعانقات بشكل عمودي وأفقي،_____ (١٠) أوراقها لون قوس قزح، ويتغير لونها مع دوران الشمس.

وبما أن العالم المتحضر يولي اهتمامًا بصحة مواطنيه، فقد _____ (١١) الحكومة الأمريكية قوانين تمنع عادة التدخين في الأماكن المغلقة، وهناك أجهزة، يصعب_____ (١٢) عليها، تتعقّب رائحة الدخان، وعلى من يتم ضبطه متلبسًا بالجرم المشهود، دفع _____ (١٣) مالية. الوقت يمر بسرعة في "رالي،" فساعات الصباح تأتي _____ (١٤) البصر، وفيها يمكنك أن تشاهد عجوزًا يمارس هواية المشي أو الجري، وشابًا يقود دراجته الهوائية، أو امرأة _____ (١٥) كلبها الذي لا يفارقها.

لم أقدّر طوال حياتي ما ذكره الحديث الشريف عن أنّ البيت الواسع جزء من السعادة الدنيوية، إلا عندما دخلت بيتنا الجديد في مدينة "كاري" _____ (١٦) لمدينة "رالي،" فالحديث يقول: "من سعادة المرء: الجار الصالح والمركب _____ (١٧) والمسكن الواسع." ليلة أمس، دخلت في نقاش مع أخي عامر الذي لم _____ (١٨) فكرة شراء البيت، ويقول إن امتلاك الحرية _____ (١٩) من امتلاك العقار، ويرى بأنه على أي شخص _____ (٢٠) سواء في "أمريكا" أو "كندا" أن يكون على أُهبة الاستعداد للإنتقال، نظرًا لصعوبة العيش في _____ (٢١) واحدة، وحرية التنقل تحتاج إلى سيولة مالية _____ (٢٢) الحصول عليها من خلال الاستثمار في العقار. ويرى عامر أن الإصرار على البقاء في البيوت المملوكة، ورفض القبول بوظائف في مدن وولايات أخرى، بسبب العقار، قد _____ (٢٣) الديون والفوائد ثم يؤول بمالك البيت إلى الفقر، أتفهم وجهة نظره ولكني أدعم فكرة الاستثمار بالعقارات أينما حلّ المرء و_____ (٢٤).

في "رالي" مزيج من الجاليات العربية والإسلامية ذات أصول مختلفة منها المغربية والمصرية واللبنانية والتونسية والباكستانية والهندية والتركية وغيرها، إلا أن الجالية الفلسطينية _____ (٢٥) كواحدة من أعرق الجاليات العربية الكبيرة فيها، وتعود معظمها إلى أصول _____ (٢٦) (فلاحية) غالبيتها من قرى رام الله ونابلس ومناطق فلسطينية أخرى. ويشعر الآباء أن هويتهم _____ (٢٧)، فيقومون بصحبة أبنائهم لزيارة الوطن في العطلة الصيفية، يتعرفون على _____ (٢٨) الوطن وأبناء البلدة، ويكوّنون صداقات جديدة، ويتعلم الأبناء اللهجة الفلسطينية التي يحملونها إلى _____ (٢٩) كي تصبح لغة التواصل اليومي. ويسعى الآباء أيضًا إلى تسجيل أبنائهم في المدارس العربية الإسلامية للتأكد من _____ (٣٠) الأبناء في بيئة تقوّي عمق الإنتماء للوطن واللغة والدين.

ظلال ثقافية (٥): أمثال شعبية

سَنّ سْنانُهْ

He sharpened his teeth

This proverb is said to describe someone who is ready to eat good food.

لُولا الغيرِة ما حِبْلَتِ النّسْوانْ

If it weren't for jealousy, women would not become pregnant

It is said that jealousy is common among sisters-in-law. This proverb shows the possible positive effects of jealousy, like getting pregnant to bring a child into the world. It can also be said to any person who gets jealous of someone in a good or a bad way.

<u>زَيِّ الأَطْرَشْ فِي الزَّفِّةْ</u>

Like a deaf man in a wedding ceremony

Like a bull in a china shop

Said of a person who is not aware of what is going on around him. The *zaffih*, or traditional Palestinian wedding ceremony, involves music and singing as integral parts of the celebration. This proverb describes people who are oblivious to their surroundings, like a deaf man in a *zaffih*.

تمرين 52 **قوموا بخلق وتمثيل موقف من المواقف واستخدموا ما يناسب من الأمثال السابقة في السياق الصحيح. يمكن للأستاذ أن يقسم الفصل إلى مجموعات ويطلب من كل مجموعة أن تستخدم مثلًا مختلفًا.**

استراحة مفردات

تمرين 53 **استمعوا ثم اكتبوا جمل المفردات ثم ترجموها إلى اللغة الإنجليزية**

تمرين 54 **ترجموا الجمل في الدرس من "لم أقدّر" إلى كلمة "حل المرء وارتحل"**

ظلال ثقافية (٦): من الـ"فلكلور"

الدّحّية الفلسطينية

شاهدوا الـ"فيديو" وتعلموا عن الدحية الفلسطينية

تمرين 55 **بعد مشاهدة الـ"فيديو" ناقشوا بعض المواضيع التي تتضمنها أغاني الدحية**

١. الفرق بين الدحية الآن والماضي.

٢. من هو الحادي أو البدّاع؟

٣. من هو الحاشي؟

٤. هل ستستمر الدحية كلون من ألوان الـ"فلكلور"؟ لماذا؟

تمرين 56 **هناك عادات وتقاليد للأعراس في البلاد العربية المختلفة. لكثير من هذه العادات والتقاليد أسماء خاصة بها كما شاهدنا عن الدحية الفلسطينية. ابحثوا عن إحدى العادات أو التقاليد وقدموا عنها تقديمًا تتحدثون فيه عن:**

- أماكن انتشار هذه العادة أو التقليد
- معانيها وأصولها
- سماتها الثقافية

استماع (١)

من العادات الموجودة في البلاد العربية في الأعراس والأفراح إطلاق النار، وعلى الرغم من خطورة هذه العادة يصر الكثير من الناس عليها. النص التالي يناقش الظاهرة في الأردن وردّ الحكومة عليها.

قوانين لوقف إطلاق النار في الأفراح في الأردن

تمرين 57 **شاهدوا الـ"فيديو" للمرة الأولى ثم أجيبوا عن الأسئلة التالية**

١. ماذا شاهدتم في الثواني الأولى من الـ"فيديو"؟

٢. من الشخص المهم الذي ظهر في الـ"فيديو"؟

٣. كم عدد الوفيات والإصابات التي تكلم عنها رجل الأمن؟

٤. ما عنوان الوثيقة التي وقّع عليها شيوخ العشائر؟

٥. لماذا ذكر الـ"فيديو" موقع الـ"فيس بوك"؟

٦. ما اسم مقدم التقرير؟ من أين كان يتكلم؟

تمرين 58 **استمعوا لمرات عديدة أخرى وأجيبوا عن الأسئلة التالية**

١. ماذا تمثّل مشاهد إطلاق النار في الأردن؟

٢. ماذا أثارت ظاهرة إطلاق النار في المناسبات؟

٣. عمّ عبرّ الملك الأردني في كلماته؟

٤. ما هي الإجراءات التي قامت بها مديرية الأمن العام؟

٥. ماذا تضمّنت وثيقة الشرف التي وقع عليها شيوخ العشائر في الأردن؟

٦. ماذا قال شيخ العشيرة الثاني عن القتل في الأعراس والأفراح؟

٧. إلى من وُجّهت حملة الـ"فيس بوك"؟

تمرين 59 **استمعوا وخمنوا معاني الكلمات والعبارات التالية من خلال سياق النص**

١. تزهق أرواحًا بريئة أو إزهاق أرواح الأبرياء	٥. شنّ حملات اعتقال
٢. أعرب عن استيائه	٦. بالاتّجار
٣. الجميع تحت طائلة القانون	٧. عرقلة سير القضاء
٤. منع جميع مظاهر التسلّح	٨. قاتل عمد

تمرين 60 **إطلاق النار من العادات والتقاليد السيئة لكن كثيراً من الناس يمارسونها رغم خطورتها. ناقشوا العوامل التي تدفع الناس للإصرار على هذه العادة رغم أن بعض الأبرياء يدفعون ثمنًا لها.**

زاوية الأدب (١): من رواية الأخدود مدن الملح

عبد الرحمن منيف

ولد في عمان في الأردن وبعد المدرسة الثانوية انتقل الى العراق. وبسبب نشاطه السياسي، طُرد من العراق فذهب إلى مصر ليكمل دراسته ثم انتقل إلى "بلغراد" وحصل على شهادة الدكتوراة وكان خبيرًا اقتصاديًا. واشتهر بسبب كتاباته فهو قاصّ وروائي وكاتب صحافي وسياسي بارز. كتب أكثر من ثلاثين كتابًا في الرواية والنقد والفنون التشكيلية والسيرة الذاتية وغيرها. من أشهر أصدقائه الكاتب جبرا إبراهيم جبرا، وكتبا معا عملًا روائيًا عنوانه (عالم بلا خرائط). من أشهر كتبه (مدن الملح) و(قصة حب مجوسية) و(الأشجار واغتيال مرزوق).

تمرين 61 **اقرأوا ثم أجيبوا عن الأسئلة**

في وقت من الأوقات كانت حَرّان مدينة الصيادين والمسافرين العائدين، أما الآن فلم تعد مدينة لأحد. أصبح الناس فيها بلا **ملامح**. إنهم كل الأجناس ولا جنس لهم. إنهم كل البشر ولا إنسان. اللغات إلى جانب اللهجات والألوان والديانات. الأموال فيها وتحتها لا تشبه أية أموال أخرى. ومع ذلك لا أحد غنيًا أو يمكن أن يكون كذلك. كل من فيها يركض، لكن لا أحد يعرف إلى أين أو إلى متى. تشبه خلية النحل وتشبه المقبرة. حتى التحية فيها لا تشبه التحية في أي مكان آخر، إذ ما يكاد الرجل يلقي السلام حتى **يتفرّس** في الوجوه التي تتطلع إليه، وقد امتلأ خوفًا من أن يقع شيء ما بين السلام ورد السلام.

١. كيف كانت مدينة حران وكيف أصبحت (من حيث الناس الذين يسكنون بها)؟

هكذا رآها محمد عيد وهو ينظر إليها من جديد. لقد عاش هنا سنوات عديدة. عاش البداية كلها. رأى الأحجار وهي تركب بعضها وترتفع لتصبح بنايات عالية. ورأى الشوارع وهي تُشَقّ لتصبح مسالك للبشر والدواب والسيارات. ثم رأى الدكاكين والمطاعم وهي تتوالد مثل الفِطْر. ورأى دار الإمارة والقيادة ومستشفى الشفاء. أما الآن وهو يصِلها لكي يستقر فيها مرة أخرى، وعندما ينزلق في فندق زهرة الصحراء، ثم يتجول في الأسواق والأحياء، فإنه ينكر تمامًا أنه كان هنا. لا يعرف شيئًا. لا يعرف أحدًا. ولا شيء مثلما كان من قبل. حتى دار الإمارة، على التل الشمالي، أصبحت الآن سجن حران المركزي. أما القيادة العامة التي كانت مقرًا لجوهر فقد تحولت إلى مخفر للشرطة.

٢. من هو محمد عيد؟

٣. ماذا رأى عندما رجع إلى مدينة حران؟

مستشفى الشفاء، الذي قضى فيه معظم وقته حين كان في حران، تحول الآن إلى مستشفى الغرباء. أما عيادة الدكتور المحملجي فقد أصبحت مصبغة الشرق للتنظيف على البخار. ومكان مقهى الأصدقاء قامت عمارة البهلوان. أما شارع الراشدي فقد هُدِم القسم الأكبر منه ثم أعيد بناؤه من جديد. صحيح أنه احتفظ بالاسم، لكن الكثيرين أطلقوا عليه اسمًا آخر: السوق العتيق.

دار الإمارة عند المطالع، على طريق عجرة. أما دار الأمير فقد أصبحت في الناحية الثانية من المدينة، فمنذ أن لم تعد حران سوى المصافي وميناء التحميل والدخان، بنى الأميركيون مدينة جديدة إلى الشرق، على مسافة اثني عشر ميلًا. وحملت هذه المدينة اسم المكان الذي شُيِّدت عليه: راس الطواشي. وفي المدينة الجديدة قامت أحياء التجار والأغنياء وكبار الموظفين، غير بعيد عن الأحياء التي يسكنها الأميركيون. وهناك أقيمت الدار الجديدة للأمير.

٤. ماذا نعرف عن المدينة الجديدة التي بناها الأمريكيون؟

أما الأحياء التي كانت على التلال الغربية، وقد أُطلق عليها في البداية "حران العرب،" فقد تحولت شيئًا فشيئًا إلى أسواق تجارية، بعد أن هُدمت وأُعيد بناؤها أكثر من مرة. وتفرق أهل حران والناس الذين سكنوا هذه الأحياء في أنحاء متعددة، وراء التلال وقريبًا من **المحاجر**. ومعسكر العمال الذي كان في ذاك المكان المتوسط بين حران الأميركان وحران العرب أصبح الآن مُستودَعًا كبيرًا للآلات والمعدات، وفي جانب منه تراكمت بقايا السيارات والإطارات القديمة والبراميل. وقد حصل هذا نتيجة موت عدد من العمال اختناقًا، بعد أن أخذت تتساقط فوق المعسكر الغازات المتولدة من **المصافي**. نُقِل العمّال إلى مكان بعيد بين حران وراس الطواشي.

٥. كيف تغيرت "حران العرب"؟

ما يُقال عن هذه الأماكن يقال أيضًا عن كل الأماكن. حتى الجامع الذي يفخر الحكيم أنه تبرّع بمبلغ كبير من أجل **تشييده**، والذي ما زال في مكانه، دب إليه الهرَم، وأصبح قبيحًا **أميل** إلى السّواد. وأحاطت به مجموعة من الأبنية العالية، وغطّته طبقات من الدخان والغبار. ولما سأل محمد عيد عن فرن عبدو محمد، وعن أبي كامل اللحام، حاول الذين سألهم أن يتذكروا متى هُدِم الفرن والمجزرة، ولكنهم لم يكونوا متأكدين من إجاباتهم. وبعضهم لم يتذكر أبدًا.

٦. ماذا حدث للمسجد وكيف أصبح؟

٧. على ماذا يدل جواب من سألهم "ولكنهم لم يكونوا متأكدين من إجابتهم، وبعضهم لم يتذكر أبدًا"؟

حتى المقبرة لم تبق مكانها، فبعد أن أعطى الأمير الجديد، عبد الله الشبلي، أهل حران ومن لهم من موتى في هذا المكان، فرصة خمسة عشر يومًا ليرفعوا عظام موتاهم من هذه القبور، جاءت آلات ودرست ما بقي ومن تبقّى، ورغم أن ابن نفاع صرخ وشتم وبصق في وجوه سوّاق الآلات، لم يجد حلًا في النهاية سوى أن يركض مع عدد من الفقراء ليرفعوا عظام بعض الموتى قبل أن تدوسها وتمزّقها الآلات. أما ابن نفاع ذاته فقد مات بعد أيام قليلة من "افتتاح" المقبرة الجديدة على طريق عجرة وتسويرها بسور عالٍ.

٨. ماذا حدث للمقبرة؟

٩. ماذا حاول ابن نفاع أن يفعل؟

قال محمد عيد لنفسه وهو يتجوّل في الأسواق: "رائحتها لا تُطاق. تُشبِه رائحة الموتى." وبدأ يتذكر من جديد: "لا تشبه أية مدينة أخرى، ولا تشبه نفسها، والناس فيها اجتمعوا بالصدفة، ولن يستمروا طويلًا، تمامًا مثل ركاب سيارات عبود السالك."

وحران بمقدار ضجّة نهارها، فإنها في الليل، في ظل اللهب الذي تبثّه المِصفاة، مدينة الأشباح والصمت، إذ ما عدا صافرات البواخر وهدير المُحرّكات، التي تصل ميناء التحميل، والذي لا يبعد أكثر من ميلين، يظن الإنسان أنها جزء من الصحراء التي تليها. حتى الأنوار المنبعثة من أعمدة الشوارع تبدو **كابية** لا تُرى تحت وهج الكتلة البرتقالية المُسودّة التي تشكل سقفًا هائلًا للمدينة وما حولها.

وإذا كان محمد عيد قد احتمل أصياف حران سنينًا عديدة، فإنه الآن، وهو يصلها، يشعر بالاختناق، ليس من الحرارة وحدها، وإنما من

الجو الثقيل المنتن، الذي هو مزيج من كل الأشياء معًا: البترول والبهارات والكبريت والصحراء والغبار وبقايا الأكل والأسماك الميتة وإطارات السيارات المحروقة، إضافة إلى رائحة البشر، فيصبح الجو عندئذ كريهًا لا يُطاق. كانت حران في وقت سابق أكثر رحمة، وكان بإمكان الإنسان أن يتعوّد عليها أو يحتملها. الآن، وفي ظل الحالة النفسية التي تسيطر عليه، تصبح مدينة معادية، قاهرة، وأشبه ما تكون بالقبر.

تمرين 62 اسئلة فهم

١. يتكلم هذا الجزء من رواية منيف عن تأثير النفط على الحياة في الجزيرة العربية. بشكل عام، كيف تغيرت الحياة من حيث الشكل والمضمون؟

٢. برأيكم هل كان النفط **نعمة** أم **نقمة** blessing or curse على الدول العربية التي اكتُشِف فيها؟ كيف ذلك؟ ما رأي الكاتب في هذا التغيير؟

٣. ما معنى العبارات التالية؟

• إنهم كل الأجناس ولا جنس لهم (الفقرة الأولى)

• تشبه خلية النحل وتشبه المقبرة (الفقرة الأولى)

• ثم رأى الدكاكين والمطاعم وهي تتوالد مثل الفطر (الفقرة الثانية)

٤. في الفقرة الأخيرة هناك كلمتان تعنيان stinky, having a bad smell ما هما؟

٥. خمنوا معاني الكلمات المكتوبة بالخط الغامق.

٦. بعد السؤال رقم ثلاثة، قرأنا في الفقرة "وقد حصل هذا نتيجة موت عدد من العمال اختناقًا." ما إعراب كلمة "اختناقًا"؟

٧. في الفقرة بعد سؤال رقم ٥ قرأنا "جاءت آلات ودرست ما بقي ومن تبقّى." ما معنى الفعل "درس" في هذا السياق؟ أيضًا، ما إعراب كلمة "يومًا" في نفس الفقرة؟

٨. ما إعراب كلمة "ذات" في "أما ابن نفاع ذاته فقد مات بعد أيام قليلة"؟

تمرين 63 بحث وكتابة

عبد الرحمن منيف من أشهر الروائيين العرب. له كتابات مشهورة وعديدة. ابحثوا عن عمل من أعماله واكتبوا عن هذا العمل في حوالي ٢٠٠-٢٥٠ كلمة تلخصون فيها العمل وأهميته في الرواية العربية والمجتمع العربي.

تمرين 64 استماع القصة ٢ 🎧

يااااه! لا أصدق أن آدم موجود في "جورجيا" اليوم، لضيق الوقت، سيتم الاحتفال بليلة _____(١) عِ الضيّق في بيتنا في مدينة "كاري،" وسيكون حفل الزفاف في "أطلانطا" بعد غد إن شاء الله، أخيرًا، يا الله! أخيرًا سندخل _____(٢) الذهبي يا حبيب العمر.

يوم الزفاف

تختلف _____(٣) الأعراس الفلسطينية عن السورية إلى حد ما، فلقد حجز آدم قاعة كبيرة تتسع لحوالي ٥٠٠ _____(٤)، فحفلات العرس الفلسطينية معقدة ومكلفة في الوقت ذاته. وقد تولّى آدم _____(٥) تحمل كل المصاريف من تكاليف وجبة العشاء والزينة والمغني والمصور وسيارة الـ "ليموزين" التي _____(٦) إلى قاعة الفرح. وتجمع أقارب آدم وأصدقاءه في بيت عمي أبو آدم وقاموا بعمل طقوس حمام العريس، بينما غنى الشباب "طلع الزين من الحمام...الله واسم الله عليه،" ثم قاموا بعمل _____(٧) قصيرة لآدم أثارت إعجاب الجيران الأمريكيين، حيث تجمع الأهل والأقارب على شكل _____(٨) حول العريس، يرددون الأغاني الشعبية التي تتكلم عن حمامه وقصة شعره و _____(٩) وجمال عروسه، قائلين: "يا عريس يا بو الحطة ... من وين صايد هالبطة" " شِنّ قليلِهْ شن قليلة ... من هالليلة صار لُه عيلة." وانطلقت الزفة إلى بيت "بطرس" جارنا حيث كنت مع أسرتي في الإنتظار، وتقدّم والد آدم إلى والدي وقال: "هذه _____(١٠) جاءت لتأخذ عروسنا" فرد عليه والدي: "أهلًا وسهلًا، حلال عليكم عروسكم،" وخرجت مع والدي على اليمين و_____(١١) عامر وأشرف على اليسار وتقدما بي إلى سيارة الـ "ليموزين،" وفتح آدم لي الباب وأجلسني في المقعد _____(١٢)، ثم جلس بجواري وانطلقنا إلى قاعة الفرح.

_____(١٣) حفلة العرس حوالي أربع ساعات، _____(١٤) الرقصات والدبكات الفلسطينية والسورية، أعجبتني فقرة (السحجة) كثيرًا، وهي صنف من أصناف _____(١٥) الغنائي الفلسطيني. كما قام أصدقاء آدم بحمله على أكتافهم ورموه في الهواء ثم _____(١٦) وكرروا فعل ذلك عدة مرات، وكنت أحبس أنفاسي و_____(١٧) قلبي من شدة الخوف مع كل رمية في الهواء.

بدأ المغادرون بالخروج من القاعة بعد تناول العشاء، حيث كانوا يقومون _____(١٨) وتهنئة العريس وترك _____(١٩) في صندوق خاص قرب _____(٢٠) (لوج) العريسين، يضم مبلغًا من المال يسمى (النقوط). وانتهى الحفل _____(٢١) الصور التذكارية مع جموع المهنئين، وقام والدي ووالدتي واخوتي بتقديم نقوط الذهب حيث تزين صدري و_____(٢٢) ويداي بقطع الذهب الزاهية. أخيرًا، تقدم آدم وحملني إلى سيارته وانطلقنا لقضاء ليلة العمر ومن ثم شهر العسل في "كانكون."

🎧 أفعال شائعة	
blackmail, plunder	ابتزّ، يبتزّ، ابتزاز
trample underfoot, step on, (with a vehicle) knock (s.o.) down and pass over his body	داس، يدوس، دوس
to be dirty	اتّسخ، يتّسخ، اتّساخ
cry, wail	ولول، يولول، ولولة
put into disorder, muddle, discompose	شوّش على، يشوّش على، تشويش على
commit suicide	انتحر، ينتحر، انتحار
accuse, condemn, denounce	أدان، يُدين، إدانة
besiege, beleaguer	حاصر، يحاصر، محاصرة = (حصار)

deport, expel a person from a country, drive away, evict	أجلى، يُجلي، إجلاء
finish, complete successfully	اختتم، يختتم، اختتام
release	أفرج عن، يُفرج عن، إفراج عن = (أخرج، أذاع، أصدر كتابًا...إلخ)
vote, cast a ballot	صوّت، يُصوت، تصويت
to become an ally of, confederate with	تحالف مع، يتحالف مع، تحالُف مع
denounce, condemn	استنكر، يستنكر، استنكار
execute	أعدم، يُعدِم، إعدام
quarrel with	تشاجر مع، يتشاجر مع، تشاجُر مع

ملاحظات ثقافية ولغوية على الأفعال الشائعة

الفعل داس يعني step on ومن العبارات الشائعة التي تستخدم هذا الفعل:

- داس على (شخص) beat up, defeat, humiliate
- داس على البنزين أو الفرامل (الـ "بريك") step on gas, brakes
- والدّوّاسة في السيارات هي (gas) pedal
- في بعض المناطق العربية لكلمة (الحذاء) اسم آخر وهو (مداس) وهي كلمة فصيحة وجمعها (أمدسة)

صفات شائعة	
weak	واهِن
closemouthed, secretive, discreet	كتوم
aggressive, argumentative, quarrelsome	مُشاكِس
distinguished, gifted, talented	نابغ = (نابغة)
comical, funny, jocular	هزْليّ
having no immoral sexual relationships, chaste, pure, self-restrained	عفيف
savage, brutal, barbaric	متوحّش
troubled, disturbed, turbid moody	معكّر معكر المزاج = (متقلب المزاج)
virulent, hateful, spiteful	حاقد
God-fearing, devout	تقي = (وَرِع)
wretched, miserable, unfortunate	متعوس، تَعِس
trivial, little, worthless, trifling	تافِه
obsessed, scrupulous, overconcerned	موسوس
disregarded, ignored, neglected	منبوذ
bothersome, damaging, evil, harmful	مؤذٍ = (المؤذي)

تعلموا أكثر عن المتلازمات مع الكلمات "معركة" و "هزيمة" = (خسارة) و "نظرة":

a fierce (savage) battle	معركة ضارية	a decisive (final) battle	معركة حاسمة
fierce battle	معركة شرسة	a fierce (grinding) battle	معركة طاحنة
an overwhelming defeat	هزيمة ساحقة	a terrible defeat	هزيمة نكراء
overview	نظرة عامة	sharp look	نظرة ثاقبة
shallow look	نظرة سطحية	quick look	نظرة عابرة

ظلال ثقافية (٧)

المِتْعوس مَتْعوس وَلَوْ عَلَّقوا عَلى رقبته فانوسْ

The unlucky person will remain unlucky, even if he hangs a lantern on his head

Luck cannot be sought after

Said in reference to someone's continued efforts to break a streak of bad luck. This proverb's general meaning is that a person who was born with bad luck will stay unlucky, even if a lantern is hung on his or her head so that he or she becomes visible and known to all people around him or her.

يُحكى أنه قديمًا كان هناك أخوان **يسيرا الحال** well-to-do لديهما تجارتهما، ولكن في أحد الأيام خسر أحدهما تجارته وأصبح فقيرًا، ولكنه كان عزيز النفس لا يقبل المساعدة من أي شخص حتى لو كان هذا الشخص هو أخاه.

فقرر الأخ الغني مساعدته ولكن بشكل غير مباشر ودون أن يعلم حتى لا يتسبب في إحراجه، ودعاه أن يأتي إليه في يوم من الأيام وقام بوضع **صُرّة** bundle من النقود في الطريق الذى سيمشي فيه أخوه الفقير. أتى الأخ الفقير ولكن لم يتحدث عن أية أخبار تخص أنه وجد بعض النقود أثناء سيره في الطريق، وعندما سأله أخوه رد قائلًا: راهنت نفسى اليوم أن أسير **مغمضًا عيني** closing my eyes وقد نجحت بالفعل. فرد الأخ الغنى : "المتعوس متعوس ولو علقوا في رقبته فانوس"

ومنذ ذلك الحين أصبح الناس يتداولون هذا المثل الشعبى في كل موقف يعبر عن سوء الحظ رغم قرب الفرص.

تعابير وصفات شائعة بالعامية

(He) is the unexpected during his lifetime (He is a genius). It can be said to describe a smart person. It may be said jokingly to describe a very stupid person.	فلتة زمانه
"Sitting on fire," said to describe an anxious person who waits impatiently for something to happen or for someone to come.	قاعد على نار
"Picky," said to describe a finicky, even arrogant person who, when offered delicious food, still rejects it.	مْبَغْدَد

تمرين 65 خمنوا معاني ما يلي

١. نبذ العنف	٩. إفراج مُبَكّر
٢. ابتزاز مادي	١٠. برنامج التصويت الالكتروني
٣. ابتزاز إلكتروني	١١. قوى التحالف الوطني
٤. ابتزاز عاطفي	١٢. بيان استنكار إعلامي وحقوقي
٥. أجهزة تشويش	١٣. تعاسة الحياة الزوجية
٦. هجوم انتحاري	١٤. استعينوا على قضاء حوائجكم بالكتمان
٧. حصريًا على قناة الجزيرة	١٥. حقد أعمى
٨. إفراج مشروط	١٦. عِفّة النفس

تمرين 66 ترجموا العناوين الإخبارية التالية إلى الإنجليزية

١. الاتحاد: ردّ القوى الكبرى واهن

٢. اليوم السابع: اختتام أعمال القمة العربية الـ ٢٩ بالظهران في السعودية

٣. أخبار الأمم المتحدة: تقدم في الوصول الإنساني لمناطق محاصرة في سوريا، وخطة للإسقاط الجوي للمساعدات في (دير الزور)

٤. "سبورت ٣٦٠ عربية ": تحليل هزلي للأسابيع الأولى من الدوري الإنجليزي

٥. القدس العربي: ثور غاضب ينطح سيدة ويدوسها بشكل متوحش

٦. أخبار "سكاي نيوز" عربية: "روسيا" تتحدى "واشنطن" بأجهزة تشويش إلكترونية

٧. النهار "أون لاين" هل مِن رجل تقي يُقدّر المرأة العفيفة الطاهرة؟

٨. العربية "نت": استمِع إلى زوجة "نتنياهو" تولول وتصرخ بوجه أحد مستشاريه

٩. قناة العالم: معارك ضارية بين القوات العراقية ومسلحي داعش في الموصل

تمرين 67 ترجموا الجمل التالية إلى الإنجليزية

١. لا تدُس على قبري بعد موتي، يكفي أنك دُستَ على قلبي في حياتي.

٢. الابتزاز الإلكتروني هو عملية تهديد وترهيب للضّحية بنشر صور أو مواد فيلمية أو تسريب معلومات سرية تخص الضحية، مقابل دفع مبالغ مالية أو استغلال الضحية للقيام بأعمال غير قانونية لصالح المُبتزّين.

٣. قال المعلّق التونسي (رؤوف خليف): "اللاعب المصري محمد صلاح هو لاعب فريد من طراز فريد يتفوق على أساطير عالمية وينافس "هاري كين" و"أجويرو" و"دي بروين،" مضيفًا، (صلاح) فلتة زمانه."

٤. كُن أقوى من أن يقتلك أمر تافه يا صديقي!

٥. وصفت صحيفة "إيكونميست" الأمريكية الرئيس المصري عبد الفتاح السيسي بأنه (رجل ورع يقدم نفسه على أنه بديل لجماعة الإخوان) حيث شرّع في إدارة المساجد وتغيير المناهج.

٦. نظّم مستشفى سعودي محاضرة علمية بعنوان: "نظرة ثاقبة على طب وجراحة العظام والعلاج الطبيعي."

تمرين 68 ترجموا العناوين الإخبارية التالية إلى العربية

1. Sudan's Pesident Bashir issues decision to release all political prisoners (Africanews)
2. Absentee voting information for US citizens abroad
3. Will India become an ally of USA in future? (Quora)
4. Council of Europe to denounce Trump's Jerusalem recognition Thursday (Jerusalem Post)
5. The six reasons people attempt suicide (Psychology Today)
6. Rugby: Malasia suffer terrible defeat to favorites Hong Kong (Star Online)

تمرين 69 املأوا الفراغ بالفعل أو المصدر أو الصفة المناسبة

١. رد المتحدث باسم الخارجية الإيرانية، "بهرام قاسمين،" على تغريدة الرئيس الأمريكي، "دونالد ترمب" التي أعلن فيها دعمه لتحركات الشعب الإيراني خلال "ديسمبر" ٢٠١٧، وتأكيده على أن العالم يراقب ما يجري في الدولة الإسلامية. و ______"قاسمي" تصريحات "ترمب" الذي اتهمه بأنه _______على الإيرانيين.

٢. لديك في الفصل طفل _______ و________ ويميل إلى العدوانية، لكنه في ذات الوقت طفل ذكي، يا ترى، كيف يمكن توجيه ذكاء هذا الطفل إلى الأفضل؟

٣. اشتكى سكان مستوطنات إسرائيلية قرب غلاف قطاع غزة من تواصل ________ على هواتفهم النقالة لأكثر من أسبوع مما تسبب في تعطيل مصالحهم.

٤. وصف القاضي الهندي الذي أصدر حكمًا بالسجن على الزعيم الروحي "غورميت رام رحيم سينغ،" المتهم بالاِغتصاب، بأنه "حيوان ________." وقال القاضي "جاغديب سينغ" إن اعتداء الزعيم الروحي على ضحاياه جاء باستغلال السلطة ويستحق أقصى العقوبات. وقد _______ الزعيم الروحي باغتصاب فتاتين من أتباعه بين عاميْ ١٩٩٩ و ٢٠٠٢.

٥. يحدث أن يظهر بين الحين والآخر طفل غاية في الذكاء في مجال من العلوم. وفي "تركيا"، تم رصد طفل تركي _______ في العمليات الحسابية الرياضية التي يُجريها خلال أزمنة قياسية دون استخدام ورقة وقلم.

تمرين 70 صلوا نصف العناوين الإخبارية بالنصف الآخر المناسب

١. أسباب تعكر المزاج	"مترو" "لندن" في ٢٠١٧ (العربية "نت")
٢. ست علامات تؤكد أنك منبوذ	بقتل طلاب الكلية الحربية ("بي بي سي" العربية)
٣. إدانة طالب لجوء عراقي باعتداء	بـ"فيديو" هزلي في حفل جوائز غرامي

٤. إجلاء ٣٠ ألفًا في "كاليفورنيا"	وطرق تحسينه (مجلة "رجيم")
٥. مصر تنفّذ حكم الإعدام في مُدانيْن	على الأطفال ويدّعي أنه إله (النهار)
٦. "كلينتون" تثير **حنق** = (غضب) أنصار "ترمب"	الكويت للتفجير بالاسكندرية (القبس)
٧. رجل مجنون يدوس	جراء مخاوف انهيارات أرضية (العربية "نت")
٨. سمو الأمير يُعرب عن استنكار	وغير محبوب من قِبَل الآخرين (معلومات)

تمرين 71 اعرفوا زملاءكم

١. هل تعرّضوا لابتزاز من شخص ما، أو هل يعرفون شخصًا تعرض لابتزاز بأي شكل من الأشكال؟ ماذا حدث؟

٢. هل يتذكرون حادثة اتّسخ فيها قميصهم (حذاؤهم، بنطلونهم، إلخ) المفضل؟ ماذا حدث؟ كيف عالجوا الموقف؟

٣. هل تشاجروا مع أحد أقربائهم (أصدقائهم، زملائهم، إلخ) وقاطعوهم منذ فترة طويلة؟ ماذا حدث؟

٤. هل هم أشخاص يعبّرون عن مشاعرهم بسهولة أم أنهم أشخاص كتومون؟

٥. ما هي بعض العلامات التي تدل على الشخصية المشاكسة (طفل، رجل، إمرأة، إلخ)؟

٦. البعض يقول إن هناك أطعمة تحسن المزاج وأخرى قد تعكّر المزاج؟ ما رأيهم في ذلك؟ ما هي بعض النصائح التي يمكن أن يقدموها لشخص ذي مزاج معكّر؟

٧. هل يعتبرون أنفسهم أشخاصًا موسوسين أم أشخاصًا لامبالين؟ متى يكون الشخص موسوسًا؟

٨. هل يعرفون شخصًا قاعد على نار دائمًا (مبغدد، فلتة زمانه، إلخ)؟

استماع (٢): "جورج" صبرا وحديث عن الأكثرية وخوف الأقليات

المفردات			
المتراكبة	built upon each other	التزوير	forfeiting
قرع	ringing	اندغام	assimilation
ناقوس	bell	تَسوّر	surrounding itself

تمرين 72 استمعوا وأجيبوا عن الأسئلة التالية

١. ماذا يقول الضيف عن سوريا وموقفها من الأقليات؟
٢. متى بدأت الحضارات في سوريا؟
٣. ماذا حدث قبل ١٥٠٠ عام؟
٤. ما هي إنجازات الأكثرية التي يتكلم عنها "جورج"؟
٥. مِمّن الخوف على الأقليات / من الذي يُخوّف الأقليات؟
٦. ماذا يقول "جورج" عن الموقف العالمي من موضوع الأقليات في هذا البلد؟

٧. من هو فارس الخوري ولماذا ذُكِر في المقابلة؟
٨. في رأي الضيف، لماذا وصلت مسألة وجود الأقليات إلى هذه الدرجة من الخطورة؟
٩. ماذا يقول "جورج" عن الطائفة العلوية وعلاقتها بالنظام؟

تمرين 73 استمعوا وأكملوا الفراغات (٢:٥٥-٣:٣٩)

هذه إحدى نتائج ________ الطويل ________ في بلادنا، خمسين عامًا من ________ حقيقة ________، خمسين عامًا من ________ السياسة من منع الثقافة من سياسة ________ للنظام تريد ________ أن تسور على نفسها وفي الوقت نفسه أيضًا ________ سياسات ________ في مواجهة الموقف الوطني العام لكن في ________ النهائية الآن لا أحد في سوريا ________ حتى أبناء ________ العلوية بالذات فهم أول ________ من هذا النظام وأول ________ من ذهابه.

القراءة (٢)

جمال ناجي: التعددية الثقافية تعبير عن التعايش المشترك بين الثقافات
بقلم: عزيزة علي

ظلال ثقافية (٨): من هو جمال ناجي؟

جمال ناجي من الأسماء المعروفة في عالم الأدب العربي وخاصة الرواية والقصة القصيرة. تعلموا عن هذا الكاتب من خلال الاستماع إلى الـ"فيديو" التالي:

أسئلة للنقاش قبل القراءة
١. كيف تُعرِّفون مفهوم التعددية الثقافية؟
٢. كيف يمكن أن تؤثر التعددية الثقافية على التعايش المشترك بين الثقافات؟
٣. هل تظنون أن المجتمعات التي تعيشون بها تحترم التعددية الثقافية؟ كيف (لا)؟

النص

١. عمان - تناول الروائي والقاص جمال ناجي مفهوم "الأبعاد السياسية للتعددية الثقافية،" هذا المفهوم المركّب والمدبّب في آن معًا. فهو في رأيه وعد المستقبل، وكائن متراكم، ظل كامنًا في المجتمعات منذ الأزل، ولم يستيقظ إلا قبل بضعة عقود من الزمن.

٢. وأضاف ناجي في الندوة التي نظمتها رابطة الكُتّاب، أوّل من أمس، ضمن برنامج ملتقى السبت الأدبي، والتي أدارها الناقد زياد أبو لبن، أن الإيمان بالتعددية الثقافية، يقتضي الاِستمرار في مناقشة تفاصيلها. وبيّن المحاضر أنه في كل يوم **تتوالد** تفاصيل جديدة للتعددية الثقافية، يمكنها تحقيق الرفاه، وحماية المجتمعات، وانتشالها من مزالق الهلاك التي قد تعصف بها وتدمرها، لافتًا إلى أن عالمنا بات على أعتاب مرحلة تاريخية جديدة وخطيرة، قِوامها الثقافة وانعكاساتها السياسية والاجتماعية، وربما الاقتصادية أيضًا.

٣. ورأى ناجي أن مصطلح التعددية الثقافية لم **يحظ** باهتمام الفلاسفة والمفكرين منذ ما قبل "أرسطو، وحتى باشلار، وبرتراند راسل،" مشيرًا إلى أن الأميركي "هوراس كولين" **اهتدى** إلى هذا المصطلح في العام ١٩٢٤، حيث بدت المسألة أشبه بعملية ولادة قسرية، مارسها مثقف أراد انتقاد محاولة صهر الثقافات في المجتمع الأميركي، **فابتدع** مصطلح التعددية الثقافية. لكن المصطلح لم يلق قبولًا في حينه، رغم أنه كان يعبّر بدقة عن الواقع الثقافي والاجتماعي الأميركي، الذي كان بحاجة إلى من يقدّم التشخيص المناسب له.

٤. وبيّن المحاضر أن مصطلح التعددية الثقافية لم يبدأ استعماله إلا في نهايات الثمانينيات من القرن العشرين، من أجل التعبير عن إمكانية التعايش المشترك بين الثقافات المتنوعة، على أسس من العدالة والاحترام المتبادل، **بمنأى عن** هواجس الهيمنة الثقافية التي قد تمارسها الثقافة الأوسع انتشارًا، أو الأقوى.

٥. وقال ناجي إن الثقافات **المُهمّشة** وجدت ضالّتها في التعددية، لأنها تحقق لها البقاء والحفاظ على خصوصياتها، وتُضفي عليها الشرعية التي تكون قد فقدتها في **أتون** مجتمعات الهيمنة الثقافية، وحساباتها المعقدة.

٦. واعتبر المحاضر "التعددية الثقافية" بديلًا معاصرًا لـ "يوتوبيا الأيديولوجية،" ولنظرية "الدمج القسري بين الثقافات" التي كانت تتم تحت عناوين الوحدة والانصهار في بوتقة الأمة الواحدة، والتي تقوم على فكرة "يوتوبيا الأمة."

٧. ولفت ناجي إلى أن التعددية الثقافية نشأت كبديل اضطراري، بعد **إخفاق** التطبيقات الأيديولوجية ونماذج الدمج القسري التي شهدها عالمنا خلال القرنيْن الماضييْن. وهي تمثل ردًا على مدرسة ثقافة الأمم الأقوى، التي نبّه إليها "جون ستيوارت ميل ١٨٠٦-١٨٧٣،" حيث قال "إن الجماعات الثقافية الصغيرة عادة ما تتخلى عن ثقافاتها الأصلية المتوارثة، لصالح ثقافة الأمم الأقوى،" متوجسًا من ظهور عهد شمولي لعلاقات القوة بين الثقافات المتباينة داخل المجتمع الواحد حينئذ."

٨. واتخذت التعددية في العقديْن الأخيريْن من القرن العشرين، بحسب المحاضر، منحىً جديدًا، حيث تنبه ممثلو الأقليات في "أميركا" و"كندا" إلى الأبعاد والمخاطر الثقافية، الكامنة في برامج التعليم القائمة على الإنسانيات الكلاسيكية الغربية، التي تستثني نتاجات الثقافات الأخرى المكوّنة للمجتمع الأميركي أو الكندي، ولذا ظهرت مطالبات بإدراج مساقات تمثل تلك الثقافات.

٩. وقد لاقت التعددية الثقافية، كما قال ناجي، في "أميركا" و"كندا" و"أوروبا،" وحتى "أميركا اللاتينية،" نجاحات **أتاحت** للسكان الأصليين فرص التعبير العلني عن ثقافاتهم. غير أن هذا النجاح كان مرهونًا ومشروطًا بحماية الديمقراطية، والاقتصاديات الوطنية، بما يعنيه ذلك من ضوابط قانونية وتشريعية وتطبيقية، من دون أن تعني هذه النجاحات أن التعددية الثقافية قد انتصرت أخيرًا، كما يرى بعض المفكرين **المتعجّلين**.

١٠. يُقِرّ المحاضر بأن التعددية الثقافية تعد تعبيرًا أمينًا عن الخصوصيات الثقافية، ولا تنم عن تناقضات ثقافية بالضرورة. فكل الثقافات تُجمِع على السمات المميزة لثقافة النوع الإنساني. فلا خلاف إذًا بين الثقافات على الحب أو الخير أو الجمال أو الصدق. ولا توجد ثقافة أو ديانة أو عرق أو فلسفة تُجيز السرقة مثلًا، أو الغدر. ولا خلاف على القيم **النبيلة** التي استغرق بناؤها آلاف الأعوام من عمر البشرية.

١١. وأوضح ناجي أنه يمكن الاختلاف في طرائق التطبيق، وما يرافق ذلك من طقوس تتصل بتلك الخصوصيات التي لا تمثل اختلافات تتصل بجوهر الثقافة الإنسانية. فإذا كان ثمة تناقض ثقافي **جوهري** فهو ينحصر في تناقض الثقافات الإنسانية مع الثقافة التي تجيز مصادرة حق الإنسان في تقرير مصيره.

١٢. وطرح المحاضر تساؤلات حول التعددية الثقافية، خيرًا مطلقًا كانت أم شرًا مطلقًا، مبيّنًا أن تطبيقات التعددية الثقافية مسؤولة عن بقاء الخصوصيات الثقافية للجماعات الدينية أو العرقية أو الطائفية، وعن بقاء الثراء الثقافي للمجتمعات، في إطار التفاعل والتبادل الإيجابي **الخلّاق**، وتحطيم الهرمية الثقافية، من خلال تحقيقها للمساواة بين من ينتمون إلى عدة ثقافات داخل المجتمع الواحد، وامتصاص **الاحتقانات** التي قد تنشأ جراء هيمنة ثقافة الأغلبية، وتحقيق المطالب المشروعة لكل الثقافات، بالإنصاف والعدالة والمساواة.

١٣. ورأى ناجي أن أهمية التعددية الثقافية وخطورتها تكمن في طرحها كبديل لـ "يوتوبيا الأيديولوجية" التي تفككت إثر انهيار الاتحاد السوفياتي، **وأفول** نجم المجتمع الشيوعي الذي بشرت به الثورة البلشفية. وتبعًا لذلك فقد انهارت اليوتوبيا القائمة على مفاهيم الأمة الواحدة الفاضلة العادلة، لتحل محلها الصراعات الثقافية ذات الغايات الحقوقية التي ظلت مؤجلة لفترات طويلة في انتظار اللحظة التاريخية الحاسمة.

تمرين 74 بعد القراءة أجيبوا عن الأسئلة التالية

١. ماذا يقول ناجي عن تاريخ مفهوم التعددية الثقافية؟

٢. كيف استفادت الثقافات المُهمشة من ظهور التعددية الثقافية؟

٣. يقول ناجي إن التعددية الثقافية ظهرت كبديل اضطراري. كيف ذلك؟

٤. لماذا ظهرت مساقات في "أمريكا" و"كندا" تعالج قضية التعددية الثقافية؟

٥. ماذا يقول ناجي عن نجاحات التعددية الثقافية في "أمريكا" و"كندا"؟

٦. هل تختلف الثقافات المختلفة في نظرتها إلى مفاهيم مثل الحب والجمال؟ لم (لا)؟ كيف؟

٧. ما هي التساؤلات التي يطرحها المحاضر؟

تمرين 75 المفردات والقواعد

١. خمنوا معاني الكلمات المكتوبة بالخط الغامق

٢. جدوا أمثلة على اسم المفعول في الفقرة ١

٣. جدوا جملة صفة في الفقرة ٢

٤. جدوا أسماء نسبة في الفقرة ٤

٥. جدوا اسمًا ممنوعًا من الصرف في الفقرة ٦

٦. ما معنى "ما" في السطر ٣ في الفقرة ٧

٧. ما مفعول الفعل "لاقت" في السطر الأول في الفقرة ٩

٨. جدوا أمثلة على أفعال مبنية للمجهول خلال النص

تمرين 76 ناقشوا مع زملائكم

١. هناك آراء كثيرة ومختلفة يناقشها التقرير. اختاروا بعض هذه الآراء وناقشوا موضوعها. هل تتفقون معها أم لا؟ لماذا؟

٢. من خلال قراءة النص، ماذا يمكن أن نعرف أكثر عن جمال ناجي المفكر؟

البلاغة: الاستفهام البلاغي

قد تخرج ألفاظ الاستفهام عن معانيها الأصلية إلى معانٍ أخرى تُستفاد من سياق الكلام كـ**النفي** negation، و**الإنكار** denial، و**التقرير والتأكيد** confirmation، والتوبيخ، و**التعظيم** admiration, exaltation, magnification، و**التحقير** scorn، و**الاستبطاء** careful/slow consideration، و**التعجّب** exclamation، و**التسوية** **equalization**، والتمني، والعتاب، و**التشويق** fascination.

أمثلة:

١. قال الله تعالى: "أغير الله تدْعون" الاستفهام هنا **للإنكار**، ويكون عن شيء لا يجوز أن يكون، فإن المتكلم يقول للمخاطَبين إنه **لا يليق** it is not suitable بكم أن تدعوا غير الله، فهو يُنكر عليهم عقيدتهم وفعلهم هذا.

٢. قال تعالى "هل يستوي الذين يعلمون والذين لا يعلمون" الاستفهام هنا **للنفي**. وهذا يعني أنهم لا يستوون.

٣. قال تعالى: "أليس ذلك بقادر على أن يُحيي الموتى" والاستفهام هنا **للتقرير والتوكيد**، ويكون الاستفهام منفيًا. وهذا يعنى أن الله قادر على أن يمنح الموتى الحياة بدون شك.

٤. قال تعالى: "فهل لنا من **شُفعاء** preemptors فيشفعوا لنا" الاستفهام هنا يفيد **التمني**، وهنا نلاحظ أن كلمة (هل) بمعنى "ليت."

٥. قال تعالى: "هل **أدلّكم** guide you على تجارة **تُنجيكم** save you من عذاب أليم" وهنا الاستفهام جاء **للتشويق والإغراء**، فالكلام هنا فيه ما يُغري ويثير الانتباه.

٦. يا أخي أين عهد ذاك الإخاء؟ أين ما كان بيننا من صفاء؟ هنا الاستفهام **للعتاب**.

٧. قال تعالى: "ما لهذا الرسول يأكل الطعام ويمشي قي الأسواق" وهنا الاستفهام يفيد **التّعجب**.

٨. قال تعالى "متى نصر الله؟" وهنا الاستفهام يفيد **الاستبطاء**.

تمرين 77 ماذا يراد بالاستفهام فيما يلي:

١. أتلعب وأنت تأكل؟

٢. قال تعالى: " أتأمرون الناس بالبر وتنسون أنفسكم." (البقرة: ٤٤)

٣. قال تعالى: "ومن يغفر الذنوب إلا الله." (آل عمران: ١٣٦)

٤. قال تعالى: "ألم تر كيف فعل ربك بعاد." (الفجر: ٨)

٥. قال تعالى: "أليس الله بأحكم الحاكمين." (التين: ٨)

٦. أهذه التي مدحتها كثيراً؟

٧. هل زمان الشباب يعود؟

٨. مَن هؤلاء الذين بنوا مصر؟

٩. أهذا الذي كنت تعتمد عليه؟

١٠. أتسيء إلى الناس ثم تريد أن تكون سيّدهم؟

زاوية الأدب (٢): خطبة طارق بن زياد

من هو طارق بن زياد؟

ولد طارق بن زياد عام ٥٠ هجرية، أصله أمازيغي، اعتنق الاسلام على يد موسى بن نصير (قائد عسكري في عصر الدولة الأموية)، الذي عيّن طارقًا واليًا لمدينة "طنجة" سنة ٨٩ هجرية، بعدها قام موسى بتجهيز جيشٍ مُكوّنٍ من سبعة آلاف جندي جُلّهم من البربر لفتح الأندلس. استولى طارق على الجبل (جبل طارق) وفتح حصن "قرطاجنة،" ولما علم طارق بقدوم الملك "لُذريق" Rodrigo، طلب من موسى المعونة، فأمدّه بخمسة آلاف مقاتل، وجهّز طارق خطبة ألقاها أمام جُنده، وقاتل "لذريق" فقتله، ثم فتح "إشبيلية" و"إستجة" و"طليطلة" عاصمة الأندلس. توفّي طارق بن زياد سنة ١٠٢ هجرية.

🎧 **الخطبة**

أيها الناس، أين المفرُّ؟ البحر من ورائكم، والعدوُّ أمامكم وليس لكم والله إلا الصدقُ والصبرُ. واعلموا أنكم في هذه الجزيرة أضيَعُ من الأيتام في مأدبة اللئام، وقد استقبلكم عدوُّكم بجيشه وأسلحته، وأقواتُه موفورة، وأنتم لا وَزَر لكم إلا سيوفُكم ولا أقواتَ إلا ما تستخلصونه من أيدي عدوكم، وإن امتدت بكم الأيامُ على افتقاركم ولم تنجزوا لكم أمرًا ذهبت ريحُكم، وتعوّضت القلوبُ من رُعبها منكم الجراءة عليكم، فادفعوا عن أنفسكم خُذلان هذه العاقبة من أمركم بمناجزة هذا الطاغية.

شرح المفردات

	المفردات
faithfulness, candor	الصدق
patience	الصبر
orphan	يتيم (ج) أيتام
weapon	سلاح (ج) أسلحة
sword	سيف (ج) سيوف
extend, stretch	امتد، يمتد، امتداد
boldness, fearlessness	جراءة عليكم
push away from (oneself)	دفع عن نفسه، يدفع عن نفسه، دفْع عن نفسه
disappointment, defeat, failure	خُذلان
حبّب، يُحبب، تحبيب = (جعل الشخص يرغب فيه ويسعى إلى الحصول عليه). وعكسها رغب عنه = (ابتعد عنها ولم يطلبها)	رغّب، يُرغِّب، ترغيب
هرب	فرّ، يفر، فرار
shelter, refuge	المفرّ
(من كلمة ضاع to be lost)	أضيع
الطعام الذي يصنع لدعوة سواء فيها مناسَبة أو غيرها	مأدبة (ج) مآدب
tatter, foodstuff	قوت (ج) أقوات
complete, abundant	موفور
refuge	وَزَر

استخلص (الشيء)	أخذ (الشيء)
افتقر، يفتقر، افتقار	أصبح فقيراً، ونقول "افتقر إلى المعرفة" = (هو بحاجة إلى المعرفة)
أنجز، يُنجز، إنجاز	achieve
ناجز، يناجز، مناجزة ناجز العدو	قاتل، أسرع إلى أسرع في قتال العدو
ذهبت ريحكم	ضعفتم وذهبت قوتكم
رَعَب، يرْعب، رعب	خاف
عاقبة	نهاية
طاغية (ج) طواغٍ	رجل شديد الظلم. تاء التأنيث هنا للمبالغة: مثال (داعية) و (علامة)
تعوّض، يتعوّض، تعوُّض	to be compensated, take or receive substitute

القواعد

- **لمّا** وتسمّى "لما الحينية" وتعني "وقت، حين،" ويكون فيها فعلان ماضيان مثل: (لما شربت الدواء تحسنت صحتي.)

  وقد تحوي الجملة الثانية "إذا الفجائية،" مثل: (فلمّا صعد إلى سطح السفينة إذا هو في وسط البحر)

تمرين 78 أجيبوا عن الأسئلة التالية:

١. من فاتح الأندلس؟

٢. ما اسم ملك الأندلس حينئذ؟ ماذا طلب طارق من موسى بن نصير لما علم بقدوم الملك على رأس جيش كبير؟

تمرين 79 اشرحوا الخطبة بأسلوبكم

تمرين 80 اجيبوا عن الأسئلة التالية

١. ما نوع الاستفهام في قوله: "أين المفر"؟

٢. هناك طباق في الخطبة، أين؟

٣. هناك كناية في الخطبة، أين؟ وما المقصود منها؟

تمرين 81 هاتوا من الخطبة ما يلي:

١. ما الموصولة:

٢. أسلوب شرط وجوابه:

٣. لا النافية للجنس:

تمرين 82 **أكملوا الجمل التالية بحرف جر مناسب:**

١. جارك يتهمك بسرقة حبات برتقال شجرته، يا أخي دافِع ______ نفسك وادفَع ______ ـها هذه التهمة.

٢. قضى كل حياته يحب عمل الخير ويرغب ______ فعل الشر.

٣. رغّبتني والدتي ______ حب اللغة العربية وثقافتها.

٤. حثّني أبي ______ الاستمرار في دراسة العربية وثقافتها.

٥. فر كثير ______ الناس ______ قسوة الحروب ونيرانها ______ بلاد مجاورة أكثر أمنًا.

٦. ضاعت محفظة فلوسي ______ـي حينما كنت مسافرًا إلى "أوروبا."

ظلال ثقافية (٩): من قصص الحب

مجنون ليلى

هو قيس بن الملوح عَشِق ليلى بنت مهدي بن ربيعة بن عامر "ليلى العامرية" وعاشا في البادية بنجد في العصر الأموي، وهي ابنة عمه وكانت لهما طفولة مشتركة وقد أحبها في سن صغيرة.

وكما يحدث في العادة، فقد رُفض طلبُ زواجه حيث زُوِّجت ليلى لرجل آخر أخذها بعيدًا عن الديار إلى الطائف، فبدأت القصة الملهمة التي دخلت التاريخ، قصة مجنون ليلى التي فيها حب جنوني، فالرجل فعل فيه الهيام الأفاعيل، فقد أصبح يطارد الجبال والوديان، ويُمزّق الثياب ويستوحش من الناس ويكلم نفسه، وهل بعد ذلك إلا الجنون؟

وقيل إنه تعلق بأستار الكعبة وهو يدعو الله أن يُريحه من حب ليلى، وقد ضربه أبوه على ذلك الفعل، فأنشد:

ذكرتك والحجيج له ضجيج ... بمكة والقلوب لها وجيب
فقلت ونحن في بلد حرام ... به لله أُخْلصت القلوب
أتوب إليك يا رحمن مما ... عملت فقد تظاهرت الذنوب
وأما من هوى ليلى وتركي ... زيارتها فإني لا أتوب
وكيف وعندها قلبي رهين ... أتوب إليك منها وأنيب

وعاد للصحراء لا يأكل إلا العشب وينام مع الحيوانات، إلى أن ألِفَتْـه الوحوش وصارت لا تخاف منه كما يرد في القصة (الأسطورة) وقد بلغ حدود الشام، وكان يعرف علته (مرضه) برغم "جنونه" فقد رَدّ على أحد سائليه بقوله:

كان القلب ليلة قيل يُغدى ... بليلى العامرية أو يراحُ
قطاة عزها شرك فباتت ... تجاذبه وقد علِق الجناح

وقيل إنه وجد ميتًا بين الأحجار في الصحراء وحُمل إلى أهله فكانت نهاية مأساوية للعاشق المجنون، ووجدته ميتًا امرأة كانت تحضر له الطعام.

وقد كتب قبل موته بيتين من الشعر تركهما وراءه هما:

تَوَسَّدَ أحجارَ المهامِهِ والقفرِ ... وماتَ جريح القلبِ مندملَ الصدرِ
فيا ليت هذا الحبُّ يعشقُ مرةً ... فيعلم ما يلقى المُحِبُّ من الهجرِ

ظلال ثقافية (١٠): المـوّال أو المواويل

الموال فن غنائي شعبي ويأتي في قوالب غنائية تقليدية. والموال يبدأ كثيرًا بعبارة "يا ليل يا عين" وله أنواع مختلفة منها

١. السداسي المصري وقافية الأربع شطور الأولى واحدة ثم تختلف قافية الشطر الخامس أما قافية الشطر السادس والأخير فهي مثل الأربعة الأولى

٢. السبعاوي العراقي (البغدادي) لأنه ظهر في بغداد وانتشر منها. وتكون قافية الشطور الثلاثة الأولى واحدة ثم تكون قافية الشطر الرابع مختلفة أما قافية الشطور الثلاثة الأخيرة فهي مثل الشطور الثلاثة الأولى

٣. النغم الحجازي: وهو من بيتين أو أربعة أو سبعة أبيات

وأشهر من غنى المواويل حديثًا المغنى المصري محمد عبد المطلب. من أمثلة مواويله ما يلي:

أغنية

لو كان لي قلبان
غناء: لطفي بشناق
شعر: قيس مجنون ليلى

مفردات			
السّياط	whips	غسق الدجى	ظلام الليل
دُلّني (دلـ + ني)	guide me	حشاشتي	death rattle

ملاحظات

١. حشاشة: نقول حَشاشة القلب = (روح القلب)

٢. أهيف هو اسم نسبة والمؤنث هيفاء (اسم مؤنث) slender or beautiful body

١. لو كان لي قلبان عِشت بواحد — و تركت قلبًا في هواك يُعذّب

٢. لكن لي قلب تملكه الهوى — لا العيش يحلو له ولا الموت يطلب

٣. كعصفورة في أيد طفل يضمها — تذوق سياط الموت والطفل يلعب

٤. فلا الطفل ذو عقل يحن لما بها — ولا الطير ذو ريش يطير فيهرب

٥. يا من هواه أعزه وأذلني — كيف السبيل إلى وصالك دلنى
٦. وصلتنى حتى ملكت حشاشتى — و رجعت من بعد الوصال هجرتنى
٧. الهجر من بعد الوصال قطيعة — فيا ليتك قبل الوصال قد أعلمتنى
٨. أنت الذى حلفتني وحلفت لى — وحلفت أنك لن تخون فخنتنى
٩. فلأقعدن على الطريق واشتكي — كشبيه مظلوم وأنت ظلمتني
١٠. ولأدعون عليك في غسق الدجى — ليبليك ربي مثلما أبليتنى
١١. أنا في سبيل الله ما صنع الهوى — بليت بجرح ليس يشفيه دوا
١٢. رماني غزال أهيف بجماله — فجارت سهام القتل من جانب الدوا
١٣. فرحت لقاضي الغرام أحكي قصتي — ليحكم بيني وبين أحبابي بالسوا
١٤. فأجابني قاضي الغرام وقال لي يا فتى — كم من شهيد مات قهرًا بالهوى
١٥. أنا قاضي العشق والعشق قاتلي — وقاضي قضاة العشق قاتله الهوى

Notice that the poet is a male addressing a female, but he addresses her as a male (person). This is a common practice in Arabic poetry. PAY ATTENTION.

تمرين 83 الأسئلة

١. ماذا يتمنى المحب / الشاعر في البيت الأول؟
٢. ما هي مشكلته في البيت الثاني؟
٣. ماذا يريد المحب / الشاعر في البيت الخامس؟
٤. ماذا فعلت الحبيبة في البيت السادس بعد أن وصلها حبيبها؟
٥. في البيت الثامن وعدت الحبيبة شيئًا وفعلت شيئًا مختلفًا. ما هو؟
٦. ماذا سيفعل الحبيب ليرد على ذلك؟
٧. إلى أين ذهب الشاعر / الحبيب في البيت الثالث عشر. لماذا؟
٨. ماذا كانت إجابة القاضي؟ على ماذا تدل؟

تمرين 84 استمعوا واقرأوا مرات أخرى ثم أجيبوا عن الأسئلة التالية

١. في البيت الثالث والرابع، هناك **صورة مجازية** metaphor للعلاقة بين الحبيبة وحبيبها. كيف تفسرون هذه الصورة؟
٢. هناك صورة أخرى في البيتين الحادي عشر.والثاني عشر وضحوا هذه الصورة.
٣. يتحدث البيتان الأخيران عن العشق والهوى. ما الفرق بينهما؟

تمرين 85 قواعد وبلاغة

١. لماذا استخدم الشاعر "لو" في البيت الأول ولم يستخدم "إذا"؟

٢. ما معنى الفاء واللام في الفعل "فلأقعدن" واللام في الفعل "لأدعونّ"؟

٣. جدوا أمثلة على الحال في الأغنية؟

٤. ما معنى "كم" في البيت الرابع عشر؟

٥. ما العلاقة بين ما يلي: "أعزه وأذلني" و"الوصال والقطيعة"؟

٦. **قراءة جهرية**: يقوم الطلاب بقراءة النص قراءة جهرية ويحاولون لعب دور الشاعر الحقيقي.

كتابة: مفردات وعبارات لوصف الأشخاص

بعض المفردات المفيدة عند الوصف: المزايا = (المميزات)، أو العيوب defects، يتصف بـ يتميز بـ يمتاز بـ يتمتع بـ من أهم صفات...)

الصفات الخَلقية physical:

١. **الوجه:** شاحب pale، مليء بالتجاعيد full of wrinkles، جميل، **مُدَوّر** = (مستدير) round، مربّع square، مستطيلrectangle، مُثلّث triangle، بيضاوي oval، ملائكي angelic، مشرِق bright، بشوش cheerful، **دميم** = (قبيح)، طويل، عريض

٢. **الشعر:** ناعم soft، خشن coarse، أسود، كثيف thick، منسدل dropping down, falling down، غامق dark، شايب gray، متموِّج، **أجعد** = (متجعد curly)، أصلع، طويل، ثقيل، قصير، خفيف، جاف، بني، أشقر، فاتح

٣. **البشرة** complexion: سمراء، نضرة succulent، جافة، خمرية dark red، بيضاء، دهنية fatty، قمحية wheaten، ناعمة soft

٤. **الجبين** forehead: بارز bulging out، ضيِّق، مسطّح flat، عالٍ، واسع، عريض، صغير

٥. **العيون:** صغيرة، غائرة deeply set، جاحظة، حادة، ثاقبة keen, acute، زائغة distorted، سوداء، زرقاء، ملونة، خضراء، عسلية، بنية، براقة gleaming

٦. **الأنف:** مستقيم، طويل، مُدبّب pointed، غليظ thick, heavy، أفطس، **معقوف** crooked = (أعوج)

٧. **الفم والشفاه:** شفتان جافتان، ورديتان، مقوستان bent، كبيرتان، غليظتان، رقيقتان، مرسومتان، محددتان بنعومة

٨. **الخدود:** وردية، ممتلئة، ذات غمازات dimples، حمراء

٩. **الجسم:** سمين، رشيق، ممشوق slender, slim، ممتلىء، بطيء الحركة، قوي البنية، متناسق، عريض المنكبين، منحني الظهر، أحدب humpback، خفيف الحركة، قصير القامة، طويل القامة، ، ضخم البنية، نحيف، بدين

١٠. **الطول** height: قزم pygmy، قصير، طويل، متوسط الطول، فارع الطول towering, very tall

الصفات المعنوية:

١. **الشخصية:** قوي الشخصية، ضعيف الشخصية، منطوية withdrawn, unsociable، مندفعة hasty، صعبة المراس ungovernable، شخص واسع الأفق broad-minded، شخص ضيق الأفق narrow-minded

٢. **اللسان:** طويل، **حلو** = (عَذْب)، قصير، سليط vicious ، لاذع harsh, sarcastic ، بذيء naughty, indescent

٣. **الأخلاق والطباع:** سيء السمعة، حسن السمعة، كريم، ثقيل الدم، خفيف الدم، بخيل، غوغائي، محافظ، متحرر، حساس، صادق، حذر، مؤدب، محترم، متدين، متزمّت strict, rigid

٤. **العمر:** في **مقتبل العمر**= في بداية العمر، في ريعان الشباب in the early days of youth، في العِقد الثاني من العمر in the second decade of age، في خريف العمر، في آخر أيامه، في التسعين من العمر، في السنة الخامسة من عمره، في ربيع العمر

٥. **الحالة الاقتصادية والإجتماعية:** مُعدَم needy, poor، بسيط الحال، ميسور الحال، أعزب، أرمل widow ، متزوج، عانس spinster، يعيش في **رَغَد** = (بَحْبوحة) rich، غني، بائس distressed, gloomy

تمرين 86 **اختاروا بعض الصفات الملائمة مما يلي، واملأوا الفراغات**

جدّي، طموح، لا مبال، لئيم، عنيد، جوهري، محدد، بشوش، مكتئب، مثير للجدل، مغرور، لعوب، بخيل، غريب الأطوار، ضروري، شجاع، متسرع، ثرثار، متنوّع

أشخاص: ________________

قضايا: ________________

تمرين 87 **صفوا مما يلي مستخدمين ما درستموه من صفات شائعة وتراكيب لغوية متنوعة مما سبق**

١. بنت مجتهدة:

٢. رجل محافظ:

٣. شاب شجاع:

تمرين 88 **كلام وكتابة**

أ. قوموا بوصف شخصية ربما سينمائية كوميدية أو تاريخية أو حتى من بين الزملاء أو الزميلات أو الأساتذة وغير ذلك، بدون أن تذكروا الاسم واتركوا المجال لزملائكم كي يخمنوا مَن هي.

ب. صفوا شخصية تأثرتم بها من حيث الملامح والخلق.

"كوربسيّات"

تمرين 89 **ما هي الأسماء الأكثر شيوعًا التي تأتي قبل أو بعد الكلمات التالية (الكلمات مأخوذة من الأفعال الشائعة والصفات الشائعة). اختاروا ثلاثًا من الكلمات التالية وترجموا ثلاث جمل على كل كلمة.**

ابتزّ	تشويش	انتحار
أدان	حصار	أجلى
اختتام	إفراج	تصويت
تحالف	استنكر	إعدام
متوحش	منبوذ	واهن
حاقد		

خمسة فرفشة

عثّورة لسان

حاولوا أن تفهموا الجمل التالية ثم كرروها ثلاث مرات بسرعة

١. خير الناس من كَفَّ فكَّه وفـكَّ كـفَّه، وشر الناس من فـكَّ فكَّه وكفَّ كفـّه.

٢. فكمْ من فكـّة كفّ كـفـّت فـُكوكَهم، وكم من كـّفـّة فكّ فـَكـّت كـُفوفـَهم، فـكـُفـّوا فـُكوكَم وفكوا كفوفكم.

نكات ع الطاير

١. طرق الجار باب بيت جحا، وسلّم عليه، ثم قال له: "أعطني حمارك يا جحا لأنقل عليه بعض الأمتعة،" وكان جحا لا يريد أن **يُعيره** = (يُقرضه) الحمار، فقال له: "معذرة يا جارى، لقد ذهب ابنى بالحمار إلى السوق ليشتري بعض الأغراض،" وما كاد جحا يتم كلامه حتى ملأ الحمار البيت نهيقًا، فقال الجار: "إنك تكذب عليّ يا جحا، ها هو الحمار ينهق وأنت تقول إنه فى السوق!" فقال جحا: "يا جارى العزيز، هل يصح أن تصدق الحمار ولا تصدق جارك؟!"

٢. قال الطبيب للقاضي: كم حكمًا بالإعدام أصدرت اليوم أيها القاضي؟ فرد القاضي: وأنت كم مريضًا قضيت عليه اليوم أيها الطبيب؟

٣. سأل الأستاذ طالبًا اسمه علي: "ماذا يعني (الوطن) لك يا عليّ؟" قال علي: "الوطن هو (أمي)." انتقل الأستاذ إلى طالب غبي وسأله نفس السؤال، فأجابه الطالب الغبي بسرعة: "الوطن هو (أم علي) يا أستاذ."

ملحق بمفردات كتابة الرسائل

الدرس الأول

الرسالة الشخصية

عبارات افتتاحية للتحية: opening phrases

Literally, I send you regards that are more gentle than a breeze	أهديك سلامًا أرقّ من النسيم، وبعد
Literally, I send you my sincere greetings	أهديك تحية صادقة وسلامًا عاطرًا، وبعد

عبارات ختامية: ending phrases

I hope to hear good news from you	نرجو أن تصلنا أنباء سارة عنكم
May God protect you, peace be upon you!	وختامًا أسأل الله أن يحفظكم ويرعاكم، والسلام عليكم ورحمة الله وبركاته
May God grant you success, and I hope to see you soon in the best form of health	أدعو الله أن يوفقكم وأن نراكم قريبًا في أتمّ صحة وأسعد حال

عبارة بجانب التوقيع: phrases beside signature

Your longing sister	أختك المشتاقة لك

عبارات وجمل مفيدة في المراسلات الشخصية: useful phrases and sentences used in correspondence

God bless you	بارك الله فيك
You are very precious to us	أنت غالٍ علينا كثيرًا
Due to unexpected reasons	لأسباب خارجة عن إرادتي
I received with great pleasure the news of …	تلقّيت ببالغ السرور خبر …
We only need to make sure you're fine	لا ينقصنا سوى except الإطمئنان عليك

التعزية: offering condolences

I just heard the sad news	لقد علمت للتوّ بالخبر المحزن
We send to you our heartfelt sympathy	نبعث إليكم بأحر تعازينا القلبية
We wish mercy for the deceased and deepest condolences to the family	للفقيد الرحمة وللأسرة خالص العزاء
We are sorry for the loss of …	نشاطركم الأحزان لوفاة …

الزواج: marriage

I got to know of your happy marriage	علمت بمزيد السرور بـزواجكما
My hearty congratulations and best wishes for a better life	تهانينا القلبية وأطيب التمنيات بحياة سعيدة
Congratulations! Best wishes for a happy life	ألف مبارك للعروسين مع أطيب الأمنيات بحياة سعيدة

النجاح: success

I offer my sincere congratulations for your success	أقدم أخلص التهاني بمناسبة نجاحكم

الاعتذار عن موعد وغيره: apology for not showing up for an appointment and more

I am very sorry to have to …	يؤسفنني أنني مضطر لـ ...
Illness makes it impossible for me to …	لن أتمكن من ... بسبب مرضي
I wish I could accept your invitation, but due to unexpected issues	كان بودي قبول دعوتك، لكن لأمور خارجة عن إرادتي

دعوة لحضور مناسبة: invitation to attend an occasion

Your presence will honor us, we are honored to invite you for (lunch, dinner) in (place) on (day/…) (date)	حضوركم شرف لنا، نسعد ونتشرف بدعوتكم لتناول (الغداء، العشاء) في (المكان) وذلك في يوم (الجمعة /...) الموافق (التاريخ)

تمني شفاء مريض: wishing recovery to someone

May God grant you health and protect you from every evil	متّعكم الله بالصحة والعافية وسلّمكم من كل شرّ

الأعياد والمناسبات الدينية: feasts and religious occasions

Congratulations for the coming of (name of celebration), and I ask God to grant you blessed and good days to come	نهنّئكم بحلول (عيد الـ...) أسأل الله أن يجعل أيامكم كلها خير وبركة
Congratulations for the coming of the blessed month of Ramadan. May God bless us all.	نهنئكم بحلول شهر رمضان المبارك. أعاده الله علينا جميعًا باليُمْن والبركات

التهنئة والشكر أكثر وأكثر: congratulations and thankfulness and more

Birthday congratulations: I got the news of the happy incident, Congratulations for the dear baby!	تهنئة بمولود: علمت بالحادث السعيد، أهنئكم بالمولود العزيز
Thank you for offering condolences . Thank you for your generous condolences. Thank you, and I ask God to protect you from evil.	شكر على تعزية: نتقدم إليكم بالشكر الجزيل على مواساتكم الكريمة أشكركم وأسأل الله أن يحفظكم وأن يجنّبكم كل مكروه
Thank you for best wishes: My deepest appreciation for your warm wishes for the occasion of … My best wishes to you too	شكر على تهنئة: أشكركم خالص الشكر على تهنئتكم الرقيقة بمناسبة ... وأبادلكم أصدق التمنيات
Invitation acceptance: It will be my pleasure to share with you …	قبول دعوة: سيكون من دواعي سروري أن أشاركم ...
Birthday: Many happy returns and may you reach 100 years	عيد ميلاد: كل عام وأنتم بخير وعقبال الـ ١٠٠ سنة

عبارات التقدير للمرسل إليه

المعنى بالإنجليزية	العبارة
His Eminence, Sheikh ... May God save you.	سماحة الشيخ حفظه الله
His Eminence, Mufti ... May God bless you.	فضيلة المفتي رعاه الله
His Highness, Prince ...	سموّ الأمير
Distinguished guardian of ... Distinguished student,	المكرّم ولي أمر الطالب ... المكرم الطالب

عبارات افتتاحية للتحية

After greeting and appreciation,	بعد التحية والتقدير

عبارات ختامية

Please accept our greatest respect.	تفضلوا سيادتكم بقبول فائق الإحترام
Thank you for your cooperation, and please accept our greatest respect.	شكرًا على حسن تعاونكم وتفضلوا بقبول فائق الإحترام
Please accept our best regards.	وتفضلوا بقبول وافر التحية

عبارات وجمل مفيدة في المراسلات الرسمية

المعنى بالإنجليزية	العبارة أو الجملة
It is our pleasure to draw your attention to ...	يسرنا أن نسترعي نظركم إلى ...
We trust you will kindly inform us whether ...	نأمل بأن تتكرموا بإفادتنا عمّا إذا ...
The goal of this letter is to bring to your notice that ...	إن الغرض من خطابنا هذا هو إبلاغكم بـ ...
I have the pleasure to enclose ...	يسرني أن أرفق مع هذا
We acknowledge receipt of your letter of	نفيدكم بوصول خطابكم المؤرّخ...
I presume that my former letter, dated ... is still in your possession, and I am still awaiting a reply	أحسب الآن أن خطابي المؤرخ ... مازال في حوزتكم ولازلت أنتظر الرد عليه
I thank you for your letter dated ..., and I assure you that it will receive careful attention on our part.	أشكركم على خطابكم المؤرخ... وأؤكد لكم بأنه سيحظى بكل عناية من طرفنا
In accordance with your instructions, we have ...	بناء على تعليماتكم، فقد قمنا بـ
I hope to hear from you, and please accept ...	أرجو أن تصلني أنباء عنكم، وتفضلوا بقبول ...
Please give this matter your prompt attention, and please accept ...	نرجو أن تولوا هذه الرسالة عنايتكم، وتفضلوا بقبول ...
Regretting the inconvenience we are causing you,	نعتذر لما نكون سببناه لكم من ...
We thank you for the continuous support and trust you have always given us.	نشكركم على ثقتكم الدائمة وتأييدكم لنا في كل وقت

Appendix II عبارات بالعامية لتمارين المحادثة

الدرس الأول

تمرين 36

It does not work this way.	بِصحش هيك
He deserves nothing.	هو ما بستاهل
There are people who are much better than him; he is not good enough.	في ناس أجدر منّه، هو مش كفاءة
He knows nothing, Literally, he can't distinguish his wristbone from the bone connecting tarsus phalanges.	ما بعرف كوعه من بوعه

تمرين 59

What is wrong? What is it with you?	مالَكْ؟
As you know, ...	زي ما إنتَ عارف = مثلما تعرف
Literally, "I die from," and it means "I hate so much."	بموت من
You mustn't do (say) that.	حرام عليك
It is like saying, "Come on, give me a break," and it is used in response to someone's act or talk that has lots of exaggeration in it.	وَلْ وَلْ وَلْ = ولاوْ
Literally, "Listen to this talk"; as you wish, at your discretion, as you please, as you like.	اِسْمَع هالْحَكي
O, respectable fellow, decent man!	يا اِبن الحلال

تمرين 69

Oh my God! Good heavens! For goodness' sake!	يا لطيف
Where exactly?	وين بالضبط
We want to make sure that you're OK.	نِطَّمَن عليك
Pull yourself together! Be strong! (It can also mean "do well" in an exam or a competition, etc.). It can also be said to someone who is taking his/her time doing something to encourage him/her to speed up. People also say it when they offer condolences to the deceased's family relatives as if they're telling them to be strong.	شِدّ حيلَك
I wish ...	يا ريت
I will let you know.	بردلك خبر
Do not get impatient!	طَوّل بالك
Praise be to God for your well-being! (said to the traveler returning from a journey, or it can be said to a patient returning home from the hospital, or it can be said to someone who has been tested with a hardship, for example, a car accident, a robbery, etc.) response: الله يسلمك	الحمدلله ع السلامة
Pardon me! No offense!	لا مؤاخذة

تمرين 79

Really?	بجد؟	Come on, man!	قول وغير
I cannot believe it!	مش مصدق	No way.	لا يا شيخ؟
Damn (them)!	يخرب بيتهم	Is it possible?	معقول؟
		To my knowledge, ...	على حد علمي

تمرين 89

I am in a hurry.	أنا مستعجل	booked	محجوز(ة)
What is the wait time?	كم مدة الانتظار؟	available	فاضية
not available	خالص/ ما في	menu	قائمة الطعام
takes, lasts (in terms of time)	يستغرق (يوخد)	diet	حِمية

الدرس الثاني

تمرين 23

Life is never everlasting to anyone.	الدنيا مش دايمة	Damn such a habit.	مَلعون هيك عادة
Move it!	حَرّك حالك	I swear to God.	وحْياة الله
Why are you being lazy?	لشو هالكَسل؟	Pull your strength together.	شِدّ الهمة
Move it, man!	تْلَحْلَح يا ابن الحلال	For God's sake	بالله عليك
Woe to you.	يا ويلك	Lucky is the one who will get married to you (said seriously or mockingly).	نِيّال اللي بدها تتجوزك
		I am not in the mood.	ما ليش مزاج

تمرين 38

in the nearest chance	في أقرب فُرصة	Glory be to God! Said for praising someone.	ما شا الله عليك
Don't worry; all is well.	ما تقلقش كلّه تمام	How do you see …	كيف شايف ...؟
Are you in a hurry?	إنت مستعجل؟	What is it that you desire, are in the mood for? what is on your mind?	ايش جاي ع بالك؟

تمرين 60

O Lord, make the affliction light upon us. Literally, it means "O Lord, make it easy on us."	يا لطيف، اجعل البلا خفيف
O Lord, protect us. O Lord, shield us.	يا رب استر. يا ساتر استر
(someone) seems like ...	شكله
scared to death	ميت من الخوف
O God, make it good. O God, bring the best.	اللهم اجْعَلْه خير
This is an expression said when someone feels either defeated or unsuccessful or disappointed or even frustrated; it literally means "such bad news."	يا خيبتي
There is no power and no strength except in God.	لا حول ولا قوة إلا بالله
Assure me. Give me some good news!	طمّني

تمرين 61

God knows best.	الله أعلم
This is an expression that is actually a preposition that means for or for the sake of.	عشان = علشان

This expression is used to mean sorry, take it easy, do not worry, and it is not a big deal. It is used to save face for both the person who says it and the addressee.	معلش
May God keep you for me, son.	الله يخلّيك يا ابني
This expression is used when praising or admiring, and it literally means "Peace be upon the Prophet."	اللهم صل على محمد
This is an exclamation of amazement or admiration or grief about something: There goes (go) ...! What a pity for ...! How nice is (are) ...!	يا سلام ع ... (اسم / ضمير)!

تمرين 67

This is used to praise or admore someone or something, and it literally means "Glory be to God!"	ما شا الله
Not all of the children are the same.	مِش كل الأولاد واحد
Leave him alone! It can also mean "Ignore him!"	سيبَك مِنّه
for God's sake	بالله عليك
for this reason	عشان هيك
He's still ...	لِسّه بعدُه
Literally, "our shining light," said to praise someone and to show respect to him	نوّارتنا
May God keep them for us	الله ما يِحْرِمنا منهم

الدرس الثالث

تمرين 17

Good sleep! It is said to someone who tries to achieve something when it is too late to do so. It is also said to someone who has slept late and especially if he or she missed the opportunity to fulfill his or her duties. When the sleeping person realizes that they should have been taking care of business instead of sleeping, someone around them might say it.	صَح النوم
Life is still on. (It is a response that is said when someone says, صح النوم, to someone else.)	دامت الحياة
puzzled and restless (The expression is said of a fidgety person or someone who cannot sit still. It can describe a worried person who seeks a solution to his or her problems.)	حايِص لايِص
منذ وقت طويل	من زمان
جوعان جدًا جدًا Literally, the sentence means "the birds of my stomach are singing."	عصافير بطني بِتْزَقْزِق

تمرين 21

This is said by someone while entering a house or any place and it means "I ask your permission." The word ساتر refers to God and it takes the meaning of "the Veiler or the Coverer."	يا ساتر
This is said by the host to the guest in response to يا ساتر and it literally means "veiled, covered, hidden, invisible."	مستورة
"The house is yours." It means "You're most welcome."	البيت بيتكم

"No stranger except Satan," meaning "You're not a stranger and please feel at home."	ما غريب إلا الشيطان
Otherwise, what is your opinion?	ولّا إيش رايَك؟
We got fed up with this life. By God, a dog's life is better.	أرواحنا طلعت من هالعيشة، والله عيشة الكلاب أحسن
It is not necessary; there is no need (said when offered something).	مفيش داعي

تمرين 36

By God! It's a good idea. It is said to approve an idea or a suggestion presented by someone else.	والله فكرة
We are in need of ...	بيلزمنا
It is a simple issue, it is OK.	بسيطة
May God be pleased with you.	الله يرضى عليك

تمرين 56

He is pulled out by his tongue. It refers to a talkative person or to someone who likes to spread gossip.	مسحوب من لسانه / ـها
Why so hot-tempered? Said by someone to question another person about a sudden outburst.	محرور على إيش؟
He wiped the floor with me (used me as a mop). He humiliated me.	مسح فيّ الأرض
He who lies once will lie every time. Said to warn someone from lying, lest it becomes a habit that is hard to get rid of.	مَن كذب مرة، كذب كل مرة

تمرين 61

barely, hardly	يَدوب	For sure?	أكيد؟
May God grant you happiness.	الله يِسعدك	I can't believe ...	مش مْصدّق
It became so easy, meaning "It's almost over."	هانَت	I know no more than you about it. Your guess is as good as mine.	علمي علمك

تمرين 85

like my kids (in status)	في مقام أولادي	in any form or shape	بْأيّ شِكل
at least	ع القليلِة	May God protect you.	الله يحميكم
done right, formally executed	ع أُصولُه	Do the impossible (your best)	اعملوا المستحيل
		Take into your account ...	اعملوا حسابكم

تمرين 86

We will miss you.	رح يكون إلكم وَحْشِة= رح توحشونا
To wait and be dying of curiosity, to wait and be on tenterhooks, to wait and be in greatest suspense	رح نستناكم ع أحرّ من الجَمِر
Literally, "Keep away from trouble and sing to it." The English equivalent can be "never trouble trouble till trouble troubles you." It is said to urge someone to keep away from evil by not interfering in matters that bring it upon us.	ابعد عن الشر وغني لُهْ

تمرين 100

Old stamp (old fashioned or old school)	دَقّة قديمة

Like tar (to feel like crap); some people say it when they feel unpleasant, annoyed, or awkward	زيّ الزفت
She started swallowing her saliva (said when describing someone who regrets his or her bad deeds after it becomes known to others). In English, "She ate crow."	صارت تبلع ريقها

تمـ 107

You mustn't do (say) that.	حرام عليك
Literally, "our head crown," said to praise someone and to show extreme love and respect to that person.	تاج راسنا
This is an expression said to drive the evil eye away.	خمسة في عين الحسود
Literally, "his head is against one thousand swords;" an expression said to indicate that someone is very persistent and stubborn.	راسه وألف سيف

تذكروا

What are you talking about?	شو هالحكي
Literally, "say and change." Said to wish that what has been heard is wrong, as if someone is saying, "I hope that what you're telling me is quite wrong."	قول وْغَير
Do not get impatient!	طَوّلي بالِك
I got fed up.	روحي طِلْعَتْ
Damn such marriage!	مَلعون هيك جيزة

الدرس الرابع

تمرين 27

My heart breaks, "gets torn apart," every time I remember ...	قلبي بيتْقَطّع كلّ ما بَتْذَكّر
May God make it easy for you; often said when someone is leaving from a place to go somewhere else, and it is also said to someone who is travelling.	الله يْسَهّل عليك
Literally, "May God do what's best." It can also be said to mean, "I'll see what I can do, but I can make no promises."	الله يْجيب اللي فيه الخير
I am not in a good mood.	مزاجي مش رايق
Before I go	قبل مامْشي
Listen! Love does not come by force.	اسمع! الحب مش بالعافية

تمرين 32

Request aid, help, relief, ambulance quickly.	اطلب إسْعاف بسرعة	Nothing	ولا حاجة
The situation is simple, you all do not be scared.	الحالة بسيطة، ما تخافوش	Why do you not respond? Why do you not answer?	ليش ما بِتْرُدّش؟
O, my God! I wish it was me and not her/him.	يا ربي! يا ريت أنا ولا هي/هو	like steel (very strong)	زي الحديد
He did the impossible (He did his best).	عمل المستحيل	Do not worry about it.	ما يكون لَك فِكِر = (ماتقلقش):
May God forbid.	لا سمح الله	in vain, (It is no use.)	مفيش فايدة

= (هَيّا بسُرْعة)	يلّا قَوام	very exhausted	ميت من التّعَب
skeptic, unaware	مِش داري	O, God! Make it good, O, God! Bring the best.	اللهمّ اِجعَلْهُ خير
Calm me down.	طَمّني	An expression that is said when someone feels either defeated or unsuccessful or disappointed or even frustrated. It literally means "such bad news."	يا خيبتي
She is in need of ...	بِلزَمْها	There is no power and no strength save in God.	لا حول ولا قوة إلا بالله

تمرين 42

anyway, in general	العموم
in vain, (It is no use.)	مفيش فايدة
May God change these conditions.	الله يغيّر هالأحوال
Literally, "My soul is in my nose," which means "I am very angry."	روحي صارت في مناخيري
I wish ...	على الله = (يا ريت)
kind face	الوجه السِّمِح
Take your time.	على مَهْلك = (خُد راحتك) = (على أقل من مهلك) = (لا تستعجل)
I wish ...	الود ودّي
Literally, "from your mouth to the gate of the sky," which means, "May God answer your wish."	مِن تمّك لباب السما

تمرين 54

How much does it cost?	قدّيش بتْكَلّف
Everything I own, all that I have.	كل اللي حيلتي
Does it seem right to you? Do you think it is fair?	بيخَلّصَك
I became broke.	صرت ع الحديدِة
It is not my fault.	مش زنبي
It is late at night.	الدنيا آخر ليل
Check with someone else.	شوف حدّ تاني

تمرين 55

with no further discussion	من غير نقاش
We are your frequent customers.	إحنا زباينك
May God grant you happiness.	الله يِسعدك
Anyway, in general	ع العموم
Do not worry about it!	ما يكون لَك فِكر = (ماتقلقش)
He did the impossible. "He did his best."	عمل المستحيل
In vain, it is no use	مفيش فايدة

تمرين 79

Enough, that is sufficient	بيكَفّي = (كُفاية)
impolite, rude	قليل أدب
Where have you been? It's been some time since we have not seen you, "long time no see!"	وين هالغيبة؟
to bring someone into disrepute, discredit or dishonor	سَوَّدت وجهي
every other day	يوم آه ويوم لأ
I lost all respect for him.	نزل من عيني = (سَقَط من عيني)
As you like!	على خاطرك

تمرين 87

In deep sleep	في سابع نومِه: في نوم عميق
I've no business, it is not my business!	ماليش خَص
Keep being naïve.	خليك ع نيّاتَك
He seems to be completely lost. (He seems like he can't distinguish between his head and his legs.)	شكله مش عارف راسه من رجليه
He who praises himself is a liar (self-praise is no recommendation).	مادِح نَفْسُه كزّاب
"same as someone who swallowed a radio." It refers to someone who gossips a lot and leaves no room for someone else to say anything.	زي اللي بالع راديو
A polisher with broadcloth, "hypocrite and flatterer"; said to someone who compliments and flatters others in order to curry favor with them.	مَسّيح جوخ

تمرين 101

Literally, "It's been a while for the moon to appear." In English, we say, "You're quite a stranger!" This proverb is said to express eagerness to see a person after a prolonged absence, as if the addressee were a moon that took a long time to appear.	زمان هالقمر ما بان = عاش مين شافك
"Dear and worthy," an expression said to someone to indicate high value and a high level of respect for that person.	عزيز وْغالي
What are you talking about?	شو هالحكي
Damn such brotherhood!	ملعون هيك إخوّة
Pardon me! No offense!	عدم المؤاخذِة = (لا مؤاخذة)
It is not necessary, there is no need.	مفيش داعي
Respectable fellow, decent man	يا اِبن الحلال

الدرس الخامس

تمرين 12

1

What a pity!	يا خسارة	What is it with you?	ايش مالَك؟
anyway, in general	ع العموم	puzzled and restless	حايص لايص
		by force	بِالعافية

2

What are you talking about?	شو هالحكي	impossible	مِش مَعْقول

Do not get impatient.	طَوِّل بالَكْ	Hurry up, come on! finish it up.	خَلّصْني
Literally, this means "Keep away from trouble and sing to it." The English equivalent can be "Never trouble trouble till trouble troubles you." It is said to urge someone to keep away from evil by not interfering in matters that bring it upon us.		ابعِد عن الشر وغنّي لُهْ	

تمرين 37

It is not necessary. There is no need.	مفيش داعي	It is not going to work like this (this is not right).	مَبِصَحّش
racing with the wind, running extremely fast	بِتْسابِق الرّيح	Otherwise, what is your opinion?	ولّا إيش رايَك؟
for this reason	عشان هيك	exclamation of tenderness, sympathy, or admiration, meaning "How much I love you!" or "How much I appreciate you!"	يا عيني عليك

الدرس السادس

تمرين 14

Be honest with me. Be careful, do not lie.	خلّيك صَريح معي
Woe unto you from me.	يا ويلَك منّي
It seems that there is no hope in you. (I will change and be hard on you.)	مفيش فايدة فيك = (الظاهر إنُّه ما فيه منَّك أمَل)
I do not have time for you.	أنا مش فاضي لك
I am not in a good mood for you.	مَزاجي مش رايق لك
without turning around and around. Literally, it means "Be straightforward."	من غير لَفّ ولا دَوَران

الدرس السابع

تمرين 11

He is all in all (everything). It is said to refer to a person who has power, wisdom, etc.	هُوَّ الكلّ بالكل
The matter reached the climax (I reached the limit).	واصلة حدّها معي
He is falling between two fires (between a rock and a hard place).	واقع بين نارين
Show me the width of your shoulders. Beat it.	ورجيني عرض كتافَك
He made me see the stars in daytime (said to indicate that by ill usage, a person makes someone else's life a burden to him).	ورّاني نجوم الظهر

A very bad and critical situation	وقعة بنت كلب
The axe has fallen upon the head. The die is cast.	وقع الفاس في الراس
By God! Even if the sky covers up the earth, you will not ...	والله، لو طبقت السما ع الأرض، ما ...
Where are men of honor? (Oو you men of dignity and pride, help meز)	وين راحوا النشامى؟

تمرين 31

O you in a rush! Stop and let me tell you something. It describes a person who is highly focused and is suddenly stopped by someone who delays him from achieving his goal and from finishing his task.	يا مِسْتَعْجِلْ وَقِّفْ تَقولْ لَك
O you who are sitting comfortably, may God protect you from the evil of the coming people. This is said by a happy, restful person who suddenly has bad things happen to him.	يا قاعْدينْ يِكْفيكُمْ شَرِّ الجايّينْ
How shameful! It is used to scold someone for committing a shameful act.	يا عيب الشُّومْ
Oh, you see the image of a man, and you become disappointed. Said of a person whom someone may admire when seeing him from far away, only to be disappointed upon seeing him up close.	يا شايِفِ الزّولْ يا خايِبِ الرَّجا
Lucky you! O doer of good. Said in order to urge people to do good and give alms.	نِيّالَكْ يا فاعِلِ الخيرْ
Who is chasing you with a stick? (Why rush?!) It is said to encourage a person not to be hasty.	مينْ لاحْقَكْ بْعَصاي؟
Pumped up for no reason (snobbish for no reason). It is said to a person who acts self-important.	مَنْفوخ عَ الفاضي
It is of the four impossibilities (Impossible!).	مِنْ رابِع المُسْتَحيلاتْ

تمرين 73

From this hand of yours, to that hand of yours (I am at your service.)	من إيدك هاي، لإيدك هاي
I do not have time to scratch my head. (I am very busy.)	مفيش عندي وقت أحك راسي
I had gooseflesh. (I got so scared.)	قشعر بدني
Everything is fated and destinde (a fatalistic remark, often said to justify failure to achieve something.)	كل شي قسمة ونصيب

تمرين 91

The matter reached the climax. (It is said to describe a situation that has exceeded one's limit and become an unbearable issue.)	طفح الكيل
Keep your limits! (It ia said by one person to another when the first one senses that the second one went beyond the limits or beyond the bounds of propriety.)	عندك!
Good morning, neighbor, you mind your own business and I will mind mine. (It is said by someone who has no interest in establishing a relationship with another person.)	صباح الخير يا جاري، انت بحالك وأنا بحالي
We have long life together. Come on! Pure! O yogurt (said when two former enemies are reconciled.)	احنا عيشة عُمر، خلاص صافي يا لبن

الدرس الثامن

تمرين 41

In proportion to the (length of) your quilt, stretch out your legs (this is to urge a person to accommodate himself to circumstances in which he is placed, especially with monetary concerns)	علَى قَدِّ لْحَافَكْ مِدّ إجْريك
Spend what's in your pocket, you will get more from the unknown (spend and God will send)	اصرف ما الجيب ... يأتيك ما في الغيب
The eye can see, the hand can't reach (describes a poor person's desire for things he can't afford)	العين بصيرة والإيد قصيرة

Glossary

allowance, permission	الإباحة
blackmail, plunder	ابتزّ، يبتزّ، ابتزاز
forever and ever	أبد الآبدين
creativity	الإبداعية
microscopic needles	إبر مجهرية
slow down	أبطىء
mute	أبكم
أخبر، يُخبر، إخبار	أبلغ، يُبلِغ، إبلاغ
hard-lining (political)	الاتجاه المتشدد
the opposite way	الاتجاه المعاكس
the moderate line	الاتجاه المعتدل
one-way only (traffic sign)	اتجاه واحد
to be dirty	اتّسخ، يتّسخ، اتّساخ
to be extended, to be sufficient	اتسع، يتسع، اتساع
become clear	اتّضح، يتّضح، اتضاح
خف	اتق
cause to become rotten, harm, cause loss of value, damage	أتلف، يُتلِف، إتلاف
accuse	اتّهم، يتهم، اتهام
antiquities, track, sign (from the past), ruins	آثار
right after	إثر
prefer, favor	آثَر، يؤثِر، إيثار
archaeological	أثري
force	أجبر على، يُجبر على، إجبار على
cross, pass	اجتاز، يجتاز، اجتياز
pay, fee, honorarium, reward, salary	أجر (ج) أجور
procedures	إجراءات
curly	أجعد
deport, expel a person from a country, drive away, evict	أجلى، يُجلي، إجلاء
consensus	الإجماع
pensioning off	إحالة إلى المعاش = (إحالة إلى التقاعد)
detain, arrest, hold up	احتجز، يحتجز، احتجاز
take as a model, take after, follow	احتذى بـ يحتذي بـ احتذاء بـ

professionalism	احترافية
to become professional	احترف، يحترف، احتراف
compute	احتسب، يحتسب، احتساب
embrace	احتضن، يحتضن، احتضان
keep the change (imp.)	احتفِظ بالباقي
monopolize	احتكر، يحتكر، احتكار
bear	أحتمل
puzzle	احجية
the events, plot	أحداث القصة
burning	إحراق
achieve	أحرز
win a sweeping victory	أحرز انتصارًا كاسحًا = (أحرز نصرًا كاسحًا)
achieve	أحرز، يُحرز، إحراز
more adequate, more proper	أحْرى
perfect	أُحسن
statistics	إحصائية (ج) إحصائيات
warm-up	إحماء
fields	أحواض
revived	أحيا
أظنها	أخالها
choose, select	اختار، يختار، اختيار
finish, complete successfully	اختتم، يختتم، اختتام
invent	اخترع، يخترع، اختراع
pierce, penetrate	اخترق، يخترق، اختراق
lack of balance	اختلال
suffocate, choke	اختنق، يختنق، اختناق
bring out	أخرج، يُخرِج، إخراج
stupid	أخرق
أخاف	أخشى
خافيني	اخشيني
veils	أخمرة
the ignorant	أخو الجهالة
hide	أُداري
accuse, condemn, denounce	أدان، يُدين، إدانة

	الوصول إلى، الحصول على	إدراك
	أحزن	أدمى الخواطر، يُدمي، إدماء
the worst of it		الأدهى من ذلك
perform, render, execute		أدّى، يؤدّي، تأدية
broadcast		أذاع، يُذيع، إذاعة
call for prayer		أذان
permission		إذن
embarrassing, confusing		إرباك
decamp, depart (especially from home to another place)		ارتحل، يرتحل، ارتحال
	رجع	ارتد
wear		ارتدى، يرتدي، ارتداء
to accept		ارتضى
crash		ارتطم بـ يرتطم بـ ارتطام بـ
rise		ارتفع، يرتفع، ارتفاع
ascend, rise, develop, climb		ارتقى، يرتقي، ارتقاء
commit, perpetrate		ارتكب، يرتكب، ارتكاب
all over the place, everywhere in the place, within the place		أرجاء المكان
	الأقارب	الأرحام
guidance		الإرشاد
unsteady, light-headed		أرعن
most tender		الأرقّا
widow		أرملة
Armenian		أرمني (ج) أرمن
increase		ازداد، يزداد، ازدياد
priority, seniority, precedence		أسبقية
stadium		استاد
ask for permission		استأذن، يستأذن، استئذان
change (s.th. or s.o. with s.th. or s.o. else)		استبدل، يستبدل، استبدال
invest		استثمر، يستثمر، استثمار
respond, comply with a request		إستجاب، يستجيب، استجابة
beg, plead with, request earnestly		استجدى، يستجدي، استجداء
relax, have fun, rest		استجمّ، يستجم، استجمام
interrogate, question		استجوب، يستجوب، استجواب
create, invent, produce, originate		استحدث، يستحدث،استحداث

deserve, to be worthy	استحق، يستحق، استحقاق
uses	استخدامات
أخذ (الشيء)	استخلص (الشيء)
disjunctive	الاستدراك
call up	استدعى، يستدعي، استدعاء
cover	استُر (فعل أمر)
take back, regain	استرجع، يسترجع، استرجاع = (استعاد، يستعيد، استعادة)
relax	استرخى، يسترخي، استرخاء
elaborate, go on with ease	استرسل، يسترسل، استرسال
catch my attention, direct my attention	استرعى انتباه، يسترعي انتباه، استرعاء انتباه
find it easy, consider it easy	استسهل، يستسهل، استسهال
consult	استشار، يستشير، إستشارة
flare up, to be or become fuming with rage	استشاط غضبًا، يستشيط، استشاطة
to be martyred	استُشهد، يستشهد، استشهاد
study, research, investigation	استطلاع
borrow	استعار، يستعير، استعارة
bustle, move quickly, rush	استعجل، يستعجل، استعجال
ask for s.o.'s mercy, appeal to	استعطف، يستعطف، استعطاف
colonization	إستعمار
find strange, extraordinary, or unusual; to be surprised, amazed, or astonished	استغرب، يستغرب، استغراب
take up, occupy wholly	استغرق، يستغرق، استغراق
to take advantage	استغلّ، يستغل، استغلال
be in no need of, manage without	استغنى عن، يستغني عن، استغناء عن
provoke, stimulate	استفزّ، يستفز، استفزاز
resign, retire	استقال، يستقيل، إستقالة
lay down	استلقى، يَستلقي، استلقاء مُستلقٍ (ج) مستلقون
receive	استلم، يستلم، استلام
form	استمارة (ج) استمارات
drain, consume, exhaust	استنزف، يستنزف، استنزاف
consume, drain	استنفذ، يستنفذ، استنفاذ
denounce, condemn	استنكر، يستنكر، استنكار
aim	استهدف، يستهدف، استهداف
mocking	استهزاء

consume	استهلك، يستهلك، استهلاك
demand, require, necessitate	استوجب، يستوجب، استيجاب
import	استورد، يستورد، استيراد
understand, absorb, be large or wide enough for	استوعب، يستوعب، استيعاب
fulfil, execute	استوفى، يستوفي، استيفاء
asking for permission	استئذان
eliminating	استئصال
connection	استئناف الرحلة
أعطى	أسدى، يُسدي، إسداء
captivate, charm, fascinate	أسَر، يأسِر، أسر
cylinder	اسطوانة
rescue, save ambulance	أسعف، يُسعف، إسعاف سيارة إسعاف
result in	أسفر عن، يُسفر عن، إسفار عن
he has previously stated	أسلف القول، يسلف، إسلاف
style	أسلوب (ج) أساليب
look like, resemble	أشبَه، يُشبِه
suspect	اشتبه بـ/ (في) يشتبه بـ/ (في)، اشتباه بـ/ (في)
زاد أكثر وأكثر (نقول: اشتد البرد اليوم – اشتد الألم في بطني)	اشتدّ، يشتد، اشتداد
socialist	الإشتراكية
complain	اشتكى، يشتكي، اشتكاء
consist (of)	اشتمل على، يشتمل على، اشتمال على
rise	أشرق، يُشرق، إشراق
ray	أشعة
make (s.th.) generally known	أشهر، يُشهر، إشهار
becoming	الإصباح
collide, clash	اصطدم بـ يصطدم بـ اصطدام بـ
wait in line	اصطفّ، يصطف، اصطفاف
bald (masc.)	أصلع
deaf	أصم
النور	الإضاءة
squander	أضاع، يضيع، إضاعة
go on strike	أضرب عن، يُضرب عن، إضراب عن
to be disordered or confused; to be anxious, deeply stirred, or discomposed	اضطرب، يضطرب، اضطراب

suppress religious persecution	اضطهد، يضطهد، اضطهاد اضطهاد ديني
(to be lost من كلمة ضاع)	أضيع
cause to fall down, topple, oust	أطاح بـ، يطيح بـ، إطاحة بـ
bear, stand	أطاق، يُطيق، إطاقة
put out	أطفأ
turn off fasten seat-belt sign	أطفأ إشارة حزام الأمان، يطفيء...، إطفاء...
put out fire truck	أطفأ، يطفيء، إطفاء شاحنة إطفاء
overlook	أطل، يُطل، إطلال
remains, ruins	أطلال
open fire	أطلق النار
unleash	أطلق العنان
calm down calmness, assurance	اطمأنّ، يطمأن، اطمئنان طمأنينة
return seat to the upright position	أعاد المقعد إلى الوضعية المستقيمة = (ضَبَط المقعد بشكل عمودي)، يعيد ...، إعادة ...
reconstruction	إعادة إعمار
obstruct, hinder, restrain, impair	أعاق، يعيق، إعاقة
apologize	اعتذر، يعتذر، اعتذار
detach from, retire, dissociate	اعتزل، يعتزل، اعتزال
arrest	اعتقل، يعتقل، اعتقال = (ألقى القبض على، يلقي القبض على، إلقاء القبض على)
embrace, adopt, convert	اعتنق، يعتنق، اعتناق
غير عربي	أعجمي
settings	إعدادات
execute	أعدم، يُعدِم، إعدام
بدوي	أعرابي
symptoms	أعراض
declare, pronounce	أعرب عن، يُعرب عن، إعراب عن
release, exemption from service	أعفي من الخدمة، يُعفي ...، إعفاء ...
acts of sabotage	أعمال (الـ)تخريب
aid	إغاثة = (معونَة)
to assassinate	اغتال، يغتال، اغتيال
to scoop	اغترف، يغترف، اغتراف
metallic objects	أغراض معدنية

tempt, seduce	أغرى، يغري، إغراء
Greeks	الإغريق
branches	أغصان
I complain, I am annoyed	أُفّ
notify, inform s.o. of s.th.	أفاد، يفيد، إفادة (ج) إفادات
to be able to stretch up, extend to s.th.	افترش، يفترش، افتراش
assume, admit as true without proof	افترض، يفترض، افتراض
أصبح فقيرًا، ونقول: افتقر إلى المعرفة = (هو بحاجة إلى المعرفة)	افتقر، يفتقر، افتقار
to release	أفرج
release, set (s.o.) free	أفرج عن، يفرج عن، إفراج عن = (أطلق)
empty pocket	أفرغ جيْب (ج) جيوب، يُفرغ، إفراغ
نشر، ينشر، نشر	أفشى، يفشي، إفشاء
flat-nosed	أفطس
horizon	أفق (ج) آفاق
horizontal	أفقي
break through, make a way or entry suddenly or by force, embark upon, plunge into	اقتحم، يقتحم، اقتحام
suggest	اقترح، يقترح، اقتراح
connect, associate	اقترن بـ، يقترن بـ، اقتران بـ
lend, advance (money to), loan	أقرض، يُقرِض، إقراض
swear by	أقسم بـ يُقسم بـ قسم بـ
to have gooseflesh, shake	اقشعرّ، يقشعر، اقشعرار
الإبعاد	الإقصاء
eliminate, isolate, cause to be far	أقصى، يُقصي، إقصاء
carry, transport	أقَلّ، يُقِلّ، إقلال
takeoff and landing	إقلاع وهبوط
honorarium	إكرامية، مكافأة شرفية، أتعاب استضافة متحدِّث أو محاضر
return, revert, lead he eventually got to the point where …	آل بـ ... إلى، يؤول بـ ... إلى، أوْل بـ = إيال بـ = أيلولة بـ آل به المطاف إلى... = (آل به الأمر إلى...)
machine	آلة (ج) آلات
beginning	الإلتماس
travel cancellation	إلغاء السفر
nicknames	الألقاب
strike terror into s.o.'s heart	ألقى الرعب في قلبه
throw light on	ألقى الضوء على، يُلقي الضوء على، إلقاء الضوء على

arrest s.o.	ألقى القبض على
he threw himself into her arms	ألقى بنفسه في أحضانها
he gave a speech/a lesson/a lecture	ألقى خطابًا / درسًا / محاضرة
give a speech	ألقى خطابًا، يُلقي خطابًا، إلقاء خطاب
أصاب	ألمّ، يُلمّ، إلمام
distract, divert, take s.o.'s mind away	ألهى ... عن، يُلهي ... عن، إلهاء ... عن
boards	ألواح
Amazigh (ethnic group in North Africa)	أمازيغي (ج) أمازيغ
safety, security	امان
trust	أمانة
maid	أمَة
oral proficiency interview	امتحان الكفاءة الشفوية
extend, stretch	امتد، يمتد، امتداد
baggage he packed the bags himself	أمتعة حزّم الأمتعة بنفسه، يحزّم ...، تحزيم ...
fullness	الإمتلاء
التزويدات	الإمدادات
be caused by	انبثق، ينبثق، انبثاق
afflict, attack, hit, occur to	انتاب، ينتاب، انتياب
commit suicide	انتحر، ينتحر، انتحار
take away, save, rescue, pick up (persons shipwrecked, in an accident, etc.)	انتشل، ينتشل، انتشال
to be revived, become active	انتعش، ينتعش، انتعاش
shake, uprise	إنتفض، ينتفض، إنتفاض
take revenge	انتقم من، ينتقم من، انتقام من
select	انتقى، ينتقي، انتقاء
belong to, to be affiliated with	انتمى، ينتمي، انتماء
having children	الإنجاب
achieve	أنجز، يُنجز، إنجاز
hail from, come from, descend	انحدر من، ينحدر من، انحدار من
deviate, incline, slant	انحرف، ينحرف، انحراف
to be exterminated, be destroyed, ruined, wiped out	اندثر، يندثر، اندثار
assimilation	اندغام
advance violently and quickly, dash	اندفع، يندفشع، اندفاع
break out (as in "confrontations break out")	اندلعت مواجهات، يندلع، اندلاع (ج) اندلاعات

submerge, immerse	اندمج، يندمج، اندماج
warn	أنذر، يُنذر، إنذار
withdraw	إنسحب، ينسحب، انسحاب
listen, give ear, try to hear, listen secretly	أنصَتَ، يُنْصِت، إنصات
join	انضمّ إلى، ينضم إلى، إنضمام إلى
impression	انطباع (ج) انطباعات
take off, start	انطلق
withdrawn, unsociable	انطوائي
zero-zero, blurred vision	انعدام الرؤية = (ضبابية الرؤية) = (عدم وضوح الرؤية) = (تشوُّش الرؤية) = (زغللة العينين)
to be absent, nonexistent	انعدم، ينعدم، انعدام
to be held	انعقد، ينعقد، انعقاد
reflection	انعِكاس (ج) انعكاسات
repercussions	إنعكاسات = (عواقب)
bless with, accord	أنعم على، يُنعم على، إنعام على
be alone with, be distinguished by	انفرد بـ ينفرد بـ انفراد بـ
save, rescue	أنقذ، يُنقِذ، إنقاذ
attack, assault, dive down	انقضّ على، ينقض على، انقضاض على
coup	إنقلاب (ج) إنقلابات
denial	الإنكار
denied	أنكر
shrink in population	انكمش عدد السكان، ينكمش....، انكماش...
follow without interruption, fall (in a heap), fall upon	انهال، ينهال، انهيال
collapse	الإنهيار
elegant, neat	أنيق
gets guided	اهتدى، يهتدي، إهتداء
vibration, wave	اهتزاز (ج) اهتزازات
relinquish, abandon	أهدر، يهدر، إهدار
reckless, harebrained	أهوج = (طائش)
وقت	أوان
claim the life of	أودى بحياة، يودي بحياة
blood vessels	الأوعية الدموية
cause (s.o. or s.th.) to fall	أوقع، يوقع، إيقاع
suspend a player	أوقف اللاعب، يوقف اللاعب، إيقاف اللاعب
priority	الأولوية

prime, principal	أولى
primary, first	أوّليّة
go (to bed), seek shelter	أوى، يأوي، إيواء
verse, sign	آية (ج) آيات
coalition	إئتلاف (ج) إئتلافات
depositing	إيداع
delivering	إيصال
baggage check	إيصال إستلام الأمتعة (ج) إيصالات استلام الأمتعة
rhythm	إيقاع (ج) إيقاعات
icon	أيقونة
briefly, in short	باختصار
at first	باديء ذي بدء
reverent, faithful and devoted to	بارّ بـ
distinct, prominent, bulging out	بارز
skilled, brilliant, proficient	بارع
bless	بارك، يبارك، مباركة
displacing, removing from office	بِإزاحته (بـ + إزاحة + ـه)
market	بازار
lofty, tall	باسِق
bale, bouquet, straw	باقة (ج) باقات
worn-out, old	بالٍ، البالي
urinate	بال، يبول، بَوْل
deep, serious, adult	بالغ
wretched, miserable	بائس (ج) بؤساء = (بائسون)
cut off, determine, settle	بتّ، يبُت، بتّ
live broadcasting	بثّ حيّ
sailors	البحارة
by sea	بحرًا
with a painful effect, with a burning effect	بحرقة
by (the truth of), used to swear on something worthy	بحق
beginning of the first half of a game	بداية الشوط الأول (ج) بدايات الأشواط الأولى
an alternative, substitute	بديل (ج) بدائل
to exert	بذل، يبذل، بذل
righteousness, kindness	البرّ

by land	برًا
shining, sparkling	برّاق
Berber	بربري
control tower	بُرج تحكُّم (ج) أبراج تحكم
justify	برّر، يبرّر، تبرير (ج) تبريرات
park (a car)	بركن، يبركن برّك، يبرّك
to program	برمج
be proof of, betoken	بَرْهن، يبرهن، برهنة
by land	البري
sheet, carpet, rug	بساط (ج) أبسطة
orchard	بستان (ج) بساتين
in its different shapes/forms	بشتى أشكالها
الناس	البشر
complexion	بشرة (ج) بشرات
mankind	البشرية
in person	بشكل شخصي
spit, cause saliva to go out	بصق، يبصق، بصق
fingerprint	بصمة الإصبع
goods	بضاعة (ج) بضائع
credit card	بطاقة ائتمانية
blanket	بطانية (ج) بطانيات
hero	بطل (ج) أبطال
heroic	بطولية
slow	بطيء
distance, remoteness	بُعْد (ج) أبعاد
impatiently	بفارغ الصبر
by (due to) age	بفعل السنين
spot, spot or patch (of earth)	بقعة (ج) بُقع = (بِقاع)
grains	البقوليّات
eldest, firstborn virgin	بكر (ج) أبكار
with all honesty	بكل صدق
rather, nay	بل
eloquence	البلاغة

bully	بلطجي (ج) بلطجيّة = (شبيح (ج) شبيحة)
وصل إليه	بلَغ الشيء، يبلغ، بلوغ
phlegm	بَلغم
empty-headed, stupid	بليد
by himself	بمفرده
rifle	بُندقية (ج) بنادق
structure, infrastructure	البنية
pleasure	بهجة
animal	بَهيمة (ج) بهائم
boarding gate	بوابة الصعود للطائرة
in pain, painfully	بوجع
الفقر	البؤس
an owl	البومة
communiqué, notice, announcement, release	بيان (ج) بيانات
data	بيانات
main point, the core	بيت القصيد
poetry line	بيت شعر
but, whereas, yet, however	بَيْد أنّ
wretched is ...	بِئْس
oval	بيضاوي
follower	تابع (ج) تابعين = (أتباع)
follow up, resume, do again or anew	تابع، يتابع، متابعة
spice	تابل (ج) توابل
delaying	تأجيل
once, sometimes	تارَة
got complicated crisis	تأزُّم الأزمة
visa	تأشيرة
trivial, little, worthless, trifling	تافِه
adapt to	تأقلم مع، (على)، يتأقلم مع، (على)، تأقلُم مع (على)
shine	تألّق
qualify	تأهّل، يتأهل، تأهُّل
donate	تبرّع بـ يتبرّع بـ تبرُّع بـ
preaching, evangelization preacher, missionary	التبشير مبشّر (ج) مبشرون

follow, chase	تبع
repercussions	تَبِعات
tobacco	التبغ
discover, explore	تبيّن، يتبيّن، تبين
time (temporal) succession	التتابع الزمني
pull back and forth we got engaged in conversation, we were deep in conversation	تجاذب، يتجاذب، تجاذُب نتجاذب أطراف الحديث
lab experiments	تجارب معملية
exceed, surpass, outdo	تجاوز، يتجاوز، تجاوُز
canoeing, rowing	التجديف
incarnate	تجسّد
wrinkles	تجعيد (ج) تجاعيد
become obvious, to be evident, appear	تجلّى، يتجلّى، تجلي
freeze	تجمّد، يتجمّد، تجمُّد
to become an ally of, confederate with	تحالف مع، يتحالف مع، تحالُف مع
cheat, trick, deceive, allure	تحايل على، يتحايل على، تحايُل على
endearment	تحبّب
specifically	تحديدًا
sexually harass	تحرّش جنسيًا بـ يتحرش جنسيًا بـ تحرش جنسيًا بـ
marvel	تحفة
work of art	تحفة (ج) تُحَف
confirmation	التحقق
belittling	تحقير
interrogation	تحقيق
analysis	التحليل
battle, struggle with or against	التحم، يلتحِم، التحام
conversion	تحويل
become weaker, hang down	تخاذل، يتخاذل، تخاذُل
to cross	تخطّى، يتخطى، تخطي
intervene, interpose, come between	تخلّل، يتخلل، تخلُّل
immortalization	تخليد
dyspepsia	تخمة
giving choice	التخيير
measures	التدابير
surgical intervention	التدخل الجراحي

intervene	تدخّل، يتدخل، تدخُّل
to be graded, advance gradually	تدرّج، يتدرّج، تدرُّج
deterioration	تدهور
decline, breakdown	تدهور، يتدهوِر، تدهوُر
تستمر	تدوم
ticket	تذكرة (ج) تذاكر
heritage	تراث
to come to a common ground	تراضى
to stretch, to spread	ترامى
shake, tremble	ترتجف
consider more probable, give more weight	ترجح
to hesitate	تردد
grow up	تَرَعْرع، يترعرع، ترعرُع
تنام	ترقد
promotion	ترقية
leaving	ترك
to run	تركض
sway, go unsteadily, to be arrogant	ترنّح، يترنّح، ترنُّح
forfeiting	التزوير
warm-up	التسخين
leak	تسرّب، يتسرّب، تسرُّب
leaking	تسريب
pricing, price fixing	تسعيرة
corporate rate	تسعيرة الشركة
sneak into offside	تسلّل، يتسلّل، تسلُّل تسلُّل
stand as if pinned to the ground	تسمّر، يتسمّر، تسمُّر
surrounding itself	تَسوّر
peace settlement	تسوية سلمية
quarrel with	تشاجر مع، يتشاجر مع، تشاجُر مع
crack, cleave, split	تشقق، يتشقق، تشقُّق
formation, structure	تشكيلة
become reconciled, make peace	تصالح، يتصالح، تصالح
face towards, encounter, take up	تصدّى لـ يتصدى لـ تصدّي لـ
statements	تصريحات

517

diminutive, belittling	تصغير
skim, read through	تَصَفّح، يتصفّح، تصفُّح
qualifying contests, clearance	تصفية (ج) تصفيات
hardening of arteries	تصلّب الشرايين
determination	تصميم
Sufism	التصوّف
geographical features	تضاريس
double the number	تضاعف عدد، يتضاعف عدد، تضاعُف عدد
to be in solidarity with	تضامن مع، يتضامن مع، تضامُن مع
contracting	التضييق
assail, make inroads upon, have the cheek to	تطاول على، يتطاول على، تطاوُل على
application application downloading	تطبيق (ج) تطبيقات تنزيل تطبيقات
to broach, to discuss	تطرق إلى
embroidery	تطريزة
aim, strive aim, expectation, aspiration	تَطلّع إلى، يتطلّع إلى، تطلُّع إلى تطلُّع (ج) تطلُّعات
negative draw (0–0 result)	تعادل سلبي
أخْذ	تعاطي
to be raised, exalted	تعالى، يتعالى، تعالي
coexist	تعايش، يتعايش، تعايش
exclamation	التعجب
disablement	التعجيز
become difficult	تعذّر، يتعذّر، تعذُّر
be exposed	تعرّض
have been exposed to piracy or robbery	تعرّض للقرصنة
offering condolences	التعزية
arbitrary, abusive, despotic	تعسفي
to be bigoted, fanatical, or extreme	تعصب، يتعصب، تعصُّب
disobey	تعصي
exaltation	التعظيم
chase, pursuit	تعقّب، يتعقّب، تعقُّب
to be connected (hooked)	تعلّق، يتعلّق، تعلُّق
to be compensated, take or receive substitute	تعوّض، يتعوّض، تعوُّض
backbite	تغتاب

live coverage		تغطية مباشرة
	تجنب	تفادي
to become worse, be critical, be aggravated		تفاقم، يتفاقم، تفاقُم
open (spiritually and mentally)		تفتّح، يتفتّح، تفتُّح
to explain, interpret		تفسر
disclose		تفشي
reflect		تفكّر، يتفكّر، تفكُّر
divide, split		تقاسَم، يتقاسم، تقاسُم
collect, earn		تقاضى، يتقاضى، تقاضي
proceed, move forward, progress		تقدّم، يتقدم، تقدّم
self-determination		تقرير المصير
pick up make a picture		التقط، يلتقط، التقاط التقط صورة
carry, hold		تُقل
ritual		تقليد (ج) تقاليد
traditional		التقليدي
calendar		التقويم
God-fearing, devout		تقي = (وَرِع)
constraining		تقييد
artificiality		التكلف
muzzling		التكميم
catcalling		التلطيش
stutter		تلعثم، يتلعثم، تلعثُم = (تأتأ، يُتأتِيء تأتأة)
call, phone		تلفن، يتلفِن
spontaneous		تلقائي
self-control		تمالَك، يتمالك، تمالُك
to be centered		تمركز، يتمركز، تمركُز
long pass faulty pass		تمريرة (ج) تمريرات تمريرة مقطوعة
an alligator, a crocodile		تمساح
rinse (out) the mouth, sip		تمضمض، يتمضمض، تمضمُض
get scattered scattered		تناثر، يتناثر، تناثُر متناثر
let go, compromise		تنازل، يتنازل، تنازُل
prediction		التنبؤ

withdraw to a side	تنحّى عن، يتنحّى عن، تنحّي عن
diminish	تنضب
dribbling the ball	تنطيط الكرة
variation, diversity	تنوُّع
run on (s.th.); love-rush	تهافت
rush upon, throng, flock, crowd	تهافت على، يتهافت على، تهافُت على
neglect, slack in	تهاون، يتهاون، تهاوُن
education and mannerism	تهذيب وتربية
accusations, charges	تهم
to be careless, light-headed, irresponsible	تهوّر، يتهور، تهوُّر
rash, hasty, irresponsible	متهور
to succeed, to come after one another	تواتر، يتواتر، تواتُر
twin	توأم (ج) توائم
scolding	التوبيخ
to be obliged to	توجّب على، يتوجب على، توجُّب على
trend	توجُّه (ج) توجّهات
head for	توجّه، يتوجه، توجُّه
favoritism, patronage	توجُّه (ج) توجهات
autism	التوحد
to involve	تورّط، يتورط، تورُّط
swell, to grow a tumor or abscess	تورّم، يتورّم، تورُّم
pun	التورية
urban sprawl	التوسع العمراني
beg, plead with	توسّل إلى، يتوسّل إلى، توسُّل إلى
delivery, ride	توصيل
to perform ritual ablution before prayer (Islamic)	توضّأ، يتوضأ، توضُّؤ
ablution	وضوء
go deep into, delve	توغّل في، يتوغّل في، توغُّل في
signature	التوقيع
emphasis	توكيد
verbal emphasis	توكيد لفظي
be caused by, be bred (by)	تولّد من، يتولد من، تولُّد من
figs	التين
breast	ثدي (ج) أثداء
moist earth	الثرى

فم	ثغر
bilingual	ثنائي اللغة
bull	ثور (ج) ثيران
revolution	ثورة (ج) ثورات
pop-eyed	جاحظ العينين
dry	جاف
بقرة	جاموس
pre-Islamic	الجاهلي
powerful, mighty, strong	جبّار
Gibraltar	جبل طارق
forehead	جَبهة (ج) جِباه = جبين (ج) أجبن
body, corpse	جُثة (ج) جثث
hellfire	الجحيم
apartheid wall	جدار الفصل العنصري
strands	جديلة (ج) جدائل
boldness, fearlessness	جراءة عليكم
bulldozer	جرّافة (ج) جرافات
rhythm	جرْس
bell	جرس (ج) أجراس
offense, crime, sin recognizable crime	جُرم (ج) أجرام = (جروم) جرم مشهود
daring, brave	جريء
a crime	جريمة (ج) جرائم
disciplinary punishment	جزاء تأديبي = (عقاب تأديبي)
خاف، لم يصبر على المصيبة أو المشكلة (لذلك نقول: هو جَزِع أو جَزوع على وزن فعول (صيغة المبالغة))	جَزِعَ، يجزِع، جَزَع
partial	جزئي
particle	جزيئات
body	جسد (ج) أجساد
incarnate, personify, embody	جسّد، يجسد، تجسيد
daring	جَسور
beer	الجعّة
بدأ	جعل
drought, dryness	جَفاف
eyelid	جفن (ج) جفون

loose robe-like garment	جلباب (ج) جلابيب
الشديد القوي الصابر على المصيبة	جَلْد (ج) أجْلاد
ice	الجليد
participant in a social gathering, table companion	جليس (ج) جلساء
skull	جُمجمة (ج) جماجم
reunion	جمع شمل = (لمّ شمل)
association, club, society	جمعية (ج) جمعيات
crowd	جمهور (ج) جماهير
republic	جمهورية (ج) جمهوريات
wing	جناح
funeral	جنازة (ج) جنائز = (جنازات)
criminal	الجنائي
gender, sex	جنس
jihad	الجهاد
trousseau clothing	جهاز العروس كُسوة (ج) كُسا = كسوات
digestive system	الجهاز الهضمي
an effort	جُهد (ج) جهود
by air	جوًا
limbs, extremities (of the body) with all my strength, with might and main	جوارح بكل جوارحي
منتصف	جَوف
jewel, gem	جوهرة (ج) جواهر
eyebrow	حاجب (ج) حواجب
barrier	حاجِز (ج) حواجز
security barrier	الحاجز الأمنى
passport control	حاجز تفتيش الجوازات (ج) حواجز...
مصيبة	حادثة (ج) حوادث
goalkeeper	حارس مرمى (ج) حُرّاس مرمى
decisive, crucial, definitive	حاسم
besiege, beleaguer	حاصر، يحاصر، محاصرة = (حصار)
spur, drive, incentive	حافز (ج) حوافز
virulent	حاقد
virulent, hateful, spiteful	حاقد
very dark	حالك

	مودّة	حبّ
	أعطاها	حباها
How lovely!		حبّذا
ink		حِبر
catch his breath		حبس أنفاسه
obstruct, shut off, imprison		حبس، يحبس، حبْس
plot		حبْكة (ج) حبكات
urge, incite		حثّ على، يحُثّ على، حثّ على
overbooking		حجز فائض
reserve, book		حجز، يحجِز، حَجْز
newness, novelty, modernism		حداثة
event		حدث
action		الحدث
Hadith		الحديث
iron		الحديد
beware	احذر	حذار (من)
delete		حذف، يحذف، حذْف
guarding operations, bodyguards		حراسات
civil war		حرب أهلية (ج) حروب أهلية
	حمى، يحمي، حماية	حرس، يحرس، حراسة
a consonant		حرف صحيح
a vowel		حرف علة
move		حرّك، يحرّك، تحريك
protests		حركات احتجاجية
deprive (of)		حرم (من)، يحرم (من)، حِرمان من
deprivation		حرمان
careful		حريص
soup		حساء
allergy, sensitivity		حساسية
put a stop or end to (s.th.)		حَسَم، يحسِم، حسْم
good manners		حسن الخلق
death rattle		حشاشتي
mobilize		حشد، يحشد، حشْد

insect	حشرة (ج) حشرات
verbiage	حشو
fortress	حصن (ج) حصون
urban	حضري
smash	حطّم، يحطم، تحطيم
depilate, shave	حَفَّ، يحُفّ، حفّ
dig	حفر، يحفر، حَفْر
hole	حُفرة (ج) حُفَر
stimulate, arise	حفَّز، يحفِّز، تحفيز
shorten, shave (pl. imp.)	حفّوا
achieve, accomplish interrogate, question	حقّق، يحقق، تحقيق حقق مع، يحقق مع، تحقيق مع
inject, restrain, withhold	حقَن، يحقن، حقن
rub, itch touchstone, test	حكّ، يحك، حك مِحَك
referee linesman	حَكَم (ج) حُكّام حكم خط
death penalty	حكم الإعدام
autonomous	حكم ذاتي
wisdom	الحكمة
denouement	حل العقدة
to be in a place	حلّ، يحل، حلّ
It is legitimate for you to take your bride	حلال عليكم عروستكم
milk	حَلَب، يحلِب، حلْب
ring	حلبة
flew	حلّق
زوج زوجة	حليل (ج) أحلاء حليلة (ج) حلائل
donkey	حمار
zebra	حمار الوحش
enthusiasm	حَماس
redden, roast, fry	حمّر، يحمّر، تحمير
redness	حمرة
upload	حمّل، يحمّل، تحميل
stare, gaze	حملق في (بـ)، يحملق في (بـ)، حملقة في (بـ)
protect from	حمى من، يحمي من، حماية من

diet	حمية
throat	حُنجرة (ج) حناجر، (حَلْق) (ج) (حلوق)
chariot	حنطور (ج) حناطير، عربة تجرّها الخيل
recline, bend	حنى، يحني، حنو = (حني)
change, transfer, convert	حوّل، يحول، تحويل
neighborhood	حيّ
تعال	حَيّ
living thing	حيّ (ج) أحياء
confusion, puzzlement	حيرة
feature, properties	خاصية (ج) خواص = (خصائص)
to address	خاطب، يخاطب، مخاطبة
vignette	خاطرة (ج) خواطر
he's out of fuel (stupid)	خالص كازه
violate, disobey	خالف، يخالف، مُخالفة
void of	خالي من
disappointed, unsuccessful	خائب (ج) خائبون
hide	خبّأ، يخبّيء، تخبئة
to experience	خَبر
foxy, sly	الخبيث
expert	خبير (ج) خبراء
cheek	خد (ج) خدود
deceiving	خداع
make a small cut, make or become septic	خدش، يخدش، خدش
disappointment, defeat, failure	خُذلان
destruction	خراب
fabulous, legendary	خُرافي
destroyed, broken, out of order	خربان
jetway	خرطوم (ممر، معبر) مؤدي إلى الطائرة
craving, aching for	خَرْمان = (مْنَقرز)
abandoning	الخروج من
gentle sound of water flowing over stones, babble	خرير
map	خريطة
store	خزّن، يُخَزِّن، تخزين
submissiveness	خشوع

	خوفًا من	خشية
waist		خصر
braids		خصلة (ج) خصل
subtract, discount, defeat		خصم، يخصم، خصم
fertile		الخصيب
testicles		خِصية (ج) خصاوٍ = (الخصاوي)
to be subject to, yield, surrender		خضع لـ يخضع لـ خضوع لـ
vast		خِضَم
touchline		خط التَّماس
bug		خطأ (ج) أخطاء
discourse, speech		خِطاب (ج) خطابات
kidnap		خطف، يخطف، خطف
slippers (of light leather)		خُفّ (ج) خِفاف
beat (heart), shake		خَفق، يخفق، خفقان
implicit		خفيّ
attractive		خلّاب
	الناس	الخلق
technical fault		خلل فني = (عُطل فني)
emptiness		الخلو
caliph		خليفة (ج) خلفاء
face cover		خمار (ج) أخمرة
	الكسل	الخمول
choice		خيار (ج) خيارات
The best generosity is that which is quick, "He gives twice who gives quickly"		خير البرّ عاجله
thread, string		خَيْط (ج) خيوط
	مرض	داء
become dizzy		داخ، يدوخ، دوخ
keep running through the head, turn, move in circles		دار، يدور، دوران
trample underfoot, step on, (with a vehicle) knock (s.o.) down and pass over his body		داس، يدوس، دوس
play around with, dally with, jest with		داعب، يُداعب، مداعبة
the near come close, approach		الداني دنا، يدنو، دنوّ
take by surprise, attack suddenly, overtake, raid		داهَم، يُداهم، مداهمة

sly person, cunning	داهية
tank	دبَابة (ج) دبابات
swindler	دجّال
to roll	دحرج
business class	درجة رجال أعمال
Druze	درزي (ج) دروز
supplication	دعاء
Islamic call	الدعوة الإسلامية
lawsuit prosecute	دعوى قضائية رفع دعوى قضائية
tickle, to titillate (e.g., the imagination), to crush	دغدغ، يدغدغ، دغدغة
push away from (oneself)	دفع عن نفسه، يدفع عن نفسه، دفْع عن نفسه
precise	دقيق
attest to, be evidence of, guide, lead, denote	دلّ على، يدل على، دلالة على
indication, implication	الدلالة
guide me	دُلّني (دلـ + ني)
proof	دليل (ج) أدلّة = دلائل
عقل	دماغ (ج) أدمغة
combining	دمج
demolish	دمَّر، يدمِّر، تدمير
ugly	دميم
run over	دهس، يدهس، دهْس
fat	دُهن (ج) دهون
fatty	دهنية
business hours, eternity, continuity	دوام
league	الدوري
English tournament, league	الدوري الإنجليزي
echo, resound, ring out	دوّى، يُدوِّي، تدْوية
imposter, gossip	ديوونجي
melt	ذاب، يذوب، ذوبان
dried up, wilted, languid, faded	ذابل
pertinent	ذات صلة
taste	ذاق، يذوق، ذَوْق
corn	ذُرة
climax	الذروة

scolding	الذم
return (trip)	ذهابًا وإيابًا = (روحة رجعة)
ضعفتم وذهبت قوتكم	ذهبت ريحكم
link	رابط (ج) روابط
I missed my flight	راحت عليَّ الطيارة
capital	رأس مال (ج) رؤوس أموال
pleased, satisfied	راضٍ (ج) راضون
to please (s.o.)	راضى
watch, observe, censor	راقب، يراقب، مراقبة
accumulate	راكم، يراكم، مراكمة
monk	راهب
bet, gamble	راهن، يراهن، مراهنة
play fast and loose, deceive	راوغ، يراوغ، مراوغة
flag	راية (ج) رايات = (عَلَم) (ج) (أعلام)
smell	رائحة (ج) روائح
ligament, ligature shoestring	رباط (ج) أربطة رباط حذاء
airplane captain	رُبّان الطائرة = (كابتن الطائرة)
win	ربح، يربح، ربح
place where one lives	رُبوع
the Arab Spring	الربيع العربي
refer to	رجع إلى، يرجع إلى، الرجوع إلى
manhood	الرجولة
deport deportation ruling	رحّل، يرحِّل، ترحيل = (سفَّر، يسفِّر تسفير) حُكم ترحيل (ج) أحكام ترحيل
womb	رحْم
nectar	رحيق
loose	رخو
reaction	ردة فعل (ج) ردود فعل = ردات فعل
give back (imp. fem. sing.)	رُدّي
spray, sprinkle, drizzle	رذاذ
firmly establish, secure, make (s.th.) take root firmly established, stable firmly fixed, deep-rooted	رسّخ، يُرَسّخ، ترسيخ راسخ
characterization	رسم الشخصيات
fees	رسوم

taxes	رسوم ضريبية
bullet	رصاصة (ج) رصاصات = (رصاص)
platform, sidewalk	رصيف (ج) أرصفة
satisfaction	الرضا
terror	رُعْب
خاف	رَعَب، يرْعب، رعب
اهتمت به	رعته (رعى + تـ + ـه)
حبّب، يُحبب، تحبيب = (جعل الشخص يرغب فيه ويسعى إلى الحصول عليه). وعكسها رغب عنه = (ابتعد عنها ولم يطلبها)	رغّب، يُرغِّب، ترغيب
weight lifting	رفع الأثقال
kindness, gentleness Society for the Prevention of Cruelty to Animals	رِفق جمعية الرفق بالحيوان
نومه	رقدته
مساحة	رقعة
record	الرقم القياسي
to ascend, climb, go up	رَقِيَ، يَرْقى، رُقِيّ
faith healing	الرقية
superfine, tender	رقيق
knee	رُكبة (ج) رُكب
kneel down, bend the body down	ركع، يركع، ركوع
kick	ركل، يركُل، رَكْل
penalty shoot-outs	ركلات الترجيح
ركوب الأمواج	الركمجة
place (s.th.), neglect, recline corner, pillar	ركن، يركن، ركون رُكن (ج) أركان = (زاوية) (ج) (زوايا)
windsurfing	ركوب الأمواج
shooting	رِماية
archery	الرماية (في الرياضة)
spear	رمح (ج) رِماح
symbol	رمز (ج) رموز
symbolic	رمزي
symbolism	الرمزية
eyelash	رِمش (ج) رموش
restore, renovate	رمّم، يرمِّم، ترميم (ج) ترميمات
discus throw	رمي القرص

ringing	رنين
خوف	رَهْبة = هلع
hostage	رهينة (ج) رهائن
Holy Spirit	الروح القُدُس
أخاف	روّع، يروّع، ترويع
charm, beauty	روعة
lung	رِئة
splendid	زاهي
redundant	زائدة
appendix	زائدة دودية
customer	زبون (ج) زبائن
elevated place above the waterline	زُبْية (ج) زبى
to be overfull, abundant, overflow	زخر بـ يزخر بـ زخور بـ
button	زِرّ (ج) أزرار، زُرور
destabilize	زعزع الاستقرار، يزعزع ....، زعزعة ...
inform, tell, conduct in solemn procession (the bride)	زفّ، يزُفّ، زفّ
alley	زقاق (ج) أزقة
charity	الزكاة
pure, sinless delightful odor	زكي (ج) أزكياء رائحة زكية
earthquake	الزلزال
shake, rock, cause to tremble	زلزل، يزلزل، زلزلة
ally	زنقة
bored	زهقان
a pair of	زوج
provide with	زَوّد بـ يزوِّد بـ تزويد بـ
forge, falsify	زوّر، يزوِّر، تزوير
in addition to that	زيادة على ذلك
previously	سابقًا
courtyard, square, field	ساحة (ج) ساحات
magician	ساحر
coast	ساحل
prevail, govern	ساد، يسود، سيادة
simple, plain, innocent, naïve	ساذج (ج) سُذَّج
pleasing	سارّة

runner	ساع/ساعي
leg	ساق (ج) سيقان
one who failed (in a test), corrupted, vile, disreputable	ساقط (ج) سُقّاط
run	سال
sideburn	سالف (ج) سوالف
to forgive	سامح، يسامح، مسامحة
inattentive, absentminded	ساهٍ (ج) ساهون
tourists	السائحين
designated driver	سائق مكلّف بالقيادة
racing (to be the first)	سبّاق
Glory be to God	سبحان الله
to precede	سبق
assonance	السجع
withdrawal	سحب
magic	السِّحر
repay debt	سدّ الديْن (ج) الديون، يسد ...، سداد ...
paying off	سداد
point toward an object, take aim	سدّد، يسدّد، تسديد
mirage	سراب
navel, belly button	سُرّة
absentminded	سرحان
narration	السرد
narrative	السردية
cancer	السرطان
soon	سرعان
surface	سَطْح (ج) أسطُح = (سطوح)
shallow, outer	سطحي
make every effort to	سعى لـ (إلى) جاهدًا، يسعى لـ (إلى) جاهدًا، السعي لـ (إلى)
foot of the mountain	سفح الجبل (ج) سفوح الجبال
railway	سكة الحديد
intoxicated	سكران
diabetes	السكري
weapon	سلاح (ج) أسلحة
dynasty	سلالة (ج) سلالات

deprive of	سلب، يسلب، سلْب
flexible, smooth, obedient, pliable	سَلِس
authority	سُلطة (ج) سُلُطات
commodity	سِلعة (ج) سِلَع
free loan, (cash) advanced credit, advance	سُلَفة (ج) سُلف تسليف
الكَرَم والجود	السماحة
speaker, stethoscope	سمّاعة (ج) سماعات
tolerant, kind, indulgent	سَمْح
thick	سميكة
enact or pass	سنّ (قانونًا)، يسنّ، سنّ
spike (of grain)	سُنبُلة (ج) سنابل
Sunna (Prophet's tradition)	السنة
Sunni	سُنّيّ (ج) سنة
malnutrition	سوء تغذية
نفس الشيء، النظير	السواء
whether	سواء
معًا، مع بعض	سويًا
little hour, little while	سويعة (ج) سويعات
ambulance	سيارة إسعاف
whips	السّياط
pace (of a car movement), motion	سير
curriculum vitae	سيرة ذاتية
control	سيطر على، يسيطر على، سيطرة على
control	سيطرة
sword	سيف (ج) سيوف
جريان الماء	سيْل
to be bored, fed up, be unable to tolerate	سئم، يسأم، سأم
liquidity	سيولة
pale	شاحب
moustache	شارب = (ج) شوارب = (شَنب (ج) شنوب)
absentminded	شارد الذهن
vacant	شاغرة
comprehensive	شامل
consult	شاور، يشاور، مشاورة (ج) مشاورات

ghost	الشبح
ghost	شبح (ج) أشباح
phrase	شبه جملة
diaspora	شتات
what a difference between ...	شتّان بين
insult, heap curses upon one another	شتم، يشتم، شتم = سبّ، يسب، سبّ
fight, quarrel	شجار
scarcity	شُح
to sharpen	شحذ، يشحذ، شحذ
snore	شخر، يشخر، شخير
baby's rattle, said to describe a man who is controlled by his wife or one who is not a decision maker	شُخْشيخة (اسم)
protagonist	الشخصية الرئيسية
muscle strain	شدّ عضلي
stress, emphasize	شدّد على، يشدد على، تشديد على (ج) تشديدات
elucidate, clarify, explain	شَرح، يشرح، شرْح
fierce	شَرِس
airline company	شركة طيران
a vein	شريان (ج) شرايين
slice	شريحة (ج) شرائح
wicked, evil	شرير (ج) أشرار
law	شريعة (ج) شرائع
noble, honest, respectable	شريف (ج) شُرفاء
chess	الشطرنج
slogan, emblem	شِعار (ج) شعارات
popularity	شعبية
free verse	شعر حر
charlatanism	الشعوذة
fill with ardent passion	شغَف بـ (شغِف بـ)، يشغف بـ شغف بـ
put or keep in operation, operate, employ	شغّل، يُشَغِّل، تشغيل
mediation, advocacy	شفاعة
lip	شفة (ج) شفاه
verbal, oral behavior, conduct	شفهي سلوك
a preemptor	شفيع

furnished apartment	شقة مفروشة
doubt	شك
waterfall	شلّال (ج) شلالات
hanger	شماعة
roll up one's sleeves	شمّر، يشمر، تشمير
wax, candles	شمع
conduct (war, attack, raid ...)	شنّ، يشنّ، شنّ
bag	الشنطة
witness	شهد، يشهد، شهادة
desire, lust	شهوة
put into disorder, muddle, discompose	شوّش على، يشوِّش على، تشويش على
tuft of hair, lock	شوشة
course, phase, half, round, cycle	شوط
deform, disfigure, defame	شوّه، يشوِّه، تشويه
grill, broil	شوى، يشوي، شوي = (شواء)
share	شيّر، يشيّر، تشيير
Satan	الشيطان
Shiite	شيعيّ (ج) شيعة
code	الشيفرة
check	شيّك، يشيّك، تشييك
الخُلُق	شيمة (ج) شِيَم
communist	الشيوعية
loud, noisy	صاخب
published	صادرة
strict	صارم
rocket	صاروخ (ج) صواريخ
shake hands	صافح، يصافح، مُصافحة
silent	صامت
correct, appropriate	صائب
yearning	صبا
to be patient	صبَر، يصبِر، صَبر
patient	صبور
morning	صبيحة
companion (of Prophet Mohammed)	صحابيّ (ج) صحابة
block, turn away	صدّ، يصدّ، صدّ

rust	صدأ
export	صدّر، يصدّر، تصدير
faithfulness, candor	الصدق
run over, shock	صدم
shock	صدمة
bundle	صرّة
roach	صرصور (ج) صراصير
drainage, canalization, sewerage	صرف صحي
step up, increase, escalate	صعّد، يُصعِّد، تصعيد
Upper Egypt	صعيد مصر
whistle, siren	صفّارة (ج) صفارات
forgiving, ready to forgive	صفوح = (متسامح)
bald (fem.)	صلعاء
design	صمّم، يصمم، تصميم
fund	صندوق
overhead locker	صندوق فوق الرأس (ج) صناديق فوق الرأس
to do, make, manufacture	صنع، يصنع، صُنع
نَوْع (ج) أنواع	صِنْف (ج) أصناف
be quiet	صَه
rockets	الصواريخ
vote, cast a ballot	صوّت، يُصوت، تصويت
metaphor	صورة مجازية
suburb	ضاحية (ج) ضواحٍ
double	ضاعَف، يُضاعف، مُضاعفة
عكس (اتسع، يتسع اتساع)	ضاق، يضيق، ضيق
grab, seize, arrest, capture	ضبط، يضبط، ضبْط
bored	ضجر
noisc	ضجيج
shallow	ضحل
forenoon, late morning	الضحى
victim	الضحية
bulky, big, sizable	ضخم (ج) ضخام
opposite	الضد
harm	ضرّ، يضُر، ضرر

fantasy	ضَرْب من خيال
corner kick	ضربة رُكنية
tax	ضريبة
pressure	ضغط
press	ضَغَط، يضغط، ضَغْط
rib	ضِلْع (ج) أضلُع = (ضلوع)
warranty, guarantee	ضمان (ج) ضمانات
attached pronoun	ضمير متصل
difficulty, poverty, straits wretched life	ضَنْك ضنْك العيش
لذّ (أصبح لذيذًا)	طاب الشيء
شكل	طابَع
flavor, character, stamp postage stamp	طابع (ج) طوابع طابع بريد
row, line	طابور (ج) طوابير
striker	طارق
fresh	طازَج
رجل شديد الظلم. تاء التأنيث هنا للمبالغة: مثال (داعية) و (علامة)	طاغية (ج) طواغٍ
crew, team	طاقم (ج) طواقم
shining	الطالعة
helicopter	طائرة عمودية
reckless	طائش
party, group	طائفة (ج) طوائف
antithesis	الطباق
upper class	الطبقة المخملية
drum	الطبلة
delighted	طرب
throw, present, submit	طرَح، يطرح، طَرْح
expel, banish	طرد ... من، يطرُد ... من، طَرْد ... من
knock	طرق، يطرق، طرْق
strange, uncommon, odd	طريف
Silk Road	طريق الحرير
أسلوب	طريقة
stab, thrust	طعن، يطعن، طعن
leap, rise	طفرة

slight, shallow (as in not deep)	طفيف
paint (n.)	طلاء
application	طلب (ج) طلبات
requests, forms, applications	طلبات
in labor (a pregnant woman)	الطَّلق
avid, greedy	طمّاع
calmness	طمأنينة
purity	الطهارة
bricks	الطّوب
fold, pleat involve, comprise, contain within itself	طيّ (ج) طيات حمل بين طياته = (ضمّ في طياته)
mud, clay	طين
unfair, oppressing	ظالم
explicit	ظاهر
adverb	ظرف
nail	ظُفر (ج) أظافر = (أظفار)
back	ظهر
shoulder take s.th. upon oneself, take over	عاتق (ج) عواتق أخذ على عاتقه
to be equal to, amount to	عادَل، يُعادل، معادلة
supermodel	عارض أزياء
crossbar post	عارضة قائم
determined to	عازم على (ج) عازمون على
punish, penalize	عاقب، يعاقب، معاقبة = (عقاب)
نهاية	عاقبة
stuck	عالق
stranded, unresolved, pending	عالِق (ج) عالقون
factor	عامِل (ج) عوامل
fill in customs (immigration) form	عبأ نموذج الجمارك (الهجرة)، يعبيء...، تعبئة...
fill out, mobilize	عبّأ، يُعبّيء، تعبئة
pave (street)	عبّد، يعبّد، تعبيد
genius ingenuity	عبقريّ عبقرية
frowning, gloomy, stern	عبوس
stupid, imbecile, foolish	عبيط

old, ancient, antique	عتيق
وجد	عثر، يعثر، عثور
to be filled with, swarm with, be congested with	عجّ بـ يعجّ بـ عجّ بـ
be unable to	عجز عن، يعجز عن، عجْز عن
wheel	عجلة
rush	عجلة
amazing, astonishing	عجيب
count	عدّ، يعدّ، عدّ
meter	عدّاد (ج) عدادات
modify	عدّل، يعدل، تعديل
legal incompetence, disqualification	عدم أهليّة
enemy	العدو
hostile, aggressive	عُدوانيّ
excuse	عُذر (ج) أعذار
Virgin Mary	العذراء
virginity	عذرية
a fortune-teller	عرّاف
trolley	عَرَبة (ج) عربات
give earnest money earnest money, down payment	عربن، يعربن عـُربون (ج) عرابين
honor (here, it refers to women in general, sisters, wives, cousins, etc.)	العرض
root ethnic cleansing	عِرق (ج) أعراق تطهير عرقي
hinder, complicate, render difficult	عرقل، يعرقل، عرقلة (ج) عراقيل
hindering	عرقلة
wide	عريض
strengthen, reinforce	عزّز، يعزز، تعزيز
قرار	عزم
will	عزيمة
I hope	عسى
unplanned neighborhoods	العشوائيات
human trafficking gang	عصابة تهريب البشر (ج) عصابات تهريب البشر
lovebirds	عصافير الحب
nerve	عَصَب
Jahili (pre-Islamic) era	العصر الجاهلي
muscle	عَضلة (ج) عضلات

member, organ	عضو (ج) أعضاء
شعر بالحاجة إلى شُرب الماء	عَطِش، يعطَش، عَطَش
chastity	العفة
spontaneous	عفوي
having no immoral sexual relationships, chaste, pure, self-restrained	عفيف
real estate	عـَقار (ج) عقارات
energy pills	عقاقير مُنشّطة
to hold	عَقَد
rational	العقلاني
rational mentality, indulgent mentality	عقلية راجحة
disobedience	عقوق
doctrine	عقيدة (ج) عقائد
Trinitarianism	عقيدة التثليث
It is hoped	علّ
rise	علا، يعلو، عُلُوّ
physical therapy	علاج طبيعي
nonsense	علاك
marks, signs	علامات
to comment	علّق
chew	علَك، يعلك، علك
chewing gum	العلكة
secularist	عـَلماني
glory	العلى
to the climax, to the peak of it	على أشدّه
أبدًا	على الإطلاق
consecutively	على الترتيب
publicly	على الملأ
separately, by itself	على حدة
at the store's expense	على حساب المحل
over time	على مرّ الزمن
building (making it inhabited)	عمار
labor	العمالة
operation	عملية
suicide bombing	عملية انتحارية

column, pole	عمود (ج) أعمدة
spine	عمود فقري
vertical	عموديّ
deep	عميق
an agent, client	عميل
on purpose, willfully	عن عمد
closely	عن كَثَب
spinsterhood	العنوسة
era	عهد
the average citizens, the common people	عوامّ = (عامّة الناس)
fault, private part	عورة
compensate	عوّض، يعوِّض، تعويض
assistance, help	عوْن (ج) أعوان
رصاصة	عيار ناري
appoint	عَيّن، يُعيّن، تعيين
get jealous from feel unhappy because someone is showing interest in someone you love	غار من، يغار من، غيرة من غار على
a gallon	غالون
the one whose words are vague	غامضة المقال
goal	الغاية
dust	غبار
dizziness	الغثيان
deceiver, disloyal one, traitor	غدّار
betrayal, deception	غَدْر
penalty, fine, mulct	غرامة (ج) غرامات
hairline (hair in the front over the forehead)	غـرَّة الشعر
goal	الغرض
gurgle, simmer, bubble, gargle	غرغر، يغرغر، غرغرة
adjoining room	غرف متلاصقة = (متجاورة)
room for four people room for five people	غرفة رباعية (أربعة أشخاص) غرفة خماسية
to be drowned, sink, to be engrossed	غرق في، يغرق في، غَرَق في
tempting	الغَرور
strange, weird	غريب

drowned	غريق (ج) غرقى
heavy	غزير
ظلام الليل	غسق الدجى
lower one's eyes, let pass, overlook	غضّ الطرف = (غض النظر)، يغض...، غضّ...
forgive	غَفَر، يغفِر، غُفران = مَغْفِرة
cover	غلاف
wrap (s.th.) in a cover	غلّف، يغلّف، تغليف
name of a fertile oasis in the southern part of Damascus	الغوطة
demagogue	غوغائي
not good for	غير صالح لـ
cannot be exported	غير قابل للتصدير
be over, escape	فات، يفوت، فوات
bill	فاتورة
bill	فاتورة (ج) فواتير
take by surprise, come suddenly or unexpectedly	فاجأ، يفاجيء، مفاجأة
mouse	فأرة
corrupted	فاسد
separator, divider	فاصل
shameful, disgraceful, scandalous	فاضح
efficient, active	فاعل
surpass	فاق، يفوق، فواق
conquered	فتح
explode	فجّر، يفجِّر، تفجير
trap	فخّ
groin	فَخْذ (ج) أفخاذ
proud of	فخور بـ
flee from	فرّ من، يفر من، فرار من
هرب shelter, refuge	فرّ، يفر، فرار المفرّ
bed	الفراش
Pharaohs	الفراعنة
separation, parting, farewell	فِراق
single, one, person, individual	فرد
شخصية	فردية
freeze	فرّز، يفرز، تفريز

mattress		فَرْشة
impose a curfew		فرَض حظْر التجول
impose		فرَض، يفرِض، فرْض
excess, exaggeration (with following abstract noun)		فرط
crack (shot, whip, etc.), pop, burst, explode		فرقع، يفرقع، فرقعة
cracking, crackling		فرقعة
disarrange, tousle, to cause (s.th.) to fail (engagement, project etc.)		فركش، يفركش، فركشة
mince, cut into small pieces (meat), hash		فرم، يفرم، فرم
brake (a car, train)		فرمل، يفرمل، فرملة
horsemanship, equitation		الفروسيّة
prey, victim		فريسة (ج) فرائس
peanuts		فستق
break, split		فسخ، يفسخ، فسخ
explain, interpret		فسّر، يفسر، تفسير
eloquence		الفصاحة
chapter		فصل (ج) فصول
fire, end, lay off		فصل، يفصل، الفصل
space		الفضاء
disclose s.o.'s fault, disgrace		فضح، يفضح، فضح
	واسعة	فضفاضة
scandal		فضيحة
causing disgust, detestable, very unpleasant		فظيع
effective		فعّال
activate		فعّل، يفعل، تفعيل
deed, act		فَعْلَة (ج) فَعلات
jurisprudence		الفقه
jaw		فَكّ (ج) فكوك
religious thought		الفكر الدينيّ
	الذهني	الفكري
do not blame		فلا تعتب
remnants		فلول
What's wrong?		فما (فـ + ما) بال
martial arts		فنون قتالية
chaotic, anarchic		فوضوي
under the protection of		في ظلّ

extremely, very (much)	في غايةٍ
in the long run, finally	في نهاية المطاف
category	فئة
virus	فيروس
boat	قارب (ج) قوارب
continent	قارّة (ج) قارات
شديد	قارس
hard, stern	قاسٍ (ج) قاسون
measure fitting room	قاس، يقيس، قياس غرفة القياس
story writer	قاص (ج) قاصّون
the far	القاصي
interrupt, boycott	قاطع، يقاطع، مقاطعة
hall	قاعة (ج) قاعات
"sitting on fire," said to describe an anxious person who waits impatiently for something to happen or for someone to come	قاعد على نار
database	قاعدة بيانات
caravan	قافلة (ج) قوافل
rhyme	قافية
mold	قالب
stature, figure	قامة
sniper	قانص (ج) قُنّاص، قنّاصة / قناصون
midday, noon	قائلة
grave	قبر (ج) قبور
direction to Mecca, direction	قِبلة
ugly	قبيح
kickboxing	قتال شوارع
ability	قدرة
potency	القدرة الجنسية
present, submit, offer	قدّم، يقدم، تقديم
dirty, bastard	قذِر = (وسِخ)
launched	قذفت
darling	قرة العين
knocking, ringing	قرع
ballot, lot-casting, toss	قُرعة (ج) قُرَع
disgusted	قرفان (من)

543

string beans	قرون
ingenious gift	قريحة (ج) قرائح
crack (nuts, shells)	قزقز، يقزقز، قزقزة
destiny	قِسمة
cut and paste	قصّ ولصق
proceed straightaway, to go to see, to aim at	قَصَد، يقصِد، قَصْد
shorten slack off in school, fail	قصّر في، يُقصّر في، تقصير في قصّر في الدراسة
shell, bombard	قصَف، يقصف، قصْف
fate and destiny	القضاء والقدر
train	قطار
sector, strip	قطاع
piece	قِطعة (ج) قِطَع
live, reside	قَطَن، يقطن، قطن
jump	قفز
cage	قَفَص (ج) أقفاص
imitate	قلّد، يقلّد، تقليد
impolite, rude	قليل أدب
shameless, impudent	قليل حَيا
lazy, incapable	قليل حيلة
wheat	قمح
channel	قناة (ج) قنوات
satisfaction, contentment	قناعة (ج) قناعات
bomb	قُنبلة (ج) قنابل
subjugate, subdue, compel compelling	قهر، يقهر، قهر قهريّ
chuckle	قهقه، يقهقه، قهقهة
armed forces	قوة مسلّحة (ج) قوات مسلحة
nourishment, food	قوت (ج) أقوات
rainbow	قوس قزح
people	قوم
national	قومي
nationalism, nationality	قومية (ج) قوميات
vomit	قيء
analogy	القياس

cuffs	قيد
values	القيم
value	قيمة (ج) قيم
restrictions	قيود
nightmare	كابوس (ج) كوابيس
cabin	كابينة = (قمرة)
novelist	كاتب روائي (ج) كُتّاب روائيون
dramatist, playwright	كاتب مسرحي (ج) كتاب مسرحيون
catastrophe, disaster	كارثة (ج) كوارث
unbeliever charge of unbelief	كافر(ج) كُفار = (كافرون) التكفير
تامة	كاملة
liver	كَبِد (ج) أكباد
shoulder	كتِف (ج) أكتاف
closemouthed, secretive, discreet	كَتوم
thick, dense, heavy	كثيف
cough	كحكح، يكحكح، كحكحة = (سعل، يسعل، سُعال)
darkened	كحيلة
dignity	كرامة (ج) كرامات
Kurd	كُردي (ج) كرد = (أكراد)
well-mannered	كريمة الخُلُق
clothe, dress	كسا، يكسو، كسْو
fracture	كَسْر (ج) كسور
grin, grimace show one's teeth	كشّر، يكشر، تكشير كشر عن أنيابه = (كشر عن أسنانه)
ankle	الكعب
heel	كعب (ج) كعوب
the Kaaba	الكعبة
palm (of the hand)	الكفّ
efficiency, competence	كفاية (ج) كفايات
balance of pan, scale pan, palm of the hand	كَفّة = (كِفة) (ج) كِفاف = (كِفف)
تعب	كلل
every time	كلّما
euphemism	كلمة ملطّفة
kidney	كِلية (ج) كِلى

bodybuilding	كمال الأجسام
mask	كمّامة
violin	الكمان
cancel	كنسَل، يكنسل، كنسلة
catastrophes	الكوارث
planet	كوكب (ج) كواكب
being, entity	كيان
sack, bag	كيس (ج) أكياس
cash	كيّش، يكيّش
however	كيفما
manner, mode, quality, direction	كيفية
There is no objection to it	لا بأس بها
does not cease, continue	لا تفتأ
numberless	لا حصْر لها
There is no power and no strength save in God	لا حول ولا قوة إلا بالله
final	لا رجعة فيها = (نهائية)
God forbid	لا سمح الله
خصوصًا وأنّ	لا سيّما
has no mark	لا علامة لها
undoubtedly, inevitably	لا محالة
invaluable, inestimable	لا يُقدّر بثمن
later	لاحقًا
wireless	لاسلكي
medicated patch	لاصقة طبية
substitute	لاعب بديل
sign	لافتة (ج) لافتات
chew	لاك، يلوك، لوْك
list	لائحة (ج) لوائح
smartness, slickness, refined manners	لباقة
chewing gum	لَبان (لُبان)
shuffle, mess up, bring into disorder	لخبط، يلخبط، لخبطة
adhere, stick	لزق، يلزق، لزق
robber, thief	لص (ج) لصوص
in the interest of	لصالح

slap	لطم، يلطم، لطم
playing under floodlights	اللعب تحت الأضواء الكاشفة
والله	لعمر الله
اللغة العربية	لغة الضاد
wrap, fold, roundabout way	لَفّ، يلف، لفّ
warning, notice, admonition	لفْت نظر
pronunciation	لفظ (ج) ألفاظ
pronounce, speak, spit out, breathe his last breath, die	لفظ، يلفظ، لفْظ لفظ نفسه الأخير
bite daily bread, bare minimum of food	لقمة (ج) لُقم لقمة عيش
وجد	لقي
face death; be killed	لقي مصرعه
no longer	لم يعد
brilliant	لمّاح (ج) لماحون
glance of the eye	لمح البصر
shine	لمع، يلمع، لمعان
collect, gather up	لملم، يلملم، لملمة
let's suppose	لنفرض
أخرج لسانه من الحرّ أو من العطش	لَهَث، يلهَث، لهْث
يا حسرتي	لَهفي
lobby	لوبي = (جماعة) = (فريق ضغط)
keyboard	لوحة مفاتيح
physical fitness	لياقة بدنية
leniency	اللين
لماذا	ما بال
الطعام الذي يصنع لدعوة سواء فيها مناسَبة أو غيرها	مأدبة (ج) مآدب
materialistic, concrete	مادّي
official authorized by the cadi (judge) to perform civil marriages	مأذون شرعي
Maronite	ماروني (ج) موارنة = (مارونيون)
impasse, predicament	مأزِق (ج) مآزق
tragedy	مأساة (ج) مآسٍ / مآسي
delay (payment, a promise, etc.), temporize	ماطل، يماطل، مماطلة
incline, tilt, drift	مال، يميل، ميْل (ج) ميول
familiar	مألوف

last game of s.o.'s career	مباراة إعتزال
direct	المباشرة
justification	مبرر
computer programmer	مُبرمِج كمبيوتر
"picky," said to describe a finicky, even arrogant person who when offered delicious food still rejects it	مُبَغْدَد
wet	مبلّل
dazzling, splendid	مُبهِر
adjacent, neighboring	متاخم
followed by	متبوع بـ
successive	متتابع
museum	مُتحف (ج) متاحف
disputing, at odds	متخاصم
low	متدني
built upon each other	المتراكبة
beggar	متسوّل (ج) متسولون
homeless (person)	مُتشرد (ج) متشردون = (مشرّد (ج) مشردون)
tensed, cramped	متشنّج
browser	متصفّح الانترنت (ج) متصفّحو الانترنت
begging, supplicating	متضرّع
extremist	متطرّف
uninvited guest, parasite	متطفّل
demonstrator	متظاهر (ج) متظاهرون
worshiper	متعبد
stumbled, stalled	متعثّر
bigot	متعصّب = (متشدّد)
wretched, miserable, unfortunate	متعوس، تَعِس
arrogant	مُتَغطرس
close together, approximately equal	مُتقارب
retired (adj.)	متقاعد
successive, uninterrupted	متلاحق
collocations	متلازمات
caught red-handed, in the act	متلبّس (ج) متلبسون
coherent, holding together	متماسك (ج) متماسكون
well-arranged, well-ordered	متناسق

contradictions	المتناقضات
disguised	متنكّر
aiming, tending	متوجّه = (مُتّجه)
savage, brutal, barbaric	متوحّش
petitioner, supplicant	متوسّل
expected	متوقّع
certain	مُتيقّن
persistent, diligent	مثابر
ideal	مثالي (ج) مثاليون
bladder	مثانة
homosexual	مثلي
sewage system	مجاري الصرف الصحي
metaphorical	المجازي
famine	مَجاعة
parallel society	مجتمع موازٍ (ج) مجتمعات موازية
unfair	مُجْحِف
glory	المجد
glory	مجد (ج) أمجاد
massacre	مجزرة (ج) مجازر
jewelry	المجوهرات
erase, wipe off, rub	محا، يمحو، محو
shellfish	محار
attempted coup	محاولة إنقلابية
neutral	مُحايد
frustrated, depressed	مُحبَط
pro (sports), professional	مُحترف (ج) محترفون
reserved, decent	محتشمة
search engine	محرك بحث (ج) محركات بحث
calculated	محسوب
nepotism	المحسوبية
barrier (Hebrew)	محسوم = (مخسوم)
limited to, restricted to stranded (in)	مَحصور على محصور في
a wallet	محفظة
court	المحكمة

طائرًا	محلقًا
computer analyst	محلّل كمبيوتر
experienced, prudent, clever, worldly wise	محنّك (ج) محنكون
brain	مُخّ
mucus	مُخاط
addressee	المخاطَب
brief	مُختَصر
pillow	مِخدّة (ج) مخدات
expert, skilled	مُخَضرَم (ج) مخضرمون
station, guard post	مخفر (ج) مخافر
sincere	مُخلِص
velvety	مُخمليّ
suffocated, suppressed	مخنوق
praising	المدح
stand	مُدَرّج (ج) مدرجات
runway	مدرج طيران
invited, called upon, so-called	مدعوّ (ج) مدعوين
civilian	مدنيّ (ج) مدنيّون
hesitant, fluctuating, unsteady	مُذبذَب
frightened	مذعور (ج) مذعورون
school, sector	مذهب (ج) مذاهب
amazing	مُذهِل
person	مرء
closing ceremony (rituals)	مراسِم الخِتام
facilities	مَرافق
companion, escort	مُرافِق (ج) مرافقون
teenage	مراهقة
hotbed, pasture, a place to stay	مرتع (ج) مراتع
expected, anticipated	مُرتقَب
exultant	مرِح
period	مرحلة (ج) مراحل
candidate, nominee	مُرَشَّح (ج) مرشحون
transport object (ship, boat, vessel), mount	مركب (ج) مراكب
remarkable, regarded	مرموق

مخيف	مروّع
temper, mood	مزاج
moody	مزاجي
auction	مزاد
mix	مَزَج، يمزج، مزْج
tear, rip apart (s.th.)	مزّق، يمزّق، تمزيق
server	المزوّد = (الخادم)
extra of	مزيد من
forged, false	مزيّف
margin of freedom	مساحة الحرية
story line	مسار القصة
distance	مسافة (ج) مسافات
equality	المساواة
rectangular	مستطيل
enslaved	مستعبد
in a hurry	مستعجِل
residence, resting place	مُستَقَرّ
chewing gum	المستكة
settlements	المستوطنات
send a message	مسّج، يمسّج
scanning	المسح الضوئي
wipe	مسح، يمسح، مسح
powder	مسحوق
flat	مسطّح
under the effect of stimulants, "high" (on hashish, etc.), drunk, intoxicated	مسطول (ج) مسطولون (مساطيل)
old people	مُسِنّ (ج) مسنّون
responsibility	مسؤولية
responsibility	مسؤولية (ج) مسؤوليات
a polisher with broadcloth, "hypocrite and flatterer"; said to someone who compliments and flatters others in order to curry favor with them	مَسّيح جوخ
aggressive, argumentative, quarrelsome	مُشاكِس
derived	مشتقة
what is desired	المشتهى
displaced, refugee, expelled	مشرَّد (ج) مشردون = (مهجَّر) (ج) (مهجرون)
trouble, hardship	مَشقّة (ج) مَشاقّ

551

incorporated, included	مشمول
scene	مشهد (ج) مشاهد
relationship by marriage	المصاهرة
codex	مصحف
authority, department, welfare, matter, affair, interest	مصلحة (ج) مصالح
place of prayer	مصلّى
crucial, decisive	مصيريّ
doubled	المضعفة
chew	مضغ، يمضغ، مضْغ
waste of	مضيعة
identical	مطابق
overthrown	المطاح به
قراءة	مطالعة
hump, pothole, bump	مطب (ج) مطبات
rise, beginning	مَطلع (ج) مطالع
web developer	مطوّر ويب
program developer	مطوّر برمجيات
enemy, adversary	معادٍ (ج) معادون
living with	معايشة
temple (mosque)	المعبد
paved	مُعَبَّد
crossing, entry	معبَر (ج) معابر
convictions, beliefs	معتقداتها
accredited	معتَمد
advance	مُعَجّل
القاموس	المعجم
stomach	مَعِدة
excuse, forgiveness	معذرة
reinforcing	معززًا
wrist	معصم
duty-free	معفي من الرسوم
crooked	معقوف
troubled, disturbed, turbid moody	معكّر معكر المزاج = (متقلب المزاج)
commentator	مُعلّق رياضي (ج) معلقون رياضيون

hanging poems	المعلّقات
landmarks	معلم (ج) معالم
abstract	معنوي
specific, particular	معين
departure	مغادرة
cave	مغارة (ج) مغارات
immigrant, expatriate	مُغترب (ج) مغتربون
tweeter	مغرد
envelope, (wrapped) package	مُغلّف (ج) مغلفات
fake, fabricated	المُفبركة
excessive, exaggerated	مُفرِط
joint	مِفصل (ج) مفاصل
cemeteries	مقابر
size, measurement	مقاس (ج) مقاسات
appetizer	مقبّلات
murder, killing	مـَقتل
introduction	المقدمة
headquarters	مقَرّ (ج) مقارّ = (مقرات)
intended	مقصود
cabinet, compartment, loge	مقصورة (ج) مقاصير = مقاصر = مقصورات
crew cabin	مقصورة القيادة (كبينة القيادة)
video (piece, excerpt)	مقطع فيديو (ج) مقاطع فيديو
trailer, a train car	مقطورة
bent	مقوستان
reward, stipend	مكافأة (ج) مكافآت
setting	المكان والزمان
status	مكانة
real estate office/agency	مكتب عقاري
nuts	مكسرات
المستور البعيد عن العيون	مكنون (ج) مكنونات
boxing	الملاكمة
angelic	ملائكي
shelter	ملجأ (ج) ملاجيء
atheist	مُلحد (ج) ملحدون

eloquent; refers to a person with a gift for public speaking	مِلسِن
file, folder	ملف (ج) ملفات
property	مِلك
angel	ملك، ملاك (ج) ملائكة
inspired	مُلْهَم
the gorgeous one	المليحة
tester	ممتحِن (ج) ممتحنون
slender	ممشوق
privileges	المميزات
who, whoever, that or which (animate)	مَن
almost certain	من المرجح
with regard to	من حيث
from all sides	من كل حدب وصوب
curricula	المناهج
disregarded, ignored, neglected	منبوذ
representative team	مُنْتَخَب (ج) منتخبات
middle	منتصف
savior	المنجد
agent, representative	مندوب (ج) مندوبون
handkerchief	منديل
nervous (mad)	منرفِز = (معصّب)
falling, down (for hair)	منسدل
dissident	مُنشق (ج) منشقون
stand	مِنصّة (ج) منصات
وظيفة	منصب
accusative	منصوب
logic	المنطق
telescope	المنظار
organization	منظمة (ج) منظمات
forbid	مَنَع، يمنع، مَنْع
curve	مُنْعَطَف (ج) منعطفات
separated, isolated, alone	مُنفرد
shoulder, side, flank	منكب (ج) مناكب
dedicated, devoted	مُنكبّ على

small window, loophole	منوَر
literally meaning "shining," said to praise someone's looks or appearance (young people use it on Facebook and other social media sites to praise people appearing in portraits)	منوّر
الموت	المَنيّة (ج) المنايا
place or country of emigration	مهجَر
pave the way	مهّد الطريق إلى (لـ)، يمهد الطريق إلى، تمهيد الطريق إلى (ج) تمهيدات
paved	مهّدت
threatened with deportation	مهدد بالإبعاد (ج) مهددون بالإبعاد
dowry	المهر
unstable (person), easily shaken, blurred by movement (photograph)	مهزوز
defeated	مهزوم
time limit for a decision, respite	مُهلة
whatever	مهما
mission	مَهَمّة (ج) مهام
confrontation	المواجهة
human resources	موارد بشرية
consoling, solacing	مواسيًا
transportation	مواصلات
acceptance, agreement	موافقة
wave	موجة (ج) موجات، (أمواج، موْج)
delayed	مؤجّل
lately	مؤخّرًا
butt	مُؤخّرة (ج) مؤخرات
bothersome, damaging, evil, harmful	مؤذٍ = (المؤذي)
having insomnia, sleepless	مؤرّق
obsessed, scrupulous, overconcerned	موسوس
cursor	مؤشر (ج) مؤشرات
body mass index	مؤشر كتلة الجسم
place, residence	موطن
complete, abundant	موفور
battle	موقعة (ج) مواقع = (معركة (ج) معارك)
vendor stand	موقف بائع متجول (ج) مواقف باعة متجولين
parade, procession	موكب (ج) مواكب

fond of	مولع بـ (ج) مولعون بـ
qualification	مؤهل (ج) مؤهلات
qualified for	مؤهّل لـ
cement minaret	المئذنة الإسمنتية
eater, drinker, and sleeper; said of someone who is given free room and board and who lives in ease and comfort	ميكل شارب نايم
pulsing	نابض
distinguished, gifted, talented	نابغ = (نابغة)
قاتل، أسرع إلى	ناجز (العدو)، يناجز، مناجزة
rarely happens	نادر الوقوع
call, shout	نادى بـ، ينادي بـ مناداة بـ
far-off, distant, going away from home	نازِح (ج) نازحون
قَوْم (ج) أقوام	ناس
devotee, pious man	ناسك
call upon, appeal to, plead with	ناشد، يناشد، مناشدة
soft	ناعم
شباك (ج) شبابيك	نافذة (ج) نوافذ
critic	ناقد
baggage carousel, baggage conveyer belt	الناقل الدائري للأمتعة = (حزام نقل الأمتعة)
bell	ناقوس
obtain	نال، ينال، نيْل
he was close to fifty-five (years of age), was pushing fifty-five	ناهز الخامسة والخمسين
vice	نائب
intonation, tone, raising of the voice	نبْرة (ج) نبرات
pulsation	نبضة (ج) نَبَضات
plucking	نتف
prose	نثر
escaped death	نجا من الموت
be saved (from), escape (danger) save one's skin	نجا، ينجو، نجاة = (نُجُو) نجا بروحه = (نجا بنفسه، بحياته)
ill-fated, unlucky, star-crossed, ill-omened	نحس = (منحوس)
toward	نحو
slim	نحيل
last call	نداء أخير (ج) نداءات أخيرة
a man who cannot be trusted, cowardly person	نذل (ج) أنذال = (حقير) (ج) (حقيرون)

bleeding of brains (brain drain/immigration)	نزيف الأدمغة
copy	نُسْخة (ج) نُسَخ
offspring, descendants	نسل (ج) أنسال
active, activist	نشيط (ج) نشيطون = (نُشطاء)
imposter	نصّاب
erect roadblocks	نصب حواجز
set an ambush	نصب كمين (ج) كمائن، ينصب...، نصْب...
share	نصيب
succulent	نضرة
pronunciation	النطق
system, regime	نظام (ج) أنظمة
organize	نظّم، ينظم، تنظيم
similar, equal, comparable	نظير (ج) نظراء = (نظائر)
ostrich	نعامة
What a perfect …! Truly, an excellent …	نِعمَ
a blessing	نعمة
bliss	النعيم
open up	نفتتح
execute, carry out, implement	نفّذ، ينفذ، تنفيذ
penetrate	نفذ، ينفذ، نفاذ
breath	نَفَس (ج) أنفاس
expenditure, cost of living	نفقة (ج) نفقات
association, union	نِقابة (ج) نِقابات
stretcher	نقّالة (ج) نقالات
recuperation, recovery	نقاهة
review, read over carefully, correct	نقّح، ينقّح، تنقيح
criticism	النقد
literary criticism	نقد أدبي
debris, rubble	نَقض (ج) أنقاض
turning point	نقطة تحوّل
a curse	نقمة
pure, clean, unstained	نقي (ج) نقاء = (أنقياء)
diaspora, calamity, catastrophe	النكبة
grow	نما، ينمو، نمو
ant	نملة (ج) نمل

557

grow, increase, advance	نمّى، ينمّي، تنمية
crisis, breakdown, attack	نوبة
significant	نوعي
peculiar quality	نوعية (ج) نوعيات
to be rough (agitated), to stir up	هاج، يهيج، هيجان = (هياج)
خذ	هاك
amateur	هاوٍ (ج) هواة
land	هَبَط، يهبِط، هبوط
dissociate, keep away	هجر، يهجُر، هَجْر
mass immigration	هجرة جماعية
attack	هجم على، يهجم على، هجوم على
rocket (strong and fast) counterattack	هجمة مرتدة صاروخية (ج) هجمات مرتدة صاروخية
midday heat	هجير
to be calm, calm down	هدأ، يهدأ، هدوء
scorer	هدّاف (ج) هدافون
threaten	هدّد ... بـ يهدد ... بـ تهديد ... بـ
disallowed goal	هدف غير مُحتَسب
destroy, demolish, tear down	هدم، يهدم، هدم
trim, clean, purify	هذّب، يهذب، تهذيب
hormone	هرمون
shake the nets (score a goal)	هزّ الشِّباك، يهز الشباك، هزّ الشباك
weakness	هزال
comical, funny, jocular	هزْليّ
honorable defeat	هزيمة بشرف
crushing defeat	هزيمة ساحقة
fear	هلع
uncivilized, savage, rude, barbaric	همجي (ج) همج = (همجيون)
marginalize	همّش، يُهمِّش، تهميش
سعادة	هناء
to engineer	هندس
حبي	هواي
gravity, seriousness	هول (ج) أهوال
drop, fall down	هوى، يهوي، هَوِي = هواء
identity	الهوية

	أسرِع	هيّا
	جهّز، يجهز، تجهيز	هيّأ، يُهيّيء، تهيئة
prestige, standing, dignity, gravity		هيبة
battlefield		الهيجاء
skeleton		هيكل عظمي
It is absolutely out of the question that …		هيهات أن
obligatory		واجب
face, encounter		واجه، يواجه، مواجهة
gentle, amiable		الوادعة
valley		وادي
swollen		وارم = (مُنتفخ)
feel pity for,		واساك
continued		واصل
realism		الواقعية
weak		واهِن
scold		وبّخ، يُوبّخ، توبيخ
a string		وَتَر
to document		وثّق، يوثق، توثيق
travel document		وثيقة سفر (ج) وثائق سفر
	خوف	وجِل
direction		وجهة (ج) وجهات
final destination		وجهة نهائية
unit battalion		وَحدة (ج) وحدات كتيبة (ج) كتائب
barbarity, savage or barbarous cruelty		وَحشيّة
goodbye		وَداعًا
	تركه، وفعل الأمر منه: دَعْ. (الماضي قليل الإستخدام)	وَدَعَ الشيء
hereditary		الوراثية
come, arrive it came to my attention		ورَد، يرِد، ورود ورد إلى مسامعي
venously		وريديًا
refuge		وَزَر
	ميدالية	وسام
speak under one's breath, whisper, to tempt (s.o.) with wicked suggestions		وسوس لـ (إلى)، يوسوس لـ (إلى)، وسوسة لـ (إلى)
whispering		الوسوسة

imminent		وشيك
communion in love		وصال
will		وصية
set foot (on), tread, step		وطيء، يطأ، وطء
firm, solid (firm relationships)		وطيد (علاقات وطيدة)
employ		وظّف، يوظف، توظيف = (شغّل يشغل، تشغيل)
function, job		وظيفة
become aware		وعى، يَعي، وعي
loyalty		وفاء
to be right, succeed		وفّق، يوفّق، توفيق
	عمل به ولم يُخلِف الوعد	وَفَى بعهده، يفي بعهده، وفاء بعهده
	حالات موت	وفيات
time-out		وقت مُستقْطَع
fuel		وقود
	حمى، يحمي، حماية	وقى، يقي، وقاية
	حدث (ج) أحداث	وقيعة (ج) وَقائع
press agency		وكالة أنباء
cry, wail		ولول، يولول، ولولة
guardian		وليّ
delusive imagination, fantasy		وهم (ج) أوهام
woe		الويل
O my God! Good heavens! For goodness' sake!		يا لطيف!
despair		يأس
	يهتم	يُبالي
to follow		يتبع
flirt		يتشبب
intersect		يتقاطع
orphan		يتيم (ج) أيتام
maintain the lead		يحافظ على الصدارة
	يطير	يحلق
to invent		يخترع
knock		يدق
come to one's mind		يراودنا
Jesus (the Messiah)		يسوع المسيح

to explain, elaborate	يشرح
يتعب	يشقى
step on	يَطأ
to exempt	يعفي
to turn a blind eye	يغض الطرف
approve	يُقِر
to chase	يلاحق
البحر	اليم
joke with someone	يمازح
be clear	ينجلي
to take sides, to be biased	ينحاز
focus on	ينصبّ
to keep s.o. wakeful	يؤرّق
Doomsday	يوم القيامة
Jonah	يونس